JN447739

# 신 법학개론

오시영 · 김종일

PNC
publishing and culture
피앤씨미디어

# 돌담 이야기

돌담은 경계이다. 하지만 돌담은 다른 담과 달리 보호를 위함이지 격리를 위함이 아니다. 돌담 사이를 걷는 이에게는 편안함이 있다. 돌담이 있는 곳엔 언제나 틈새에 생명이 있다. 흙이 없을 듯한 그곳에, 물과 양분이 없을 듯한 그곳이지만 어김없이 작은 초록 생명이 있다. 분리의 틈새에 생명의 숨결이 있고, 바람의 틈새에 소통의 몸짓이 있다.

법학개론은 돌담 같은 그런 책이다. 법학을 접함에 있어 최소한 알아야 할 기본 법리를 이 책에 담았다. 이 책을 접하는 분들이 대부분 법학 초보자라는 생각에 가급적 쉬운 표현을 사용하였다. 그러면서도 기본 법리를 명확하고 정확하게 이해할 수 있도록 최선을 다하였다.

법학은 어렵다는 선입견을 갖기 쉽다. 물론 법학을 처음 대하면 생소한 법률용어나 엄격한 논리구성에 어렵다는 생각을 갖기 쉽다. 하지만 법학은 아주 논리적인 체계를 가지고 있기 때문에 아주 정확하다. 법학의 생명은 정확성이다. 사람의 생명과 재산을 다루는 아주 고귀한 학문이기 때문이다. 그러면서도 개인적, 사회적, 국가적 정의를 실현해야 한다는 보다 큰 가치를 지향한다. 명확성과 보편성을 기본으로 하되 따뜻한 가슴을 결코 외면하지 않겠다는 정신이 법학을 관통하는 기본 철학이다.

이 책을 통해서 법학을 깊이 있게 공부할 수는 없다. 이 저서에 수록된 각 법률마다 일생을 바쳐 연구해도 완전히 다 깨우칠 수 없다고 한탄하는 전문 법학자조차 있는 현실에 비추어 그렇다는 이야기이다. 그럼에도 불구하고 본 저서를 통해 기본적인 개념 정도는 충분히 숙지할 수 있으리라 믿는다. 법학을 어렵다고 지레 겁먹을 필요는 없다. “천릿길도 한 걸음부터”라는 옛말이 그르지 않음을 인정한다면, 겸손함으로 법학에 빠져들면 배움의 기쁨이 클 것이다.

본서는 기존 법학개론의 일부 내용을 수정·보완하고, 사회보장법을 추가하였다. 동시에 법학개론 편제를 공부하는 분들이 법학을 이해하기 쉬운 체제로 일부 순서를 개편하였다. 이러한 수정 및 보완 과정에 김종일 박사가 많은 기여를 하였다.

본서를 출판함에 있어 관련 법학의 선후배 제현의 귀한 논문들과 저서로부터 많은 도움을 받았다. 이 자리를 빌어 감사의 마음을 전한다. 이 책이 나올 수 있도록 내조해준 아내와 미국에서 박사과정을 밟으며 학문에 애쓰고 있는 아들에게도 고마움을 전한다. 무엇보다도 본서를 기꺼이 출간해 주신 피앤씨미디어 박노일 대표 및 임직원에게 진심으로 감사한 마음을 전한다.

본서를 접할 많은 분들이 이 책을 통해 기초적 법학에 보다 손쉽게 접할 수 있게 되기를 바라며, 모든 이들에게 행운이 함께 하기를 기도한다. 한적한 시골 돌담길이 주는 편함과 생명의 환희, 법학에 대한 소통의 기쁨을 맛보기를 바란다. 모두들 돌담길을 걷듯 편하게 본서를 통해 법학의 기본 이치를 깨닫게 되기를 희망한다. 모든 이들이 목표한 바를 모두 이루기를 바란다.

2017년 6월
하늘꽃서실에서
저자

# 차 례

## 제 1 장 법학일반이론

## 제 2 장 기초법학

## 제 3 장 헌 법

# 제 4 장 민 법

## 제5장 형 법

## 제6장 상 법

## 제 7 장 행정법

## 제 9 장 형사소송법

# 제10장 사회보장법

## 제11장 노동법

## 제12장 경제법

## 제13장 국제사법

## 제14장 국제법

JURISPRUDENCE

# 제 1 장 법학일반이론

# CHAPTER 01 법학일반이론

## 제 1 절 법이란 무엇인가

### Ⅰ. 법의 의의

법이란 무엇인가라는 것은 법학에 입문하는 사람들뿐만 아니라 일반인에게도 대단히 중요하다. 그러나 무엇을 법이라 할 것인가에 대한 정의는 보는 시각에 따라 달라질 수밖에 없다. 일반적으로 법이란 국가의 강제력에 의해 지켜질 것이 요구되는 규범 정도로 이해되고 있다. 서양에서의 법은 그리스어 노모스(*nomos*)에서 유래한다. 즉 기원 전 5세기경 그리스인들은 자연의 질서를 의미하는 피시스(*physis*)와 인간의 행위를 규제하는 관행이나 법을 의미하는 노모스(*nomos*)를 구분하여 사용하였다. 그리스인들은 노모스를 인간이 제정한 법과 관습을 포섭하는 용어로 사용하였던 것이다. 이러한 노모스에서 규범(*norm*)이 유래되었다고 할 수 있다.

그 이후 로마시대에 이르러 라틴어 *jus*와 *lex*가 법을 상징하는 언어로 사용되었는데, *jus*는 추상적이고 일반적인 의미의 법을, *lex*는 권위 있는 기관에 의해서 제정된 실정법규범이나 명령을 의미하는 용어로 사용되었다.

그 외에도 신법을 의미하는 *fas*라는 라틴어가 사용되기도 하였다.

이 책에서 다루는 중요 법들은 주로 실정법 용어인 *lex*의 의미의 법을 지칭한다고 하겠다. 동양에서의 법(灋)은 형(刑)을 뜻하였다. 즉 형벌은 물이 어떠한 그릇에 담기더라도 평평한 것처럼 공평해야 한다는 뜻에서 삼수변(水→氵)을 취하고, 廌(해태 치)를 결합하여 만든 글자이다. 즉 중국의 묘족이 신의 재판에 해태라고 하는 신비로운 짐승을 이용하였다는 전설에 따라 위와 같은 법자가 만들어진 것이다. 전설 속의 해태는 뿔이 하나이고 모습은 소나 사슴을 닮은 짐승으로 시비곡직을 가리는 능력을 가졌다고 알려져 있다. 그리하여 분쟁당사자 사이에 해태를 세우면 죄 있는 자를 그 해태가 뿔로 들이받음으로써 죄인을 구별해 내었다고 한다. 그 이후 동양에서는 기원 전 4·5세기경 유가와 법가의 대립 속에서 유가가 인과 덕을 내세움에 비해 법가는 법치를 내세움으로써 법에 의한 지배를 강조하였다. 유가는 예의 원리를 내세움으로써 예적 규범을 실행하는 것이 정치이자 도덕이며 법률이라고 생각한 반면, 법가는 법은 자연스럽게 생겨나는 것이 아니라 지배계급에 의해 인위적으로 만들어지는 규범으로 이해하면서 법이야말로 국가의 최상위 규범이라고 주장하였다. 그렇게 본다면 동양의 예는 서양의 *jus*의 의미를, 동양의 법은 서양의 *lex*의 의미를 함축하고 있다고 하겠다.

**현대사회에 있어서 법은 구성원들이 국가공권력에 복종하고 따라야 하는 강제적 규범**이라고 할 수 있다. 일반적으로 **법이라고 하면 법률을 의미**하는데 이는 국회를 통과한 제정법을 말한다. 그 외에도 법전·법규·법령 등 다양한 용어들이 사용되고 있다. 일반적으로 **법전**이라 함은 법률·명령·규칙 등과 같은 실정법을 체계적으로 편별한 조직적 성문법규집을 의미하고, **법규**라 하면 일반국민의 권리·의무와 관계있는 법규범을 의미하며, **법령**이라 함은 좁은 의미로는 명령만을 가리키나 넓은 의미로는 법률이나 법 전체를 의미하는 용어로 사용되고 있다.

법은 그 존재만으로는 추상적이지만, 구체적 사건과 결합하면 그 적용과 집행과정을 통해 구체적인 법으로 작동하게 된다.

# Ⅱ. 법과 사회

현대사회는 법 없이는 유지될 수 없다. 다시 말해 사회는 불특정 다수인으로 구성된 유기적 조직체에 불과하기 때문에 각자의 이기심과 욕망에 맡겨 두면, 이 세상은 약육강식의 정글의 법칙이 지배하게 된다. 그런 까닭에 사회와 사회를 구성하고 있는 구성원들 사이를 문화적, 규범적으로 질서 있게 하기 위해서는 강제적 규범인 법이 필수적으로 필요하다.

현대사회에서의 법은 단지 국가가 제정한 개별적 실정법규범이나 그 해석에 의한 적용만을 고집하기보다는 하나의 총체적인 법체계(legal system)로 이해할 필요가 있다. 즉 법체계 전반을 관통하는 일정한 철학, 사유, 원칙들이 존재하기 때문에 구성원들의 의식과 동떨어진 법이 제정될 수 없으며, 그런 법이 제정된다 하더라도 지켜질 수 없게 된다. 즉 일정한 사회는 안정적이고 체계적인 법체계를 가지고 있고, 그 구조와 형식 및 내용이 일정한 목적을 향한 방향성을 갖는다. 따라서 기존법의 개정이나 폐지 혹은 새로운 법률의 제정은 법체계 전반의 원칙을 벗어날 수 없다. 다시 말해 현대법체계는 사회구조와 유기적 연관성을 가지고 있다는 것이다.

현대법체계가 되기 위해서는 첫째, 법제도 자체가 운영되는 과정, 즉 법원의 조직형태·관할권·소송절차 등 **사법절차에 대한 규정**이 포함되어 있어야 하고, 둘째, 일정한 권리의 실체, 즉 **강제력에 의해 보호되는 법규범**을 가지고 있어야 하고, 셋째, **국민의 법의식 및 법문화와 일치하는 내용**이 포함되어 있어야 한다. 왜냐하면 법체계의 가장 중요한 기능은 사회규범으로서 구성원들의 **행위규범**과 **재판규범**으로서의 역할을 수행하는 것이기 때문이다. 따라서 구성원들이 그러한 법규범에 일치된 행위를 하게 되는바, 이를 위반한 경우 형벌이나 손해배상 등의 책임을 지게 되는바, 그러한 분쟁해결을 법규범이 수행해 나갈 수 있어야 한다. 더 나아가 법규범은 시장경제를 규제함으로써 구성원 사이의 부의 재분배 역할을 담당하기도 하여야 한다. 즉 법규범을 통해 이미 취득한 재산권을 보호할 수 있고, 계약자유의 원칙을 통해 새로운 재화의 취득이나 노동력의 제공을 통한 재화의 취득이 가능하도록 이를 뒷받침하고 보장할 수 있어야 한다는 것이다.

이처럼 법규범은 사회로부터 분리될 수 없는 상호연관성을 갖는다. 법은 사회가 발달함에 따라 이를 사후적으로 보호하기 위해 새로운 법영역을 개발해 나가고 있고, 그러한 새로운 입법을 통해 사회는 **법적 안정성과 구체적 타당성**을 보호받게 된다. 뿐만 아니라 법규범은 교육적, 사회계몽적 기능을 수행함으로써 사회구성원들이 민주시민으로서, 수정자본주의 경제체제 속에서 성숙한 경제시민으로서 생활해 나갈 수 있는 기반을 마련해 주기도 한다. 그리고 국가도 새로운 사회변화에 맞추어 새로운 입법을 통해 국가의 나아갈 방향을 제시하기도 하고, 국민들의 지지를 받아 국가발전을 도모하기도 한다.

이처럼 21세기에 들어 **법과 사회는 상호유기적 연관성**을 가지고 수레의 두 바퀴처럼 서로를 지탱하며 발전해 나가고 있다고 하겠다. 또한 법규범은 사회보장적 입법을 통해 복지사회를 구현하는 데 이바지하고 있으며 **복지국가·사회보장적 국가를 이룩해 나가는 데 기여**하고 있다.

## Ⅲ. 법의 이념

### 1. 정의의 실현

법의 첫 번째 이념은 **정의의 실현**이라고 할 수 있다. 이러한 정의는 덕성으로서의 주관적 정의가 아니라 **법의 지도원리로서의 객관적 정의**를 말한다. 아리스토텔레스는 정의를 **평균적 정의**와 **배분적 정의**로 나누어 설명하고 있다. 평균적 정의라 함은 개인적 차별을 인정하지 아니한 절대적 정의를 말한다. 반면에 배분적 정의라 함은 개인적 차별을 인정하여 가치·능력·필요에 따라 각자에게 각자의 것을 나누어 주는 상대적 정의를 말한다.

평균적 정의를 고집하게 되면 개인적 차별을 무시하게 되어, 형식적으로는 정의가 실현되는 것 같지만 결국 심각한 불평등의 문제를 야기하게 되며, 배분적 정의를 고집하게 되면 개인적 차별을 인정하게 됨으로써 실질적 평등을 도모할 수 있지만, 능력이 부족한 자에 대한 지나친 배려로 인하여 오히려 또 다른 불평등의 문제를 야기하게 되는 모순이 발생하게 된다. 예를 들어 살인죄를 처벌하는 형벌의 경우, 평균적 정의를 고집하게 되면 살인자는 사형에 처할 수밖에 없다. 왜냐하면 사람의 죽음을 대체할 수 있는 수단이 없기 때문이다. 이처럼 동해보복의 사상을 고집하게 되면 책임과 형벌의 절대적 균등을 주장하게 되어 재사회화를 기대할 수 없어 문제라고 하지 않을 수 없다. 반면에 배분적 정의, 즉 상대적 입장에서 정의를 관철하게 되면 살인자에 대하여도 관대한 처벌이 가능하게 되고, 범죄자에 대한 재사회화를 도모할 수 있게 된다. 즉 본질을 동해보복으로 보지 않고 장래의 사회적 해악을 예방하고 범죄자를 정상적인 사회의 구성원으로 복귀시키는 것에 두게 되면 형벌의 선택 범위가 넓어지게 된다.

어찌 되었든 법은 이 사회에 정의를 실현하는 목적을 가지고 존재하는 법규범이라고 할 것이다.

## 2. 합목적성의 실현

정의의 실현이 법의 이념이지만, 평균적 정의와 배분적 정의의 차이에서 보듯 정의를 어떻게 개념지을 것인가에 따라 그 처방이 다르게 되고 만다. 결국 어느 경우이든 선천적 불평등을 사후적으로 해결하는 수단에 불과하게 되기 때문에 정의만으로 법의 이념을 축소시킬 수 없고, 결국 정의의 실현이 합목적성을 갖는가에 의한 또 다른 판단이 필요하게 된다. 즉 배분적 정의의 원칙이 받아들여진다고 하더라도 무엇을 평등한 것으로 하고 무엇을 평등하지 않은 것으로 취급해야 하는지를 구별하기 위해서는 다른 원칙들의 도움을 받아야 하고 그 중심적 원칙이 합목적성이라고 할 것이다.

**법의 합목적성**이라 함은 어느 국가의 법질서가 어떠한 표준과 가치관을 기준으로 하여 구체적으로 제정되고 실시되는가를 판단하는 원리라고 하겠다. 법철학자 라드브루흐는 이러한 합목적성을 개인주의·초개인주의(전체주의) 및 초인격주의(문화주의) 사이의 선택이라고 주장하였다. 즉 **개인주의**는 개인의 가치를 중시하여 어떠한 다수의 이익보다도 개인의 인격적 가치를 정당하게 보호하려는 가치관이고, **초개인주의**는 개인보다는 국가 전체를 더 중시하려는 가치관이고, **초인격주의**는 문화를 중시하여 개인과 단체는 작품의 가치에 봉사하고, 도덕·법 및 국가는 문화에 봉사하여야 한다는 가치관인데, **합목적성**은 그 중 어느 가치를 선택하여 정의를 규정짓게 된다는 것이다. 즉 개인과 국가 및 문화 중 어느 가치를 국가가 지향해 나갈 것인가라는 문제라고 하겠다.

최근에는 영미의 윤리철학이나 정치철학에서 논의되고 있는 자유주의와 공동체주의에 대한 가치관의 차이가 합목적성의 의미를 밝히는 데 더 중요한 기준이 될 수 있다는 견해가 주장되고 있다. 즉 개인의 자유와 자율성을 중시하는 자유주의사상에 근거할 것인지, 아니면 공동체에 의존하고 있는 개인을 고려하여 개인적 자유보다는 공동체적 가치를 더 중시하여야 한다는 공동체주의 사상에 근거할 것인지 여부라고 하겠다.

그러나 정의를 판단하는 근거로서의 합목적성을 위와 같이 이분법적 잣대에 의해 일도양단식으로 판단하는 것은 곤란하다고 하지 않을 수 없다. 왜냐하면 현대사회는 복잡다기하여 이러한 대립적 두 가치관이 분리되어 있다기보다는 상호 충돌 및 보완을 반복하면서 각 법영역의 특수성과 필요성에 의해 취사선택되고 있다고 보아야 하기 때문이다. 그러한 가치관의 변화는 근대민법의 기본원리인 **소유권절대의 원칙, 계약자유의 원칙, 과실책임의 원칙**을 **소유권상대의 원칙, 계약제한의 원칙, 무과실책임의 원칙**으로 사상적 가치관이 변하도록 하고 있는 것에서 잘 알 수 있다. 결국 개별법의 제정목적이나 구성 원리 등을 중시하여 양자의 가치관 중 어느 쪽에 더 무게를 둘 것인지를 판단해야 할 것이다. 일반적으로 **사법적 영역에서는 자유주의 사상을 중시하여 개인의 가치와 인격을 보장**하는 쪽으로 나아갈 것이고, **공법적 영역에서는 공동체주의 사상을 중시하여 국가의 이익과 공동체 전체의 이익을 보장**하는 쪽으로 나아갈 것으로 이해하면 될 것이다.

## 3. 법적 안정성과 구체적 타당성의 조화

법의 이념은 사회 구성원 전반에 걸친 법적 안정성의 보장과 개별적이고 구체적인 사건에서 이해당사자들에 대한 구체적 타당성을 실현하는 데 있다고 하겠다. 즉 **법적 안정성의 보장**을 통해 사회 구성원들의 행동규범이 결정되고, 예상 가능한 행위의 범위가 결정될 것이라 하겠다. 그렇지만 법적 안정성만을 고집하게 되면 **개별적 당사자에 대한 구체적 타당성**을 기할 수 없는 경우가 발생할 수도 있기 때문에 이의 합리적인 조화가 필요하다고 하겠다.

근대 이전에는 군주에 의해 자의적인 법 제정과 법집행이 이루어짐으로써 피지배계급은 맹목적 복종만을 강요당하여 법적 보호를 받지 못하였다. 하지만 **프랑스대혁명을 통해 시민계급이 승리한 이후 신분에서 계약으로라는 상징적 표현처럼 삼권분립에 의한 입법권의 행사에 의해 제정된 법률을 통해 현대사회는 법적 안정성과 구체적 타당성이 조화롭게 실현**되어 가고 있다고 하겠다. 하지만 현대도 독일 **나치시대의 수권법과 같은 법률에 근거한 불법이 자행**되기도 하였는바, **사회 구성원들의 법적 안정성과 구체적 타당성 실현에 대한 의지가 중요**한 문제라고 할 수 있다.

### 4. 이념의 충돌

법의 이념 중 **정의와 합목적성**은 법의 실질적 가치에 의미를 부여하고, **법적 안정성**은 법의 형식적 가치에 의미를 부여하는 이념이라 할 수 있다. 그러다 보니 **실질적 가치와 형식적 가치가 부딪히게 되는 경우** 갈등이 생길 수밖에 없다. 한편 정의와 합목적성은 법의 실질적 가치에 의미를 부여하고 있지만, 양자 사이에도 또 다른 가치의 충돌이 상존하고 있어 그들끼리도 갈등이 생길 소지가 있다.

결국 이러한 이념의 충돌은 구체적 사건에 대한 법적용과 법해석과정에서 절충점을 찾아 하나의 구체적·현존적 실재로 나타나게 된다고 하겠다. 이는 대표적인 사회적 학문인 법학에서 어쩔 수 없는 현상이라고 하겠다.

## Ⅳ. 법과 사회규범

### 1. 서 론

사회에는 법규범 이외에도 종교규범, 도덕규범, 관습규범 등 수많은 규범이 존재한다. 다만 법규범이 타 사회규범과 다른 점은 국가적 공권력에 의한 강제력이 부여되어 있는 점이라 하겠다. 다른 규범과 차이점을 살펴보기로 한다.

## 2. 법과 도덕

**법은 이를 위반한 경우 형벌 내지는 손해배상 등 일정한 법적 강제**가 따르게 된다. 반면에 **도덕은 이를 위반한 경우 사회적 비난만 가해질 뿐 어떠한 강제적 제재가 따르지 않는다**. 이런 점에서 법과 도덕은 차이가 있다. 즉 도덕적 비난이 가해지는 행위라고 하더라도 법에 의해서 규제되지 않는 한 어떠한 실재적 불이익을 당하지 않는다.

그럼에도 불구하고 법과 도덕은 또 분리할 수 없는 관계에 있다고 하겠다. 왜냐하면 비도덕적이고 도덕감정에 맞지 않는 법규범이 있다면 도덕적 평가와 비판을 통해 해당 법규를 개정하게 되기 때문이다.

일반적으로 법과 도덕을 구별하는 기준으로 **법의 외면성과 도덕의 내면성, 법의 합법성과 도덕의 도덕성, 법의 타율성과 도덕의 자율성, 법의 강제성과 도덕의 비강제성, 법의 양면성과 도덕의 일면성** 등이 제시되고 있다. 우선 법은 인간의 외적 행위를 규제대상으로 하는데 반하여 도덕은 인간의 내적 심리를 규제대상으로 한다는 점에서 차이가 있다. 그렇지만 이러한 분류는 반드시 명확한 것은 아니며, 외적 행위를 법적으로 평가하는 경우에도 내적 도덕성을 고려하지 않을 수 없고, 반대로 도덕적 평가도 오히려 외부에 표출된 행위를 기준으로 이루어지는 경우도 많이 있다.

**칸트는 모든 당위규범을 동기와 관련하여 구별**될 수 있다면서 어떤 **행위규범**을 의무로 삼고, 또 이 의무를 동기로 삼는 규범은 윤리적으로 도덕적 영역에 속한다 할 것이지만, 이 의무를 행위의 규범 속에 포함시키지 않고, 다른 동기들도 허용하는 규범은 법적 영역에 속한다고 하였다. **합법성**이란 행위의 동기와 상관 없이 행위와 규범 간의 단순한 일치 또는 불일치를 말한다. 반면에 **도덕성**이란 규범으로부터 나온 의무의 이념이 동시에 행위의 동기가 된 행위와 규범의 일치 또는 불일치를 말한다. 법과 도덕을 구분짓는 가장 확실한 방법은 강제성 여부라고 하겠다. **예링은 한 국가 내에서 효력을 갖고 있는 강제규범의 총체를 법이라 정의**하면서, 법이기 위해서는 국가의 강제력이 뒷받침되어야 한다고 하였다. 즉 국가의 강제력에 의하여 실현되는 규범이 법이며, 그러하지 아니한 규범은 비록 그것이 생활 속에서 일반적으로 구성원들에 의해 준수되고 있다고 하더라도 법이라 할 수는 없다고 하였다.

법과 도덕을 구별하는 기준으로 양면성과 일면성이 제시되기도 한다. 즉 법은 권리와 의무의 동시성립을 전제로 하여 권리자와 의무자를 전제로 하고 있음에 비하여 도덕은 도덕적 행위를 하는 자의 일면성만을 중시하고 있기 때문에 서로 다르다는 것이다.

결국 법과 도덕은 모두 사회규범으로 그 구성원을 구속하지만, 그 성격 및 효과에서는 상당한 차이가 있다. 그렇지만 민법상의 신의성실의 원칙이라든지, 반사회질서행위의 무효라든지는 도덕적 판단에 기초하고 있고, 헌법상의 인간의 존엄성과 인격의 존중, 생명권 보장 및 자유권 보장 등은 도덕적 내용에 기반하고 있음에 비추어 **법과 도덕은 모두 사회규범으로 상호연관성을 가지고 있다**고 하겠다.

## 3. 법과 관습

**관습이라 함은 일정한 관행이 사실상 존재하고 있는 것을 모든 구성원들이 알고 그러한 관행을 행위규범으로 삼는 규범**을 말한다. 이러한 관습은 출생에서 결혼, 사망에 이르기까지 다양한 형태로 나타나고 있다고 하겠다. 이러한 관습의 존재는 일정 지역의 구성원들을 사실상 구속하는 힘이 있고, 이를 위반할 경우 이 역시 도덕적 비난이 가해지고 있다. 뿐만 아니라 관습을 무시하는 행위를 반복할 경우에는 그 사회로부터 격리되거나 배척당하는 경우조차 있다. 관습은 사회의 공식적인 법절차, 외적인 예절 혹은 미적 감각과는 다른 분야라 할 수 있지만, 그러한 절차의 배후에서 일정한 영향을 행사하고 있는 것이 사실이다.

또한 관습 중에는 그 구성원들에 의해 법적 확신에 이르는 경우도 있는바, 그러한 경우를 **관습법**이라 하여,[1] 민법 제1조는 성문법처럼 法源으로서의 존재성을 인정한다.

우리가 살아가고 있는 이 사회는 수많은 다양한 형태의 관습이 존재하

1) 헌법재판소 2004. 10. 21. 2004헌마 554 등 결정 : 헌법재판소는 '신행정수도 건설을 위한 특별조치법'이 관습헌법에 위배된다는 이유로 위헌결정을 한 바 있다.

고 있고, 이러한 **관습들이 법해석에서 상당한 해석기준으로 기능**하고 있는 것 또한 사실이다. 이처럼 법과 관습은 다른 사회규범이지만, 이 역시 상호유기적 관계에 있다고 하겠다.

## 제 2 절 법체계

### Ⅰ. 서 론

법체계, 즉 법의 계보라 함은 각국의 법들이 어느 정도 연관성을 가지고 있기 때문에 그러한 동일성을 일정 기준으로 분류한 것을 말한다. 분류방법으로는 *法源*을 중심으로 하여 **대륙법계·영미법계·이슬람법계**로 나누는 방법, 인종을 기준으로 하여 인도유럽법계·유대법계·몽고법계·비문명법계로 나누는 방법, 유전학적 기준에 의해 민족법·관습법적 요소와 로마법적·교회법적 요소 그리고 현대의 민주주의적 요소로 나누는 방법, 법규범의 내용에 따라 독일법계·프랑스법계·스칸디나비아법계·영국법계·러시아법계·이슬람법계·힌두법계 등으로 나누는 방법, 이데올로기와 법기술적 방법에 따라 로마게르만법계·보통법계·사회주의법계·기타 이슬람법계·유대법계·힌두법계·극동법계 등으로 나누는 방법 등 다양한 분류방법이 있다.

그러나 현대에 들어와 일반적 분류방법은 대륙법계(독일법과 프랑스법)와 영미법계·이슬람법계·북유럽법계·슬라브법계로 나누는 방법이다. **우리나라는 일본법을 통해 독일법을 계수하였다고 할 수 있어, 일반적으로 대륙법계통의 법체계국으로 분류**되고 있다.

### Ⅱ. 대륙법계

대륙법계는 독일과 프랑스로 대표되는 유럽대륙법계로, **일반적으로 추상적 규범화와 이들을 체계화한 법계**라는 특징을 갖는다. 대륙법계는 일반적으로 성문법주의를 취하고 있다. 특히 독일법은 15세기 중반부터 로마법의 영향을 강하게 받았는데, 이는 당시 독일이 중앙권력의 약화로 통일국가를 이루지 못하고 있었기 때문에 독립적 지위를 누리고 있던 지방영주와 도시들이 로마법의 영향을 받고 있었기 때문이다. 그렇지만 17세기에 들어 **계몽주의사상**이 독일을 지배하면서 기존의 종교·법 그리고 문화적 권위를 대체하며 이성적 개인이 중심에 서게 되면서, 지역별로 분화되어 있던 상이한 법제도를 통일할 필요성이 대두되어, 푸펜도르프(Pufendorf)·토마지우스(Thomasius)·볼프(Christian Wolf) 등이 중심이 되어 통일법을 추진하였고, 드디어 1756년 바이에른의 크라이트마이어(Kreittmayer)가 바이에른민법전(Codex Maximilianeus Bavaricus Civilis)을 완성하고, 뒤이어 1794년 프로이센 일반란트법(Allgemeines Landrecht für die Preußischen Staaten)이 제정되기에 이르렀다.

**프랑스민법은 유럽에서 가장 먼저 제정**되었는바, 프랑스혁명 후 1804년에 나폴레옹에 의해 제정된 민법전(Code civil)의 영향을 가장 강하게 받았다고 할 수 있다. **프랑스민법은 소유권존중과 계약자유의 원칙, 가족과 상속의 가치라는 자연법적 사상을 구체적으로 입법**하였다. 프랑스민법도 로마법의 영향을 받았으며, 특히 프랑스남부에서 발달한 'droit crit' 혹은 게르만·프랑크시대의 관습법이 많이 반영되었다.

법학자인 Domat(1625~1696), Pothier(1699~1772) 등의 법학연구가 많은 영향을 미쳤다고 할 수 있다.

## Ⅲ. 영미법계

영국법은 1066년 노르망디공 윌리엄 1세가 헤이스팅스 전투에서 잉글랜드왕 헤롤드를 물리치고 영국의 왕권을 쥐면서 발달하기 시작하였다는 것이 정설이다. 영국법체계에 잉글랜드왕 알프레드(871~900)시대의 관습법이 일부 포함되기도 하였지만, 윌리엄 1세는 전국의 토지소유관계를 기록한 문서(Domesday Book)를 통해 징세권을 확보했고, 국가최고평의회인 Curia Regis로 하여금 세금납부에 대한 심사권을 행사하도록 하였다. **징세권을 통한 국가재정의 확립 및 사법 분야의 중앙집권화**를 통해 지방에서 실시되고 있던 앵글로 색슨족의 관습법 대신 **보통법이라 불리우는** Common Law(일반법 혹은

**공통법) 체계를 수립**하게 되었다. 즉 영국의 Common law는 16세기 프랑스의 droit commun français이나 19세기 독일의 Gemeines Recht보다 훨씬 이전에 생성되었다고 할 수 있다. 15세기에 이르러 형평법(Equity Law)이라 불리우는 법체계가 새로이 형성되었는바, 이는 Common Law가 적용되어 패소한 후 그 패소가 도덕이나 양심에 비추어 억울한 자들이 국왕에게 직접 제출한 탄원서를 심사한 결과서들의 집적을 통해 탄생된 것으로, 형평법을 다루기 위한 형평법법원이 보통법법원과 별도로 생기게 되었다. **영국의 Common Law는 대륙법계의 Civil Law와 구별하는 개념**으로 사용되기도 한다. 다만 좁은 의미의 Common Law는 의회에서 제정된 성문법(statute law)및 형평법과 구별하는 개념으로 사용되고 있다.

영국법계는 법적 전통이나 배심제도와 같은 소송제도 등이 대륙법계인 독일이나 프랑스와 구별되고 있는데, 독일법이 로마법의 계수를 통해 게르만법의 전통성이 많이 약화되고, 프랑스법 역시 로마법의 영향을 크게 받은 것과 달리, 로마법의 영향을 크게 받지 않은 채 영국의 역사적 전통인 관습이나 법규범에 근거하고 있는 법제라는 특징이 있다. 이를 Holmes는 The Common Law(1881)에서 "법의 생명은 논리가 아니라 경험에 있다"(The life of the law has not been logic, It has been experience)라고 표현하기도 하였다. 이에 따라 **영국법은 성문화된 법체계보다는 선결례구속의 원칙에 따라 판례법체계로 발전**하게 되었다. 즉 대륙법계처럼 성문화된 법조문을 통한 추상적인 논리체계가 아니라, 개별적인 사건 해결을 통한 판례를 정리하여 일정한 선결례를 정립하여 이를 유사한 다른 사건에 적용하는 법체계로 발전하여 온 것이다.

**미국법은 영국과 달리 성문의 헌법을 가지고 있고, 헌법에는 입법·사법·행정에 대한 3권분립의 정신과 법적 구속력을 갖는 기본권 등이 규정되어** 있다. 17세기 북미대륙으로 이주한 **청교도들은 성직자들의 성경해석**을 기초로 한 사법체계를 갖추었으나, 점차 무역거래 등이 확대됨에 따라 법적 해결책이 모색되기에 이르렀고, **영국의 법학자 블랙스톤(Blackstone)의 주석서가 중요지침서**로 활용되었고, 18세기 중반 영국으로부터의 독립선언을 통해 각 주는 독자적인 법체계를 구성하였는데, 그 중심에는 영국의 Common Law가 중요법원으로 기능하고 있었다.

특히 파운드(Roscoe Pound)가 창시한 법사회학파(sociological jurisprudence) 소속의 법률가 르웰린(Karl N. Llwellyn)과 프랑크(Jerome N. Frank)가 법현실주의(legal realism)에 기초하여 교과서나 법전 속에 존재하는 추상적 법보다는 사법부를 통해 구체적으로 적용되는 법, 즉 **판례를 통한 사법활동(judicial behavior)**이야말로 중요한 법원이 된다는 주장이 크게 영향을 미치게 되었다. 그리하여 법을 단순히 법률가에게만 맡겨 두지 않고, 의학자·심리학자·정치학자·법학자들의 공동참여를 통한 합리적 해결책을 도모하는 방향으로 발전하여 왔다고 하겠다.

이런 발전과정을 통해 **영미법계는 배심제도를 정착시켜 일반시민인 배심원들로 하여금 사실을 확정토록 한 후 법관이 그 사실에 기초하여 재판하는 방식**을 취하고 있다. 그리고 사실을 확정하는 가장 좋은 방법으로 **증인신문제도**를 이용하고 있는데, 이는 당사자를 증인으로 선서시킨 후 "진실은 문제를 야기한 양 당사자들의 강력한 진술에 의해서 밝혀진다(Truth is best discovered by powerful statements on both sides of the question)"라는 신념으로 재판을 진행하여 사실관계를 밝히고 있다.

## Ⅳ. 북유럽법계

덴마크·노르웨이·스웨덴·핀란드·아이슬란드와 같은 북유럽국가들은 영국의 보통법(Common Law)을 계수하지도 않았고, 로마법체계를 계수한 대륙법계를 따르지도 않았다. 이들 국가들은 12·13세기에 스웨덴이 지배국가로 군림하고 있었기 때문에 **스웨덴을 중심으로 한 독자적 법체계를 유지**하게 되었다. 그리하여 오히려 고대 게르만법의 영향을 받으며 독자적 법체계를 유지하던 중 17·18세기에 이르러 덴마크와 스웨덴은 중앙집권적 사법·형법·소송법전을 제정함으로써, 독일이나 프랑스보다 먼저 나름대로의 법체계를 갖추었다고 할 수 있다. 그 후 유럽의 30년전쟁을 통해 로마법의 부분적 계수가 이루어졌지만, 북유럽법계는 여전히 지리적 인접성, 문화적 동질성, 언어적 유사성 등으로 인해 상호간에 법적 동질성이 유지되어 옴으로써 같은 유럽임에도 불구하고 대륙법계나 영미법계와 다른 독자적 법체계를 유지·발전시켜 왔다고 할 수 있다.

## V. 이슬람법계

이슬람법계는 이슬람교를 믿는 국가들의 법체계로 그 특징이 **정교의 미분리**라는 점이다. 즉 법과 종교가 일치함으로써 여전히 **이슬람경전인 코란이 중요한 법원으로 작용**하고 있다는 점이다. 그 결과 입법자의 권위를 인정하지 않고, 사회변화에 따른 법률변화를 인정하지 않으며, **법은 알라신이 모하메드를 통해 선포한 알라의 뜻, 즉 알라의 의지이기 때문에 함부로 변경해서는 안 된다는 사상의 지배**를 받고 있다. 따라서 이슬람법계의 최고의 법원은 모하메드의 어록인 코란이다. 코란에는 법적 의미를 담은 내용이 일부 있는바, 예를 들어 이슬람신자는 약자를 돌보아야 하고, 거래에서 신의를 지켜야 하며, 법관은 뇌물을 받아서는 안 되며, 이자를 받거나 도박을 하여서는 안 된다는 것이다. 그러면서도 이를 위반한 경우 어떻게 처벌할 것인가에 대하여는 규정하고 있지 아니하다. 이슬람법은 9세기 초에 이슬람학자 아스사피가 주장한 네 가지 근간, 즉 **코란, 순나**(예언자들의 영적 생활을 기록한 것으로 코란 주석서), **이그마**(이슬람교도들의 의무에 관한 합의), **위 셋에 근거한 유추해석에 의해 해석**되어지고 있다.

현대에 들어와 아랍국가는 식민지배의 영향 때문에 프랑스법의 영향을 강하게 받아 재산법분야는 성문화가 이루어졌고, 가족법·상속법 분야는 완전한 성문화가 이루어지지 않았으나 점차 그 구별이 완화되어 가고 있다.

## VI. 사회주의법계

사회주의법계는 구소련을 중심으로 마르크스·레닌주의에 기초하고 있다는 특징이 있다. **사회주의법계는 헤겔의 변증법과 유물론에 근거하여 국가와 법은 하부구조인 생산관계를 반영하는 도구에 불과**하다고 본다. 이에 따라 사회주의법계에서 법은 정치적 기능에 따라 결정되며, 오히려 일정한 정치·경제적 목적을 위해 제정되는 경향을 보이고 있다. 사회주의법계에서는 법치주의나 법의 지배라는 의미는 바로 법에 의해 국가권력이 개인의 영역에 간섭하는 것을 억제하는 것을 의미한다는 것이다. 사회주의법계의 특징은 국가와 개인 간의 갈등의 발생을 허용하지 않고, 정치가 일정한 국가목표를 정하면 법은 이를 수행하고 추종하는 기능을 담당하는 것으로 보아 **국가우선주의**를 취하고 있어, 개인의 희생은 당연한 것으로 인식되는 점이라 하겠다.

## 제3절 법 원

법원(法源, Rechtsquelle, Source of Law)이라 함은 **재판의 기준이 되는 법의 존재형식 또는 현상형태**를 말한다. 쉽게 말해 법이 어떤 모습으로 존재하는가이다. 민법 제1조는 법률에 규정이 없으면 관습법에 의하고, 관습법이 없으면 조리에 의한다고 하여 **법원이 성문법, 관습법, 조리의 형태로 존재**함을 밝히고 있다.

또한 법은 **상위법과 하위법**이 있어, 최상위에 국가 최고의 법인 **헌법**이 있고, 그 아래에 국회가 제정한 **성문법률**, 그 아래에 행정부가 제정한 **명령, 규칙** 등이 있다. **상위법은 하위법에 우선하여 적용**된다. 성문법이 없을 때 관습법이 보충적으로 적용된다는 것이 현재의 통설이며, 관습법마저 없을 경우에는 조리에 의하여 국가구성원들의 일반적 상식 또는 신의칙을 기반으로 한 법관의 법창조적 기능이 최종적 보충기능을 담당한다. 한편 상법 제1조는 상법에 규정이 없으면 상관습법에 의하고, 상관습법이 없으면 민법의 규정에 의한다고 규정하고 있다.

# 제4절 법의 분류

## Ⅰ. 공법과 사법

**공법이라 함은 수직적 법률관계를 규율하는 법**으로, 국가가 우월적 지위에서 국민에게 명령하고 지시할 수 있는 법영역을 말한다. 즉 형법이나 국세징수법, 병역법처럼 국가가 우월적 지위에서 국민의 신체나 생명을 지배하거나, 국민의 재산권을 지배하고, 병역의무를 부과하고 국민은 이에 지배당하는 수직적 법률관계의 영역이다.

**사법이라 함은 수평적 법률관계를 규율하는 법**으로, 사적 자치가 허용되기 때문에 당사자 사이에서 대등한 법률관계가 형성되는 법영역을 말한다. 따라서 국가나 지방자치단체의 경우에도 물품을 매매하는 경우처럼 사인과 대등한 법률관계를 맺게 되면 사법의 지배를 받는다고 하겠다. **공·사법을 구별하는 것은 법의 지배원리가 다르기 때문**이다. 공법영역은 **행정소송**의 대상이 되고, 사법영역은 **민사소송**의 대상이 된다. 이를 분류하는 기준으로는 그 권리주체가 우월적이냐 아니면 대등적이냐에 의한 **종속설**, 권리와 의무의 귀속주체가 공권력의 향유주체인가 아닌가에 의한 **권리주체설** 등이 제시되고 있다.

현행법 중 헌법·형법·형사소송법·민사소송법·각종 행정법규·법원조직법·검찰청법·국회법·병역법·국제기본법 등은 공법에 속하고, 민법·상법 등은 사법에 속한다.

## Ⅱ. 실체법과 절차법

**실체법이라 함은 권리 자체를 선언한 법**으로 민법, 상법, 형법, 각종 행정법규 등이 이에 속하고, **절차법이라 함은 실체법상의 권리가 침해될 경우 그 권리를 구제받기 위한 재판절차를 규정한 법**으로 민사소송법, 가사소송법, 형사소송법, 행정소송법, 헌법재판소법 등이 이에 속한다.

## Ⅲ. 국내법과 국제법

국내법이라 함은 일국의 국가 내에서 존재하는 법을 말하고, 국제법이라 함은 일반적으로 승인된 국제조약, 타국과 체결한 조약이나 국제관습법을 말한다. 양자를 구별하는 것이 일반적이나, 그 효력에 대해 **국내법우선주의와 국제법우선주의**로 나누어져 있다. **우리 헌법은 국내법과 일반적으로 승인된 국제법은 동일한 효력이 있다**고 규정하고 있다.

# 제 5 절 법률관계

## Ⅰ. 법률관계

### 1. 의 의

**법률관계라 함은 법에 의하여 규율되는 생활관계**를 말한다. 즉 사람의 생활관계는 정치·경제·사회·종교·도덕 등 여러 가지가 있는데 그 중에 법에 의하여 규율되는 생활관계를 법률관계라 한다. 이러한 법률관계에는 **재산관계와 신분관계**로 되어 있다. **법률관계는 구체적으로는 권리와 의무관계**로 나타나고 있다.

### 2. 법률관계와 호의관계

**호의관계라 함은 법적 구속을 받지 않은 단순한 사교적 관계**를 말한다. 예를 들어 사교적 파티에 초대하여 무상으로 식사를 대접하거나, 무상으로 옆집 자녀를 돌보아주거나, 무상의 호의동승 등이 이에 속한다. 호의관계가 법률관계와 다른 점은 **호의관계의 상대방에게 아무런 법률상의 청구권이 인정되지 않는다**는 점이다. 호의관계는 대부분 무상으로 이루어지지만, 법률관계에도 증여나 무상의 금전소비대차처럼 무상인 경우가 있기 때문에 **무상이냐의 여부만으로 법률관계와 호의관계를 구별할 수는 없다**.

한편 호의관계이더라도 **호의관계의 결과 일정한 법률관계가 발생하는 경우에는 법률의 지배**를 받게 된다. 예를 들어 무상의 호의동승 중 교통사고가 발생하여 피해를 입은 경우 손해배상책임이 발생하는 경우이다.

### 3. 법률관계의 변동

**법률관계의 변동이라 함은 법률관계의 발생, 변경, 소멸**을 말한다. 즉 일정한 원인에 의하여 일정한 법률효과가 발생하는 것을 말한다. 예를 들어 매수인의 청약의사와 매도인의 승낙의사에 의해 매매관계가 성립하게 되면, 매매대금지급의무와 목적물인도청구권이 생기는 경우이다. 이때 매매계약의 성립을 **법률요건**을 충족하였다고 말하고, 법률요건이 충족되면 위와 같은 권리·의무가 생기는 것을 **법률효과**라고 한다.

즉 **법률요건(위 매매계약)은 하나 또는 둘 이상의 법률사실(위 매매계약에서 청약과 승낙의 의사표시)의 결합으로 일정한 법조항이 요구하는 요건을 갖추는 것을 말하고, 법률요건을 갖추게 되면 법률은 일정한 법률효과를 인정**하게 된다.

결국 법률관계는 당사자 사이의 권리·의무관계를 의미하므로, 법률관계의 변동은 당사자 사이의 권리·의무의 변동을 의미한다고 하겠다. 이를 권리자의 입장에서 보면 **권리의 취득, 변경, 상실**이 되고, 권리의 입장에서 보면 **권리의 발생, 변경, 소멸**이 된다. 권리의 득실에는 절대적인 것과 상대적인 것이 있는데, **절대적 권리취득**에는 무주물 선점이나 건물 신축 등이 있고, 상대적 권리취득에는 부동산매매로 인한 소유권취득, 상속으로 인한 권리취득 등이 있다. 하나의 원인으로 권리를 포괄적으로 취득하면 이를 **포괄승계**라 하고, 하나의 원인으로 하나의 권리를 취득하면 이를 **특정승계**라 한다. 상속이 포괄승계에 해당되고, 매매가 특정승계에 해당된다.

## Ⅱ. 권리와 의무

### 1. 권 리

#### (1) 의 의

**권리라 함은 일정한 생활이익을 향수하기 위하여 주어진 법률상의 힘**

을 말한다. 이처럼 권리는 일정한 법익을 향수하기 위하여 주어진 법률상의 힘이므로 법과 권리는 상호 밀접성이 있다. 다만 차이라면 **법은 객관적·추상적**인데 반하여 **권리는 주관적·구체적**이라는 점이다. 이러한 권리는 19세기 이래 법의 중심개념이 되었고, 오늘날 권리와 의무가 법률관계의 중심이 되었다고 하겠다.

### (2) 권리의 본질

권리의 본질에 관하여 의사설, 이익설, 생활관계설, 권리법력설 등이 주장되어 왔으나, 현재는 **권리법력설이 통설**이 되었다고 할 수 있다. **권리법력설은 권리의 본질을 일정한 생활이익을 향수하기 위하여 주어진 법률상의 힘으로 이해**한다. 권리법력설은 의사설과 이익설을 결합한 것으로 에넥케루스(Eneccerus)·메르켈(Merkel) 등이 주장한 이래 오늘날 통설이 되었다고 할 수 있다.

### (3) 권리와 구별하여야 할 개념

1) 권능(Befugnis) **권능이라 함은 권리를 구성하는 하나하나의 힘**을 말한다. 예를 들어 소유권이라는 권리에는 그 객체인 일정한 물건에 대한 사용권·수익권·처분권이 있는바, 이러한 **사용권·수익권·처분권을 권능**이라고 한다.

2) 권한(competence, Kompetenz, Zustandigkeit) 권한이라 함은 타인을 위하여 그 자에게 일정한 법률효과를 귀속시킬 수 있는 법률상의 자격을 말한다. **대리권, 법인의 대표권** 등이 이에 속한다.

3) 권원(titel, Rechtstitel) **권원이라 함은 일정한 법률상 또는 사실상의 행위를 할 수 있는 정당한 법률상의 원인**을 말한다. 예를 들어 타인의 부동산을 정당하게 사용·수익할 수 있는 **지상권·전세권·임차권** 같은 권리를 말한다. 그러한 권리가 있으면 정당한 권원이 있는 것이고, 그러한 권리가 없으면 정당한 권원이 없기 때문에 부당이득의 반환이나 불법행위로 인한 손해배상책임을 지게 된다.

4) 권리반사 또는 반사적 이익(reflective interests, objektives Reflexrecht) 권리반사라 함은 **법률이 특정인 또는 일반인에게 어떤 행위를 명함으로써**

**다른 특정인 또는 일반인이 반사적으로 일정한 이익을 취하는 것**을 말한다. 권리반사는 권리가 아니기 때문에 그러한 이익이 침해될 경우에도 **법적 구제를 청구할 수 없는 한계**가 있다. 예를 들어 일정 구간 내에 일정 수의 주유소를 허가해 줄 경우, 그 주유소가 그 반경 내에서 독점적 이익을 취하는 경우이다. 다만 최근 공권의 확대 추세에 의해 종래의 반사적 이익이 법률상 보호이익으로 확장되는 경향이 있다.

## 2. 의 무

### (1) 의 의

**의무라 함은 법에 의하여 강요되는 일정한 법률상의 구속**을 말한다. 의무에는 일정한 행위를 하여야 할 **작위의무**와 일정한 행위를 하지 않아야 할 부작위의무가 있다. **부작위의무**는 다시 **단순부작위와 인용의무**로 나눈다. 단순부작위라 함은 담을 쌓지 않아야 하는 것과 같이 일정한 행위를 하지 않아야 할 의무이고, 인용의무라 함은 임대인이 임대목적물을 수선하는 것을 임차인이 방해하지 말아야 하는 것처럼 타인이 일정한 행위를 하는 것을 참고 방해하지 아니하여야 할 의무를 말한다.

의무는 다시 납세의 의무, 국방의 의무, 교육의 의무, 근로의 의무와 같은 **공법상의 의무**와 채무이행과 같은 **사법상의 의무**로 나누기도 한다. **의무를 위반하게 되면 그 이행을 소로 강제당하거나 손해배상책임을 지게 된다.**

### (2) 권리와 의무관계

**권리와 의무는 표리관계**를 이루고 있는 경우가 일반적이다. 예를 들어 매매계약이 성립하면 매도인의 대금지급청구권과 매수인의 대금지급의무, 또는 매도인의 목적물인도의무와 매수인의 목적물인도청구권이 표리관계를 이루며 생기는 경우이다.

다만 **예외적으로 권리만 있거나 의무만 있는 경우**도 있을 수 있다. 예를 들어 취소권·추인권·해제권과 같은 형성권은 권리만 있는 경우이고, 청산인의 공고의무(민법 제88조), 법인 이사 또는 청산인의 등기의무(민법 제50조), 국민의 납세의무나 국방의무 등은 의무만 있는 경우이다.

(3) 간접의무(Obliegenheit)

**간접의무, 즉 책무는 위반한 경우 일정한 법률상의 불이익을 받지만, 위반하였다고 하여 상대방이 소로써 이를 강제하거나 손해배상을 청구할 수 없는 것**을 말한다. 예를 들어 승낙자의 승낙이 승낙기간 내에 정상적으로 발송되었으나 예상과 달리 연착하여 도착한 경우 청약자가 그 연착사실을 통지하지 아니하면 승낙자는 그 승낙이 제때 도착한 것으로 보아 계약이 성립되었다고 주장할 수 있다. 이 경우 **청약자의 위 연착사실의 통지의무가 간접의무**에 속한다.

## Ⅲ. 권리의 종류

### 1. 공 권

**공권이라 함은 공법관계에서 인정되는 권리**로, 이에는 국가적 공권과 개인적 공권이 있다. **국가적 공권**이라 함은 국가나 공공단체 또는 국가로부터 공권력을 부여받은 자가 우월적 지위에서 개인 또는 단체에 대하여 가지는 권리를 말하고, 이에는 형벌권·경찰권 등이 있다. **개인적 공권**이라 함은 개인 또는 단체가 우월적 의사주체로서 국가나 공공단체에 대하여 요구할 수 있는 권리를 말하고, 이에는 국민의 자유권·수익권·참정권 등이 있다.

### 2. 사 권

(1) 내용에 의한 분류

1) 재산권 권리의 내용에 의한 분류로 **재산권이라 함은 재산적 이익을 내용으로 하는 권리**를 말한다. 재산권은 원칙적으로 **양도·상속이 가능**하다. 이에는 물권·채권·무체재산권(지적재산권)이 있다. **물권**은 권리자가 물건을 직접 지배하여 이익을 얻을 수 있는 독점적·배타적·절대적 지배권인 대물권이고 누구에게나 주장할 수 있는 대세권이다. **채권**은 특정인(채권자)이 다른 특정인(채무자)에 대하여 특정한 행위(급부행위)를 요구할 수 있는 상대적·제한적 대인권이고 특정인에게만 주장할 수 있는 상대권이다. **무체재산권**(지

적재산권)은 발명·저작과 같은 정신적·지적 산물을 독점적·배타적으로 이용할 수 있는 권리로, 물권처럼 독점적·배타적으로 행사하는 권리이지만 그 대상이 물건이 아닌 권리라는 점에서 준물권에 속한다. 지적재산권에는 특허권·디자인권·의장권·상표권·저작권 등이 있다. 최근 들어 신지적재산권이라 하여 영업비밀·컴퓨터프로그램·인공지능·반도체배치설계·캐릭터·프랜차이징 등에 대한 권리가 각광을 받고 있다. 이러한 지적재산권은 세계무역기구(WTO)의 지적재산권협정(TRIPs)에 의해 국제적으로 보호받고 있다.

2) 인격권 인격권이라 함은 **권리의 주체와 분리할 수 없는 인격적 이익의 향수를 내용으로 하는 권리**이다. 이에는 생명권·신체권·정신적 권리 등이 있다. 다시 정신적 권리에는 명예권·신용권·정조권·성명권·초상권·사생활보호권(privacy) 등이 있다. 인격권은 재산권이 아니지만, 이를 침해하면 정신적 고통에 대한 **위자료청구권**이 인정되어 결국 손해배상청구권이 인정된다. 손해배상은 금전배상이 원칙이기 때문에 최종적으로 재산권으로 귀결된다.

3) 가족권 가족권이라 함은 신분관계에 대한 권리로 이에는 **친족권과 상속권**이 있다. 친족권은 친족관계라는 일정한 신분관계로 인해 인정된 권리로 의무적 성격이 강한 권리인데, 이에는 친권·부양구권 등이 있다. 상속권은 상속인이 상속개시 후 가지는 권리로 이에는 재산상속권, 유증을 받을 수 있는 권리 등이 있다.

4) 사원권 사원권이라 함은 **단체의 구성원이 그 구성원이라는 지위에서 단체에 대하여 가지는 권리**로, 이에는 이익배당을 요구할 수 있는 **자익권**과 사원총회의결권과 같은 **공익권**이 있다. 민법상 사단법인의 사원들이 갖는 권리, 상법상 주식회사의 주주들이 갖는 권리가 사원권에 속한다.

### (2) 작용(힘)에 의한 분류

1) 지배권(Herrschaftsrecht) 작용, 즉 권리의 힘에 의한 분류로 **지배권이라 함은 타인의 행위를 개입시킴이 없이 권리자가 권리의 객체를 직접 지배할 수 있는 권리**를 말한다. 이에는 **물권·지적재산권** 등이 있다. 지배권에 대한 침해는 불법행위를 구성하고, 지배권자는 그 침해자에 대한 침해배제나 손해배상을 청구할 권리가 있다.

2) 청구권(Anspruch) **청구권이라 함은 특정인이 다른 특정인에게 일정한 행위인 작위나 부작위를 요구할 수 있는 권리**를 말한다. 이에는 채권에서 비롯된 **채권적 청구권**이 대표적인 것이나, 그 이외에도 **물권적 청구권, 친족법상의 청구권**, 상속권에서 비롯된 청구권, 공권에서 비롯된 청구권, 무체재산권에서 비롯된 청구권 등 다양한 청구권이 있다.

이처럼 청구권은 채권에서 가장 많이 발생하지만 기일미도래채권의 경우처럼 채권이지만 아직 청구권이 없는 경우도 있고, 채권 이외의 권리에서도 청구권이 발생할 수도 있기 때문에 **채권과 청구권은 반드시 같은 것은 아니다**.

3) 형성권(Gestaltungsrecht) 형성권이라 함은 **권리자의 일방적 의사표시에 의하여 법률관계를 발생·변경·소멸시킬 수 있는 권리**이다. 형성권에는 권리자의 의사표시만으로써 법률관계의 변동을 가져오는 것과 소송을 제기하여 법원의 판결을 통해서만 비로소 법률관계의 변동을 가져오는 것이 있다. 전자의 경우로 민법상의 동의권(제5조), 취소권(제140조), 추인권(제143조), 계약의 해제·해지권(제543조), 상계권(제492조), 약혼해제권(제805조), 상속포기권(제1041조) 등이 있고, 후자의 경우로 채권자취소권(제406조)·재판상이혼청구권(제840조)·입양취소권(제884조) 등이 있다.

4) 항변권(Einrede) 항변권이라 함은 **상대방의 청구권 행사에 대하여 그 작용을 저지할 수 있는 권리**를 말한다. 항변권에는 청구권의 행사를 일시적으로 저지할 수 있는 **연기적 항변권**과 영구적으로 저지할 수 있는 **영구적 항변권**이 있다. 전자의 경우로 민법상의 동시이행의 항변권(제536조), 보증인의 최고 및 검색의 항변권(제437조)이 있고, 후자의 경우로 상속인의 한정승인의 항변권(제1028조)이 있다. 실체법상의 항변권과 구별해야 할 것으로 소송법상의 항변이 있다. **소송법상의 항변은 자기에게 유리한 공격·방법으로 주장할 수 있는 일체의 권리**를 말한다.

(3) 기타 분류

1) 일신전속권과 비전속권 **일신전속권이라 함은 권리의 성질상 양도·상속 등 타인에게 권리가 이전될 수 없는 권리**를 말하고, 비전속권이라 함은 양도와 상속이 가능한 권리를 말한다.

2) 주된 권리와 종된 권리 종된 권리라 함은 다른 권리에 종속되는 권리를 말하고, 주된 권리라 함은 다른 권리를 종속시키는 권리를 말한다. 예를 들어 **원본채권은 주된 권리이고 이자채권은 종된 권리**이다. 피담보채권이 주된 권리라면, 그를 담보하기 위해 설정된 질권이나 저당권은 종된 권리이다.

3) 기대권(Anwartschaftsrecht) 기대권이라 함은 권리의 성립요건이나 효력요건 중 일부가 완성되지 아니한 권리를 말한다. 반면에 모든 요건을 갖춘 권리를 완전권 또는 기성의 권리라고 한다. 예를 들어 **조건부권리 또는 기한부권리 및 상속개시 전의 추정상속인의 권리** 등이 이에 속한다. 할부매매에서 매수인이 대금을 완불하기 전 갖는 소유권취득의 기대권을 특히 물권적 기대권이라 한다.

### 3. 사회권

사회권이라 함은 **사회법상 인정된 권리**를 말한다. 사회권은 자본주의가 고도로 발전함에 따라 야기되는 폐해를 바로잡기 위하여 새롭게 등장한 권리로 경제권, 환경권, 노동권 등에서 주로 발생한다. **사회권은 헌법상의 사회권적 기본권에서 비롯**되었다고 하겠다. 이를 통해 근로자의 권리, 사회보장법상의 권리, 경제법상의 권리 등이 보장되고 있다.

## Ⅳ. 권리경합과 충돌

### 1. 권리경합

#### (1) 의 의

**권리경합이라 함은 하나의 생활사실이 수개의 법규가 정하는 요건을 충족함으로써 수개의 권리가 발생하여 서로의 권리가 충돌하는 경우**를 말한다. 예를 들어 교통사고의 경우 운송계약위반에 따른 손해배상청구권과 불법행위로 인한 손해배상청구권이 경합하는 경우이다. 하나의 사실로부터 발생한 수개의 권리는 동일한 목적, 위의 예에서 손해배상을 받기 위하여 존재하기 때문에 **하나의 권리행사로 목적을 달성하면 나머지 권리는 소멸**하게 된다. 그러나 권리가 경합되는 경우 각각의 권리는 독립적이기 때문에 각각 따로 행사하거나 동시에 행사할 수 있고, 따라서 소송도 각각 제기할 수 있으며, 소멸시효도 각각 진행된다.

### (2) 경합의 구체적 형태

권리경합의 구체적인 예로 물건을 도난당한 자는 절취자에 대하여 점유권에 근거한 점유회복청구권(민법 제204조), 소유권에 근거한 소유물반환청구권(제213조), 부당이득에 근거한 부당이득반환청구권(제741조), 불법행위에 근거한 손해배상청구권(제750조) 등의 권리가 경합적으로 생기기 때문에 이 모든 권리를 각각 주장하거나 동시에 주장할 수 있다. 또 다른 예로 임대차계약이 종료된 경우 임대인은 임차목적물에 대한 소유권에 근거한 물권적 반환청구권(제213조)과 임대차계약 종료에 근거한 채권적 반환청구권을 경합적으로 행사할 수 있고, 앞서의 교통사고의 경우 채무불이행책임(운송계약위반책임)과 불법행위책임의 권리경합이 인정되고 있다. 위 두 개의 권리는 과실에 대한 증명책임, 이행보조자의 행위에 대한 책임, 시효기간 등에서 서로 차이가 있기 때문에 구별하여야 한다는 것이 통설이다.

### (3) 법규경합

**법규경합, 즉 법조경합이라 함은 하나의 권리에 대하여 적용될 법조가 수개 있는 경우에 우월적으로 적용되는 법조가 있는 경우**를 말한다. 예를 들어 **특별법우선의 원칙, 상위법우선의 원칙, 신법우선의 원칙**에 의해 우월한 법이 열위한 법에 우선하여 적용되는 것이다. 앞서의 권리경합이 두 개의 권리에 대한 개념이라고 한다면 법조경합은 한 개의 권리에 대한 개념이라고 하겠다. 예를 들어 불법행위의 경우 공무원의 직무상 불법행위인 경우에는 민법보다 특별법인 국가배상법이 우선하여 적용되는 경우이다.

## 2. 권리의 충돌과 순위

### (1) 의 의

권리의 충돌이라 함은 동일한 객체에 대하여 수개의 권리가 존재하는 경우 그 객체가 모든 권리를 만족시킬 수 없는 경우를 말한다. 이런 경우에는 **권리 상호간에 순위가 있어 그 순위에 따라 해결**하게 된다.

(2) 권리의 순위

1) 물권 상호간의 순위 동일물 위에 수개의 물권이 성립하는 때에는 물권의 배타성에 의하여 물권 사이에 순위가 결정되게 되는데, **원칙적으로 먼저 성립한 물권은 나중에 성립한 물권에 우선**한다. 기본적으로 물권의 경우에는 하나의 객체에 **하나의 소유권만이 성립**하며, 본권인 소유권과 이를 제한하는 제한물권 사이에서는 **제한물권이 언제나 우선**하며, 동일물 위에 성립하는 상이한 종류의 **제한물권 상호간 또는 동종의 제한물권 상호간에는 성립시기가 우선한 것이 우선**한다. 다만 성립시기와 상관없이 우선특권이 인정되는 경우, 예를 들어 주택임대차보호법상의 소액임차보증금, 근로기준법의 3개월 간의 임금우선특권이나 3년 간의 퇴직금채권 등의 경우에는 언제나 우선특권이 인정된다.

2) 채권 상호간의 충돌 채권 상호간에는 원칙적으로 우열이 없다. 즉 동일한 채무자에 대한 수개의 채권이 충돌할 때에는 **채권자평등의 원칙이 적용**되어 동일채무자에 대한 수개의 채권은 그 발생시기의 선후에 상관없이 채무자의 총재산과 총채무액을 안분하여 그 비율에 의해 평등하게 분배받을 수밖에 없다. 채권자평등의 원칙이 적용되는 경우는 주로 **경매와 파산의 경우**이고, 그 이외의 경우에는 **선행주의**가 적용되어 채무자로부터 먼저 변제를 받은 채권자의 채권은 그 목적을 실현하여 소멸하게 된다.

3) 물권과 채권의 충돌 **물권과 채권이 충돌할 경우에는 원칙적으로 물권이 우선**한다. 이러한 물권우선 원칙에 따라 "매매는 임대차를 깨뜨린다(Kauf bricht Miete)"라는 명제가 유지되어 왔다. 다만 예외적으로 ① **등기된 부동산임차권**은 그 이후에 성립한 물권에 우선하며(민법 제621조), ② 주택임대차보호법에 의해 주택의 인도를 받고 주민등록 또는 전입신고를 마친 때에는 그 다음 날부터 제3자에 대하여 대항력이 생긴다(주택임대차보호법 제3조 제1항). 즉 임차목적물의 소유권자가 바뀌더라도 임차인은 새로운 소유권자에게 임차권을 주장할 수 있게 된다.

# 제6절 법의 적용과 해석

## Ⅰ. 법의 적용

### 1. 법의 적용의 의의

법의 적용이라 함은 구체적인 사실관계에 대하여 법규범을 적용하는 것을 말한다. 즉 **추상적 법규범을 상위개념으로 하고, 구체적 사실관계를 하위개념으로 하여 삼단논법에 의하여 결론을 도출하는 것**을 말한다.

### 2. 재판상 법의 적용

#### (1) 법관의 전권

당사자 사이에 다툼이 있는 사실관계에 대하여, 당사자의 주장에 구애됨이 없이 법관은 직무상 권한에 의하여 법을 적용할 자격이 있다. 즉 법관은 사법권독립의 원칙상 누구의 간섭이나 지시를 받음이 없이 오로지 헌법과 법률에 의하여 직업법관으로서의 양심에 따라 독립하여 심판한다(헌법 제103조).

#### (2) 법적용의 구체적 절차

법이 적용되는 단계를 살펴보면, 원고가 소장에 의하여 소를 제기하면, 법관이 소장의 필요적 기재사항 및 인지 첨부 등 형식적 요건을 조사하여 적합하면 소장 사본을 피고에게 송달하고, 피고는 소장부본을 받은 날로부터 30일 이내에 답변서를 제출하고, 만일 제출하지 아니하면 변론 없이 무변론원고승소판결을 하고, 피고로부터 답변서가 제출되면 법원은 변론기일을 지정하여 당사자를 소환하고, 당사자는 변론기일에 법정에 출석하여 자신에게 유리한 사실을 주장하면서 증거를 제출하고, 사실관계가 확정되면 법관은 법률을 적용하여 판결을 하게 된다. 이에 대하여 불복한 패소자는 판결문을 송달받은 후 14일 이내에 상급법원에 상소를 제기할 수 있다.

# Ⅱ. 법의 해석

## 1. 법의 해석의 의의

**법의 해석이라 함은 법규의 내용 또는 의미를 확정하는 것**을 말한다. 법률 조문의 내용은 전문적일 뿐만 아니라 일반적·추상적 내용을 담고 있을 뿐이어서 이를 구체적 사건에 적용하기 위해서는 법의 내용을 해석할 필요성이 있다.

## 2. 해석의 목표

법의 해석은 입법자의 의사를 중시하여야 하겠지만, 법을 적용하는 시점에서 그 동안 축적된 판례 및 학설뿐만 아니라 정치적·경제적·사회적·문화적 변화에 따라 **법의 근본취지를 밝히는 것**이라 하겠다.

법 해석의 목표는 이를 통해 **법적 안정성과 구체적 타당성을 실현하는 것**이라 하겠다. 양자가 충돌할 경우 일반적으로 법적 안정성에 중심을 두는 해석을 해야 할 것이지만, 특정인에게 지나치게 억울한 결과를 가져올 경우에는 구체적 타당성 역시 고려되어야 할 것이다. 재심판결이 구체적 타당성을 실현하는 전형적 판결이라 하겠다.

## 3. 해석의 방법

### (1) 문법적(문리적) 해석

문법적 해석이라 함은 법규의 문장용어대로, 즉 **문자가 가지는 일반적 또는 특별한 법률적 의미와 문법에 맞게 해석하는 것**을 말한다. 문법적 해석이 법해석의 첫 번째 단계라 할 것이다. 예를 들어 민법상 **선의**는 알지 못하였다는 것으로, **악의**는 알았거나 알 수 있었다는 것으로, **추정**은 반대의 증거가 제시되면 번복될 수 있다는 것으로, **간주**는 반대의 증거가 제시되어도 번복될 수 없다는 것으로 해석하는 것 등이다.

### (2) 체계적 해석

체계적 해석이라 함은 각 법규를 해석함에 있어 그 조문 하나만 볼 것이 아니라 법 전체계와 조화가 되도록 해석해야 하는 것을 말한다. 따라서 상위법 우선의 원칙, 신법 우선의 원칙, 특별법 우선의 원칙 등에 의한 해석이 이루어져야 하고, 다양한 해석이 이루어질 경우에는 최상위법인 헌법에 부합하게 해석해야 한다.

### (3) 역사적 해석

역사적 해석이라 함은 법제정 시의 입법자료 등을 참고하여 가능한 한 입법자의 의도대로 해석해야 하는 것을 말한다.

### (4) 목적론적 해석

목적론적 해석이라 함은 법의 근본취지 내지 목적에 부합하게 해석하는 것을 말한다. 목적론적 해석은 법의 해석에서 가장 중요한 해석이라고 할 것이다.

### (5) 반대해석

반대해석이라 함은 일정한 법명제로부터 반대명제를 이끌어 내는 해석을 말한다. 예를 들어 민법 제184조 제1항의 소멸시효의 이익은 미리 포기하지 못한다라는 내용을 반대로 해석하여 시효완성 후의 시효이익의 포기는 허용된다는 해석을 이끌어 내는 경우이다.

### (6) 유추해석

**유추해석이라 함은 어떤 사항을 규율할 직접적인 법규가 없을 경우 유사한 사항에 적용되는 법규를 차용하여 해석하는 방법**이다. 민법은 유추해석이 허용되나, **형법에서는 죄형법정주의의 원칙상 유추해석이 금지**된다.

유추해석과 구별할 것에 준용이 있는데, 준용은 각 사항마다 동일한 내용의 법규를 제정하면 법조문만 많아지게 될 것이기 때문에 기본이 되는 사항에 법조문을 만든 후 다른 사항에 그 법조문을 그대로 적용하도록 규정하고 있는 경우 **그 법조문을 적용하는 것을 준용**이라고 한다. 양자의 차이는 유추는 법해석의 방법인 데 반하여, 준용은 입법기술상의 방법이라는 점이라 할 것이다.

### (7) 확장해석

확장해석이라 함은 법조문이 가지는 뜻보다 확장하여 해석하는 방법을 말한다. 불법행위로 인한 손해배상청구권자를 규정하고 있는 민법 제752조의 배우자에 법률상의 배우자는 물론이고 사실혼관계의 배우자도 포함되는 것으로 해석하는 경우이다. 확장해석과 유추해석은 비슷하지만, 차이는 확장해석은 유추해석과 달리 당해 사항을 규율할 법규가 존재하는 경우 그 법규를 확장하여 해석하는 것이고, 유추해석은 당해 사항을 규율할 법규가 존재하지 아니하는 경우에 비슷한 사안에 적용되는 다른 법규를 차용하여 와 해석하는 점에서 서로 다르다.

### (8) 축소해석

축소해석이라 함은 확장해석과 반대로 법조문이 가지는 뜻보다 축소하여 해석하는 것을 말한다. 예를 들어 형법 제329조의 절도죄의 객체인 재물을 부동산을 제외한 동산만으로 해석하는 경우이다.

### (9) 물론해석

물론해석이라 함은 법규에서 일정한 사항을 규정하고 있는 경우에 성질상 다른 일정한 사항은 당연히 그 규정사항에 해당된다고 해석하는 것을 말한다. 예를 들어 과실책임을 물을 때 그보다 중한 고의책임은 당연히 포함되는 것으로 해석하는 경우이다.

### (10) 변경해석

변경해석, 즉 보정해석이라 함은 법조문의 표현이 잘못되었을 때 이를 다른 의미로 변경하여 해석하는 것을 말한다. 예를 들어 민법 제7조가 규정한 법정대리인의 미성년자의 행위에 대한 동의의 취소의 법적 성질의 의미를 취소가 아닌 철회로 해석하는 경우이다. 법적인 의미에서의 취소는 법정대리인 동의 없는 무능력자의 법률행위, 착오, 사기 및 강박의 경우에만 인정되는 용어이기 때문에 다른 경우에 취소라는 말이 법전에 있으면 이는 철회라는 의미로 변경하여 해석하여야 한다는 것이다. 즉 입법자가 철회라는 법률용어를 써야 할 곳에 취소라는 용어를 잘못 썼기 때문에 이를 해석을 통해 바로잡는 것이다.

### 4. 법의 흠결(흠)의 보충

#### (1) 법의 흠결의 의의

법의 흠결이라 함은 입법자가 미처 입법을 하지 못하여, 구체적 사건에 대하여 적용할 법이 존재하지 아니하는 경우를 말한다. 이에는 아예 그 사항을 규율할 법을 제정하지 않은 **원시적 흠결**, 법을 제정하였으나 이후 사정변경으로 그 법을 적용할 수 없게 된 **후발적 흠결**이 있다. 더 나아가 법의 흠결에는 문제된 사항을 법이 규율하였어야 하는데 규율하지 못한 알려진, 즉 **공개된 흠결**과 입법자가 법으로 규정하였으나 그 규율이 문제된 특수한 사정을 제대로 반영하지 못한 채 지나치게 광범위한 결과 틈이 존재하는 **숨은 흠결** 등이 있다.

#### (2) 보충적 해석

보충적 해석이라 함은 법의 흠결이 있는 경우 기존의 제정법 또는 법정신에 의해 문제된 사항에 대하여 유추해석이나 목적론적 제한해석을 통해 법의 흠결을 보충하는 해석을 말한다.

## Ⅲ. 법의 발견 내지 형성

**성문법국가는 입법부의 제정법을 중심**으로 한다. 그러나 입법부가 국민생활 모두를 규율할 수 있는 완전한 입법권을 행사하는 것은 사실상 불가능하다. 그리하여 구체적 사건은 존재하는데 이 경우에 적용할 법규가 제정되어 있지 않은 경우에 법관이 법의 흠결을 이유로 재판을 거부할 수는 없다.

이 경우에 법관이 자신이 입법자라면 제정했을 법규를 창설하여 법을 적용·해석할 수밖에 없다. 그러한 밑바탕이 되는 것이 **조리**라고 하겠다. 즉 **그 사회에서 형성된 일반적 상식, 신의칙, 사회상규 등에 의한 보충적 해석을 통해 법관은 법 창조적 기능을 수행**하여야 한다. 다만 이 경우에도 법관은 개인적 가치관이나 자의적 해석을 하여서는 아니 된다. 따라서 헌법의 이념에 맞게 해석해야 하는 한계가 있다고 하겠다.

스위스민법 제1조는 "법률과 관습법이 없는 경우 법관은 자기가 입법자라면 법규로서 설정할 것에 좇아서 재판하여야 한다. 여기서 법관은 확정된 학설과 선례를 따라야 한다"고 규정하여 법관의 법창조성을 인정하고 있다.

JURISPRUDENCE

# 제 2 장 기초법학

JURISPRUDENCE >>>

# CHAPTER 02 기초법학

## 제 I 절 총 설

기초법학이라 함은 일반적으로 헌법·민법·형법 등과 같은 구체적 힘을 가진 법 이외의 가치추구적 영역에 속하는 법학을 통칭하는 말이라 할 수 있다. 따라서 기초라는 말이 언어적 의미의 기초라는 의미로 해석되지는 않는다. 그런 연유로 우리 법학계에서도 기초법학을 실정법의 전단계로 취급하지 않으며, 학습과정에서도 전단계로 선행학습이 이루어지고 있는 것도 아니고, 학문적으로도 기초법학이 일반 실정법학의 형성과 발전에 기초를 이루고 있는 것도 아니다.

일반적으로 기초법학은 실정법규범들이 제정된 사회적·입법적 환경이나 사회적 영향 그리고 나아가서는 그 법규범들의 궁극적 타당성이나 정당성 문제들에 대한 가치를 묻고 배후의 이론적 근거를 파헤치는 기능을 담당한다. 그 결과 기초법학은 주로 해석법학의 이론을 제공해 줌으로써 기초적 의미를 가지고 있다.

기초법학에서 다루고 있는 주요영역은 법철학, 법사회학, 법사학, 법인류학, 법심리학 등의 분야라 할 수 있다. 결국 기초법학 영역에서는 전통적인 해석법학의 가치기준을 제공해 주는 한편 다른 학문분야에서 확립되거나 새롭게 나타나는 사회학적 요소들을 법현상에 적용함으로써 기존의 법학으로 해결할 수 없는 영역에 대한 해석기준 등을 제공해 줌으로써 복잡한 사회현상을 해결하는 데 기여하고 있다고 하겠다. 현대사회가 점점 복잡·다변화됨에 따라 발생하는 사회현상 역시 복잡할 수밖에 없어, 이를 법률문제만으로 보아 단순하게 해결할 수 없는 복잡다단한 상태에 이르렀기 때문에 기초법학의 중요성은 갈수록 높아지고 있다고 하겠다.

## 제 2 절 법철학

### Ⅰ. 법철학의 대상

법철학을 어떻게 정의내릴 것인가는 대단히 어려운 문제이다. 일반적으로 철학이라 하면 어떤 주제에 대한 근본적인 방법론적·이론적 전제들에 대한 의문이라 할 수 있다. 즉 과학은 경험적으로 관찰된 사실이나 사건들에 관한 학문이라 한다면, **철학은 구조의 궁극적인 문제들에 관한 학문**이라 할 수 있다. 결국 **법철학이라 하면 법이 가지고 있는 가치, 법이 추구하고자 하는 가치를 인간의 선험적 가치와 어떻게 조화를 이루어나갈 것인가를 탐구하는 법학 영역**이라 할 수 있을 것이다.

실정법상으로는 피고인이 유죄판결을 받을 수 있고, 피고가 패소하여 일정한 손해를 배상할 판결이 날 수도 있다. 그렇지만 법철학은 그러한 실정법상의 판결의 결과에 순종하지 않은 채 **과연 그 판결이 정당한가의 가치를 논하게 된다.** 따라서 악법에 의하여 일정한 판결이 났다고 하더라도 실정법에 의해 유죄로 인정된 자가 법철학의 관점에서는 오히려 정당한 자로 평가될 수도 있다는 것이다. 예를 들어 테러범의 경우 테러행위에 대한 유죄판결로 사형선고를 받는 것이 실정법체계이지만, 그 테러범이 가지고 있는 목적을 고려할 때 그 테러범이 속한 집단에 있어서 그 테러행위는 정당한 행위로 평가될 수도 있다는 것이다. 우리의 경우 안중근 의사의 일본총감 이또오 히로부미에 대한 하얼빈역에서의 폭탄투척사건은 일본 실정법에 의해 살인죄로 유죄판결을 받았지만, 우리 민족의 입장에서는 오히려 그 정당성을 인정받게 되는 법철학적 명제가 등장하게 되는 것이다.

이처럼 전통적인 실정법이나 그 법학이론 등에 의문을 제기하는 순간 법철학적 명제가 성립하게 되고, 이러한 이론은 사회변화에 따라 그 구성원이 새로운 가치관 또는 그 세계 안에서의 새로운 자신의 위치에 대한 의문을 품을 때마다 법의 역할과 법 그 자체에 대한 근본적 사유가 필요하게 되고, 법에 대한 체계초월적 사유가 존재하게 되는 것이다. 이러한 의문에 대해 실정법 영역에서는 결코 그 해답을 찾을 수 없다. 일반적으로 법철학의 기본적 명제는 분석적 문제와 규범적 문제로 구분하여, **분석적 문제 영역**에 대하여는 일반적으로 용어의 개념 특히 법적 개념을 분석하거나 정의함으로써 해결하려 하고, **규범적 문제 영역**에 대하여는 과연 어떠한 행동을 선하고 의롭다 할 것이며 정당하고 공정하다고 할 것인지를 분석하고 정의함으로서 해결하려 한다. 결국 법철학을 통해 다시 근원적으로 법이 무엇인가라는 질문에 봉착하게 되고, 법과 도덕의 비교를 통해 정당성을 상실한 법의 강제적 효력을 인정할 것인가라는 또 다른 근본적 명제에 부딪히게 된다. 결국 **법철학은 실정법의 정당성 근거를 제시해 주는 기능을 수행**하고 있다고 하겠다. 물론 정당하지 못한 실정법은 법철학에 의해 비판받게 되고, 국민의 정치적 요구에 의해 폐지될 것이다.

결국 법철학의 대상은 모든 실정법이라 할 것이고, 이는 새로운 법안에 대한 심사과정에서의 정당성, 기존 실정법에 포함되어 있는 구체적 내용에 대한 정당성 부여기준을 제시하게 된다. 동일한 법에 대하여서도 이해당사자 집단 간에 이해가 다르고 그 적용 및 해석이 다르게 되어 법규범 및 법집행에 대한 평가가 다르게 나오게 된다. 따라서 그 평가를 위해서는 객관적이고 합리적인 지식이 있어야 한다. 우리가 특정한 법규범에 대한 정당한 평가를 하기 위해서는 경험적인 사회지식이 필요하다. 뿐만 아니라 법의 목적이 무엇인가라는 보다 근본적인 문제에 대한 고민이 있어야 한다. 이를 통해 어떠한 구체적인 해결책을 도출해 내기 위해서는 상충되는 이익들을 검토하여야 하고, 그것들을 비판적으로 평가하고 순위를 매겨야 한다.

법철학은 다른 분야의 철학적 명제에 대한 검토를 필요로 한다. 예를 들어 민법상의 과실책임과 형법상의 고의범에 대한 처벌을 이해하려면 심리철학적 분석을 필요로 하게 되는 경우이다. 결국 법철학은 다른 철학분야와의 협력을 통해 구체적 타당성을 실현해 나가게 된다고 하겠다. 이처럼 법철학의 제반 문제는 마치 먹이사슬처럼 꼬리에 꼬리를 물고 의문을 제기하고, 해답을 찾아가는 과정을 거치게 된다. 물론 이러한 문제들이 처음부터 대답되어야 하거나 모두 대답되어야 하는 것은 아니다. 하지만 **법철학명제는 실정법의 근원적 정당성과 타당성의 근거를 제시한다는 점에서 그 어느 분야보다 중요하다**고 하지 않을 수 없다.

## Ⅱ. 법철학의 발달

### 1. 고대 법철학

서양문명의 발상지라고 할 수 있는 그리스의 철학적 사유는 기원전 5세기경에 제정일치 관행으로부터의 독립에서 비롯되었다고 할 수 있다. 다른 고대사회와 마찬가지로 초기 그리스 역시 법과 종교의 구별이 없었기 때문에 델포이신전의 신탁론이 입법과 법집행에 중요한 역할을 담당하였기 때문에 성직자들의 종교의식 속에서 입법과 사법과정이 실행되어 왔다. 최고재판관인 왕은 제우스신으로부터 직책과 권위를 부여받은 것으로 존중되었으며, 법 또한 신화 속에서 그 정당성의 근거를 찾았다. 그러던 그리스가 기원전 5세기경에 이르러 철학이 종교로부터 분화되고, 과학이 신화로부터 분화되는 지적 혁명이 일어나게 됨에 따라 종래 신화에 근거하고 믿어온 법이 인간이 편의에 의해 제정하고 개정할 수 있는 인간의 지적 산물에 불과하다는 인식이 싹트게 된 것이다. 즉 **법은 신의 불변의 명령이 아니라 인간이 스스로 만들어낸 사회규범으로서의 제도라는 점이 인식**되게 된 것이다.

이러한 사상적 변화를 선도한 것이 **소피스트라 불리운 철학적 상대주의자와 회의주의자**들이었다. 그들의 견해는 적극적 관점에서는 인간을 중심으로 한 지식의 모색이었고, 소극적 관점에서는 고대 그리스사상을 지배했던 자연세계에 대한 낡은 사고방식에 대한 회의였다고 할 수 있다. 대표적 소피스트인 프로타고라스(Protagoras, B.C. 408~410)는 “인간은 만물의 척도이다. 즉 인간이 파악하는 것은 존재하는 것이고, 인간이 파악하지 못하는 것은 존재하지 않는 것이다"라는 유명한 명제를 통해 **지식은 감각 및 여타 인간능력의 산물**이라는 점을 명백히 함에 따라 법 또한 동일한 가치로 인식되었다. 그 뒤를 이어 안티폰(Antipon)은 자연을 지배하는 규칙인 피시스(*Physis*)와 인간을 지배하는 규범인 노마스(*Nomas*)를 구분하여, 피시스의 명령은 필연적이고 냉혹한데 반하여 노모스의 명령은 시대와 인간과 상황에 따라 변하는 일시적이고 인위적인 체계라고 주장하였다. 따라서 피시스를 위반하면 반드시 대가를 치루지만, 국가의 법인 노모스를 어긴 자는 위법사실이 발견되지 않는 한 처벌이나 불명예를 받지 않는다고 하였다.

이처럼 소피스트들은 논쟁을 통해 체계적 사유를 확립해 나갔으며, 특히 소피스트로서 그리스철학의 시조로 불리는 소크라테스(Socrates, B.C. 469~399)는 다른 소피스트들과의 논쟁을 통해 소피스트들의 주관주의적·상대주의적 철학명제를 객관주의적·절대주의적 기준에 의한 윤리학의 실질적 명예로 확립하고자 노력하였다. 그리하여 소크라테스는 객관적 진실을 밝히는 것을 철학의 최대명제로 삼았으며 상징적으로 "너 자신을 알라"라는 선언을 하기에 이르렀다. 즉 **영원불멸한 자연법칙은 인간의 가슴 속에 살아 있으며, 영혼은 인간에게 도덕적 기준을 제시하며, 이러한 척도는 외적 상황이 변하더라도 변하지 않는다**는 것이다. 그러면서 소피스트들이 잘못 생각하고 가르쳐 왔음을 지적하고, 그들이 주장한 회의주의·불가지론 등이 잘못되었음과 그로 인해 사회의 평안과 공화정 내의 조화가 위협을 받게 되었다고 주장하였다.

소크라테스의 변증법은 플라톤(Plato, B.C. 427~347)을 통해 보다 체계적으로 정립되기에 이르렀다. 플라톤은 정의를 사람의 능력에 따라 사회적 지위를 갖게 되고, 그 지위에 맞는 일을 하는 것이 정의라고 하였다. 즉 능력의 차별을 인정하고, 그 능력에 맞게 사회적 역할을 분담해야 한다는 것이다. 플라톤은 그의 저서 『국가』에서 인간의 능력을 금, 은, 동, 철로 나누고, 인간은 이러한 선천적인 불평등에 기초하여 각자의 역할을 수행하면 된다고 하였다. 그리하여 플라톤은, **황금인간**은 통치자의 임무를 수행하고, **은인간**은 군인이 되어 통치자의 통치임무를 보조하고, **철과 동인간**은 생산계급을 형성하면 이상국가가 된다고 주장하였다. 그가 상징적으로 인간의 능력을 금, 은, 철, 동으로 나눈 것은 **선천적으로 인간의 능력에 차이가 있음을 인정해야 한다는 것**이다. 그리하여 플라톤은 가장 능력이 있는 철인이 나라를 통치하는 것이 가장 효율적이라고 하였다. 황금인간, 은인간으로 상징되는 첫 번째 계급과 두 번째 계급은 공적 임무를 수행하는데 주력하여야 하므로 가족생활과 사유재산을 포기해야 하며, 이 두 계층의 남녀가 결합하더라도 이는 우생적 목적, 즉 적합한 혈통의 생산을 위해 국가에 의해 조절되는 결합이 이루어져야 하고, 철인간·동인간으로 상징되는 세 번째 계급은 정부의 철저한 감독 하에 가족을 구성하고 사유재산을 소유하는 것이 허용된다고 하였다. 이런 플라톤의 철학적 견해에 의하면 플라톤은 뛰어난 지혜를 갖춘 현자가 존중되었기 때문에 상대적으로 법은 경시되었다고 하겠다.

플라톤의 제자인 아리스토텔레스(Aristotle B.C. 384~322)는 **『정치학』에서 인간은 완성되면 동물 중 가장 훌륭한 존재가 될 수 있지만, 법과 정의로부터 벗어나면 가장 나쁜 존재가 되고 만다고 주장하면서, 법이 국가통치의 중심이 되어야 한다고 주장**하였다. 즉 아리스토텔레스는 국가정부의 주요 목표는 모든 구성원이 선한 생활을 영유할 수 있도록 보호하기 위해서는 법에 기초한 국가를 수립하여야 한다고 주장한 것이다. 그에게 있어서 법은 모든 국가문제를 해결하는 최고의 권위적 수단이 되는 것이었고, **법에 의한 지배는 한 사람의 시민에 의한 지배보다 낫다고 주장하며 그의 스승인 플라톤의 철인정치를 반대**하였다. 그러나 법의 엄격한 집행으로 야기될 수 있는 문제점을 인식하고, 법을 집행함에 있어 법규의 일반성과 엄격성이 구체적 사건에서 지나치게 불공평한 결과를 야기할 경우에는 형평성에 의해 문제를 해결하면 된다는 입장을 취하였다. 아리스토텔레스에 의해 그리스의 철학이 완성되었다는 평가가 내려지고 있다.

소피스트의 몰락과 함께 그리스 정치가 쇠퇴하면서 새로운 철학이 대두되었는 바 바로 스토아학파라 할 수 있다. **스토아학파는 자연법사상을 주장**하면서, **전 우주에 널리 퍼져 있는 보편적 힘인 정의와 법의 근본은 이성이라고 주장**하였다. 신의 이성은 국적과 인종에 관계없이 모든 장소와 사람에게 내재되어 있는 것이라 주장하며, 이러한 **전 우주적·보편적 공통선이 자연법**이고, 이러한 자연법 원리는 전 세계인에게 구속력이 있어야 한다고 주장하였다. 당시 그리스가 여러 개의 도시국가로 나누어져 있어 중앙집권적 정치체제가 아니었기 때문에 스토아학파는 자연법원리에 의해 국가가 하나로 통일되기 위해서는 도시국가가 각기 고유한 정치체계를 주장하며 서로 다른 상이한 도시국가로 나누어져서는 안 된다고 가르쳤다. 그리하여 스토아학파는 모든 인간은 평등하며, 자연법의 보편성원칙에 의해 세계동포적 철학을 발전시켰고, 이런 코스모스적 사상은 로마에 계승되었다고 할 수 있다.

그리스인들이 관념적 철학을 중시하였다면, **반대로 로마인들은 세속적 철학을 중시하였다**고 할 수 있다. 즉 사색보다는 현실의 안온을 즐겼던 것이다. 로마는 유럽과 북아프리카 및 중동의 많은 국가들을 식민지로 복속시켜 그들을 통합할 수 있는 정치철학이 필요하였고, 그 중심에 스토아학파의 자연법사상이 좋은 철학적 배경이 되었다고 할 수 있다. 즉 스토아학파는 자연법사상에 근거하여 모든 인간은 본질적으로 평등하며, 성별·신분·종족·국적 등을 이유로 차별받아서는 아니 된다며, 만일 이를 차별하게 되면 자연법사상에 위반된다고 하였다. 그리하여 로마의 웅변가 키케로(Cicero B.C. 106~43)에 의해 자연법사상이 전파되었는바, 그의 자연법사상에 의해 자연법에 위배되는 실정법은 정당성을 인정받을 수 없게 되어 폐지되기도 하였다. 예를 들어 당시 절도나 유언장의 위조 또는 간통이 합법적이라고 되어 있는 실정법은 자연법사상에 비춰볼 때 도적의 무리들이 자신들의 집단에서 통과시킨 것이므로 폐기되어야 한다고 주장하여 이를 폐기하기로 하였다. 이처럼 로마는 주변국을 정벌하여 세계국가가 됨으로써 정복과 상거래 등 외국과의 거래가 빈번하게 되자 모든 종속국가들에 대해서 통일적으로 적용할 수 있는 법이 필요하였고, 그러한 목적으로 세계 만민에게 적용되는 만민법을 제정하게 되었고, 이렇게 탄생한 로마의 만민법은 이후 유럽세계의 중심적 기능을 수행하였다고 할 수 있다. 그런데 만민법에도 자연법사상에 어긋나는 제도가 있었다. 예를 들어 자연법학자 플로렌티누스는 당시 로마시대에 일반화되어 있던 노예제도와 관련하여 인간이 다른 인간의 소유물이 되는 것은 모든 인간은 평등하다는 자연법에 반하기 때문에 폐지되어야 한다고 주장하였던 것이다.

## 2. 중세 법철학

서양 중세 법철학의 중심은 철학으로 상징되는 그리스문명, 법으로 상징되는 로마문명, 신학으로 상징되는 그리스도교 등 세 가지 요소에 켈트족·게르만족·슬라브족의 대이동에 따른 문화의 대융합과정이었다고 할 수 있다. 그런데 민족대이동을 단행한 이들은 자신들의 고유한 풍습과 종교 등을 가지고 있었지만, 그리스와 로마의 고대문명에 젖어 들었기 때문에 이러한 이질적 요소들이 상호결합을 통해 종국적으로 그리스철학과 그리스도교 교리의 갈등과 조화의 시대였다고 할 수 있다.

중세는 크게 **교부철학시대**와 **스콜라철학시대**로 나눌 수 있다. 중세 전기인 교부철학시대는 4세기부터 8세기까지 사이의 기간으로, 그리스도교가 로마에서 공인되어 처음으로 그리스철학과 접촉하게 되면서 양자 간의 융합과 대결을 통해 교회의 기본교리가 체계적으로 확립되었고, 그러한 중심역할을 한 것이 기독교 종교지도자, 즉 교부들이었다고 할 수 있다. 특히 이 시기에는 아우구스티누스(Augustine, 354~430)의 교부철학 관련 저술을 통해 그리스도교 교리와 그리스철학이 통합적 형태로 발전하게 되었다고 할 수 있다. 중세 초기 가장 영향력 있는 교부였던 **아우구스티누스는 인간의 역사를 타락 이전과 이후로 구분**하여, 타락 이전의 시대에는 자연법의 절대적 이상이 실현되고 있었다고 확신하면서, 그 당시 인간은 신성하고, 결백하고, 정의로운 상태에서 자유롭고 평등하게 살았기 때문에 노예제도처럼 한 인간이 다른 인간을 지배하는 불평등한 제도가 존재하지 않았으며, 모든 인간은 소유물과 재산을 공유하며 나누어 사용하였고 이성의 보호 아래 진정한 형제처럼 생활했으나, 타락 이후의 시대에는 인간의 본성이 원죄에 의해 손상되는 바람에 인간본성의 선한 요소가 완전히 소멸되지는 않았지만 사악한 성향에 의해 손쉽게 상처받고 방해를 받게 되면서 타락 이전의 사랑의 질서가 인간의 육욕과 탐욕, 격정, 권력추구욕 등에 의해 변질되었다고 주장하였다. 그리하여 **아우구스티누스는 법에도 위계질서가 있다**고 주장하면서, **가장 상위법인 영구법은 신의 이성이나 신의 의지와 일치된 법으로 그**

**법은 신처럼 영원하고 불변하다면서 자연법이야말로 인간의 의식 속에 투영된 영원한 신법의 복제이자 자연의 빛이라고 보았으며,** 가장 하위법인 인정법은 인간이 타락 후 살아가기 위해 만든 일시적 법으로 입법자의 의도에 의해 특정 시대에 요구되는 것과 금지되는 것을 정하기 위하여 필요에 따라 만든 법으로 보았다.

그리하여 아우구스티누스는 인간이 에덴동산에서의 타락으로 인하여 에덴동산에서 가능했던 완전하고도 철저한 인간정신에 의한 절대적 선, 즉 **절대적 자연법은 더 이상 실현될 수 없게 되었기 때문에 지혜로운 인간은 이성에 의해 새로운 상황에 대처할 수 있는 현실적 수단과 제도를 고안해 내어야 한다면서, 그렇게 고안된 제도적 산물이 정부·법률·재산권제도**인데, 타락한 인간은 더 이상 이러한 제도에 대한 지배권을 행사할 수 없게 되었기 때문에 영원한 신법의 수호자인 교회, 즉 **교부만이 그런 지배권을 행사**할 수 있다고 주장하며 교회가 국가를 무조건적으로 지배할 수 있는 지배권을 가졌다고 주장하였고, 국가는 단지 지상국가의 평화를 유지하는 수단으로 기능할 때만 그 정당성을 인정받을 수 있다고 하였다. 따라서 국가는 교회를 수호하고, 교회의 명령을 집행하며, 세속법은 인간의 사회생활, 즉 사회질서를 유지하고 보존하는 역할을 담당해야 한다고 보았다.

중세 후기인 스콜라철학시대는 주로 9세기에서 16세기까지 사이의 기간으로, 중세 초기의 교부철학으로부터 벗어나 르네상스시대를 맞이하면서 스콜라철학 고유의 사유방법이 개발되었고, 그 결과 아리스토텔레스의 사상이 적극적으로 수용되면서 신학과 철학 사이에 새로운 관계가 정립되었는데, 그 중심 역할을 한 철학자가 바로 토마스 아퀴나스(Thomas von Aquinas, 1224~1274)로서, 그에 의해 양대 사상적 원류 간의 결합이 이루어지게 되었다.

토마스 아퀴나스는 전형적인 자연법이론가로서 법을 **영구법(*lex aeterna*)·신법(*lex divina*)·자연법(*lex naturalis*)·인정법(*lex humana*)으로 구분**하였다. 첫째, 영구법은 우주를 위한 신의 계획이자 신의 이성에 해당하는 법으로, 신과 자신의 본질에서 신을 느낄 수 있는 축복받은 자만이 알 수 있으며, 인간뿐만 아니라 모든 사물이 그것에 종속되어 있기 때문에 신을 위해 살아야 할 특별한 목적을 위해 창조된 인간은 그러한 특별한 목적을 자신의 힘만으로는 달성할 수 없기 때문에 영구법의 지도와 지시를 받아야 한다고 보았다. 따라서 영구법은 모든 인간에게 필수적으로 필요한 법이라고 보았다. 둘째, 신법은 성서를 통해 밝혀진 신의 법으로, 모든 인간은 신법을 지킬 의무가 있다고 보았다. 셋째, 자연법은 이성적 피조물인 인간이 영구법에 참여할 수 있는 법으로, 인간이 직관적·본유적으로 이 법을 지키려고 하는 것은 신에의 귀의를 운명으로 알고 있는 인간의 본능이며, 그런 의미에서 인간에게 알려진 영구법의 한 부분으로 보아야 한다고 하였다. 넷째, 인정법은 인간에 의해서 만들어진 법으로 이 법의 정당성과 유효성은 자연법원리를 따르느냐 여부에 의해서 결정되지만, 자연법의 단순한 복제를 의미하는 것은 아니라면서, 인정법이 필요한 것은 자연법이 일상적인 사회생활에 대한 모든 문제의 해결책을 구체적으로 제시해 주지 않고 있고, 이기적인 인간들을 올바르게 행동하도록 강제할 제도적 장치가 필요하기 때문이라고 보았다. 인간에 의해 만들어진 인정법은 그 정당성을 인정받느냐 여부에 의하여 옳고 그름이 판단된다면서, 인정법이 정당한 법으로 인정되기 위해서는 좋은 덕목을 갖추어야 하고, 필요성과 유용성이 인정되어야 하고, 명백하게 공공복리를 지향하고 있어야 한다고 보았다. 그리하여 **자연법에 어긋나는 인정법은 아우구스티누스가 "불법은 전혀 법이 될 수 없다"고 한 것처럼 법으로 인정될 수 없다**고 하였다. 그러면서도 토마스 아퀴나스는 부당한 법에 대해 이중적 태도를 보였는바, 부당한 법은 법의 왜곡이기 때문에 인간의 도덕적 양심을 구속하지 않는다고 할 것으로, 만일 어떤 법이 신의 의사와 상충되는 경우, 예를 들어 우상숭배를 명령하는 법이라면 인간은 신에 복종하여야 하기 때문에 우상숭배를 하여서는 아니 되므로 그 법에 복종할 의무가 없지만, 그 밖의 다른 부당한 법은 어리석은 인간이 구별해 내기가 쉽지 않기 때문에 정당한 법인지 여부에 따라 법을 따를 것인지 여부를 결정하는 것이 용이하지 않고 그런 이유로 불신이 증폭되면 안 되기 때문에 복종하도록 권장될 수밖에 없다고 하였다. 즉 그러한 법은 인간의 양심을 구속할 수는 없지만, 인간은 이에 반항하며 반란을 일으킬 권리를 가져서는 안 된다는 것이다.

중세 초기는 그리스도교가 사실상 지배하는 신정국가시대였기 때문에 성서와 기독교 교부들의 교의에 따라 중세 서양인들은 신의 지배에 복종해야 한다는 사상을 가지고 있었으나, 이후 르네상스시대를 맞이하여 인본주의사상이 대두되고, 이에 따라 플라톤·아리스토텔레스·스토아학파의 철학자들의 철학사상과 기독교교리가 상호 충돌하고 보완하면서 중세의 법철학은 함께 발달해 왔다고 할 수 있다.

## 3. 근대 법철학

르네상스시대를 거치면서 16세기에 들어온 서구는 종래 가톨릭교의에 의해 지배되던 사회에서 마르틴 루터와 칼 빈에 의한 종교개혁이 일어나게 되었고, 그 후 프로테스탄티즘의 가톨릭에 대한 대반격이 시작되었다. 종교개혁가들은 모든 영혼이 신 앞에서 동등한 가치가 인정된다는 성서의 가르침에 대하여 **종래 사제를 통해서만 가능했다고 보아 왔던 신과의 영적 교섭을 모든 사람들이 각자 가질 수 있다고 새롭게 해석**하여 일반 대중에게 가르치기 시작했다. 이러한 종교개혁의 영향은, 기존의 봉건주의를 중심으로 한 봉건귀족과 그들의 특권, 즉 세속적 질서에 대한 반발로 나타났고, 가톨릭교의를 중심으로 한 신앙적 질서에 대한 개혁으로 나타났으며, 기존 경제질서에 대한 농노와 직업길드를 포함한 봉건경제체제에 대한 투쟁으로 나타났다. 그 결과 **종교개혁은 서양사회를 개인주의적, 자유주의적, 세속적 사회로 변화시키는 촉매기능을 수행**하였다.

법의 영역에서도 17·18세기에 이르러 그 동안 신본주의에 사로잡혀 있던 유럽에는 이 종교개혁의 결과 인본중심의 자연법사상이 새롭게 대두되었고, 아리스토텔레스나 스콜라철학의 영향과 교부철학 및 스콜라철학에 대한 반성으로 인간 중심의 새로운 가치관이 등장하게 되면서, 법영역 또한 새로운 변화가 나타나기 시작하였다.

근대 자연법사상은 프로테스탄트주의, 청교도주의, 국민주권 및 민주주의의 세 단계를 거쳐 발전해 왔다고 할 수 있다. 첫 번째 단계인 프로테스탄트주의는 르네상스와 종교개혁 결과 나타난 중세신학과 봉건제도로부터의 해방과정에서 나타난 사상으로, 정치적으로는 계몽전제주의, 경제적으로는 중상주의의 발생으로 대표된다고 하겠다. 대표적 사상가로는 그로티우스·

홉스·스피노자·푸펜도르프·볼프 등으로, 이들은 자연법사상의 근거를 통치자의 자기절제와 지혜에서 찾으려 하였다. 근대자연법의 시조이자 근대국제법의 창시자라 평가되는 네덜란드의 그로티우스(Hugo Grotius, 1583~1654)는 “자연법은 신이 존재하지 않는다 하더라도 존속할 것(etiamsi daremus non esse Detum)”이라고 주장하면서, 당시 새롭게 등장한 국민국가 사이의 전쟁을 규율할 수 있는 국제법체계를 세우기 위해 노력하는 과정에서 국제질서의 수립을 위해서는 안정되고 질서 있는 각국 정부의 필요성을 절감하게 되면서 그러한 국가가 되려면 사회계약에 의존하는 정부와 안전을 위하여 자신의 자유를 포기하는 국민들이 필요하다고 역설하였다. 그러면서도 그는 군주의 부당한 입법에 대하여 국민들이 이를 거부할 권리가 없다고 하여 그 스스로 논리적 모순을 드러내기도 하였다. 과도기적 과정이라 하겠다.

그로티우스에 이어 **사회계약론을 주장한 자연법학자 홉스**(Thomas Hobbes, 1588~1679)는 사회계약 이전의 자연상태를 “만인의 만인에 대한 투쟁상태”라고 주장하면서, 이러한 상태에서는 모든 인간의 삶은 외롭고 비천할 수밖에 없으며 서로가 서로를 죽이려고 하는 투쟁의 상태여서 불안할 수밖에 없고, 이 상태에서는 자기보존이야말로 가장 위대한 자연법의 교훈이 될 수밖에 없는바, 이러한 **투쟁상태에서부터 벗어나는 유일한 자연법적 방법은 자연상태를 구성하고 있는 모든 인간들이 사회계약을 통해 안전이 보장되는 사회상태로 이전해야 한다**고 주장하였다. 그러한 사회계약을 통해 법과 정부는 사회질서와 개인의 안전을 증진시켜야 하는데, 그러한 보장책은 모든 시민이 법에 대하여 절대적이고 무조건적인 복종을 할 때만 가능하므로, 사회계약설에 의하게 되면 법이야말로 권위적 정부를 정당화시켜 주는 최고의 방법이 된다. 역설적으로 사회계약론에 의해 시민들이 사회계약을 통해 법을 지키기로 하였으므로 악법인 경우에도 법을 지켜야 한다는 당위론이 나오게 된다는 점에서 홉스의 사회계약설도 한계를 지니고 있다고 하겠다.

두 번째 단계인 **청교도주의**는 1649년 영국의 청교도혁명에서부터 시작된 철학적 사고로, 경제적으로는 자본주의를, 정치적·사상적으로는 자유주의를 지향하고 있다고 하겠다. 존 로크(John Locke, 1632~1704)와 몽테스키외가 중심 사상가라고 할 수 있는데, 그들은 **3권분립이라는 제도적 장치를 통**

**해 정부의 부당한 침해로부터 개인의 자연권을 보장**하고자 하였다. 로크는 사회계약 이전의 자연상태를 홉스와 달리 인간이 타락하기 이전의 에덴의 황금시대로 보았는데, 그 곳에는 소유권에 대한 개념이 없었기 때문에 재산권을 인정받으려면 목가적인 자연생활을 포기하고 계약을 통해 자신의 자유 중 일부를 군주에게 넘기는 대가로 국가로부터 보호를 통해 개인들은 소유권을 인정받을 수 있게 되어 위의 결함이 치유된다고 믿었다. 즉 로크는 정부의 목표는 인간의 권리보호여야 한다고 보았던 것이다. 그러면서 로크는 자연상태에서 사회상태로 넘어오게 될 경우 군주가 자신에게 양도된 권한을 남용하여 국민을 괴롭힐 경우 어떻게 대처할 것인가에 대해 고민하였고, 그는 입법권과 행정권을 분리하여 권력을 분산시킴으로써 정부의 독재를 막을 수 있고, 만일 그럼에도 불구하고 부당하게 자연법을 거부하는 억압적인 정부가 출현한다면 국민은 저항권이나 혁명권을 통해 대항할 수 있다고 하였다. 즉 **국민의 저항권을 천부인권으로 인정**한 것이다.

세 번째 단계인 **국민주권과 민주주의**는 1789년 프랑스 대혁명 이후 발달하기 시작하였고, 자연법사상은 국민의 일반의사와 다수결에 의해 위임된 것으로 보았다. 즉 국민주권사상에 입각해 국민이 주권자로서 선거를 통해 정치가를 선출하여 그에게 국민의 권력을 위임함으로써 그는 정당한 지배권력을 행사할 수 있게 된 것이다. 이 단계에서 자연법사상의 발달은 프랑스의 정치적·입헌적 발전에 영향을 크게 미쳤으며, 미국도 이러한 사상의 영향을 크게 받았다. 가장 대표적 철학자가 루소인데, 그는 사회계약을 초자연적 개념으로 이해하였고, 사회계약에 의해 개인은 공동체로 융합되고 전체의 의사가 일반의사를 이룬다고 보았다. **루소는 정치는 공동의 힘으로 공동체의 인명과 재산을 보호하고 방어해야 하며, 각 개인도 다른 모든 사람과 결합하면서도 계약 이전의 자유를 스스로 누릴 수 있어야 한다고 주장**하였다. 그러기 위해서는 각 개인은 사회계약에 의해 전체 공동체에 그의 **모든 자연권을 유보 없이 이양해야 한다고 하면서도**, 그럴 경우 시민들이 모든 자유마저 박탈되는 것을 인용할 수밖에 없다고 본 자연법론자들과 달리 **개인의 자유는 보장되어야 한다고 주장**하였다. 이런 면에서 루소의 이상은 공동체를 복원하고자 하면서도 개인의 자유를 보장해야 한다고 하여 주장 자체에 모순을 안고 있었다고 하겠다. 그렇지만 루소의 사상은 프랑스 대혁명의 정치적 이론으로 기능하였고, 그의 일반의사 개념은 19세기와 20세기 전반의 프랑스공화국 헌법구조에 상당한 영향을 미쳤다.

근대의 자연법사상은, 스콜라철학처럼 우주의 이법이나 그 자체에 내재해 있는 이념으로 존재하는 것이 아니라, 인간의 합리성, 즉 인간의 이성에 의한 올바른 법의 인식능력에 의존하고 있다. 권위와 전통에 의한 맹목적 복종이 아니라 인간의 합리적 이성에 의해 정당하다고 인정된 경우에만 법으로 기능하게 된다는 것이다. 그런 면에서 **자연법사상, 즉 근대법철학은 신학으로부터 독립하였고, 자연법은 세습되었다고 할 수 있다**. 그리하여 근대 자연법론자들은 정당한 법은 인간의 본성에 대한 질문을 통해 경험적 산물로서 존재한다고 보았으며 막연히 형이상학적 본질에 집착하지 않았다. 즉 실용적이 되었다는 것이다. 그리하여 인간의 자연적 권리와 의무는 인간 이성이 불변인 것처럼 모든 시대와 사람들에게 타당하고 보편적 가치를 가지고 있어야 하였다.

이처럼 근대 자연법학자들은 절대적 가치가 인정되는 자연법을 확립해 보려고 노력하였으나, 몇 가지 법의 근본원칙을 제시하는 데 머물고 말았는데, 이러는 와중에 **18·19세기에 새로운 사조로 낭만주의와 관념론적 비판철학이 태동**하였다. 낭만주의는 철학과 학문의 영역에서 역사주의로, 법학의 영역에서 역사법학파로 자리를 잡았다. **독일의 사비니**(Friedrich Karl c. Savigny, 1779~1861)**는 법을 이성의 산물이 아닌 역사 속에서 형성된 민족정신의 산물이라고 보는 역사법학파의 주창자**가 되었고, 그에 의하면 자연법은 지나치게 사변적일 뿐만 아니라 철학자들의 근거 없는 자만에 불과한 것이었다. 즉 **사비니는 자연법처럼 불변의 법이 있는 것이 아니라 각 민족은 민족 고유의 개성, 즉 고유의 민족정신을 가지고 있으며, 그러한 정신의 산물로 법도 민족에 따라, 시대에 따라 변할 수밖에 없는 것이라고 주장**하였다.

역사법학파의 주창자인 사비니의 주장이 합리적 자연법사상으로부터의 탈출에 기여한 바 크지만, 더 큰 영향은 **칸트**(Immanuel Kant, 1724~184)**의 비판철학**에서 비롯되었다고 할 수 있다. **칸트는 선험적 관념주의를 주창**하였는데, 인간이 독립적 실체를 인식하는 것은 인간의 정신 속에서 형성된 관념과 개념에 의해 이룩되는 것이지만, 선험적 관념론은 그러한 관념과 개념은 끊임없이 변하는 경험의 세계에 대한 인간의 반응에 불과한 것이 아니라 독립된 선천적인 것이라는 것이다. **선험적 관념론은 인간의 위대한 힘이나 능력은 인간의 지성에서 비롯된 것으로 경험적 사실은 대개 인간의 사고에 의해서 생성된 관념에 의해서 형성된다는 철학적 접근방법을 취한다**. 또한 선험적 관념론은 진실을 아는 것 그 자체나 그것에 의해서 진실을 알고자 하는 형식·방법·범주들은 경험에 의한 후천적인 것이 아니라, 경험적 자료와는 독립된 선천적인 것이라는 것이다.

특히 독일의 칸트는 인간의 경험적 본성에 대하여 도덕과 법의 일반원칙이 있다는 사실을 인정하지 않고, **이성의 명령에 기초한 당위의 선험적 세계에서 근거를 찾아야 한다**고 하였다. 그는 인간의 천부적 존엄성을 믿었으며, 어느 누구도 타인을 자기 자신의 주관적 목적을 위한 수단으로 이용할 권리가 없다고 보았다. 다시 말해 **모든 인간은 스스로 목적이어야 한다**는 것이다. 그러면서 칸트는 국가는 오직 권리만을 가질 뿐 국민에 대하여 어떠한 의무도 부담하지 않는다고 보았다. 따라서 국민은 비록 국가권력의 횡포를 참을 수 없는 것일지라도 국민은 입법권의 남용과 부정을 참을 수밖에 없으며, 그 이유는 모든 국가와 법의 원천은 주권자인 국민이고, 국민이 국가를 형성하고 있는 이상 주권자가 이를 부정하게 되면 자기 자신을 부정하는 것이 되어 옳지 않다는 극단론을 주장하기도 하였다. 이러한 칸트의 사상은 사비니의 역사법학파와 달리 법실증주의의 근거가 되었고, 한스 켈젠으로 이어져 법실증주의학파에 의해 역사법학파가 부정되기에 이르렀다. 이러한 법실증주의는 나중에 나치의 수권법으로 연결된 단초가 되었다고 할 것이다.

## 4. 현대 법철학

### (1) 19세기의 법철학

19세기 초반 역사법학파에 이어 19세기 후반에는 법실증주의가 법철학의 중심사상이 되었다. 실증주의 법철학의 창시자라 할 수 있는 프랑스의 수학자이자 철학자인 **꽁트(Auguste Comte, 1798~1857)는 인간 사고의 진화과정**

을 **신학적 단계, 형이상학적 단계, 법실증주의 단계로 구분**하였다. **신학적 단계**는 신의 존재와 초자연적 원인에 의해 모든 현상을 설명하려는 단계이고, **형이상학적 단계**는 사물의 내면에 존재하고 있는 인간의 사고에 의해 사물의 궁극적 원리와 이념을 밝히려는 단계이고, **실증주의 단계**는 철학·역사·과학 등의 전제가 되는 가설을 부정하고 자연과학적 방식에 의한 경험적 관찰에 의해 얻어지는 것만을 중시하는 단계이다. 초기 신학적 단계를 거쳐, 르네상스로부터 19세기 중엽에 걸쳐 나타난 자연법철학자들의 보편적 이성, 사비니의 국민정신, 헤겔의 세계정신, 공산사회에서의 법의 소멸 등을 경험적 관찰로 설명할 수 없는 형이상학적 단계로 보아 왔던 것에 대하여 19세기 중엽부터 실증주의로 상징되는 새로운 사조가 형이상학적 경향에 반기를 들고 대두되었다. 실증주의의 특징은 선험적 사색을 거부하고 경험의 결과만을 믿을 수 있다면서, 정신의 우위를 부정하고 분석에 기초한 증명만을 믿으며, 초월적 자연의 본질을 이해할 수 있는 가능성을 부정하였다. 이러한 실증주의는 19세기 이래의 자연과학 분야의 발달에 기인한 것으로, 사회과학도 자연과학처럼 실증적 증명이 가능하다는 것이다. 그리하여 경험적 사실과 감각적 자료를 관찰하는 자연과학적 탐구법이 사회과학에 적용되기 시작하였다. 사회과학 중 법학 분야도 법실증주의라 불리는 실증주의이론에 의해 형이상학적 사색이나 궁극적 원리의 추구를 부정하며, 기존 법체계의 경험적 현실을 초월한 법의 이념을 인식하고 밝히려는 법학자들의 시도를 배척하였다. 문제는 **법실증주의가 심화됨으로써 법학에서 가치 개념이 말살되면서 오직 실정법의 분석과 해석에 국한됨으로서 법의 이념인 정의나 형평에 대한 가치기준이 흔들리게 되는 문제가 발생**하였다는 점이다. 법실증주의자는 국가의 권한에 의해서 확립된 법규범, 즉 실정법만을 법으로 인정하였으며, 실정법은 단지 지배세력이 명령한 것으로, 지배세력이 명령한 것이면 어떠한 것이든 법으로 인정된다고 보았다. 그러면서 법실증주의는 윤리와 사회정책으로부터 실정법을 엄격히 분리시켜야 한다면서 정의를 국가에 의하여 규정된 법규의 준수라는 합법성과 동일시하였다.

**법실증주의가 발달하면서 독일에서 개념법학파라는 새로운 이론이 발생**하였는데, 개념법학파는 법전화된 법률만을 법으로 보아야 한다고 주장하면서 법전화된 체계의 내재적 개념성을 확립하여야 한다고 주장하였다. 즉 개념법학의 연구방법을 취하게 되면 법률은 생활관계에 관계없이 자체적으로 일정한 결실을 맺을 수 있다고 보았다. 특히 푸흐나는 법 전체 개념을 피라미드식으로 체계화하여 최상층에 최고의 개념을, 그 아래에 추상적인 일반개념을 배열하고, 다시 일반개념으로부터 구체적 내용으로 도출된 개별 개념을 배열하는 지도를 만들기도 하였다.

**독일의 개념법학파의 성립과 같은 시기에 영국에서는 분석법학이 태동**하였다. 분석법학은 20세기 영미법학의 원류라 할 수 있는데, 대표적 인물인 오스틴(John Austion, 1790~1859)은 공리주의철학을 지지하면서, 주권을 가진 정부의 정당한 목적이나 목표는 인간의 행복을 가능한 최대로 증진시키는 것이어야 한다고 주장하였다. 공리주의는 원래 밴담이 주장한 이론으로 법학과 윤리학을 포괄하여 최대다수의 최대행복을 추구하는 주의였으나, 오스틴은 법학과 윤리학을 구분하여, 법학을 자율적이고 자족적인 실정법이론으로 설명하였다. 즉 법학은 그 자체로는 선이나 악을 평가할 것이 아니라면서 실정법 또는 엄격한 의미의 법에 관한 학문으로만 파악해야 한다는 것이다. 그러면서 실정법이 타당한가에 대한 평가기준이나 승인근거는 윤리학의 한 분과인 입법학에서 다루어야 한다고 주장하였다. **오스틴의 주장에 의하면, 법학은 윤리학으로부터 분리된 학문이기 때문에 분석적 실증주의에 입각해 법률가는 단지 있는 그대로의 법에만 관심을 가지면 된다는 것이다**. 즉 실정법은 법의 이념이나 정당성에 대한 관심을 가질 필요 없이 해석학에 충실하면 된다는 것이다. 즉 법학의 기능은 실정법체계에서 추출된 일반개념과 원칙들을 설명하면 충분하고, 일반법학의 정의는 풍부하고 성숙한 법체계에 공통된 원칙·개념·특징들을 설명하는 학문으로 개념지으면 된다는 것이다. 따라서 일반법학은 권리·의무·침해·제재·처벌·배상 등과 같은 법률용어들을 해석하고, 권리의 범위, 의무의 분류, 법체계의 특징들을 설명하는 학문이라는 것이다.

그러나 이러한 오스틴의 주장은 법철학 입장에서 그대로 승복하기는 어렵다. **법학에서 가치를 배제해 버리면 그것은 이미 법의 기능을 상실하고 말기 때문**이다. 그렇지만 법실증주의는 19세기 말에 실정법 분야에서 엄청난 발전을 이룩하였고, 그러한 발전 속에서 **실체법과 절차법의 구별, 공법과**

**사법의 분리 등 법이론에 엄청난 발전을 가져온 것 또한 사실**이다. 그 결과 오늘날 우리에게 친숙한 민법·형법·민사소송법·형사소송법·상법 등 제정법이 거의 완비되는 업적을 남겼다.

### (2) 20세기 법철학의 현황

법실증주의는 실정법 중심의 법철학으로 현대법학에 있어 다양한 실체법과 절차법의 체계를 수립하였다는 점에서 높이 평가할 만하다. 그렇지만 법실증주의는 법학에서 가치 개념을 배제하는 모순을 가져왔고, 이로 인해 나치시대와 같은 인권을 짓밟는 잔학행위가 발생하게 하였다. 그리하여 **법실증주의가 완성되어 가던 19세기 말부터 자연법적 사고와 가치지향적 법학이 다시 새로운 의미를 가지고 재생**되었다. 이러한 자연법사상으로의 복귀에 기여한 학자로 메스너·롬멘·마리땡 등이 있으며, 그들은 **신스콜라학자**들로 분류되고 있다. 이들은 가톨릭교회를 중심으로 형식적 관념론에서 벗어나 실질적으로 정의로운 법을 확립하려고 노력하였다. 특히 제2차세계대전 직후 독일의 법학자 라드브루흐는 나치의 법에 대해 결코 법일 수 없는 법이었다며, 어떠한 법적 효력을 부여해서는 아니 되는 법이었다고 혹평하였다. 즉 정의가 한 번도 추구되지 못한 곳, 정의의 본질인 평등이 부정된 곳에서의 법률은 법으로 인정할 수 없다는 것이다. 1960년에 이르러 하트(H.L.A. Hart)의 『법의 개념』이라는 저서를 통해 영미법학계에서 분석법철학이 새롭게 대두되면서, 법철학이 전문적 법철학을 연구하는 사람들에 의해 전문적으로 연구되는 시대로 접어들게 되었다. 사회가 복잡해짐에 따라 단지 법과 관련된 직업에 종사하는 것만으로 법철학을 논하기에는 전문적 지식의 부족을 느끼지 않을 수 없게 되었고, 법철학 자체가 하나의 고유한 학문적 영역으로 자리 잡게 된 것이다. 그 결과 분석적 법철학의 영역이 대단히 확장될 수밖에 없게 되었고, 종래 권리와 의무를 중심으로 한 법률관계영역이 중심이었다면, 이제는 사법결정, 처벌과 책임, 인과관계 등의 성격 그리고 법에 있어서 실천적 추론의 역할 등의 문제들이 중심영역이 되었다.

특히 법과 정치이론 사이의 상호관계에 대한 연구가 깊어졌으며, 이로 인해 규범적 법리학이 발달하였고, 롤즈·노직·메킨타이어 등과 같은 정치학자들에 의해 칸트·벤담·밀 등 고전철학가들의 사상이 새롭게 조명받게 되었다. 그리하여 자유·정의·평등·권리 등의 개념에 대한 새로운 철학적 탐구가 이루어졌다. 또한 1970년대 후반부터 발전하기 시작한 비판법학운동도 1930년대의 형식주의적 해석법학에 비난을 가하며, 현대법을 체계적으로 이해하는데 기여하였다. 또한 법경제학과 같은 새로운 영역도 나타나 법을 정의의 문제로만 바라볼 것이 아니라 경제학이 추구하고 있는 자원의 효율적 배분이 고려되어야 한다는 경제학적 해석론이 대두하고 있다.

현대사회에 들어와 법철학은 단순히 법과 철학영역에 머물지 않고, 법규범학·법언어학·법의 학문론·법인식론·법논증론·법결정이론·법경제학·법정치학 등 다양한 분야에서 각각의 전문가들에 의해 활발하게 논의되기에 이르렀다.

## 제 3 절 법사회학

### Ⅰ. 의 의

**법사회학이라 함은 사회에서 발생하고 있는 법현상을 사회학적 내지 사회과학적으로 탐구하는 학문영역**을 말한다. 법사회학의 주요 명제는 법은 사회 속 산물이고, 사회 또한 법의 영향을 받고 있기 때문에 법과 사회는 상호 유기적 관계에 있으므로 이를 상호 연결지어 연구해야 한다는 것이다. 그리하여 법사회학은 사회적 실재로서의 법을 연구대상으로 한다.

사회적 실재로서의 법은 ① 사회가 법에 대해 어떻게 작용하는가, ② 법이 사회에 어떻게 작용하는가 하는 점에서 검토될 수 있을 것이다. 이처럼 법사회학은 법과 사회와의 상호관련성 내지 상호의존성을 그 연구대상으로 한다. 따라서 법사회학은 법해석학과 달리 법과 사회 사이에는 일정한 상관관계가 있다는 전제 하에서 사변적이거나 철학적 접근보다는 경험론적 접근을 중시한다. 즉 다양한 사회경험에 근거하여 법적 관련이 있는 여러 사실들을 관찰하고, 그와 같이 관찰된 사실들을 정리하여 이들의 상호관련성에 대한 가설을 설정하고, 이를 다시 경험적 사실에 의해 검증하여 일정한 법칙을 수립해 나가는 방법을 사용하고 있는 것이다. 그 결과 법사회학을 법에 관한 경험과학이라 할 수 있고, 그러한 특성으로 다른 사회과학 분야와 그 성격을 같이 한다고 하겠다. 바로 이러한 점에서 법사회학은 법철학이 주로 사변적 또는 추론적 방법을 통해 법 현상을 연구하는 것과 구별된다고 하겠다.

법사회학은 그 동안 법해석학이 추구해온 실정법의 형식논리적 해석의 범주에 머물지 않고, 일반사회학의 경험론적 탐구를 이용하여 사회현상으로서의 법에 관한 이론의 수립 및 법현상탐구라는 연구방법을 취하고 있다. 즉 종래 법학자들이 중심이 된 법학은 실정법규를 둘러싼 법해석이나 입법정책수립과 같은 실용적 목적으로 연구되면서 경제적·사회적·심리적 기타 모든 비법적 요인들을 보조적으로 활용하였다면, 사회학자들이 중심이 된 법사회학은 법 자체만을 연구의 중심과제로 삼기보다는 사회통제의 한 형태로서의 법과 전체적인 사회통제과정과의 관계 및 사회통제의 다른 제도들에 대한 법의 기능들을 연구하면서, 일반사회학의 이론과 연구방법을 법현상에 적용하거나 이를 통해 새로운 사회학적 이론을 정립하려고 시도한다. 로스코 파운드를 비롯하여, 미국의 법현실주의자 특히 로렌스 프리드만 등이 대표적 학자들이라 할 수 있다.

## Ⅱ. 법사회학의 발전

법사회학은 20세기 들어와 해석법학만으로는 새로운 사회현상을 규율하는데 한계에 봉착했음을 직시하고, **법의 독자성을 부인하면서 법을 사회통제수단 중의 하나 정도로 인식**하기 시작하였다. 즉 법전 속에 안주하고 있는 법에 대한 회의를 통해 현실 속에서 발생하고 있는 현상으로서의 법을 어떻게 보아야 할 것인가라는 점에 주목하기 시작하였다. 그리하여 법사회학자들은 현실을 다양한 요소들에 의해 구성된 하나의 사회적 유기체로 보았고, 이 사회적 유기체 내에서 발생하고 있는 인간들의 문제를 어떠한 자연적 지침에 의해서만 해결할 수는 없다고 보았다. 그리하여 사회법학자들은 법학을 보다 효율적인 과학으로 정립하려면 사회과학적 탐구로부터 얻은 지식이 보완될 때 비로소 가능하다고 보면서, 법사회학을 통해 사회정의를 실현해 나갈 수 있을 것이라고 기대하였다. 그러면서 법을 특정 이해관계와 무관한 중립적 기능을 수행하는가, 아니면 현대의 갈등론적 법학자들의 주장처럼 이해관계의 산물로 보아야 할 것인가 등 새로운 관점에서 법학에 대한 접근을 시도하였다.

법의 사회학적 탐구는 베버·뒤르껭·에를리히 등에 의해 구체적으로 탐구되기 시작하였다. 특히 독일의 막스 베버(Max Weber, 1864~1920)는 법사회학을 자신의 사회이론의 중심과제로 삼아 서구사회의 발전과 특성을 이해하는 과정에서 그 중심에 서구자본주의가 있음을 발견하고, 세계 주요 논문들을 연구한 결과 합리적인 법질서의 존재야말로 자본주의사회의 중대한 특징임을 발견하였다. 베버는 법을 단계적으로 발전하는 제도로 이해하였고, 카리스마적인 법의 현시로부터 체계적이고 정교화된 형식적·논리적·법적 훈련을 받은 사람들에 의해서 전문화된 사법제도에 이르게 되었다고 보았다. 그리하여 베버는 이러한 합리화의 과정이 서구사회를 발전시키는 밑바탕이 되었다고 보아 그러한 발달단계를 연구하였다. 그 결과 서구에서의 합리적인 법의 성장은 부르주아와 절대국가의 성장을 가져왔다고 보았으며, 서구사회의 근대화과정에서 가장 중요한 발전은 관료의 성장이며, 법을 집행하는 관료의 성장을 통해 개념적으로 체계화된 합리적 법의 집행을 위한 기초가 마련될 수 있었다고 보았다.

프랑스의 사회학자인 뒤르껭(Emile Durkheim, 1858~1917)은 법현상을 중심으로 주로 형사절차에 대한 연구를 하였으며, 형사처벌·계약법 등에 관한 저술과 함께 사회노동분업론을 통해 사회학적·인류학적 사고에 깊은 영향을 준 법의 진화 유형론을 발전시켰다. 뒤르껭은 법을 한 사회를 가늠하는 척도로 보아 사회적 유대의 중요한 형식을 구축하는 기능을 수행한다고 보았다. 뒤르껭은 기본적 사회결합의 유형을 동질적 사회에서의 기계적 유대와 이질적이고 분화된 현대사회에서의 유기적 연대 등 두 가지 유형으로 나눈 뒤, 기계적 유대인 사회에서는 법이 본질적으로 억압적이고 형사적인데 반하여, 유기적 연대인 사회에서는 법이 범죄에 대한 사회적 대응이 기계적 유대의 법체계보다 덜 중요시되고 오히려 보상적 제재가 분쟁을 해결하는 주요 방식이 된다고 보았다.

또한 에를리히(Eugen Ehrlich, 1862~1922)는 법의 사회적 토대에 대해 관심을 표명하였는데, 그는 법이 사회적 사실로부터 유래하는 것으로 보아 국가의 권위가 아니라 사회적 강제에 의존하는 제도라고 주장하였다. 즉 법은 사회에 존재하는 수많은 강제수단 중의 하나에 불과하고, 국가도 수많은 사회결합 형태 중의 하나에 불과하다는 것이다. 그는 국가가 특정한 형태의 강제수단을 가지고 있다는 점에서 다른 사회결합과 다른 면이 있지만, 법의 진정한 원천은 규범이나 법원의 판결이 아니라 사회 그 자체의 활동에서 찾아야 한다고 주장하였다. 법체계는 형식적 규범으로서의 법과 사회를 규율하는 살아 있는 법 등 두 종류가 있다면서, 이러한 두 종류의 법을 통합하는 것이 법관과 법률가들의 임무라고 주장하였다. 에를리히는 사실에 대한 탐구를 철저히 해야만 법규범의 실제적인 기초, 규모와 의미, 장래의 잠재적 발전 가능성 등에 대한 연구가 실증적으로 이루어질 수 있다는 점을 명백히 밝혔다는 점에서 높은 평가를 받고 있다.

유럽에서 위와 같은 학자들에 의해 법사회학에 대한 연구가 이루어지는 동안 미국에서도 20세기에 들어와 미국사회의 국제적 위상의 제고, 과학의 발달과 풍부한 물적 자원에 대한 적절한 통제와 분배를 법만으로 해결할 수 없다는 사실을 인식하면서 법사회학에 대한 연구가 활발하게 이루어졌다. 그리하여 이러한 문제점을 인식한 법학자들이 **사회 속의 인간의 문제에 대한 해결책을 사회과학의 응용으로부터 찾아내려고 시도**하게 되었다. 미국의 법사회학자들은 정당한 권리와 욕구를 만족시킬 수 있도록 사회통제수단으로서의 법이 제대로 기능하려면 현재의 사회적 요구에 맞게 법이 발전되어 나가야 하며, 그러한 법의 발전에 사회과학의 이론적 도움을 받아야 한다는 점을 깨닫게 된 것이다.

미국의 법사회학자 로스코 파운드(Roscoe Pound, 1870~1964)는 독일 자유법학의 창시자 예링과 미국의 사회학자 로스·와드·스몰 등의 사회과학이론에 영향을 받아 독자적인 미국의 사회학적 법리학을 연구하였다. 그는 법률가를 마치 과학기술자처럼 인식하여 사회공학자와 동일시하였다. 그는 사회에 대한 법의 효과에 일차적 관심을 가졌고, 법의 사회적 결정을 중요시하지 않았다. 그는 사실적인 정보와 통계자료를 수없이 많이 수집하여 통계화함으로써 실천적 프로그램까지 마련하였고, 새로운 법적 테크닉의 필요성과 사회적 요구를 직접 연결시켰으며, 사법부의 창조적 역할을 중시하였다. 파운드는 법사회학의 기초를 완성하기에 바빠 구체적인 사례나 법사회학적 문제들에 대한 경험적인 연구는 거의 수행하지 못하였으나, 다른 사회법학자들에 의해 20·30년대에 구체적·경험적 연구들이 수행되었다. 이들의 연구는 법제도의 작용보다는 오히려 실정법에 대한 관심과 법개혁의 방향 등을 설정하는 데 영향을 끼쳤는데, 초기에는 법실무가들이 중심이 되어 이러한 과제를 수행하였다가 나중에 법학자들과 사회학자들의 연구가 본격적으로 가세하게 되었다.

파운드가 세운 기초를 중심으로, 법학자들과 사회학자들의 공조가 이루어졌는바, 법률가 및 법학자들이 법에 대한 탐구대상을 제시하면서 문제제기하면, 이를 사회학자들이 숙련된 사회과학적 탐구방법을 통해 연구하는 방식이 많이 활용되었다. 즉 사회학자들은 사회학적 탐구방법인 정교한 테크닉을 도입하여 사회조사의 기술, 통계자료의 활용, 사이버네틱스의 기술 등이 접목된 법사회학 연구가 활발하게 진행되었고, 법률가들도 이러한 조사방법에 점차 익숙하게 되었다.

이러한 법사회학은 점차 발달하여 최근 30여 년 동안에는 법사회학이라는 용어보다 법과 사회연구(law and society study) 혹은 사회학적 법연구(sociolegal studies)라는 보다 포괄적인 용어가 사용되고 있다. 이러한 분야를 연구하는 법사회학자들은 법전 속의 죽어 있는 법과 현실 속의 살아 있는 법 간의 괴리를 탐구하여 사회적 맥락에서의 법의 위치를 중시할 뿐만 아니라 잘못된 법을 개정하려는 특징을 보이고 있다. 즉 법해석학에 머물며 기존의 법에 대한 순응보다는 법에 내재되어 있는 본질적 목적이나 이념을 충족시키지 못하는 법이 있다면 이를 시정하여 사회의 소외된 계층의 권리보호 및 법률서비스에의 접근 용이성 등에 대한 제도적 장치 마련에 더 많은 관심을 기울이고 있다.

**법사회학자들은 법이 사회에 대해서 미치는 영향, 법이 사회 속에서 형성되고 창조되는 과정을 이해하는 것에서 더 나아가 법에 대한 사회적·역사적 의미를 재조명하기 위하여 역사학자들과의 공조를 이루려는 새로운 시도를 보이고 있다.** 이러한 역사적 탐구를 통해 개별법의 입법취지 및 시대적 상황 등을 고려함으로써 법의 진정한 목적을 실현하는 데 이바지하려는 노력을 경주하고 있다고 하겠다. 이러한 법사회학은 이제 세계적 추세를 보이고 있다.

## 제 4 절 법사학

### Ⅰ. 법사학의 대상과 방법

#### 1. 법사학의 의의

법사학이라 함은 법의 현상을 역사적·사실적으로 탐구하는 법학의 한 분야라고 할 수 있다. 법의 발전은 한 국가 또는 한 민족의 역사발전과 맥을 같이 하는 것이기 때문에 그 국가나 민족의 법질서와 법사상이 어떻게 생성·발전·소멸되어 왔는지를 역사적·사실적으로 탐구함으로써 현재의 법질서와 법사상이 어떤 의미를 가지고 있으며 장차 어떻게 발전해 나갈 것인지를 예측할 수 있게 된다. 따라서 법사학은 법을 역사적 흐름 속에서 파악하려고 하기 때문에 단순히 존재하는 법으로서가 아니라 역사 속에서 살아 생성하는 법으로 이해하려 한다. 그리하여 법사학은 법이 권력을 통제해 온 역사, 법을 위반한 자에 대한 처벌의 역사, 법이 국가와 민족에게 어떻게 기여해 왔는지에 대한 연구를 통해 어느 누구도 법을 거역할 수 없는 실체, 즉 하나의 도도한 역사적 정신력이라는 점을 일깨워 준다.

법사학은 역사적 산물로서의 법을 연구함으로써 역사 속의 개인과 민족, 국가와 개인 사이의 상호관계를 검토함으로써 개인과 공동체가 어떻게 상호제약적 관계를 맺거나 협력적 관계를 맺어 왔는지를 밝혀준다. 그러기 위해서 법사학은 과거의 법적 사실에 일차적 관심을 기울인다는 점에서 현존하는 법규범을 주요 대상으로 하는 법해석학과 차이가 있고, 법의 경험적 측면들을 주요 대상으로 한다는 점에서 법의 이념이나 배후를 주요 대상으로 삼는 법철학과도 차이가 있고, 법의 경험적 측면을 중시한다는 점에서 법사회학과 공통점이 있지만 법사회학이 하나의 과학으로서 경험적인 사실들의 법칙성을 추구하려는데 반하여 법사학은 이러한 사실들의 객관적 서술을 중시한다는 점에서 법사회학과 차이가 있다고 하겠다.

### 2. 법사학 탐구의 분류

법사학은 연구방향을 어떻게 잡느냐에 따라 몇 가지 탐구방법이 분리될 수 있다. 첫째, 정치역사의 순서에 따른 헌정기초의 연구로서, 민족 및 국가의 기초적 생활질서인 헌법과 정치를 중심으로 한 법역사에 대한 연구로, 헌정사·관제사·공법사 등이 헌정기초의 연구분야에 속한다고 하겠다. 둘째, 사법 및 형벌제도의 연구로서, 국가의 사법활동을 주요 탐구대상으로 하는 법사학 영역으로, 고대사회로부터 현대사회에 이르기까지 국가의 가장 중요한 기능이었던 사회의 질서유지와 사회구성원의 안전을 보호하는 것과 관련하여 국가의 형벌권 행사를 통한 사법적 절차 등에 대한 연구로, 주로 형법사·형사소송법사 등이 이 연구분야에 속한다고 하겠다. 우리나라 법사학은 거의 이 분야에 집중되어 있는 실정이다. 셋째, 경제적·사회적 기초의 연구로서, 국가의 경제적·사회적 기초와 법의 관계에 대한 역사적 연구로, 사법사·민법사·상법사 등이 이 연구분야에 속한다고 하겠다. 넷째, 법의 정신적 기초에 관한 연구로서, 제도로서의 법보다는 인간정신의 표현으로서의 법을 주요 대상으로 한 연구로, 법사상사가 이 분야에 속한다고 하겠다.

## Ⅱ. 법사학의 발달

### 1. 대륙법계의 법사학

대륙법계의 법사학은 역사법학파인 독일의 사비니(Friedrich Karl von Savigny, 1779~1861)와 그의 제자인 푸흐타(Georg Friedrich Puchta, 1798~1846)에서 비롯되었다고 할 수 있다. 1789년 프랑스대혁명의 영향으로 그 이전에 법학을 지배하고 있던 **자연법사상과 합리주의에 대한 반동으로, 법실증주의와 낭만주의**가 나타났다. 법실증주의는 종래 자연법사상에 입각하고 있던 이념과 가치지향적 법학을 실정법 중심의 법학으로 보았던 것이다. 낭만주의는 인간사에 있어 감정과 상상력을 우선시하며 인간정신의 풍부한 정서를 중시하면서 예술과 문학의 영역으로 급속히 파급되었다. 법실증주의가 확립되는 과정에서 자연법보다는 법의 역사와 전통이 민족과 국가의 입장에서 더 중시되는 현상을 보였고, 그러한 정점에 사비니가 있었던 것이다. 사비니는 『입법과 법리학을 위한 우리 시대의 사명에 대하여』란 책자를 통해 여러 개의 란트로 분할되어 있는 독일 내의 법과 관습을 통일시켜 법전화하는 일이야말로 이미 나폴레옹민법전을 완비한 프랑스에 대한 도전 및 방어이기도 하였다. 그러한 도전, 즉 **통일독일의 통일법전을 편찬하기 위해서는 모든 란트를 아우르는 민족정신이 필요하다고 판단한 사비니는, 그러한 작업을 하려면 로마법과 나폴레옹법전을 기초로 하여 일관성 있는 법전편찬 작업을 수행해야 한다고 조언한 티보**(Thibaut, 1772~1840) 교수의 제안을 반박하면서, 법은 입법자의 자의나 계획에 의해 제정되는 산물이 아니라 민족에 내재되어 있는 힘의 산물이어야 한다고 주장하였다. 즉 **사비니는 법이란 민족의 과거에 깊이 뿌리내리고 있는 역사적 산물이며, 그 진정한 근원은 사람들의 믿음·관습·국민의 공동의식에서 찾아야 하며, 언어·조직·국민의 예법처럼 법도 해당 국가의 국민의 독특한 성격, 즉 국민정신(Volksgeist)에 의해 결정되는 것이라고 주장**하였던 것이다. 결국 국민의 전통과 관습은 모든 국민 속에서 발전하면서 나중에 법규로 진화하는 것이기 때문에 이러한 전통과 관습을 주의 깊게 연구하게 되면 법의 진정한 내용을 밝힐 수 있고, 이렇게 본다면 진정한 의미에서의 법은 권리와 정의에 대한 국민의 감정과 일치하게 된다는 것이다. 이처럼 사비니는 법을 자의적이고 계획적인, 즉 의도된 의사의 산물로 보지 않고 민족이 사용하고 있는 언어처럼 느리지만 점진적이고 유기적인 성장의 산물로 나타나는 것이라고 보았다. 따라서 법은 국민으로부터 분리된 별도의 실체라기보다는 국민들의 전체생활 중의 일부로 보아야 하며, 국민과 함께 성장하고, 국민의 힘과 함께 강해지고, 국가가 망하면 함께 사라지게 된다고 보았다.

이러한 사비니의 정신이 결국 역사법학파를 창시하였다고 볼 수 있고, 역사법학파는 게르만법과 로마법, 당시의 독일법 전반에 걸쳐 법사를 심도 있게 연구하기에 이르렀다. 그러한 연구자료는 지금도 우리에게 초기의 법

제도에 대한 많은 자료를 제공해 주고 있다.

## 2. 영미법계의 법사학

독일에서 사비니를 중심으로 역사법학파가 법사학을 연구하고 있을 때 영국에서도 법사학자 메인(Henry Maine, 1822~1888)을 중심으로 법사학에 대한 연구가 심도 있게 이루어졌다. 메인은 법리학 문제에 관한 사비니의 역사적 접근방법을 원용했을 뿐만 아니라 다른 진보된 사회와 원시사회에 대한 법제도까지 광범위하게 비교·연구하여 사비니를 능가한다는 평가를 받기에 이르렀다.

**메인은 법사의 진화가 상이한 사회질서와 유사한 역사적 상황 속에서 반복되며 진화해 나가고 있음을 밝혀 내었다.** 그는 인간사회를 형성하고 영위하는 무한한 가능성이란 존재하지 않으며, 특정의 정치적·사회적·법적 형태가 외관상 상이한 모습일지라도 실재로는 유사한 형태로 반복하여 나타난다고 주장하였다. 예를 들어 로마의 봉건제도가 당시의 영국의 봉건제도와 유사한 형태로 존재하며, 실질적으로 보면 유사한 법규와 법제도의 틀 안에서 운영이 되고 있음을 비교·연구를 통해 밝혀낸 것이다.

그리하여 **메인은 진보적 사회운동이 "신분에서 계약으로" 발전하였다는 유명한 명언을 남겼다.** 즉 종래 신분사회에서는 개인의 자기의사와 관계없이 신분이 결정되기 때문에 개인의 노력으로는 신분관계를 벗어날 수 없다는 고정된 조건이 되었고, 그것은 그 자체가 개인이 아닌 집단 속에 형성된 하나의 사회질서이기 때문에 모든 개인은 가족과 집단유대에 얽매일 수밖에 없는 질서체계였지만, 계약사회에서는 문명의 진보를 통해 신분으로부터 벗어난 개인이 자유로운 의사에 의한 계약을 통해 권리·의무·책임의 자발적 향유자가 될 수 있게 된 것은 인간의지의 결과라는 것이다.

또한 메인은 법의 역사적 발전과정에 대하여 역사의 초기에는 법은 종교지도자의 개인적 명령에 의해 만들어졌고, 그의 신민들은 종교지도자에 대한 맹목적 복종을 당연하게 생각했으며, 그 후 종교지도자의 지위를 귀족이나 소수 특권계층이 넘겨 받음으로써 그들의 법해석과 법적용을 당연시한 관습법의 시기를 거쳐, 자각한 시민들의 사회투쟁의 결과 관습법이 성문화되는 시기, 예를 들어 로마의 12동판법의 제정을 거쳤으며, 뒤이어 진보하는 사회에 법을 조화시키는 수단으로 고안된 의제·형평·입법 등의 방법으로 엄격한 고대법률들을 수정하는 단계로 역사적 발전단계를 거쳤음을 밝혔다. 그에 의하면 최종적으로 과학적 법리학에 의해 모든 법의 형태가 일관되고 체계적인 형태를 갖추게 되었다고 한다. 그러면서도 일부 국가는 이런 단계를 건너뛰거나 다른 모습으로 발전하는 형태를 보이기도 한다면서, 자신의 연구는 일반론적으로 법 진화의 대표적 경향을 제시하는 것으로 만족할 수 밖에 없다는 점을 밝히기도 하였다.

그 외에도 비노그라도프(Paul Vinogradoff)의 역사연구, 폴록(Pollock)과 메이트랜드(Maitland)의 에드워드 1세 이전의 영국법사, 홀즈워드(Holdsworth)의 영국법사, 옥스퍼드대학의 법사학 교수인 아티야(P.S. Atiyah) 등에 의하여 법사학 연구가 활발하게 이루어졌다. 특히 아티야는 『계약자유의 성쇠』라는 저서에서 1770년에서 1970년대에 이르는 약 200년 동안의 법사학 연구를 통해 계약자유의 변천을 정치·경제·도덕적 측면과 비교하는 방법을 통해 법의 발전과정을 규명함으로써 법사학의 새로운 지평을 열었다는 평가를 받고 있다.

한편 미국은 역사가 짧기 때문에 법사학이 독립된 분야로 발달하지는 않았다고 보이지만, 오히려 법사회학이나 법인류학에 대한 연구를 통해 법사에 대한 연구가 간접적으로 이루어지는 모습을 보이고 있다. 특히 1960년대 윌라드 허스트(Willad Hurst) 교수의 법과 경제발전의 관계에 대한 연구결과, 법사회학자이자 법사학자이기도 한 로렌스 프리드만(Lawrence Friedman) 교수의 미국법 통사를 통해 어느 정도 법사학에 대한 성과가 있었다고 하겠다. 또한 하버드대학의 모튼 호위츠(Morton Horwitz) 교수의 『미국법의 변천, 1780~1860』를 통해 미국법사에 대한 새로운 해석이 시도되었고, 그의 해석이 비판법학자들에 의해 수용되면서 앞으로 미국법사학의 탐구방향에 새로운 전환점이 마련되었다고 하겠다.

우리나라도 법제사라는 이름으로 법사에 대한 연구가 이루어지고 있으나, 연구인력의 부족 및 예산부족으로 깊이 있는 연구가 이루어지기에는 많이 부족한 실정이다.

JURISPRUDENCE

# 제 3 장 헌 법

JURISPRUDENCE >>>

CHAPTER

# 03 헌 법

## 제 1 절 헌법의 의의

### Ⅰ. 헌법의 개념

헌법이란, 국가라는 조직과 국민이라는 구성원 사이에서 성립하는 생활공동관계에서 국가로부터 개인의 기본권을 보장하고, 국가생활공동체를 실현·유지하기 위한 국가권력구조 및 그 권력의 범위 등을 규정한 **국내 최고 법규범**이다. 우리나라 헌법은 기본적으로 국가형태(제1조 이하), 개인의 기본권(제10조 이하), 국가기관의 조직과 구성 및 기능(제40조 이하)에 대하여 규정하고 있다. 이외에도 우리 헌법은 국가의 사회경제적 책무를 국민의 기본권의 한 형태로 규정하고(제31조 이하), 사회경제질서의 형성에 대한 국가의 책무를 부담지우거나 선언하는 내용을 규정하고(제119조 이하) 있다.

## Ⅱ. 헌법의 발전 과정

광의의 헌법이라 함은 이른바 고전적 의미의 헌법으로 국가와 국민 사이에서의 지배와 복종관계에 대한 정치적 공동체를 규율대상으로 하는 법을 의미한다. 이러한 광의의 헌법은, 그 국가사회구조가 계급사회에 머물러 있는 단계여서, 아직 현대사회처럼 사회체계가 분화되지 않았던 시대에 적용되는 국가통치기준이었다고 할 수 있다. 즉 지배계급이 광의의 헌법이라는 제도를 통해 하부체계인 정치·경제·사회·문화 등을 지배하는 가치관으로 활용하여 왔던 것이다. 이때는 아직 국가권력이 종교적 권위로부터 완전히 분화되지 못한 상태에 있었고, 이 경우 **국가권력은 지배계급에 천부적인 권력으로 주어진 것이라는 사상이 지배적**이었다.

그런데 산업화와 함께 근대시민사회가 형성되면서, 각 사회분야가 다원화되고 전문화가 이루어지면서 **상공계급과 지식계급이 사회적 중추계급으로 등장**하게 되면서 위와 같은 통합적 정치권위에 대한 도전이 이루어지게 되었고, 시민혁명을 통하여 성공적으로 구체화되기에 이르렀다. 즉 **신분사회에서 계약사회** 내지 평등사회로 사회적 발전이 이루어지게 된 것이다. 이러한 분화현상은 **종교와 정치가 세속적으로 분리되는 과정**을 통해 촉진되었다고 할 수 있다. 국가권력은 지배력에 대한 정당성, 즉 국가권력이라는 강제력을 정당하게 행사할 수 있는가에 대한 피지배계급의 자발적 복종이 전제되어야 하는데, 상공인·전문지식인들을 중심으로 한 시민계급이 국가권력 행사의 정당성에 대한 의문을 제기하게 되었다. 여기에는 경제적으로 피폐해진 영주 등의 지배계급이 상공계급으로부터 재정적 지원을 받은 것에 그치지 않고 부족한 재정적자를 충당하기 위하여 부당하게 국민의 재산권을 침해하게 됨에 따라 상공계급이 중심이 되어 이에 항거하는 역사적 배경이 존재하고 있다. 이러한 **상공계급의 국가지배계급에 대한 저항의 근거가 루소, 홉스 등이 주장하여 온 사회적 계약론이라는 법철학적 가치관**이었다고 할 것이다. 즉 홉스는, 원시상태에서 이루어져 온 만인에 대한 만인의 투쟁이라는 사회적 혼란을 방지하기 위하여 개인들이 1차적으로 결합계약을 체결하고, 2차적으로 지배복종계약을 체결하게 된 것이라고 주장하기에 이르렀고, 이러한 정치철학은 **국가권력의 정당성 근거를 국민의 위임에서 찾게 되었던 것**이다.

이러한 사회적 계약론은, 종래의 광의의 헌법을 다시 새로운 개념으로 생각하게 되었고, 그 새로운 근대적 의미의 헌법의 개념으로는, 첫째, 개인은 국가와의 관계에서 단순한 피지배계급에 머물지 않고 **기본권의 주체**로서 국가에 대하여 일정한 권리를 주장할 수 있는 주체임을 확인하게 됨으로써, 특히 국민의 신체·재산 등에 대한 국가의 부당한 침해를 허용할 수 없다는 이론으로 발전하였고, 이를 침해해야 할 부득이한 사정이 있는 경우에는 이를 법률로 정하도록 하여 법률의 수권을 필요로 하게 되었다. 즉 법치주의에 의해 국가권력은 국민의 동의가 있는 경우에만 그 행사의 정당성을 인정받을 수 있게 된 것이다. 이러한 기본권사상은, 정치지배세력을 형성함에 있어, 개인이 스스로 선거를 통해 지배계급을 선택하거나, 스스로 지배계급이 될 수 있는 기회의 보장으로 이어졌다. 즉 국민에 의한, 국민을 위한, 국민의 정치라는 보편적 민주주의의 실현을 가져온 것이다. 둘째, 이러한 법치주의와 민주주의의 발전을 통해 국가통치조직은 그 자체가 목적이 될 수 없고, 오로지 국가의 구성원인 국민의 기본권을 최대한으로, 효율적으로 보호하기 위한 조직으로 기능하여야 한다는 국가의 책무가 부여된 것이다. 즉 **통치조직의 민주적 정당성이 국민으로부터 인정받아야만 되도록 된 것**이다. 이를 통해 정치영역에서는 민주주의가, 사회경제영역에서는 시장의 지배원리가 자리 잡게 된 것이다.

그러나 근대시민사회혁명의 성공은 **제3계급인 상공계급**이 중심이 되어 이루어진 것으로, 여전히 **제4계급에 속하는 무산계급인 노동자**들에게는 공허할 뿐이었다. 즉 근대적 혁명은 이념적으로는 평등주의를 주창하였으나, 상공계급이 중심이 되다 보니 모든 인간에게 완전한 평등을 보장하는 것이 태생적으로 불가능한 사상적 한계가 있을 수밖에 없었고, 따라서 근대적 의미의 헌법이 보장하는 자유권을 행사하는 데에도 일정한 사회적 신분을 요구하였기 때문에 이러한 조건을 갖추지 못한 무산계급으로서는 사실상 자유권을 제대로 보장받지 못하는 헌법적 한계가 있을 수밖에 없었다. 뿐만 아니라 급격한 산업화로 인하여 농촌경제의 붕괴, 공장화 및 도시화에 따른 도시빈민층의 증대, 일자리를 찾아 인구의 대이동이 이루어짐에 따라 대가족제도의 해체 등이 이루어짐에 따라 노동자의 경제적 빈곤의 악순환이라는 사회적 한계가 있을 수밖에 없었고, 수요와 공급의 불균형 및 시장가격의 왜곡된 형성 등으로 인해 시장경제의 붕괴라는 경제적 한계가 노출되기에 이르렀다.

이와 같은 산업화의 부정적 영향이 한계에 이르자, 이러한 총체적이고 구조적인 사회적 부조리를 해결하기 위해 **노동자집단이 정치세력화됨에 따라 공산주의 내지 사회주의체제를 주장하는 사회계급이 등장**하게 되었다. 엥겔스와 칼 마르크스의 공산당선언이 1848년에 이루어졌고, 구소련과 중국 등이 사회주의체제로의 전환을 모색하기도 하였다. 그러나 이러한 공산주의 내지 사회주의체제를 방지하기 위하여, 노동자계층의 빈익빈의 사회적 문제를 해결하기 위하여 국가의 재정정책이 확대되는 **수정자본주의의 모색이 이루어지게 되었고, 일종의 자본주의와 사회주의의 통합이 이루어지는 혼합경제체제로 발전**되어 왔다. 이에 따라 국민의 사적 영역, 즉 사회경제적 영역에 국가의 개입이 강화되게 되었고, 부분적으로는 개인의 자유를 제한하거나 조정하는 중재적 권한이 국가에 부여되는 경향으로 나아가게 되었다.

이러한 헌법의 기능 변화에 따라 첫째, 국가의 이러한 책무를 국민에 대한 의무 내지는 기본권 보장의 측면에서 헌법에 이를 명문화하여 **사회적 기본권의 강화현상**이 나타나게 되었고, 둘째, 이러한 사회적 기본권의 강화에 따라 국가에 일정한 국가발전의 책임과 국민의 기본권 보장의 책무를 동시에 부여하는 **국가의 의무 강화현상**이 나타나게 되었다. 우리 대한민국 헌법도, 이러한 두 가지 제도적 기능을 강화하는 방향으로 제정되었다고 할 수 있다(제31조 이하, 제119조 이하).

현대 헌법은 몇 가지 특징을 보이고 있는데, 그러한 특징 중에는 **헌법이 문화와 세계평화에 대한 국가의 새로운 역할을 강조**하고 있다는 점이다. 특히 초기의 헌법은 유일하게 정치적 공동체의 유지를 헌법의 유일한 규율 대상으로 삼고 있었고, 이에 따라 문화가 중세의 종교처럼 정치로부터 미분화된 상태에 있었기 때문에 이에 대하여 특별히 규율할 필요가 없었으나,

근대사회에 들어와 문화가 정치로부터 분리독립함으로써 정치권력과의 관계에서 문화의 독자적 가치가 인정됨에 따라 문화적 권리를 자유권적 기본권의 하나로 보아 국가의 개입을 배제하기에 이르렀다는 점이다. 이와 같이 문화가 정치로부터 분리됨에 따라 문화의 창달이 이루어지게 되었으나, 반면에 문화에 대한 국가의 개입이 자제되게 됨에 따라 그 공간에 상업자본에 의한 시장지배가 가능하게 되어 또 다른 문제를 야기하고 있다는 점이다. 그러다 보니 역으로 국가가 문화에 대한 시장지배를 억제하여 문화의 독자성·독창성·자율성을 보장하여 국민이 문화적 자유를 향유할 수 있도록 **문화를 보호할 책무**가 생겼다는 것이다. 그리하여 우리 헌법은 전통문화를 보전하고, 민족문화의 창달을 위해 국가가 노력해야 할 의무(제9조)를 부과하여, 국가공동체로서의 국가와 국민이 최소한의 문화적 동질성을 유지할 수 있도록 하고 있다는 점이다.

또한 현대 헌법은 제2차세계대전을 비롯한 대규모 국제분쟁의 후유증을 경험한 이후 평화적 국제관계를 대단히 중요하게 인식함에 따라, 모든 국가는 국제법 준수 및 세계평화의 유지 및 발전을 위한 국가의 책무를 규정하기에 이르렀다. 우리 헌법도 이러한 국제적 추세에 맞추어 대한민국이 **세계평화를 위해 노력할 것과 침략전쟁을 부인하고, 적극적으로 국제적 협력관계를 유지**하겠다는 점을 명백히 하고 있다. 또한 세계가 1990년대의 냉전체제 해체 후 정치·군사적 경쟁구도가 사회·경제적 경쟁구도로 변함에 따라 세계무역을 중심으로 한 국가의 역할을 중시하게 되었고, 이에 따라 세계 각국은 침략전쟁을 부인하고, 국제법을 준수할 것과 국제법 또는 국제적으로 공인된 국제조약 등과 국내법의 관계를 설정하고, 인적 교류가 활발하게 됨에 따라 외국인에 대한 법적 지위의 보장, 영토주권을 비롯한 국내주권과 국제사회의 구성원의 하나로서의 역할이 상호 충돌될 경우 어떻게 할 것인지 등에 대하여 규정하기에 이르렀다.

이러한 역사적 변천과정을 통해 헌법은 국가의 최고규범으로 발전하여 왔고, 특히 우리나라의 경우에는 헌법재판소를 설치하도록 헌법이 규정함으로써, 위헌법률 및 헌법소원 등이 다양하게 이루어지고 있어, 국제적으로 우리 헌법이 가장 주목을 받고 있는 실정에 이르렀다. 그렇지만 헌법은 정치적 타협의 산물인 점을 부인할 수 없고, 현재의 헌법은 제5공화국 군사독재 시절의 종식과 함께 민주화운동의 결과 1988년에 제정된 이래 현재까지 적용되고 있는데, 현행 헌법이 그 이후 민주주의 발전과 사회가치의 급격한 변화에 대한 국민의식을 제대로 반영하고 있지 못하여 개정할 필요성이 있다는 정치적 견해들이 주장되고 있다.[1]

## 제2절 한국헌법의 중요 기본원리

### Ⅰ. 민주주의 원리

우리 헌법은 "대한민국의 주권은 국민에게 있고, 모든 권력은 국민으로부터 나온다"라고 규정하고 있다(제1조 제2항). 이 조문은 **민주주의의 사상적 기초로서 국민주권주의를 천명**하고 있다고 하겠다. 즉 국가권력은 선험적으로 존재하는 것이라기보다는, 국민의 지지를 통해 정당성을 확보하고, 그 정당성에 근거하여 행사되어야 한다는 것이다. 민주주의에서 모든 국민은 정치적 의사의 가치에 관한 한 기본적으로 평등하다(제11조, 제24조, 제25조 등). 따라서 민주주의에서 의사결정은 국민의 다수결에 의해서 결정되며(제49조), 그렇게 결정된 의사는 정당한 국가권력의 행사로 인정된다. **민주주의의 특징은 가치절대주의라기보다는 가치상대주의에 입각**하고 있기 때문에 다수의 의사를 따를 수밖에 없지만, 그렇다고 하여 다수의 의사만이 정당하고 소수의 의사가 부당하다는 명제는 인정되지 않는다. 즉 **소수의 보호 역시 민주주의의 또 다른 가치**이기 때문이다.

이러한 민주주의의 보장을 위하여, 우리 헌법은 고위 정무직 공직자에 대한 선거제와 임기제(제70조 등) 등을 통해 **국민의 선거를 통한 정권교체**를 인정

1) 5년 단임제 대통령 중심의 권력구조로 인한 문제점을 해소하고 시대적 변화에 부응하지 못하는 기본권 등을 현실에 맞게 개선하여야 한다는 국민적 기대와 요구에 맞추기 위하여, 2017년 20대 국회에서는 헌법개정특별위원회를 구성하였으며, 학계·시민단체 등의 전문가를 중심으로 자문위원단을 구성하고, 전체회의와 소위원회에서의 공청회 및 간담회를 개최하는 등 활발한 논의가 진행 중이다.

하고 있고, 이를 통해 정무직 공직자들이 국민에 대한 봉사자로서의 지위를 부여하고 있다. 유신헌법과 같은 장기집권의 폐해를 경험한 우리 국민은 최고위 정치적 공직자인 대통령에 대한 중임을 금지하여 5년 단임제로 규정하고 있다(제70조). 즉 장기집권을 통한 정치적 독재자의 출현을 근원적으로 불가능하게 하여, 다수의 횡포를 방지하고, 소수자가 나중에 정권을 획득할 수 있는 기회를 보장하고 있다. 특히 우리 헌법은 헌법재판소를 신설하여, 헌법재판이 정치적 견해에 휘둘리지 않고, 헌법적 가치기준을 객관화시킴으로써, 헌법에 반하는 법률이나 명령 또는 규칙에 대한 위헌결정을 통해 **헌법을 국가 최고의 상위규범**임을 명백히 하였고, 국민의 기본권 보장이라는 헌법적 가치 아래 국가권력의 정당성을 보장해 주고 있다. 그리하여 삼권분립을 통해 입법·행정·사법이 상호간에 견제를 통해 정치권력의 균형을 유지하도록 하여 다수의 횡포를 방지하고 있고, 직업공무원제를 확립하여 공무원들의 정치적 중립과 사회적 신분을 보장함으로써, 정무직 지도자들로부터 독립하여 공무를 수행토록 하여 국민에 대한 공복으로서의 사명을 잘 감당하도록 보장하고 있다.

그런데 현대사회는 민주주의라고 하여 국민 개개인이 국가권력의 행사에 개별적·구체적·직접적으로 관여할 수는 없기 때문에, 어쩔 수 없이 **간접민주주의** 형태로 국민의 권리를 행사할 수밖에 없는 한계가 있다. 이는 국민의 수가 지나치게 많고, 국가의 영토가 넓을 뿐만 아니라, 국가의 업무가 복잡하여 모든 사안에 대하여 국민으로부터 직접적으로 개별적 동의를 얻어낸다는 것이 실체적·절차적으로 불가능하기 때문이다. 결국 대의민주주의의 방식, 즉 선거를 통해 국민의 대표자가 선출되고, 이러한 선출자들(대통령 또는 국회의원 등)이 국가의 행정 또는 입법에 관한 권한을 대의적으로 행사할 수밖에 없는 것이다. 따라서 이렇게 선출된 자는 국가 및 국민 전체의 이익을 위해 권한을 행사하여야 할 책무를 부과받고 있다고 할 것이고, 이를 위반할 경우 적절한 제재를 가할 수 있는 제도적 장치가 필요하게 된다.

그런데 이러한 대의기관이 개별적 국가권력을 행사함에 있어, 국민으로부터 개별적 수권을 별도로 필요로 하느냐 여부인데, 그것은 그렇지 않다는 것이다. 즉 대의기관에는 국민 개개인의 의사로부터 독립하여 국민 전체의 의사를 형성할 권한이 부여되어 있으며, 이에 대하여 책임과 의무가 부과되어 있다.

또한 우리 헌법은 "공무원은 …, 국민 전체에 대하여 책임을 진다"고 하여(제7조), **공무원의 국민에 대한 책임의무를 부과**하고 있다. 국민이 선출한 국회의원과 국민의 관계는 **자유위임관계**일 뿐 개별적 위임관계는 성립하지 않는다(제46조 제2항). 대의민주주의를 보장하기 위하여, 우리 헌법은 국회의원에게 국회 내의 행위에 대하여 면책특권을 부여하고, **회기 중 불체포특권**을 보장하고 있다. 국회는 국회의원에 대한 징계 등 자율권을 갖는다. 그렇지만 대의민주주의는 개인에게 부여된 표현의 자유를 포함한 각종 자유권의 행사를 통해서 통제되며, 그 이외에도 선거와 같은 정치적 책임, 탄핵소추나 징계 또는 손해배상책임과 같은 법적 책임을 통해 **대의권한의 남용이 통제**된다.

우리 헌법은 **권력분립원칙을 채택**하여, 대의권한이 집중 혹은 일원적으로 행사되거나 남용되는 것을 방지하고 있다. 즉 국가권력을 입법, 사법, 행정으로 나누고, 그 각각의 기능을 분리하여 각각의 독립된 기관에 권력을 분산시킴과 동시에 이들 기관 간의 상호 견제와 균형을 통해 국가권력이 남용되지 못하도록 억제하고 있다. 그런데 이러한 권력분립원칙은, 오늘날 국가가 정당국가화됨에 따라 권력을 독점한 특정 정당이 이러한 분립된 국가권력을 사실상 장악하게 되어 헌법이 이념으로 삼고 있는 국가권력의 분립원칙을 무력화시키는 폐해가 나타나고 있어 문제이다. 따라서 이러한 폐해를 최소화하기 위해서는, 여당과 야당 등 정치세력의 적정한 권력의 분점이 조화를 이루어야 하고, 중앙정부와 지방정부 사이의 권한의 분할을 통해 지방자치제도의 확립이 이루어져야 할 것이고, 법원의 사법권과 헌법재판소의 헌법재판권의 적정한 행사를 통해 국가권력이 사법권의 통제를 받도록 하여야 할 것이다. 헌법재판소는, 종래의 공직선거및선거부정방지법 제56조가 국회의원선거에 출마하고자 하는 후보로 하여금 기탁금을 2,000만원 납부하도록 한 것은 "평균적인 일반국민의 경제력으로는 피선거권행사를 위하여 손쉽게 조달할 수 있는 금액이 아니며, 이와 같이 과도한 기탁금은 기탁금을 마련할 자력이 없으면 아무리 훌륭한 자질을 가지고 있더라도 국회의원입후보를 사실상 봉쇄당하게 하며, 그로 말미암아 서민층과 젊은 세대를 대표할 자가 국민의 대표기관인 국회에 진출하지 못하게 하고, 반면에 재력이 풍부하여 그 정도의 돈을 쉽게 조달·활용할 수 있는 사람들에게는 입후보난립방지의 효과를 갖지 못하기 때문에, 결국 후보자의 난립방지라는 목적을 공평하고 적절히 달성하지 못하고, 진실된 입후보 의사를 가진 많은 국민들로 하여금 입후보등록을 포기하게 하므로 이들의 평등권과 피선거권, 이들을 뽑으려는 유권자들의 선택의 자유를 침해"한다는 이유로 위헌결정을 내렸다. 즉 헌법재판소가 헌법적 판단에 의해 과도한 기부금납부에 의한 국회의원 후보등록제한은 대의민주주의 정치에 어긋난다는 입장을 밝힌 것이다.

## Ⅱ. 법치주의 원리

우리 헌법은 국가권력의 행사는 국민적 합의인 법에 의하여 이루어져야 하고, **기본권을 제한하는 것 역시 법에 의하여서만 가능**하다는 법치주의 원리를 규정하고 있다. 즉 국가권력의 헌법 및 법률에 의한 적법한 행사, 즉 적법절차에 의한 행사를 규정하고 있는 것이다. 이처럼 국가권력의 법에 대한 구속성의 원칙을 실현하기 위하여 **헌법재판소는 위헌결정권의 행사를 통해 입법권의 행사 역시 헌법에 반하지 못하도록** 함으로써, 법치주의 원리를 구체적으로 실현하려고 하고 있다.

결국 법치주의라 함은, 국가권력의 행사에는 법에 의한 적법한 행사만이 허용됨을 분명히 함으로써, 개인의 생명과 신체 및 재산에 대한 기본권이 국가권력에 의해 부당하게 침해되어서는 아니 되며 이를 침해하기 위해서는 법에 의해서만 가능하다는 것을 의미한다.

우리 헌법은 법치주의를 실현하기 위하여 구체적으로 권력분립을 규정하고 있는바, 이는 결국 국가권력의 행사가 남용되지 않도록 상호 견제와 균형을 통해 국민의 기본권을 보장하려는 데 그 의의가 있다고 하겠다. 이러한 국가권력의 법에 대한 구속성은 국가권력의 행사에 대한 국민의 신뢰가 밑바탕이 되어야 하며, 이는 **법적 안정성의 충족**이 이루어져야 함을 의미한다. 따라서 기본권을 제한하는 법률은 그 내용이 명확하여야 할 뿐만 아니라, 제한하는 경우에도 본질적인 내용을 제한할 수 없는 한계를 갖게 된다. 또한 원칙적으로 **법률불소급원칙**에 의해, 사후에 제정된 법에 의하여 그 전에 형성된 법률관계에 영향을 주지 못하도록 하고 있다. 즉 국가권력이 요구하는 요건을 충족하여 일정한 권리의 보장이 이루어진 이후에는 사후에 제정된 법에 의해 그 권리를 박탈하거나 제한할 수 없으며, 새로운 의무를 부담하지 않는다. 이른바 넓은 의미의 **신뢰보호의 원칙**이 보장되어야 함을 의미한다. 우리 헌법은 법률불소급원칙을 명문으로 천명하고 있으며(제13조 제2항), 특히 형벌 영역에서는 법률불소급원칙은 엄격하게 지켜져야 한다(제13조 제1항).

따라서 법치주의 실현을 통해, 기본권을 제한하는 경우에도 기본권제한이라는 수단이 그 제한을 통해 법이 실현하고자 하는 목적을 달성하기 위해서 적합하여야 하는 **수단의 적합성이 보장**되어야 하고, **최소침해성**, 즉 기본권이 제한될 경우에도 필요한 최소한에 그쳐야 하며, 침해되는 기본권과 이를 통해 실현되는 공익 사이에 **비례성의 원칙**이 보장되어야 한다. 즉, **수단의 적합성의 원칙, 침해의 최소성의 원칙, 좁은 의미의 비례의 원칙이 보장되어야 한다**고 하겠다.

## Ⅲ. 복지국가 원리

우리 헌법은 사유재산제를 보장하고, 시장경제질서를 채택함으로써, 개인에게 자신의 삶에 대한 경제적 책임을 지도록 하고 있다. 그렇지만 이렇게 시장경제질서에 모든 것을 맡겨 두게 되면, 시장에서의 생존능력이 없는 국민은 길거리에 나앉게 되는 사회적 문제가 발생하게 된다. 우리 헌법은 이를 보호하기 위하여, **복지국가 원리를 또 하나의 헌법적 원칙으로 규정**하고 있다.

이러한 복지국가 원리는, 사회적 기본권 개념의 도입과 시장경제질서에 대한 국가의 조정권한을 통하여 구체화된다. 즉 우리 헌법은 **사유재산제 및 시장경제주의를 원칙**으로 하면서도, 이를 향유할 수 없는 경제적 능력이 부족한 국민이 최소한의 문화적 생활을 향유할 수 있도록 **사회적 기본권을 보장**하고 있는 것이다. 구체적으로 살펴보면 교육의 권리, 근로의 권리, 근로자의 노동3권 보장, 인간다운 생활을 할 권리, 혼인과 가족으로서의 생활을 보호받을 수 있는 권리 등을 규정하고 있다(제31조 이하). 또한 우리 헌법은 시장경제질서와 자본주의의 균형적 발전을 위하여 균형 있는 국민경제의 성장 및 안정을 도모하고, 적정한 소득분배정책을 실시하며, 시장의 지배와 경제력집중을 방지하기 위한 경제적·법적 규제와 조정에 대하여 규정하고(제119조 제2항), 국토의 효율적인 이용·개발과 보존을 위한 합리적 제한과 개발의무 등의 부과가 가능하도록 규정하고 있다(제122조 이하).

## Ⅳ. 문화국가 원리

우리 헌법은, 국가가 지향해야 할 목표로 **문화국가 원리를 천명**하고 있다. 즉 문화, 특히 민족문화와 전통문화를 육성할 책임을 국가에 부과하고 있다(제9조). 또한 문화는 국가에 의해 통제될 수 없는 본질적 한계를 가지고 있기 때문에 문화의 자율성을 확보하기 위해 학문과 예술의 자유를 보장하고(제22조), 교육제도와 관련하여 능력에 따른 교육을 받을 기본권을 보장하고(제31조), 종교의 자유와 양심의 자유를 보장하는(제20조) 등 문화와 관련된 기본권을 보장하고 있다. 앞서 살펴보았지만, 문화는 국가권력이 간섭하여서는 아니 되는 본질적 한계가 있기 때문에 문화를 단순히 다수결의 원리, 즉 정치원리가 지배하는 민주주의 원칙이 그대로 적용될 수 없는 한계가 있다.

우리 헌법은 이러한 점을 인식하고, 학문과 예술의 자유를 보장하고 국가개입을 최소화하도록 규정하고 있고, 경제적·사회적 요인으로 인하여 문화생활을 향유할 수 없는 국민이 최소한 인간으로서의 존엄과 행복을 유지할 수 있는 문화생활을 향유해 나갈 수 있도록 이를 보장하고 발전시켜 나갈 책무를 국가에 부과하고 있다. 따라서 국가는 모든 국민이 최소한의 문화적 생활을 향유하도록 노력할 과제가 있다. 이러한 요청은 **인간다운 최저생활을 할 권리**의 내용에도 다음과 같은 단서를 제공한다. 즉 최소한의 물질적 수요뿐 아니라, 모든 국민이 최소한의 문화적 가치를 공유할 수 있도록 하여야 한다.

## V. 국제질서 존중과 세계평화주의

우리 헌법은, 세계평화 및 국제협력을 헌법 前文과 총강에서 규정하고 있다. 즉 세계평화를 지키고 국제협력관계를 유지하는 것이 세계 속의 일원으로서 책무를 다 하는 것으로 이해하고, 침략적 전쟁을 부인하고, 평화통일을 추구하며, 항구적인 세계평화와 인류공영에 이바지할 수 있도록 노력할 의무를 국가와 국민에게 부여하고 있는 것이다. 이러한 세계평화주의의 실현을 통해 국가의 발전과 영속을 도모하고, 후대에게 안전한 국가를 물려줄 수 있도록 함으로써, 국민의 안전과 자유, 평화 및 행복을 실현할 수 있음을 천명하고 있다. 우리 헌법은 국가로 하여금 세계평화의 유지를 위하여 노력할 의무를 부과하고 있다(제5조).

이러한 세계평화의 추구와 국제질서의 존중을 위해, 우리 헌법은 첫째, 대한민국의 영토가 한반도와 그 부속도서임을 밝혀(제3조) 대한민국헌법의 장소적 효력의 범위를 특정하고, 이를 통해 한반도와 그 부속도서 이외의 다른 영토에 대한 침략적 전쟁을 부인함으로써 국제질서를 유지할 것임을 대내외에 천명하고 있고, 둘째, 남북분단의 현상황을 깊이 인식하고 평화적 통일을 추구할 것임을 천명함으로써 전쟁방식이 아닌 **평화적 통일정책**을 추구해 나갈 것임을 대내외에 밝히고 있고(제4조), 셋째, 국제적으로 인정된 국제법 및 국제조약을 국내법과 동일한 효력을 인정하여 국제사회의 일원으로서의 보편적 정의에 입각한 평화주의를 천명하고 있고(제6조 제1항), 넷째, 외국인의 지위를 국제법과 조약에 정한 바에 의하여 보장할 것임을 천명하여 국가간의 노동력·자본·서비스·상품의 자유로운 이동의 전제가 되는 **외국인의 법적 지위를 보장**하여 국제협력관계를 유지해 나갈 것임을 분명히 하고 있다(제6조 제2항).

# 제3절 대한민국 국민과 영토

우리 헌법은, 인적 적용범위인 국민, 장소적 적용범위인 영토에 대해서 각각 규정하고 있다. 우리 헌법은, 국민의 요건을 법률로 정하도록 하고 있고(제2조), 이를 구체적으로 정한 법으로 국적법이 있다. 우리 헌법은, 대한민국의 영토에 대하여 한반도와 그 부속도서로 한다고 규정하고 있다(제3조).

**국민의 요건**에 관하여 규정하고 있는 국적법은, 부 또는 모가 대한민국 국민인 자의 자녀는 대한민국국적을 취득한다고 하여 **속인주의**를 취하는 한편, 부모의 국적이 불명한 경우에 한하여 예외적으로 대한민국영역에서 출생한 자에 대하여 대한민국의 국적을 인정하는 **보충적 속지주의**를 취하고 있다(국적법 제2조). 출생 이외의 방법으로는 외국인에 대한 인지·외국인의 귀화 등의 방법에 의한 대한민국 국적취득방법이 인정되고 있다(국적법 제3조·제4조).

우리 헌법은, **한반도와 그 부속도서를 대한민국의 영토로 규정**하고 있으나, 해석상 일정한 범위의 영해와 영공도 대한민국 영토에 포함된다고 하겠다. 영해의 범위와 관련하여 '영해 및 접속수역법'은 대한민국의 영해는 기선(基線)으로부터 측정하여 그 바깥쪽 **12해리의 선까지에 이르는 수역까지를 대한민국의 영토로 규정**하고 있고(제1조), 동조 단서는 대통령령으로 영해 12해리 원칙의 예외로써 일정수역의 경우에는 12해리 이내에서 영해의 범위를 따로 정할 수 있도록 하고 있는바, 우리나라와 일본 사이에 있는 **대한해협의 경우에는 영해 3해리의 입장**을 취하고 있다. 그런데 **영공의 범위**에 대하여는 아직 국제적 합의가 이루어지지 않고 있고, 실정법적 규율도 존재하지 않는다.

문제는, 헌법은 한반도와 그 부속도서를 대한민국 영토로 규정하고 있지만, 남북이 분단되어 있어, 북한(조선민주주의인민공화국)이 실효적 지배를 하고 있는 부분에 대한 영토고권이 문제가 되고 있다. 그러나 위 영토에 관한 대한민국 헌법규정은 역사적으로 **대한민국만이 대한제국과 상해임시정부로 이어지는 정통성을 가진 한반도 내의 유일한 합법정부임을 천명하는 것**으로 보아야 하며, 따라서 북한(조선민주주의인민공화국)지역에도 대한민국 헌법의 효력이 당연히 미친다고 하겠다. 다만 북한의 강제적·불법적 점유에 의해 대한민국의 통치권 행사가 현실적으로 제한되고 있을 뿐이다. 그러나 우리 헌법은 이러한 실효적 지배를 하고 있는 북한에 대한 무력행사에 의한 통치권 회복방법을 부정하고, 평화통일에 의한 통치권 회복방법을 추구해야 함을 천명하고 있다(제4조). 그렇기 때문에 평화통일을 이룩하기 위하여 통일정책을 수행하는 과정에서 북한을 사실상의 정부(북한 지역에 대한 통치권의 주체)로 인정하여 북한의 현체제를 인정하면서 상호간에 내부간섭을 하지 않기로 하는 등의 합의(남북 사이의 화해와 불가침 및 교류 협력에 관한 합의서 제1조, 제2조)를 하였다고 하더라도[2] 대한민국과 북한이 각기 독립된 국가임을 상호 인정하는 것은 아니라고 할 것이다(동 합의서 전문). 따라서 한반도와 그 부속도서의 통치권의 적법한 행사자는 대한민국만이 유일한 정통성이 있다고 하겠다.

따라서 현행 헌법체계 아래서는 북한 쪽 영토도 대한민국 영토이고, 북한주민 역시 대한민국 국민이라고 하지 않을 수 없다. 이와 관련하여 우리 대법원은 이들 북한주민이 대한민국 헌법이 실질적으로 효력을 갖는 지역에 들어오는 경우에 비로소 대한민국 국민으로서의 권리와 의무의 주체가 된다는 입장을 취하고 있다.[3]

## 제4절 국민의 권리와 의무

헌법 제2장은 국민의 권리와 기본적 의무에 대하여 규정하고 있다. 이에 대하여 구체적으로 살펴보기로 한다.

## Ⅰ. 기본권의 의의·내용

### 1. 기본권의 의의

기본권은 국가생활공동체 내에서 개인이 기본적으로 누릴 수 있는 권리이다. 이러한 기본권 사상은 국민에게는 기본적 권리가 있고, 국민은 이러한

---

2) 헌법재판소 2000. 7. 20. 98헌바63 결정(남북기본합의서는 남북관계를 '나라와 나라 사이의 관계가 아닌 통일을 지향하는 과정에서 잠정적으로 형성되는 특수관계'임을 전제로 하고 있다. 그런데 이는 민족내부의 특수관계를 바탕으로 한 당국 간의 합의로서 남북당국의 성의 있는 이행을 상호약속하는 일종의 공동성명 또는 신사협정에 준하는 성격을 가짐에 불과하다. 남북한당국이 각기 정치적인 책임을 지고 상호 간에 성의 있는 이행을 약속하였지만, 법적 구속력이 있는 것은 아니다. 따라서 이를 국가 간의 조약 또는 이에 준하는 것으로 볼 수 없고, 국내법과 동일한 효력이 인정되는 것도 아니다).

3) 대법원 1996. 11. 12. 96누1221 판결.

기본적 권리를 행사함으로써 국가공동체의 일원으로서의 역할을 수행할 수 있다고 본다. 즉 국민의 기본권은 공동체의 형성적 기능을 담당한다. 일반적으로 국가권력은 민주주의적 정당성에 기초하여 행사되어야 한다는 민주주의적 정당성에 근거를 두고 있지만, 그러한 민주주의적 정당성은 국민(개인)의 기본권을 보장할 때 비로소 완성되는 기본권적 정당성이 인정된다.

## 2. 기본권의 내용

기본권의 가장 본질적이고 대표적인 내용은, 국가권력이 부당하게 개인의 의사결정에 간섭해서는 안 된다는, 이른바 소극적 권리로부터 발달하여 왔다. 즉 개인은 국가권력에 허용되지 않은 부당한 간섭으로부터 자신을 방어할 수 있는 이른바 **방어권적 성격의 기본권을 향유**하고 있다고 하겠다. 우리 헌법상 신체의 자유(제12조), 거주·이전의 자유(제14조), 직업선택의 자유(제15조), 주거의 자유(제16조), 사생활의 비밀과 자유(제17조), 통신의 자유(제18조), 양심의 자유(제19조), 종교의 자유(제20조), 표현의 자유(제21조), 학문과 예술의 자유(제22조), 재산권(제23조) 등이 여기에 속한다. 다음으로 기본권은 평등권에 기초하고 있다. 평등권은 기존에 국민에게 주어진 권리를 국가가 합리적인 이유 없이 차별하지 못하도록 제한하고 있다(제11조).

그 다음으로 우리 헌법은 **사회적 기본권을 규정**하고(제31조 이하), 국가가 국민이 자유권과 평등권을 실질적으로 향유할 수 있는 사회적 조건을 창출할 의무를 부과하고 국민으로 하여금 그러한 사회적 조건을 권리로 향유할 수 있도록 보장하고 있다. 이러한 사회적 기본권은 국가의 간섭배제를 요구하는 소극적·자유권적 기본권과 달리 국가의 적극적 작위를 통해 구체화될 수 있다. 이러한 권리로는 선거권(제24조), 공무담임권(제25조)처럼 국가기능에 참여하는 것을 보장하는 내용으로 되어 있다. 청원권(제26조)도 비공식적이지만 국가권력에 대한 참여권의 성격을 갖는다.

또한 기본권 중에는 기본권이 국가권력 또는 다른 국민으로부터 침해될 경우 이에 대해 권리구제를 받을 수 있는 권리를 또 다른 기본권으로 보장하고 있다. 이러한 권리구제를 위한 기본권에는 재판을 받을 권리(제27조), 형사보상청구권(제28조), 국가배상청구권(제29조) 등이 있다. 앞서 살펴본 청원권(제26조)도

소극적이나마 권리구제의 기능을 어느 정도 수행하기 때문에 여기의 기본권의 내용을 포함하고 있다고 하겠다.

## Ⅱ. 기본권의 성격과 효력

기본권은 기본적으로 국가권력으로부터의 부당한 침해를 방어할 수 있는 방어권으로서 국가에 대한 효력을 갖는다. 동시에 기본권은 헌법이 추구하고 있는, 또는 기본권의 본질적 내용인 객관적 가치를 구체화시키는 성격을 갖는다. 이러한 기본권은 개인과 국가의 권리·의무관계에 대한 규칙으로서 기능할 뿐만 아니라, 기본권이 내포하는 가치를 실현하는 원칙으로 기능한다.

이처럼 **기본권이 방어권으로서뿐만 아니라 객관적 가치질서로서 기능**하고 있다고 보게 되면, 이러한 가치를 실현할 의무부담자는 국가권력에 한하지 않고 국민도 또한 이를 실현할 의무를 부담하게 된다. 즉 모든 개인은 다른 국민의 기본권실현을 저해하는 행위를 하여서는 아니 된다는 것이다. 따라서 기본권은 개인 사이에서도 효력을 갖는, 즉 **기본권의 사인간 효력이 인정**된다. 한편 기본권이 가치질서로 기능하게 되면, 국가는 적극적인 행위를 통해 국민의 기본권을 실현해 주어야 할 의무를 부담하게 되는, 즉 개인이 다른 개인의 기본권을 침해하지 못하도록 **국가의 기본권보호의무가 부여**되는 것이다. 이와 같이 기본권이 국가의 능동적 행위를 통해 실현되어야 하기 때문에 기본권적 가치가 실현되는 절차적·제도적·조직적 규율이 필요하게 되는, 즉 기본권의 절차적·제도적·조직법적 실현을 필요로 하게 된다.

## Ⅲ. 기본권의 제한과 제한의 한계

기본권은 원칙적으로 제한되어서는 아니 된다. 그렇지만 기본권의 행사주체 상호간에 충돌이 발생할 수 있기 때문에 기본권이라고 언제나 절대적이라고 할 수는 없다. 즉 **기본권은 타인과의 상호조화를 통해 서로의 기본권이 일정한 절충점에서 행사되어야 하는 본질적 한계**가 있게 된다. 뿐만 아니라 공동체 전체의 이익을 위하여, 일정한 한도에서 제한될 수밖에 없는 **상대적 권리**이기도 하다. 이러한 현상은 현대국가 대부분이 사회경제적 과제를 국가의 책무의 하나로 인식하게 되면서 발현된 사회경제적 영역에 적용되는 기본권은 다른 기본권보다 더욱 제한될 수밖에 없는 태생적 한계를 지니고 있다.

우리 헌법도 국민의 기본권은 헌법이나 법률에 의하여 제한될 수 있음을 천명하고 있다. 헌법은 정당의 목적과 활동을 일정한도에서 제한하고 있고(제8조 제4항), 타인의 명예나 권리 및 공중도덕이나 사회윤리를 침해하는 언론의 자유를 제한하고 있고(제21조 제4항), 국민의 재산권행사 역시 공공복리에 적합하게 행사될 의무를 부과하여 제한하고 있고(제23조 제2항), 공무원의 노동3권에 대하여도 다른 근로자에 비하여 더 넓은 범위에서 제한할 수 있도록(제33조 제2항) 하고 있다.

법률에 의한 기본권제한으로는, **일반적 법률유보에 의한 제한과 개별적 법률유보에 의한 제한**으로 나눌 수 있는데, 법률에 의한 기본권제한의 일반적인 규정으로는 헌법 제37조 제2항이 있다. 일반적 법률유보에 의한 기본권 제한을 위해서는(제37조 제2항), 목적상의 요건으로 **기본권제한의 조치가 국가안전보장·질서유지·공공복리의 목적을 달성하기 위한 것**이어야 하며, 형식상의 요건으로는 기본권제한에 대한 **법률의 근거가 있어야 하며, 명확성의 원칙에 의해 기본권을 제한하는 법률 조문은 구체적이고 명확하여야 하며**(따라서 기본권을 제한하는 법률 내용이 그 자체로 불분명하거나 모호하다면 그것만으로 위헌), **신뢰보호의 원칙**에 의해 개인이 국가권력에 대해서 갖는 신뢰를 침해하는 내용으로 기본권을 제한하여서는 아니 된다. 신뢰보호의 원칙은 소급입법금지의 원칙으로 나타나게 되는데, 특히 소급입법에 의한 형사소추는 절대적으로 금지되며(제13조 제1항), 참정권과 재산권 역시 소급입법에 의하여 침해될 수 없다(제13조 제2항). 소급입법은 **진정소급입법**(진정소급입법은 이미 과거에 완성된 사실 또는 법률관계에 주어졌던 법적 효과를 소급하여 불이익하게 변경하는 것으로 신뢰의 침해성이 크기 때문에 원칙적으로 소급입법 불허용)과 **부진정소급입법**(부진정소급입법은 과거에 시작되었으나 아직 완성되지 않고 진행 중에 있는 사실 또는 법률관계에 대해서 완성되었더라면 주어졌을 법적 효과를 불이익하게 변경하는 것으로 이 경우 입법형성권을 넓게 인정하여 소급입법 허용)으로 나누어지는데, **진정소급입법은 전면적으로 금지되나, 부진정소급입법은 제한적으로 허용**된다. 헌법재판소는 개정된 사법서사법이 법원 직원들의 경력을 축소하여 사법서사 자격취득조건을 강화하였다 하더라도 이는 부진정소급입법에 해당되어 입법자의 재량범위 내이므로 제한할 수 있다고 하여 위헌이 아니라고 하였다.[4] 또한 기본권제한은 과잉금지제한의 원칙에 의해 기본권제한으로 침해받는 사익과 이러한 제한으로 인하여 실현되는 공공의 이익이 상호 균형관계가 유지될 경우에만 제한할 수 있다. 한편 헌법재판소는 과잉금지제한의 원칙과 관련하여 학원의설립·운영에관한법률 제3조가 전면적으로 과외를 금지한 것은 과잉금지의 원칙에 어긋난다며 위헌결정을 하였다.[5] 기본권제한의 과잉 여부를 판단하

---

4) 헌법재판소 1989. 3. 17. 88헌마11 결정(입법행위의 소구청구권은 원칙적으로 인정될 수 없고 다만 헌법에서 기본권보장을 위하여 법령에 명시적인 입법위임을 하였을 때, 그리고 헌법해석상 특정인에게 구체적인 기본권이 생겨 이를 보장하기 위한 국가의 행위의무 내지 보호의무가 발생하였을 때에는 입법부작위가 헌법소원의 대상이 되지만, 이른바 부진정역급효입법(不眞正逆及效立法)의 경우에는 특단의 사정이 없는 한 구법관계 내지 구법상의 기대이익을 존중하여야 할 입법의무가 없으므로 헌법소원심판청구는 부적법하다. 사법서사법의 개정으로 사법서사법시행규칙이 서기직 종사기간을 주사직 종사기간으로 환산해 주지 않아 사법서사자격의 문호를 좁혀 직업선택의 자유를 제한하는 결과가 되었다 해도 이와 같은 제한은 공공복리를 위한 제한으로 보아야 할 것이고 이는 입법자의 결정사항에 속한다 할 것이므로 그 제한이 헌법상의 비례의 원칙 내지 과잉금지의 원칙의 위배라 할 것은 아니므로 사법서사법(1986. 5. 12. 법률 제3828호) 제4조 제1항 제1호는 위헌이라 할 수 없다).

5) 헌법재판소 2000. 4. 27. 98헌가16 결정(학원의설립운영에관한법률 제3조와 같은 형태의 사교육에 대한 규율은, 사적인 교육의 영역에서 부모와 자녀의 기본권에 대한 중대한 침해라는 개인적인 차원을 넘어서 국가를 문화적으로 빈곤하게 만들며, 국가 간의 경쟁에서 살아남기 힘든 오늘날의 무한경쟁시대에서 문화의 빈곤은 궁극적으로는 사회적·경제적인 후진성으로 이어질 수밖에 없다. 따라서 법 제3조가 실현하려는 입법목적의 실현효과에 대하여 의문의 여지가 있고, 반면에 법 제3조에 의하여 발생하는 기본권제한의 효과 및 문화국가실현에 대한 불리한 효과가 현저하므로, 법 제3조는 제한을 통하여 얻는 공익적 성과와 제한이 초래하는 효과가 합리적인 비례관계를 현저하게 일탈하여 법익의 균형성을 갖추지 못하고 있다. 사교육의 영역은 사회의 자율영역으로서 자녀의 인격발현권, 부모의 자녀교육권이 국가의 규율권한에 대하여 원칙적으로 우위를 차지한다. 따라서 규제의 형식은 "지나치게 고액인 과외교습"을 비롯하여 대학교수와 같은 입시관련자나 학생부와 내신성적에 영향을 미칠 수 있는 학교교사의 과외교습 등 "입시의 공정성을 저해할 위험이 있는 등 중대한 사회적 폐단이 우려되는 예외적인 경우"에 한하여 이를 금지하여야 한다. 그런데 법 제3조는 기본권적으로 보장되는 행위를 원칙적으로 금지하고 예외적으로 허용하는 방식의 '원칙과 예외'가 전도된 규율형식을 취하고 있다. 또 규제의 내용을 보더라도 규제의 편의성만을 강조하고 있다. 지나친 고액과외교습을 억제하기 위해서는 국가가 과외교습에 대한 가격통제를 해야 한다. 그리고 법 제3조는 가격통제의 방법으로서 학원이나 교습소에서의 과외교습만을 허용하여 학원이나 교습소의 등록을 통한 가격통제의 방법을 선택하였다. 대학(원)생의 경

기 위해서는 첫째, 기본권을 제한하는 것이 해당 목적을 달성하기 위한 적합한 수단이어야 한다는 **적합성의 원칙**, 둘째, 기본권의 제한이 최소한에 그쳐야 하는 **최소침해의 원칙**, 셋째, 침해되는 기본권과 이를 통해 추구되는 공익이 상호간에 **비례관계의 성립** 등이 있어야 한다는 것이다.

그러나 어떠한 경우에도 기본권의 제한으로 인하여 **기본권의 본질적인 내용이 침해되어서는 아니 된다**. 어느 경우를 본질적 내용의 침해라 할 것인가 여부인데, 기본권의 침해로 해당 기본권이 기본권으로서의 기능을 상실하거나 그 결과 기본권 자체가 무의미하게 되는 경우를 말한다고 하겠다.

개별적 법률유보에 대한 제한으로는, 신체의 자유에 대한 적법절차에 의한 처벌·보안처분 또는 강제노역 등의 제한(제12조 제1항), 재산권의 내용과 한계의 법률에 의한 제한(제23조 제1항), 일정한 경우 군사재판을 받아야 하는 재판을 받을 권리의 제한(제27조), 불법구속에 대한 형사보상을 받을 권리(제28조), 국가공무원의 불법행위에 대한 국가배상책임(제29조), 공무원의 단결권 및 단체교섭권의 일정한 제한(제33조 제2항) 등이 있다.

## Ⅳ. 개별기본권에 대한 검토

### 1. 인간의 존엄과 가치, 행복추구권

헌법 제10조는 "모든 국민은 인간으로서의 존엄과 가치를 가지며, 행복

---

우에는 고액과외교습의 개연성이 상대적으로 적다고 판단하여 과외교습을 허용하였다. 개인교습의 경우에는 국가가 이를 파악하고, 교습비용에 대한 가격통제가 어렵다고 판단하여 전면적으로 금지한 것이다. 그러나 입시경쟁과 관계없는 사교육의 영역에서 이루어지는 개인교습, 또 친척이나 이웃집 가정주부가 저액의 비용을 받고 학생을 가르치는 행위, 특히 음악·미술 등 예술의 분야에서 뛰어난 예술인이 적정한 교습비용을 받고 가르치는 행위, 컴퓨터통신을 통한 개인교습이나 학습지 등을 판매한 뒤 방문지도를 하는 행위 등과 같이 사회적 해악의 원인이 되지 않는 개인교습이 얼마든지 있을 수 있다. 그럼에도 불구하고 입법자는 지나친 고액과외교습을 방지하기 위하여 모든 과외교습에 대하여 '원칙적인 금지와 예외적인 허용'이라는 방식을 채택하였고, 이로써 개인의 과외교습을 전면금지하였다. 그 결과 '고액과외교습의 방지'라는 입법목적의 달성과 아무런 관련이 없는 교습행위, 즉 고액과외교습의 위험이 없는 교습행위까지도 광범위하게 금지되었다. 이는 입법목적을 달성하기 위해서 금지범위에 포함시킬 필요가 없는 행위의 유형을 포함시킨 것으로 입법자가 선택한 규제수단은 입법목적의 달성을 위한 최소한의 불가피한 수단이라고 할 수 없다.

을 추구할 권리를 가진다. 국가는 개인이 가지는 불가침의 기본적 인권을 확인하고 이를 보장할 의무를 진다"고 하여, **인간의 존엄과 가치 및 행복추구권을 규정**하고 있다. 즉 국가권력은 인간의 존엄을 효율적으로 실현시키기 위한 수단으로서 존재하여야 한다는 것이다. 인간의 존엄과 가치는 개별기본권에 대한 해석의 기준이 된다고 하겠다. 즉 헌법 제10조는, 근로조건의 기준으로서 인간의 존엄(제32조 제3항), 사회보장의 목표로서 인간다운 생활(제34조 제1항), 혼인과 가족의 구성원리로서 개인의 존엄(제36조 제1항) 등의 원칙기준이 된다고 하겠다.

또한 헌법 제37조 제1항은 "국민의 자유와 권리는 헌법에 열거되지 아니한 이유로 경시되지 아니 한다"고 하여, 기본권은 진화적 성격을 가지며 헌법에 열거되지 않았다는 이유로 경시되지 아니 한다고 하고 있는데, 이때 경시되지 아니 할 권리의 기준 역시 인간의 존엄과 가치라고 하겠다. 이처럼 **인간의 존엄과 가치는 이미 구체적이고 독자적인 기본권으로서 인정**되고 있지만, 그 범위를 넓혀 헌법에 명시되지 않은 기본권을 포섭하는 근거로 기능하고 있으며, 헌법에 열거되지 아니 한 생명권·인격권 등을 인정하는 것 역시 이 권리에 근거한다고 하겠다.

행복추구권과 관련하여 사형제도가 인간의 존엄을 침해하는 것인지 여부에 대하여, 헌법재판소는, 비록 생명이 이념적으로 절대적 가치를 지닌 것이라 하더라도 생명에 대한 법적 평가가 예외적으로는 허용될 수 있으며, 생명권 역시 헌법 제37조 제2항에 의한 일반적 법률유보의 대상이 될 수밖에 없는바, 사형이 비례의 원칙에 따라서 최소한 동등한 가치가 있는 다른 생명 또는 그에 못지 않은 공공의 이익을 보호하기 위하여 불가피하게 예외적으로 적용되는 경우에는 헌법 제37조 제2항 단서에 위반되지 않는다고 하여 행복추구권을 침해하지 않는다고 하였다.6)

## 2. 평등권

헌법 제11조 제1항은 "모든 국민은 법 앞에 평등하다. 누구든지 성별·종교 또는 사회적 신분에 의하여 정치적·경제적·사회적·문화적 생활의 모

6) 헌법재판소 1996. 11. 28. 95헌바1 결정.

든 영역에 있어서 차별을 받지 아니한다"고 하여, **법 앞에서의 평등권을 규정**하고 있다. 동조 제2항은 사회적 **특수계급제도를 부정**하며, 동조 제3항은 훈장 등의 영전은 이를 받은 자에게만 귀속됨과 이로 인한 어떠한 특권도 부여되지 아니 함을 규정하고 있다. 이처럼 법 앞의 평등은 행정권뿐만 아니라 입법권을 구속하며, 법 내용의 평등뿐만 아니라 법적용의 평등도 함께 이루어져야 함을 천명하고 있다.

그러나 헌법상의 평등권을 절대적 평등권을 의미하는 것은 아니다. 즉 **평등권은 상대적 평등을 원칙**으로 하며, 이때 평등의 중요한 내용은 **자의적 평등의 금지**이다. 즉 다른 것은 다르게, 같은 것은 같게 취급하여야 한다는 것이다. 이렇게 되면, 본질적으로 동일한 두 개의 상황을 자의적으로 다르게 취급하여서도 아니 되며, 본질적으로 다른 두 개의 상황을 자의적으로 같게 취급하여서도 아니 된다. 즉 합리적인 이유가 있는 경우에는 차별하여 취급하는 것이 오히려 정당하다는 것이다.

우리 헌법은 성별·종교·사회적 신분에 의한 차별을 금지하고 있고, 정치·경제·사회·문화영역을 예시하고 있으나, 여기에 열거되지 아니한 경우에도 역시 원칙적으로 평등권은 보장된다. 민주주의의 원칙 때문에 **정치영역에서는 절대적 평등의 원칙이 적용**된다. 즉 민주주의 원칙상 모든 국민은 정치적 의사의 가치에 관한 한 평등하게 취급되어야 하기 때문이다. 정치적 평등은 1인 1표의 원칙에 의한 **투표가치의 평등뿐만 아니라 성과가치의 평등도 포함**된다. 헌법재판소는, 선거구의 인구수의 편차가 너무 심한 불평등 획정에 대하여 유권자간의 성과가치가 현저히 불균형하다는 이유로 평등권에 위반된다며 위헌결정하였다.[7] 그러나 헌법재판소는 평등위반 여부를 심사함에 있어 엄격한 심사척도에 의할 것인지, 완화된 심사척도에 의할 것인지 여부는 입법자에게 인정되는 입법형성권의 정도에 따라 결정될 문제라고 하면서, 헌법에서 특별히 평등하게 대우할 것을 요구하고 있는 경우와 차별적 취급으로 인하여 관련 기본권에 대한 중대한 제한을 초래하는 경우에는 입법형성권은 축소되어 보다 엄격한 심사척도가 적용된다면서 군필자에 대한 공무원 임용고사에서의 가산점 제도는 헌법 제32조 제4항이 특별히 남녀

7) 헌법재판소 2001. 10. 25. 2000헌마92 결정.

평등을 요구하고 있는 근로 내지 고용의 영역에서 남성과 여성을 달리 취급하는 제도이고, 또한 헌법 제25조에 의하여 보장된 공무담임권이라는 기본권의 행사에 중대한 제약을 초래하기 때문에 엄격한 심사척도가 적용된다면서 위헌결정하였다.[8)]

헌법은 **특수신분관계에 대한 차별취급금지를 직접 규정**하고 있다. 공적영역담당자인 군인·군무원 등은 정치활동과 노동3권이 제한된다(제7조 제2항 및 제33조 제2항 제3항). 군인·군무원·경찰공무원 등은 공무원의 불법행위로 인하여 손해가 발생할 경우 법률에 정한 보상 외에는 국가배상청구권의 행사가 제한된다(제29조 제2항).

## 3. 자유권적 기본권

### (1) 신체의 자유

헌법 제12조 제1항은 "모든 국민은 신체의 자유를 가진다. 누구든지 법률에 의하지 아니하고는 체포·구속·압수·수색 또는 심문을 받지 아니하며, 법률과 적법한 절차에 의하지 아니하고는 처벌·보안처분 또는 강제노역을 받지 아니한다"고 하여, **신체의 자유권**에 대하여 규정하고 있다. 따라서 신체의 자유를 제한하기 위해서는 그 요건과 내용이 법정화되어야 하며, **적법절차**에 의하여야 한다. 신체의 자유를 제한하는 형태는 체포·구속·압수·수색·심문·처벌·보안처분·강제노역 등이다(제12조 제1항). 법률의 근거 없이 신체의 자유를 제한할 수 없다. 물론 이때의 법률은 헌법에 합치되는 법률을 말한다. **소급입법에 의한 형사소추와 처벌은 금지**되며(제13조 제1항, 제2항), 확정판결이 이루어진 후에는 동일한 범죄행위에 대하여 재소추하는 것은 **이중처벌금지의 원칙**상 허용되지 아니 한다(제13조 제1항).

신체의 자유는 절차법상 **영장제도를 통하여 실질적으로 보호**된다. 영장은 검사의 신청에 의해서 법관이 발부한다(제12조 제3항). 영장제도는 구속의 적법여부에 대하여 법관으로 하여금 판단케 하여 신체의 자유를 제한하는 데 신중을 기하려고 하는 것이다. 따라서 **영장은 원칙적으로 체포·구속 전에 발부**되어야 한다. 다만 예외적으로 현행범인인 경우와 긴급구속 시에는 사후

8) 헌법재판소 1999. 12. 23. 98헌마363 결정.

에 영장을 신청·발부받을 수 있다(제12조 제3항 2문). **긴급체포 사유는 사형·무기·장기 3년 이상의 형에 해당하는 죄를 범하고 도피 또는 증거인멸의 우려**가 있는 경우이다.[9] 다만 전쟁과 같은 긴박한 사정 하에서 **비상계엄이 선포된 경우**에는 영장제도에 대해서 특별한 조치를 취할 수 있다(제77조 제3항).

누구든지 체포·구속되는 경우에는 **체포·구속이유를 고지받을 권리**가 있으며, 그의 가족 등도 체포·구속이유와 일시·장소 등을 고지받을 권리가 있다(제12조 제5항). 왜냐하면 **변호인의 조력을 받을 권리** 등이 실질적으로 보장되어야 하기 때문이다. 이러한 고지는 체포·구속 즉시 서면 형식으로 이루어져야 한다.

헌법은 실질적 신체의 자유를 보장하기 위하여, 체포·구속된 자는 자신을 변호하기 위하여 **변호인의 조력을 받은 권리**가 보장된다(제12조 제4항). 체포·구속기관은 체포·구속 시 체포·구속당하는 자에 대하여 **미란다 법칙에 의하여 변호인의 조력을 받을 권리, 묵비권을 행사할 권리가 있음을 고지할 의무**가 있다. 변호인의 조력을 받을 권리에는 자유롭게 변호인과 접견·교통할 권리가 포함된다.[10] 형사피고인은 **사선변호인을 선임**할 수 있으며, 그렇지 못할 경우에는 **국선변호인의 선임을 법원에 청구**할 수 있다. 피의자는 **구속적부심**을 신청할 경우에는 예외적으로 피의자도 국선변호인의 조력을 받을 수 있다.

체포·구속을 당한 자는 법원에 구속의 적부에 대한 심사를 청구할 수 있다(제12조 제6항). **구속적부심[11]을 통해서 영장 청구와 발부에 대한 적부가 심사**되며, 이는 신체의 자유에 대한 제한을 가능한 한 신중하고 공정하게 하려는 취지라 하겠다. 구속적부심은 원칙적으로 영장을 발부한 법관이 아닌 법관이 행한다. 구속적부심 결과 구속이 이유 없다고 판단되면 수사기관은 동일한 이유로 동일한 피의자를 재구속하지 못한다. 피의자는 동일영장에 대한

---

9) 형사소송법 제200조의3 제1항은 "… 긴급을 요한다 함은 피의자를 우연히 발견한 경우 등과 같이 체포영장을 받을 시간적 여유가 없는 때를 말한다"고 규정하고 있다.

10) 헌법재판소 1992. 1. 28. 91헌마111 결정.

11) 형사소송법 제201조의2 제1항은 "제202조의2·제200조의3 또는 제212조에 따라 체포된 피의자에 대하여 구속영장을 청구받은 판사는 지체 없이 피의자를 심문하여야 한다. 이 경우 특별한 사정이 없는 한 구속영장이 청구된 날의 다음날까지 심문하여야 한다"고 규정하고 있다.

적부심재심사의 청구가 금지되고, 공범이 순차적으로 구속적부심을 신청하는 것도 허용되지 않는다.

헌법 제12조 제2항은 "모든 국민은 고문을 받지 아니하며, 형사상 자기에게 불리한 진술을 강요당하지 아니한다"고 규정하여 고문금지 및 불리한 진술강요금지에 대하여 규정하고 있다. 만일 고문을 한 경우에는 그 수사관은 직권남용죄로 형사처벌받거나, 손해배상책임을 지게 된다. 또한 **고문을 통해 얻어진 증거는 자백의 증거능력이 제한**되어 형사재판의 증거로 쓸 수 없게 된다(제12조 제7항). 불리한 진술을 강요당하지 않을 권리는 수사단계에서는 물론이고 공판절차에서도 당연히 적용된다. 이러한 권리는 피의자 또는 피고인은 물론이고 증인·감정인의 경우에도 마찬가지이다. 수사기관은 미란다원칙상 묵비권을 고지할 의무가 있고, 수사대상자에게 이러한 사실을 고지하지 않고 행해진 자백은 증거능력이 없어 증거로 쓸 수 없다.

헌법 제12조 제7항은 "피고인의 자백이 고문·폭행·협박·구속의 부당한 장기화 또는 기망 기타의 방법에 의하여 자의로 진술된 것이 아니라고 인정될 때 또는 정식재판에 있어서 피고인의 자백이 그에게 불리한 유일한 증거일 때에는 이를 유죄의 증거로 삼거나 이를 이유로 처벌할 수 없다"고 하여, **자백의 임의성이 인정되지 않을 경우 및 자백이 유일한 증거인 경우에는 이를 유죄의 증거로 삼거나 이를 이유로 처벌할 수 없도록 하고 있다**. 즉 증거능력과 증거력(증거가치)을 제한하겠다는 것이다.

### (2) 거주·이전의 자유

헌법 제14조는 "모든 국민은 거주·이전의 자유를 가진다"고 하여, 거주·이전의 자유를 규정하고 있다. **거주·이전의 자유**는 국가의 간섭을 받지 않고 개인의 생활할 장소를 선택할 수 있는 자유이다. 연혁적으로 어느 곳에서나 경제적 활동을 할 수 있고, 다른 지역에서 경제적 활동을 하더라도 불이익을 받아서는 아니 된다는 경제적 기본권의 한 내용으로 발전하여 왔다. 국제교류가 활발해진 오늘날에도 국제교류 및 협력을 실질적으로 보장하는 기본권으로서 보장되고 있는 거주·이전의 자유는 경제적 활동의 자유와 밀접한 관련을 갖는다.

거주·이전의 자유는 국내에서 거주지의 자유로운 선택권은 물론이고,

국외거주·이전의 자유 및 해외여행의 자유도 포함된다. 따라서 행정상의 편의를 위해 시행되고 있는 여권의 발급 등이 단순한 신고의 성격을 벗어나 국외 여행에 대한 실질적 심사로 기능하는 것이라면 거주·이전의 자유를 침해하는 것이 된다.

### (3) 직업선택의 자유

헌법 제15조는 "모든 국민은 직업선택의 자유를 가진다"고 하여 직업선택의 자유를 규정하고 있다. 직업은 경제적 활동을 통한 자기실현의 수단이며 동시에 개인의 물질적 생활의 기반이 되는 경제적 활동으로서의 자유이다. 국가가 교육과정이나 노동시장에 개입하여 직접 혹은 간접적으로 직업에 관한 조정이나 통제를 하는 것은 헌법적 가치를 침해하여서는 아니 된다. 헌법재판소는 명예직종사자에 대해 겸직이 금지되는 직업의 범위를 광범하게 규정하는 것도 직업선택의 자유를 침해하는 것에 해당한다고 하였다.[12] **직업선택의 자유에는 영업의 자유가 포함**된다. 따라서 국가는 영업의 자유를 보장하여야 하는 한편 영업의 자유가 지나쳐 독과점에 의한 다른 국민의 영업의 자유를 침해하여 영업의 자유의 실질적 의미가 상실되지 않도록 국가정책을 수립할 책무를 부담한다.

문제는 **직업선택의 자유**와 **직업행사의 자유**인가에 따라 헌법적 심사의 적용기준은 달라질 수밖에 없다는 점이다. 즉 직업선택의 자유는 주관적 혹은 객관적 요건을 정하여 제한될 수 있다. 왜냐하면 일정한 자격을 취득한 자에 한하여 허용되어야 하는 직업군이 있기 때문이다. 한편 직업의 자유를 제한하는데 있어서는 먼저 직업선택의 자유보다 직업행사의 자유를 제한함으로써 목적을 달성할 수 있다면 직업행사의 자유의 제한으로 충분하기 때문에 직업선택의 자유를 제한하여서는 아니 된다. 만일 이를 넘어서게 되면 **과잉금지의 원칙**에 위반된다. 직업선택의 자유에 대한 제한은 기본권 제한의 경제적 효과가 크기 때문에 자제되어야 한다. 따라서 국가는 직업행사의 자유를 제한하는 것만으로는 헌법적 정당성을 갖는 목적을 달성할 수 없는 예외적 경우에 한하여 직업선택의 자유를 제한할 수 있다. 직업선택의 자유를 제한하는 경우에도 국가는 먼저 개인의 능력으로 충족시킬 수 있는 주관

12) 헌법재판소 1991. 3. 11. 90헌마28 결정.

적 조건에 의해 직업선택의 자유를 제한하여야 한다. 주관적 조건에 의한 제한이 불가능할 경우에 한하여 비로소 객관적 조건을 제시하여 직업선택의 자유를 제한할 수 있다. 헌법재판소는 객관적 조건을 통하여 직업선택의 자유를 제한하는 것은 중대한 공공의 이익을 달성하기 위하여 필요하고, 이러한 제한을 하지 않을 경우 공공의 이익에 현저한 위험이 발생한다고 판단되는 경우에 한하여 정당성을 갖는다고 하였다.[13]

### (4) 주거의 자유

헌법 제16조는 "모든 국민은 주거의 자유를 침해받지 아니한다. 주거에 대한 압수나 수색을 할 때에는 검사의 신청에 의하여 법관이 발부한 영장을 제시하여야 한다"고 하여 주거의 자유를 규정하고 있다.

주거의 자유는 공간적으로 외부와 구획된 모든 사적 공간을 보호영역으로 하고 있다. 주택뿐만 아니라 기능상 생활을 위한 공간 역시 주거에 해당되기 때문에 여관의 객실, 개인의 연구실이나 사무실 등도 주거의 자유의 보호영역에 포함된다. 주거자가 현재 실내에 존재하는가의 여부는 문제가 되지 않는다. 주거의 자유는 국가가 법적 근거 없이 개인의 주거를 침입하는 것을 금지할 뿐만 아니라 개인도 다른 개인의 주거를 침해하는 것이 금지된다. 즉 **주거자의 명시적 혹은 묵시적인 승낙 없이 또는 주거자의 의사에 반하여 주거에 침입하는 것이 금지**된다. 주거자의 의사에 반하지는 않으나 **불법적인 목적을 가지고 입실하는 경우도 주거의 자유를 침해하는 것에 해당**된다. 왜냐하면 주거자가 입실자의 불법목적을 인식하였더라면 승낙하지 않았을 것이기 때문이다.

주거의 자유를 보호하기 위하여 주거의 자유를 침해하고자 할 경우에는 **법관이 발부한 영장을 제시**하도록 하고 있다. 즉 주거에 대한 압수·수색을 하기 위해서는 검사가 신청하여 법관이 발부한 영장의 제시가 있어야 한다. 이때 영장은 압수·수색 전에 발부된 것이어야 하고, 행위 시 제시되어야 한다. 긴급구속 시 및 현행범인에 대한 구속 시에는 인신구속이 주된 목적이기 때문에 주거에 대한 사후영장이 제시될 수 있다. 문제는 행정절차의 집행을 위해 영장을 필요로 하는가 여부인데, 일반적으로는 영장이 필요 없다

13) 헌법재판소 2006. 5. 25. 2003헌마715 결정.

고 할 것이다. 그렇지만 해당 행정절차가 실질적으로 형사사건을 수사하기 위한 자료수집 목적인 경우라거나 행정목적의 달성을 위해 행사되는 강제집행절차가 상대방의 의사를 현저히 구속함으로써 직접적인 물리력의 강제와 동일시할 수 있는 경우에는 영장을 필요로 한다고 보아야 할 것이다.

그러나 이러한 주거의 자유도 '경찰관직무집행법 제7조'에 의해서 **경찰관 등이 위해를 방지하거나 피해자를 구조하기 위해서 주거에 침입**하는 경우, '민사집행법 제5조'에 의한 **강제집행절차를 위한 목적**으로 집행관의 주거수색의 경우에는 제한될 수밖에 없다.

### (5) 사생활의 비밀과 자유, 통신의 비밀

헌법 제17조는 "모든 국민은 사생활의 비밀과 자유를 침해받지 아니한다"고 하여 **사생활의 비밀과 자유**를, 제18조는 "모든 국민은 통신의 비밀을 침해받지 아니한다"고 하여 **통신비밀의 자유**를 각각 규정하고 있다. 앞서 주거의 자유가 개인의 사생활이 이루어지는 공간을 보호하는 것이라면, 제17조의 사생활의 비밀과 자유는 **사생활의 내용**을, 제18조의 통신의 비밀은 **사생활에서의 의사소통을 보호하는 기본권**이라고 할 것이다.

모든 개인은 사적 영역을 보호받을 권리가 있기 때문에 사생활을 공연히 폭로함으로써 개인의 은밀한 인격영역을 침해하는 것은 허용되지 않으며, 이 경우에 폭로사실이 개인의 사회적 평가에 영향을 미치지 않거나, 진실하거나, 오히려 명예를 진작시키는 것이더라도 마찬가지이다. 다만 형법 제310조는 공연히 사실을 적시하여 사람의 명예를 훼손한 경우에도 그러한 공표된 사실이 진실한 사실로서 오로지 공공의 이익에 관한 때에는 처벌하지 아니한다고 하여 위법성조각사유에 대하여 규정하고 있다.

사생활의 비밀과 자유는 공표된 개인의 사생활이 기본권주체와 동일성을 갖는 영역에서만 보호된다. 그리고 침해의 정도가 일반적으로 **수인한도**를 넘어야 한다. 즉 모두의 사생활은 어느 정도 공표될 수밖에 없기 때문에 어느 정도까지는 서로 참아야 하는 범위가 있기 때문이다. 사생활의 비밀과 보호는 국가의 정보수요 및 국민의 알 권리와의 상관관계 속에서 구체적으로 보호된다. 고도의 정보사회로 변한 오늘날, 국가의 정책수립을 위한 자료로써 어느 정도 국민의 사생활에 대한 정보가 수집될 수밖에 없기 때문에 국가는 어느 정도 개인의 생활과 관련된 정보를 수집할 필요가 있다. 따라서 총인구조사와 같은 주거조사 혹은 인구조사와 같은 일정한 목적을 위해서는 자료를 수집할 수 있다. 다만 이 경우에도 조사대상자의 익명성을 보장해 주어야 하며, 그러한 자료를 다른 목적으로 사용하여서는 아니 되며, 부정한 목적으로 유출하여서는 아니 되는 의무를 부담한다고 하겠다. 또한 헌법재판소는 **공적 인물**(public figure)의 성격인 자에 대하여는 그와 관련된 해당 사생활이 공적 생활의 내용을 이룬다고 판단된 경우에는 그러하지 아니한 자들에 비해 사생활의 비밀과 자유에 의해서 보호되는 영역의 범위가 축소될 수밖에 없다고 하였다.[14] 왜냐하면 공적 인물에 대하여서는 공적 사항에 관한 한 국민에게 알 권리가 있기 때문이다. 따라서 공적 인물인 경우에도 해당 사항이 공적인 면과 관련성이 없는 경우에는 단순히 공적 인물이라는 이유만으로 개인의 사생활의 자유가 침해되어서는 아니 된다고 하겠다.

**통신의 자유는 개인의 의사전달과정을 보호하는 기본권**이다. 통신의 당사자·내용·통신의 방법 등이 그 통신의 주체의 의사에 반하여 공개되는 것이 금지된다. 즉 국가기관이 **개인의 통신내용을 불법도청하거나 업무상 알게 된 통신내용을 외부에 공표하거나, 또 국가가 알게 된 통신내용을 정보활동의 목적에 제공하거나 제공받는 행위 등이 금지**된다. 통신의 비밀은 도청 등의 불법적 방법으로 취득하여서도 아니 되며, 이렇게 취득된 정보를 공표하는 것도 처벌받는다.

즉 통신비밀보호법은 통신의 자유에 관한 기본적인 사항과 제한에 대하여 규정하고 있는데, 예외적으로 범죄수사를 위해서 필요한 경우 통신제한조치가 취해질 수 있다(동법 제6조). 이를 위해서는 **검사의 신청에 의해서 법관이 발부한 허가서**가 있어야 한다. 그 침해의 정도도 최소한에 그쳐야 하기 때문에 통신제한기간은 원칙적으로 2개월로 한정된다.[15] **허가서에 의한 감청의 경우에도, 그렇게 수집된 자료는 다른 목적에 사용되거나 위부에 누설되어서는 안 된다**(동법 제11조). 국가보안법 제8조는 반국가단체의 구성원 또는 그 지령을 받은 자와의 통신을 금지하고 있고, 이를 위반하면 형사처벌하도록 하

14) 헌법재판소 1989. 9. 4. 88헌마22 결정.
15) 헌법재판소 2010. 12. 28. 2009헌가30 결정(통신비밀보호법 제6조 제7항 단서 중 전기통신에 관한 '통신제한조치기간의 연장'에 관한 부분은 헌법에 합치하지 아니한다).

고 있다.

### (6) 양심의 자유, 종교의 자유

헌법 제19조는 "모든 국민은 양심의 자유를 가진다"고 하여, 양심의 자유에 대하여 규정하고 있다. **양심의 자유는 인간의 도덕적·윤리적 내면영역을 보호하는 기본권**으로 개인의 세계관·인생관·가치관·주의·신조 등은 물론이고 이에 이르지 않더라도 개인의 인격형성에 관계되는 내심에 있어서의 가치적·윤리적 판단을 보호하는 기본권이라는 것이 헌법재판소의 견해이다.[16)]

양심의 자유는 우리 헌법상 가장 최고의 기본권이다. 즉 양심의 형성은 외부의 간섭 없는 개인의 자유로운 결정에 의해서 이루어져야 하며, 이러한 양심의 자유는 절대적으로 보호되어야 한다. 우리 헌법의 기본이념인 자유민주주의를 부인하는 가치의 형성조차도 내심에 머물러 있는 한 보호되어야 한다. 대법원은 외부에 공표할 것을 염두에 두고 쓴 일기장이 아니라면 **자신의 내심의 사항을 기재한 일기장에 기재된 내용을 이유로 처벌할 수 없으며**, 이는 양심의 자유에 의하여 보호되어야 한다고 한다.[17)] 양심의 자유는 양심의 내용을 외부에 공표하도록 강요당하거나 타인으로 하여금 **개인의 양심의 내용을 추측할 수 있도록 강요당하지 않을 소극적 권리를 포함하여, 침묵의 자유까지 보장**되어야 한다. 또 국가기관은 개인에게 양심에 반하는 행위를 강요할 수 없다. 까닭에 양심의 자유가 내부에 머물러 있는 동안은 절대적으로 보호되지만, **외부에 표출된 경우에는 양심의 자유가 절대적으로 보호되는 것은 아니다**. 다만, 양심형성의 자유 이외의 외부적 관련성이 있는 내용의 양심의 자유는 절대적으로 보호되는 것은 아니다. 예를 들어 종교적 양심을 이유로 집총을 거부하며 병역거부를 주장하면서 대체복무제도를 구한 사건에서 국가안보라는 보다 큰 이익을 위해 집총거부와 같은 양심의 자유는 인정될 수 없다고 하였다.[18)] 그러나 헌법재판소는 입법자에 대하여 **대**

16) 헌법재판소 1991. 4. 1. 89헌마160 결정.

17) 대법원 1975. 12. 9. 72도3392 판결.

18) 헌법재판소 2004. 8. 26. 2002헌가1 전원재판부 결정(양심의 자유의 경우 비례의 원칙을 통하여 양심의 자유를 공익과 교량하고 공익을 실현하기 위하여 양심을 상대화하는 것은 양심의 자유의 본질과 부합될 수 없다. 양심상의 결정이 법익교량과정에서 공익에

**체복무제도의 개선책** 등을 강구하도록 권고하였다.[19)]

헌법 제20조 제1항은 "모든 국민은 종교의 자유를 가진다"고, 제2항은 "국교는 인정되지 아니하며, 종교와 정치는 분리된다"고 하여, **종교의 자유 및 정교의 분리를 규정**하고 있다. 종교의 자유는 피안의 세계에 대한 개인의 믿음과 그 실현행위에 국가가 간섭하는 것을 금지한다. 국교를 인정하지 않으며, 정치와 종교는 분리된다. 종교의 자유의 가장 본질적인 내용은 신앙의 자유이고, 이러한 **신앙의 자유는 절대적**이다. 신앙의 자유에는 신앙을 갖

부합하는 상태로 축소되거나 그 내용에 있어서 왜곡·굴절된다면, 이는 이미 "양심"이 아니다. 따라서 양심의 자유의 경우에는 법익교량을 통하여 양심의 자유와 공익을 조화와 균형의 상태로 이루어 양 법익을 함께 실현하는 것이 아니라, 단지 "양심의 자유"와 "공익" 중 양자택일 즉, 양심에 반하는 작위나 부작위를 법질서에 의하여 "강요받는가 아니면 강요받지 않는가"의 문제가 있을 뿐이다. 이 사건 법률조항(병역법 제88조 제1항 제1호) 위헌제청을 통하여 달성하고자 하는 공익은 국가의 존립과 모든 자유의 전제조건인 "국가안보"라는 대단히 중요한 공익으로서, 이러한 중대한 법익이 문제되는 경우에는 개인의 자유를 최대한으로 보장하기 위하여 국가안보를 저해할 수 있는 무리한 입법적 실험을 할 것을 요구할 수 없다. 한국의 안보상황, 징병의 형평성에 대한 사회적 요구, 대체복무제를 채택하는 데 수반될 수 있는 여러 가지 제약적 요소 등을 감안할 때, 대체복무제를 도입하더라도 국가안보라는 중대한 헌법적 법익에 손상이 없으리라고 단정할 수 없는 것이 현재의 상황이라 할 것인바, 대체복무제를 도입하기 위해서는 남북한 사이에 평화공존관계가 정착되어야 하고, 군복무여건의 개선 등을 통하여 병역기피의 요인이 제거되어야 하며, 나아가 우리 사회에 양심적 병역거부자에 대한 이해와 관용이 자리잡음으로써 그들에게 대체복무를 허용하더라도 병역의무의 이행에 있어서 부담의 평등이 실현되며 사회통합이 저해되지 않는다는 사회공동체 구성원의 공감대가 형성되어야 하는데, 이러한 선행조건들이 충족되지 않은 현 단계에서 대체복무제를 도입하기는 어렵다고 본 입법자의 판단이 현저히 불합리하다거나 명백히 잘못되었다고 볼 수 없다. 입법자는 헌법 제19조의 양심의 자유에 의하여 공익이나 법질서를 저해하지 않는 범위 내에서 법적 의무를 대체하는 다른 가능성이나 법적 의무의 개별적인 면제와 같은 대안을 제시함으로써 양심상의 갈등을 완화해야 할 의무가 있으며, 이러한 가능성을 제공할 수 없다면, 적어도 의무위반 시 가해지는 처벌이나 징계에 있어서 그의 경감이나 면제를 허용함으로써 양심의 자유를 보호할 수 있는 여지가 있는가를 살펴보아야 한다. 그러므로 입법자는 양심의 자유와 국가안보라는 법익의 갈등관계를 해소하고 양 법익을 공존시킬 수 있는 방안이 있는지, 국가안보란 공익의 실현을 확보하면서도 병역거부자의 양심을 보호할 수 있는 대안이 있는지, 우리 사회가 이제는 양심적 병역거부자에 대하여 이해와 관용을 보일 정도로 성숙한 사회가 되었는지에 관하여 진지하게 검토하여야 할 것이며, 설사 대체복무제를 도입하지 않기로 하더라도, 법적용기관이 양심우호적 법적용을 통하여 양심을 보호하는 조치를 취할 수 있도록 하는 방향으로 입법을 보완할 것인지에 관하여 숙고하여야 한다.

19) 헌법재판소는 2차례(2004, 2011)에 걸쳐 병역법 제88조 제1항 제1호에 대해 합헌결정을 하였고, 2015년 7월 병역법 제88조 제1항 제1호 위헌소원에 대한 공개변론을 실시하였고 현재 심리 중에 있다.

거나 갖지 않을 자유, 어떠한 종교를 선택할 자유 및 기존의 신앙을 변경할 자유도 포함된다. 종교의 자유는 신앙을 외부로 표현하도록 강제당하지 않을 자유, 그리고 개인의 신앙을 추측할 수 있는 행위를 강제당하지 않을 자유를 포함한다. 신앙실현을 위한 모임, 결사의 자유 등도 보호된다. 신앙실현의 자유에는 일반적으로 예배의 형태로 모여서 행하는 신앙의식의 자유와 포교의 자유, 그리고 종교적 집회·결사의 자유가 포함된다. 포교의 자유의 한 내용으로 학교에서의 일반적인 종교교육뿐 아니라 강제되지 않는 한 특정 종교에 대한 종교교육도 허용된다. 다만 **학교에 대한 자기선택권이 부여되어 있지 않는 중·고등학교에서 특정 종교에 대해서 필수과목의 형태로 교육이 이루어지는 것은 종교의 자유와 양립될 수 없는 것으로, 종교의 자유에 우선권이 있다고 할 수 없다.**[20)]

그런데 종교의 자유라고 하더라도 외부로 표현될 때는 일정한 제한을 받을 수밖에 없기 때문에 절대적으로 보호되는 것은 아니라 할 것이고, 이 경우에는 헌법 제37조 제2항에 의하여 제한될 수 있다고 하겠다. 다만 종교적 집회·결사의 자유는 일반 집회·결사의 자유에 비해 더 두텁게 보호되어야 한다.

국교를 불인정하는 것은 종교간 평등을 보장하기 위해서이다. 따라서 국가가 특정 종교에 특권을 부여하거나 우대하여서는 아니 된다. 특히 국·공립학교에서 특정 종교를 필수과목으로 교육하는 것은 금지된다. 정교분리

---

20) 서울중앙지방법원 2007. 10. 5. 2005가단305176 판결(종교의 자유는 무엇보다도 종교를 믿고 안 믿을 자유, 신앙고백을 강요당하지 않을 자유, 신앙·불신앙으로 인하여 불이익을 받지 않을 자유 등을 포함하는 신앙의 자유를 본질적 요소로 하는데, 종교교육의 자유가 학교라는 교육기관의 형태를 취할 때에는 그 학교에서 수학하는 학생들의 기본권인 이러한 신앙의 자유 등과 충돌할 가능성이 많고, 특히 현재의 주요 대도시의 경우와 같이 고등학교 평준화 정책에 의하여 본인이 신앙하는 종교와는 무관하게 학교가 강제로 배정되는 제도 아래에서는 더욱 그러한바, 이러한 경우 원칙적으로 학생들의 신앙의 자유는 학교를 설립한 종교단체의 선교나 신앙실행의 자유보다 더 본질적이며 인격적 가치를 지닌 상위의 기본권에 해당하므로 이러한 학생들의 기본권이 보다 더 존중되지 않으면 안 된다. 사립학교가 학생들의 진정한 의사에 관계없이 기독교의식을 강제하는 등 학생들의 신앙의 자유나 학습권 등을 침해한 것은 私法上 인격권의 침해로서 불법행위를 구성하고, 이러한 학교측의 방침에 공개적으로 반발한 학생에 대한 퇴학처분에 중대한 실체적·절차적 하자가 있다고 할 것으로 사립학교측은 학생에게 위자료를 지급하여야 한다).

의 원칙은 근대국가에서 국가권력의 세속화를 의미하는 것으로, 근대국가 성립 이후 국가는 정치에 관여하지 않으며, 종교 역시 정치에 관여하지 않는다는 원칙이 성립되었다고 할 것이다.

### (7) 학문과 예술의 자유

헌법 제22조 제1항은 "모든 국민은 학문과 예술의 자유를 가진다"고, 제2항은 "저작자·발명가·과학기술자와 예술가의 권리는 법률로써 보호한다"고 하여 학문과 예술의 자유를 보장하고 있다. 학문과 예술의 자유는 인간의 지적·문화적 창조활동을 보호하는 기본권으로, **학문의 자유**는 객관적 방법론에 의한 진리발견과정을, **예술의 자유**는 인간의 미를 추구하기 위한 감성적·심미적 활동영역을 보호한다. 학문과 예술의 자유는 이러한 활동을 보장함으로써 개인의 자기결정권을 보호하여 문화적 공동체 실현에 기여한다.

학문의 자유는 학문연구 및 활동의 자유를 포함한다. 따라서 기본권주체는 연구과제, 연구방법, 연구기간 및 연구장소의 선택 등을 자기 판단으로 결정할 수 있다. 국가는 개인의 학문활동에 이유 없이 개입할 수 없으며, 반대로 학문의 자유를 실현하기 위한 인적·물적 시설을 지원하여야 한다. 학문활동의 자유에는 교수의 자유, 연구의 자유, 연구결과의 발표의 자유 및 학문적 목적의 집회·결사의 자유도 포함된다. **교수의 자유는 대학이나 고등교육기관에서의 강의 등 강학의 자유를 말한다**. 헌법재판소는, 헌법 제31조가 지식의 전달과정을 규율하고 있는데 비해, 헌법 제22조는 교수의 자유를 포함하며 이 자유는 진리탐구의 과정을 보호하는 것으로 **상대적으로 교수방법 및 내용에 대해서 기본권주체의 자율성이 존중되어야 한다**고 하였다.[21] 대학은 학문연구의 전당으로서 대학의 자치는 보장된다(제31조 제4항). 따라서 대학은 인사·학사·대학질서 등의 문제가 대학 이외로부터 간섭을 받지 않고 학내구성원에 의해서 자율적으로 결정할 수 있다. 다만 대학의 구성집단은 다양하기 때문에 모두가 이러한 자치의 내용을 동등하게 향유하는 것은 아니다. 왜냐하면 대학의 자율은 기본적으로 학문의 자유를 실효성 있게 보장하기 위한 수단이기 때문에 대학에서 학문을 수행하는 주체인 교수집단은 수

21) 헌법재판소 1992. 11. 12. 89헌마88 결정.

학자 또는 학문연구에 있어서 교수에 대한 보조적 지위를 갖는 학생집단과 그 비중이 다르기 때문이다. 따라서 교수집단은 특히 학문과의 관련성이 많은 인사 및 학사관리에 관한 결정에 있어서 학생집단에 비해 우월적 지위를 갖는다고 하겠다.

**예술의 자유**는 미적·경험적 행위인 창작행위의 자율성을 보장한다. 예술의 소재·형태를 선택하는 데 있어서 국가는 간섭하여서는 아니 된다. 또한 국가는 예술을 보호·장려하여야 할 책무를 진다. 예술의 자유의 핵심적 내용은 **창작의 자유**이다. 다만 예술은 자기목적성을 갖기 때문에 다른 목적을 달성하기 위해 예술행위를 이용할 경우에는 예술의 자유가 보장되지 않는다. 예술의 자유에는 예술표현의 자유와 예술표현을 위한 집회·결사의 자유가 포함된다. 예술의 자유 중 이 부분에 해당하는 경우는 순수한 예술창작의 자유와 달리 사회적 관련성 때문에 어느 정도 제한이 불가피하다.

### (8) 표현의 자유

헌법 제21조 제1항은 "모든 국민은 언론·출판의 자유와 집회·결사의 자유를 가진다"고 하여 표현의 자유를 규정하고 있다. 표현의 자유에 의해 개인은 자유롭게 의견을 형성하고, 이를 발표·전달하는 자유를 갖는다. 국가는 개인의 의견 형성을 강요하거나 의견표현과정을 지배할 수 없다. 표현의 자유는 민주주의의 실현을 위해 불가결한 자유이다. 왜냐하면 민주주의는 개인의 자유로운 의견형성과 교환을 통해서 나타나는 국민의 의사에 기초한 국가형태이기 때문이다. 헌법은 언론매체가 갖는 공적 기능의 보장 및 언론활동에 대한 공공성 담보를 위하여 방송·통신사업에 일정한 시설기준을 정할 수 있고, 신문의 기능을 법으로 정할 수 있다(제21조 제3항). 언론·출판의 자유는 기본적으로 개인별 표현행위를 보장할 뿐만 아니라 집단적인 의사표시 및 형성행위의 보장을 위하여 집회·결사의 자유가 보장된다.

언론·출판의 자유에 의해 국가는 개인의 자유로운 의견표현 및 전달행위에 개입하여서는 아니 된다. 표현의 자유를 통해 개인은 여론형성에 참여할 수 있고, 이러한 권리의 실효성을 확보하기 위해 언론기관의 설립 등 자유언론제도의 확립도 요구된다. 이와 관련하여 헌법재판소는 언론기관설립요건을 지나치게 엄격하게 하는 것은 사실상 언론·출판의 자유를 침해하는 것으로

위헌이라고 하였다.[22)]

언론의 자유를 실효성 있게 보장하기 위한 **파생적 기본권**으로는 첫째, **국민의 알 권리**가 있다. 의사형성을 위해서는 일정한 정보의 수집이 필요하기 때문에 이를 위해 국민에게는 일정한 알 권리가 보장되어야 하는 것이다. 헌법재판소도 일정한 정보가 개인의 구체적인 권리를 실행하기 위해서 필수적인 경우에는 **정보청구권, 즉 알 권리가 주관적 공권으로서 인정**된다고 하였다.[23)] 둘째, **국민의 언론매체이용권, 즉 Access권**이 있다. 언론매체를 일반적으로 이용하기 위한 청구권은 특정인에게 우월적 지위를 주는 것으로 부당하고, 언론기관의 자율성을 침해할 수 있어 부당하고, 기술적인 이유에서도 실현 가능성이 없기 때문에 부당하여 허용되지 않지만, **언론기관의 보도를 통해서 개인의 권리가 침해된 경우 이를 구제하기 위한 방법으로서의 언론매체이용권은 보장**된다.[24)] '언론중재 및 피해구제 등에 관한 법률'은 국

22) 헌법재판소 1992. 6. 26. 90헌가23 결정.
23) 헌법재판소 1989. 9. 4. 88헌마22 결정.
24) 헌법재판소 1999. 6. 24. 97헌마265 결정(신문보도의 명예훼손적 표현의 피해자가 공적 인물인지 아니면 사인인지, 그 표현이 공적인 관심 사안에 관한 것인지 순수한 사적인 영역에 속하는 사안인지의 여부에 따라 헌법적 심사기준에는 차이가 있어야 한다. 객관적으로 국민이 알아야 할 공공성·사회성을 갖춘 사실은 민주제의 토대인 여론형성이나 공개토론에 기여하므로 형사제재로 인하여 이러한 사안의 게재를 주저하게 만들어서는 안 된다. 신속한 보도를 생명으로 하는 신문의 속성상 허위를 진실한 것으로 믿고서 한 명예훼손적 표현에 정당성을 인정할 수 있거나, 중요한 내용이 아닌 사소한 부분에 대한 허위보도는 모두 형사제재의 위협으로부터 자유로워야 한다. 시간과 싸우는 신문보도에 오류를 수반하는 표현은, 사상과 의견에 대한 아무런 제한 없는 자유로운 표현을 보장하는 데 따른 불가피한 결과이고 이러한 표현도 자유토론과 진실확인에 필요한 것이므로 함께 보호되어야 하기 때문이다. 그러나 허위라는 것을 알거나 진실이라고 믿을 수 있는 정당한 이유가 없는데도 진위를 알아보지 않고 게재한 허위보도에 대하여는 면책을 주장할 수 없다. 첫째, 명예훼손적 표현이 진실한 사실이라는 입증이 없어도 행위자가 진실한 것으로 오인하고 행위를 한 경우, 그 오인에 정당한 이유가 있는 때에는 명예훼손죄는 성립되지 않는 것으로 해석하여야 한다. 둘째, 형법 제310조 소정의 "오로지 공공의 이익에 관한 때에"라는 요건은 언론의 자유를 보장한다는 관점에서 그 적용범위를 넓혀야 한다. 셋째, 형법 제309조 소정의 "비방할 목적"은 그 폭을 좁히는 제한된 해석이 필요하다. 법관은 엄격한 증거로써 입증이 되는 경우에 한하여 행위자의 비방 목적을 인정하여야 한다. "조선민주주의 인민공화국 김정일 인민군 총사령관 귀하. 안녕하셨습니까. 김일성 주석께서 서거 이후 애통한 마음으로 나날을 보내셨을 총사령관께 삼가 위로와 격려 말씀 드립니다"로 시작되는 이 사건 편지의 인사말에는 김일성의 죽음을 적시하고 그로 인한 김정일의 슬픔에 대해 위로와 격려를 표시하는 이른바 "조문"의 뜻이 담겨 있고, 이는 "애도"의 뜻을 나타낸 것으로

민의 언론매체이용권으로 **반론보도청구권·정정보도청구권 및 추후보도청구권을 인정**하고 있다.

또한 언론의 자유에서 **보도의 자유가 파생**한다. 보도의 자유는 언론매체가 국가에 대해 갖는 당연한 권리라고 하겠다. 한편 보도의 자유는 주로 언론기관 내부에서 편집과 경영의 분리를 통해서 **편집권이 경영권의 부당한 간섭으로부터 자유로워져야 함을 의미**한다. '신문 등의 자유와 기능보장에 관한 법률'은 이러한 보도의 자유를 보장하기 위하여 언론기관의 공적 기능을 중시하여 경영권으로부터 편집 및 보도에 대한 자유를 규정하고 있다(동법 제3조). 또한 국가는 보도를 제한하기 위해 **사전검열할 수 없다**(제21조 제2항). 문제는 보도의 자유와 관련하여 취재원묵비권을 보장할 것이냐 여부이다. 일반적으로 **취재원묵비권**이 인정되지는 않는다고 하겠다.

언론·출판의 자유는 사전검열을 통해서 제한할 수 없다(제21조 제2항). 그렇다면 사후검열을 할 수 있을 것이냐 여부인데, 이러한 사후제한도 국가안전보장·질서유지·공공복리에 위해가 되는 것이 명백하고 현존하는 경우에 한하여 허용된다고 하겠다. **헌법재판소는 명백하고 현존하는 위험이 확인되지 않음에도 불구하고 군사에 관한 대부분의 사항을 국가비밀로 분류하는 것은 언론의 자유를 침해한다**고 하였다.[25)]

집회와 결사의 자유는 집단적인 의사형성과 표현을 위해 보장된다. 집회는 단기적인 형태의 의사표현행위로서, 시위가 포함된다. 집회는 다수인이 공동목적을 위한 의견을 형성·표현하기 위한 일시적인 모임을 말한다. 집회의 자유에는 집회의 개최·사회·진행 및 참가의 자유가 보장된다. 집회는 대외적 행위를 통해 직접적인 사회적 관련성을 가지므로 언론의 자유에 비해 제한의 폭이 크다고 하겠다. 그러나 **집회에 대한 사전허가제는 금지**된다는 것이 헌법재판소의 견해이다.[26)] 그러나 **허가가 아닌 사전신고제도는 그 자체만으로는 헌법에 위반되지 않는다**고 하겠다. '집회 및 시위에 관한 법률'

---

못볼 바 아니다. 위 인사말이 문제된 사건경위에 비추어 보면, 이 사건 편지는 애도가 주된 목적이 아니라고 하더라도 그 당시 공적 토론의 쟁점이었던 애도의 뜻이 담긴 인사말 부분이 있었기 때문에 신문사가 사건의 성격을 "김일성 사망 애도 편지"라고 평가·규정한 것이 비합리적이었다고 보기 어렵다).

25) 헌법재판소 1992. 2. 25. 89헌가104 결정.

26) 헌법재판소 2009. 9. 24. 2008헌가25 결정.

제6조 이하에서는 집회의 경우 신고의무를 부과하고, 집회요건을 갖추지 못한 경우 금지통고를 할 수 있도록 하고 있다. 또한 **위헌정당의 목적을 달성하기 위한 집회, 폭력 등의 방법을 사용하는 집회에 대해서는 금지통고**를 할 수 있다. 일정한 공공기관 주변에서의 집회도 일정한 범위에서 제한할 수 있다.[27]

결사는 일정한 단체성을 갖고 시간적으로 지속성을 갖는 집단의 의견형성과 표현을 위한 조직형태를 말한다. 즉 결사는 공동의 목적을 가진 다수인의 자발적이고 계속적인 단체라 할 수 있다. 결사의 자유에는 결사의 가입 및 탈퇴의 자유는 물론이고 소극적으로 결사에 가입하지 않을 자유도 보장된다. 그러나 공법상의 강제결사로서 공공목적을 띠고 있는 경우에는 소극적인 결사의 자유가 인정되지 않는다. 결사의 자유에는 결사 자체의 존립 및 해체, 그리고 활동의 자유가 포함되며, 결사의 자유에 대한 사전제한은 금지된다.

### (9) 재산권

헌법 제23조 제1항은 "모든 국민의 재산권은 보장된다. 그 내용과 한계는 법률로 정한다"고, 제2항은 "재산권의 행사는 공공복리에 적합하도록 하여야 한다"고, 제3항은 "공공필요에 의한 재산권의 수용·사용 또는 제한 및 그에 대한 보상은 법률로써 하되, 정당한 보상을 지급하여야 한다"고 하여, 재산권에 대하여 규정하고 있다. 재산권은 개인의 인간다운 생활을 실현하기 위한 물질적 기초를 보장하는 것으로 대단히 중요하다고 하지 않을 수 없다. 우리 헌법은 **사유재산제를 천명하여 자유경제질서의 객관적 질서의 기초로 삼고 있다**. 우리 헌법은 재산권(제23조) 규정 이외에도 **소급입법에 의한 재산권제한의 금지**(제13조 제2항), 지적재산권의 헌법적 보호(제22조 제2항), 국가의 시장경제 질서유지를 위해 필요한 규제 및 조정권한 부여(제119조 제2항), **농지소작제금지**(제121조), 국토의 효율적 이용을 위하여 국토에 관한 필요한 제한과 의무부과(제120조 제2항, 제122조), 사기업의 국·공유화의 원칙적 금지(제126조) 규정들을 두고 있다.

재산권으로서 보호되기 위해서는 첫째, 재산에 대한 개인의 사적 유용

27) 헌법재판소 2003. 10. 30. 2000헌바67 결정.

성과 처분성이 인정되어야 하며, 둘째, 개인이 스스로 노력하여 취득한 재산이어야 한다는 점이다. 이를 위해 민법상 **소유권제도**가 확립되어 있다. 다만 재산권에 의한 보호의 대상은 민법상의 소유권에 국한되는 것은 아니기 때문에 위의 요건이 충족될 경우라면 **공법상의 권리도 재산권에 의한 보호의 대상**이 될 수 있다. 그러나 **국가에 재량권이 주어져 있는 권리는 개인에게 처분성과 사적 유용성이 인정될 수 없으므로 재산권보호의 대상이 되지 못한다**. 예를 들어 공법상의 권리인 **사회보험청구권**은 가입자가 납부한 보험료에 대한 반대급여의 성질을 가지고 있기 때문에 위의 자기성취의 요건을 충족하고 있으므로 재산권적 보호의 대상이 된다는 것이 헌법재판소의 견해이다.[28] 반면에 **생활급여청구권**은 국가가 생활보호대상자에게 일방적으로 지급하는 일방적 급여일 뿐 수급자의 자기성취의 산물이 아니기 때문에 재산권적 보호의 대상이 되지 못한다.

다만 재산권은 앞서 살펴본 기본권과 달리 물적 권리로서의 성격이 강하여 다른 기본권과 다른 구조적 한계를 가지고 있기 때문에 **공공복리에 적합하게 행사하여야 할 의무를 부담**하며(제23조 제2항), 그 내용과 한계도 법률로 정할 수 있다(제23조 제1항). **다른 기본권에 비해 재산권은 입법자에 의한 형성의 범위가 넓다**고 하겠다.

한편 재산권은 공공복리를 위해 수용·사용될 수는 있지만, 이러한 제한이 가해지는 경우에는 **반드시 법률에 의한 정당한 보상**이 이루어져야 한다(제23조 제3항). 다만 재산권은 **공공복리에 적합하게 행사할 의무**가 주어져 있기 때문에 그러한 범위 내에서 제한되는 경우에는 **국가의 보상책임이 면제**된다고 하겠다. 따라서 보상책임이 성립하는가 여부에 대한 판단기준은 해당 제한이 **특별희생**에 해당하는가 여부에 의해 결정된다고 할 것인데, **특별희생에 해당하는 경우에는 국가는 이를 보상할 책임**이 있지만, 그렇지 않은 경우에는 재산권의 내재적 한계에 관한 문제로 보아야 하기 때문에 국가에 배상할 책임이 없다고 하겠다. 예를 들어 **토지가 수용되는 경우**에는 보상하여야 하지만 **그린벨트로 지정되어 사용·수익이 제한되는 경우**에는 그 손해를 토지소유자가 감내할 수밖에 없는 것이다. 그러나 공공의 필요성 때문에 재산권

28) 헌법재판소 1994. 6. 30. 92헌가9 결정.

에 대한 제한이 이루어지더라도 그러한 공공필요가 존재하지 않게 되거나 공공필요에 비해 과도하게 제한된 경우에는 이를 취소하여야 한다.

헌법재판소는 재산권제한에 대한 정당한 보상은 완전보상을 의미하며, 완전보상이란 해당 재산권이 갖는 객관적 시장가치에 대한 보상을 말한다고 하였고, 주관적 사용가치나 인근지역이 개발되는 결과 발생하는 개발이익 등은 보상의 기준이 될 수 없다고 하였다.[29] 예를 들면 토지가 수용되어 개발된 결과 인근토지의 가격이 상승한 경우 그 상승폭에 대하여는 수용당한 토지소유자가 보상을 청구할 수 없다는 것이다.

### 4. 정치권적 기본권(선거권과 공무담임권)

우리 헌법은 정치권적 기본권으로 선거권과 공무담임권을 규정하고 있다. 헌법 제24조는 "모든 국민은 법률이 정하는 바에 의하여 선거권을 가진다"고 **선거권**을 규정하고, 제25조는 "모든 국민은 법률이 정하는 바에 의하여 공무담임권을 가진다"고 **공무담임권**에 대하여 규정하고 있다.

선거권은 국가기능에 참여할 수 있는 권리이다. 선거권은 공직자를 선출할 수 있는 권리일 뿐만 아니라 국정에 대한 자유로운 의견을 교환할 수 있고, 선거를 통해 국정에 대한 통제기능을 수행하게 된다. 따라서 선거권은 민주주의에 필수불가결한 기본권으로 최대한 보장되어야 한다. 헌법재판소가 국회의원 입후보자에게 고액의 기탁금을 납부할 것을 요구하여 입후보의 가능성을 제한하거나, 또 정당에 우월한 선거기회를 보장하는 것은 간접적으로 유권자에게 선택의 자유를 박탈한다는 점에서 헌법에 위반된다는 점은 이미 살펴보았다.[30] 현행 공직선거법 제15조는 **선거권 연령을 만19세**로 정하고 있다.

모든 국민에게는 **공무담임권**이 있다. 선출직공무원은 물론이고 비선출직공무원으로 진출할 수도 있다. 선출직공무원에 취임할 권리는 선거를 통해 실현되기 때문에 선거의 공정성이 무엇보다 중요하다고 하겠다. 우리 헌법은 선거권과 관련하여 **선거공영제를 원칙**으로 채택하고 있고, **선거비용도**

---

29) 헌법재판소 1990. 6. 25. 89헌마107 결정.
30) 헌법재판소 1989. 9. 8. 88헌가6 결정.

**원칙적으로 국가가 부담**하도록 함으로써 공정선거를 제도적으로 보장하고 있다(제116조).

## 5. 권리구제적 기본권

### (1) 청원권

헌법 제26조 제1항은 "모든 국민은 법률이 정하는 바에 의하여 국가기관에 문서로 청원할 권리를 가진다"고, 제2항은 "국가는 청원에 대하여 심사할 의무를 진다"고 하여, **국민의 청원권**에 대하여 규정하고 있다. 연혁적으로 볼 때 청원권은 사법적 권리구제수단이 정비되기 전단계에서 국가작용에 의한 권리침해를 구제받기 위한 수단으로 기능하여 왔으나, 사법적 권리구제수단이 정비된 오늘날에는 그 기능이 변하였다고 할 수 있다. 즉 오늘날의 청원권은 국가기관에 절차와 형식에 얽매임이 없이 **국민이 자신의 의견을 표현함으로써 이를 통해 국정에 대한 국민의 의견을 반영하여 국정에 대한 통제수단으로 작용**하고 있다. 따라서 청원권자는 국가작용으로 인하여 권리가 침해된 자는 물론이고 침해되지 아니 한 자도 할 수 있다.

청원은 명확성을 기하기 위하여 **문서로 하도록 강제**되고 있고, 국가기관도 청원된 내용을 무시할 수 없도록 이를 **심사하여 알려주도록** 하고 있다. 이를 위해 제정된 **청원법은 청원사항을 심사하고 처리한 후 그 결과를 청원권자에게 통보하도록 의무를 부과**하고 있다. 한편 국가는 국민의 청원권 행사를 방해하거나 금지시켜서는 아니 되며, 개인도 청원을 이유로 어떠한 불이익을 받아서는 아니 된다. **개인별 청원은 물론이고 공동청원도 허용**되며, 공동청원을 위해 서명운동을 하는 것도 허용된다고 하겠다.

국민은 청와대를 비롯한 모든 국가기관에 대해서, 모든 사항에 대해서 청원할 수 있다. 다만 **청원을 통해 재판에 간섭하거나 국가원수에 대해 모독하는 내용의 청원은 금지**되며, 타인을 음해하기 위한 목적으로 허위사실을 청원하는 것도 금지되며, 이를 위반할 경우 형사처벌받을 수도 있다. 청원처리내용에 대해서는 구체성이 없기 때문에 소송은 허용되지 않는다.

### (2) 재판을 받을 권리

헌법 제27조 제1항은 "모든 국민은 헌법과 법률이 정한 법관에 의하여 법률에 의한 재판을 받을 권리를 가진다"고 하여 **재판을 받을 권리**를 규정하고 있다. 이와 같은 재판을 받을 권리는 국민의 법적 분쟁에 대하여 중립적이고 독립된 국가기관인 법원에 의해서 공정한 재판이 이루어지도록 보장하기 위한 기본권이라 할 수 있다. 법적 분쟁은 법원의 재판에 의해 이루어지는 것이 원칙이지만, 예외적으로 특수영역의 법적 분쟁은 각종 법률이 별도의 심판제도를 두고 있는 경우가 있다. 예를 들어 **국세분쟁에 대하여는 국세심판제도**가, **특허분쟁에 대하여는 특허심판제도**가 그러하다. 그러나 이러한 심판제도도 최종심은 대법원이어야 한다. 따라서 그러한 심판제도가 법원의 관할을 인정하지 않는 것은 허용되지 않는다. 형사사건은 **검사의 기소편의주의**가 적용되나, 검사의 자의적인 판단에 기초하여 기소하지 않는 것은 피해자의 법익을 침해하는 것으로 부당하기 때문에 허용되지 않는다. **피해자는 헌법소원을 통해 구제**받을 수 있다.[31] 공정한 재판의 주체를 보호하기 위하여, 법관은 헌법과 법률에 정한 바에 따른 독립성이 보장되며(제103조), 헌법과 법률에 정한 절차에 따라 임용되며(제104조), 형벌 및 탄핵에 의하지 않고서는 신분상의 불이익을 받지 아니 한다(제106조). 한편 헌법은 예외적으로 특별법원에 의한 재판을 허용하고 있는데, 그러한 특별법원으로 군사법원이 있다. **군사법원의 관할사항**은 군인·군무원 등에 한하나, 전시 등 비상사태의 경우에는 예외적으로 일반 국민에 대하여도 재판관할권이 인정된다(제27조 제2항, 제110조).

법관은 법률 및 양심에 따라 재판하여야 하는데, 여기의 양심은 개인적 양심이 아닌 법관으로서의 직업적 양심을 말한다. 이때 법률은 합헌적 법률이어야 하므로, 적용할 **구체적 법률이 헌법에 위반된다고 판단될 경우에는 헌법재판소에 위헌법률심판을 제청**하여 그 결과에 따라 재판하여야 한다(제107조 제1항). **명령·규칙·처분이 헌법 혹은 법률에 위반하는 때에는 이에 대한 최종적인 심판권은 헌법재판소가 아닌 대법원에 있다**(제107조 제2항).

모든 국민은 신속한 재판을 받을 권리가 있다. 피해구제를 신속히 받기 위해서이다. 재판의 공정성을 담보하기 위해서 재판은 공개된다(제27조 제3항). 다만 국가안전보장 또는 안녕질서를 방해하거나 선량한 풍속을 해할 염려가 있는

31) 헌법재판소 1989. 4. 17. 88헌마3 결정.

때에는 예외적으로 법원의 결정에 의해서 심리를 공개하지 않을 수 있다(제109조). 이 경우에도 선고는 공개되어야 한다.

### (3) 형사보상청구권

헌법 제28조는 "형사피의자 또는 형사피고인으로서 구금되었던 자가 법률이 정하는 불기소처분을 받거나 무죄판결을 받은 때에는 법률이 정하는 바에 의하여 국가에 정당한 보상을 청구할 수 있다"고 하여 형사보상청구권을 규정하고 있다. 이처럼 **무죄판결을 받은 경우**라면 그 구속기간이 부당하기 때문에 이를 보상하도록 한 것이다. 한편 형사피고인 혹은 피의자가 법률이 정한 **무죄판결에 상응하는 처분**을 받은 경우에도 형사보상청구권이 성립되는바, 그러한 사유로는 **법률이 정한 불기소처분·면소·공소기각판결** 등이 있다. 주의할 점은 무죄판결과 동일한 불기소처분이어야 하기 때문에 유죄가 인정되지만 기소편의주의에 의해 검사가 불기소처분을 한 경우에는 형사보상청구권이 인정되지 않는다. 구금의 위법 여부는 형사보상청구권의 성립에 영향을 미치지 않는다.

**형사보상청구권자는 형사피고인 또는 피의자 및 이들의 상속인**이다. 형사보상청구권의 행사요건은 **구금되었어야 하고, 무죄판결 또는 동등한 불기소처분**이 있어야 한다. 따라서 무죄판결이더라도 불구속상태에서 재판받은 경우에는 형사보상청구권이 인정되지 않는다. 형사보상청구권에 의한 금원의 지급은 명예훼손에 대한 보상금이 아니다. **보상은 정당한 보상**이어야 한다. 이는 형사보상청구권자가 입은 손실에 대한 **완전한 보상**을 의미하며, 구금으로 인한 신체 및 재산상의 손실이 포함된다고 하겠다. 재산상의 손실에는 적극적인 손실은 물론이고, 구금되지 않았더라면 얻을 수 있었던 이익, 즉 일실소득도 포함된다. 보상금결정권자는 무죄판결의 경우에는 법원합의부, 불기소처분의 경우에는 피의자보상심의회이다.

### (4) 국가배상청구권

헌법 제29조 제1항은 "공무원의 직무상 불법행위로 손해를 받은 국민은 법률이 정하는 바에 의하여 국가 또는 공공단체에 정당한 배상을 청구할 수 있다. 이 경우 공무원 자신의 책임은 면제되지 아니한다"고 하여 공무원의 불법행위에 대한 국민의 국가배상청구권을 인정하고 있다. **공무원의 직무상 불법행위**여야 한다. 불법행위의 주체는 **신분상의 공무원뿐 아니라, 공무를 위탁받아 행하는 기능상의 공무원도 포함**된다. 불법행위는 **직무집행과 관련하여 발생한 것**이어야 한다. 따라서 직무와 전혀 관련이 없는 사적인 행위에 의한 불법행위에 대하여는 국가는 배상책임이 없다. 이때 피해자는 공무원 개인을 상대로 한 민법상의 손해배상청구권을 행사할 수 있을 뿐이다. 직무행위의 판단은 **객관적으로 직무에 속하는 행위 및 이와 밀접히 관련된 행위이면 충분**하며(외형설), 공무원의 불법행위에 대한 주관적인 인식을 필요로 하지 않는다. 국가배상책임을 발생시키는 직무행위는 주로 행정작용이며, 입법 및 사법적인 불법행위는 극히 제한된 경우에만 국가배상책임의 원인이 된다.[32)]

**국가배상책임도 본질적으로는 민법상의 불법행위책임과 같다**. 따라서 행위자의 고의 또는 과실이 있어야 한다. 그러나 엄격한 증명책임을 개인에게 부과할 경우 실질적인 손해배상이 인정되기 어려운 경우도 있을 수 있으므로, 증명책임이 민법상의 증명책임보다 완화되고 있다. 그러기 위해서는 행위자의 과실을 객관적인 주의의무에 대한 위반으로 이해하거나, 공무원의 위법행위가 객관적으로 존재할 경우 행위자(공무원)의 과실을 추정하는 방법으로 국가배상책임을 인정하고 있다. 따라서 **국가는 공무원에게 과실 없음을 증명해야 한다**. 국가배상청구권이 성립되기 위해서는 **과실에 의한 법령 위반행위**가 있어야 한다. 이때의 법령에는 헌법·법률·명령·규칙 등은 물론이고, 법의 일반원칙인 신의성실의 원칙이나 권리남용 및 관습법과 같은 불문법도 포함된다.

**국가는, 공무원의 직무상 불법행위로 인하여 발생한 손해에 대해서 피해자에게 정당한 배상을 하여야 한다**. 정당한 배상이란 불법행위와 상당인과관계가 있는 모든 손해에 대한 배상을 말한다. 액수 산정은 민법상의 불법행위로 인한 손해산정의 방식에 따르면 될 것이다. **배상책임을 지는 자는 국가 혹은 공공단체**이다. 피해자는, 공무원에 대한 비용부담자와 선임감독권자가 다른 경우에 선택적으로 국가배상을 청구할 수 있다. **최종적인 배상책임자는 선**

---

32) 대법원 2001. 10. 12. 2001다47290 판결.

**임감독권자**이다. 따라서 만일 비용부담자가 손해를 배상하였다면, 비용부담자는 선임감독권자에게 구상권을 행사하여 이를 변상받을 수 있다. 국가배상책임은 선임감독과 관련해서는 무과실책임이다. 따라서 선임감독자가 감독의무를 게을리하지 않았다는 이유로 배상책임을 면제받을 수는 없다. 이 점은 민법상의 사용자책임과 다르다.

대법원은, 국가배상책임을 지는 국가는 공무원의 책임을 대신 부담(대위책임)하는 것이 아니라 **국가 자신의 행위(공무원의 행위는 국가에 귀속되기 때문)에 대한 책임**으로 보기 때문에, 피해자인 국민은 불법행위를 행한 공무원과 국가 중 선택적으로 청구권을 행사하는 것이 아니라 **국가를 상대로 청구권을 행사**하여야 한다고 하였다.[33]

주의할 점은 국가배상청구권의 성립으로 인하여 공무원의 개인적 책임이 면제되지는 않는다는 점이다. 그런데 국가배상청구권은 국가의 자기책임으로 보기 때문에 공무원이 지게 되는 책임은 발생한 손해에 대한 배상책임이 아니라 법령준수의무를 위반한 것에 대한 책임으로 이해된다. 따라서 **공무원이 고의 혹은 중과실로 불법행위를 행하였다면, 국가는 그 공무원에 대하여 국가가 배상한 금액 상당액을 구상**할 수 있다. 경과실의 경우에는 구상권을 행사할 수 없도록 하여, 업무집행 시 공무원이 경과실에 의한 책임을 두려워하지 않도록 하여 공무원이 적극적인 업무수행을 가능하도록 하였다.

동조 제2항은 "군인·군무원·경찰공무원 기타 법률이 정하는 자가 전투·훈련 등 직무집행과 관련하여 받은 손해에 대하여는 법률이 정하는 보상 외에 국가 또는 공공단체에 공무원의 직무상 불법행위로 인한 배상은 청구할 수 없다"고 하여, 군인·군무원·경찰공무원 등 특히 위험발생 가능성이 높은 공무원의 국가배상청구권을 제한하고 있다. 왜냐하면 그들의 업무 자체가 전쟁, 천재지변 등 위험성이 높기 때문에 그들에게 국가배상책임을 전부 인정하게 되면 한정된 국가예산의 효율적 집행이 어렵기 때문에 일정한도로 제한한 것이다. 이 조항에 대하여는 헌법개정이 필요하다는 의견 등이 개진되고 있다.

---

33) 대법원 1996. 2. 15. 95다38677 판결.

## 6. 사회적 기본권

### (1) 교육을 받을 권리

헌법 제31조 제1항은 "모든 국민은 능력에 따라 균등하게 교육을 받을 권리를 가진다"고 하여, 국민의 교육을 받을 권리를 규정하고 있다. 따라서 모든 국민은 능력에 따라 균등하게 교육을 받을 권리가 있다. **교육의 권리는 인간의 존엄을 향유하기 위한 정신적 기초를 형성하는 기회의 보장**으로, 모든 국민에게 평등하게 보장된다. 교육을 통한 문화적 국민의 배출을 통해 사회적 인재를 양성함으로써 직업선택을 가능하게 하고, **인간적 행복추구권을 보장**받게 된다. 또한 이성적 지식인을 전제로 하는 민주주의의 발전을 위해서도 교육받을 권리는 반드시 필요한 권리라고 하겠다.

교육을 받을 권리는 절대적 평등의 권리가 아니라 능력에 따라 교육을 받을 권리와 다른 한편으로는 균등하게 교육을 받을 권리를 포함하고 있다. 능력에 따라 교육을 받을 권리는 개인이 교육기회를 향유하는 데 있어서 **교육적 능력 이외의 사유로 차별받지 않을 권리**이다. 따라서 신분 또는 경제적 능력 등의 이유로 교육기회가 차별되어서는 아니 된다. 교육의 권리는 누구든지 자신의 지적·신체적 및 정신적 능력에 따른 교육을 받을 기회를 보장하는 것으로, 이를 위하여 국가는 모든 국민에게 균등한 교육을 받을 기회를 제공하여야 한다. 따라서 경제적으로 어려운 자를 위한 장학제도, 장애인시설교육의 확장 등을 통해 실질적인 교육의 기회가 보장되어야 한다. 문제는 국가재정에 한계가 있기 때문에 국가의 재정부담능력에 따라 결정되어야 할 권리로, 헌법으로부터 교육시설을 확장하는 내용의 청구권이 발생하는 것은 아니다. 즉 프로그램적 성격도 있다고 하겠다.

동조 제2항은 "모든 국민은 그 보호하는 자녀에게 적어도 초등교육과 법률이 정하는 교육을 받게 할 의무를 진다"고, 동조 제3항은 "의무교육은 무상으로 한다"라고 하여, 모든 국민에게 보호하는 자녀에 대해 최소한도의 교육인 초등교육과 법률이 정한 의무교육을 받게 할 의무를 부여하고 있고, **국가에도 최소한의 무상교육 등의 의무교육의무를 부담**지우고 있다. 현재 의무교육은 초등 6년, 중등 3년이다. 동조 제5항은 "국가는 평생교육을 진흥하여야 한다"고 하여, 국가에 평생교육의무를 부과하고, 동조 제6항은 "학교교육 및 평생교육을 포함한 교육제도와 그 운영, 교육재정 및 교원의 지위에 관한 기본적인 사항은 법률로 정한다"고 하여, **평생교육을 위한 국가의 재정지원 및 교원의 지위보장을 위한 내용 등을 법률로 정하도록 의무를 부과**하고 있다.

또한 교육의 내용에 있어 특정 가치 혹은 정파의 주의·주장을 주입시키는 것은 허용되지 않으며, 다원적 가치관에 기초한 교육이 이루어질 수 있도록 교육의 자주성·전문성·정치적 중립성이 보장되어야 한다는 것이 헌법재판소의 입장이다.[34] 이러한 교육의 자주성·전문성·정치적 중립성을 보장하기 위해 동조 제4항은 "교육의 자주성·전문성·정치적 중립성 및 대학의 자율성은 법률이 정하는 바에 의하여 보장된다"고 하여 이를 보장하고 있다.

### (2) 근로의 권리

헌법 제32조 제1항은 "모든 국민은 근로의 권리를 가진다. 국가는 사회적·경제적 방법으로 근로자의 고용의 증진과 적정임금의 보장에 노력하여야 하며, 법률이 정하는 바에 의하여 최저임금제를 시행하여야 한다"고 하여 근로의 권리를 규정하고 있다. 이는 **자본주의체제에서 자본에 의한 노동력의 부당한 착취가 발생하는 것을 막고, 임금소득을 통한 근로자들의 생활을 보장하기 위해서라고 할 것이다**. 근로의 권리는 시장경제와 자본주의경제체제에서는 사적 자치의 원칙을 무한정 보장하기에는 규범적 한계가 있을 수밖에 없다. 왜냐하면 자본가와 근로자 사이의 힘의 불균형 때문이다. 따라서 개인에게 근로의 권리를 보장하기 위해서는 필연적으로 국가가 힘이 강한 사용자의 자율적인 결정권을 제한할 필요성이 요구된다. 이를 위해 위 조항은 국가로 하여금 사회적·경제적 방법에 의한 **근로자의 고용증진과 적정임금의 보장에 노력할 의무를 부과**하고 있으며, **최저임금제**를 시행하도록 하여 **저임금근로자의 생활을 보장**하도록 하고 있다. **국가는 실업보험, 대체고용보험, 최저임금제 등 다양한 사회보장책을 수립**하여 시행하고 있지만, 아직도 근로자의 복지향상에 있어서는 많이 부족한 실정이라고 하지 않을 수 없다.

---

34) 헌법재판소 1992. 11. 12. 89헌마88 결정.

헌법은 적정 수준의 노동조건보장을 국가의 의무로 규정하고 있고, 최저임금제의 보장을 규정하고 있다. **근로조건은 인간의 존엄성을 보장**하는 것을 근간으로 삼아야 한다. 따라서 근로조건의 중요한 사항은 법률로 정하도록 하고 있다. 예를 들어 여자 및 청소년은 근로조건에 있어 생리적·생물학적·사회적으로 고용상 불리한 지위에 있기 때문에 특별한 보호를 필요로 한다. 헌법재판소는 여성과 남성에게 있어 동일한 질과 양의 노동이 제공되는 경우 여성을 남성에 비해서 차별하는 것은 금지되며, 국가는 여성의 불리한 지위를 보전하기 위하여 적극적인 여성보호를 위한 조치를 취하여야 하며, 연소자는 성장단계에 있기 때문에 건전한 신체·정신 및 심리적인 발달을 저해하지 않기 위하여 특별히 보호되어야 하며, 국가유공자 및 그 유족에게 우선적으로 근로의 기회가 부여되어야 한다고 하였다.[35]

### (3) 노동 3 권

헌법 제33조 제 1 항은 "근로자는 근로조건의 향상을 위하여 자주적인 단결권·단체교섭권 및 단체행동권을 가진다"고 하여 노동3권을 규정하고 있다. 자본주의 시장경제체제 하에서는 근로조건의 결정은 사용자와 근로자의 사적 자치(계약자유)의 원칙에 의해 이루어진다. 그러나 형식적으로 양자는 동일할지 몰라도, **실질적으로 양자 사이에는 힘의 불일치**가 있게 되어, 협상력에 있어 약자일 수밖에 없는 근로자에게 불리한 근로조건의 계약이 체결될 가능성이 높다. 또 근로자와 사용자의 합의에만 맡겨 두게 되면 근로조건의 내용 및 근로조건의 이행 여부를 둘러싸고 노사 쌍방의 극한적인 갈등구조가 야기될 수 있다. 이러한 문제점을 해결하기 위하여 우리 헌법은 근로자의 협상력의 불평등을 보완하여 적절한 근로조건의 합의를 체결하고, 산업안전과 평화를 유지하기 위해서 근로자의 집단적 권리행사를 보장하고 있다.

그 첫 번째가 **단결권**이다. 즉 근로자에게 근로조건의 개선을 목적으로 사용자와 계약조건을 협상할 단체를 형성·유지할 수 있는 **노동조합결성권을 인정**하고 있다. 단결권에 의해 성립한 노동조합은 근로자들의 자주적 결사이다. 근로자는 노동조합에 조직·가입·탈퇴할 권리가 있고, 노동조합에 가

35) 헌법재판소 2006. 2. 23. 2004헌마675 결정.

입하지 않을 권리도 있다. 만일 사용자가 노동조합의 결성 및 활동을 방해하게 되면 이는 부당노동행위에 해당된다.

두 번째가 **단체교섭권**이다. 위와 같이 조직된 노동조합은 단체의 명의로 사용자 또는 사용자단체와 근로조건에 대한 자주적 교섭권을 갖는다. 단체교섭은 근로조건을 개선하기 위한 목적으로 근로자단체에 허용되는 것이다. 따라서 근로조건 이외의 조건, 예를 들어 정치투쟁을 위한 노동조합의 활동은 제약을 받는다. 단체교섭을 통해 단체협약이 체결되게 되는데, 이러한 단체협약은 다른 사법상의 계약에 비해서 보다 더 강한 법적 보호를 받으며, 이러한 단체협약은 단체교섭 및 계약의 당사자가 아닌 제3자, 즉 노동조합원이 아닌 근로자에 대해서도 효력이 인정될 수 있다. 사용자는 노동조합의 단체교섭 요구에 응할 의무가 있다. 국가는 단체교섭을 방해하거나 이에 개입할 수 없으며, 단체교섭의 결과인 단체협약이 제대로 이행될 수 있도록 이를 감시할 의무가 있다. 다만 국가는 단체협약이 부당한 노동조건을 포함하고 있는 경우에는 이를 취소할 수 있다.

세 번째가 **단체행동권**이다. 단체교섭권을 통한 단체교섭이 실패한 경우, 근로자는 최후의 수단으로 집단적 의사표시방법인 단체행동권을 행사할 수 있다. 단체행동권의 행사방법으로는 **파업·태업·불매운동·피케팅 등의 방식**이 있다. 사용자는 이에 대항하는 방법으로 직장폐쇄를 할 수 있다. 정당한 쟁의행위에 대해서는 민·형사상의 책임이 면제된다. 정당한 쟁의행위를 이유로 하여 해고나 그 밖의 불이익한 처분을 할 수 없으며, 만일 이를 한 경우에는 무효이다. 단체행동권은 근로조건을 개선시키기 위한 최후의 수단으로, 이의 행사로 인한 피해가 크기 때문에 **단체행동 이전에 조정·중재 및 긴급조정 등의 신중한 보완제도**를 두고 있다. 그렇지만 노동조건의 개선이 목적이 되어야 하기 때문에 정치적 목적을 달성하기 위한 단체행동 등은 금지된다. 또 단체행동은 비파괴·비폭력적으로 행사되어야 한다.

동조 제2항은 "공무원인 근로자는 법률이 정하는 자에 한하여 단결권·단체교섭권 및 단체행동권을 가진다"고 하여, 공무원의 경우에는 노동3권을 제한할 수 있도록 하고 있다. 그러나 헌법재판소는 공무원에 대해서 한정적이 아닌 일괄적 노동3권의 제한은 허용되지 않는다고 하였다.[36] 또한 동조

제3항은 "법률이 정하는 주요방위산업체에 종사하는 근로자의 단체행동권은 법률이 정하는 바에 의하여 이를 제한하거나 인정하지 아니할 수 있다"고 하여, 방위산업체가 국가안전보장에 중요한 산업인 점을 고려하여, **주요방위산업체 종사 근로자들의 단체행동권을 법률에 의해 제한할 수 있도록 하였다**. 또한 헌법재판소는 경비업법 제15조 제3항에 대하여 경비원들에 대한 단체행동권을 제한하는 것은, 경비업체의 경비원이 공무원이나 주요방위산업체에 종사하는 근로자는 아니지만 경비업무의 특수성을 고려하여 헌법 제37조 제2항의 일반유보조항에 의하여 제한되는 것으로 볼 것인바, 위헌이 아니라고 하였다.[37]

### (4) 인간다운 생활을 할 권리

헌법 제34조 제1항은 "모든 국민은 인간다운 생활을 할 권리를 가진다"고 하여 **인간다운 생활을 할 권리**를 규정하고 있다. 동조 제2항은 "국가는 사회보장·사회복지의 증진에 노력할 의무를 진다"고 하여, **국가에게 사회보장·사회복지증진노력의무를 부과**하고 있다. 또한 동조 제3항은 "국가는 여자의 복지와 권익의 향상을 위하여 노력하여야 한다"고, 동조 제4항은 "국가는 노인과 청소년의 복지향상을 위한 정책을 실시할 의무를 진다"고, 동조 제5항은 "신체장애자 및 질병·노령 기타의 사유로 생활능력이 없는 국민은 법률이 정하는 바에 의하여 국가의 보호를 받는다"고, 동조 제6항은 "국가는 재해를 예방하고 그 위험으로부터 국민을 보호하기 위하여 노력하여야 한다"고 규정하고 있다.

이에 따라 국가는 국민 개개인을 **사회적 위험으로부터 보호**하고, **최저생활을 보장할 책임**이 있고, **노후에도 국민연금지급 등의 방법으로 노후를 보장**해 주어야 하며, 이러한 일반적 사회보험과 공공부조를 통해 사회적 평등을 실현할 의무가 있다. **사회보험제도**는 사회적 위험이 발생하기 이전에 사회적 위험에 대한 자기보호를 할 수 있는 능력자들로부터 보험료를 의무적으로 징수하여 사회적 위험이 발생했을 때 보험금을 지급하는 방법으로 사회보장을 도모하는 것이고, **공공부조제도는 보험가입능력이 없는 국민을**

---

36) 헌법재판소 1993. 3. 11. 88헌마5 결정.
37) 헌법재판소 2009. 10. 29. 2007헌마1359 결정.

**방치하지 않고 국가가 사회보험가입자가 아닌 국민을 대상으로 사회보험에 준하여 공적 부조를 제공하는 것**이다. 그렇지만 헌법재판소는 국가에 이런 의무가 있다고 하더라도 이는 **프로그램적 성격**이 강하기 때문에 개인이 특정한 제도 혹은 특정한 수준의 급여를 구체적으로 청구할 권리를 헌법에 근거하여 청구할 수는 없다고 하였다.[38] 또한 **국가는 재해예방 및 위험으로부터 국민을 보호할 의무**가 있다. 문제는 국가 재정능력의 한계로 인해 사회보험이나 공공부조를 모두 실현시킬 수 없다는 현실적 문제 때문에 사회보험제도 등의 정책적 우선순위가 고려될 수밖에 없고, 이에 대하여는 헌법이 기준을 제시하고 있지 않기 때문에 이는 행정부와 입법부에서 구체적으로 입법을 통해 해결할 수밖에 없다.

그런데 사회보험급여는 국가가 일부를 부담할지라도 국가의 일방적 급부가 아닌 가입자가 납부한 보험료에 대한 반대급부적 성격을 갖기 때문에 사회보험에 의한 보호수준을 결정함에 있어서는 **개인이 납부한 보험료수준에 상응한 급여가 이루어져야 한다**는 점이다. 반면 공공부조에 대한 급여는 국가가 전액을 부담하는 성격이기 때문에 모든 비용을 전액 부담할 수는 없으므로 그 결정기준은 **인간다운 최저생활을 할 수 있는 정도에 그칠 수밖에 없다**. 따라서 국가는 이를 결정함에 있어 객관적이고 전문적인 기관으로 하여금 공정한 절차에 따라 최저생활비를 결정할 수 있도록 노력하여야 한다. 이때 **최저생활이란 물질적인 최저생활뿐만 아니라 문화적인 최저생활도 포함**된다. 이와 관련하여 헌법재판소는 인간다운 생활이란 추상적이고 상대적인 개념으로 나라에 따라 달라질 수 있지만, 국가가 이를 보장하기 위한 생계보호의 수준을 구체적으로 결정할 때 국민 전체의 소득수준과 생활수준, 국가의 재정규모와 정책, 국민 각 계층의 상충하는 갖가지 이해관계 등 복잡하고도 다양한 요소들을 함께 고려하여 결정하여야 하며, 국가가 인간다운 생활을 보장하기 위한 헌법적인 의무를 다하였는지의 여부가 사법적 심사의 대상이 된 경우에는 국가가 생계보호에 관한 입법을 전혀 하지 않았든가 혹은 그 내용이 현저히 불합리하여 헌법상 용인될 수 있는 재량의 범위를 명백히 일탈한 경우에 한하여 헌법에 위반된다고 할 수 있다면서, 비록

38) 헌법재판소 1997. 5. 29. 94헌마33 결정.

생활보호법에 의한 생활보호대상자에 대한 생계보호급여가 최저생계비에 못 미치더라도 국가재정상황 등을 고려할 때 그 사실만으로 곧 헌법에 위반된다거나 청구인들의 행복추구권이나 인간다운 생활을 할 권리를 침해한 것이라고는 볼 수 없다고 하였다.[39)]

### (5) 환경권

헌법 제35조 제1항은 "모든 국민은 건강하고 쾌적한 환경에서 생활할 권리를 가지며, 국가와 국민은 환경보전을 위하여 노력하여야 한다"고, 제2항은 "환경권의 내용과 행사에 관하여는 법률로 정한다"고, 제3항은 "국가는 주택개발정책 등을 통하여 모든 국민이 쾌적한 주거생활을 할 수 있도록 노력하여야 한다"고 하여, 환경권에 대하여 규정하고 있다. 제조업의 발달, 도시화의 영향으로 환경파괴가 심각한 국가적 명제가 됨에 따라 환경의 보전 및 개선에 관한 국가의 책무를 환경권의 형태로 규정하고 있다. 우리 헌법은 환경을 보호할 의무를 국가와 국민에게 모두 부여하고 있다. 환경권은 환경과 관련된 인간의 행태를 규율하며, 인간의 형태와 관계없이 환경 그 자체를 규율대상으로 하는 것은 아니다. 환경권을 보호하기 위하여 국가는 환경보호를 위한 장·단기계획을 수립하여 실천하여야 하며, 국민은 환경보호를 위해 노력하여야 한다.

**환경권은 쾌적한 환경을 향수할 수 있는 권리이면서, 국가와 국민 모두가 환경을 보존해야 할 의무이기도 하다**. 환경에는 **자연환경**뿐만 아니라 **인공환경**도 포함된다. 환경권의 실천으로, 국가는 주거환경조성에 정책적 우선순위를 두어야 하며, 환경보존을 위해 공장 등의 설립을 규제할 수 있고, 건물 등의 신축을 제한할 수 있다. 환경권에는 방어권적 성격도 포함되어 있으며, **국가의 자연파괴행위에 대해서 개인은 방어권을 행사할 수 있다**. 환경권은 당연히 제3자에 대하여도 효력이 인정된다. 따라서 타인의 환경오염행위에 대한 배제권이 보장된다. 이러한 권리를 실효성 있게 하기 위해서는 환경소송 등에 집단소송제도를 인정할 필요성이 있으나, 아직 우리나라는 그 정도에 이르고 있지는 못하다. 왜냐하면 환경파괴의 피해는 그 파급효가 전국적이고, 경우에 따라서는 세계적일 수도 있기 때문에 원고적격을 특정

39) 헌법재판소 1997. 5. 29. 94헌마33 결정.

하는 것과 원인과 결과의 인과관계를 규명하는 것이 쉽지 않기 때문에 일반적인 민사소송과는 다른 구조를 필요로 하기 때문이다. 따라서 환경파괴가 있기 이전에 예방적 차원의 권리구제제도를 도입할 필요성이 크다고 하겠다.

#### (6) 혼인과 가족생활 등의 보호

헌법 제36조 제1항은 "혼인과 가족생활은 개인의 존엄과 양성의 평등을 기초로 성립되고 유지되어야 하며, 국가는 이를 보장한다"고, 제2항은 "국가는 모성의 보호를 위하여 노력하여야 한다"고, 제3항은 "모든 국민은 보건에 관하여 국가의 보호를 받는다"고 하여, 혼인과 가족생활, 모성의 보호, 국민보건에 관한 국가의 의무 등을 규정하고 있다.

혼인과 가족관계는 무엇보다도 사인의 사적 의사가 존중되어야 한다. 동시에 혼인과 **가족관계는 종족보존기능·교육기능 및 생활보장기능을 담당하는 사회적 영역**이기도 하다. 우리 헌법은 후자의 영역을 중시하여 혼인과 가족관계를 헌법적 규범으로 정하고 보호하고 있다.

헌법재판소는 혼인불허의 범위를 종래 **동성동본**으로 하고 있는 민법 규정에 대하여 필요 이상으로 그 범위를 확대하고 있어 혼인 및 가족형성의 자유를 침해한다는 이유로 **위헌결정**을 하였고,[40] 그 후 민법의 해당 조항은 **8촌 이내의 친족까지만 혼인을 할 수 없도록 개정**하였다. 한편 민법은 이혼시 혼인 중 형성한 재산에 대하여는 혼인파탄의 책임과는 상관없이 **재산분할청구권**을 행사할 수 있도록 보장하였다(민법 제839조의2). 특히 자녀출산이 급속도로 감소하고 있는 현상황에서 국가는 자녀의 출산장려를 위한 각종 정책 및 육아양육 문제를 해결하기 위한 각종의 보장책을 강구하고 있다.

## V. 개별 기본권에 대한 검토

### 1. 납세의 의무

헌법 제38조는 "모든 국민은 법률이 정하는 바에 의하여 납세의 의무를 진다"고 하여 납세의 의무를 부과하고 있다. 국가의 재정자원을 마련하기 위

40) 헌법재판소 1997. 7. 16. 95헌가6 결정.

해서이다. 국세 등의 체납의 경우에는 재판절차 없이 체납처분절차에 의한 강제집행이 허용된다. 그러나 국가는 국민의 납세가 공평하고 합리적으로 부과되도록 노력하여야 한다.

### 2. 국방의 의무

헌법 제39조 제1항은 "모든 국민은 법률이 정하는 바에 의하여 국방의 의무를 진다"고, 제2항은 "누구든지 병역의무의 이행으로 인하여 불이익한 처우를 받지 아니 한다"고 하여 국방의 의무를 규정하고 있다. 즉 **모병제가 아닌 징병제를 통해 남북분단이라는 특수상황에 대처**하고 있다고 하겠다.

# 제5절 국가기구의 조직과 기능

## Ⅰ. 정부형태

대한민국 헌법은 원칙적으로 대통령제 정부형태를 취하고 있다. 그러면서도 부분적으로 대통령제에 내각책임제를 가미하고 있다고 하겠다. 국회와 행정부는 조직과 기능상 독립되어 있다. **대통령은 국정의 최고책임자, 그리고 행정부의 수반으로서의 지위**를 갖는다. 대통령은 국민의 직접투표에 의해 선출되며, 임기는 5년 단임이다. 대통령은 재임기간 중 탄핵에 의하지 않고서는 정치적 책임 및 형사상 책임을 지지 아니한다. 대통령은 행정부의 수반으로서 국가 최고의 행정권을 행사할 수 있을 뿐만 아니라 국정의 최고 책임자로서의 지위에서 국가긴급권·헌법개정안발의권·국민투표회부권 등을 갖는다.

한편 **내각책임제적 요소를 가미한 제도**로는, 국무총리제를 두고 있고, 국무회의를 헌법기관으로 규정하고 있다. 국회의원뿐만 아니라 정부에 법률 제안권이 있다. 한편 국회는 정부를 견제하기 위하여 대통령의 국무총리임명에 대한 동의권을 가지고 있으며, 국무총리와 국무위원에 대한 해임을 건의할 수 있다. 정부위원은 국회에 출석하여 발언할 수 있다.

# Ⅱ. 국 회(입법부)

## 1. 국회의 헌법적 지위

헌법 제40조는 "입법권은 국회에 속한다"고 하여, 입법권이 국회에 있음을 분명히 하고 있다. **국회는 국회의원들의 합의체의사결정기관으로 국민의 대의기관**이다. 국회의 구성원인 국회의원은 국민 전체의 이익을 위하여 양심에 따라 직무를 수행할 의무가 있으며(제46조 제2항), 외부의 영향을 받지 않도록 하기 위하여 현행범인이 아니면 회기 중에는 체포되지 아니 할 **불체포특권**과 국회에서의 발언과 표결에 대한 **면책특권**이 인정되고 있다(제44조, 제45조). 국회는 입법권의 행사자일 뿐 아니라 국정감사 등을 통해 행정부를 견제하고 통제하는 기능을 수행한다. 국회의 국정통제방식은 입법·행정·인사·재정에 걸쳐 광범위하다. 국회는 예산에 대한 심의의결권과 결산에 대한 심의의결권을 통해 행정부를 견제하며, 국정감사를 통해 행정업무 전반에 걸쳐 감시기능을 수행한다.

## 2. 국회의 구성과 조직

국회는 국민에 의해 선출된 임기 4년의 국회의원으로 구성되어 있다(제41조, 제42조). 현재 국회의원 수는 전국구와 지역구를 합하여 **300명**[41]으로 되어 있다. 국회는 대표자인 **국회의장 1명, 2명의 부의장**이 있다. 이들의 임기는 2년이며, 국회부의장은 국회의장 유고 시 또는 허가를 받은 경우 국회를 대표한다(제48조).

국회에는 행정각부에 상응한 상임위원회를 두어, 그 상임위원회로 하여금 해당 행정부서의 법안을 비롯한 각종 정책안에 대한 심의의결권을 부여하고 있다. 특별위원회로는 예산결산특별위원회와 윤리특별위원회, 인사청문특별위원회 등이 있다.

국회의 회의는 정기회와 임시회로 나누는데, **정기회**는 매년 9월 1일 개

41) 공직선거법 제21조 ① 국회의 의원정수는 지역구국회의원과 비례대표국회의원을 합하여 300명으로 한다.

회하며, 회기는 100일을 넘을 수 없으며, **정기회**의 가장 중요한 업무내용은 예산안의 심의의결 및 국정조사라고 할 수 있다. **임시회는 대통령 또는 국회재적의원 4분의 1 이상의 요구에 의해서 개회되며 회기는 30일을 초과할 수 없다**(제47조). 국회 본회의와 상임위원회에서의 의사진행과정은 원칙적으로 공개되나, 출석의원 과반수의 찬성이 있거나 의장이 국가의 안전보장을 위하여 필요하다고 인정할 때에는 **비공개로 할 수 있다**(제50조). 국회에서의 의사결정은 헌법 또는 법률에 특별한 규정이 없는 한 **재적의원 과반수의 출석과 출석의원 과반수의 찬성**으로 의결된다(제49조). 다만 대통령의 법률안재의요구에 대한 재의결에는 과반수 출석과 출석의원 3분의 2 이상의 찬성이 있어야 하며(제53조 제4항), 국무총리 및 국무위원 해임건의에는 재적의원 과반수의 찬성이 있어야 하며(제63조 제2항), 국회의원제명결의에는 재적의원 3분의 2 이상의 찬성이 있어야 하며(제64조 제3항), 대통령에 대한 탄핵소추는 재적의원 3분의 2 이상, 대통령 이외의 대상자에 대한 탄핵소추는 재적의원 과반수의 찬성이 있어야 하며(제65조 제2항), 헌법개정안에 대하여는 국회의원 재적 과반수의 발의 및 재적의원 3분의 2 이상의 찬성이 있어야 하는(제128조·제130조 제1항) 등의 특별정족수가 필요하다. 국회의 회의에는 회기계속의 원칙이 적용되기 때문에 국회에 제출된 법률안 및 기타의 의안이 회기 중 의결되지 못하더라도 폐기되지 않는다(제51조). 다만 국회 회기가 종료할 때까지 의결되지 못하면 그 의안은 자동폐기된다.

## 3. 국회의 주요기능

### (1) 입법기능

헌법 제40조는 "입법권은 국회에 속한다"고 하여, **일반적이고 추상적인 법규범제정권을 국회에 부여**하고 있다. 따라서 국회는 기본권의 실현에 관한 사항 또는 국가기관의 조직 및 기능에 관한 본질적인 사항은 법률을 제정하여 규율하여야 한다. 다만 국회 이외의 다른 기관, 예를 들어 **대통령에게는 긴급명령제정권 등의 권한**이 부여되어 있고, **대통령, 국무총리, 각부장관은 대통령령, 국무총리령, 각부장관령을 발령할 권한**이 있다.

헌법 제52조는 "국회의원과 정부는 법률안을 제출할 수 있다"고 하여, 국회의원 및 정부에 법률안제안권을 부여하고 있다. 제안된 법률안은 국회에 이송되고, 소관 상임위원회에서 심의 후 의결을 통해 본회의에 회부되며, 본회의에서는 과반수 출석에 과반수 찬성으로 의결된다. 의결된 법률안은 정부로 이송되며, **대통령은 이 법률안에 서명한 후 공포**하면 그 법률은 효력을 발생하게 되는데, 만일 법률안의 내용이 헌법에 반하거나 혹은 예산 등 집행에 문제가 있으면 **대통령은 법률안이 정부에 이송된 후 15일 이내에 이의서를 붙여 국회에 재의를 요구**할 수 있다. 재의요구에 대해서 국회가 재적의원 과반수의 출석과 출석의원 3분의 2 이상의 찬성으로 재의결하면 법률로 확정된다. 대통령이 이송된 법률안에 대해서 15일이 지나도록 공포나 재의요구를 하지 않으면 법률안은 법률로 확정되며, 만일 **대통령이 이 확정된 법률안을 공포하지 않으면 확정된 법률안은 국회의장이 5일 이내에 공포**한다. **법률은 원칙적으로 공포 후 20일이 지나면 효력을 발생**한다(제53조 제7항).

(2) 재정에 관한 기능

헌법 제54조 제1항은 "국회는 국가의 예산안을 심의·확정한다"고 하여, 재정에 관한 기능을 국회에 부여하고 있다. 국회는 예산안심의확정권과 결산승인권을 갖는다. **정부는 회계연도개시 90일 전까지 예산안을 국회에 제출하여야 하며, 국회는 회계연도개시 30일 전까지 예산안을 의결**하여야 한다(제54조 제2항). 국회가 예산을 임의로 깍을 수는 있으나, 증액하거나 새 비목을 설치하려면 정부의 동의를 받아야 한다(제57조). 예산안이 기한 내에 의결되지 못하는 경우에는 전년도 예산에 준하여 예산을 집행할 수 있는 **준예산제도**가 마련되어 있다. 이에 따르면 정부는 헌법이나 법률에 의하여 설치된 기관 또는 시설의 유지·운영과 법률상 지출의무의 이행목적으로, 또 이미 예산으로 승인된 사업의 계속을 위해서 필요한 예산은 전년도예산에 준하여 집행할 수 있다(제54조 제2항).

**결산에 대한 국회의 심사는 예산집행에 대한 사후심사에 해당**이 되는데, 감사원은 세입·세출에 대한 결산을 매년 검사한 후 대통령과 차년도 국회에 그 결과를 보고하여야 한다(제99조). 세입의 전제가 되는 조세부과와 관련하여, 헌법재판소는, **조세법률주의는 과세요건법정주의와 과세요건명확주의**를 핵심적 내용으로 한다면서, **과세요건명확주의**는 과세요건의 규정내용이 지나치게 추상적이고 불명확하면 안 되며 그 내용이 명확하고 일의적이어야 한다는 것을 의미하고, **과세요건법정주의**는 납세의무를 성립시키는 납세의무자·과세물건·과세표준·과세기간·세율 등의 모든 과세요건과 부과·징수절차는 모두 국민의 대표기관인 국회가 제정한 법률로 규정하여야 한다는 것을 말한다고 하였다.[42)]

### (3) 행정부 견제기능

헌법 제61조 제1항은 "국회는 국정을 감사하거나 특정한 국정사안에 대하여 조사할 수 있으며, 이에 필요한 서류의 제출 또는 증인의 출석과 증언이나 의견의 진술을 요구할 수 있다"고, 제2항은 "국정감사 및 조사에 관한 절차 기타 필요한 사항은 법률로 정한다"고 하여, **국회에 국정감사권과 국정조사권을 인정**하고 있다. 이러한 국정감사는 예산심의뿐만 아니라 국정 전반에 걸쳐 이루어진다. 또한 **국회의 국정조사는 특정 사안에 대한 국회의 견제기능으로 작동**한다. 국정조사는 국회의원 재적 4분의 1 이상의 요구에 의해서 이루어진다. 국정감사와 국정조사의 결과는 의장을 경유하여 본회의에 보고되고, 필요한 경우 표결된다. 국정감사와 국정조사를 통해 국민은 민주주의원칙에 입각한 국정에 대한 정보취득과 이를 통한 국민의 알 권리를 실현할 수 있게 된다. 국정감사는 원칙적으로 정기회 개최 후 9월 10일부터 20일간 이루어지도록 되어 있다. 그러나 **국정감사와 국정조사는 법원에 재판이 계류 중이거나 수사 중인 사건에 간여할 목적으로는 할 수 없으며, 조사하더라도 사생활을 침해하여서는 아니 된다**. 국정감사와 조사에 대한 구체적인 사항을 규율하기 위하여 '국정감사 및 조사에 관한 법률'과 '국회에서의 증언·감정 등에 관한 법률'이 제정되어 있다.

국회는 대통령·국무총리 등 고위직공무원이 직무집행에 있어서 헌법이나 법률에 위배한 때에는 **탄핵소추 발의권과 의결권**을 가진다. 다만 **탄핵심판에 대한 결정권은 헌법재판소가 갖는다**(제11조).

그 이외에도 헌법은 국회로 하여금 행정부의 권한행사를 규제하는 많은 규정을 두고 있는데, 국회는 상호원조 또는 안전보장에 관한 조약, 중요한 국제조직에 관한 조약, 우호통상항해조약, 주권의 제약에 관한 조약, 강화조약, 국가나 국민에게 중대한 재정적 부담을 지우는 조약 또는 입법사

---

42) 헌법재판소 1999. 3. 25. 98헌가11 결정.

항에 관한 조약의 체결·비준에 대한 **동의권을 행사**하며(제60조 제1항), 국무총리와 국무위원에 대한 **해임건의권**이 있으며(제63조), 대통령의 긴급재정경제명령 및 처분, 그리고 긴급명령발동에 대해서는 **사후승인권**(제76조)이 있으며, 계엄선포에 대해서는 해제요구권이 있으며(제77조), 대통령의 일반사면권에 대한 동의권이 있으며(제79조 제2항), 국무총리·대법원장·대법관·헌법재판소소장·감사원장의 **임명에 동의권**이 있으며(제86조 제1항, 제111조 제4항, 제104조 제1항, 제98조 제2항), 그 밖에도 **고위공직자임명에 있어서 인사청문회**를 실시한다. 이에 대해서는 인사청문회법이 제정되어 있다.

## Ⅲ. 행정부

### 1. 대통령

#### (1) 대통령의 헌법적 지위 및 신분

헌법 제66조 제1항은 "대통령은 국가의 원수이며, 외국에 대하여 국가를 대표한다"고 하여, 대통령의 헌법적 지위가 국가의 원수이며 국가의 대표자임을 천명하고 있다. 따라서 **대통령은 국정의 최고책임자**로서 국가의 독립, 영토의 보전, 국가의 계속성과 헌법을 수호할 책무가 부과되어 있다(제66조 제2항). **대통령은 또 행정부의 수반으로서의 지위**를 갖는다(제66조 제4항).

**대통령은 국민에 의해서 직접 선출되며, 임기는 5년이고 중임은 허용되지 않는다**(제67조, 제70조). **대통령은 탄핵심판에 의하지 아니하고는 임기 중 정치적 책임을 지지 않으며, 재직 중 내란 또는 외환의 죄를 범한 경우 이외에는 형사상 소추를 당하지 아니 할 특권이 주어져 있다**(제84조).

#### (2) 대통령의 권한

대통령은 국회에 **법률안을 제출**할 수 있다(제52조). 국회에서 의결된 법률안은 대통령에 의해서 공포된다. 국회에서 의결된 법률안이 정부에 이송된 후 대통령은 동 법률안에 대한 재의를 요구할 수 있는 **거부권**이 있다(제53조 제2항). 그러나 국회에서 재의결된 경우에는 법률로서 확정되고, 대통령은 이를 공포하여야 하며, 만일 대통령이 공포하지 않으면 국회의장이 대신하여 공포한다.

대통령은 국정의 최고책임자로서의 지위에서 **국민투표회부권과 국가긴급조치발동권, 그리고 헌법개정안발의권**을 갖는다. 대통령은 외교·국방·통일 등 **중요 국가정책을 국민투표에 회부**할 수 있다(제72조). 헌법개정안에 대해서는 반드시 국민투표에 회부하여야 한다(제130조).

대통령은, 내란·외환·천재·지변 또는 중요한 재정경제상의 위기가 발생하여 국가안전보장·공공의 안녕질서를 위해서 긴급조치를 할 필요가 있고, 국회의 소집을 기다릴 여유가 없을 정도로 긴박한 경우에 **긴급재정경제처분 및 명령을 발동**할 수 있다(제76조 제1항). 이러한 처분 및 명령의 대상은 재정경제문제에 한정되어 있다. 긴급재정경제명령은 법률과 같은 효력을 갖는다(제76조 제1항). 또한 대통령은 국가의 안위에 관계되는 중대한 교전상태에 있어서 국가를 보위하기 위하여 긴급한 조치가 필요하고 국회의 집회가 불가능한 때에 한하여 법률의 효력을 가지는 명령을 발할 수 있다(제76조 제2항). 긴급명령은 긴급재정경제처분 및 명령권에 비해서 규율의 대상이 포괄적이다. **긴급명령 역시 법률과 같은 효력**이 있다(제76조 제2항). 대통령의 국가긴급권발동은 국무회의의 심의사항이며, **긴급재정경제처분 및 명령과 긴급명령은 발포 후 국회에 보고하여 승인을 받아야 하며, 만일 승인이 거부되면 그 때로부터 효력을 상실**한다(제76조 제3항).

대통령은, 전시·사변 또는 이에 준하는 국가비상사태에 처하여 병력으로써 군사상의 필요에 응하거나 공공의 안녕질서를 유지할 필요가 있는 경우 계엄을 선포할 수 있다(제77조 제1항). 이를 규율하기 위하여 계엄법이 제정되어 있다. 계엄에는 **비상계엄과 경비계엄**의 두 종류가 있다. **비상계엄**은 국가비상사태에 있어서 행정 및 사법기능의 수행이 현저히 곤란한 경우에 발동되는데, 비상계엄이 선포되면 계엄사령관이 계엄지역 내 모든 행정·사법사무를 관장하고, 영장제도·표현의 자유·단체행동권에 대해서 특별한 조치를 취할 수 있다. 또 계엄법이 정하는 범죄에 한하여 민간인에 대하여도 군사법원이 관할권을 가진다(법 제10조 제1항). 비상계엄 하의 군사재판은 사형을 선고하는 경우를 제외하고는 단심이다(제110조 제4항). 반면에 **경비계엄**은 일반행정기관만으로는 치안을 확보할 수 없는 경우에 발동되는데, 경비계엄이 선포되면 계엄사령관은 군사에 관한 행정·사법사무를 관장한다. 경비계엄이 선포된 경우에는 개인의 기본권을 제한할 수 없다. 계엄선포는 국회의 승인을 받을 필요는 없으나, 국회의원 재적 과반수의 찬성으로 해제를 요구하면 계엄을 해제하여야 한다(제77조 제5항).

**대통령은 행정부 수반의 지위에서 행정입법권, 행정부조직에 관한 통솔권, 국군통수권, 재정에 관한 권한** 등을 갖는다. 대통령은 법률에서 구체적으로 위임받은 사항에 대한 **위임입법제정권**(대통령령)과 법률을 집행하기 위해서 필요한 사항에 관한 **집행명령제정권**을 갖는다(제75조). 대통령은 헌법과 법률이 정한 바에 의한 **공무원임명권**이 있으며(제78조), 다만 대통령의 공무원 임면권 중 법관이나 검사처럼 법정자격이 요구되는 경우, 예를 들어 대법관·국무위원·감사위원 등처럼 다른 국가기관의 제청이 있어야 하는 경우, 예를 들어 헌법재판소 재판관·중앙선거관리위원회 위원 등과 같이 다른 국가기관에 의해 선출 또는 지명되는 자를 임명하여야 하거나, 국무총리·대법원장·대법관·헌법재판소소장 등과 같이 국회의 동의가 필요한 경우 등에는 그러한 요건이나 절차를 밟은 후 임명하여야 한다. 또한 대통령은 **국군통수권자**이다. 이때에는 헌법에 정해진 바에 의해 정치적 중립성·군정군령일원주의·문민통치·군조직법정주의의 원칙에 따라서 국군을 통수하여야 한다(제74조). 대통령에게는 훈장 등 **영전수여권**이 있다(제80조). 대통령은 대법원장 및 대법관, 헌법재판소 소장 및 헌법재판소 재판관에 대한 임명권을 가짐으로써 사법부의 조직에 관여할 수 있다(제104조, 제111조). 대통령에게는 **사면권**이 있다. 특별사면권은 단독으로 행사할 수 있으나, 일반사면권에 대해서는 국회의 동의가 필요하다(제79조).

## 2. 행정부

행정부는 대통령을 보좌하거나 자문하는 기관의 통칭으로 국가의 행정사무를 처리하게 되는데, 이는 **국무총리·국무위원·국무회의·행정각부·감사원 및 각종의 자문회의로 구성**되어 있다.

**국무총리는 대통령의 포괄적 보좌기관**이다. 국무총리는 국회의 동의를 받아 대통령이 임명한다. 국회는 국무총리의 해임을 대통령에게 건의할 수 있다. 군인은 현역을 면한 후가 아니면 국무총리로 임명될 수 없으며(제86조),

행정각부를 통할·조정하고, 대통령의 행위에 대해서 부서를 한다. 국무총리는 행정부의 2인자로서 국무회의의 부의장이 되고, 국무위원 및 행정각부의 장에 대한 임명제청권과 해임건의권을 갖는다. 국무총리는 법률과 대통령령이 위임한 사항에 대한 위임명령과 법률과 대통령령을 집행하기 위해서 필요한 사항에 대한 집행명령을 발할 수 있다(제95조). 국무총리는 대통령 유고시 대통령권한대행 제1순위자이다.

**국무위원은 국무회의의 구성원**으로, 대통령에 대한 보좌기관이다. 국무위원은 국무총리의 제청으로 대통령이 임명한다. 국무위원 역시 현역군인은 임명될 수 없다(제81조). 국무위원은 국무회의의 구성원으로서 국정에 대한 포괄적 심의권을 가진다. 해당 관계국무위원은 대통령의 행위에 대한 **부서권**이 있다(제82조). 국무회의는 의장인 대통령과 부의장인 국무총리 및 **15인 이상 30인 이하의 국무위원**으로 구성되며(제88조 제2항), 대통령을 정책적으로 보좌하고 중요사항에 대해 심의하는 회의체기관이다(제89조). 따라서 국무회의는 의결기관이 아니기 때문에 대통령을 구속하지 못한다. 한편 행정각부는 구체적인 집행업무를 담당하는 집행기관이다.

**감사원은 회계검사와 공무원의 직무에 관한 감독업무를 수행하는 필수적 헌법기관**이다(제97조). 감사원은 국가와 법률이 정한 단체의 회계를 검사한다(제97조). 직무에 관한 감독에는 공무원의 비위감찰과 행정감찰이 있다. 행정감찰은 법령 혹은 제도운영상의 문제점을 개선하는 목적을 갖는다. 감사원은 조직상 대통령직속기관이지만, 기능상 독립기관이라 할 수 있다. 따라서 독립기관으로서의 성격상 감사위원은 정치활동과 겸직이 금지되며, 임기 중 신분이 보장된다. 감사원은 원장을 포함하여 5인 이상 11인 이하의 감사위원으로 구성된다. 감사원장은 국회의 동의를 얻어 대통령이 임명하며, 감사위원은 감사원장의 제청으로 대통령이 임명한다. 감사원장과 감사위원의 임기는 4년이고, 1차에 한하여 중임할 수 있다(제98조). 감사원은 국가의 결산을 검사하여 대통령과 차년도 국회에 보고한다(제99조).

그 밖에도 행정부 내에는 국가원로자문회의·국가안전보장회의·민주평화통일자문회의·국민경제자문회의 등 자문기구를 둘 수 있다(제90조 이하). 이 중 국가안전보장회의는 반드시 두어야 하는 필수적 자문기관이다.

# Ⅳ. 사법부

## 1. 사법부의 의의

헌법 제101조 제1항은 "사법권은 법관으로 구성된 법원에 속한다"고, 제2항은 "법원은 최고법원인 대법원과 각급법원으로 조직된다"고, 제3항은 "법관의 자격은 법률로 정한다"고 하여, 사법권에 대하여 규정하고 있다. **사법권은 당사자간의 법적 분쟁을 제3자적 지위에 있는 법원으로 하여금 공정하고 객관적인 판단을 통해 진정한 권리자의 권리구제를 도모하는 국가권력**을 말한다. 따라서 무엇보다도 법관의 독립성이 보장되어야 하며, 법관에게 일정한 자격을 필요로 한다고 하겠다.

사법권은 입법권·행정권과 달리 소극적·수동적 국가권능이다. 즉 원고가 소송을 제기하여야만 비로소 발동되는 특성을 갖는다. 법원이 사법적 판단을 하기 위해서는 권리가 침해된 사실을 확인할 수 있을 정도로 사건이 성숙되어 있어야 하고, 소송당사자의 권리가 침해되어야 하며, 소송을 통해서 구제할 소의 이익이 있어야 한다. 따라서 구체적 권리침해 없이 추상적으로 객관적인 법질서유지를 위한다거나, 추상적 법조항의 위헌 여부나, 제3자의 권리구제를 위해서 제기하는 이른바 민중소송은 허용되지 않는다. 다만 민중소송은 법률에서 특별히 정하고 있는 경우에 한하여 허용된다.

사법작용의 한계와 관련하여 문제가 되는 것은 통치행위가 사법심사의 대상이 되는가 여부이다. 이에 대하여는 **원칙적으로 통치행위는 사법심사의 대상이 되지 않는다고 할 것이나, 통치행위 속에 내재되어 있는 일반적인 절차가 사법심사의 대상이 되는 경우는 사법심사의 대상이 된다는 입장**이다. 이러한 점을 고려하여 사법부는 개인의 기본권과 직접적인 관련이 없는 고도의 정치적 판단이 필요한 부분에 대해서는 권력분립의 원칙에 의해 사법권의 행사를 자제하여야 할 것이다. 헌법재판소는, 대통령의 긴급재정경제명령은 고도의 통치행위이지만, 그것이 기본권 침해와 직접 관련되는 경우에는 당연히 심판의 대상으로 하여야 하며, 긴급재정경제명령은 법률의 효력을 가지므로 당연히 헌법에 기속되어야 한다고 하였다.[43] 통치행위에 해당되는 행위로 고려해 볼 수 있는 것으로는 대통령의 외교행위, 법률안에 대한 거부권행사 여부, 남북한 간의 통일을 위한 행위, 대통령의 헌법기관구성행위 또는 헌법개정안발의행위 등이 있을 수 있다. 그러나 대통령의 국가긴급권행사는 사법적 판단의 대상에서 제외되지 않는다는 점은 이미 살펴보았다.

## 2. 사법권의 독립성 보장

헌법 제103조는 "법관은 헌법과 법률에 의하여 그 양심에 따라 독립하여 심판한다"고 하여 **사법권의 독립성**을 천명하고 있다. 법관은 행정부로부터 독립성이 보장되어야 한다. 법관의 독립성보장은 국회와 행정부로부터 독립함으로써 합법성 및 합헌성을 담보할 수 있게 되어 국민의 기본권을 보장할 수 있게 된다는 헌법의 대원칙이라 할 것이다. **사법부의 독립은 법원조직의 독립, 법관의 신분상의 독립 및 재판상의 독립을 그 내용으로 한다.**

**법원조직의 독립**과 관련하여 법관의 자격과 법원조직에 대하여는 법률로 정하도록 하고 있고(제101조, 제102조), 법원조직법이 제정되어 있다. 다만 대법원장과 대법관은 국회의 동의를 얻어 대통령이 임명하도록 되어 있는바, 이를 통해 국민의 대의기관인 국회의 의견이 어느 정도 사법부구성에 반영되도록 함으로써 대법원에 어느 정도 민주적 정당성을 부여할 수 있도록 하였다. 일반법관은 대법원장이 임명한다(제104조, 제105조). 사법부는 재판에 대하여는 전문가 집단이기 때문에 사법부의 자율성을 보장하기 위하여 대법원에 재판과 관련하여 자율적 입법권을 부여하였다. 이에 따라 대법원은 법률이 정하는 범위 내에서 법원의 내부규율 및 사무처리에 관한 규칙제정권을 갖는다(제108조). **사법부의 독립은 법관의 신분보장을 통해서 담보**되기 때문에 임기제(10년)로 운영되며, 임기만료 시 재임용될 수 있으며, 임기 중 탄핵 또는 금고 이상의 형의 선고를 받지 않고서는 파면되지 않는다. 또 징계처분에 의하지 않고서는 정직·감봉 등 신분상의 불이익을 받지 않는다(제106조).

헌법 제103조는 "법관은 헌법과 법률에 의하여 그 양심에 따라 독립하여 심판한다"고 하여, 재판의 독립성을 보장하고 있다. 따라서 법관의 외부는 물론이고 상급법원 등 법원 내부에서도 재판에 간섭하여서는 아니 된다.

---

43) 헌법재판소 1996. 2. 29. 93헌마186 결정.

다만 재판의 오류를 시정하기 위하여 3심제를 두고 있기 때문에 당해 사건에 대한 상급법원의 판결은 하급심을 기속할 수 있다(법원조직법 제8조). 법관은 소송당사자의 이해관계로부터도 독립하여야 한다. 따라서 소송당사자와 법관 사이에 일정한 이해관계가 있는 경우에는 재판의 독립성을 보장하기 위하여 법관에 대한 제척·기피·회피 등의 제도가 시행되고 있다. 법관은 매스컴 등 언론으로부터도 독립되어야 할 뿐만 아니라, 다른 국가권력으로부터도 독립되어야 한다. 따라서 국회도 계속 중인 재판 또는 수사 중인 사건에 대하여 소추에 관여할 목적으로 국정감사를 할 수 없으며, 재판에 간섭하는 내용의 청원, 또는 재판 진행 중인 사안에 대한 청원을 접수시켜서는 아니 된다. 또한 '집회 및 시위에 관한 법률'은 재판의 독립성을 보장하기 위하여 각급법원의 주변 100미터 이내 장소에서 집회 및 시위를 하지 못하도록 금지하고 있다(법 제11조).

### 3. 법원의 조직과 권한

헌법 제101조 제2항은 "법원은 최고법원인 대법원과 각급법원으로 조직된다"고, 제3항은 "법관의 자격은 법률로 정한다"고 하여, 법원은 대법원을 최고법원으로 하는 각급법원으로 구성됨을 천명하고 있다. 특별법원으로는 군사법원을 둘 수 있고, 군사법원의 경우에도 최종심은 대법원이 담당한다. 대법원에는 재판업무의 효율성과 전문성을 보장하기 위하여 부를 둘 수 있다. **대법원은 상고사건과 고등법원 혹은 항소법원의 결정·명령에 대한 재항고사건을 관할**한다. 대법원은 법원조직법 및 다른 법률에 의하여 대법원의 권한에 속한 최종심재판권을 갖는다. **대통령선거 및 국회의원선거에 관한 소송은 단심제로 대법원만이 관할**한다. 또한 대법원은 명령·규칙이 헌법 또는 법률에 위반되는가 여부가 재판의 전제가 된 때 이에 대한 최종적인 심사권을 갖는다(제107조 제2항). 대법원은 소송에 관한 절차, 법원내부규율 및 사무처리에 관한 규칙제정권을 갖는다(제108조).

**고등법원**은 지방법원 합의부의 제1심판결 또는 가정법원 합의부의 제1심판결에 대한 항소사건과 지방법원 합의부 및 가정법원 합의부의 결정·명령에 대한 항고사건을 담당한다. 주의할 점은 지방법원항소부가 지방법원이나 지방법원지원의 단독판사 1심판결에 대한 항소와 결정·명령에 대한 항고사건을 2심으로서 관할한다는 점이다.

## Ⅴ. 헌법재판소

### 1. 헌법재판소의 헌법상 지위

헌법 제111조 제1항은 "헌법재판소는, 법원의 제청에 의한 법률의 위헌여부 심판, 탄핵의 심판, 정당의 해산 심판, 국가기관 상호간, 국가기관과 지방자치단체 간 및 지방자치단체 상호간의 권한쟁의에 관한 심판, 법률이 정하는 헌법소원에 관한 심판 등을 관할한다"고 규정하고 있다. 따라서 헌법재판소는 헌법에 대한 최종적인 해석권을 갖는 헌법보호기관이라고 할 것이다. 헌법재판소는 위헌적인 국가권력(법률)의 효력을 상실시킴으로써 권력을 통제하는 기능을 수행하고, 이를 통해 개인의 기본권을 보호한다. 헌법재판소는 국회가 다수결의 원칙에 의해 의결한 법률에 대한 위헌심사를 통해 소수자에 대한 보호기능을 수행하는 면도 있다고 하겠다.

### 2. 헌법재판소의 조직

헌법 제111조 제2항은 "헌법재판소는 법관의 자격을 가진 9인의 재판관으로 구성하며, 재판관은 대통령이 임명한다"고, 제3항은 "제2항의 재판관 중 3인은 국회에서 선출하는 자를, 3인은 대법원장이 지명하는 자를 임명한다"고, 제4항은 "헌법재판소의 장은 국회의 동의를 얻어 재판관 중에서 대통령이 임명한다"고 규정하고 있다. **헌법재판소는 9인의 재판관으로 구성되는데, 그 중 3인은 국회에서 선출하는 자를, 3인은 대법원장이 지명하는 자를, 나머지 3명을 대통령이 각각 임명한다.** 대통령은 국회의 동의를 얻어 헌법재판소 소장을 임명한다. 헌법재판소 재판관의 임기는 6년이며 연임할 수 있다(제112조). 헌법재판소 재판관은 정치적으로 중립이어야 하기 때문에 정당에 가입하거나 정치에 관여할 수 없다. 헌법재판소 재판관은 탄핵 또는 금고 이상의 형의 선고에 의하지 않고는 파면되지 않는 신분상 보장을 받는다(제112조).

## 3. 헌법재판소의 관할·권한

**헌법재판소는 위헌법률심판, 탄핵심판,**[44] **정당해산심판, 국가기관 상호 간·국가기관과 지방자치단체 및 지방자치단체 상호 간의 권한쟁의에 대한 심판 및 헌법소원심판을 관할한다**(제111조 제1항). 헌법재판소는, 위헌법률심판·탄핵심판·정당해산심판 및 헌법소원심판에 대한 **인용결정을 위해서는 재판관 6인 이상의 찬성이 있어야 한다**. 위헌법률심판과 헌법소원심판은 **서면심리**를 원칙으로 하고, 재판은 **비공개**를 원칙으로 한다. 헌법재판은 심판을 접수한 날로부터 **180일** 이내에 결정하여야 한다. 그러나 이 규정은 **훈시규정**이라 할 것이다.

법원은, 법률이 헌법에 위반되는가의 여부가 재판의 전제가 되면 직권 혹은 당사자의 신청에 의해서 위헌법률심판을 제청하여야 한다. **위헌법률심판이 제청되면 당해 사건은 결정 시까지 정지**된다. 그러나 구체적 사건에 대한 위헌법률심판신청이 아닌 추상적 규범 통제, 즉 재판을 진행함이 없이 단순히 당해 법률조항이 위헌이라는 이유만으로는 위헌신청을 할 수 없다. 재판의 당사자는 법원이 당사자의 위헌법률심판제청을 기각한 경우 이에 대해서 곧바로 헌법재판소에 헌법소원심판을 청구할 수 있다. 헌법재판소는, 위헌법률심판에서 제청된 법률 혹은 법률조항만을 심판의 대상으로 삼아야 하지만, 위헌제청된 법률조항에 대한 위헌결정 시 그로 인하여 당해 법률 전부가 시행될 수 없는 상태에 놓이게 된다고 판단되는 경우에는 그 법률 전부에 대해서 위헌을 결정할 수 있다.[45] 또한 헌법재판소는 당사자의 청구이유에 기속됨이 없이 위헌 여부를 결정할 수 있다.

결정의 종류로는 **단순위헌결정과 단순합헌결정**이 있다. 그런데 헌법재판소는 위 두 가지 이외에도 **헌법불합치결정·한정위헌결정·한정합헌결정** 등

---

44) 헌법재판소 2017. 3. 10. 2016헌나1 결정에서, 헌법재판소는 "피청구인(대통령 박근혜)의 이 사건(최ㅇ원 국정농단 사건) 헌법과 법률 위배행위는 국민의 신임을 배반한 행위로서 헌법수호의 관점에서 용납될 수 없는 중대한 법 위배행위라고 보아야 한다. 그렇다면 피청구인의 법 위배행위가 헌법질서에 미치게 된 부정적 영향과 파급 효과가 중대하므로, 피청구인을 파면함으로써 얻는 헌법수호의 이익이 대통령 파면에 따르는 국가적 손실을 압도할 정도로 크다고 인정된다"고 판시하면서, 박근혜 대통령을 파면하였다.

45) 헌법재판소 1994. 7. 29. 92헌바49 결정.

의 변형결정을 하고 있다. 만일 위헌결정이 나게 되면 이 결정은 국가기관을 기속하며, 위헌결정이 이루어지면 심판의 대상인 법률 혹은 해당 법률조항은 결정 시로부터 효력을 상실한다. 즉 **원칙적으로 소급효를 갖지 않는다.** 그러나 **당해 사건 및 해당 법률에 대한 위헌법률심판 제청을 한 사건 혹은 당해 법률이 적용될 사안으로 계류 중인 사건에 대해서는 위헌결정이 소급효를 갖는다.**[46] **다만 형법 법률조항에 대한 위헌결정은 소급효를 가지며, 이 경우 해당 조항에 의해 유죄판결을 받은 피고인들은 재심을 청구할 수 있다.**

**헌법불합치결정**은 법률이 헌법에 위반되지만 즉시 위헌결정을 하게 될 경우 또 다른 위헌의 상태가 나타나게 되거나, 법률공백으로 더 큰 법적 혼란이 나타나게 되거나, 위헌적인 요소와 합헌적인 요소가 혼재하여 이를 분리하여 판단한다는 것이 불가능한 경우에 일정기한을 정해 법을 합헌이 되도록 개정할 것을 권하면서 내려지게 된다. 헌법불합치결정이 내려지게 되면 그 법률 조항은 계속 존속하지만, 입법자는 입법개선의 의무를 지게 되며,[47] 만일 개정시한까지 개정하지 않게 되면 그 법률조항은 위헌으로 소멸하게 된다. 한편 **한정합헌결정과 한정위헌결정**은 그 법률조항이 위헌적 요소를 가지고 있지만 입법권자의 재량권을 존중하여 해당 법조문을 존속시키면서 법문의 일부를 헌법에 합치하도록 축소하거나 확대하여 해석하는 방식을 취하는 결정주문 형태라고 하겠다.

**권한쟁의심판**은 국가기관 상호간에 권한의 귀속을 놓고 다툼이 있을 때 있게 되는데, 이를 통해 국가작용의 합헌성과 국가기관 상호간의 견제와 균형이 도모되는 헌법재판이라 할 수 있다. **권한쟁의심판은 국가기관의 처분의 효력에 대한 유·무효를 다루는 객관적 소송이다.** 권한쟁의심판은 국가기관 상호간에 권한의 존부나 범위에 관한 다툼이 있고 이를 해결할 수 있는 적당한 기관이나 방법이 없는 경우에 헌법재판소가 헌법해석을 통하여 그 분쟁을 해결함으로써 국가기능의 원활한 수행을 도모하고, 국가권력간의 균형을 유지하여 헌법질서를 수호·유지하고자 하는 제도이다. 권한쟁의는 피청구인의 처분 또는 부작위가 헌법 또는 법률에 의한 청구인의 권한을 침해하였거나 침해할 현저한 위험이 있는 경우에 제기된다. 권한쟁의청구기간에

46) 헌법재판소 1993. 5. 13. 92헌가10 결정.
47) 헌법재판소 1993. 3. 11. 88헌마5 결정.

는 제한이 있다. 권한침해의 사실을 안 날로부터 60일 이내 또는 권한침해의 사실이 있은 날로부터 180일 이내에 제기하여야 한다. **권한쟁의심판이 제기되면 헌법재판소는 직권 또는 청구인의 신청에 의하여 헌법재판소의 결정이 내려질 때까지 당해 처분의 효력을 정지할 수 있다.** 권한쟁의결정이 있게 되면 국가기관 또는 지방자치단체는 이에 기속을 받게 되지만, 국가기관 또는 지방자치단체의 처분을 취소하는 결정은 그 처분의 상대방에게 이미 생긴 효력에 대하여는 영향이 미치지 않는다.

헌법재판소는, 국회의원과 국회의장 사이에 권한의 존부 및 범위와 행사를 둘러싸고 다툼이 생길 경우 이러한 분쟁은 국회의 구성원인 국회의원과 국회의장 간의 국가기관 내부의 분쟁이 아니라, 각각 개별의 헌법상의 국가기관 간에 권한을 둘러싸고 발생하는 분쟁으로, 이와 같은 분쟁을 행정소송법상의 기관소송으로는 해결할 수 없기 때문에 헌법재판소의 권한쟁의심판으로만 다툴 수 있다는 이유로 **국회의원과 국회의장은 헌법 제111조 제1항 제4호 권한쟁의심판의 당사자가 될 수 있다**고 하였다.[48] 그러면서 국회의장이 본회의개의·법률안상정·가결선포행위에 절차상 하자가 있는 경우, 국회의원들이 권한쟁의심판을 청구하는 것은 국회의 자율권도 헌법이나 법률을 위반하지 않는 범위 내에서 허용되어야 하며, 이를 명백히 위반한 경우라면 이를 국회의 자율권의 범위 내의 문제로 방치할 수 없고, 헌법 제62조도 국회의 자율권에 관하여 국회는 법률에 저촉되지 않는 범위 안에서 의사와 내부규율에 관한 규칙을 제정할 수 있고, 의원의 자격심사·징계·제명에 관하여 자율적 결정을 할 수 있다고 규정하고 있음에 비추어 **국회의장이 국회의장의 본회의개의·법률안상정·가결선포행위에 절차상 위법한 행위가 있다면 국회의원의 헌법상 권한을 침해하였다고 할 것으로 권한쟁의심판의 대상이 된다**고 하였다.

헌법재판소는, 공권력의 행사 혹은 불행사로 인하여 침해된 기본권을 구제하기 위하여 제기된 헌법소원에 대한 심판권을 갖는다. **헌법소원은 공권력의 작위 또는 부작위로 인해 청구인 자신의 기본권이 침해되는 자기관련성 및 다른 국가작용을 매개하지 않고 직접 침해되는 권리침해의 직접성이 있는**

48) 헌법재판소 1997. 7. 16. 96헌라2 결정.

**경우에 제기할 수 있다**. 헌법소원심판은, 공권력의 작위 또는 부작위에 의해 과거의 권리가 침해되었거나 또는 장차 침해될 우려가 있다는 것만으로는 불충분하고, 권리침해가 현실적 사실로 존재하여야 한다. 즉 **권리침해의 현재성**이 있어야 한다. 또한 헌법소원은 개인의 기본권을 구제하기 위한 **최후의 보충적 제도**이기 때문에 다른 법률에 의한 구제절차가 있는 경우에는 그 절차를 모두 거친 후가 아니면 헌법소원을 청구할 수 없는 **헌법소원의 보충성의 원리에 의한 지배**를 받는다.[49] 헌법소원의 청구기간은 청구사유가 있음을 안 날로부터 90일 이내 또는 청구사유가 발생한 날로부터 1년 이내에 심판을 청구하여야 한다. 헌법재판소는 헌법소원심판의 결정을 할 때는 침해된 기본권과 침해의 원인이 된 공권력의 행사 혹은 불행사를 특정하여야 하고, 이때 기본권침해의 원인이 된 공권력의 행사를 취소하거나 불행사가 위헌임을 확인할 수 있다. 더 나아가 공권력의 행사 혹은 불행사가 위헌인 법률에 기인한 때에는 해당 법률 혹은 법률조항이 위헌임을 함께 선언할 수 있다. 공권력의 불행사에 대한 헌법소원을 인용하는 결정이 나게 되면 피청구인은 결정취지에 따라 당연히 새로운 처분을 하여야 한다.

그렇다면 문제는 법원의 재판에 대하여도 헌법재판소가 관여할 수 있을 것인가 여부인데, 이에 대하여 헌법재판소는, 모든 국가기관은 헌법의 구속을 받고, 헌법에의 기속은 헌법재판을 통하여 사법절차적으로 관철된다고 할 것이라면서, 헌법재판소가 헌법에서 부여받은 위헌심사권을 행사한 결과 법률에 대한 위헌결정이 내려지게 되면 법원을 포함한 모든 국가기관이 이에 기속되게 되므로, 헌법재판소가 위헌으로 결정한 경우 그 법률은 그 효력을 상실하게 되었음에도 불구하고 법원이 그 효력상실한 법률을 적용하여 재판하였다면 이는 헌법재판소 결정의 기속력에 반할 뿐만 아니라 법률에 대한 위헌심사권을 헌법재판소에 부여한 헌법의 결단에 정면으로 위배된다면서, **법원이 헌법재판소의 위헌결정에 따르지 않는 것은 실질적으로 법원 스스로가 "입법작용에 대한 규범통제권"을 행사하는 것으로 헌법재판소가 행사하여야 할 것을 법원이 행사한 것으로 부당**하기 때문에 헌법재판소는 다시 최종적으로 이를 심사하여 손상된 헌법재판권을 회복하고 헌법의 최고규범성을

---

49) 헌법재판소 1993. 5. 13. 91헌마190 결정.

관철하여야 할 의무가 있고, 해당 법률조항에 의해 재판을 받은 국민의 입장에서도 해당 행정처분의 근거가 된 법률의 위헌결정을 받고서도 헌법재판소의 결정에 위배되는 법원의 재판으로 말미암아 권리의 구제를 받을 수 없게 되어 법치국가의 가치관에 비추어 받아들일 수 없는 결과를 야기하였는바, 이를 구제할 필요가 있다고 하여, **재판이 위헌법률을 적용한 경우에는 법원의 재판조차도 헌법재판소의 심판의 대상이 된다고 하였다.**[50)]

## 제 6 절 지방자치

헌법 제8장은 지방자치에 대하여 규정하고 있는데, 제117조 제1항은 “지방자치단체는 주민의 복리에 관한 사무를 처리하고 재산을 관리하며, 법령의 범위 안에서 자치에 관한 규정을 제정할 수 있다”고, 제2항은, “지방자치단체의 종류는 법률로 정한다”고 규정하고, 제118조 제1항은 “지방자치단체에 의회를 둔다”고, 제3항은 “지방의회의 조직·권한·의원선거와 지방자치단체의 장의 선임방법 기타 지방자치단체의 조직과 운영에 관한 사항은 법률로 정한다”고 규정하여 지방자치단체의 실시를 헌법적 이념으로 규정하고 있다. 그리하여 지방자치단체로는 특별시·광역시·특별자치시·도·특별자치도, 시·군·구를 두고 있고, 각 지방자치단체 단위로 각 지방단체별로 지방자치단체의회를 두고 있다. 이와 관련한 법률로 지방자치법을 두고, 지방자치단체에 대하여 규율하고 있다.

## 제 7 절 경제질서

헌법 제9장은 대한민국의 경제질서에 대한 국가의 과제를 규정하고 있는데, 제119조 제1항은 “대한민국의 경제질서는 개인과 기업의 경제상의 자유와 창의를 존중함을 기본으로 한다”고, 제2항은 “국가는 균형 있는 국민경

50) 헌법재판소 1997. 12. 24. 96헌마172 결정.

제의 성장 및 안정과 적정한 소득의 분배를 유지하고, 시장의 지배와 경제력의 남용을 방지하며, 경제주체간의 조화를 통한 경제의 민주화를 위하여 경제에 관한 규제와 조정을 할 수 있다"고 하여, **원칙적으로 자본주의 시장경제질서를 근간으로 하면서, 경제민주화를 위하여 경제에 관한 규제와 조정을 할 수 있도록 하고 있다**.

우리 헌법은 경제질서에 있어서 개인의 경제상의 자유와 창의를 존중한다. 또한 사기업의 국·공유화 혹은 경영에 대한 통제는 국방상·국민경제상 긴급한 필요가 있는 경우에 한하여 예외적으로 허용되며(제126조), 이러한 경제질서는 경제적 기본권, 즉 직업선택의 자유와 재산권보장 등과 결합하여 상호작용하여 경제발전을 도모한다.

그러나 자본주의경제를 지나치게 시장경제에 의존하게 되면, 경제력 집중현상과 불합리한 고용문제 등 많은 사회적 폐해를 유발할 개연성이 있기 때문에, 우리 헌법은 자본주의와 시장경제의 불균형으로 인하여 왜곡될 수 있는 경제구조와 개인의 자본에 대한 종속을 완화하기 위하여 경제질서에 대한 국가의 조정자로서의 임무를 부여하고 있다. 즉 국가에 경제에 관한 규제와 조정을 할 수 있는 권한을 부여한 것이다. 이러한 국가의 권한은 첫째, 균형 있는 국민경제의 성장 및 안정을 도모하고, 둘째, 국가는 국민의 소득이 적정히 배분될 수 있도록 배려하여야 하며, 셋째, 독과점기업들에 의한 지나친 시장지배와 경제력 남용을 방지하여야 하며, 넷째, 경제주체간의 상호협력과 조화를 도모하여 경제민주화를 실현할 수 있도록 행사되어야 한다(제119조 제2항).

또한 우리나라의 경제구조가 수출 중심의 대외무역의존도가 높기 때문에 이를 고려하여, 우리 헌법은 국가로 하여금 무역에 대한 육성의무 및 무역에 대한 규제·조정권을 행사할 수 있도록 하는 한편(제125조), 농어촌 등 낙후산업에 대한 종합개발·지원 등을 도모하여 국민경제의 전체적인 균형을 유지하도록 국가과제를 부여하고 있다(제123조 제1항). 또한 헌법은 **경자유전을 원칙으로 하여 농민만이 농토를 소유할 수 있도록** 하여 도시인 등 외부의 경제주체에 의한 농촌시장경제를 잠식하지 못하도록 하며, **소작제도를 금지**하도록 하는 한편, 예외적으로 농촌인구의 감소현상을 인정하여 일정한 조건 하에서 **위탁경영·임대차**를 허용하고 있다(제121조). 또한 전체 국토면적이 인구수에 비해 협소한 점을 고려하여, 토지재산권의 공적 개념을 강화하여 국토가 생산 및 생활기반으로 실질적으로 균형 있게 이용될 수 있도록 하기 위해 국토의 개발과 보존을 위한 필요한 제한과 개발의무를 부과할 수 있도록 하였고(제122조), 중소기업의 육성·발전을 위하여 국가로 하여금 중소기업의 보호·육성, 지역간의 균형발전을 도모하도록 하였다(제123조). 그리고 자본주의의 가장 큰 폐해라 할 수 있는 빈익빈 부익부의 모순을 극복하기 위하여 소득의 적정한 배분이 이루어질 수 있도록 근로의 권리, 근로자의 권리(노동3권) 및 사회보장제도를 통한 **소득재분배정책을 정당화하고 국가에 이를 수행할 임무를 부여**하고 있다. 그리고 시장지배를 완화하여 경제력의 집중과 남용을 방지하기 위하여 **독과점 억제 및 적정한 시장가격정책을 시행하여 국민의 실질적 소득보장**을 규정하고 있다. 이를 위해 소비자인 국민으로 하여금 소비자보호운동을 전개해 나갈 수 있도록 국가는 시장지배력의 균형과 완화를 위해 노력하도록 의무를 부과하고(제124조), 합리적 시장경제가 유지될 수 있도록 하고 있다.

그렇지만 현실적으로 경제의 세계화현상에 따른 자본의 거대화는 정부의 규제만으로 어느 정도 한계점에 도달해 있는 실정으로, 앞으로 획기적인 경제정책이 수립되어 사회보장제도 등이 정비되지 않는 한 시장의 불투명성과 자본의 왜곡된 집중화현상, 실업의 증대, 비정규직 근로자의 증가, 최저임금제의 형해화 등 많은 문제점을 해결하는 데 많은 문제가 발생할 것이 예상된다.

한편 헌법재판소는 헌법 제123조의 지역경제육성의 목적이 일차적으로 지역간의 경제적 불균형을 축소하는 데 있음을 인정하면서도, 전국 각 도 단위로 하나씩의 소주제조기업을 존속케 하려는 주세법에서는 수정되어야 할 구체적인 지역간의 차이를 확인할 수 없고, 따라서 1도 1소주제조업체의 존속유지와 지역경제의 육성 간에 상관관계를 찾아볼 수 없으므로 "지역경제의 육성"은 기본권의 침해를 정당화할 수 있는 공익이 될 수 없다고 하였다. 또한 헌법 제123조 제3항이 "중소기업의 보호"를 국가경제정책적 목표로 명문화하고, 대기업과의 경쟁에서 불리한 위치에 있는 중소기업의 지원을 통하여 경쟁에서의 불리함을 조정하고, 가능하면 균등한 경쟁조건을 형성함으로써 대기업과의 경쟁을 가능하게 해야 할 국가의 과제를 부과하고 있다 하더라도, 이러한 중소기업의 보호는 넓은 의미의 경쟁정책의 한 측면을 의미하는 것으로 원칙적으로 경쟁질서의 범주 내에서 경쟁질서의 확립을 통하여 이루어져야 할 것인바, **구입명령제도** 같은 것은 이러한 공익을 실현하기에 적합한 수단으로 보기는 어렵다고 하였다.[51]

51) 헌법재판소 1996. 12. 26. 96헌가18 결정.

# 제 4 장 민 법

# CHAPTER 04 민 법

## 제 1 절 민법의 의의 및 민법전의 성립

### Ⅰ. 민법의 의의

민법은 사회적 동물인 사람이 사회공동체의 한 구성원으로서 사회공동생활을 해 나감에 있어 사회적 질서유지를 위한 법규범 내지 법질서의 일부라고 할 수 있다. 법질서의 한 형태로서의 민법은, 국회에서 제정된 **형식적 의미의 민법**(1958. 2. 22. 법률 제471호)뿐만 아니라, 사법 가운데 상법 기타의 특별사법을 제외한 일반사법을 포함한 실질적 의미의 민법도 포함된다. **실질적 의미의 민법**은 민법이라는 법 이름 대신 다른 법률명을 가지고 있지만, 개인의 재산관계와 가족관계를 실질적으로 규율하는 사법이기 때문에 민법이라고 하는 것이다. 민법은 사법으로서 모든 국민에게 적용되는 **일반사법**으로, **특별사법인 상법 등과 대비**되고, 개인간의 사적 법률관계를 규율한다는 점에서 국가구성원으로서의 수직관계에 적용되는 공법에 대비되고, 권리 자체를 규정하고 있는 **실체법**이라는 점에서 재판절차에 관하여 규정하고 있는 절차법과 대비된다. 즉 **민법은 일반사법으로서, 사인간의 법률관계**

**의 실체를 다루고 있다**고 하겠다.

민법이라는 용어는 로마의 '시민법(*ius civile*)'에 그 뿌리를 두고 있다고 할 것인데, 우리가 사용하는 민법이란 말은 일본 민법이 '*ius civile*'의 네덜란드어 'BurgerlykRegt'를 번역한 것을 그대로 계수한 것이라 할 수 있다.

# Ⅱ. 우리 민법의 성립

## 1. 현행민법 이전

### (1) 조선시대까지

조선시대에는 중국의 여러 공법전(예: 당률·명률)을 모방한 경국대전(1458년) 등의 법전이 편찬되어 주로 형률을 규율하였을 뿐, 근대적 의미의 민법과 같은 사법관계를 규율하는 성문법은 없었다. 경국대전 및 속대전 등에는 주로 친족관계, 상속관계에 관한 규정이 산재되어 있다. 따라서 조선시대까지는 재산권을 둘러싼 민사분쟁은, 대체적으로 각 지방의 관습과 지방행정관이 사법권을 함께 행사함으로써 행정과 사법이 분리되지 않은 체제였다고 할 수 있다. 주로 그 해결방법은 지방행정관의 결정이나, 양 당사자의 타협과 화해에 의해 이루어져 왔다고 할 수 있다.

### (2) 일제시대

조선시대 후기에 들어와 1894년 갑오경장 이후 대한제국이 들어서면서 1895년과 1905년 두 차례에 걸쳐 법부에 법률기초위원회를 설치하여 근대적 의미의 민법을 제정하려는 시도가 있었으나, 한일합방으로 인한 국권침탈로 이를 실행에 옮기지 못하였다. 우리나라를 침탈한 일본은 1912. 3. 조선민사령을 공포하여 "조선인의 민사에 관한 사항은 본령 기타의 법령에 특별한 규정이 있는 경우를 제외하고는 다음의 법률에 의한다"(동령 1조)라고 하여 일본민법을 우리에게 적용하였다. 이때의 민법을 현행민법과 대비하여 구민법 또는 의용민법이라고 부른다. 의용민법을 적용하면서도 친족상속관계에 대하여는 우리의 관습법을 우선 적용한다고 하여 일본과 우리나라의 제도의 차이에서 오는 문제를 해결해 왔으나, 그 후 친족상속법도 일본 민법을 적용한다고 조선민사령을 개정·공포하였다. 일본 의용민법을 1945년 광복 후에도 우리 민법이 제정되어 시행된 1959. 12. 31.까지 계속하여 적용되었다. 미군정령이 우리나라 법으로 대체되기 전까지는 일제시대의 법을 그대로 적용한다고 공포하였기 때문이다.

## 2. 현행민법 이후

### (1) 현행민법 제정(1958년 2월 22일 공포, 1960년 1월 1일 시행)

1945년 광복 이후에도 의용민법이 미군정령에 의해 그대로 적용되어 왔는데, 법무부에 법전편찬위원회를 설립하여 민법 제정작업에 착수하였으나 6.25전쟁 등으로 인하여 지연되다가 1958년 2월 22일에 제정·공포되었고, 1960년 1월 1일부터 시행되기에 이르렀다. 제정 당시 민법은 본문 1111개조, 부칙 28개조로 구성되었다.

### (2) 내용과 형식

법전편찬위원회는, 의용민법을 벗어난 독자적 민법을 제정하고자 노력하였으나, 일본의 의용민법체계와 내용을 상당부분 계수할 수밖에 없었고, 만주민법을 많이 참작하였다. 한편 의용민법이 프랑스 민법에 뿌리를 두고 있는 것과 달리 우리 현행민법은 독일 민법을 상당 부분 계수하여, 선의취득, 부동산등기제도, 동산·부동산의 구별, 법률행위론 등의 제도와 법이론을 계수하였다. 뿐만 아니라 스위스의 민법과 채무법 부분도 일부 계수하여, 현행 민법 제1조(법원)와 제2조(신의성실) 등을 계수하였다.

### (3) 현행민법의 체계

우리 현행민법은 독일의 판덱텐시스템(Pandektensytem)을 채택하고 있다. 즉 제1편 총칙, 제2편 물권, 제3편 채권, 제4편 친족, 제5편 상속 순으로 체계를 이루고 있다. 민법총칙편은 민법 전반에 걸친 원칙적 규정으로 총 7개장 184개 조로 구성되어 있다. 민법총칙편 중 제1장 통칙규정인 민법의 법원(제1조)과 신의칙·권리남용금지의 원칙(제2조), 주소(제18조 내지 제21조), 부재와 실종(제22조 내지 제30조), 물건(제98조 내지 제102조), 반사회질서 법률행위(제103조), 기간(제155조 내지 제161조) 등에 관한 규정은 재산법 분야 및 친족상속법 분야에 공통적으로 적용되지만, 행위능력에 관한 규정, 허위표시·착오·사기·강박에 의한 의사표시에 관한 규정, 대리 등 대부분의 법률행위에 관한 규정, 시효에 관한 규정은 재산법 분야에만 적용될 뿐 친족상속법 분야에는 적용이 배제된다. 왜냐하면 위 부분에 대하여는 친족상속법편에 개별 규정이 따로 있기 때문이다.

물권편은 제185조부터 제372조까지 모두 9개 장으로 되어 있고, 채권편은 채권총칙편이 제372조부터 제526조까지, 채권각칙편이 제527조부터 제766조까지, 친족법편은 제767조부터 제996조까지, 상속법편은 제997조부터 제1118조까지로 되어 있다.

## 제2절 민법의 기본원리

### I. 서 설

근대민법의 기본원리는, 일반적으로 소유권절대의 원칙, 사적 자치의 원칙, 과실책임의 원칙 등 세 가지라고 할 수 있다. 프랑스 대혁명(1789년)을 계기로 프랑스 민법이 만들어지면서, 최초의 근대적 민법이 탄생하였고, 신분사회에서 계약사회로 옮겨가게 됨에 따라 시대상황에 맞게 민법의 기본원리가 정립되었으며, 그러한 과정에서 위 세 가지 기본원리가 근대민법의 기본원리로 자리잡게 된 것이다. 그런데 근대민법의 기본원리는, 산업혁명의 폐해가 나타나고, 자본주의의 고도의 발달에 따른 수정의 필요성이 대두되었고, 현대민법에 들어와 새로운 수정원리가 나타나게 되었다.

이에 맞추어 우리 현행민법도 근대민법의 기본원리를 근간으로 하면서, 수정된 현대민법의 기본원리를 받아들였다고 할 수 있다. 이는 우리 헌법이 경제질서에 대한 근본이념을 수정된 현대민법에 뿌리를 두고 있고, 친족·상속법 분야에서도 동일한 인간 중심의 사상이 반영됨에 따라 개인의 활동의 자유를 최대한 보장하면서도, 경제적 약자를 보호하고 거래안전을 위한 배려, 사회적 손실분담의 문제 등을 구체적으로 해결하기 위한 실질적·구체적 평등사상도 받아들이고 있기 때문이다.

일반적으로 우리 민법은 **공공의 복리와 사회안전보장**(인격권 보장)**을 최고의 이념**으로 하고, 그 **하위개념으로 신의성실의 원칙, 권리남용금지, 거래안전보장 등의 원리를 실천원리**로 두고 있고, 그 아래에 **현대민법의 기본원리라 할 수 있는 계약**(사적 자치)**의 제한의 법리, 소유권상대의 원칙, 무과실책임의 원칙을 일부 도입하였고, 그 아래에 근대민법의 3대 기본원리라 할 수 있는 사적 자치의 원칙, 소유권절대의 원칙, 과실책임의 원칙을 두고 있다고 하겠다.**

## Ⅱ. 사적 자치의 원칙

### 1. 의 의

사적 자치의 원칙이라 함은, 개인이 법률관계를 형성함에 있어 자신의 자유로운 의사에 의하여 형성할 수 있다는 원칙을 말한다. 따라서 사적 자치의 원칙은 사법상의 법률관계에 있어서 자기결정과 자기책임을 본질적 내용으로 삼고 있다고 하겠다. 이러한 사적 자치의 원칙은 사적 자치 중 가장 많은 것이 계약이기 때문에 계약자유의 원칙이라고도 하고, 계약이 법률행위의 중심을 이루고 있기 때문에 **법률행위자유의 원칙**이라고도 한다.

현행민법도 기본적으로는 자유주의·개인주의 사상에 기초를 두고 있기 때문에 사적 자치의 원칙이 기본원리로 작용하고 있다고 하겠다. 이러한 사적 자치의 원칙은 자기결정과 자기책임에 뿌리를 둠으로써, 경제활동을 자유롭게 보장함으로써 경제발전과 국가발전이 이루어졌고, 이는 자본주의 발달의 핵심축이 되었다고 할 수 있다. 따라서 사적 자치에 뿌리를 둔 경제활동은 경제활동의 창의성과 이익의 추구로 나타나게 되었고, 이는 소유권절대가치에 편승하여 개인의 재산권 보전에 기여하게 되었다고 할 수 있다.

현행민법 제105조는 계약자유의 원칙에 대하여 '행위자의 의사표시'를 법적 책임의 뿌리로 규정함으로써 사적 자치를 보장하고 있다.

## 2. 사적 자치의 내용

### (1) 법률행위자유의 원칙(계약자유의 원칙)

사적 자치를 실현하는 수단은 **행위자의 자유로운 의사표시에 근거**한다. 그런데 **의사표시에 의해 법적 책임을 지는 행위를 법률행위**라고 한다. 즉 사적 자치의 뿌리는 의사표시에 뿌리를 둔 법률행위이고, 이러한 법률행위 중 가장 중요한 것이 계약이기 때문에, **사적 자치의 원칙은 법률행위자유의 원칙**, 또는 계약자유의 원칙으로 이어진다. 법률행위자유의 원칙은, 다시 계약체결의 자유, 상대방선택의 자유, 계약내용결정의 자유, 계약방식결정의 자유 등을 구체적 내용으로 하고 있다.

그런데 법률행위에는 계약 이외에도 유언이나 채무면제 등과 같은 **단독행위**도 있고, 여러 명의 사원이 단체인 사단법인을 설립하는 행위인 **합동행위**도 있다. 따라서 행위자는 사적 자치의 범위 내에서 유언의 자유, 사단법인설립의 자유 등을 갖는다.

### (2) 소유권절대의 원칙

신분사회에서는 영주와 같은 일부 지배계층만이 소유권 등 재산권을 향유하였으나, 프랑스혁명 이후 제3계급인 시민계급도 혁명을 통해 재산권을 향유함으로써, 근대민법이 시행된 이후부터는 개인도 신분관계와 상관없이 소유권을 향유하기에 이르렀다. 이를 보장하기 위해 소유권절대의 원칙이 확립되었으며, 그러한 소유권절대의 사상에는 로마법 이래 발달되어 온 사소유권 개념에서부터 근대법사상의 핵심인 자연권에 대한 신성불가침사상이 뿌리를 두고 있다고 하겠다. 우리 헌법도 제23조에서 "모든 국민의 재산권은 보장된다. 그 내용과 한계는 법률로 정한다"고 하여, 법률에 의해 재산권의 내용과 한계를 정할 수 있도록 하되, 원칙적으로 모든 국민의 재산권은 보장됨을 천명하고 있다. 또한 위 헌법에 뿌리를 둔 현행민법 제211조는 "소유자는 법률의 범위 내에서 그 소유물을 사용, 수익, 처분할 권리가 있다"고 규정함으로써 **소유권절대의 원칙을 기본으로 삼되, 법률의 범위 내에서 사용, 수익, 처분하도록 예외적으로 제한**하고 있다.

### (3) 과실책임의 원칙

과실책임의 원칙이라 함은, 행위자에게 귀책사유가 없는 한 어떠한 손해에 대하여도 책임을 지지 않는다는 원칙을 말한다. 이는 행위자 자신의 귀책사유에 대한 책임을 의미하므로 자기책임원칙이라고 한다. 이러한 과실책임의 원칙은 연혁적으로 로마법에 뿌리를 두고 있는데, 현행민법은 "과실 없으면 책임 없다(kein Ũbel ohne schuld, No liability without fault)"는 원칙 또는 "손해배상책임은 손해에 의하여서가 아니라 과실에 의하여 발생한다(nicht derschaden verpflichtet zum schadenersatz, sondern die schuld)"는 로마법원칙을 수용한 것이라 할 수 있다. 현행민법은 구체적으로 채무불이행으로 인한 손해배상책임에 대하여는 제390조에서, 불법행위로 인한 손해배상책임에 대하여는 제750조에서 각각 규정하고 있다. 과실책임의 원칙은, 귀책사유가 없는 경우 책임을 지지 않도록 보장함으로써, 행위자들이 안심하고 자신의 법률행위 등을 자신의 책임 아래 행위하도록 함으로써, 개인의 자유로운 활동을 간접적으로 보장하여 주는 기능을 담당하였고, 이를 통해 자유경쟁을 통한 경제 활성화가 달성되었다고 할 수 있다.

## Ⅲ. 수정된 사적 자치의 원칙

### 1. 의 의

근대민법의 기본원리는 인간의 추상적 평등을 기본으로 삼고 있다. 즉 모든 인간은 능력면에서 평등하다는 것이다. 그렇지만 구체적 인간으로 돌아오게 되면 능력별로 차등이 있을 수밖에 없고, 그러한 구체적 차등은 결국 법률행위의 사적 자치를 실질적으로 보장하지 못하는 사회적 불평등의 문제가 발생하게 되었다. 그리하여 현대민법은 그러한 사회적 불평등을 수정하여 사회적 조정을 통해 구체적·실질적 평등을 구현하고자 사적 자치의 원칙을 수정할 필요성을 절감하게 되었다. 그리하여 계약제한의 원칙, 소유권상대의 원칙, 무과실책임의 원칙을 예외적으로 수용하지 않을 수 없게 된 것이다. 즉 사적 자치의 원칙을 통해 자본주의가 고도로 발달하다 보니 사회적 폐해가 발생하게 되었고, 그 폐해를 시정하여 실질적 평등을 추구할 필요성에 의해 새로운 수정된 사적 자치의 원칙이 확립되게 되었다고 볼 수 있다.

## 2. 사적 자치의 내용

### (1) 계약자유 원칙의 제한

계약자유의 원칙은, 행위 당사자 사이에 능력이 균형을 이루고, 시장질서가 공정하고 자유로운 경쟁이 존재할 때 가능하게 된다. 그러나 자본주의의 발달은 부의 집중화현상을 가져왔고, 이로 인해 빈익빈 부익부의 사회구조가 형성됨에 따라 경제적 강자가 사적 자치를 빙자하여 경제적 약자를 핍박하는 사회적 폐단이 발생하기에 이르렀다. 즉 계약자유의 원칙이 힘의 불균형에 의한 사실상의 불평등한 계약체결이 빈번하게 발생하게 되었다는 것이다. 그렇지만 민법은 태동 시부터 추상적 평등한 인간을 전제로 하여 성립된 법이다 보니, 사회적 약자에 대한 배려가 부족할 수밖에 없는 한계를 안고 있다. 물론 현행민법에는 경제적 약자를 보호하기 위한 규정이 전혀 없는 것은 아니나, 현행 법조문만으로 많이 부족하다고 하지 않을 수 없다. 이러한 힘의 불균형은, 고용계약에서의 사용자와 노동자, 임대차계약에서의 임대인과 임차인, 경제적 강자와 경제적 약자 등 다방면에서 나타나고 있다. 이를 시정하기 위해 민법은 반사회질서행위의 무효(제103조), 폭리행위의 무효(제104조), 부당한 대물반환예약의 무효(제607조) 등의 규정을 두고 있으나, 이것만으로는 많이 부족하다고 할 것이다. 그리하여 현재는 민법 이외의 특별법을 목적법으로 제정하여 민법의 약점을 보완하려는 경향을 보이고 있다. 예를 들어 임차인을 보호하기 위하여 주택임대차보호법이나 상가건물임대차보호법을 제정하였고, 약관의 규제에 관한 법률을 제정하여 대기업들의 일방적 약관에 의한 불평등의 문제를 시정하고, 근로기준법을 통해 근로계약을 체결하는 노동자를 보호하고, 할부거래에 관한 법률이나 방문판매등에 관한 법률을 통해 할부거래나 방문판매로 인한 소비자의 피해를 최소화하도록 노력하고 있다. 또한 국토의 계획 및 이용에 관한 법을 제정하여 투기지역으로 지정된 곳에 대한 토지거래허가제를 실시하거나, 부동산명의신탁 금지 및 실소유자명의로 등기할 것을 요구하는 부동산실권리자명의등기에 관한 법률 등을 제정하여 부동산투기를 막고, 고리대금업자들의 폭리를 제한하기 위하여 가등기담보등에 관한 법률을 제정하여 원리금과 부동산 시가 사이의 차액을 정산하는 청산절차를 밟도록 하고 있다.

### (2) 소유권절대의 원칙의 제한

우리 민법 제211조는 재산권은 법률에 의해 제한될 수 있음을 규정하고 있다. 이에 맞춰 **소유권절대의 원칙은 공공복리를 위하여 제한**되고 있다. 우리 헌법도 재산권은 공공복리에 적합하도록 행사하여야 하고, 공공의 필요에 의해 재산권의 제한을 인정하고 있다. 특히 민법은 제216조 이하에서 서로 인접한 부동산 권리자들의 이해관계를 조절하기 위해 상린관계규정을 두고 있고, 앞서 살펴본 바와 같이 많은 특별법을 제정하여 제한하고 있다. 그 외에도 농지법, 국토의 계획 및 이용에 관한 법률, 공익사업을 위한 토지의 취득 및 보상에 관한 법률 등을 통해 농지의 임대차나 소작 등을 제한하거나, 국토의 계획 및 이용을 제한하거나 토지의 수용 및 개발제한 등을 규율하고 있다.

### (3) 과실책임의 원칙의 제한

과실책임의 원칙은 행위자에게 귀책사유가 없는 경우에는 손실발생에 대한 책임을 면제해 줌으로써 획기적인 경제발전이 이루어지는 긍정적 효과를 가져왔다. 그렇지만 그 결과로 인하여 타인이 손해를 감수해야 하는 불합리한 문제가 발생하였고, 증명책임을 둘러싸고 기술적으로나 체계상 피해자가 가해자의 과실을 증명하지 못하는 한계가 노정되는 문제가 발생하게 되었다. 그런 이유로 과실책임의 원칙은 무과실책임의 원칙을 일부 수용하는 수정이론이 나오게 되었다. 무과실책임의 기초가 된 이론은 뤼멜린(Max Rűmelin)이 처음 사용한 위험책임론이라 하겠다. 영미법상의 엄격책임(strict liablilty)도 위험책임의 법리와 유사하다고 하겠다. 예를 들어 위험한 시설 또는 물질을 관리·지배하는 자의 행위 결과에 의해 일정한 손해가 발생한 경우 행위자의 고의·과실 유무를 불문하고 행위자는 그 발생한 손해에 대한 배상책임을 져야 한다는 것이다.

현행민법 중에도 무과실책임을 규정한 경우가 있는데, ① 무권대리인의 상대방에 대한 책임(제135조 제1항), ② 금전채무불이행에 대한 채무자의 책임(제397조 제2항), ③ 매도인의 매수인에 대한 담보책임(제570조 이하), ④ 공작물소유자의 피해자에 대한 책임(제758조 제1항) 등이 이에 해당한다. 특별법으로 국가배상법상의 공공영조물의 설치나 하자로 인한 국가배상책임(제5조), 광업법에 의한 광해로 인한 손해배상책임(제91조 이하), 산업재해보상보험법에 의한 산업재해로 인한 손해배상책임(제38조 이하), 원자력손해배상법에 의한 원자력손해로 인한 손해배상책임(제3조), 환경정책기본법에 의한 오염물질에 의한 손해에 대한 손해배상책임(제31조), 자동차손해배상보장법에 의한 자동차에 의한 인적 사고에 대한 자동차운행자의 손해배상책임(제3조), 제조물책임법에 의한 제조물에 의한 손해에 대한 제조자의 손해배상책임(제3조 이하) 등은 수정된 무과실책임의 원칙에 바탕을 두고 있는 손해배상책임이라고 하겠다.

## Ⅳ. 신뢰보호의 원칙

### 1. 의 의

신뢰보호의 원칙이라 함은, 권리의 외관(Rechtsschein)을 신뢰하고 거래한 자를 보호하여 거래의 안전과 신속을 도모하려는 원칙을 말한다. 로마법사상 중에는 "누구도 자기가 가진 권리 이상을 타인에게 줄 수 없다(*Nemo plus iuris ad alium transferre potest quam ipse habet*)"는 원칙이 지배하고 있었으나, 게르만법은 로마법과 달리 신뢰보호의 원칙을 인정하고 있었다. 그리하여 독일법계통을 취하고 있는 우리 민법은 특히 재산법영역에서 진정한 권리자의 희생을 감수하고서라도 거래의 안전을 보호할 필요성이 인정될 경우에는 신뢰보호의 원칙을 인정하려는 입법태도를 보이고 있다.

### 2. 구체적 검토

#### (1) 신의성실의 원칙에 의한 신뢰보호

신의성실의 원칙이라 함은, **행위자가 사회공동생활의 일원으로서 서로**

**상대방의 신뢰를 무의미하게 하지 않도록 성의 있게 행동하여야 한다는 원칙**을 말한다. 민법 제2조 제1항은 "권리의 행사와 의무의 이행은 신의에 좇아 성실히 하여야 한다"고 하여, 이를 규정하고 있다. 신의칙은 권리자의 권리행사가 상대방의 신뢰에 반하여 행사할 때에는 이의 효력을 부정하거나 제한함으로써 상대방의 신뢰를 보호하려는 데 있다. 신의칙의 구체적인 발현형태로는, ① 선행행위와 모순되는 행위(venire contra factum proprium)의 금지의 원칙, ② 실효의 원칙(Verwirkung), ③ 사정변경의 원칙 등이 있다. **선행행위와 모순되는 후행행위의 금지원칙**은 권리자의 권리행사(후행행위)가 그것에 선행하는 선행행위와 모순될 경우 후행행위의 법률효과를 인정하지 않겠다는 원칙을 말하고, **실효의 원칙**은 권리자가 장기간 권리행사를 하지 않은 상태에서 상대방이 권리자가 더 이상 권리행사를 하지 않을 것이라고 신뢰할 만한 상태가 성립되었다면 더 이상 권리자의 권리행사를 인정하지 않겠다는 원칙을 말하고, **사정변경의 원칙**은 계약 성립 당시의 사정과 이행 시의 사정에 변경이 생겨 당초 계약내용대로 이행할 경우 그 이행자에게 커다란 손해가 발생할 경우에 계약내용의 변경을 주장할 수 있고 이에 응하지 않을 경우 계약을 해제할 수 있다는 원칙이다. 우리 판례는 선행행위와 모순되는 행위의 금지의 원칙과 실효의 원칙은 인정하고 있으나, 사정변경의 원칙은 일반론으로 인정하지 않고 예외적으로 계속적 거래관계에 있는 경우에 인정하고 있다. 그러나 우리 민법에는 사정변경의 원칙을 근거로 하여 차임증감변경청구권, 지료증감변경청구권 등 사정변경의 원칙을 개별적으로 인정하고 있는 경우가 있다.

또한 신의칙은 법률행위를 해석하는 기준이 되어 상대방이 표의자의 의사표시의 내용을 잘 알 수 없는 경우 객관적 해석의 표준이 됨으로써 상대방의 신뢰를 보호하는 기능을 담당한다.

### (2) 외관형성에 의한 신뢰보호

1) 선의의 제3자보호제도　우리 민법은 법률행위에 무효와 취소사유가 있는 경우, 이를 알지 못한 선의의 제3자를 보호하는 제도를 두고 있다. 이를 **무효와 취소의 상대적 무효 또는 취소**라고 한다. 반면에 선의의 제3자를 보호하여 주지 않는 경우가 있는데, 그러한 경우를 **절대적 무효 또는 취소**

라고 한다. 예를 들어 **진의와 표시가 불일치한 경우**(거짓말한 경우)에도 당사자 사이에서는 법률관계가 유효하나, 만일 상대방도 거짓말이라는 것을 알았을 경우에는 무효가 되는데, 이 경우 우리 민법은 상대방이 이를 제3자에게 처분한 경우 제3자가 선의라고 한다면 선의의 제3자가 권리를 취득한다고 하고 있고(제107조), **쌍방통정의 허위표시의 경우**에도 그 무효를 알지 못한 선의의 제3자는 위와 같이 동일하게 보호되며(제108조), **착오의 경우**에도 일정한 조건 하에 취소할 수 있지만 이 경우에도 선의의 제3자는 보호되며(제109조), **사기 및 강박의 경우**에도 취소할 수 있지만 이 경우에도 선의의 제3자는 보호된다(제110조). 즉 위 경우에는 상대적 무효나 상대적 취소인 것이다.

반면에 **절대적 무효 또는 취소인 경우로는, 의사무능력, 반사회질서행위, 폭리행위, 무능력자의 법률행위로 인한 취소의 경우**인데, 이 경우에는 선의의 제3자라도 하더라도 보호되지 못하고, 원래의 권리자가 권리를 회복하게 된다(제5조 제103조, 이하, 제104조 등).

2) **표현대리제도** 표현대리라 함은 대리인에게 대리권이 없음에도 불구하고 마치 대리권이 있는 듯한 외관이 형성되어 있고, 그러한 **외관 형성에 본인이 어느 정도 원인을 제공한 경우에 그 무권대리행위에 대하여 본인이 책임을 지도록 하여, 그러한 외관을 신뢰한 선의·무과실의 상대방을 보호하여 거래의 안전을 도모하려는 제도**이다. 우리 민법은 ① 대리권수여의 의사표시에 의한 표현대리(제125조), ② 대리인이 대리권을 넘은 행위를 한 경우의 표현대리(제126조), ③ 대리권 소멸 후의 대리인의 표현대리(제129조) 등 세 가지 표현대리제도를 두고 있다.

3) **선의취득제도** 우리 민법 제249조는 "평온, 공연하게 동산을 양수한 자가 선의이며 과실 없이 그 동산을 점유한 경우에는 양도인이 정당한 소유자가 아닌 때에도 즉시 그 동산의 소유권을 취득한다"고 하여, **동산에 대하여 선의취득제도를 인정**하고 있다. 즉 권리가 없는 자는 권리를 타인에게 이전해 줄 수 없지만, 선의취득제도를 인정함으로써, 동산을 점유하고 있는 자의 권리를 신뢰한 자에게 선의취득을 인정(공신력을 인정)하고 있는 것이다. 그러나 부동산등기에는 공신력이 없기 때문에 등기 명의를 믿고 부동산에 대한 권리를 취득하였다고 하더라도 그 부동산등기가 무효인 경우에는 부동

산에 대한 권리에 대한 선의취득이 인정되지 않는다. 즉 **동산의 점유에는 공신력을 인정하여 선의취득을 인정하고, 부동산의 등기에는 공신력을 인정하지 않아 선의취득을 인정하고 있지 않다**.

예를 들어 친구로부터 빌린 노트북을 다른 사람에게 매도한 경우, 그 매수인이 그 노트북을 매도인의 것으로 믿고 매수한 것이라면 선의취득이 인정되어 그 노트북에 대한 소유권을 취득하지만(원소유자는 매수인에게 부당이득반환청구나 불법행위로 인한 손해배상청구를 할 수 있을 뿐 매수인에게 그 노트북을 반환해 달라고 할 수 없다), 부동산의 진정한 소유자가 甲 소유인 부동산을 乙이 등기서류를 위조하여 소유권이전등기를 한 후 이를 알지 못한 丙에게 매도한 경우, 원래의 소유자 甲은 丙과 乙을 상대로 자신이 소유권자임을 주장하여 소유권이전등기의 말소등기를 구함으로써 자신의 부동산소유권을 회복할 수 있다. 즉 매수인 丙은 그 부동산에 대한 소유권을 취득할 수 없고, 할 수 없이 매도인인 乙에게 매매대금반환을 구하거나 불법행위로 인한 손해배상을 청구할 수밖에 없고, 甲에게 그 부동산을 반환해 주어야 한다.

**4) 선의변제와 관련된 보호제도** 우리 민법은 실제 변제수령권한이 없는 경우에도 변제수령권한의 외관을 갖춘 자에 대한 선의·무과실의 변제를 유효하게 규정하고 있다. 즉 채권을 행사하는 **채권의 준점유자에 대한 변제**(제470조), **영수증을 소지한 자에 대한 변제**(제471조)의 경우 정당한 채권자에 대한 변제가 아니지만, 수령한 자를 진정한 권리자로 믿고 선의·무과실로 변제한 채무자는 변제한 것으로 인정되어 더 이상 변제책임을 지지 않게 된다. 또한 **지시채권·무기명채권의 경우 증권소지자에 대한 변제**는 변제자에게 악의·중과실이 없는 한 유효한 변제로 인정되어 이중변제책임이 면제된다(제518조 단서, 제524조).

**5) 이의를 유보하지 않는 채권양도 시의 채무자의 선의변제** 우리 민법 제451조 제1항은 “채무자가 이의를 보류하지 아니하고 전조의 승낙을 한 때에는 양도인에게 대항할 수 있는 사유로써 양수인에게 대항하지 못한다. 그러나 채무자가 채무를 소멸하게 하기 위하여 양도인에게 급여한 것이 있으면 이를 회수할 수 있고 양도인에 대하여 부담한 채무가 있으면 그 성립되지 아니함을 주장할 수 있다”고 하여, 채권양도를 승낙한 채무자가 아무런 이의를 유보하지 않았다면 채권을 양수받은 자는 그 채권에 항변사유가 있

음을 몰랐기 때문에 이러한 채권양수인을 보호하기 위하여, 채무자는 아무런 이의를 제기하지 못하도록 제한하고 있는 것이다.

### (3) 시효제도에 의한 신뢰보호

우리 민법은 **소멸시효와 취득시효**에 관한 규정을 두고 있다. 시효제도라 함은 일정한 사실상태가 상당기간 계속된 경우 그러한 상태가 진실한 권리관계에 부합하는지를 묻지 않고 **그 사실상태를 그대로 존중하여 권리관계를 인정**하려는 제도이다. 즉 일정기간 동안 권리를 행사하지 않으면 소멸시효의 완성을 인정하여 권리자가 더 이상 권리행사를 할 수 없도록 하거나(소멸시효제도), 타인의 권리나 물건을 일정기간 점유하며 행사하여 온 경우 일정한 조건 하에서 그 점유자에게 그 권리나 물건에 대한 권리를 취득하게 하는(취득시효제도) 제도를 운영하고 있다.

## Ⅴ. 우리 민법의 향후 전망

우리 민법이 제정되어 시행된 지 50여년의 세월이 지났다. 그 동안 사회는 급격하게 발전하였으나, 민법은 50년 전의 시대상황을 반영하고 있을 뿐이어서, 이의 현대화 및 새로운 시대의 사회현상에 적응해야 할 필요성이 대두되었다. 즉 법과 현실과의 괴리현상을 극복해야 하는 과제가 부여된 것이다 .

또한 국제무역거래의 확대에 따라 유럽을 중심으로 한 민법체계의 새로운 패러다임이 대두되고 있는 현실에서, 법무부도 지난 2009년부터 5개년 계획으로 민법에 대한 전반적인 개정작업을 시작하게 되었다. 학계와 실무계의 전문가들이 민법개정위원으로 촉탁되어 개정작업에 착수하고 있는 현실적 상황 하에서 성년후견제도, 후견인제도, 시효제도, 담보권제도, 채권법 분야 등 다방면에 걸쳐 개정작업이 활발하게 진행되었다.

이러한 변화의 중심에서, 향후 민법은 새롭게 대두되고 있는 상호보증제도, 공사보증제도, 저당권의 유동화, 현대불법행위와 관련된 제반 문제에 대한 해결책 등이 모색되어야 하고, 새로운 패러다임이라 할 수 있는 전자상거래를 둘러싼 법률관계를 규율할 수 있는 제도, 새로운 계약 유형인 단체여행, 중개계약, 의료계약, 리스계약, 팩토링 등 소비자신용계약 등에 대한 민법에의 편입작업이 이루어져야 할 것이다.

그리고 현행 제도 중에서도 19세기 또는 20세기에 부합한 고용, 도급 등을 둘러싼 법조항의 개정 등 많은 분야에서 변화가 모색되어야 할 것이다.

또한 민법은 제정 당시 권리자 중심의 법체계를 지향하고 있었기 때문에 상대적으로 경제적 약자인 채무자 보호에 미흡한 면이 없잖았다. 따라서 경제적 약자의 지위에 있는 사용자에 대한 노동자, 사업자에 대한 소비자, 임대인에 대한 임차인, 채권자에 대한 채무자 등의 보호도 동시에 이룩할 수 있는 제도적 모색이 이루어져야 할 것이다. 특히 경제적 약자를 보호하기 위하여 근로기준법 관련 조항의 개정, 약관의 규제에 관한 법률 및 방문판매 등에 관한 법률 등이 규율하는 소비자보호규정, 주택임대차보호법이나 상가건물임대차보호법 등에 의한 임차인 보호 등 특별법에 산재되어 있는 민법 조항들을 통합할 필요성도 크다고 하겠다.

특히 2002년에 독일 민법은 종래 소비자보호와 관련된 민사특별법인 소비자신용계약법(Verbraucherkreditvertraege)·방문판매법(Haustűrgeschắft Gesetz)·약관규제법(AGBG) 등을 민법에 통합시킨 바 있는데, 우리 민법도 이러한 점을 참작하여 민법 관련 특별법 규정을 민법에 흡수통합할 필요성이 있다고 하겠다.

이를 통해 **민법의 통일화**를 기하고, **일반사법으로서의 민법의 본질에 충실**해야 할 필요성이 있고, **특별법우선의 원칙이라는 예외를 억제할 필요성**이 있다고 하겠다.

또한 법률용어를 일반 국민들이 쉽게 알아들을 수 있는 용어로 바꾸는 작업도 병행함으로써, 법률전문가들만의 민법이 되지 않도록 하여, 국민들의 일반 생활을 규율하는 일반사법으로서의 역할을 잘 감당할 수 있도록 하여야 할 것이다.

그리고 민법의 세계화현상에 부응해야 할 필요성도 있다고 하겠다. 특히 1990년대 이후 유럽과 미국을 중심으로 하여 특히 계약법분야에서 '사법통일국제협회(International Institute for the Unification of Private Law: UNIDROIT)'가 중심이 되어 '국제상사계약원칙(Principles of International Commercial Contracts, 1994)', '국제

물품매매계약에 관한 유엔협약(United Nations Convention on Contracts for Sale of Goods: CISG)', 유럽연합을 중심으로 한 '유럽계약법(Principles of European Contract Law, 1988)' 등이 제정되었고, 그러한 협약 등을 일부 국가들이 승인하고 민법에 수용하는 작업이 이루어졌기 때문에 대외적인 무역의존도가 높은 우리나라로서는 그들과 무역거래를 함에 있어 위 법을 우선적용할 수밖에 없는 현실적인 문제 때문에도 위 국제화된 관련 법규와 상충되는 내용의 민법개정작업이 이루어져야 할 필요성이 대두되고 있다.

특히 독일 민법은 2002년에 대폭 개정이 이루어졌고, 프랑스 민법도 최근 들어 '채권법의 현대화(Modernisierung des Schuldrechts)' 계획 아래 유럽계약법의 내용을 대폭 수용하려는 태도를 보이고 있다. 또한 유럽불법행위법연구회(European Group on Tort Law)는 2005년에 '유럽불법행위법원칙(Principles of European Tort Law: PETL)'을 완성하였는데, 영미법상의 "strict liability"를 "abnormally dangerous activity에 대한 책임"으로 완화하려는 태도를 보이고 있다. 세계적 추세가 불법행위법에 있어서의 종래의 과실 개념, 위험책임의 성질과 그 범위 등을 새로운 관점에서 검토하려는 시대적 조류에 놓여 있는바, 우리도 이러한 추세를 개정민법에 반영할 필요성이 크다고 하지 않을 수 없다.

국내적으로 볼 때, 사회의 현대화와 고령화에 따라 대량생산, 대량소비, 대량유통이라는 새로운 거래형태가 나타나게 되었고, 소비자들의 구매물자 유형이 다양화 되는 한편 유형별로 정형화되는 현상을 보이고 있는바, 이러한 점들을 개정민법에 반영해야 할 필요성이 있고, 앞서 살펴본 바와 같이 여행계약·중개계약·운송계약 및 리스계약·factoring·franchising 관련 계약을 전형계약의 형태로 흡수할 필요성이 있으며, 제조물책임법으로 상징되는 새로운 불법행위 형태에 대응할 필요성이 있고, 고령화사회에 맞춘 성년후견제도의 정착(성년후견제도는 이미 법이 개정되어 2013. 7. 1.부터 시행되었다), 산업화에 따른 공해기업의 손해배상책임이라든지, 원자력사고·의료사고 등 민법 제정 시 전혀 예상하지 못했던 새로운 유형의 불법행위에 대한 민법의 흡수·통합 또한 필요하다고 하겠다.

뿐만 아니라 인터넷매체의 발달로 정보화가 급속히 팽창함에 따라 전통적 의사표시의 유형만으로는 법률행위를 제대로 규율할 수 없는 새로운 영역이 나타나고 있는바, 예를 들어 독일 민법은 2002년 개정 시 전자거래로 인한 소비자보호에 관한 규정을 새로 신설하였다(제312조의e). 우리나라도 전자제도에 의한 소송절차가 일반화되어 시행되고 있는 현실을 감안할 때 실체법 분야인 민법에서도 이에 대한 새로운 검토가 필요한 실정이다. 특히 컴퓨터에 의한 전자적 의사표시의 경우 통상의 의사표시와 다를 바는 없겠지만, 그 형성과정이 독특할 뿐만 아니라 특히 자동화된 시설에 의하여 의사표시가 이루어질 경우 통상적인 의사표시에서 문제가 되는 착오 및 의사표시의 효력 등을 어떻게 규율할 것인지와 같은 어려운 문제점들이 대두되고 있는바, 이러한 점에 대한 연구 및 도입 등도 함께 검토되어야 할 것이다.

## 제3절 민법총칙

### I. 서 설

민법총칙은 **권리의 주체 및 객체, 법률행위, 기간 및 조건, 소멸시효**에 관하여 규정하고 있다. 민법총칙은 민법 전반에 걸쳐 적용되는 통칙적 규정이기는 하지만, 앞서 살펴본 바와 같이 **주로 재산법분야에 적용**되며, 친족·상속법 분야에는 개별 규정이 있어 그 개별 규정이 우선하여 적용되는 범위에서는 민법총칙 규정이 적용되지 않는다.

**민법은 일반사법**에 해당되기 때문에 민법총칙 규정은 사법 전반에 대한 통칙으로서의 성질도 갖는다. 또한 일정한 사항은 민법총칙편의 법제도적·기술적 사항은 공법분야에 적용되는 것도 있다. 예를 들어 권리주체, 권리객체, 기간의 계산방법 등과 같은 조항들이다.

# Ⅱ. 권리의 주체

## 1. 권리능력의 의의

우리 민법은 권리의 주체로서 자연인과 법인을 규정하고 있다. 즉 권리능력이란 권리·의무의 주체가 될 수 있는 법적 지위나 법적 자격을 말한다. 즉 권리를 향유할 수 있는 주인의 자격이 있다는 것이다.

## 2. 자연인

### (1) 권리능력

민법 제3조는 "사람은 생존하는 동안 권리와 의무의 주체가 된다"고 하여, 자연인을 권리능력자로 인정하고 있다. 사람이기만 하면 연령·성별·신분·직업·종교 등과 상관없이 권리능력자가 되며, 권리능력은 평등하기 때문에 어떠한 차별을 받지 아니 한다.

문제는 '생존하는 동안'인데, 결국 **자연인의 시기와 종기에 관한 문제라고 하겠다.** 시기와 관련하여 학설과 판례는 태아가 완전히 모체로부터 분리된 때, 즉 **전부노출설**을 취하고 있으며, 종기는 맥박이 정지된 때, 즉 **맥박정지설**을 취하고 있다. 형법은 출생의 시기와 관련하여 **진통설**을 취함으로써 살인죄와 낙태죄의 경계를 구분짓고 있고, 장기 등 이식에 관한 법률은 **뇌사설**을 취함으로써, 뇌사상태의 자연인으로부터 장기를 적출하여 다른 생명을 살릴 수 있도록 하고 있다. 사람은 사망으로 인하여 상속이 개시되며, 유언의 효력이 발생하고, 배우자의 재혼이 가능하게 된다. 특히 사망의 시점을 언제로 볼 것이냐와 관련하여, 민법 제27조는 **실종선고제도**를 두어 부재자가 일정기간(보통실종은 5년, 특별실종은 1년) 동안 분명하지 아니한 경우에 **실종선고를 함으로써 사망으로 간주**하는 제도를 두고 있고, 제30조는 "2인 이상이 동일한 위난으로 사망한 경우에는 동시에 사망한 것으로 추정한다"고 하여 **동시사망추정제도**를 두고 있다. 한편 2인 이상이 다른 위난으로 사망한 경우, 즉 이시위난의 경우에도 동시에 사망한 것으로 추정된다(第30조, 동시사망의 추정).

실종선고는 **보통실종의 경우**에는 부재자가 종래의 주소를 떠나 5년 이상 생사가 불분명한 경우, **특별실종의 경우**에는 전쟁, 선박침몰, 항공기추락, 기타 위난으로 부재자가 종래의 주소를 떠나 1년 이상 생사가 불분명한 경우, 이해관계인 등의 신청에 의해 법원이 **6개월간 공고**한 후, 생사확인에 대한 신고가 없으면 법원이 선고하게 된다. 선고하게 되면, 위 실종기간이 종료된 시점으로 소급하여 사망한 것으로 간주된다.

가족관계등록법에 의하면 '**인정사망제도**'가 있는데, 이는 사망사실을 확인할 수 없지만 사망의 개연성이 높은 경우 공무원이 사망사실을 인정하여 사망신고를 하게 되면 사망한 것으로 추정되는 제도이다. 홍수나 재해 등으로 시신 등을 확인할 수 없는 경우에 이용된다. **실종선고나 인정사망이 인정되게 되면 상속이 개시되며, 배우자는 재혼할 수 있게 된다**. 실종선고의 효과는 종래의 주소를 중심으로 한 사법상의 법률관계에서 사망한 것으로 간주된다. 따라서 만일 실종선고를 받은 자가 다른 곳에 살아 있다면 그 곳 주소를 중심으로 한 법률관계나 공법상의 법률관계는 생존한 것으로 인정된다. 또한 실종선고를 받은 자가 살아서 돌아온 경우에는 실종선고로 인한 직접 수익자(상속인 등)가 **선의인 경우에는 현존이익만 반환**하면 되며, **악의인 경우에는 받은 이익에 이자를 가산하고, 손해가 있는 경우에는 손해까지 추가하여 반환**하여야 한다. 또한 잔존 배우자가 선의인 경우에는 후혼은 유효하나, 악의인 경우에는 후혼은 중혼이 되어 혼인취소사유가 되며, 전혼은 부활하지만 배우자의 부정한 행위를 이유로 이혼사유가 된다.

태아에게 권리능력을 인정할 것인가에 대하여는 열거주의(개별보호주의)와 일반주의가 있는데, 우리 민법은 **열거주의를 채택**하고 있다. 우리 민법은 **태아의 상속권**(유류분권·대습상속권 포함), **불법행위로 인한 손해배상청구권, 유증을 받을 권리 등을 예외적으로 인정**하고 있다. 다만 **사인증여**에 대하여는 태아로 있는 기간 동안의 태아의 권리능력을 인정할 것인가에 대한 학설의 대립에 따라, **정지조건설**(태아로 있는 동안 권리능력 부정)은 태아의 사인증여능력을 부정하고 있고(판례의 입장), **해제조건설**(태아로 있는 동안 권리능력 인정)은 태아의 사인증여능력을 인정하고 있다(다수설).

### (2) 의사능력과 행위능력

**의사능력이라 함은, 구체적으로 행위를 하는 행위자가 자기의 행위의**

**결과를 인식할 수 있는 분별력**을 말하고, 이는 구체적 행위 시마다 개별적으로 판단하여야 한다. **행위능력이라 함은, 단독으로 유효한 법률행위를 할 수 있는 능력**을 말하는데, 2011년 민법 개정 전에는 획일적으로 자연인 중 **미성년자, 한정치산자, 금치산자**의 경우에는 행위무능력자로 규정하였고 그 이외의 자는 행위능력자로 구별하고 있었다.

우리 민법은 2011년 3월 7일의 민법개정으로 2013. 7. 1.부터는 만 19세 미만인 자를 미성년자로 규정하고 있고, 개정 전의 한정치산자와 금치산자는 각각 피한정후견인과 피성년후견인으로 수정하였다. 행위능력은 획일적으로, 추상적으로 인정되고 있다. 이는 의사능력을 전제로 구체적으로 상대방의 행위능력 여부를 판단하게 되면 거래의 지연이나 거래의 안전을 침해할 우려가 있기 때문에 획일적으로 제한능력자제도[1]를 두고, 여기에 해당하지 않는 경우에는 일단 행위능력 및 의사능력이 있는 것으로 보아 법률행위의 성립을 위한 의사표시를 할 수 있도록 보장함으로써 신속한 거래가 이루어질 수 있도록 하겠다는 취지라 할 것이다.

다만 **미성년자라고 하더라도 혼인을 한 경우에는 성년의제**가 되므로 혼인(법률혼) 이후에는 성년자로 인정되어 행위능력을 갖게 된다. 또한 법정대리인이 영업을 허락한 경우 그 영업에 관하여는 행위능력자와 동일한 행위능력을 행사할 수 있다(제8조).

무능력자는 단독으로 유효한 법률행위를 할 수 없기 때문에 무능력자를 대신하여 법률행위를 할 수 있는 자로 법정대리인을 두고 있다. 미성년자의 경우에는 친권자가 1차적 법정대리인이 되며, 친권자가 없는 경우에는 후견인이 2차적 대리인이 된다. **후견인에는 지정후견인(친권자가 지정), 선임후견인(법원이 선임) 등이 있다.**[2] 다만 미성년자의 법률행위가 항시 미성년자에게 불리한 것만은 아니기 때문에 법정대리인의 동의를 얻으면 미성년자도 단독으로 유효한 법률행위를 할 수 있다. 동의를 받지 않은 경우에는 그 행위는 일단 유효하나, 법정대리인 또는 미성년자에 의해 취소될 수 있으며, 취소될

1) 개정된 민법은 넓은 의미에서 행위능력이 제한되는 제한능력자로 미성년자(제4조), 피성년후견인(제9조), 피한정후견인(제12조), 피특정후견인(제14조의2) 4가지를 규정하고 있다.
2) 2011년 민법 개정 전에는 미성년자의 후견인에 지정후견인, 법정후견인, 선임후견인이 있었으나 개정으로 법정후견인 제도는 폐지되었다.

경우에는 행위 시로 소급하여 무효가 된다. 그러나 법정대리인 또는 성년자가 된 미성년자가 사후에 이를 추인하면 확정적 유효행위로 전환된다. 다만 권리만을 얻거나 의무만을 면하는 행위는 미성년자에게 유리하기 때문에 동의를 받지 않고 단독으로 할 수 있다.

위와 같이 미성년자나 법정대리인에 의해 법률행위가 취소되게 되면 상대방은 불의의 피해를 입을 수 있기 때문에, **상대방은 최고권**(추인 여부를 촉구하는 것으로, 이에 대하여 미성년자의 법정대리인이나 성년자가 된 미성년자가 추인하면 확정 유효로, 추인을 거절하거나 취소하면 무효가 된다), **철회권**(상대방이 스스로 미성년자와의 계약을 없었던 것으로 한다는 의사표시), **거절권**(상대방이 스스로 미성년자의 단독행위를 없었던 것으로 한다는 의사표시)을 행사할 수 있다. 또한 **미성년자가 사술을 쓴 경우에는 취소할 수 없다**(제17조). 사술의 방법에는 제한이 없으며, 미성년자가 주민등록증 등을 위조하여 성년자인 것처럼 행위를 하거나, 미성년자라고 하면서 법정대리인의 동의를 받은 것인 양 사술을 쓴 경우이다.

미성년자의 법정대리인은 앞서의 **동의권** 이외에도, 직접 상대방과 법률행위를 할 수 있는 **대리권**이 있고, 동의를 받지 아니한 미성년자의 행위에 대한 **취소권**과 **추인권**이 있다(제5조 제2항). 한정치산자는 미성년자와 행위능력이 같다. 금치산자는 항시 심신상실의 상태에 있기 때문에 의사능력을 기대할 수 없어 금치산자의 행위는 의사능력이 없다는 측면에서는 언제나 무효(이 경우에는 의사능력이 없다는 사실을 금치산자측에서 증명해야 한다)이지만, 이를 증명하여 주장한다는 것이 어렵기 때문에 언제나 무능력을 이유로 취소할 수 있도록 하였다. 즉 금치산자는 법정대리인이 동의권을 행사할 수 없기 때문에 동의하였다고 하더라도 언제나 금치산자나 법정대리인은 금치산자의 법률행위를 취소할 수 있다.

다만 신분행위에 있어서는 본인의 의사가 가장 중요하기 때문에 법정대리인은 대리권을 행사할 수 없으며, 본인의 행위에 대하여 동의권만 행사할 수 있다. 또한 **만 17세가 되면 유언능력을 독자적으로 인정**하고 있고, 금치산자의 경우에도 의사능력을 회복하였음을 의사가 증인이 되어 인정한 경우에는 단독으로 유언을 할 수 있다.

## 3. 법 인

### (1) 의 의

**법인이라 함은 일정한 목적을 위한 단체**를 말하는데, 이에는 **다수의 사람으로 구성된 단체인 사단법인과 일정한 목적을 위하여 출연된 재산에 단체성이 인정된 재단법인**이 있다. 이처럼 법인에 권리능력을 인정한 것은 현상적으로 존재하는 단체가 자연인과 동일 또는 그 이상의 법률행위를 할 필요성이 인정되고 있기 때문이다.

법인의 분류방법에는 사단법인과 재단법인, 영리법인과 비영리법인, 내국법인과 외국법인 등으로 나눌 수도 있다. **사단법인**은 영리법인과 비영리법인으로 나눌 수 있고, 비영리법인에 대하여는 민법이, 영리법인에 대하여는 상법이 적용된다. 그러나 **재단법인**에는 비영리법인만이 존재한다.

민법상의 비영리법인이 되기 위해서는 사단법인의 경우에는 2인 이상의 자가 단체로서 법인을 결성하기 위해 발기인조합을 결성하고, 그 **발기인조합이 정관을 작성**(이때부터 마치 자연인에 있어 태아처럼 비영리법인의 전신인 설립 중의 법인으로 인정되며 이후 법인이 설립되면 설립 중의 법인의 법률관계는 법인에게 자동승계된다)하고, **주무관청의 허가를 받은 후 설립등기를 하게 되면 법인격을 취득**하게 된다. 설립등기는 마치 자연인의 출생과 동일한 효과가 있는 성립요건이라 할 수 있다.

위와 같은 법인격을 취득하지 못한 단체로 **비법인사단과 비법인재단**이 있다. 이들도 정관에 해당하는 **내부적 규약**이 있고, 구성원의 가입과 탈퇴(또는 출연재산의 증감)와 상관없이 **단체성이 유지**되며, **내부적으로 업무를 처리하는 자**가 있고, **외부적으로 법인을 대표하는 자**가 있으며, **사원총회와 같은 단체 구성원으로 구성된 총회**(재단법인에는 없다) 등이 있어야 한다. 즉 주무관청의 허가와 설립등기만 없는 상태의 단체를 말한다. 비법인사단으로는 교회, 종중, 동창회, 학회, 소비자조합, 노동조합 등이 있으며, 비법인재단으로는 고아원, 유치원, 양로원 등이 있다. 민사소송법은 권리능력 없는 단체에 대하여도 당사자능력(원고나 피고가 될 수 있는 능력)을 인정하고 있고(제52조), 부동산등기법도 비법인사단이나 비법인재단에 대한 부동산등기능력을 인정하고 있다(제31조).

우리 판례는 비법인사단에 대하여는 사단법인에 관한 민법 규정 가운데서 법인격을 전제로 하는 것을 제외하고는 이를 유추적용하여야 한다고 하였다.[3)]

다만 판례는 임시이사의 선임에 관한 규정(제63조)은 권리능력 없는 사단 또는 재단에 준용할 수 없다고 하였다.[4)]

### (2) 법인의 기관

법인은 자연인과 달리 몸을 가지고 있지 않기 때문에 법인의 행위를 수행할 기관을 필요로 한다. 이러한 **기관에는 이사, 감사, 사원총회** 등이 있다. **이사는 법인을 대표하며 법인의 사무를 집행하는 상설필요기관**으로 1인 이상을 두도록 되어 있다. **감사는 회계 및 직무를 감사하는 자로 1인 이상 둘 수 있는**(두지 않을 수도 있다) **임의기관이며, 사원총회는 법인의 업무에 대한 의결권을 행사하는 비상설필요기관**이다. 즉 정기총회 또는 임시총회가 개최될 경우에만 존재하는 비상설기관이다. 사원총회는 사단법인에만 있으며, 사원들은 모두 그 구성원이 된다.

법인의 대표기관으로는 이사 이외에도 임시이사, 이사직무대행자, 특별대리인, 청산인 등이 있다. 법인 대표기관의 행위는 당연히 법인의 행위로 간주되며, 법인에게는 불법행위능력이 인정된다(제35조). 따라서 법인의 이사가 법인의 업무와 관련된 외관을 갖춘 경우에 불법행위가 성립하게 되면 법인이 직접 책임을 지게 된다(외형설). 따라서 법인의 대표기관이 자신의 개인적 이익을 위한 내심의 의사를 가졌더라도 외형상 법인의 행위로 보이는 행위를 한 경우에는 법인의 불법행위가 성립되며, 법인은 피해자에 대하여 손해배상책임을 진다.[5)]

---

3) 대법원 1992. 10. 9. 92다23087 판결.
4) 대법원 1961. 11. 16. 4293민재항431 결정.
5) 대법원 1969. 8. 26. 68다2320 판결.

# Ⅲ. 권리의 객체

## 1. 의 의

권리의 객체라 함은, 권리의 주체가 권리를 향유할 경우 법에 의해 보장된 생활상의 이익을 주는 대상을 말한다. 권리의 객체는 권리의 내용에 따라 다양할 수밖에 없다. 예를 들어 **물권의 객체는 물건**이며(예외적으로 전세권이나 지상권 등이 전세권의 객체가 되는 것처럼 권리가 객체가 되는 경우가 있다), **채권의 객체는 채무자의 일정한 행위**(급부)이고, **지적재산권의 객체는 정신적 산물**이다. 이처럼 권리의 종류에 따라 권리의 객체가 각각 다르기 때문에 이를 모두 규정할 수가 없어서, 우리 민법은 물권의 객체인 물건에 대해서만 규정하고 있다.

## 2. 물 건

### (1) 의 의

민법 제98조는 "본법에서 물건이라 함은 유체물 및 전기 기타 관리할 수 있는 자연력을 말한다"고 하여, **물건으로 유체물 및 무체물**을 규정하고 있다. 그러나 해석상 민법상의 물건으로 인정되기 위해서는 **신체 부위가 아닌 외계의 일부, 독립성, 관리·지배 가능성** 등을 갖추어야 한다. 따라서 의족, 의수 등도 신체에 부착되어 있으면 물건이 아니라 신체의 일부가 되며, 혈액, 머리카락 등도 분리되면 신체의 일부가 아니므로 물건으로 취급된다. 해나 달과 별 등은 지배 가능하지 않기 때문에 민법상 물건으로 분류되지 않는다. 시체는 생명이 끊어졌기 때문에 물건으로 취급될 수밖에 없지만, 이는 재산권의 객체가 아닌 장사의 객체가 되는 특수한 물건으로 취급된다.

### (2) 분 류

우리 민법은 물건을 분류함에 있어 부동산과 동산, 주물과 종물, 원물과 과실로 나누어 규정하고 있다.

**토지 및 그 정착물을 부동산**이라 하고, **그 이외의 물건은 모두 동산**이라 한다(제99조). **부동산은 등기를, 동산은 점유를 통하여 공시되며, 물권변동이**

**인정**된다. 따라서 아무리 매매를 하였다고 하더라도 등기나 점유를 이전하지 않으면 여전히 소유권(물권)은 매도인에게 있을 뿐 매수인은 소유권을 취득하지 못한다. 다만 토지의 정착물 중 건물은 토지와는 별개의 부동산으로 취급된다. 즉 부동산에는 토지와 건물이 있다고 하겠다.

동일한 사람의 소유에 속하는 두 개의 물건이 서로 주종의 관계에 있을 때, **주된 물건을 주물**이라 하고, **종된 물건을 종물**이라 한다. 주물과 종물의 특징적인 점은 **종물은 주물의 처분에 따른다**는 점이다(제100조). 주의할 점은 주물과 종물은 서로 **독립된 물건**이라는 점이다. 이러한 주물과 종물의 원리는 주된 권리와 종된 권리 사이에도 준용된다. 예를 들어 원금채권이 양도되면 이자채권도 함께 양도된다.

**한 물건으로부터 산출된 경제적 수익을 과실이라 하고, 그 경제적 과실을 낳은 물건을 원물**이라 한다. 과실에는 **천연과실과 법정과실**이 있다. **천연과실**은 원물로부터 직접 산출되는 경제적 수익을 말하며, **법정과실**은 원물의 사용대가로 산출되는 과실을 말한다. 원물과 과실은 양자가 모두 물건인 경우에만 인정되는 개념이기 때문에, 물건이 아닌 권리의 사용대가인 저작권료, 주식배당금 등은 법정과실이 아니며, 근로의 대가인 임금도 물건이 아닌 사람의 노동력에 대한 대가이므로 법정과실이 아니다. 원물과 과실에 있어 가장 중심이 되는 논점은 **과실수취권을 누구에게 인정할 것인가**인데, **천연과실의 경우에는 원물의 소유자에게 과실수취권이 있는 것이 원칙**이고, **법정과실의 경우에는 수취할 권리의 존속기간일수의 비율에 따라 나누어 갖도록 되어 있다**(제102조). 또한 **선의의 점유자**는 원래는 소유권자가 아니기 때문에 과실수취권이 없다고 할 것이지만, 우리 민법은 이를 부당이득으로 반환할 필요가 없다고 하여, 선의의 점유자에게 과실수취권을 예외적으로 인정하고 있다(제201조 제1항).

## Ⅳ. 의사표시와 법률행위

### 1. 의 의

의사표시라 함은 일정한 법률효과를 의욕하는 정신작용의 대외적 표현이고, **법률행위라 함은 하나 또는 둘 이상의 의사표시를 필수요소로 하는 법률요건**을 말한다. 즉 법률행위에는 단독행위(하나의 의사표시), 계약(두 개의 반대방향의 의사표시), 합동행위(같은 방향의 두 개 이상의 의사표시, 앞서의 사단법인 설립을 위한 사원들의 정관작성행위)가 있다. 일반적으로 법률효과가 발생하려면 일정한 법률요건을 갖추어야 하는데, **법률요건을 구성하는 것을 법률사실**이라고 한다. 즉 **의사표시는 법률사실에 해당되고, 법률행위는 법률요건에 해당**된다고 하겠다. 따라서 매매계약을 예로 들면, 사겠다라는 의사표시(청약)와 팔겠다라는 의사표시(승낙)가 일치하게 되면 매매계약이 성립하게 되는데, 이를 분설하면 청약과 승낙이라는 의사표시가 법률사실이고, 계약이 법률행위로서 법률요건에 해당된다. 그 결과 법률요건이 충족되면 일정한 법률효과(매도인은 물건인도의무와 대금청구권이, 매수인은 대금지급의무와 물건인도청구권이 발생)가 발생하게 된다.

법률요건으로는, 앞서의 법률행위 이외에도 **불법행위, 부당이득, 사무관리** 등이 포괄적 개념의 법률요건이 있고, **개별적 법규에 근거한 법률요건으로 시효취득, 무주물 선점, 매장물 발견, 혼합, 가공 등이 있다**. 다양한 법률요건이 있지만, 사적 자치를 중심으로 하는 사법체계에서는 당사자의 의사표시를 불가결의 요소로 하는 법률행위가 가장 중요한 법률요건이라고 할 수 있다.

## 2. 법률행위와 의사표시의 관계

앞서 살펴본 바와 같이, 법률행위는 법률요건에 해당되고, 의사표시는 그러한 법률요건을 구성하는 법률사실에 해당한다. 의사표시의 중요한 점은, **표의자가 의사표시한 대로 법률효과가 발생한다는 점**이다. 예를 들어 동일한 물건이라고 하더라도, 어떤 자는 100만원에 매입하겠다고 의사를 표시하고, 어떤 자는 200만원에 사겠다고 의사표시를 하였다면, 각각 그 금액 상당을 매매대금으로 지급할 채무를 부담하게 된다는 것이다. 왜냐하면 그렇게 지급하고 매수하겠다고 의사표시를 하였기 때문이다.

## 3. 법률사실 및 법률요건에 대한 검토

법률사실 중 가장 많은 것이 사적 자치의 원칙상 의사표시라 할 수 있는데, 그 이외에도 **의사의 인식상태에 머물러 있는 의사의 통지**(최고, 거절), **관념의 통지**(통지와 승인), 사실행위(매장물 발견, 유실물 습득, 무주물 선점 등) 등이 있고(이러한 세 개념을 포괄하여 준법률행위라고 부르는데, 그 특징은 인식만으로는 일정한 법률효과가 의욕되지 않았기 때문에 법률의 규정이 개입·보충됨으로써 일정한 법률효과가 발생한다는 점이다. 이를 통괄하여 준법률행위라고 부르는데, 이처럼 준법률행위라고 부르는 것은 의욕은 아니더라도 인식이 개입하여 인간의 정신작용이 개입하고 있기 때문에, 착오나 사기 또는 강박 등의 문제가 발생하였을 때 의사표시인 법률행위의 효과에 대한 구제책을 동일하게 적용하기 위해서라고 할 수 있다), **사건으로 부당이득반환**이 있고(사건은 인간의 정신작용이 전혀 개입하지 않는다. 예를 들면 시간의 흐름, 사망, 출생, 옆집 닭이 달걀을 낳고 간 경우 등이 있다), 위법행위로 채무불이행과 불법행위가 있다.

이러한 법률사실들이 모이면 법률요건이 되고, 일정한 법률효과가 발생하게 된다.

## 4. 법률행위의 종류

### (1) 의사표시의 수에 따른 분류

법률행위는 법률사실로서의 의사표시가 몇 개 있는가에 의해 단독행위, 계약, 합동행위로 나눌 수 있다.

단독행위라 함은 표의자 한 사람의 의사표시만으로 법률요건을 갖추는 법률행위를 말하는데, 이러한 단독행위에는 상대방 있는 단독행위(추인·취소·해제·상계·채무면제 등)와 상대방 없는 단독행위(유언·권리의 포기 등)가 있다. 그런데 단독행위는 표의자의 일방적 의사표시에 의하여 일정한 법률관계가 형성되기 때문에 타인에게 의무를 지우는 단독행위는 법상 인정될 수 없다. 따라서 타인에게 이익이 될 경우에만 인정된다고 하겠다.

계약이라 함은 일방 **당사자의 청약의 의사표시**와 그 청약과 내용이 일치하는 **타방 당사자의 승낙의 의사표시**, 즉 **반대방향의 두 개의 의사표시의 합치에 의해 성립하는 법률행위**를 말한다. 일반적으로 사적 자치, 법률행위

자유의 원칙이라 함은 계약자유의 원칙을 의미할 때가 많다. 이러한 계약은 일상생활에서 가장 중요하고도 빈번하게 성립하는 법률행위로서, 그 형태도 다양하다. 계약의 내용에 따라 **물권계약, 채권계약, 신분계약** 등 다양하게 나눌 수 있으나, 일반적으로 계약이라고 하면 채권계약을 의미할 때가 많다. 특히 물권법상의 계약에 대하여는 **물권적 합의**라는 말을 사용한다.

합동행위라 함은 같은 방향의 두 개 이상의 의사표시의 합치를 말한다. 예를 들면 여러 명의 사원들에 의한 사단법인 설립행위가 대표적인 합동행위이다. 소수설이지만, 사단법인의 설립행위를 합동행위가 아닌 특수계약으로 보는 특수계약설이 있지만 지지를 받지 못하고 있고, 판례도 합동행위로 보고 있다.

### (2) 효력에 따른 분류

법률행위를 효력에 따라 분류하면, 의무부담행위와 처분행위로 분류할 수 있다. **의무부담행위**라 함은, 법률행위의 효과로서 일방이 일정한 행위를 하여야 할 의무를 부담하고 상대방은 그 행위를 요구할 수 있는 권리를 취득하게 되는 법률행위를 말한다. 따라서 의무부담행위에는 의무의 이행이라는 문제가 남게 된다. 예를 들면 어느 물건에 대한 매매계약을 체결하게 되면, 그 법률효과로 매도인은 목적물의 소유권을 매수인에게 이전해 주어야 할 의무를 부담하게 되고(제536조), 그 물건에 대한 소유권을 매수인에게 이전해 주어야 할 의무가 생기게 되는바, 이러한 매매계약을 의무부담행위라고 한다. 그런데 의무부담행위의 가장 전형적인 것이 채권계약이기 때문에 이를 채권행위라고도 한다.

**처분행위**라 함은, 권리자가 기존의 권리를 처분할 경우 이행의 문제가 남지 않은 법률행위를 말한다. 예를 들면 채권양도, 권리의 포기, 제한물권 설정행위처럼 권리·의무를 처분하게 되면 그 즉시 법률효과가 발생하여 새롭게 이행이라는 문제를 남기지 않게 되는데, 이러한 행위를 처분행위라고 한다. 이러한 처분행위에는 물권행위, 준물권행위가 있다.

## 5. 법률행위(의사표시)의 효력

### (1) 의사표시의 효력발생시기

**상대방 없는 의사표시**(상대방 없는 단독행위)는 의사표시가 성립하면 그 즉시 효력을 갖게 되나, **상대방 있는 의사표시**는 그 의사표시가 상대방에게 도달되어야만 의사표시의 효력이 발생하게 된다. 즉 우리 민법은 **의사표시에 대하여 도달주의를 채택**하고 있다(제111조 제1항). 의사표시는 상대방에게 도달하기 전이면 의사표시를 철회할 수 있으나, 도달 이후에는 철회할 수 없는 구속력을 갖게 된다. 다만 의사표시와 철회가 동시에 도달하거나 그 전에 도달한 경우, 도달 후 상대방의 동의가 있거나 법률에서 허용하고 있는 경우에는 예외적으로 철회할 수 있다.

### (2) 의사와 표시의 불일치에 대한 효력

1) 서 설 의사표시의 형성과정을 보면 동기, 효과의사(결심), 표시의사, 표시행위 등 네 단계로 나누어 볼 수 있다. 그런데 강학상 의사표시의 형성과정에 대하여 효과의사와 표시행위를 의사표시의 요소로 보고 있다. 즉 표의자가 내심에 결심한 바대로 외부에 표시행위를 하게 되면 의사표시의 효력이 발생하게 된다. 그런데 양자가 일치하지 않은 경우가 있는데, 이에 대하여 살펴보기로 한다.

2) 비진의의사표시 비진의의사표시라 함은 표의자가 내심의 효과의사와 다른 내용의 의사를 외부에 표시하는 것을 말하며, 우리 민법은 이 경우 원칙적으로 유효하다고 하여, **거짓말한 경우** 그에 대한 책임을 지도록 하고 있다(제107조 제1항). 즉 표의자가 효과의사와 표시행위가 불일치하다는 점을 알면서도 감히 거짓말을 했기 때문에 책임을 묻겠다는 것이다. 다만 이 경우 상대방도 그것이 거짓말이라는 사실을 알았거나 알 수 있었을 경우에는 **예외적으로 무효**로 하고 있다. 그러나 이 경우에도 상대방과 법률행위를 한 선의의 제3자가 있는 경우에는 그에게 대항할 수 없다. 즉 선의의 제3자의 권리가 거짓말한 자보다 우선한다(제107조 제2항).

3) 통정허위의사표시 통정허위의사표시라 함은, 표의자가 상대방과 공모하여 효과의사(진의)와 다른 표시행위를 하기로 합의하는 것을 말한다. 이

경우에는 양쪽이 모두 거짓말을 하고 있기 때문에 당사자 사이에서는 무효로 규정하고 있다. 다만 이 경우에도 선의의 제3자에게는 대항할 수 없기 때문에 선의의 제3자는 보호된다(제108조). 선의의 제3자라 함은, 무효인 법률행위의 결과를 진실한 것으로 믿고, 상대방과 새로운 법률행위를 한 자를 말한다. 예를 들면 표의자와 통모한 상대방으로부터 부동산을 매수한 자가 선의이면 그 부동산에 대한 소유권을 취득하게 된다.

**4) 착오에 의한 의사표시** 착오에 의한 의사표시라 함은, 표의자가 내심의 **효과의사와 다른 표시행위를 한 사실을 알지 못한 의사표시**를 말한다(제109조). 착오에 의한 의사표시는 원칙적으로 유효하다. 다만 그 착오가 법률행위의 중요부분에 관한 것이고 표의자에게 중대한 과실이 없는 경우에는 예외적으로 취소할 수 있다. **의사표시가 취소되면 그 의사표시는 처음부터 무효인 것으로 소급**한다(제141조). 착오를 이유로 취소한 경우에도 행위 시와 취소 시 사이에 선의의 제3자가 있는 경우에는 **선의의 제3자는 보호**받는다.

문제는 동기의 착오의 경우에 어떻게 할 것이냐 여부이다. 착오는 효과의사와 표시행위의 불일치를 표의자가 알지 못한 상태를 의미하는데, 효과의사와 표시행위가 일치하지만, 효과의사의 형상과정에 잘못된 인식이 있었던 경우, 즉 동기의 착오가 있는 경우를 통상의 착오에 포함시킬 것인가 여부이다. 현재는 **동기불포함설이 통설이자 판례**[6]**의 입장**이다. 즉 동기가 의사표시에 포함되어 표시된 경우에 한하여 동기의 착오도 의사표시의 착오로 보아 취소할 수 있다. 왜냐하면 거래를 하는 자는 대부분 동기를 밝히게 되면 상대방과의 협상과정에서 불리하게 되기 때문에 동기를 감추려는 경향이 있는데, 나중에 자신의 내적 영역인 동기의 착오를 이유로 취소를 주장하게 되면 상대방은 불의의 피해를 입게 되기 때문에 동기의 착오는 동기가 의사표시의 내용으로 표시된 경우에 한하여 취소할 수 있다는 것이 판례의 입장이다. 판례는, 동기의 착오가 법률행위의 내용의 중요 부분의 착오에 해당함을 이유로 표의자가 법률행위를 취소하려면 그 동기를 당해 의사표시의 내용으로 삼을 것을 상대방에게 표시하고 의사표시의 해석상 법률행위의 내용으로 되어 있다고 인정되면 충분하고 당사자들 사이에 별도로 그 동기를 의

---

6) 대법원 1995. 5. 23. 94다60318 판결.

사표시의 내용으로 삼기로 하는 합의까지 이루어질 필요는 없지만, 그 법률행위의 내용의 착오는 보통 일반인이 표의자의 입장에 섰더라면 그와 같은 의사표시를 하지 아니하였으리라고 여겨질 정도로 그 착오가 중요한 부분에 관한 것이어야 한다고 하였다.[7)]

5) **하자 있는 의사표시** 하자 있는 의사표시라 함은, **사기나 강박과 같이 의사의 형성 및 표시 과정에 타인의 위법한 간섭이 있는 경우의 의사표시**를 말한다. 사기와 강박에 의한 의사표시는 표의자의 자유로운 의사결정에 의한 것이라기보다는 **기망행위나 강박행위**에 의해 이루어진 경우이기 때문에 표의자의 진정한 의사표시라고 볼 수 없어, 이를 취소할 수 있도록 한 것이다(제110조). 다만 의사표시의 상대방이 아닌 타인이 사기나 강박을 하고, 그런 상태에서 표의자가 상대방에 대해 의사표시를 한 경우에는 상대방이 그 타인이 그러한 사기나 강박을 한 사실을 알았거나 알 수 있었을 때에 한하여 취소할 수 있다. 사기와 강박을 이유로 취소하는 경우에도 선의의 제3자는 보호된다.

# Ⅴ. 대 리

## 1. 의 의

**대리라 함은 본인의 대리인이 법률행위**(대리행위)**를 하고, 그 법률효과를 본인에게 책임지우는 법률관계**를 말한다. 원칙적으로 법률행위의 효력은 행위자에 관하여 생긴다. 그런데 행위자 한 사람만이 그러한 책임 있는 행위를 하려면 법률행위의 범위가 축소될 수밖에 없다. 왜냐하면 시간과 공간의 제약이 있기 때문이다. 따라서 우리 민법은 본인을 대체할 수 있는 자로 대리제도를 두고 있는 것이다. 임의대리의 경우, 본인이 대리인에게 일정한 대리권을 수여하고, 대리인이 그 대리권을 근거로 하여 상대방과 일정한 대리행위(의사표시를 필요로 하는 법률행위)를 하고, 그 대리행위의 효과를 본인과 상대방 사이에 발생시키게 된다. 이를 대리권, 대리행위, 대리효과라 하여

---

7) 대법원 2000. 5. 12. 2000다12259 판결.

대리의 삼면관계라고 한다. 물론 법정대리의 경우에는 대리권의 발생이 본인의 의사표시가 아니라 법률의 규정에 의하여 발생하거나 법원의 선임 시 법원의 결정에 의하여 발생한다.

대리제도를 통해 무능력자의 법률행위가 가능하게 되고(법정대리, 사적 자치의 보충), 행위능력자의 경우에는 타인을 대리인으로 선정하여 법률행위의 범위를 확장하게 된다(임의대리, 사적 자치의 확장). 대리제도의 의의와 기능상 대리는 법률행위에 대하여만 인정된다.

## 2. 대리의 종류

대리권이 법률의 규정에 의해 당연히 발생하는 법정대리(미성년자의 친권자, 한정치산자의 후견인) 및 본인의 대리권수여에 의해 발생하는 임의대리가 있다. 법정대리와 임의대리는 대리권의 범위, 복대리인의 선임권 등에서 차이가 있다. 그 외에도 능동대리와 수동대리, 공동대리와 단독대리 등으로 분류하는 방법도 있다.

## 3. 대리의 요건

### (1) 대리권의 존재

대리인의 대리행위에 의해 본인에게 법률효과(대리효과)를 귀속시키기 위해서는 **대리인에게 대리권이 존재**하여야 한다. **무권대리행위의 경우에는 본인이 책임을 지지 않고, 무권대리인이 직접 책임을 져야 한다.** 다만 본인은 무권대리행위를 추인함으로써 본인에게 법률효과를 귀속시킬 수 있다. 본인이 추인하지 않은 경우 상대방은 무권대리인에게 계약내용의 이행을 청구하거나 손해배상을 청구할 수 있다(제135조).

무권대리 중 무권대리인에게 정당한 대리권이 있는 듯한 외관 형성에 본인이 일정한 원인을 제공한 경우에는 예외적으로 본인이 책임을 져야 하는 경우가 있는데, 그러한 무권대리를 **표현대리**라 한다. 이러한 표현대리에는 대리권을 수여하지 않았음에도 불구하고 대리권을 수여하였다고 표시함으로써 성립하는 **대리권수여의 의사표시에 의한 표현대리**(제125조), **기본적 대리권이 있지만 이를 초과하여 대리권을 행사한 월권대리**(제126조), **대리권 소멸 후**

**의 표현대리**(제129조) 등이 있다. 표현대리의 본질은 무권대리이다.[8)]

무권대리의 경우 원칙적으로 본인은 책임을 지지 아니 한다. 다만 본인이 이를 추인할 경우 본인이 책임을 진다(제130조). 무권대리의 상대방은 본인에게 추인할 것인지 여부를 최고할 수 있고, 최고에도 본인이 침묵을 지키면 추인을 거절한 것으로 본다(제131조). 또한 상대방은 본인이 추인하기 전이라면 스스로 무권대리행위 시 표시했던 의사표시를 철회할 수 있다(제134조). 대리행위인지 여부는 외부에 나타난 사실에 의해 판단할 뿐(외형설), 대리인의 내심의 의사에 의해 결정되는 것은 아니다. 예를 들어 "본인을 위한다고 대리행위를 외관상 하였으나, 실제로는 대리인이 자신이나 타인의 이익을 위해 행위를 한 경우"라고 하더라도 상대방이 이를 본인의 이익을 위한 행위로 알고 대리행위에 응했다면 이는 대리행위로서 본인이 책임을 져야 한다는 것이다.

### (2) 대리행위(현명주의)

대리인이 대리행위를 함에 있어서는 "본인을 위하여" 함을 분명히 밝혀야 하기 때문에 우리 민법은 현명주의에 의할 것을 규정하고 있다. 즉 "본인 甲의 대리인 乙"과 같이 대리행위를 통해 본인 甲에게 법률효과를 귀속시키겠다는 의사를 밝히도록 한 것이다(제114조). 따라서 대리인이 대리행위를 하면서도 본인을 밝히지 않은 경우에는 본인이 아니라 대리인 자신이 책임을 져야 한다(제115조).

### (3) 대리효과

대리인의 대리행위에 대하여 본인이 법률효과의 귀속주체로서 책임을 지게 된다. 따라서 대리행위로 발생한 모든 권리·의무는 모두 본인에게 귀속한다.

---

8) 대법원 1983. 12. 13. 83다카1489 판결.

## Ⅵ. 시효제도

### 1. 의 의

**민법총칙은 소멸시효에 대하여 규정**하고, **물권편은 취득시효에 대하여 규정**하고 있다. 소멸시효라 함은, 일정한 시간의 경과로 인하여 권리가 소멸하는 제도를 말한다. 취득시효라 함은 일정한 시간의 경과로 인하여 권리를 취득하는 제도를 말한다. 이처럼 어떠한 사실상태가 일정기간 계속될 경우 그 나름대로 평화가 유지되는 것을 권리로 인정하겠다는 것이다. 즉 그 평화로운 상태를 믿고 새로운 법률관계를 형성하거나, 계약서나 영수증과 같은 증거방법 등을 폐기처분하는 경우가 많은데, 뒤늦게 권리관계를 규명하게 되면 사회의 법적 질서가 무너지게 되는 경우가 있기 때문에 이러한 평화파괴를 예방하기 위하여 인정되는 제도가 바로 시효제도이다.

기간 중에는 **소멸시효제도**와 비슷한 것으로 **제척기간제도**가 있다. **소멸시효는 주로 청구권에서 문제**가 되지만, **제척기간은 일정한 권리의 존속기간으로 주로 형성권이나 기타 권리관계를 조속히 확정시킬 필요가 있을 때 적용되는 제도**이다. 따라서 제척기간의 경우에는 그 기간이 경과하게 되면 그 권리는 소멸하게 된다. 또한 소멸시효와 비교하여 보면, **소멸시효에는 시효중단이라는 제도**가 있어(제168조) 일정한 사유가 있으면 경과한 기간이 모두 무효가 되고 다시 처음부터 소멸시효가 기산되는데, 제척기간에는 그런 제도가 없다. 또한 소멸시효는 완성되었다고 하더라도 **시효이익을 포기하고 채무를 이행**할 수 있지만(제184조), 제척기간에는 그러한 이익포기제도가 없다. 또한 소멸시효가 완성되면 **그 권리 발생일로 소급하여 소멸**하는데 반하여(제167조), 제척기간에는 소급효가 없어 장래에 향하여 그 권리가 소멸할 뿐이다.

### 2. 소멸시효

#### (1) 시효로 인하여 소멸하는 권리

민법은 소유권을 제외한 모든 재산권은 소멸시효의 대상으로 규정하고 있다(제162조). 다만 물권적 청구권이 소멸시효의 대상인지에 대하여 학설은 다툼이 있으나, 소유권에 기한 물권적 청구권은 소유권의 항구성으로 인해 소멸시효의 대상이 되지 않는다고 보고 있으며, 나머지 물권적 청구권은 그 물권이 소멸시효에 걸리면 물권적 청구권도 소멸시효에 걸린다고 본다. 다만 부동산에 대한 전세권은 존속기간이 10년에 불과하기 때문에 소멸시효의 대상이 되지 않는다고 본다. 형성권은 제척기간의 대상이다.

(2) 소멸시효기간

**채권의 소멸시효기간은 10년**이고, **다른 재산권은 20년**의 소멸시효에 걸린다(제162조). 그러나 채권 중에는 3년(제163조) 및 1년(제164조)의 단기소멸시효에 걸리는 것이 있다. **3년의 소멸시효에 걸리는 채권은 주로 노동력 관련 채권**이고, **1년의 소멸시효에 걸리는 채권은 주로 서비스 관련 채권**이다. 다만 단기소멸시효대상채권이든 10년의 소멸시효대상채권이든 판결을 받게 되면 판결확정일로부터 새롭게 10년의 소멸시효기간이 시작된다(제165조). 소멸시효기간은 권리를 행사할 수 있는 때, 즉 확정기한부채권은 기한이 도래한 때, 불확정기한 역시 기한이 객관적으로 도래한 때, 기한의 정함이 없는 채권은 채권발생 즉시로부터 소멸시효가 진행한다(제166조 제1항).

(3) 소멸시효의 중단과 정지

소멸시효의 중단이라 함은 **시효의 진행을 방해할 객관적 사유가 발생하게 되면 기왕에 경과된 기간은 모두 무효**가 되며 **그 사유 발생일로부터 새롭게 소멸시효기간이 기산되는 것**을 말한다(제178조). 소멸시효중단사유로는 이행의 청구, 압류, 가압류 또는 가처분, 채무자의 권리 승인 등이 있다(제168조).

소멸시효의 정지라 함은 일정한 사유가 있으면 소멸시효의 진행을 일시적으로 멈추었다가 그 사유가 소멸하면 나머지 기간이 진행하는 것을 말한다. 소멸시효정지사유로는 무능력자를 위한 시효정지(제179조), 재산관리자에 대한 무능력자를 위한 시효정지(제180조), 부부간의 시효정지(제180조), 상속재산에 관한 시효정지(제181조) 등은 그 사유발생일로부터 6월, 천재 기타 사변에 의한 시효정지는 1개월(제182조) 등이 있다.

# 제4절 재산법(물권법과 채권법)

## Ⅰ. 재산권의 의의

재산권이라 함은, 경제적 이익을 향유하는 것을 내용으로 하는 권리를 말한다. 재산권은 금전으로 평가될 수 있는 권리로서, 인격권 또는 신분권에 비교된다. 다만 우리 민법 제373조는 "금전으로 가액을 산정할 수 없는 것이라도 채권의 목적으로 할 수 있다"고 하여, **금전으로 평가될 수 없는 것도 재산권의 객체가 될 수 있음**을 밝히고 있다. 상속권은 신분권적 속성을 가지고 있으면서 동시에 재산권적 성질도 가지고 있다. 따라서 경제적 가치 및 금전적 평가의 대상인지 여부는 재산권을 판단하는 절대적 기준은 아니라 할 것이다. 그렇지만 금전으로 평가할 수 없는 재산권도 채무불이행이나 침해가 있게 되면 손해배상책임을 지게 되고, 우리 민법이 손해배상은 금전배상을 원칙으로 하고 있기 때문에 **최종적으로는 금전으로 환산하여 변제**하여야 한다. 재산권은 물권, 채권, 지적재산권 등으로 나눌 수 있다.

## Ⅱ. 물 권

### 1. 의 의

**물권이라 함은, 권리자가 물건을 독점적·배타적으로 지배할 수 있는 권리**를 말한다. 즉 물권은 권리자가 타인의 행위를 도움받지 않고 직접적으로 객체인 물건을 지배할 수 있는 권리로서, **배타성**이 있기 때문에 이를 침해한 자가 있으면 그 **침해자가 누구든지 절대적으로 주장할 수 있는 절대권**이기도 하다.

물권은 다시 완전물권과 제한물권으로 나눌 수 있고, **제한물권은 다시 용익물권과 담보물권**으로 나눌 수 있다. **완전물권**은 소유권을 말하며, 이는 객체인 물건을 사용·수익·처분할 수 있는 권리이다. **용익물권으로는 지상권, 전세권, 지역권**이 있고, **담보물권으로는 유치권, 질권, 저당권**이 있다. 용익물권은 물건의 사용·수익권능을, 담보물권은 물건의 처분권능을 지배하는 제한물권이다. 또한 물건을 지배할 정당한 권원이 있는지 여부와는 상관없이 현실적으로 물건을 지배하고 있는 상태를 권리로 인정한 경우가 있는데, 이러한 권리를 점유권이라 한다. 즉 **물권은 점유권, 소유권, 지상권, 지역권, 전세권, 유치권, 질권, 저당권** 등 여덟 가지가 있다. **물권법정주의**는, 물권의 종류와 내용을 법률 또는 관습법에 의해서만 창설할 수 있도록 규정하고 있다(제185조).

**물권은 배타성을 갖는 지배권**으로서 모든 사람에게 공통적으로 적용되어야 하고, 타인에게 미치는 영향력 때문에 그 존재를 외부에 공시할 필요가 있는데, 이러한 **공시의 방법으로 부동산은 등기, 동산은 점유**(인도)**라는 방법을 이용**하여야 한다. 따라서 공시되지 않는 한 물권변동은 인정되지 않는다.

## 2. 물권의 효력

물권은 물건에 대한 독점적·배타적 지배권이기 때문에 **다른 권리에 우선하여 우선적 효력과 물권적 청구권**이 인정된다. **우선적 효력**이라 함은 물권과 채권이 충돌할 경우 물권우선의 원칙이 적용되고, 물권끼리 충돌할 경우에는 점유권과 소유권은 나중에 성립한 것이, 담보물권의 경우에는 우선 성립한 것이, 용익물권의 경우에는 나중에 성립한 것이 용익면에서 우선하는 성질을 말한다. 한편 물권적 청구권이라 함은, 물건에 대한 지배가 타인에 의해 부당하게 방해받거나 방해받을 염려가 있을 경우 이러한 방해를 제거할 수 있는 권리를 말하는데, 이에는 **목적물반환청구권, 목적물방해제거청구권, 방해예방청구권** 등이 있다.

다만 채권 중에는 일정한 경우에 채권이 물권에 우선하는 경우가 있다. 예를 들어 주택임대차보호법이나 상가건물임대차보호법의 대상인 임차권의 경우 대항력(전입신고 및 건물의 명도)을 갖추고 확정일자를 받거나, 등기한 경우에는 우선적 효력이 인정된다. 또한 소액임대차의 경우 일정한 소액임차보증금의 경우에는 성립 순위와 상관없이 언제나 1순위로 우선변제권을 갖는 예외도 있다. 상법상의 선박구조료 같은 상사우선특권도 물권에 우선한다.

## 3. 물권변동

물권변동이라 함은 물건에 대한 **물권의 발생, 변경, 소멸**이 이루어지는 것을 말한다. 물권변동의 원인으로는 법률행위(물권행위)와 법률의 규정에 의한 경우, 국가의 주권행사(판결 또는 공용징수 등) 등이 있다.

특히 **법률행위에 의한 물권변동**은, 권리자와 의무자 사이에 물권변동을 목적으로 하는 의사표시, 즉 **물권적 합의를 한 후, 등기(부동산)나 인도(동산)와 같은 공시방법**을 갖춤으로써 발생한다. 우리 민법은 부동산물권변동과 관련하여 물권적 합의와 등기가 있어야 한다고 규정하고 있다(제186조). 또한 동산물권의 공시방법으로 현실인도, 간이인도(제188조 제2항), 점유개정(제189조), 목적물반환청구권의 양도(제190조) 등 네 가지 방법을 규정하고 있다. 이와 같이 **물권변동에 등기나 인도를 요하는 것을 성립요건주의(형식주의)**라고 하고, **등기나 인도 없이도 물권변동을 인정하는 것을 대항요건주의(의사주의)**라고 하는데, 우리 민법은 전자를, 일본 민법은 후자의 방법을 취하고 있다.

또한 위와 같은 등기나 인도를 공시라고 하는데, 성립요건주의를 취하고 있는 우리 민법은 공시의 원칙을 요구하고 있는 것이라 할 것이다. 그렇다면 위 공시를 믿고 법률행위를 한 자를 보호할 것인가 문제인데, 이를 공신력이라고 한다. 우리 민법은 부동산의 등기에는 공신력을 인정하지 않아 선의취득을 인정하지 않으면서, 동산의 인도에는 공신력을 인정하여 동산의 선의취득을 인정하고 있다(제249조).

## 4. 물권에 대한 개별적 검토

### (1) 점유권

**점유권이라 함은, 물건을 점유하고 있는 사실상태에 권리성을 인정하는 것**을 말한다. 즉 사회평화를 유지하기 위하여 물건에 대한 사실상의 지배(점유)가 있으면 그 점유가 정당한 권원에 의한 것인지 여부를 묻지 않고 그 사실상태를 권리로 인정하겠다는 것이다. 그리하여 점유권이 인정될 경우 **물권적 청구권으로 점유보호청구권(제204조 내지 제206조), 자력구제권(제209조), 과실수취권(제201조) 등을 인정**하고 있다. 점유권은 점유를 전제로 하는 권리이기 때문에 사실상의 지배가 시작되면 그 즉시 성립되고, 지배를 상실하면 소멸하게 된다. 다만 점유상실로부터 1년 이내에 그 물건을 회수하게 되면 점유는 계속되는 것으로 추정된다. 점유를 정당하게 만들어 주는 권리를 본권이라 하며, 이러한 본권에는 소유권, 전세권, 지상권, 유치권, 질권, 임차권 등이 있다.

### (2) 소유권

1) 의 의 소유권이라 함은, **물건에 대한 사용·수익·처분 등 전면적 지배권을 행사할 수 있는 권리**를 말한다. 따라서 소유자는 소유물을 자기의 의사에 따라 자유롭게 사용·수익·처분할 수 있다(제211조). 이러한 소유권은 당초에는 소유권절대의 원칙의 지배를 받았으나 현대사회에 와서는 공공복리를 최고가치로 하여 소유권상대의 원칙이 확립됨에 따라 법률에 의하여 소유권의 내용과 범위를 정할 수 있도록, 즉 제한할 수 있게 되었다(헌법 제23조, 제37조 제2항, 제122조; 민법 제211조).

2) 효 력 토지소유권은 정당한 이익이 있는 범위 내에서 토지의 상하에 미친다(제212조). 따라서 지하수와 지하의 토사 등은 모두 토지의 구성부분으로 소유권의 효력이 미친다. 다만 지하에 있는 미채굴의 광물은 토지와 독립하여 광업권의 객체가 되며, 국가가 광업권을 허가해 준 경우에만 광물을 채취할 수 있다. 또한 우리 민법은 인접한 부동산 상호간의 이용의 효율성을 극대화하기 위해 **상린관계**에 대하여 규정하고 있다(제216조 내지 제244조). 상린권의 주요 내용으로는, 인지사용청구권(제216조), 공해물질 배출의 금지(제217조), 수도 등의 시설권(제218조), 주위토지통행권(제219조), 유수의 소통 및 이용(제221조 내지 제230조), 공유하천용수권(제231조 내지 제233조), 경계표 및 담설치권(제237조) 등이 있다. 상린관계는 인접한 부동산 소유자 사이의 권리였으나 지상권, 전세권, 임차권 등 용익권자 사이에서도 동일한 내용이 발생할 수 있기 때문에 그들에 대하여도 적용된다.

3) **특수한 소유형태** 소유권의 특수한 형태로 **구분소유권과 공동소유권**이 있다. 민법 제215조 제1항은 "수인이 한 채의 건물을 구분하여 각각 그 일부분을 소유한 때에는 건물과 그 부속물 중 공용하는 부분은 그의 공유로 추정한다"고 하여 구분소유권을 인정하고 있다.

구분소유에 있어 공용부분의 보존에 관한 비용 기타의 부담은 각자의 소유부분의 가액에 비례하여 분담한다. 이처럼 건물의 구분소유란 1동의 건물을 구조상 독립된 여러 부분으로 나누고, 각 부분을 독립된 건물로 하여 소유하는 형태를 말하며, 예를 들면 **아파트나 연립주택** 등이 이에 해당된다. 그러나 민법은 제215조 1개 조문만을 두고 있어 구분소유권을 모두 규율할 수 없기 때문에 현재는 '집합건물의 소유 및 관리에 관한 법률'이라는 특별법에 의해 규율되고 있다.

공동소유라 함은, 하나의 물건을 2인 이상의 수인이 공동으로 소유하는 형태를 말하며, 이에는 **공유·합유·총유**가 있다.

**공유**는 물건이 지분에 의하여 수인에게 공동으로 소유된 것으로(제262조 제1항), 공유자에게는 지분이 있으며 이 지분은 독립성이 있기 때문에 공유자는 다른 공유자의 동의나 승낙을 받음이 없이 자기 지분을 처분할 수 있고, 공유관계를 정리하고 싶으면 분할청구를 할 수도 있다. 공유상태에서 각 공유자는 공유물 전부를 지분의 비율로 사용·수익할 수 있다(제263조). 지분은 균등한 것으로 추정된다.

**합유**는 공동의 목적을 위하여 결합된 수인이 조합체로서 물건을 공동소유하는 것으로(제271조 제1항), 합유에도 지분이 있으나 이 지분은 공동사업이라는 공동의 목적을 위한 재산이기 때문에 합유자 전원의 동의가 있어야만 처분할 수 있다(제273조 제1항). 합유가 종료하기 전에는 합유물의 분할을 청구하지 못한다(제273조 제2항, 제274조).

**총유**는 법인격 없는 사단의 사원이 집합체로서 공동으로 물건을 소유하는 것으로(제275조 제1항), **총유에는 사원에게 지분이 없다**. 다만 물건의 사용·수익은 각 구성원에게 분속하나, 관리 및 처분은 구성원 전부에게 공동으로 속하게 된다(제276조). 물건의 사용·수익에 관한 사항은 정관 기타 규약에서 정하게 된다.

### (3) 용익물권

용익물권이라 함은, 타인의 물건을 독점적·배타적으로 사용·수익할 수 있는 물권으로, 이에는 **지상권, 지역권, 전세권**이 있다.

**지상권**은 건물 기타 공작물이나 수목을 소유하기 위하여 타인소유의 토지를 사용하는 권리이다(제279조). 지상권은 당사자의 합의에 의해 발생하는 것이 원칙이나, 법률의 규정(제305조, 제366조)에 의하여 발생하는 **법정지상권**이 있고, 법정지상권과 유사한 것으로 **분묘기지권**이 있다. 또한 판례는, 토지와 건물이 동일인 소유였다가 경매 이외의 사유로 소유자가 분리될 경우 토지소유자는 새로운 건물소유자에게 건물을 철거할 것을 요구할 수 없도록 하는 **관습상의 법정지상권**을 인정하고 있다.[9] 또한 토지의 지하나 공중 중 일부 층만을 독점적으로 사용·수익할 수 있는 구분지상권도 있다(제289조의2). 분묘기지권은 타인의 토지에 봉분을 쓰고 20년이 경과하거나, 자신의 토지에 분묘 후 이를 매도하면서 분묘를 철거하기로 합의하지 않은 경우에 인정된다.

**지역권**은 타인토지의 통행 등 자기토지의 편익을 위하여 타인의 토지를 이용하는 권리이다. 지역권은 인접한 토지 사이의 이용을 조절하기 위한 권리로서, 소유권에 근거한 상린관계와 비슷하다 할 것이나, 상린관계가 소유권의 속성이라면 지역권은 소유권과는 별개의 독립된 물권이라는 점에서 다르다. 즉 지역권은 법률행위에 의해 발생되는 독립된 제한물권이다.

**전세권**은 전세금을 지급하고(전세금의 지급은 전세권의 성립요건) 타인의 부동산을 그 용도에 따라 사용·수익할 수 있는 **용익물권**이다(제303조). 따라서 채권적 전세인 임차권과 다르다. 전세권은 존속기간 동안은 사용·수익에 중점을 둔 용익물권이나, 존속기간 만료 시 전세금을 반환해 주지 않으면 전세목적물을 경매하여 전세보증금을 우선변제받아갈 수 있다는 점에서는 **담보물권으로 기능**한다. 용익권능의 전세권은 물권이기 때문에 소유자의 승낙이나 동의를 받음이 없이 전세권자가 단독으로 전세권을 양도하거나 저당권을 설정하는 등 임의로 처분할 수 있다. **전세권자는 성립 순위에 따라 전세금의 우선변제를 받을 수 있다**는 점에서는 일종의 저당권과 같은 기능이 있다. 전세권자는 전세기간 만료 시 전세목적물을 반환하고 전세권말소등기를 하면서, 전세금을 반환받게 된다. 한편 전세금은 전세권자가 전세목적물에 대한 손해를 발생시킨 경우에 이를 공제하도록 하여 일종의 손해배상담보의 기능을 한다. 즉 전세권설정자(소유자)는 전세금 중 손해액을 공제하고 남은 잔액만을 반환하면 된다.

#### (4) 담보물권

**담보물권이라 함은, 채권을 회수하기 위한 담보로 설정하는 물권을 말**

9) 대법원 1996. 3. 26. 95다45545 판결.

**하며, 이에는 유치권, 질권, 저당권이 있다**. 즉 담보목적물로부터 성립 순서에 따라 우선변제를 받을 수 있는 권리가 보장된다. 따라서 담보권자에게는 경매청구권과 우선변제권이 보장된다.

유치권이라 함은 피담보채권이 유치하고 있는 담보물로부터 발생한 채권으로, 예를 들면 세탁물로부터 세탁비채권이 발생하게 되는바, 유치권자는 피담보채권(세탁비채권)을 변제하지 않는 한 담보목적물(세탁물)을 계속 유치하면서 반환을 거절할 수 있다. 따라서 그 물건의 소유자는 그 목적물을 회수하기 위하여 피담보채권을 변제할 수밖에 없다. 즉 유치권은 법률상 우선변제권은 없으나, 유치를 통해 사실상 우선변제권을 보장받고 있다.

**질권이라 함은, 동산이나 권리를 담보로 제공하고 피담보채권을 담보하는 물권**이다. 질권에는 경매청구권, 우선변제권이 보장된다. 즉 질권은 동산이나 권리에 인정되는데 그 특징은 목적물을 유치한다는 데 있다. 권리를 객체로 하는 질권을 **권리질권**이라 한다. 질권자는 채무의 변제기까지 목적물을 점유하고 있다가 채무자가 이를 변제하지 않을 경우 목적물을 경매하여 우선변제를 받을 권리가 있다.

**저당권이라 함은, 저당권자가 채무자나 제3자가 제공한 부동산을 담보로 취득한 후 변제기에 변제하지 않을 경우 그 목적물을 경매하여 채권을 우선변제받을 수 있는 물권**을 말한다. 즉 **물건에 대한 교환가치를 지배**한다고 하겠다. 저당권은 질권이나 유치권과 달리 목적물을 점유하지 않고 교환가치만을 지배한다. 우리 민법은 부동산을 직접 저당잡는 방법 이외에도 지상권과 전세권에 저당권을 설정할 수 있도록 하고 있다(제371조). 이 경우 전세권이나 지상권을 경매넣게 되면, 경락인은 부동산의 소유권을 취득하는 것이 아니라 지상권이나 전세권을 취득하여 지상권자나 전세권자로서의 권리를 행사할 수 있게 된다. 민법 이외에도 특별법은 등록된 선박(상법 제871조), 자동차, 항공기, 건설기계 등에 저당권을 설정할 수 있도록 하고 있고, 어업권·광업권이나 재단저당법에 의한 재단에 대하여도 저당권을 설정할 수 있도록 하고 있다.

그 외에도 **변칙담보로 양도담보와 가등기담보** 등이 이용되고 있다. 양도담보라 함은 실질은 담보이지만 형식은 소유권을 이전해 주었다가 나중에 원리금을 변제하면 소유권을 환원하는 담보물권을 말하고, 가등기담보라 함은 저당권을 설정하는 대신 가등기를 설정해 두었다가 나중에 채무를 변제하지 않으면 경매를 신청하여 경매대금으로부터 채권을 회수하거나, 소유권이전의 본등기를 함으로써 채권회수의 방법으로 부동산에 대한 소유권을 취득하는 방법의 담보이다. 그러나 이 경우에는 채권자가 폭리를 취할 수 있기 때문에 가등기담보등에 관한 법률은 목적물의 시가와 원리금의 차액을 정산하도록 하고 있고, 만일 이를 정산하지 않으면 소유권이전의 본등기를 하였더라도 그 소유권취득은 무효라고 하고 있다.

**담보물권의 특징은 채권을 바로 그 담보물의 교환가치로부터 우선적으로 변제받을 수 있는 우선권을 보장받는다는 점**이다. 따라서 담보권이 설정되어 있지 않은 채권자는 특정물로부터 우선변제를 받을 수 없기 때문에 **채무자를 상대로 소송을 제기**하여 **승소판결**을 받은 후, 이를 **집행권원으로 하여 채무자의 모든 재산**(이를 일반재산이라 한다)**을 수색하여 그 재산에 압류 및 경매를 신청하여 배당금으로부터 변제를 받을 수 있으나**, 이 경우에는 우선권이 보장되지 않기 때문에 다른 채권자들이 배당참가를 할 경우 채권액에 따라 평등하게 안분하여 배당을 받게 된다.

## Ⅲ. 채 권

### 1. 채권과 채권관계

**채권이라 함은, 특정인이 다른 특정인에 대하여 특정한 행위**(작위나 부작위)**를 요구할 수 있는 권리**를 말한다. 이처럼 채권은 다른 사람의 행위를 요구하는 권리이기 때문에 그 다른 사람의 이행이 있을 때에만 비로소 목적을 실현하게 된다는 점에서, 타인의 이행 없이 직접 물건을 지배하는 것을 내용으로 하는 지배권인 물권과 본질적으로 다르다.

채권에 의하여 권리를 행사할 수 있는 채권자와 의무를 이행해야 하는 채무자가 존재하게 되고, 양자는 채권의 이행을 구하고 이행을 해야 하는 법률관계로 묶이게 되는데, 이를 채권관계라 한다. 채권관계는 당사자의 합의 또는 법률의 규정에 의해 발생된다.

그런데 **채권과 비슷한 권리 개념으로 청구권이 있다**. 양자는 모두 특정인(채권자)이 다른 특정인(채무자)에 대하여 특정한 이행을 구할 수 있는 권리라는 점에서는 같다. 그러나 채권과 청구권은 반드시 동일한 것은 아니다. 왜냐하면 청구권의 발생원인 중 채권이 많은 부분을 차지하지만 채권 이외에도 물권이나 공권, 신분법상의 권리에 의해서도 청구권이 발생하기 때문이다. 예를 들어 물권적 청구권, 부양청구권 등이 그러하다. 한편 채권의 가장 본질적 성질은 '급부의 청구'라는 청구력에 있지만, 이러한 청구력 이외에도 급부의 수령 및 보관 등 다양한 권능이 그 안에 포함되어 있기 때문에 청구권과 다르다고 하겠다.

## 2. 채권의 효력

채권은 채권자의 청구에 따라 채무자가 이행하게 되면 소멸하게 된다. 그런데 채무자가 임의로 이행을 하지 않을 경우, 즉 **채무불이행이 있게 되면, 국가의 공권력에 의하여 강제이행을 할 수밖에 없다**. 즉 채권자는 소를 제기하여 이행을 명하는 판결을 받아, 이를 집행권원으로 하여 국가의 공권력에 의한 강제집행을 하게 된다.

채권자는 강제이행을 할 수 있을 뿐만 아니라 본래의 급부를 요구하는 대신 **채무불이행에 따른 손해배상을 금전으로 받을 수 있는 손해배상청구권**이 있다. 예를 들어 기계의 인도를 이행하지 않을 경우 기계의 시가 상당액의 손해배상을 받는 방법이다. 그런데 손해배상도 금전채권이기 때문에 이를 채무자가 이행하지 않을 경우 역시 소송을 통한 집행권원의 확보를 통해 강제집행을 하여야 한다.

우리 민법은 금전채권의 경우는 물론이고, 금전 이외의 채권의 경우에도 채무자가 이를 이행하지 않게 되면 손해배상책임으로 바뀌게 되고, 손해배상은 금전배상을 원칙으로 하고 있기 때문에, **궁극적으로는 금전채권으로 변하게 된다**고 하겠다. 이때 **강제집행을 당하는 것은 채무자의 전 재산이 그 대상이 된다**고 하겠다. 부동산, 동산은 물론이고 제3자에 대한 채권도 강제집행의 대상이 된다.

그런데 채무자가 채무변제를 면탈할 작정으로 재산을 은닉하거나, 자신의 제3채무자에 대한 권리행사를 방치함으로써 자신의 일반재산을 무자력상태로 만들 경우에 채권자의 채권확보가 어려워지기 때문에 채무자의 책임재산을 보전하는 방법으로, 우리 민법은 **채권자대위권**(제404조)과 **채권자취소권**(제406조)을 규정하고 있다. **채권자대위권**이라 함은 채무자가 제3채무자에 대한 권리를 가지고 있으면서도 이를 행사하지 않아 무자력상태를 유지할 경우 채권자가 채무자를 대위하여 직접 제3채무자에게 이행을 청구할 수 있는 권리를 말한다. **채권자취소권**이라 함은 채무자가 채권자에 대한 채무의 이행을 회피하기 위하여 자신의 재산을 처분하여 스스로 무자력상태를 만든 경우, 채권자가 채무자의 상대방, 즉 수익자 또는 전득자를 상대로 하여 채무자와 사이의 법률관계를 취소시켜 채무자의 재산상태로 환원시킨 뒤, 자신의 채권을 회수할 수 있는 권리를 말한다.

채무자의 채무불이행의 형태로는, 채무의 내용이 실현될 수 있는 데도 이행기에 이행되지 않은 **이행지체**, 채무의 내용이 실현될 수 없는 상태인 **이행불능**, 이행을 하였으나 불완하게 이행한 **불완전이행 또는 적극적 채권침해** 등이 있다. 그런데 이러한 채무불이행 중 채무의 불이행에 채무자의 고의나 과실이 있어 채무불이행에 비난 가능성이 있는 경우를 **협의의 채무불이행**이라 한다. 반면에 채무자가 채무의 이행을 하였음에도 불구하고 채권자가 수령을 거절하거나 수령받을 수 없는 상태를 만드는 것을 **채권자지체**(제404조)라 하며, 채권자지체도 채무불이행의 한 유형으로 보고 있다. 왜냐하면 채권관계는 채권자와 채무자가 상호 협력하여야만 하는 경우가 대부분인데 채권자가 협조하지 않음으로써 채무불이행상태를 유발하였기 때문이다. 채권자지체의 경우 채무자의 책임이 경감되며(제401조), 목적물 보관 등 채무이행을 위한 과정에서 증가된 비용을 채권자가 부담하여야 하며(제403조), 채권자지체 중 채권의 목적이 쌍방의 과실 없이 멸실된 경우에는 위험부담이 이전되어 채권자가 불이익을 감수하여야 한다(제538조 제1항 후단).

결국 **채무불이행이 있게 되면, 손해배상책임이 발생하게 되고, 일정한 조건 하에 계약의 해제권 또는 해지권이 발생하게 된다.**

## 3. 계약에 대한 구체적 검토

### (1) 채권계약

채권관계는 계약을 통해 가장 많이 발생한다. 사적 자치의 원칙에 따라 채권계약을 통해 채권자는 권리를 취득하고, 채무자는 의무를 부담하게 되는 것이다. 이처럼 계약에 의한 채권관계를 특히 **계약적 채권관계**라고 한다.

계약 중 **편무계약이라 함은** 계약이 성립되면 계약 당사자 중 일방만이 급부의무(채무)를 부담하는 계약을 말하고(증여, 무상의 사용대차 등), **쌍무계약이라 함은** 당사자 쌍방이 모두 대가적 의미의 반대급부의무를 지는 계약을 말한다. **쌍무계약이 채권계약의 일반적 모습**이고, 이러한 쌍무계약으로는 매매, 교환, 임대차, 고용, 도급, 현상광고, 정기금채권 등이 있다. 쌍무계약에 의해 양 당사자에게는 채권과 채무가 각각 발생하게 되는데, 이러한 양자의 두 채권관계는 그 성립, 이행 및 존속에 있어서 상호의존적 성질을 갖는다. 이러한 채무의 견련성에 의해 동시이행의 항변권과 위험부담의 문제가 생긴다.

**동시이행의 항변권이라 함은**, 쌍무계약에서는 두 채무가 서로 대가적 의존관계에 있으므로 일방만의 채무를 우선 이행하도록 강제당하는 것은 불공평하기 때문에, 일방이 변제기에 있는 자신의 채무를 이행제공하지 않고 상대방에게 이행을 청구한 경우, 상대방이 채무의 이행을 거절할 수 있는 항변권을 말한다(제536조). 즉 쌍방의 채권관계가 동시이행관계에 있기 때문에 자신의 급부를 이행하지 않고 먼저 청구하는 것은 부당하다는 것이다. 다만 당사자 사이에 특약이 있거나 법률의 규정이 있는 경우에는 예외이다.

**위험부담주의라 함은**, 일방의 채무가 당사자 쌍방의 책임 없는 사유로 이행할 수 없게 된 경우 누가 그 위험을 부담할 것인가의 문제로, 우리 민법은 반대급부의 청구를 하지 못하도록 하여 **채무자위험부담주의를 취하고 있다**(제537조). 예를 들어 주택을 매수하였는데, 쌍방의 과실 없이 그 주택이 소실되어 버린 경우라면, 매도인은 매수인에게 이행할 의무를 면하면서 동시에 매수인에게 매매대금의 지급을 구하지 못하고 자신이 위험을 부담하여야 한다는 것이다. 다만 예외적으로 채무자가 채무를 이행하였음에도 불구하고 채권자지체 중에 동일한 사유가 있게 되면, 제때 채권자가 수령하였더라면 채무자가 진즉 채무를 면했을 것이므로 채무자위험부담주의에서 채권자위험부담주의로 전환되어 채권자가 손해를 보도록 하고 있다(제538조).

한편 사적 자치에 의한 계약자유의 원칙이 기본 사상이지만, 상품과 서비스의 대량생산 및 대량판매가 이루어지게 되자 **소비자에게 획일적으로 적용되는 보통거래약관이 계약서의 중요사항으로 등장**하게 되었고, 그 약관의 내용 결정에 소비자가 관여하지 못한 채 일방적으로 약관 내용에 따르를 수밖에 없는 상황이 발생하게 되었다. 즉 계약체결의 자유, 상대방 선택의 자유, 내용결정의 자유, 방식선택의 자유 등이 형해화되는 현상에 놓이게 된 것이다. 그리하여 이러한 대량판매관계에서 적용되는 보통거래약관을 규제하여 소비자를 보호하기 위하여 약관규제에 관한 법률이 제정되어 시행되고 있고, 방문판매 등에 관한 법률, 할부거래에 관한 법률 등이 제정되어 시행되고 있다.

### (2) 전형계약

1) **서 설** 우리 민법은 계약 중 빈번하게 발생하는 열네 가지 유형의 전형계약을 규정하고 있다. 그러나 실제로는 계약자유의 원칙이 적용되기 때문에 다양한 형태의 계약을 사적 자치에 의하여 당사자가 체결할 수 있다. 그리하여 **열네 가지 전형계약**[10)]을 계약의 이름을 가지고 있다고 하여 유명계약이라고 하고, 그러한 전형적 계약이 아닌 경우로 무명계약, 혼합계약 등 다양한 형태의 계약이 체결되고 있다. 법률관계는 강행법규, 의사표시, 관습, 임의법규, 조리 순으로 해석되고 있기 때문에 강행법규에 반하지 않은 한 임의로 채권계약 내용을 결정할 수 있다. 즉 계약내용은 각 당사자별로 다 다를 수 있다는 것이다. 따라서 이를 포괄적으로 규율하는 것은 사실상 불가능하지만, 일반적으로 전형적인 유형이 있기 때문에 당사자의 의사표시나 관습이 없는 경우에 민법상의 계약에 관한 규정들이 보완적으로 적용되는 것이다. 즉 임의법규의 경우, 사적 자치에 의해 당사자의 의사표시가 임의법규보다 우선하여 적용된다고 하겠다.

2) **매 매** 매매라 함은, **일방 당사자(매도인)가 재산권을 이전할 것을 약정하고, 타방 당사자가 대가로 일정액의 금전(대금)을 지급할 것을 약정하**

---

10) 최근 민법 개정(2015. 2. 3.)으로 여행계약이 추가되어(제9절의2 여행계약), 이제 전형계약은 15가지가 되었다.

**여 성립하는 계약**을 말한다(제563조). 매도인의 재산권이전에 대한 대가로 금전이 지급된다는 점에서 금전 이외의 재산권을 서로 이전할 것을 약정하는 교환과 구별된다. **매매는 전형적인 유상·쌍무계약**으로, 생활에 필요한 재화의 취득 및 유통은 매매를 통해서 이루어지고 있기 때문에 중요한 계약 유형이라 할 수 있다.

매매계약이 성립하면, 매도인은 목적물의 인도의무 및 대금지급청구권을, 매수인은 매매대금지급의무와 목적물인도청구권 등을 취득하게 된다. 그런데 매매의 목적물이 이행된 경우에도 목적물에 하자가 있는 경우가 있기 때문에 이에 대하여 우리 민법은 매도인의 담보책임규정을 두어 문제를 해결하고 있다(제569조 내지 제584조). 그리고 매매에 관한 매도인의 담보책임규정을 다른 유상계약에도 준용하고 있다(제567조). **매도인의 담보책임**이라 함은, 매매 목적인 권리 또는 목적물에 하자가 있어 매수인이 손해를 본 경우, 매도인이 지게 되는 책임을 말한다. 매도인의 담보책임은 매도인이나 매수인의 고의나 과실을 묻지 않고 인정되고 있기 때문에 **일종의 무과실의 법정책임**이라는 것이 다수설의 입장이다. 즉 유상계약의 대가성에 의해 반대급부가 100% 제공되었다면 목적물 역시 100% 완전한 목적물을 제공해 주어야 한다는 공평의 원칙에 의해 인정되는 책임이라 하겠다. 이에는 **권리 하자로 인한 매도인의 담보책임**(예를 들어 매도인이 전세권이 설정된 상태로 매도하여 매수인이 입주할 수 없는 경우, 또는 저당권이 설정된 상태로 매도하여 매수인이 경매를 당하여 소유권을 상실한 경우)과 **물건의 하자로 인한 매도인의 담보책임**(예를 들어 건물을 신축하려고 토지를 매수하였으나 지하에 산업폐기물이 불법매장되어 있어 처리비용이 엄청난 경우)이 있다. **하자의 유형에 따라 대금감액, 손해배상, 완전물급부청구권, 계약의 해제권 등이 발생**한다.

**3) 교 환** 교환이라 함은, 물건을 급부하고 반대로 다른 물건을 받기로 하는 계약을 말한다. 양쪽의 물건의 가격이 차이가 있는 경우 지급되는 금액을 보충금이라 하고, 이 보충금에 대하여는 매매계약에 관한 규정이 준용된다.

**4) 소비대차** 소비대차라 함은 일방이 금전 기타 대체물의 소유권을 이전할 것을 약정하고, 타방이 이를 소비한 후 **나중에 동종, 동질, 동량의 물**

**건으로 반환할 것을 약정하는 계약**이다(제598조). 소비대차의 특징은 빌린 물건을 소비한 후 나중에 다른 물건으로 반환한다는 점이다. 반면에 사용대차(무상) 및 임대차(유상)는 반드시 빌린 그 물건을 반환해 주어야 한다.

소비대차는 친밀한 관계에서 **상호부조적 성격으로 발달**해 왔으나, 현재는 주로 금전소비대차의 형태로 많이 나타난다. 원칙은 무상이나 유상으로 특약을 맺을 수도 있다. 금전소비대차의 경우에는 고리대의 폐해가 심하기 때문에 이자제한법이 제정되어, 최고이율을 제한하고 있다. 이자제한법은 현재 연 4할의 범위 내에서 이자를 정하도록 하고 있고, 대통령령은 최고이율을 연 3할로 정해 놓고 있다.

5) 임대차 임대차라 함은 **일방이 물건을 빌려 이를 사용·수익하고, 타방이 차임을 지급할 것을 약정하는 계약**을 말한다(제618조). 임대차는 유상계약이라는 점에서 무상인 사용대차와 다르다. 임대차의 목적은 동산 또는 부동산이 대부분이며, 경우에 따라서는 권리 등도 될 수 있다. 특이한 점은 다른 나라는 차임을 주로 지급할 뿐인데, 우리나라는 차임과 손해배상을 담보하기 위하여 일정한 금액의 보증금을 목돈으로 받는다는 점이다. 이러한 보증금은 목적물 반환 시 임대차와 관련한 손해배상금이나 연체된 차임 등의 담보목적으로 사용되며, 그러한 금원을 공제하고 남은 돈이 있으면 이를 반환한다.

임차권은 물권인 전세권과 달리 채권으로서 상대권적 성질 때문에 제3자에게 대항할 수 없는 것이 원칙이다. 예를 들어 건물 소유자의 임대차계약을 체결한 경우 만일 그 건물이 타인에게 매도되어 새로운 소유자가 나타났다면, 임대차는 전 소유자와 체결한 것일 뿐이기 때문에 현 소유자가 자신 소유의 건물에서 퇴거해 줄 것을 요구하면 이에 응하여야 한다는 것이다. 즉 상대권으로 현 소유자에게 대항할 수 없기 때문이다. 즉 "매매는 임대차를 깨뜨리지 못한다"는 로마법상의 원칙이 계수된 것이다. 그런데 문제는 그렇게 하다 보니, 서민들의 전 재산이나 다름없는 임차보증금을 회수하지 못하는 사례가 빈번하게 발생하게 됨에 따라 경제적 약자인 임차인을 보호할 필요성이 대두되었고, 그러한 보완책으로 주택임대차보호법 및 상가건물임대차보호법이 제정되기에 이르렀다.

주택임대차보호법에 의하면, **임차인이 주민등록을 옮기고 주택을 인도받으면 대항력을 인정**하여 건물의 소유자가 바뀔 경우 그를 임대인의 승계인으로 보아 임차인은 계속하여 그 주택에 주거할 것을 주장할 수 있고(제3조 제1항), 임대차관계가 종료되면 임대보증금의 반환을 승계임대인에게 청구할 수 있도록 하였다. 즉 양수인이 임대인의 지위를 승계하는 것이다. 한편 대항력을 갖춘 상태에서 임대차계약서에 확정일자를 받으면 그 다음 날부터 우선변제권을 인정하여 마치 그 다음 날에 저당권을 설정한 것처럼 되어 그 임대한 주택이 경매될 경우 경매대금으로부터 순위에 맞춰 우선변제를 받을 수 있는 권리를 확보하게 된다. 확정일자라 함은 그 문서를 작성한 일자가 공적으로 증명된 일자를 말한다. 임대차계약서에 대한 확정일자는 동사무소에서 주민등록담당공무원이 해 주고 있다. 이처럼 임택임대차보호법은 임대차등기가 되어 있지 않더라도 목적물의 인도와 주민등록을 마치면 그 다음 날부터 제3자에 대하여 대항력(주택의 소유자가 바뀌더라도 그 바뀐 소유자에게 임차권을 주장할 수 있는 효력)이 있는 것으로 하고 있으며(동법 제3조 제1항), **일정한 요건(대항력과 확정일자를 받은 임대차계약서)을 갖추면 보증금의 우선변제권을 인정**하고 있다(제3조의2 제1항). 상가건물임대차보호법은 상가에 대한 임대차계약을 체결하고 상가건물을 인도받고 세무서에 사업자등록을 신청하면 그 다음 날부터 대항력을 인정하고 있고, 그 사업자등록증에 관할세무서장의 확정일자를 받으면 그 다음 날부터 우선변제권이 인정된다.

한편 민법 제621조는 일반 임대차에 대하여 등기할 수 있도록 하고 있어, 임대차를 등기하게 되면 제3자에 대하여 대항력을 주장할 수 있다. 이 경우 보증금반환채무를 누가 부담할 것이냐 여부인데, 목적물의 양수인이 임차보증금반환채무를 부담한다고 하겠다.

**6) 고 용** 고용이라 함은 일방이 노무를 제공할 것을 약정하고, 이에 대하여 타방이 보수를 지급할 것을 약정하여 성립하는 계약이다(제655조). 민법상의 고용계약에 관한 규정은 계약자유의 원칙을 토대로 하고 있다. 그러나 노무의 제공에 관한 계약은 노동자의 생존과 밀접한 관계가 있기 때문에 노동자를 보호할 필요성이 강하여 이를 규율하기 위하여 근로기준법이 따로 제정되어 있다. 따라서 대부분의 고용문제는 근로기준법에 의해 해결되고

있다.

**7) 도 급** 도급이라 함은 일방(수급인)이 어떤 일을 완성할 것을 약정하고, 타방(도급인)이 완성된 일에 대하여 보수를 지급할 것을 약정하여 성립하는 계약이다(제664조). 도급도 타인의 노동력을 이용하는 점에서는 고용과 같으나, **고용은 단순한 노무의 제공이 있을 경우 보수를 받을 권리가 인정되나, 도급은 일의 완성에 의미가 있어 만일 일을 완성하지 못할 경우 보수를 청구할 수 없다**는 점에서 고용과 다르다. 건설공사나 상품의 주문생산 등에서 주로 많이 이용되고 있다. 다만 판례는 건설공사의 경우에는 예외적으로 기성고에 따른 보수청구권을 인정하고 있다.

수급인이 완성한 일의 결과물에 하자가 있을 경우에는, 매도인의 담보책임과는 별도로 민법이 규정하고 있는 바에 따라 하자담보책임을 진다(제667조 내지 제672조).

**8) 위 임** 위임이라 함은 일방이 사무의 처리를 위탁하고, 타방이 이를 승낙함으로써 성립하는 계약을 말한다(제680조). 위임 역시 타인의 노무를 이용하는 계약이라는 점에서는 고용과 같으나, 그 목적이 사무의 처리에 있고, 특히 그 사무의 대부분이 전문적인 경우가 많다는 데 특색이 있다. 예를 들어 의사에 대한 진료의뢰, 변호사에 대한 소송의뢰 등이 그러하다. 또한 위임에 있어서의 사무처리의 위탁이라 함은 수임인이 전문적 지식에 바탕을 둔 재량에 의하여 사무를 처리케 하는 것을 말한다.

우리 민법은 **무상위임을 원칙**으로 하면서, 당사자의 특약에 의해 유상으로 할 수 있도록 하고 있다(제686조 제1항). 특이한 점은 수임인은 타인의 사무를 신의성실의 원칙에 의해 처리할 필요가 있기 때문에 **무상위임의 경우에도 선량한 관리자의 주의의무를 다하도록 하고 있다**. 만일 이를 위반할 경우에는 무상인 경우에도 손해배상책임을 지게 되어, 추상적 과실책임을 진다. 이 점에서 무상임치의 경우 자기 재산과 동일한 주의의무만 다하도록 하여 구체적 과실책임을 지도록 하고 있는 것과 다르다. 한편 수임인이 사무처리를 위하여 비용을 지출하였거나, 채무를 부담하는 등 손해를 입었을 때에는 위임인이 그 비용이나 손해를 부담하여야 한다.

**9) 조 합** 조합이라 함은 2인 이상이 상호출자하여 공동사업을 경영할 것을 약정하여 성립하는 계약 또는 그 계약에 의하여 발생된 결합체를 말한

다(제703조). 그런데 조합은 조합원 상호간의 일정한 공동목적을 위하여 결합되었지만, 단체로 보지 않는다. 즉 비법인사단이나 법인으로 보지 않고, 일종의 합수계약으로만 보고 있다. 따라서 조합계약에 의해 성립하는 조합원의 재산은 조합원 상호간의 합유관계에 있고(제704조), 출자에 따른 지분이 조합원에게 인정되지만, 이 지분은 독립성이 없이 동업계약을 위해서만 유지되어야 하기 때문에 분할을 청구할 수 없고, 상속 또는 양도의 대상이 되지 못한다. 물론 당사자간의 특약이 있는 경우에는 그러하지 아니하다. 조합원들이 조합재산으로 조합채무를 모두 변제하지 못할 경우에는 조합원들의 개인재산으로 책임을 져야 한다.

10) 화 해 화해라 함은 채권자와 채무자가 모두 일부를 양보할 것을 약정하여 성립하는 계약이다. 화해에는 창설적 효력이 있기 때문에 종전의 채권관계는 소멸하며 새로운 채권관계가 성립한다. 화해는 양 당사자가 일부를 양보하기로 합의한 것이기 때문에 착오를 이유로 취소하지 못한다. 다만 당사자의 자격이나 합의의 대상에 대한 착오가 있는 경우에는 예외적으로 취소할 수 있다.

## 4. 법정채권관계

### (1) 서 설

당사자의 의사와 관계없이 법률의 규정에 의한 요건을 갖출 경우 당연히 채권관계가 성립하는 것을 법정채권관계라고 한다. 이에는 사무관리·부당이득·불법행위가 있으며, 그 외에도 개별 규정들이 많이 있다.

### (2) 사무관리

사무관리라 함은, **법적인 권한이나 의무가 없는 자가 타인의 사무를 관리**하는 것을 말한다(제734조). 사무관리는 **상호부조적 공동사회생활의 이익**을 위하여 적법한 행위로 인정된다. 따라서 사무관리를 개시한 자는 본인의 이익에 부합되게 **계속관리의무**가 있으며, 본인에게 이를 인계하여야 한다. 본인은 사무관리자가 지출한 비용을 상환할 의무가 있으나 **보수를 지급할 의무는 없다**. 예를 들어 옆집 건물의 소유자가 외국에 출타 중 태풍으로 유리창 등이 깨어졌을 때 이를 수리하여 주는 경우, 길을 잃은 어린아이를 그 부모를 대신하여 돌보아주는 경우 등이 전형적인 사무관리의 한 형태라고 할 수 있다.

### (3) 부당이득

부당이득이라 함은 **법률상 원인 없이 타인의 손실의 대가로 이익을 얻는 것**을 말한다. 예를 들어 옆집 닭이 달걀을 하나 낳고 가는 경우, 그 달걀이 법률상 원인 없이 이루어진 것이므로 부당이득에 속한다. 실무상 가장 빈번하게 발생하는 것이 매매계약이 취소되거나 해제된 경우 이미 받은 매매대금이나 매매목적물의 반환 등이다. 이처럼 **일방이 법률상 원인 없이 이익을 얻고, 타방이 손실을 입었다면 이를 반환하는 것이 공평의 원칙에 부합**하다. 그리하여 민법은 타인의 재산이나 노무로부터 법률상 원인 없이 이익을 얻는 자에게 그 이익을 반환할 의무를 지우고 있다(제741조). **반환은 원물반환을 원칙**으로 하되, 원물을 반환할 수 없는 경우에는 **금전반환**을 할 수밖에 없다. 반환의 범위는 부당이득을 취한 자가 **선의인 경우에는 자신의 것인 줄 알고 소비하였을 것이므로 현존이익만 반환**하면 되며, **악의인 경우에는 받은 이익에 이자를 가산하고, 손해가 발생하였으면 손해까지 배상하여야 한다**(제748조). 그런데 부당이득반환의 특칙으로, 무능력자의 경우는 선의든 악의든 상관없이 취소된 법률행위로 인하여 얻은 이익이 현존하는 한도에서만 반환하면 된다(제141조 단서). 또한 민법은 개별 규정으로, 채무 없음을 알고 변제한 경우, 즉 **악의의 비채변제의 경우에는 반환할 필요가 없으며**(제742조), 비채변제의 경우에도 변제가 **도의관념에 적합한 경우**, 예를 들어 부양료를 지급한 경우 등의 경우에는 도의관념에 적합한 변제이므로 부당이득반환를 청구할 수 없다(제744조). 또한 **불법원인급여**, 즉 선량한 풍속 및 사회질서에 반하여 제공된 이익은 무효이므로 이를 반환하는 것이 맞겠지만, 이를 반환하게 되면 불법행위를 한 자가 아무런 손해를 보지 않게 되어 불법행위를 조장할 가능성이 크기 때문에 우리 민법은 불법원인급여를 원인으로 하여서는 반환청구할 수 없도록 하고 있다(제746조).

### (4) 불법행위

불법행위라 함은, 행위자가 고의나 과실에 의한 위법행위를 하여 타인에게 손해를 가한 행위를 말한다(제750조). **불법행위는 행위자의 책임능력, 행위자의 고의와 과실**(유책성), **위법행위**(객관성), **손해의 발생, 행위와 결과 사이의 인과관계 등이 인정되면 성립**한다.

불법행위도 부당이득과 마찬가지로 가해자의 피해자에 대한 손해배상 인정으로 손해의 공평한 분담을 실현하기 위한 **법정책임제도**이다. 다만 불법행위제도는 자기 행위의 결과 타인이 입게 된 손해를 회복시키는 것을 목적으로 하는 **자기책임적 성격**이 강한데 반하여, 부당이득제도는 법률상 원인 없이 이전된 이익을 원래 있어야 할 상태로 되돌리려고 하는 점에서 차이가 있다고 하겠다. 따라서 부당이득은 부당이득자에게 이득이 있어야만 반환책임을 지는데 반하여, 불법행위의 피해자는 이익을 얻는 바가 없더라도 불법행위로 인한 손해배상을 청구할 수 있다.

**불법행위책임은 행위에 대한 책임을 지우는 제도로서 채무불이행책임과 함께 민사책임의 양대 기둥**이라 할 수 있다. 근대민법의 기본원리가 과실책임의 원칙을 기본이념으로 삼고 있기 때문에 행위자에게 고의나 과실이 있는 경우에만 책임을 물어 왔다. 그러나 산업이 발달하고 고도의 위험성이 내포한 산업이 국가필수산업으로 발전함에 따라, 특히 공해소송 등을 둘러싸고 과실 없이도 피해가 발생하는 경우가 자주 나타나게 됨으로써, 사회정책적 필요성 때문에 가해자의 과실이 없더라도 가해자가 책임을 져야 하는 **무과실책임제도의 도입 필요성**이 나타나게 되었다. 이러한 무과실책임의 영역을 **위험책임**이라고 하여 과실이 없는 경우에도 책임을 지도록 하고 있다. 원자력손해배상보장법, 자동차손해배상보장법, 제조물책임법 등이 그러한 원리에 의하여 운영되고 있다.

그런데 그러한 명문의 규정이 없는 경우, 예를 들어 의료사고로 인한 손해배상의 영역 같은 경우에 증명책임을 완화하여 '개연성설'에 의해 의사가 과실 없음을 증명하지 못하는 한 의사에게 과실이 있음을 인정하여 손해배상책임을 지우는 사례가 판례를 통하여 자주 나타나고 있다.

### (5) 개별 규정에 대한 검토

개별적 권리변동원인을 규정한 것으로, 일정기간 점유를 계속할 경우 인정되는 **취득시효**(제245조), 부동산과 동산이 결합하여 하나의 물건이 된 경우의 소유권 귀속에 관한 **부동산의 부합**(제256조), 동산과 동산이 결합하여 하나의 물건이 된 경우의 소유권 귀속에 관한 **동산의 부합**(제257조), 타인의 동산에 노동력을 가하여 가공한 때의 소유권의 귀속(제259조), 유실물법에 의한 **유실물 습득**의 경우와 **매장물 발견**의 경우 등이 있다.

## Ⅳ. 지적재산권

### 1. 의 의

지적재산권이라 함은 널리 정신적 산물, 즉 기술적 발명, 실용적 고안, 학술적·예술적 사상의 표명 등의 정신적 생산물을 독점적·배타적으로 이용할 수 있는 권리를 말한다. 권리의 객체를 포괄적으로 지배하는 것을 내용으로 한다는 점에서 물권과 비슷하나 **물건이 아닌 정신적 산물에 대한 권리**이기 때문에 준물권이라고도 한다. 이러한 정신적 산물에 대한 권리를 통칭하여 지적소유권 또는 무체재산권이라고 한다.

### 2. 종 류

지적재산권에는 **저작권·특허권·실용신안권·디자인권·상표권** 등이 있다. 저작권은 학술과 예술 등 주로 정신문화에 기여하는 권리이고, 나머지 권리들은 주로 산업재산권 또는 공업소유권 분야에 속하는 권리라 할 수 있다.

### 3. 국제적 보호의 필요성

지적재산권은 전세계적으로 공통적으로 이용되는 특징을 갖는다. 그리하여 국경을 넘어 이를 보호할 필요성이 대두되었고, 이를 위해 산업재산권 및 이에 인접한 권리를 포괄적으로 보호하기 위해 체결된 파리조약과 특허협력조약, 저작권의 국제적 보호를 위해 체결된 베른조약과 세계저작권조약 등이 있다. 우리나라도 이에 가입하였다.

지적재산권은 국제적으로 보호되는 것을 원칙으로 하고 있지만, 독립의 원칙과 내외국민평등의 원칙을 채택하고 있기 때문에 직접 외국에 특허출원 등을 하지 않으면 그 나라로부터 우선보호를 받지 못하는 한계가 있을 수밖에 없다.

## 4. 개별적 지적재산권에 대한 검토

### (1) 저작권

저작권이라 함은, 학술·문학·예술적 창작물, 즉 저작물을 객체로 하는 권리를 말한다. 저작권에는 복제권·배포권·공연권 등 창작물의 경제적 이용을 내용으로 하는 저작재산권과 공표권·성명표시권 등 창작물에 대한 저작자의 인격적 보호를 내용으로 하는 저작인격권이 모두 포함된다. 저작인격권은 저작자와 분리할 수 없는 일신전속적 권리이나, 저작재산권은 재산적 평가이므로 독립하여 양도될 수 있다. 저작물에 대한 보호는 저작발표됨으로써 저작권을 취득하게 되기 때문에 별도로 등록 등의 특별한 절차나 형식을 필요로 하지 않는 무방식주의를 취하고 있다. 컴퓨터 프로그램권도 저작권과 동일한 구조를 가지고 있다.

### (2) 특허권

특허권이라 함은 특허를 받은 기술적 발명을 업으로서 독점적으로 실시할 수 있는 권리를 말한다. 특허권은 저작권과 달리 일정한 절차를 거쳐 특허등록을 함으로써 인정이 되며, 이를 양도하거나 처분하게 되면 특허등록원부에 이를 등재하여야 한다. 특허권은 독립된 배타적 권리이기 때문에 타인의 특허권을 무단사용할 수 없으므로 타인의 특허발명을 이용하려면 특허권자의 허락을 받아야 한다. 특허권사용허락을 받은 자는 실시권을 취득하게 된다. 이러한 실시권은 특허사용의 허락을 받은 자가 갖는 이용권으로, 이에는 통상실시권과 전용실시권이 있다. 전용실시권자는 계약에서 정해진 범위 내에서 독점적 특허사용권을 갖게 되므로 특허권자도 그 특허발명을 사용할 수 없게 된다. 즉 전용실시권자는 특허권자와 동일한 지위에서 보호된다.

### (3) 실용신안권

실용신안권이라 함은 **실용적인 고안을 독점적으로 이용할 수 있는 권리**

를 말한다. 실용신안권이 기술적 발명을 보호하기 위한 것이라는 점에서는 특허권과 다를 바 없으나, 보호객체가 특허권의 대상인 고도의 기술과 달리 그에 미치지 못하는 기술(소발명)이라는 점에서 차이가 있다. 따라서 보호기간도 실용신안등록출원일로부터 10년으로, 특허권이 특허출원일로부터 20년인 것에 비해 짧다.

### (4) 디자인권

디자인권이란, 종래의 의장권을 말하는데, 종래의 의장법이 2011. 7. 1.부터 디자인보호법으로 변경되어 시행되게 되었다. 디자인이라 함은 물품 또는 글자체의 형상·모양·색채 또는 이들을 결합한 것으로서 시각을 통하여 미감을 일으키게 하는 것을 말한다. 결국 디자인권은 이러한 심미적 요소를 갖는 물품이나 글자체의 새로운 형태를 독점적으로 실시할 수 있는 권리를 말한다.

### (5) 상표권

상표권이라 함은 등록된 물품의 상표를 독점적·배타적으로 사용할 수 있는 권리를 말한다. 상표라 함은 상품을 생산·가공·증명 또는 판매하는 것을 업으로 영위하는 자가 자기의 업무에 관련된 상품을 타인의 상품과 식별되도록 하기 위하여 사용하는 기호·문자·도형·입체적 형상·색채·홀로그램·동작 또는 이들을 결합한 일체의 표장이나 그 밖에 시각적으로 인식할 수 있는 것을 말한다(상표법 제2조). 이처럼 **상표는 물품의 식별을 위하여 사용되는 표시로서, 출처를 표시하는 기능과 품질을 보증하는 기능을 함께 갖는다**. 그리하여 타인이 이미 사용하는 것과 동일 또는 유사한 식별표시를 무단히 이용하게 되면 이는 상표사용자의 이익을 해할 뿐만 아니라 소비자의 상품 선택에 혼란을 가져와 소비자의 이익을 침해하거나 거래질서를 저해할 우려가 있기 때문에 이를 보호하려고 하는 것이다.

따라서 상표를 등록하게 되면 그 등록된 상표는 등록자만이 독점적으로 사용할 수 있게 되어 재산권으로 기능하게 된다.

# 제5절 친족·상속법

## Ⅰ. 가족법의 의의

가족법이라 함은 보통 친족법과 상속법을 합하여 재산법에 대립되는 개념으로 사용하고 있다. 즉 우리 민법 제4편의 친족법편과 제5편의 상속법편을 합한 부분이라 하겠다. 친족법은 부부를 중심으로 한 공동생활관계인 혼인관계, 부모와 자식 간의 공동생활관계인 친자관계, 그 밖에 혼인과 혈연으로 맺어진 친족상호관계인 협의의 친족관계를 규율대상으로 한다. 한편 상속법은 피상속인의 사망으로 인한 권리와 의무가 상속인에게 포괄적으로 승계되는 법률관계를 규율대상으로 한다. 우리 민법은 2005년 호주제도를 전면 폐지함으로써, 호주를 중심으로 한 가(家)의 개념이 폐지되었고, 이에 따라 호적법이 폐지됨에 따라 가족관계등록에 관한 법률이 새롭게 제정되어, 개인별 가족관계등록부에 의한 신분등록제도가 새롭게 제정되어 시행되고 있다.

## Ⅱ. 친 족

**친족이라 함은 혼인과 혈연에 의해 맺어진 신분관계에 있는 사람**을 말하며, 친족에는 혼인으로 맺어진 **배우자**, 출생으로 맺어진 **자연혈족**, 입양 등으로 맺어지는 **법정혈족**, 혼인으로 맺어진 **인척** 등이 있다(제767조). 인척으로는 혈족의 배우자, 배우자의 혈족, 배우자의 혈족의 배우자가 있다(제769조).

이렇게 친족의 범위를 정의하게 되면 그 관계가 무한정으로 확장될 수 있기 때문에 일정한 법적 권리와 의무관계를 제한하기 위하여 친족관계를 법적으로 제한할 필요성이 있다. 그리하여 우리 민법은 **8촌 이내의 혈족, 4촌 이내의 인척, 배우자 사이만을 친족관계로 인정**하고 있다(제777조). 그러나 개별적 친족관계에 있어서는 그 제한의 범위를 각각 개별적으로 규정하고 있는 경우가 많기 때문에 개별 조문이 우선하여 적용된다고 하겠다. 친족관계에서 가장 중심을 이루는 것은 친족부양과 상속 등의 문제라고 하겠다.

# Ⅲ. 약혼과 혼인

## 1. 약 혼

**약혼이라 함은 장래에 혼인할 것을 약정하는 신분상의 계약**을 말한다. 약혼은 신분계약으로 당사자는 장래에 혼인할 의무를 부담한다. 그러나 이 의무는 특수하여 이행을 강제할 수 없다(제803조). 따라서 약혼한 이후에도 이유 여부를 따지지 않고 혼인을 거절할 수 있으며, 정당한 이유 없이 파혼당하는 상대방은 손해배상청구권을 갖는다(제803조).

약혼적령은 혼인적령과 같기 때문에 만 18세가 되면 법정대리인(부모 또는 미성년후견인)의 동의를 받아 약혼할 수 있고(제801조), 성년자인 경우에는 언제든지 약혼할 수 있다(제800조). 그 밖에도 약혼이 유효하기 위해서는 혼인의 실질적 요건인 약혼의사가 있어야 한다.

판례는 약혼을 부당하게 파기한 경우 상대방의 정신적 고통에 대한 손해를 배상할 책임이 있다고 하였고, 약혼의 부당파기에 영향력을 미친 제3자, 즉 상대방 부모 등도 공동으로 손해배상책임을 진다고 하였다.[11] 뿐만 아니라 약혼 중에 있는 자를 간음하여 상대방으로 하여금 혼인할 수 없게 만들었다면 그 자 역시 불법행위로 인한 손해배상책임을 지게 된다.[12] 이 경우 약혼예물의 소유권 귀속주체가 누가 되느냐인데, 이에 대하여 유책약혼자는 약혼예물 등의 반환을 청구할 수 없고, 자신이 받은 약혼예물은 상대방에게 반환하여야 한다.

다만 우리 민법 제804조는, 약혼 후 자격정지 이상의 형을 선고받은 경우, 약혼 후 성년후견개시나 한정후견개시의 심판을 받은 경우, 성병, 불치의 정신병, 그 밖의 불치의 병질(病疾)이 있는 경우, 약혼 후 다른 사람과 약혼이나 혼인을 한 경우, 약혼 후 다른 사람과 간음한 경우, 약혼 후 1년 이상 생사가 불명한 경우, 정당한 이유 없이 혼인을 거절하거나 그 시기를 늦추는 경우, 그 밖에 중대한 사유가 있는 경우에는 약혼해제의 정당한 사유

---

11) 대법원 1975. 1. 14. 74므11 판결.
12) 대법원 1961. 10. 19. 4293민상531 판결.

가 된다고 규정하였다(제804조, 이 사유는 개정된 것으로 2013. 7. 1.부터 시행된다).

약혼해제의 방법은 상대방에 대한 의사표시로 한다(제805조).

## 2. 법률혼

혼인이라 함은 남녀의 자유로운 혼인의사의 합의에 의한 부부로서의 공동체를 꾸려가기 위한 신분상의 계약이다. 우리 민법은 법률혼제도를 취하고 있기 때문에 법률상 혼인이 성립하기 위해서는 법률이 정한 형식적 요건과 실질적 요건을 갖추어야 한다. 그러한 요건을 갖추지 못한 사실혼도 사실상 존재한다.

### (1) 혼인의 요건

**1) 실질적 요건** 혼인의 실질적 요건으로는 혼인적령인 만 18세 이상(제807조), 미성년자인 경우 법정대리인의 동의(제808조), 금혼사유의 부존재(제809조, 제810조) 등을 갖추어야 한다. 부모의 동의권은 **부모가 공동으로 동의**하여야 하며, 부모 중 일방이 동의권을 행사할 수 없는 때에는 **다른 일방이 동의**하여야 하며, 부모가 모두 동의권을 행사할 수 없는 때에는 **후견인이 동의하여야 한다.** 이는 피성년후견인의 경우에도 마찬가지이다. 그러나 피한정후견인은 누구의 동의 없이도 혼인할 수 있다.

금혼사유로는 8촌 이내의 혈족(친양자의 입양 전의 혈족 포함), 6촌 이내의 혈족의 배우자(6촌 형수), 배우자의 6촌 이내의 혈족(6촌 처제), 배우자의 4촌 이내의 혈족의 배우자(4촌 처남댁)인 인척이거나 이러한 인척이었던 자, 6촌 이내의 양부모계(養父母系)의 혈족이었던 자(6촌 누나)와 4촌 이내의 양부모계의 인척(4촌 처제)이었던 자와 같은 근친혼(제809조) 및 배우자 있는 자(제810조) 등과는 혼인하지 못하도록 하고 있다. 종래에는 동성동본인 혈족 사이에서는 혼인이 전면적으로 금지되었으나, 위헌판결을 받음에 따라 위와 같이 금혼의 친족 범위가 축소되었다.[13]

**2) 형식적 요건** 우리나라는 법률혼주의를 택하고 있기 때문에 혼인신고를 하여야 한다(제812조). 혼인신고만으로 충분하기 때문에 결혼식과 같은 형

13) 헌법재판소 1997. 7. 16. 95헌가6 헌법불합치결정.

식은 요건이 아니다. 혼인신고는 혼인 당사자 쌍방과 성년자인 증인 2명의 연서로 이루어진 혼인신고서를 본인의 등록기준지 또는 신고인의 주소지나 현재지 시·구청장 또는 읍·면장에게 제출함으로써 이루어진다.

문제는 사실혼관계에 있는 자 중에서 일방적으로 혼인신고를 하는 경우가 있는데, 판례는 타방이 혼인신고가 무단으로 되어 있음을 알면서도 만족하면서 그대로 부부생활을 계속하였다면 무효가 아니라는 입장이다.[14)]

### (2) 혼인의 효력

1) **신분적 효력** 혼인을 한 경우 당사자는 배우자인 신분관계가 되며, 상대방의 4촌 이내의 혈족과 혈족의 배우자 사이에 인척관계가 생기게 된다(제777조). **부부는 서로 동거의무, 부양의무, 협조의무, 정조의무**(제826조 제1항) 등을 지게 된다. 또한 부부 사이의 계약은 취소사유가 없더라도 혼인 중에는 언제든지 취소할 수 있다(제828조). 이는 애정으로 인하여 계약이 잘못 성립한 경우를 시정할 수 있도록 하기 위해서이다. **미성년자는 혼인하면 성년의제**에 의하여 성년으로 본다(제826조의2). 성년의제가 된 자는 이혼하더라도 다시 미성년으로 복귀하지 않는다.

2) **재산적 효력** 혼인하게 되면 부부는 부부재산계약을 체결할 수 있다. 즉 부부가 될 자는 혼인하기 전에 혼인 후 재산관계를 어떻게 할 것인지에 대하여 미리 계약을 체결할 수 있다(제829조 제1항). 그런데 이러한 부부재산계약은 혼인 중 변경하지 못한다(동조 제2항). 왜냐하면 혼인하기 전에 냉정한 상태에서 체결한 부부재산계약을 혼인 중의 애정관계를 빌미로 변경을 허용하게 되면 진실에 반하는 부부재산계약으로 변질될 개연성이 높기 때문에 이를 방지하기 위해서이다. 부부재산계약은 승계인 또는 제3자에게 대항하기 위해서는 혼인신고를 할 때까지 등기하여야 한다(동조 제4항).

부부재산계약이 존재하지 않은 경우 우리 민법은 **부부별산제**를 원칙으로 하고 있다. 즉 부부 중 일방이 혼인 전부터 가지고 있던 재산은 각자의 특유재산으로 취급되며, 혼인 중에 증가된 재산도 부부 일방의 명의로 취득한 것은 특유재산이 된다(제830조 제1항). 그러나 누구에게 속한 것인지 분명하지 않

---

14) 대법원 1965. 12. 28. 65므61 판결.

은 재산은 부부의 공유로 추정되며(동조 제2항), 부부공동생활에 필요한 비용은 원칙적으로 공동으로 부담한다(제833조). 그리고 부부에게는 **일상가사대리권**이 있는데, 일상가사대리권이라 함은 공동생활상의 통상의 사무, 즉 일상가사에 필요한 법률행위에 관하여 서로를 대리할 수 있는 권한을 말한다. 이러한 일상가사대리권에 대한 제한은 선의의 제3자에게 대항할 수 없다(제827조). 일상가사에 관하여 부부 일방이 제3자와 법률행위를 한 경우, 다른 의사표시가 없는 한 그로부터 발생된 채무에 대하여는 **부부의 연대책임**을 인정하고 있다(제832조). 부부가 혼인 중 공동으로 형성한 재산은 부부가 이혼할 경우 **재산분할의 대상**이 된다.

## 3. 사실혼

사실혼이라 함은 혼인의 의사를 가지고 사실상 부부로서의 공동생활을 하면서도 **혼인신고를 하지 않은 경우**를 말한다. 사실혼의 경우에도 동거의무, 부양의무, 협조의무, 정조의무 등은 법률혼과 동일하다. 다만 혼인의 효력 중 중혼금지, 친족관계의 발생, 성년의제, 상속 등 **혼인신고를 전제로 하는 효력은 인정되지 않는다**. 그러나 판례는 법률상의 배우자 없는 사실혼, 즉 중혼이 아닌 사실혼에 대하여는 **재산분할청구권을 인정**하고 있고, **사실혼파탄의 유책배우자에 대한 위자료청구권을 인정**하고 있다.[15)]

사실혼은 제3자에 대해서도 인정되기 때문에 사실혼관계를 부당하게 파기할 원인을 제공한 자는 손해배상책임을 진다. 판례는 사실혼배우자를 상해 또는 살해하거나,[16)] 부정한 행위를 저지른 자, 정교관계를 맺은 자[17)] 등은 **불법행위로 인한 손해배상책임**을 지게 된다. 사실혼관계에 있는 자는 상대방을 상대로 하여 사실혼관계존재확인판결이나 조정을 받게 되면, 단독으로 혼인신고를 할 수 있고, 연금청구권 등을 행사할 수 있다. 사망자를 상대로 한 혼인신고는 할 수 없으나, 혼인신고특례법은 예외적으로 전시·사변 등으로 인하여 배우자의 일방이 사망한 경우 가정법원의 확인심판을 받아서

15) 대법원 1995. 7. 3. 94스30 판결.
16) 대법원 1962. 4. 26. 62다72 판결.
17) 대법원 1959. 2. 19. 4290민상749 판결.

생존자가 일방적으로 사후에 혼인신고를 할 수 있도록 하였다(동법 제2조).

사실혼관계는 단지 몇 번의 성교나 부정기적 만남 등으로는 성립하지 않으며, 양 당사자의 혼인의 합치가 있어야 할 뿐만 아니라 객관적으로 사회관념상 부부공동생활의 실체가 있어야만 인정된다.[18] 사실혼관계는 혼인신고를 전제로 하지 않기 때문에 당사자 일방의 일방적 의사에 의하여 해소될 수 있고, 당사자 일방의 파기로 인하여 공동생활이 없게 되면 사실혼관계는 해소되고, 다만 정당한 사유 없이 해소된 때에는 유책자가 상대방에 대하여 손해배상의 책임을 지게 될 뿐이다.[19]

사실혼 중의 부부 사이에서 출생한 자는 모의 자가 되며, 부가 인지하지 않은 한 부와의 부자관계는 성립하지 않는다.

## Ⅳ. 이 혼

### 1. 의 의

이혼이라 함은 법률상의 부부관계를 해소하는 것을 말한다. 이에는 **협의상 이혼과 재판상 이혼**이 있다. 즉 부부는 합의로 이혼할 수 있으며(제834조), 이 경우에는 가정법원의 확인을 받아야 한다. 반면에 협의이혼이 이루어지지 않는 경우에는 법정의 이혼사유를 주장하여 재판상이혼을 청구할 수 있고(제840조), 재판이 확정되면 이혼이 성립한다. **재판상이혼사유**로는, 배우자의 부정한 행위, 배우자의 악의의 유기, 배우자 또는 그 직계존속의 심히 부당한 대우, 자기의 직계존속에 대한 배우자의 심히 부당한 대우, 배우자의 3년 이상의 생사불명상태, 기타 혼인을 계속하기 어려운 중대한 사유 등이 있다(제840조).

### 2. 이혼의 효력

**이혼이 성립하면 부부관계가 해소되며, 혼인으로 맺어진 인척관계도 소**

18) 대법원 1987. 2. 10. 86므70 판결.
19) 대법원 1977. 3. 22. 75므28 판결.

**멸하고, 상속권도 소멸**한다. 유책자에 대하여 상대방은 손해배상으로 **위자료를 청구**할 수 있다. 부부가 혼인 중 형성한 재산에 대하여는 유책성 여부를 따지지 않고 **재산분할청구**를 할 수 있다. 이혼하면 재혼이 가능하게 된다. 이혼 시 미성년 자녀가 있는 경우에는 **친권자 및 양육권자**를 지정하여야 한다. 부부의 협의로 친권자 등을 정하지만, 협의가 이루어지지 않은 경우에는 가정법원의 결정으로 정한다. 이혼한 자녀에 대하여는 **면접교섭권**이 인정된다.

이혼소송은 ① 부부가 같은 가정법원의 관할 내에 보통재판적이 있으면 그 가정법원, ② 부부가 마지막으로 같은 주소지를 가졌던 가정법원의 관할 구역 내에 부부 중 어느 한쪽의 보통재판적이 있을 때에는 그 가정법원, ③ 위 ①과 ②에 해당되지 않은 경우로서 부부 중 어느 한쪽이 다른 한쪽을 상대로 하는 경우에는 상대방의 보통재판적이 있는 곳의 가정법원, ④ 부부 모두를 상대로 하는 경우에는 부부 중 어느 한쪽의 보통재판적이 있는 곳의 가정법원, ⑤ 부부 중 어느 한쪽이 사망한 경우에는 생존한 다른 한쪽의 보통재판적이 있는 곳의 가정법원, ⑥ 부부가 모두 사망한 경우에는 부부 중 어느 한쪽의 마지막 주소지의 가정법원에 **전속관할권**이 있으므로 그 소재지를 관할하는 가정법원에 제소하여야 하며(가사소송법 제22조), 친권자지정을 위하여 가정법원은 미리 ① 미성년자인 자녀의 친권자로 지정될 사람, ② 미성년자인 자녀에 대한 양육과 면접교섭권에 대한 협의를 하도록 권고하여야 한다(동법 제25조).

이혼판결이나 이혼조정이 성립하면 1개월 이내에 이혼신고를 하여 가족관계등록부를 변경하여야 한다. 재산분할청구권(제839조의2, 제834조)은 부부별산제 원칙하에서 혼인 중에 부부 일방의 재산을 유지하거나 증가시킴에 있어 다른 일방이 기여한 몫을 청산하여 이를 분할해 줄 것을 청구할 수 있는 권리로서, **이혼 후 2년 이내에 청구**하여야 한다. 또한 이혼을 하려는 자가 재산분할을 회피할 목적으로 재산을 은닉하거나 처분한 경우 **상대방에게 채권자취소권을 인정**하여 그러한 재산처분을 취소하여 도로 환원시킨 다음 재산분할을 받을 수 있는 제도를 신설하였다(제839조의3).

이혼을 인정하는 경우로 **파탄주의와 유책주의**가 있는데, **판례는 유책주의**를 취하고 있다. 즉 혼인 파탄의 원인제공자는 이혼신청을 하지 못하도록 제한하고 있다. 그리하여 판례는, 혼인생활의 파탄에 대하여 주된 책임이 있는 배우자는 원칙적으로 그 파탄을 이유로 하여 이혼을 청구할 수 없고, 다만 상대방도 그 파탄 이후 혼인을 계속할 의사가 없음이 객관적으로 명백한 데도 오기나 보복적 감정에서 이혼에 응하지 아니하고 있을 뿐이라는 등 특별한 사정이 있는 경우에만 예외적으로 유책배우자의 이혼청구가 허용된다는 입장을 취하고 있다.[20]

## V. 부모와 자(친자관계)

### 1. 의 의

**친자관계라 함은 부 또는 모와 자 사이의 신분관계**를 말한다. 우리 민법은 친자관계로서 자연의 혈연관계가 있는 **친생친자관계**와 법에 의해 친생친자관계가 의제되는 **양친자관계, 즉 법정친자관계**를 인정하고 있다.

친자관계가 성립하게 되면, **친권, 부양, 상속권** 등이 인정된다.

### 2. 친생자

**친생자라 함은 부모와 자 사이의 자연적 혈연관계**를 말한다. 친생자는 부모가 혼인관계에 있을 때 태어난 **혼인 중의 친생자와 혼인 외의 친생자**로 구분된다. 혼인 중의 출생자는 다시 **생래적인 경우와 준정에 의한 혼인 중의 출생자**로 나눌 수 있다. **생래적 친생자**는 부모가 법률혼인 상태에서 태어난 자와 부모의 관계이고, **준정에 의한 혼인 중 출생자**는 출생 당시는 부부가 아니었으나 출생 후 부모가 혼인하여 부부가 된 경우이다. 특히 혼인 중의 출생자는 부와 모가 혼인 중에 포태되었으면 혼인 해소 후 출생하거나 혼인 전에 포태되었으나 혼인 중 출생한 경우도 해당이 된다.

자의 출생과 관련하여 모는 출산을 통하여 쉽게 확정될 수 있으나, 부의 경우는 그렇지 못하기 때문에 일정한 조건 하에 친생추정을 하고 있다(제844조 제1항). 즉 **부모가 혼인성립일로부터 200일 후 또는 혼인관계의 종료일부터 300일 이내에 출생한 자는 혼인 중에 포태한 것으로 추정하여**[21] **부의 자로**

20) 대법원 2004. 9. 24. 2004므1033 판결.

**친생추정**을 하고 있다. 이렇게 친생추정이 되는 자는 강력한 추정을 받기 때문에 이를 부인하려면 '친생부인의 소'를 제기하여 인용판결을 받아야만 한다. 친생추정의 소는 친생자가 자신의 자가 아님을 알게 된 날로부터 2년 이내에 부 또는 모가 제기할 수 있다(제847조). 친생 부인의 소는 자가 사망한 경우에도 그 직계비속이 있는 때에는 예외적으로 검사를 상대로 제기할 수 있다.

혼인관계에 있지 않은 부모 사이에서 출생한 자는 모의 자로 되며, 부는 인지하여야만 자에 대한 부로서의 지위를 취득하게 된다. 이러한 인지방법에는 **임의인지**와 **강제인지**(제863조)가 있다. 강제인지는 부가 인지를 거부할 경우 자가 신청하여 가정법원의 판결로 부자관계가 성립하게 된다. 인지 이외에도 혼인 외의 출생자는 부모가 혼인하면 혼인 중의 출생자로 신분이 바뀌게 된다. 이를 준정이라 한다(제855조). **혼인에 의한 준정이란** 인지 후에 부모가 혼인하는 경우 친생자가 되는 경우이고, **혼인 중의 준정이란** 부모가 먼저 혼인 한 후 인지함으로써 친생자가 되는 경우이고, **혼인해소 후의 준정이란** 부모의 혼인 전에 출생하였는데 그 후 부모가 혼인하였다가 다시 혼인관계가 해소된 후에 비로소 인지되는 친생자를 말한다.

## 3. 양 자

양자라 함은 자연적인 혈연관계가 없는 경우에 **입양을 통해 법정친생자 관계가 성립하는 경우**를 말한다. 입양이 성립하기 위하여서는 양친이 될 자와 양자가 될 자가 **서로 입양에 대한 합의를 하여야 하고 부모가 이를 동의** 한 후 입양신고를 하여야 한다. 다만 양자가 될 자가 **15세 미만인 경우에는 법정대리인**(친권자)이 입양의 승낙을 대신하여야 하는데, 이를 **입양대락**이라고 한다. 친권자가 없는 경우에는 후견인이 법정대리인이 되는데, 이 경우에는 후견인이 가정법원의 허가를 받아 승낙할 수 있다(제869조). 판례는 **입양신고 대신 친생자로 출생신고한 경우**에 대하여 "당사자 사이에 양친자관계를 창

21) 헌법재판소 2015. 4. 30. 2013헌마623 결정: '혼인관계종료의 날로부터 300일 내에 출생한 자'에 관한 부분은 헌법에 합치되지 아니한다. 위 법률조항은 입법자가 개정할 때까지 계속 적용된다.

설하려는 명백한 의사가 있고 기타 입양 요건이 모두 구비된 경우에는 입양신고 대신에 친생자출생신고를 하였더라도 **입양의 효력이 있다**"고 하였다.[22)]

입양의 양친은 성년자여야 하고(제866조), 양자가 될 자는 부모 또는 직계존속의 동의를 얻어야 하며(제870조), 양자가 미성년자인 경우에 부모 또는 다른 직계존속이 없으면 후견인의 동의를 얻어야 한다(제871조). **배우자 있는 자가 입양을 할 때는 부부가 공동으로 하여야 하며**, 양자가 될 때는 다른 일방의 동의를 얻어야 한다(제874조). **양자는 양친보다 존수가 낮아야 하고 나이도 적어야 하기 때문에 양친이 될 자의 존속 또는 연장자를 양자로 할 수는 없다**. 이성양자도 가능한다.

현행 민법은 최근 **친양자제도**를 도입하였다(제908조의2). 친양자라 함은 양자임에도 이를 법정친생자로 보는 자를 말한다. 즉 **양자가 아닌 친생자로 보겠다는 것**이다. 친양자를 하려는 자는 ① 3년 이상 혼인 중인 부부의 공동입양(다만 1년 이상 혼인 중인 부부의 일방이 그 배우자의 친생자를 친양자로 하는 경우에는 그러하지 아니하다), ② 친양자로 될 자가 15세 미만, ③ 친양자로 될 자의 친생부모의 친양자 입양동의(다만 부모의 친권이 상실되거나 사망 그 밖의 사유로 동의할 수 없는 경우에는 그러하지 아니하다), ④ 법정대리인의 입양승낙 등의 요건을 갖추어 가정법원에 친양자 입양의 청구를 하여야 한다. 가정법원은 위와 같은 요건을 갖추었다고 하더라도 친양자로 될 자의 복리를 위하여 그 양육상황, 친양자 입양의 동기, 양친(養親)의 양육능력 그 밖의 사정을 고려하여 친양자 입양이 적당하지 아니하다고 인정되는 경우에는 친양자입양청구를 기각할 수 있다(제908조의2 제2항).

친양자관계가 성립하게 되면, **친양자는 부부의 혼인 중 출생자로 보게 되며**, 친양자의 입양 전의 친족관계는 종료되게 된다. 다만 부부의 일방이 배우자의 친생자를 단독으로 입양한 경우에 있어서의 배우자 및 그 친족과 친생자 간의 친족관계는 그러하지 아니하다. 입양이 성립하게 되면 양자는 양친의 친생자와 동일한 신분을 취득하게 되고, 동일한 친족관계가 성립한다(제772조 제1항). 그러나 보통 입양의 경우에는 종전 부모를 중심으로 한 친족관

---

22) 대법원 1977. 7. 26. 77다492 판결.

계는 그대로 유지되나, 친양자의 경우에는 친생 부모와의 친자관계 등 종래의 친족관계가 소멸한다(제908조의3). 이성양자의 경우 양자의 성은 변경되지 않는 것이 원칙이지만, 입양특례법에 따라 양부의 성과 본을 따를 수도 있고, 친양자의 경우에는 출생한 때부터 양부모의 혼인 중의 출생자로 되기 때문에 양부의 성과 본을 따르게 된다(제908조의3 제1항). 보통의 양자는 친부모와 양부모 모두로부터 상속을 받을 수 있지만, 친양자는 양부모로부터만 상속을 받을 수 있다. 친양자는 파양에 의해서만 해소될 수 있다.

## Ⅵ. 친 권

### 1. 친 권

#### (1) 의 의

**친권이라 함은 부모가 미성년자인 자에 대하여 갖는 권리**를 말한다. 친권은 권리이지만 그 내용은 의무적인 것을 더 많이 포함하고 있다. 즉 친권자는 자를 보호하고 교양할 권리 및 의무가 있고(제913조), 미성년자인 자는 친권에 복종하여야 한다(제909조). 즉 친권은 부모가 미성년자인 자에 대한 관계에서 자를 보호하고 교양할 의무가 있음을 밝힘과 동시에 다른 사람과의 관계에 있어 자의 보호 및 교양에 있어 타인의 간섭을 받지 않을 권리라는 의미라고 하겠다.

#### (2) 행사방법

2013. 7. 1.부터 새롭게 적용되는 개정민법(제909조의2)에 의하면, ① 친권은 부모가 공동으로 행사하고, ② 공동으로 행사할 수 없는 경우에는 단독으로 행사하되, ③ 이혼이나 혼인 외의 인지의 경우처럼 단독친권자가 지정되어 있는 경우, 그 단독친권자가 사망한 경우 생존하는 부 또는 모, 미성년자, 미성년자의 친족은 그 사실을 안 날부터 1개월, 사망한 날부터 6개월 내에 가정법원에 생존하는 부 또는 모를 친권자로 지정할 것을 청구할 수 있으며, ② 입양이 취소되거나 파양된 경우 또는 양부모가 모두 사망한 경우 친생부모 일방 또는 쌍방, 미성년자, 미성년자의 친족은 그 사실을 안 날부터

1개월, 입양이 취소되거나 파양된 날 또는 양부모가 모두 사망한 날부터 6개월 내에 가정법원에 친생부모 일방 또는 쌍방을 친권자로 지정할 것을 청구할 수 있고(다만 친양자의 양부모가 사망한 경우에는 그러하지 아니하다), ③ 전 ①과 ②의 기간 내에 친권자 지정의 청구가 없을 때에는 가정법원은 직권으로 또는 미성년자, 미성년자의 친족, 이해관계인, 검사, 지방자치단체의 장의 청구에 의하여 미성년후견인을 선임할 수 있고(이 경우 생존하는 부 또는 모, 친생부모 일방 또는 쌍방의 소재를 모르거나 그가 정당한 사유 없이 소환에 응하지 아니하는 경우를 제외하고 그에게 의견을 진술할 기회를 주어야 한다), ④ 가정법원은 전 ①과 ②에 따른 친권자 지정 청구나 전 ③에 따른 후견인 선임 청구가 생존하는 부 또는 모, 친생부모 일방 또는 쌍방의 양육의사 및 양육능력, 청구동기, 미성년자의 의사, 그 밖의 사정을 고려하여 미성년자의 복리를 위하여 적절하지 아니하다고 인정하면 청구를 기각할 수 있고(이 경우 가정법원은 직권으로 미성년후견인을 선임하거나 생존하는 부 또는 모, 친생부모 일방 또는 쌍방을 친권자로 지정하여야 한다.), ⑤ 가정법원은 단독 친권자가 사망한 경우, 입양이 취소되거나 파양된 경우, 양부모가 모두 사망한 경우 직권으로 또는 미성년자, 미성년자의 친족, 이해관계인, 검사, 지방자치단체의 장의 청구에 의하여 친권자가 지정되거나 미성년후견인이 선임될 때까지 그 임무를 대행할 사람을 선임할 수 있고, ⑥ 가정법원은 미성년후견인이 선임된 경우라도 미성년후견인 선임 후 양육상황이나 양육능력의 변동, 미성년자의 의사, 그 밖의 사정을 고려하여 미성년자의 복리를 위하여 필요하면 생존하는 부 또는 모, 친생부모 일방 또는 쌍방, 미성년자의 청구에 의하여 후견을 종료하고 생존하는 부 또는 모, 친생부모 일방 또는 쌍방을 친권자로 지정할 수 있다.

### (3) 친권의 효력

친권의 효력은 미성년인 자의 신분 및 재산관계 모두에 미치는바, 구체적으로는 **미성년자인 자에 대한 거소지정권**(제914조), **징계권**(제915조), **재산관리권**(제916조), **대리권**(제920조) **등이 있다**. 그러나 친권은 남용되어서는 아니 된다. 판례는 네 살밖에 되지 않은 어린 아이가 대소변을 가리지 못한다고 닭장에 가두고 전신을 구타한 것은 친권자의 정당한 징계권행사로 볼 수 없다고 하였다.[23]

---

23) 대법원 1969. 2. 4. 68도1793 판결.

**부모가 혼인 중인 때에는 부모가 친권을 공동행사**하여야 하며, 부모의 의견이 일치하지 않을 때에는 **가정법원의 결정**에 따라야 하고(제909조 제2항), 부모 중 일방이 친권을 행사할 수 없는 때에는 다른 일방이 이를 행사한다(동조 제3항). 다만 혼인 외의 출생자가 인지된 경우와 부모가 이혼한 경우에는 부모가 협의하여 친권을 행사할 자를 정하고, 협의를 할 수 없거나 성립하지 않은 경우에는 가정법원이 친권을 행사할 자를 정한다(동조 제4항, 제5항). 친권자가 일단 지정되었더라도 나중에 사정변경이 생기면 이를 변경할 수 있다(동조 제6항).

## Ⅶ. 후 견

### 1. 의 의

미성년자에게 친권자가 없거나 친권자가 있더라도 대리권과 재산관리권을 행사할 수 없을 때에는 **후견인이 미성년자의 법정대리인**이 된다(제928조). 미성년자의 후견인[24]은 **지정후견인, 선임후견인**[25]이 있다. 지정후견인은 친권자가 유언으로 지정할 수 있고(제931조), 지정후견인이 정해지지 않은 경우에는 법원이 선임후견인을 두게 된다(제932조).

미성년자 이외에 성년도 후견인을 두게 된다(제936조). 질병, 장애, 고령 그 밖의 사유로 인하여 현재 정신적 제약이 있거나 미래에 정신적 능력이 약해질 상황에 대비하여 후견제도를 이용하려는 사람이 재산행위뿐만 아니라 치료, 요양 등 복리에 관한 폭넓은 도움을 받을 수 있도록 하는 제도가 성년후견제도이다.

성년후견제도에는 성년후견(제9조), 한정후견(제12조), 특정후견(제14조의2), 임의후견(제959조의14)의 네 가지 종류가 있으며 후견인은 자연인뿐만 아니라 법인도 될 수 있으며 여러 명일 수도 있다.

24) 미성년후견인이 될 자는 자연인으로 1인에 한한다.
25) 개정민법은 배우자, 직계혈족, 3촌 이내의 방계혈족만을 법정후견인으로 제한하고 있는 제도를 폐지하였으며, 친족관계에 있지 아니한 자 중에서도 미성년후견인을 선임할 수 있도록 하였다.

## 2. 후견인의 직무

미성년자에 대한 후견은 친권의 연장이라고 할 것인바, 미성년자의 후견인의 직무는 친권의 내용과 같다. 다만 후견인의 임무는 재산에 관한 행위로 한정되는 경우가 있으며(제946조), 일정한 사항에 관하여 **후견인의 권리를 제한하는 후견감독기관을 두고 있다. 후견감독기관으로는 가정법원과 후견감독인(미성년후견감독인·성년후견감독인)[26]이 있다.** 그러한 사항으로는, 미성년자의 영업에 대한 허락, 차재(借財), 보증·부동산 또는 중요한 재산에 대한 권리변동·소송행위 등이 있다.

# Ⅷ. 상 속

## 1. 의 의

상속이라 함은 피상속인이 사망한 경우 그의 재산관계가 상속인에게 포괄적으로 승계되는 것을 말한다. 상속제도는 사유재산제도의 사후적 효과인 동시에 유산에 의한 잔존 가족들의 생활보장이라는 사회적 보장제도가 된다. 상속은 자연인의 사망에 의해서만 발생한다(제997조). 법인은 포괄유증을 통해 상속과 동일한 효과를 기대할 수 있다.

## 2. 상속인과 상속순위

상속인이 될 수 있는 자는 사망자인 피상속인의 직계비속, 직계존속, 형제자매, 4촌 이내의 방계혈족 및 배우자이다(제1000조, 제1001조). 동일 순위의 법정상속인이 수인인 경우에는 **각자 1씩의 상속분을 갖게 된다. 다만 배우자는 1.5의 상속분**을 갖게 된다. **태아는 상속순위에 관하여는 이미 출생한 것으로 본다**(제1000조 제3항).

제1순위 상속인은 피상속인의 직계비속 및 배우자가 공동상속인이 된다. 직계비속은 남녀, 자연혈족, 법정혈족, 혼인 중의 출생자, 인지된 혼인 외의 출생자 등 사이에 차이가 없이 모두 공평하게 1이다. 제2순위 상속인

---

26) 후견감독인제도는 2011년 민법 개정시에 친족회제도가 폐지되면서 새로 신설된 것이다.

은 1순위 상속인이 없는 경우, 피상속인의 직계존속과 배우자가 공동상속인이 된다. 직계존속은 부계이든 모계이든 상관없다. 직계비속이나 직계존속이 없는 경우에는 배우자가 단독으로 상속받는다(제1003조 제1항).

제3순위 상속인은 형제자매이다. 제1순위 및 제2순위 상속인이 없는 경우로서, 아버지가 다른 동복형제이거나 어머니가 다른 이복형제이더라도 3순위 상속인이 되는 데에는 아무런 제한이 없다.[27] 제4순위 상속인은 3촌 및 4촌인 방계혈족이다. 방계혈족이면 부계이든 모계이든 상관없으며, 남녀를 불문한다.

동순위의 상속인이 다수인 경우에는 근친자에게 우선권이 있고, 촌수가 같으면 공동상속을 받게 된다(제1000조 제2항). 상속인이 없는 경우에는 국유가 된다(제1058조).

## 3. 대습상속

**대습상속이라 함은 상속인의 지위에 있던 자가 상속개시 전에 사망하거나 결격자가 된 경우, 그의 직계비속이 그 자의 순위로 승진하여 상속인이 되는 것**을 말한다(제1001조). 상속인이 될 자가 사망하거나 결격자가 된 경우에 그에게 배우자가 있으면 그 배우자도 직계비속과 함께 공동상속인이 되거나 단독상속인이 된다(제1003조 제2항).

예를 들어 甲에게 큰 아들과 작은 아들이 있고, 큰 아들은 두 명의 자녀를, 작은 아들은 한 명의 자녀를 두고 있는 경우에, 큰 아들과 작은 아들이 먼저 사망한 후에 甲이 사망하게 되면, 큰 아들의 두 자녀가 1을, 작은 아들의 한 자녀가 1을 할아버지인 甲으로부터 상속받게 된다. 결국 큰 아들의 자녀들은 4분의 1을 상속받게 되고, 작은 아들의 자녀는 2분의 1을 상속받게 된다. 즉 손자들이 자의 지위로 올라가 대습상속을 받게 되는 것이다.

## 4. 법정상속분

상속분이라 함은 공동상속인들이 일정한 비율에 따라 상속을 받게 되는 몫을 말한다. 우리 민법은 지정상속분제도를 취하고 있지 않으며(다만 유

27) 대법원 1997. 11. 28. 96다5471 판결.

언을 통한 유증은 가능), 법정상속분에 의해 **모든 상속인의 상속분은 균등하게 1이며**(제1009조 제1항), **배우자만 1.5이다**(제1009조 제2항). 따라서 상속인의 수에 따라 분모가 커지게 됨에 따라 상속인의 상속분은 줄어들게 된다. 예를 들어 상속인으로 배우자 및 3명의 자녀가 있다면, 배우자는 1.5/4/5를, 나머지 자녀들은 1/4.5를 각 상속받게 되는 것이다.

그런데 우리 민법은 유언의 자유를 취하면서도 유류분제도를 두고 있다. 즉 피상속인이 자신의 재산을 죽기 전에 타인에게 유언을 통해 유증할 수 있도록 하면서도, 상속인들에게 최소한의 상속분을 보장해 주겠다는 것이다. 따라서 **상속인들은 유증 후 자신들이 상속받게 되는 상속분이 법정상속분의 일정비율에 모자랄 때는 그 차액 상당을 유증받은 자에게 반환청구할 수 있다**. 상속권자는 4촌까지이지만, 유류분권은 상속인의 배우자, 직계비속, 직계존속 및 형제자매, 즉 2촌까지만 보장하고 있다. 배우자와 직계비속의 유류분은 법정상속분의 2분의 1이며, 직계존속과 형제자매의 유류분은 법정상속분의 3분의 1이다(제1112조). 유류분을 계산함에 있어 피상속인의 재산에는 상속개시 시에 있어서의 적극재산의 가액에 상속개시 전 1년 동안에 행하여진 증여의 가액을 가산한 다음 채무를 공제한 실질재산을 기초로 산정한다(제1113조, 제1114조). 즉 사망하기 1년 이내에 행해진 증여재산은 반환을 청구할 수 있다는 것이다. 그러나 유류분의 행사는 의무는 아니기 때문에 상속인은 유류분권을 침해하는 증여나 유증을 인정하는 것도 무방하며, **유류분권을 행사하고자 할 경우에는 자신의 유류분에 부족한 한도에서 증여를 받거나 유증을 받은 자에게 재산의 반환을 청구**할 수 있다(제1115조). 한편 상속인 중에서 피상속인의 생전에 미리 재산을 증여받은 경우에는 이를 **특별수익**이라 하여, 특별수익자는 이를 상속재산에서 공제하고 부족한 부분만을 상속받을 수 있다(제1008조). 그렇다면 특별수익분이 법정상속분을 초과한 경우에는, 다른 상속인이 유류분권을 침해당한 경우에는 그 초과된 부분의 반환을 청구할 수 있다. 반면에 특별수익한 상속인은 자신의 상속권을 포기함으로써 특별수익받은 것만을 증여받은 것으로 하여 반환의무를 면할 수 있다.

## 5. 상속회복청구권

상속회복청구권이라 함은 정당한 상속인이 자신의 상속순위와 상속분을 침해한 타인(참칭상속인)에 의하여 그 방해를 제거하여 상속권의 내용을 실현시켜 줄 것을 요구할 수 있는 권리를 말한다(제999조). 이 권리는 진정상속인이 참칭상속인이 상속을 이유로 자신의 상속권을 침해한 경우에 행사하는 권리이다. 그런데 침해자가 상속을 원인으로 하지 않고 사기로 매매한 것처럼 하여 소유권을 침해한 경우에는 통상적인 소유권에 근거한 방해배제청구권을 행사하여야 하지 상속회복청구권을 행사하여서는 아니 된다. 즉 **상속회복청구권은 참칭상속인이 상속을 원인으로 하여 상속권을 침해한 경우에 행사하는 권리**인 것이다. 종래 상속회복청구권은 상속개시일(피상속인사망일)로부터 10년이라고 하였으나, 진정상속인의 권리를 침해한다는 이유로 위헌결정[28)]을 받음에 따라 민법을 개정하였는바, 현재는 그 침해를 안 날로부터 3년, 상속권의 침해행위가 있은 날부터 10년이 경과하면 소멸한다.

## 6. 상속의 승인과 포기

상속은 원칙적으로 포괄승계이기 때문에 상속인에게 피상속인의 권리·의무가 그대로 승계된다. 그렇지만 상속인으로서는 상속을 원하지 않을 경우도 있고, 피상속인의 권리보다 의무가 많아 오히려 채무를 상속받아야 할 경우조차 있을 수 있다. 이런 경우 상속인의 권리를 보호하기 위하여 우리 민법은 상속의 승인과 포기제도를 두고 있다.

**상속의 승인이라 함은 상속인이 피상속인의 권리와 의무를 승계하겠다는 의사표시**이다. 상속에는 **단순승인과 한정승인**이 있다. 단순승인에는 의사표시에 의한 승인과 **법정단순승인**이 있다. 의사표시에 의한 승인은 상속인이 피상속인의 권리와 의무를 모두 승계받겠다는 의사표시에 의해 이루어지는 상속을 말하고, 법정단순승인이라 피상속인이 사망 후 3개월 이내에 상속에 관한 아무런 의사표시를 하지 않을 경우 **단순승인한 것으로 의제되는 상속**을 말한다(제1025조). 이에 반해 **한정승인**은 상속인이 피상속인으로부터 상

---

28) 헌법재판소 2001. 7. 19. 99헌바9 결정.

속받은 권리의 범위 내에서만 상속을 승인하는 것이다(제1028조). 이는 피상속인 사망 후 3개월 이내에 하여야 하며, 이를 도과하게 되면 단순승인한 것으로 간주된다. 그런데 종래의 민법은 상속인이 피상속인의 권리와 의무관계를 모두 확인하지 못하여 단순승인하는 경우 무조건 법정단순승인으로 간주함에 따라 상속인의 의사를 무시한 재산권침해를 하는 경우가 있음에 따라 헌법재판소로부터 위헌결정을 받음에 따라,[29] 3개월 도과 후에 채무초과 사실을 알게 된 경우에는 다시 한 번 한정승인을 할 수 있는 기회를 주도록 민법이 개정되었다(제1026조 제3호).

상속의 포기라 함은 상속인이 피상속인의 권리와 의무를 승계할 것을 거부하는 의사표시이다. 상속의 포기도 상속개시 후 3개월 이내에 가정법원에 신청하여야 한다. **상속을 포기한 자는 처음부터 상속인이 아니었던 것으로 된다**(제1042조). 선순위 상속인이 상속을 포기하게 되면 후순위 상속인이 선순위 상속인의 순위를 승계하게 된다.

## Ⅸ. 유 언

### 1. 의 의

유언이라 함은 유언자가 생전에 자신이 사망 시 자신의 재산권에 대한 일정한 법률효과를 발생시킬 것을 목적으로 하는 의사표시이다. 유언은 상대방 없는 단독행위이다. 유언의 자유가 있기 때문에 누구든지 단독으로 유언할 수 있다. 만 17세에 달한 미성년자와 의사능력을 회복한 피성년후견인도 단독으로 유언할 수 있다. 이 경우 의사가 심신회복의 상태를 유언서에 부기하고 서명날인하여야 한다.

유언사항은 재단법인의 설립(제47조 제2항), 친생부인(제850조), 후견인지정(제931조), 상속재산분할방법의 지정 또는 분할의 금지(제1012조), 유증(제1074조 이하), 유언집행자의 지정 또는 위탁(제1093조) 등이며, 유언사항이 아닌 것은 유언하더라도 유언으로서의 효력이 없다.

29) 헌법재판소 1998. 8. 27. 97헌바2 결정.

## 2. 유언의 방식

유언의 방식은 **엄격한 요식주의**를 취하고 있다. 유언의 방식으로는 **자필증서, 녹음, 공정증서, 비밀증서와 구수증서 등 다섯 가지**가 있다.

**자필증서에 의한 유언**은 유언장 전부를 유언자가 자필로 작성하고 날인하여야 한다(제1066조 제1항). 증서에 문자의 삽입, 삭제 또는 변경할 때에도 유언자는 이를 자서하고 날인하여야 한다. **녹음유언**은 유언자가 유언의 취지, 그 성명과 연월일을 구술하고 이에 참여한 증인이 유언의 정확함과 그 성명을 구술하는 방식으로 작성한다(제1067조). 녹음 이외에도 녹화의 방식으로도 할 수 있다. 공정증서에 의한 유언은 유언자가 증인 2인이 참여한 공증인의 면전에서 유언의 취지를 구수하고 공증인이 이를 필기낭독하여 유언자와 증인이 그 정확함을 승인한 후 각자 서명 또는 기명날인하는 방식으로 작성한다(제1068조). **비밀증서에 의한 유언**은 유언자가 필자의 성명을 기입한 증서를 엄봉날인하고 이를 2인 이상의 증인의 면전에 제출하여 자기의 유언서임을 표시한 후 그 봉서표면에 제출년월일을 기재하고 유언자와 증인이 각자 서명 또는 기명날인하여야 하며, 그 표면에 기재된 날로부터 5일 내에 공증인 또는 법원서기에게 제출하여 그 봉인상에 확정일자인을 받아야 한다(제1069조). **구수증서에 의한 유언**은 질병 기타 급박한 사유로 인하여 위의 네 가지 방식에 의할 수 없는 경우에 유언자가 2인 이상의 증인의 참여로 그 1인에게 유언의 취지를 구수하고 그 구수를 받은 자가 이를 필기낭독하여 유언자의 증인이 그 정확함을 승인한 후 각자 서명 또는 기명날인하는 방식으로 작성한다(제1070조 제1항). 이 경우 그 유언에 대하여 증인 또는 이해관계인은 급박한 사유가 종료한 날로부터 7일 내에 법원에 그 검인을 신청하여야 한다. 유언장 증인이 되려면 미성년자, 금치산자와 한정치산자, 유언에 의하여 이익을 받을 자, 그 배우자와 직계혈족, 공증인법에 의한 결격자가 아니어야 한다(제1072조).

## 3. 유언의 집행

유언은 유언자의 사망에 의하여 효력을 발생하게 되는데, 유언집행자가 있으면 유언집행자가 유언의 내용대로 집행을 하게 된다. 일정한 사람(유언집행자)에 의하여 유언의 내용이 실현되는데, 이러한 행위를 유언의 집행이라 한다.

# X. 기여분

## 1. 의 의

기여분이라 함은 공동상속인 중에 피상속인의 재산의 유지나 증가에 특별히 기여한 자가 있거나 피상속인을 특별히 부양한 자에 대하여 그 기여에 상당한 피상속인의 재산을 상속분과 별도로 지급하는 것을 말한다(제1008조의2).

## 2. 기여분 산정

기여분은 상속 당시 피상속인의 재산가액에서 기여상속인의 기여분을 먼저 공제하여야 한다. 즉 피상속인의 상속재산에서 기여분을 공제하고 남은 재산을 순수한 상속재산으로 보아 상속분에 따라 상속받게 되는 것이다. 기여한 자는 자신의 상속분 이외에 추가하여 기여분을 받게 된다.

기여분은 유류분에 우선하기 때문에 유류분에 의한 반환청구의 대상이 되지 않는다(제1115조).

판례는 성년인 넷째 딸이 부양의무의 존부나 순위에 구애됨이 없이 스스로 장기간 그 부모와 동거하면서 생계유지의 수준을 넘는 부양자 자신과 같은 생활수준을 유지하는 부양을 한 경우 특별분양자로 보아 기여분을 인정하였다.[30]

30) 대법원 1998. 12. 8. 97므513·520 판결.

# 제 5 장 형 법

JURISPRUDENCE >>>

CHAPTER

# 05 형 법

## 제 I 절 서 론

### Ⅰ. 형법의 의의

**형법이란 국가가 공권력의 주체로서 범죄의 성립요건과 이를 위반한 경우의 형벌 또는 보안처분에 대해 규정하고 있는 공법**이다. 형법에는 형식적 의미의 형법(1953년 제정)뿐만 아니라 실질적 의미의 형법인 형사특별법도 포함된다. 형사특별법은 폭력행위등 처벌에 관한 법률, 국가보안법, 군형법 등 법 전체가 형법의 특별분야인 경우도 있지만, 각종 행정법에도 행정법이 규율하는 강제법규를 위반한 경우에 처벌하도록 하는 각종 행정형법 등이 있다.

### Ⅱ. 형식적 의미의 형법

우리 형법은 제1편 총칙과 제2편 각칙으로 구성되어 있다. 총칙편은 형법 전반에 관한 기본적 사항을 규정하고 있는데, 제1장 형법의 적용범위

(제1조 내지 제8조), 제2장 죄(제9조 내지 제40조), 제3장 형(제41조 내지 제80조), 제4장 기간(제83조 ~86조)으로 구성되어 있다.

다시 제2장(죄)은 죄의 성립과 형의 감면(제9조 내지 제24조), 미수범(제25조 내지 제29조), 공범(제30조 내지 제34조), 누범(제35조 내지 제36조), 경합범(제37조 내지 제40조) 등으로 구성되어 있고, 제3장(형)은 형의 종류와 경중(제41조 내지 제50조), 형의 양정(제51조 내지 제58조), 형의 선고유예(제59조 내지 제61조), 형의 집행(제66조 내지 제71조), 가석방(제72조 내지 제76조), 형의 시효(제77조 내지 제80조), 형의 소멸(제81조 내지 제82조) 등으로 구성되어 있다.

각칙편은 크게 나누면, **국가적 법익에 관한 죄**, **사회적 법익에 관한 죄** 및 **개인적 법익에 관한 죄**로 분류할 수 있다. 국가적 법익에 관한 죄는 제1장 내지 제11장, 사회적 법익에 관한 죄는 제12장 내지 제23장, 개인적 법익에 관한 죄는 제24장 내지 제42장에서 규정하고 있다.

이를 살펴보면, 각칙은 제1장 내란의 죄, 제2장 외환의 죄, 제3장 국기에 관한 죄, 제4장 국교에 관한 죄, 제5장 공안을 해하는 죄, 제6장 폭발물에 관한 죄, 제7장 공무원의 직무에 관한 죄, 제8장 공무방해에 관한 죄, 제9장 도주와 범인은닉의 죄, 제10장 위증과 증거인멸의 죄, 제11장 무고의 죄, 제12장 신앙에 관한 죄, 제13장 방화와 실화의 죄, 제14장 일수와 수리에 관한 죄, 제15장 교통방해의 죄, 제16장 음용수에 관한 죄, 제17장 아편에 관한 죄, 제18장 통화에 관한 죄, 제19장 유가증권, 우표와 인지에 관한 죄, 제20장 문서에 관한 죄, 제21장 인장에 관한 죄, 제22장 성풍속에 관한 죄, 제23장 도박과 복표에 관한 죄, 제24장 살인의 죄, 제25장 상해와 폭행의 죄, 제26장 과실치사상의 죄, 제27장 낙태의 죄, 제28장 유기와 학대의 죄, 제29장 체포와 감금의 죄, 제30장 협박의 죄, 제31장 약취와 유인의 죄, 제32장 강간과 추행의 죄, 제33장 명예에 관한 죄, 제34장 신용, 업무와 경매에 관한 죄, 제35장 비밀침해의 죄, 제36장 주거침입의 죄, 제37장 권리행사를 방해하는 죄, 제38장 절도와 강도의 죄, 제39장 사기와 공갈의 죄, 제40장 횡령과 배임의 죄, 제41장 장물에 관한 죄, 제42장 손괴의 죄 등으로 구성되어 있다.

그런데 형법상 주요 범죄들은 발생하는 빈도가 높고 특별가중처벌해야 할 필요성 등이 대두됨에 따라 형사특별법을 제정하여 운영하고 있는 경우가 많다. 예를 들면 폭력행위등 처벌에 관한 법률, 교통사고처리특례법, 국가보안법, 특정범죄 가중처벌등에 관한 법률, 특정경제범죄 가중처벌등에 관한 법률, 성폭력범죄의 처벌 및 피해자보호등에 관한 법률 등이 이에 속한다.

## 제2절 형법총칙의 주요 내용

### Ⅰ. 죄형법정주의

우리 형법은 **죄형법정주의를 취하여 소급입법에 의한 형사처벌을 금지**하고 있는데, 이는 헌법이 그렇게 규정하고 있기 때문이다. 죄형법정주의라 함은 범죄행위와 이에 대한 형벌이 성문법으로 제정되어 있지 않는 한 형사처벌할 수 없다는 원칙을 말한다. 즉 법률이 없으면 범죄도 없고 형벌도 없다(*nullum crimen, nulla poena sine lege*)라는 근대형법의 기본원리를 계수한 것이다. 대한민국헌법 제12조 제1항은 "누구든지 법률과 적법한 절차에 의하지 아니하고는 처벌, 보안처분 또는 강제노역을 받지 아니한다"고 규정하고 있고, 제13조 제1항은 "모든 국민은 행위 시의 법률에 의하여 범죄를 구성하지 아니하는 행위로 소추되지 아니한다"고 하여, 죄형법정주의를 천명하고 있다. 헌법에 맞춰 우리 형법 제1조 제1항은 "범죄의 성립과 처벌은 행위 시의 법률에 의한다"고 하여 죄형법정주의를 채택하고 있다. **죄형법정주의는 ① 관습형법의 금지, ② 소급입법에 의한 처벌금지의 원칙, ③ 명확성의 원칙, ④ 유추해석금지의 원칙 등에 의하여 운용**되고 있다.

죄형법정주의를 통해 국민은 행위 시의 규범을 상정하여 행동하게 되고, 국가 또한 형벌권의 엄정한 집행이 가능하게 된다. 따라서 죄형법정주의는 국가형벌권행사의 기준을 정함으로써 형벌권이 남용되지 못하도록 하여 국민의 기본권을 보장하게 되는 것이다.

## Ⅱ. 형법의 적용범위

### 1. 시간적 적용범위

형법 제1조 제1항은 "범죄의 성립과 처벌은 행위 시의 법률에 의한다"고 하여, 행위시법주의를 채택하고 있다. 이는 소급입법금지의 원칙을 반영하여 행위 시에 처벌받지 아니한 행위에 대하여 **사후입법을 통한 추가처벌을 허용하지 않겠다는 것**이라 할 수 있다. 이에 대해 재판시법이 행위시법보다 국민에게 유리하게 된 경우, 즉 신법이 구법에 비해 국민에게 재판상 유리한 경우에는 신법 우선의 원칙에 의해 재판시법이 적용된다. 예를 들면 범죄 후의 법령변경으로 행위 시의 행위가 범죄를 구성하지 아니한 때, 신법의 형이 구법의 형보다 가벼울 때에는 신법을 적용하여야 한다(제1조 제2항). 즉 신법과 구법 중 범죄자에게 유리한 법을 선택하여 적용하여야 하는 것이다.

### 2. 장소적 적용범위

형법 제2조는 "본법은 대한민국 영역 내에서 죄를 범한 내국인과 외국인에게 적용한다"고, 제4조는 "본법은 대한민국 영역 외에 있는 대한민국의 선박 또는 항공기 내에서 죄를 범한 외국인에게 적용한다"고 하여 속지주의를 취하고 있다. 즉 국적과 상관없이 대한민국 영토 내 및 대한민국 영토로 간주되는 대한민국의 선박 또는 항공기 내에서 죄를 범한 경우에 처벌하도록 하고 있다.

그러면서 **속인주의(제3조)와 보호주의(제5조, 제6조)를 보충적으로 적용**하고 있다. 즉 대한민국 영역 외에서 죄를 범한 내국인에게도 적용되며(속인주의), 대한민국 영역 외에서 내란죄, 외환죄, 국기에 관한 죄, 통화에 관한 죄, 유가증권 및 우표와 인지에 관한 죄 등을 범한 외국인(제5조) 및 대한민국 영역 외에서 대한민국 또는 대한민국 국민에 대하여 제5조에 기재한 이외의 죄를 범한 외국인(제6조)에게도 적용된다(보호주의). 단 외국인의 경우에는 행위지의 법률에 의하여 범죄를 구성하지 아니하거나 소추 또는 형의 집행을 면제할 경우에는 예외로 한다. 이 말은 내국인은 행위지의 법률에 의해 죄가 되지 않더라도 대한민국 법에 의하여 죄가 되면 국내에서 처벌될 수 있다는 의미이다.

그렇다면 내국인은 행위지의 법에 의해 처벌받은 뒤에도 국내법에 의해 다시 처벌받을 수밖에 없게 되는데 이는 **이중처벌의 문제**가 될 수 있지만, 국가형벌권의 엄정한 행사를 위해 어쩔 수 없는 것으로, 다만 형평성을 고려하여 범죄로 인하여 외국에서 형의 전부 또는 일부의 집행을 받은 자의 경우에는 형을 감경 또는 면제할 수 있도록 하고 있다(제7조).

## 3. 인적 적용범위

우리 형법이 **속인주의와 속지주의**를 함께 적용하고 있기 때문에 형법이 적용되는 인적 범위 역시 **형법의 시간적·장소적 범위와 동일**하다. 다만 형법의 적용이 배제되는 예외적인 경우가 있는데, 대통령·국회의원·치외법권을 가진 자와 외국의 군대이다. 즉 대통령은 내란 또는 외환의 죄를 범한 경우를 제외하고는 재직 중 형사상 소추를 받지 않기 때문에(헌법 제84조) **대통령 재직기간 중에는 형사처벌되지 않으며, 국회의원은 국회에서 직무상 행한 발언과 표결에 관하여 국회 외에서 책임을 지지 아니하기 때문**에(헌법 제45조) 국회 내 발언과 표결에 대한 형사상 처벌을 받지 않은 면책특권을 가지며, 국제법상 국가면제가 인정되는 외국의 원수와 외교관, 그 가족 및 내국인이 아닌 종사자에 대해서는 형법이 적용되지 않으며, 대한민국과 협정이 체결되어 있는 국내에 주둔하고 있는 외국의 군대에 대하여도 형법이 적용되지 않는다. 예를 들면 대한민국과 미국 간의 군대지위협정, 일명 소파협정에 의하여 공무집행 중인 미군에 의한 범죄에 대하여는 대한민국 형법의 적용이 배제된다.

# Ⅲ. 범죄의 행위주체

범죄의 행위주체, 즉 **범죄자는 자연인에 한한다**. 이론적으로는 자연인 이외에 법인도 범죄의 행위주체가 될 수 있는가에 관하여 긍정설과 부정설이 대립하고 있으나, **통설과 판례는 이를 부정**한다. **긍정설**은 법인에 의한 반사회적 행위가 실제로 발생하고 있고, 사회적 파장 또한 크기 때문에 법인의 범죄능력을 인정해야 할 형사정책적 필요성을 인정해야 한다는 것이다. 반면에 부정설은 법인은 의사능력이 전제되는 행위의 주체가 될 수 없을 뿐만 아니라 범죄능력과 형사책임의 주체(형벌능력)는 구별해야 하므로 법인의 범죄능력을 부정해야 한다는 것이다.

그렇지만 현실적으로 법인처벌의 필요성이 크기 때문에 입법을 통해 **양벌규정에 의해 행위주체인 자연인과 일정한 법인을 함께 처벌**하고 있다. 행위주체에 있어 일정한 신분을 가진 자에게만 성립이 인정되는 범죄가 있는데, 이러한 범죄를 신분범이라 하며, 예를 들면 **의사에게만 허위진단서작성죄가 인정**되는 경우이다.

## Ⅳ. 범죄의 구성요건에 대한 검토

### 1. 범죄의 요건

범죄가 성립하기 위해서는 일반적으로 구성요건해당성, 위법성, 책임성이 인정되어야 한다. 구성요건과 위법성은 행위에 대한 평가요소이고, 책임성은 행위자에 대한 평가요소이다.

### 2. 구성요건

구성요건이라 함은, 사람의 모든 행위를 형사처벌할 수는 없기 때문에, 형사처벌의 대상이 되는 **일정한 행위가 범죄행위로 인정되기 위해 갖추어야 할 최소한의 요건**을 말한다. 즉 형사처벌의 대상이 되는 행위가 형법의 대상이 되기 위해 갖추어야 하는 요건이다. 구성요건은 객관적 구성요건과 주관적 구성요건으로 나뉜다. **객관적 구성요건은 형법이 구성하고 있는 일정한 결과를 갖추었는가**이고, **주관적 구성요건은 행위자에게 고의 또는 과실(과실범의 경우)이 있는가** 여부이다. 객관적 구성요건은 행위자의 행위와 그로 인해 발생한 결과 사이에 인과관계가 인정되어야 한다.

즉 구성요건을 갖추기 위해서는 일정한 요건을 갖추어야 한다. 예를 들면 신분범의 경우에는 행위주체가 신분을 갖추어야 하고, 행위방법이 형법의 구성요건에 부합하는 행위(사기죄의 기망, 절도죄의 절취, 횡령죄의 횡령 등)여야 하고, 행위객체가 보호할 만한 가치(장물죄의 장물, 절도죄의 재물, 횡령죄의 자기가 보관하는 타인의 물건 등)가 있어야 한다.

구성요건을 유형화하면, 결과범·거동범, 침해범·위험범, 상태범·계속범, 일반범·신분범 등으로 나눌 수 있다. **결과범**은 침해의 결과발생을 필요로 하는 범죄유형으로 살인죄 등이 이에 해당되며, **거동범**은 단순한 거동(행위)만으로도 구성요건이 실현되는 범죄로 위증죄가 이에 해당한다. **침해범**은 행위객체에 대한 침해가 곧 구성요건적 결과에 해당하는 범죄유형으로 상해죄가 이에 해당되며, **위험범**은 보호대상에 대한 위험발생을 전제로 하는 범죄유형으로 다시 구체적 위험범과 추상적 위험범으로 나눌 수 있는데, **구체적 위험범**은 법익침해의 위험이 구체적으로 발생하여야 하는 범죄유형으로 일반물건에의 방화죄(제167조)가 이에 해당되며, **추상적 위험범**은 위험의 구체적 발생이 없이도 특정 행위만을 하면 위험이 당연히 발생한다고 보는 범죄유형으로 현주건조물방화죄(제164조)가 이에 해당된다. **상태범**은 범죄행위가 일회에 끝나고 그 후는 결과만이 유지되는 범죄로 절도죄가 이에 해당되며, **계속범**은 범죄행위가 시간적으로 계속하여 진행되고 있어야 하는 범죄로 감금죄가 이에 해당된다. **신분범**은 특정한 신분을 가진 자만이 범죄의 구성요건을 실현시킬 수 있는 범죄유형으로 다시 **진정신분범**(횡령죄·배임죄·위증죄 등)과 **부진정신분범**(존속살해죄)으로 나눌 수 있고, **일반범**은 신분범 이외에 일반적 범죄의 구성요건에 해당되는 범죄를 말한다.

## 3. 인과관계

**인과관계라 함은 범죄행위와 결과 사이에 원인과 결과의 관계가 있어야 한다**는 것을 말한다. 형법 제17조는 인과관계에 관하여 "어떤 행위라도 죄의 요소되는 위험발생에 연결되지 아니한 때에는 그 결과로 인하여 벌하지 아니한다"고 하여 인과관계를 요구하고 있다.

인과관계를 둘러싼 많은 학설의 대립이 있으나, 모든 인과관계를 범죄와 연결짓게 되면 처벌대상자의 범위가 너무 넓어지기 때문에 일정한 법적 한도에서 이를 제한하려고 하고 있다.

**판례와 학설은 상당인과관계설을 기본으로 삼고 있다**. 상당인과관계설이라 함은 행위자에게 인과관계가 인정되려면 **행위자의 행위와 그 행위로부터 초래된 결과 사이에 상당성이 인정되어야 한다는 것이다**. 그런데 상당인과관계의 성립 여부를 판단하는 것은 법적 개념이 아닌 가치판단의 문제라는 비판이 제기됨에 따라 **최근에는 객관적 귀속이론이 받아들여지고 있는 입장**이다. 객관적 귀속이론이라 함은 인과관계의 문제를 인과관계 인정 문제와 형사책임귀속의 문제로 구별하여 행위와 결과 간에 절대적 제약관계만 있으면 인과관계를 인정하는 조건설 또는 합법칙적 조건설에 의해 인과관계를 확정한 다음, 객관적 귀속기준에 의해서 형사책임의 범위를 결정하면 된다는 견해이다.

### 4. 주관적 구성요건

**주관적 구성요건으로는 고의와 목적범에 있어서의 일정한 목적이 있다**. 형법 제13조는 "죄의 성립요소인 사실을 인식하지 못한 행위는 벌하지 아니한다. 단, 법률에 특별한 규정이 있는 경우에는 예외로 한다"고 하여, 고의범만을 원칙적으로 처벌하고, **과실범은 예외적으로 별도의 규정이 있는 경우에만 처벌**한다고 규정하고 있다.

주관적 구성요건으로서의 **고의라 함은 구성요건실현의 인식과 의사를 의미**한다고 하겠다. 목적범에 있어서의 목적은 예를 들어 사문서위조죄 등에서 "행사할 목적으로 문서를 위조"한 경우와 같이 **일정한 범죄목적을 가지고 있을 때만 성립하는 범죄**라 하겠다.

## Ⅴ. 위법성과 위법성조각사유

### 1. 서 론

**위법성이라 함은 범죄자의 구성요건에 해당하는 행위가 법질서를 위반한 경우를 말한다**. 법질서는 공동체구성원들이 서로의 공존과 법익보호를 위해 유지되기를 협약한 일정한 질서라고 할 것이다. 즉 위법성이라 함은 이러한 법질서에 반하는 행위를 말한다. 형법은 이러한 법질서를 위반하지 말 것을 요구하고 있기 때문에 그러한 구성요건인 법규범(여기에는 형법은 물론이고 모든 법규범을 포함하는 넓은 의미)과 충돌하면 위법성이 당연히 인정될 수밖에 없다.

따라서 그러한 법규범에 위반하는 행위를 위법하지 않게 하기 위해서는 별도로 위법성조각사유가 있어야 한다. 즉 구성요건에 해당되어 객관적으로는 위법하지만, 그러한 금지행위를 하여도 된다는, 다시 말해 그러한 **금지행위를 정당화시켜 주는 사유가 있으면, 이를 위법성조각사유라고 하여 허용**하고 있는 것이다.

위법성조각사유로는 **정당행위, 정당방위, 긴급피난, 자구행위, 피해자의 승낙에 의한 행위** 등이 있다.

## 2. 위법성조각사유

### (1) 정당행위

형법 제20조는 "법령에 의한 행위, 업무로 인한 행위 기타 사회상규에 위배되지 아니하는 행위"라고 하여 이러한 행위는 적법한 행위로 처벌하지 않는다고 규정하고 있다. **법령에 의한 행위**로는 법질서의 통일성이란 원칙에서 허용되는 것으로 형사소송법상의 적법한 체포나 구속과 같은 강제처분, 모자보건법상의 임신중절행위, 각종 징계행위가 이에 속하고, **업무로 인한 행위**라 함은 사람이 사회생활관계에서 계속적·반복적 의사로 행하는 정상적 사무로 의식불명상태의 환자에 대한 의사의 수술행위가 이에 속하고, **사회상규에 위배되지 않는 행위**라 함은 국가질서의 존엄성을 기초로 한 국민일반의 건전한 도의감에 근거한 행위로 친권자의 자녀에 대한 훈육행위 등이 이에 속한다고 하겠다.

### (2) 정당방위

형법 제21조는 "자기 또는 타인의 법익에 대한 현재의 부당한 침해를 방위하기 위한 행위로서 상당한 이유가 인정"되는 행위를 정당방위라고 하여 처벌하지 않는다고 규정하고 있다. 정당방위가 위법성이 조각되는 이유는 행위자의 개인적 입장에서 침해되는 개인의 법익을 보호하고자 하는 **자기보호**에서 비롯된 것이며, 사회적 입장에서는 **국가권력의 조력을 받을 수 없는 사각지대에서 법질서를 스스로 보호하도록 하기 위한 것**이다. 침해라 함은 인간에 의해 행해지는 법익에 대한 위법행위를 말한다. 따라서 적법성을 판단할 수 없는 동물이나 법인에 의한 침해는 여기의 침해에 해당하지 않는다.

즉 정당방위는 자기 또는 타인의 생명이나 신체 및 재산에 대한 **위법한 현재의 침해에 대한 스스로의 방어행위**로서, 이는 위법성조각사유에 해당되어 처벌하지 않는다는 것이라 하겠다.

### (3) 긴급피난

형법 제22조는 "자기 또는 타인의 법익에 대한 현재의 위난을 피하기 위한 행위로서 상당한 이유"가 있는 행위는 긴급피난이라고 하여 처벌하지 않는다고 규정하고 있다. 긴급피난이 위법성이 조각되는 이유는 **긴급상태에 빠진 법익을 보호하기 위한 유일한 수단이 다른 법익을 침해하는 것일 뿐인 경우**에는 그 다른 법익을 침해해서라도 긴급상태에 빠진 법익을 보호할 수밖에 없기 때문에 위법성이 조각된다는 것이다. 긴급피난은 **이익형량의 원칙**, 즉 보다 높은 가치를 지닌 이익을 보호하기 위해 어쩔 수 없이 낮은 가치를 지닌 이익을 침해할 수밖에 없다는 것이다. 긴급피난이 정당방위와 다른 점은 정당방위가 원칙적으로 이익형량의 원칙을 고려하지 않는 데에 비하여 이를 고려한다는 점과 긴급피난은 침해행위의 위법성을 고려하지 않는다는 점에서 이를 고려하는 정당방위와 다르다. 즉 위법성을 판단할 수 없는 침해행위, 예를 들면 미친 개가 물려고 달려든다든지, 산사태가 나서 이를 피하기 위해 다른 법익을 침해하는 경우처럼 현재의 긴급상태, 즉 침해행위가 위법성 여부를 판단할 수 없는 행위의 경우에 인정된다는 것이다.

### (4) 자구행위

형법 제23조 제1항은 "법정절차에 의하여 청구권을 보전하기 불능한 경우에 그 청구권의 실행불능 또는 현저한 실행 곤란을 피하기 위한 행위는 상당한 이유가 있는 때에는 벌하지 아니한다"고 하여, 자구행위를 위법성조각사유로 규정하고 있다. 즉 **자구행위는 사법상의 청구권보전을 법정절차에 기**

**대할 수 없는 급박한 경우에 자력으로밖에 청구권의 이행을 실행할 수밖에 없는 때에 허용**된다. 청구권의 원인은 물권이든 채권이든 가리지 않는다. 반드시 재산권이 아니더라도 친족권이나 상속권을 보호할 필요가 있는 경우도 해당된다고 하겠다. 민법 제209조도 형법상의 자구행위와 비슷하게 자력구제에 대하여 규정하고 있다.

**정당방위와 긴급피난은 현재의 위법한 침해에 대한 구제책**인데 반하여, **자구행위는 과거의 위법한 침해에 대한 구제**라는 점에서 서로 다르다. 예를 들어 절도범이 피해자의 물건을 절취하여 도망갈 경우(과거의 행위) 즉시 쫓아가 이를 다시 회복하는 경우이다. 자구행위는 '즉시성'이 있어야 하므로, 과거의 침해라고 하더라도 시간이 한참 경과한 경우에는 자구행위가 허용되지 않는다. 즉 민사소송을 제기하여 구제받거나, 형사소송절차에 의한 압수 및 가환부 또는 환부절차를 밟아 회수할 수밖에 없다.

또한 자구행위는 보전이 가능한 권리를 대상으로 하므로 원상회복이 불가능한 생명·신체·자유·정조·명예 등의 권리는 자구행위의 대상에 해당되지 않는다.

### (5) 피해자의 승낙에 의한 행위

형법 제24조는 "처분할 수 있는 자의 승낙에 의하여 그 법익을 훼손한 행위는 법률에 특별한 규정이 없는 한 벌하지 아니한다"고 하여, **피해자의 승낙에 의한 행위도 위법성조각사유**로 규정하고 있다. 피해자의 승낙에 의해 허용되는 행위는 **법익주체가 자유롭게 처분할 수 있는 법익에 한하여 허용**된다. 즉 처분할 수 있는 법익이어야 하기 때문에 소유권이나 명예, 신용, 성적 자기결정권, 신체의 완전성 등과 같은 개인적 법익에 한한다. 반면에 생명에 대한 처분권은 허용되지 않으며, 피해자가 죽여 달라고 했더라도 이를 실행하게 되면 살인죄로 처벌될 수밖에 없다. 문제는 이발이나 손톱 제거 등과 같은 신체의 완전성을 벗어난 행위, 즉 심한 상해를 가하거나 신체의 절단과 같은 행위도 사회상규상 허용되지 않기 때문에 피해자의 승낙에 의한 행위라고 하더라도 위법성이 조각되지 않는다.

의사의 치료행위는 피해자의 승낙에 의해 위법성이 조각되는 경우에 해당된다고 하겠다.

## Ⅵ. 책임성

### 1. 서 론

범죄의 구성요건을 갖추고 위법하다고 하더라도, 행위자에게 비난 가능성이 있어야만 처벌이 가능하다. 즉 범죄론체계상 일정한 행위가 구성요건에 해당하고 위법성이 인정되면 행위의 불법성은 확정되는데, 책임성은 그러한 불법성이 인정되는 행위의 행위자에 대한 비난 가능성 여부를 따지는 제3의 요건이라 할 수 있다. 자기책임원칙에 의해 행위자에게 형벌을 과하기 위해서는 행위자가 자신의 행위에 대한 법적 금지사실을 알고 있거나 알 수 있었어야 한다. 그런데 법률전문가가 아닌 일반인에게 이러한 인식을 요구하는 것은 어려운 문제이다. 왜냐하면 이러한 인식은 정신적·신체적인 한계가 있을 수밖에 없고, 법적 착오로 인한 행위의 착오가 있을 수 있기 때문이다. 전자가 형사책임능력의 문제이고, 후자가 법률착오의 문제이다.

### 2. 형사책임능력

형법 제9조는 **14세 미만자를 형사책임무능력자로 규정**하고 있고, 제10조 제1항은 **심신상실자를 형사책임무능력자로 규정**하고 있다. 그리하여 14세 미만자와 심신상실자의 범죄행위에 대하여는 처벌하지 못하도록 하고 있다. 한편 심신미약자(제10조 제2항)와 농아자(제11조)를 한정책임무능력자로 규정하여, 이들에 대하여는 구체적 사정에 따라 필요적으로 형을 면제하거나 감경할 수 있도록 하고 있다.

그러나 **원인에 있어서 자유로운 행위**(제10조 제3항)**에 대하여는 형사처벌하도록 규정**하고 있다. 원인에 있어 자유로운 행위라 함은 책임능력이 있는 자가 자의적으로 심신장애상태(책임무능력 내지 한정책임능력)를 야기한 후 그러한 상태에서 범행을 하는 것을 말한다. 즉 위험의 발생을 예견하고서도 자의로 심신장애의 상태를 야기한 자에 대하여는 형을 감경하지 못하도록 하고 있는 것이다. 행위 시는 책임무능력상태였다고 하더라도 그러한 책임무능력상태를 의도적으로 유발하였기 때문에 형을 감경하지 못하도록 하고 있다. 판례는 원인에 있어서의 자유로운 행위는 고의에 의한 유발뿐만 아니라 과실에 의한 유발의 경우에도 모두 포함하여 처벌하여야 한다고 하였다.[1)]

## 3. 법률의 착오

**법률의 착오라 함은 행위자가 자기행위의 위법성을 인식하지 못하고 범죄행위를 하는 경우**를 말한다. 즉 법이 허용하는 행위인 것으로 오인하고 범죄행위를 하는 경우이다. 이러한 위법성 인식의 결여를 **법률의 착오**(위법성의 착오, 금지착오)라 한다.

형법 제16조는 "자기의 행위가 법령에 의하여 죄가 되지 아니하는 것으로 오인한 행위는 그 오인에 정당한 이유가 있는 때에 한하여 벌하지 아니한다"고 하여, **법률의 착오에 의한 범죄행위에 대하여는 원칙적으로 형사처벌**하되, 그러한 오인에 정당한 이유가 있는 경우에는 처벌하지 않도록 하고 있다.

문제는 더 나아가 행위자가 자신의 행위를 금지하는 규범의 존재사실 자체를 모르고 범죄행위를 한 경우 그러한 법률의 부지를 법률의 착오와 동일하게 취급할 것인가 여부이다. 이에 대하여 판례[2)]는 법률의 착오는 오로지 자기행위가 법적으로 허용되어 있다고 적극적으로 잘못 인식하고 있는 경우에만 해당하므로, **법률의 부지는 범죄의 성립에 영향을 미치지 않는다며 형사처벌하여야 한다**는 입장이다. 이에 대하여 학설 중에는 자기행위가 법규범에 의하여 금지된 사실 자체도 모르는 자에게 불법의식을 전제로 형사처벌하는 것은 부당하다면서 정당한 사유로 인하여 인식하지 못한 경우에는 법률의 착오로 보아 형사처벌하지 않아야 한다는 견해가 있다.

그런데 위법성조각사유의 객관적 전제조건이 존재하지 않음에도 불구하고 존재한다고 오인하고 행위하는 경우가 있다. 즉 정당방위의 전제요건인 현재의 위법한 침해가 없음에도 불구하고 그러한 침해가 있다고 오인하고 방위행위를 하는 경우이다. 이런 경우를 허용구성요건의 착오 또는 위법성조각사유의 객관적 전제조건에 관한 착오라고 한다. 즉 **오상방위나 오상긴**

1) 대법원 1992. 7. 28. 92도999 판결.
2) 대법원 1990. 10. 30. 90도1126 판결.

**급피난**이 이에 해당한다. 이러한 경우도 법률의 착오로 보아 처벌하지 않아야 한다는 견해가 없는 것은 아니나, **과실범처벌규정이 있으면 과실범으로 처벌**하는 것이 타당하다고 하겠다. 즉 제한적 책임설의 입장이 타당하다고 하겠다.

## Ⅶ. 과실범

### 1. 서 론

우리 형법은 원칙적으로 고의범만을 처벌하도록 하고 있다. 그러면서도 예외적으로 **과실범에 대하여는 개별적 처벌규정이 있을 때에 한하여 예외적으로 처벌**하도록 하고 있다. 과실범이라 함은 고의범에 대응하여, 범죄결과의 고의는 없지만 일반적으로 요구되는 주의의무를 다하지 못하여 일정한 행위를 하게 되고 그 행위가 범죄의 구성요건에 해당하는 범죄이다. 형법 제14조는 "정상의 주의를 태만함으로 인하여 죄의 성립요소인 사실을 인식하지 못한 행위는 법률에 특별한 규정이 있는 경우에 한하여 처벌한다"고 하여 과실범처벌에 대하여 규정하고 있다.

### 2. 과실범의 성립요건

과실범이 성립하기 위해서는 구성요건에 해당하는 결과의 발생과 야기가 있어야 한다. **과실범의 원인과 결과를 연결시켜 주는 매개고리가 주의의무위반**이다. 이처럼 과실범을 원칙적으로 처벌하지 않는 것은 **허용된 위험의 원칙** 때문이다. 즉 허용된 위험의 원칙이라 함은 현대사회에서 일정한 산업활동을 함에 있어서는 위험성이 내재되어 있기 때문에 일정한 안전장치를 전제로 하여 그러한 위험한 산업활동 등을 허용해야 하고, 그렇게 허용된 위험한 산업활동의 결과 때문에 일정한 법익침해의 결과가 발생하더라도 이를 이유로 행위자를 형사처벌해서는 안 된다는 것이다.

한편 허용된 위험의 원칙의 파생원칙으로 **신뢰의 원칙**이 있다. 판례[3]는

3) 대법원 1988. 9. 6. 87다카2331 판결.

중앙선침범의 교통사고 사건에서 교통규칙을 준수하여 운전하는 운전자는 상대방도 교통법규를 준수할 것을 신뢰하면 충분하므로 상대방이 교통규칙을 위반하여 중앙선을 침범할 것까지 예상하여 방어운전을 해야 할 의무는 없다고 하여, 중앙선을 침범한 자에 대하여만 형사책임을 묻고, 반대쪽 운전자에 대하여는 형사책임을 물을 수 없다고 하였다.

### 3. 결과적 가중범

형법 제15조 제2항은 "결과로 인하여 형이 중한 죄에 있어서 그 결과의 발생을 예견할 수 없었을 때에는 중한 죄로 벌하지 아니한다"고 하여 결과적 가중범을 규정하고 있다. 결과적 가중범이라 함은 폭행치사죄와 같이 폭행이라는 고의행위와 치사라는 과실행위가 결합되어 사망이라는 결과를 야기한 경우처럼 **행위자의 의도와 상관없이 결과가 무겁게 나타나는 범죄**를 말한다.

**고의와 과실이 결합하는 결과적 가중범이 대부분**이지만(진정결과적 가중범), **고의와 고의의 결합형식에 의한 결과적 가중범**(부진정결과적 가중범)의 성립도 인정된다고 하겠다. 예를 들어 현주건조물방화치사죄(제164조 제2항)의 경우 과실에 의한 사망뿐만 아니라 고의적인 방화살인의 경우에 살인죄와 현주건조물방화죄와의 상상적 경합으로 처벌하게 되면 현주건조물방화치사죄로 처벌하는 것보다 형량이 가벼워지게 되는 부당한 결과를 막을 필요성이 있다. 즉 고의적인 방화살인은 5년 이상의 징역 또는 사형인데 반하여 과실에 의한 현주건조물방화치사죄의 경우에는 7년 이상의 징역 또는 사형으로 후자의 형량이 더 높기 때문에 부진정결과적 가중범을 인정하는 것이 타당하다고 하겠다.

## Ⅷ. 부작위범

### 1. 서 론

부작위범이라 함은 일정한 작위의무 있는 자가 그러한 작위에 나가지 않음으로써 범죄의 구성요건에 해당하는 범죄를 말한다. 형법상의 행위에는 적극적 행위인 작위와 소극적 행위인 부작위가 있다. 부작위범에는 진정부작위범과 부진정부작위범이 있다.

### 2. 진정부작위범과 부진정부작위범

**진정부작위범이라 함은 특정한 행위를 하지 않으면 그 자체만으로 처벌받는 부작위범**을 말하며, 이에는 퇴거불응죄가 있다. 부진정부작위범은 작위범을 전제로 하는 통상의 구성요건을 결과발생방지의무가 있는 자가 이를 방지하지 않음으로써 동일한 결과를 발생시킨 경우에 처벌받는 부작위범을 말하며, 이에는 어머니가 영아에게 젖을 먹이지 않아 영아를 죽이는 살인죄가 해당된다.

**부진정부작위범이 성립하기 위해서는 구성요건에 해당하는 결과가 부작위에 의해 발생하여야 한다.** 즉 부진정부작위범은 작위의무를 부여받고 있는 일종의 신분범에 해당되기 때문에 이러한 법적 근거를 보증인적 지위로 이해한다. 즉 **그러한 결과발생을 방지할 보증인적 지위가 있는 자**여야 한다는 것이다. 이러한 보증인적 지위발생의 근거를 법령·계약·선행행위·조리 등에서 찾는 **형식설**과 특정 법익에 대한 보호의무와 특정 위험원에 대한 안전(조치)의무에서 찾는 **기능설**이 대립하고 있는데, 후자가 최근 들어 지지를 많이 받고 있다. 기능설은 특정 법익에 대한 보호의무의 근거를 가족관계와 같은 **자연적 결합관계**, 일정한 동일목적을 위해 단체행동을 하는 경우와 같은 밀접한 **공동체관계**, 환자의 치료를 맡은 의사와 같은 **보호적 지위의 인수** 등에서 찾으며, 특정 위험원에 대한 안전조치의무의 근거를 선행행위로 인한 보증의무, 위험원인에 대한 감독의무에 기인하는 보증의무, 제3자의 행위에 대한 보증책임 등에서 찾는다.

## Ⅸ. 미수범

### 1. 서 론

미수라 함은 행위자가 범죄의 실행에 착수하였으나 결과가 발생하지 않은 범죄를 말한다. 범죄는 행위자에 의해 범죄의 결심단계, 실행의 준비단계인 예비와 음모, 실행의 착수단계인 미수단계, 결과의 발생인 기수단계로 진행된다. 그런데 우리 형법은 원칙적으로 범죄의 기수범만을 처벌하도록 하고 있고, 예비와 음모, 또는 미수에 대하여는 별도의 규정이 있는 경우에만 처벌하도록 하고 있다.

## 2. 미수의 종류

형법상의 미수범에는 장애미수·불능미수·중지미수 등 세 종류가 있다. **장애미수**라 함은 행위자가 범죄의 실행에 착수하였으나 행위자의 의사와 상관없이 범죄행위를 완료하지 못하였거나 결과가 발생하지 아니한 미수를 말하고(제25조 제1항), 장애미수의 경우에는 기수범보다 형을 감경할 수 있도록 하여 **임의적 감경**에 의하도록 하고 있다(제25조 제2항). 일반적으로 미수라 할 때는 장애미수를 의미한다고 하겠다.

**중지미수**라 함은 "범인이 자의로 실행에 착수한 행위를 중지하거나 그 행위로 인한 결과의 발생을 방지"함으로써 기수에 이르지 아니한 미수를 말하며, 중지미수는 범죄자의 자발적 중지인 점을 고려하여 **필요적으로 형을 감경하거나 면제**하도록 하고 있다(제26조).

**불능미수**는 행위자는 결과를 의욕하였으나 실행의 수단 또는 대상의 착오로 인하여 결과의 발생이 불가능한 미수를 말하는데, **불능미수의 경우에는 원칙적으로 처벌하지 않지만 위험성이 있는 경우에는 처벌**하며, 이때에도 형을 감경하거나 면제할 수 있도록 하고 있다(제27조). 문제는 불능미수의 처벌요건인 위험성을 어떻게 판단할 것인가 여부인데, 이에 대하여는 객관적으로 판단하여야 한다는 **객관설**, 구체적으로 위험이 있을 때 처벌하여야 한다는 **구체적 위험설**, 추상적으로 위험성이 인정되면 처벌하여야 한다는 **추상적 위험설**, 행위자의 의사를 중심으로 위험성을 판단하여야 한다는 **주관설** 등이 주장되고 있다. **구체적 위험설이 타당**하다고 하겠다.

# X. 정범과 공범

## 1. 서 론

우리 형법은 다수에 의한 범죄가 발생하는 공범으로 공동정범(제30조)·교사범(제31조)·종범(제32조)·간접정범(제34조) 등에 대하여 규정하고 있다. 이 중 공동정범과 간접정범은 정범에 해당되기 때문에 행위의 내용이 아닌 범죄가담자의 수에 의한 분류방법으로 이를 합쳐 광의의 공범이라고 한다. 한편 교사범과 종범은 정범과 달리 종속범적 성질을 가지고 있기 때문에 범죄행위 내용에 따라 구별된다고 하겠다.

## 2. 정범과 공범의 구별기준

정범과 공범의 구별기준으로는 **객관설·주관설·행위지배설** 등이 주장되고 있다. 그 중 **객관설**은 구성요건에 해당하는 행위를 직접 행한 자만이 정범이라는 입장인데, 순수한 객관설에 의하면 간접정범의 정범성은 부정되며, 공동정범도 대부분 정범으로 인정하기 어려운 문제가 발생하게 된다. 반면에 **주관설**에 의하면 구성요건을 실현하기 위하여 정범의사를 가지고 하였으면 정범이고 공범의사를 가지고 하였으면 공범이라는 입장인데, 순수한 주관설에 의하면 고의를 가지고 구성요건을 직접 실현한 자는 누구를 위하여 범행을 하였든 간에 언제나 정범에 해당하게 되어 객관적 타당성을 결여하는 문제가 발생하게 된다. 한편 **행위지배설**은 구성요건을 직접 실현한 자 및 실질적으로 행위를 지배하거나 공동으로 지배하면 정범이라는 입장으로 **행위지배설이 가장 타당**하다고 하겠다.

공범은 정범이 성립될 경우에만 성립한다. 이를 **공범의 정범종속성**이라고 한다. 그렇다면 정범이 어느 정도의 구성요건을 갖추어야만 정범으로 인정될 것인가 여부인데, 이에 대하여는 정범의 행위가 구성요건에 해당하고 위법하면 정범이 성립되고, 따라서 공범도 성립한다고 보는 **제한적 종속형식설이 타당**하다고 하겠다. 즉 구성요건해당성, 위법성, 책임성 중 정범에게 구성요건해당성과 위법성이 인정되면 책임성이 없어 정범이 처벌받지 않더라도 종범의 성립을 인정하여 종범을 처벌해야 한다는 것이다.

## 3. 정범과 공범의 종류

### (1) 공동정범

형법 제30조는 "2인 이상이 공동하여 죄를 범한 때에는 각자를 그 죄의 정범으로 처벌한다"고 하여, 공동으로 죄를 범한 죄는 모두 정범으로 처벌하도록 규정하고 있다. 즉 **공동정범이 성립하기 위하여서는 행위자들이 주관적 요건으로 공동의 범행의사, 객관적 요건으로 공동의 범행실행이 있어야 한다**고 하겠다.

공동정범은 고의범에서만 성립하는 것이 원칙이지만, 판례[4]는 "2인 이상이 어떠한 과실행위를 서로의 의사연락 아래 하여 범죄되는 결과를 발생케 한 경우에는 과실범의 공동정범이 성립된다"고 하여, **검문에 불응한 채 도주한 운전사와 조수가 낸 교통사고에 대하여 과실범의 공동정범을 인정**하였다. 이에 대하여 학설은 긍정설과 부정설로 나누어져 있는데, 부정설은 공동정범에서의 공동의사를 범행실현에 관한 것이라 본다면 범행실행의사가 아닌 단순한 주의의무 위반에 관한 의견교환을 공동의사로 보는 것은 지나치게 논리적 비약이라며 과실범의 공동정범성을 부정하는 것이 타당하다고 한다.

주의할 점은 동시범은 공동정범과 다르다는 점이다. 즉 **동시범**이라 함은 2인 이상의 행위자가 상호 의사의 연락 없이 개별적으로 행위하였는데, 두 사람의 행위가 결합하여 구성요건을 실현시키는 범행형태이기 때문이다. 즉 **동시범은 공동정범이 아니라 수인이 범행을 하였더라도 단순한 단독범의 우연한 결합형태에 불과**하다고 하겠다. 다만 상해죄의 경우에는 동시범에 대하여도 모두 기수범으로 처벌하도록 하여 공동정범처럼 처벌하도록 하고 있다(제263조). 그러나 상해죄 이외의 경우에는 결과발생에 대한 원인행위가 누구의 행위인지 판명되지 않은 경우에는 다수 모두를 미수범으로 처벌하여야 한다(제19조). 즉 단순한 단독행위의 결합에 불과하기 때문에, 예를 들어 두 사람이 상호 의사연락 없이 총을 쏘아 사람이 죽었다면 누구의 총에 의해 죽

4) 대법원 1962. 3. 29. 4294형상598 판결.

었는지 판명되지 않으면 두 사람 모두 살인죄의 미수범으로 처벌하여야 한다는 것이다. 이는 행위와 결과 간의 인과관계가 인정될 경우에만 처벌할 수 있다는 형사책임 인정의 대원칙이라 하겠다.

### (2) 간접정범

**간접정범이라 함은 타인을 단순히 도구처럼 이용하여 범죄를 실현한 경우 그 행위자를 정범으로 처벌하는 것**을 말한다. 형법 제34조 제1항은 "어느 행위로 인하여 처벌되지 아니하는 자 또는 과실범으로 처벌되는 자를 교사 또는 방조하여 범죄행위의 결과를 발생"하게 한 경우를 간접정범으로 처벌하도록 하고 있다. 간접정범은 정범임에도 불구하고 처벌은 교사범 또는 방조범으로 처벌하도록 하고 있어, 정범을 종범의 형량에 의해 처벌하도록 하고 있어 균형이 맞지 않는다는 비판이 가해지고 있다는 점이다.

간접정범에서 도구로 이용될 수 있는 자의 예로는 피이용자의 행위가 구성요건에 해당하지 않는 행위를 한 자의 행위를 이용한 경우(타인으로 하여금 타인 소유의 물건에 방화토록 한 경우), 구성요건에는 해당하나 위법하지 않는 행위를 한 자를 이용한 경우(피이용자로 하여금 정당방위를 하게 하여 구성요건을 실현시킨 경우), 구성요건에 해당하고 위법하나 책임 없는 피이용자의 행위를 이용한 경우(책임무능력자를 교사한 경우) 등이 있다.

### (3) 교사범

**교사범이라 함은 범죄의사가 없는 타인으로 하여금 범죄를 결의하여 그 죄를 실행하게 한 자**를 말한다. 형법 제31조 제1항은 "타인을 교사하여 죄를 범하게 한 자는 죄를 실행한 자와 동일한 형으로 처벌한다"고 하여 교사범을 정범의 형량으로 처벌하도록 하고 있다. 또한 교사범이 자기의 지휘·감독을 받는 자를 교사한 때에는 **특수교사**로 보아 정범에 정한 형의 장기 또는 다액의 2분의 1까지 가중하도록 하고 있다(제34조 제2항).

교사범이 성립하기 위해서는 범행의 일시·장소·방법 등 세부적인 사항까지 정하여 교사할 필요는 없고, **대강의 범죄 범위만 특정하면 교사범이 성립**한다. 한편 피교사자가 이미 범행을 결심하고 있는 경우에 교사는 교사범이 성립하지 않고 심리적 방법에 의한 실행의 확고화를 도운 것으로 보아

방조범이 성립할 수는 있다.

한편 함정교사, 즉 미수에 불과할 것이라는 사실을 알면서 교사하는 **함정교사자에 대해서는 교사범의 성립을 인정하지 않는 것이 통설**이다. 왜냐하면 교사자의 고의는 피교사자의 실행행위로 인한 결과발생에 대한 인식이어야 하는데, 미수의 교사는 결과발생을 의욕하고 있지 않기 때문에 그러한 고의가 없는 교사범의 성립을 인정할 수 없기 때문이다. 교사자를 교사하는 연쇄교사범의 성립도 인정된다고 하겠다. 한편 판례는 함정수사는 위법하다는 입장을 취하면서, 함정수사인지 여부는 구체적인 사건에 있어서 해당 범죄의 종류와 성질, 유인자의 지위와 역할, 유인에 따른 피유인자의 반응, 피유인자의 처벌전력 및 유인행위 자체의 위법성 등을 종합하여 판단하여야 한다는 입장을 취하고 있다. 그 결과 유인자가 수사기관과 직접적인 관련을 맺지 아니한 상태에서 피유인자를 상대로 단순히 수차례 반복적으로 범행을 교사하였을 뿐 수사기관이 사술이나 계략 등을 사용하였다고 볼 수 없는 경우는 설령 그로 인하여 피유인자의 범의가 유발되었다 하더라도 위법한 함정수사에 해당하지 아니한다고 하였다.[5)]

형법 제31조 제2항은 교사범의 교사에 응하고서도 피교사자가 실행에 착수하지 않는 경우에는 교사자를 피교사자와 함께 예비·음모죄로 처벌하도록 하고 있다(제31조 제2항). 반대로 교사범에 교사를 피교사자가 거절하거나 혹은 이미 범행을 결심하고 있는 경우에는 교사자를 예비·음모에 준하여 처벌한다(제31조 제3항).

### (4) 방조범

**방조범이라 함은 정범의 범행을 용이하게 도와 준 자로서 정범의 형보다 감경하여 처벌**하도록 하고 있다(제32조). 한편 방조 그 자체를 정범으로 보아 처벌하는 경우가 있는데, 이는 방조 자체를 하나의 독립된 범죄유형으로 보는 경우이다. 예를 들어 간첩방조죄(제98조 제1항), 관세법위반방조죄(관세법 제182조 제1항) 등이 그러하다. 한편 자기의 지휘·감독을 받는 자를 방조하여 결과를 발생하게 한 자는 특수방조로 보아 정범의 형으로 가중처벌하도록 하고 있다(제34조 제2항).

5) 대판 2008. 3. 13. 2007도10804 판결.

방조범은 정범의 범행에 대한 행위지배가 없다는 점 및 상호간의 의사합치를 전제로 하지 않는 편면적 방조행위가 가능하다는 점에서 공동정범과 구별된다. 또한 이미 범행을 결의한 자에 대해서도 방조범이 성립될 수 있다는 점에서 교사범과 차이가 있다. 방조범을 교사한 자는 정범에 대한 방조범으로 처벌받는다.

## 4. 공범과 신분범

### (1) 서 설

공범이라 함은 같은 범죄를 여러 명이 함께 공동으로 범행한 경우를 말하고, **신분범이라 함은 일정한 신분관계가 있을 때에만 성립하는 범죄**를 말한다. 신분범에는 일정한 신분이 있는 경우에만 범죄성립이 인정되는 **진정신분범**, 일정한 신분관계에 있을 때 형벌이 가중되거나 혹은 감경되는 **부진정신분범**이 있다. 진정신분범죄에는 수뢰죄(제129조)·위증죄(제152조)·허위진단서작성죄(제233조)·업무상 비밀누설죄(제317조)·횡령죄(제355조 제1항)·배임죄(제355조 제2항) 등이 있고, 부진정신분범죄에는 존속살해죄(제250조 제2항)·업무상 횡령죄(제356조 제1항) 등이 있다. 신분범과 구별해야 할 것으로 자수범이 있는데, 자수범이라 함은 행위자 자신이 직접 범행을 하여야만 성립하는 범죄를 말한다. 이에는 위증죄·준강제추행죄 등이 있다.

### (2) 처벌 기준

형법 제33조는 "신분관계로 인하여 성립될 범죄에 가공한 행위는 신분관계가 없는 자에게도 전 3조의 규정을 적용한다. 단, 신분관계로 인하여 형의 경중이 있는 경우에는 중한 형으로 벌하지 아니한다"고 하여, 공범과 신분범의 관계에 대해 규정하고 있다. 즉 신분관계가 없는 자는 단독으로 신분범의 정범이 될 수 없지만, 신분범의 공동정범·교사범·방조범은 될 수 있는바, 이는 신분범의 범행에 가담하였기 때문이다. 예를 들면 의사라는 신분을 가진 자가 허위진단서를 작성하게 되면 허위진단서작성죄의 정범이 되지만, 의사 아닌 자가 그 행위에 가담한 경우에는 공동정범이 될 수 있다고 하겠다. 이와 관련하여 다수설은 이러한 신분관계로 인한 범죄는 진정신분범에 국한된다고 보고 있다. 이에 따르게 되면 **진정신분범의 경우에 비신분자는 신분자와 함께 공동정범이 되지만**(제33조 본문), **부진정신분범의 경우에 비신분자는 공동정범이 되지 않는다**(제33조 단서). 예를 들면 앞서의 허위진단서작성죄는 의사 아닌 자도 공동정범이 될 수 있지만, 존속살해죄는 처와 아들이 부(父)를 살해한 경우, 아들만이 존속살인죄의 정범이 되고, 처는 단순살인죄의 정범이 될 뿐이다.

신분범에 관한 제33조 단서의 해석과 관련하여, 가중적 신분과 감경적 신분의 공범의 경우에 공범성립의 차별을 둘 것인가 여부이다. 해석상 가중적 신분범의 경우에 적용된다는 점에는 학설이 일치하고 있다. 그런데 감경적 신분의 경우에 비신분범을 신분범처럼 감경할 것인가 여부인데, 예를 들어 영아살해죄(제251조)의 공동정범인 친모와 비신분범의 경우 친모에게 적용되는 영아살해죄의 공동정범으로 비신분범을 처벌할 것인가 여부이다. 이에 대해 소수설은 비신분범도 신분범(친모)의 공동정범이므로 가벼운 영아살해죄로 처벌해야 한다고 하나, 다수설은 제33조 단서규정이 책임개별화를 규정한 것으로 보아야 하므로 형의 가감사유는 언제나 신분범에게만 해당된다고 할 것이므로 비신분범인 공범에게는 적용되지 않기 때문에 형량이 가벼운 영아살해죄의 공범으로 처벌을 완화해서는 안 되고, **형이 무거운 보통살인죄로 처벌**해야 한다고 하고 있다. 비신분범의 입장에서 보면 타인의 영아에 대한 살인은 신분관계 없는 타인에 대한 단순살인일 뿐이므로 다수설처럼 통상의 보통살인죄로 처벌하는 것이 타당하다고 하겠다.

우리 판례는 공직선거 및 선거부정방지법 위반죄로 비신분범이 신분범의 행위에 가담한 경우에 대하여, 각 기부행위의 주체로 인정되지 아니하는 자가 기부행위의 주체자 등과 공모하여 기부행위를 하였다고 하더라도 그 신분에 따라 각 해당 법조로 처벌하여야 하지 기부행위의 주체자의 해당 법조의 공동정범으로 처벌할 수도 없다고 하여,[6] 다수설의 입장을 따르고 있다.

---

6) 대법원 1997. 6. 13. 96도346 판결.

# XI. 죄수론

## 1. 서 론

**죄수론이라 함은, 범죄자의 행위를 몇 개의 범죄행위로 볼 것인가를 결정하는 이론**이라 하겠다. 즉 형벌은 하나의 범죄행위에 대해 하나의 형벌규정을 적용하여 처벌하는 것이 원칙이다. 그런데 한 명의 범죄자가 하나의 행위 또는 수개의 연속된 행위를 통해 동종 또는 이종의 범죄결과를 양산하는 경우가 있다. 예를 들어 하나의 폭탄을 던져 여러 명을 살인한 경우라든지, 시간적 간격을 두고 연속하여 절도죄를 저지르는 경우이다. 이러한 경우 범죄를 몇 개로 볼 것인가를 결정하는 것이 죄수론이라 하겠다.

죄수론을 결정하는 데에는 우선 **법조경합과 상상적 경합과 실체적 경합관계**를 알아야 한다. **법조경합**이란 한 개 또는 여러 개의 행위가 외관상으로는 수개 범죄의 구성요건에 해당하지만, **이중평가금지의 원칙**에 의해 실제로는 하나의 형법법조의 구성요건에 해당하기 때문에 **단순일죄**로 처벌받는 경우를 말한다. 이러한 법조경합의 유형으로는 **특별관계와 보충관계·흡수관계**가 있다. 예를 들어 폭력행위의 경우 형법상의 폭행죄가 성립하지만 이는 특별법인 폭력행위등 처벌에 관한 법률이 우선하여 적용되는 경우(특별관계)이거나, 폭행을 통한 상해의 경우 폭행죄가 상해죄에 흡수되는 경우(흡수관계)인 경우가 법조경합관계에 해당한다.

## 2. 상상적 경합

**상상적 경합이라 함은 범죄행위가 단일행위로 인정되면서도 법조경합관계에 있지 않는 경우의 경합관계**를 말한다. 범죄행위가 단일행위로 인정되는 경우란 본래 단일행위인 경우는 물론이고, 법률적 의미에서 단일행위로 인정되는 소위 포괄일죄도 포함된다. **포괄일죄**에 해당되는 경우로는 일정기간 동안 계속되는 단일범인 감금죄라든지(계속범), 절도와 폭행이 결합하여 성립되는 강도죄라든지(결합범), 동일구성요건을 동일한 법익주체에 대하여 연속하여 실현시키는 절도죄라든지(연속범) 등이 있다. 이러한 상상적 경합범에 대하여 형법 제40조는 “한 개의 행위가 수개의 죄에 해당하는 경우에는 가장 중한 죄에 정한 형으로 처벌한다”고 하여, **가장 중한 죄**로 처벌하도록 규정하고 있다.

### 3. 실체적 경합

**실체적 경합이라 함은 범죄행위가 다수행위로 평가되면서도 사전 또는 사후행위에 대하여 불가벌적인지 여부를 판단하여 불가벌적인 범죄로 인정되는 경우**를 말한다. 실체적 경합의 경우에는 수개의 범죄가 성립하기 때문에 이론상 형을 병과하는 것이 원칙이다. 왜냐하면 죄수만큼 형벌에 처하는 것이 타당하기 때문이다. 그러나 이 원칙을 엄격하게 적용하다 보면 형벌이 지나치게 무거워지기 때문에 이를 조절하기 위하여 **가중주의**(제38조 제1항 제2호)**를 원칙으로 하면서도 흡수주의**(동조 제1항 제1호) **및 병과주의**(동조 제1항 제3호)**를 함께 시행**하고 있다. 가중주의는 가장 무거운 죄에 가벼운 죄를 가중하여 처벌하는 경우이고, 흡수주의는 무거운 죄에 가벼운 죄를 흡수하여 처벌하는 경우이고, 병과주의는 징역형과 벌금형을 함께 부과하는 경우이다.

실체적 경합은 수죄에 해당하는 다수행위를 기초로 한다는 점에서 단일행위를 전제로 하는 상상적 경합과 다르다고 하겠다.

## Ⅻ. 형벌론

### 1. 서 설

형벌론이라 함은, 범죄행위에 대한 형사제재로서의 형벌을 어떻게 부과할 것인가에 관한 이론이라 할 수 있다. 형벌은 해악을 내용으로 하는 국가적 강제수단이다. 즉 범죄자에 대한 형벌의 본질은 국가가 법으로 금지한 법익을 침해한 것에 대한 국가의 징벌적·강제적 제재라고 할 수 있다. 즉 형벌의 본질은 법익을 침해한 범죄행위에 대한 사회적·공적인 반가치판단이라고 할 수 있다.

## 2. 형벌의 종류

우리 형법은 사형·징역·금고·자격상실·자격정지·벌금·구류·과료·몰수 등 아홉 가지 형벌을 규정하고 있다(제41조). **몰수형의 부가성**을 인정하고 있는 것(제49조) 외에는 **주형과 부가형의 구별을 폐지**하였다. 특히 사형제에 관하여는 폐지론과 존치론이 대립되고 있다. **폐지론**은 오판을 시정할 수 있는 기회를 박탈할 뿐만 아니라 국가권력에 의한 또 다른 살인일 수밖에 없는 사형제는 인간존엄성을 상실시키는 것으로 인권보호 및 형사정책적 측면에서 부당하다며 폐지되어야 한다고 주장하는 반면, **존치론**은 아직도 많은 국가에서 사형제도를 운영하고 있고 사형제도의 범죄예방적 기능과 사회 일반의 범죄 및 형벌에 대한 경각심 고취를 통해 국가형벌권의 보장이라는 순기능을 부정할 수 없다며 존치되어야 한다고 주장한다. 그런데 헌법재판소는 사형제도와 관련하여 "사형제는 헌법 자체가 긍정하고 있는 형(刑)이지만, 동시에 이와 충돌되는 생명권의 높은 이념적 가치 때문에 그 규범영역은 상당부분 양보·축소되어야 할 것이므로 사형의 선고는 정의와 형평에 비추어 불가피한 경우에만, 그것도 비례의 원칙과 최소 침해의 원칙에 따라 행해져야 한다고 해석하는 것이 상당하고, 이러한 해석과는 달리, 생명권의 최상위 기본권성만을 내세워 실정 헌법에서 규정하고 있는 사형제를 가볍게 위헌이라고 부정하는 것은 헌법해석의 범위를 벗어나 헌법의 개정이나 헌법의 변질에 이르게 될 수 있다"고 하여, 사형제도 자체가 헌법에 위반되지 않는다며 합헌[7]이라고 하였다.

사형에 처할 수 있는 형법상 범죄로는 내란죄(제87조), 내란목적살인죄(제88조), 외환유치죄(제92조), 여적죄(제93조), 모병이적죄(제94조), 시설제공이적죄(제95조), 시설파괴이적죄(제96조), 간첩죄(제98조), 폭발물사용죄(제119조 제1항·제2항), 현주건조물방화치사죄(제164조 제2항), 살인죄(제250조), 강간살인죄(제301조의2), 인질살해죄(제324조의4), 강도살인죄(제338조), 해상강도살인·치사·강간죄(제340조 제3항) 등이 있고, 특별법상 범죄로는 국가보안법상의 반국가단체구성죄(제3조), 목적수행죄(제4조), 자진지원·금품수수죄(제5조), 잠입·탈출죄(제6조), 이들 범죄에 대한 특수가중(제13조) 등이 있고, 폭력행위등 처벌에

---

7) 헌법재판소 2010. 2. 25. 2008헌가23 결정.

관한 법률상의 범죄단체조직죄(제4조), 특정범죄 가중처벌등에 관한 법률상의 약취·유인죄(제5조의2), 교통사고과실치사도주죄(제5조의3), 상습강도죄(제5조의4), 재범의 강도상해 및 강도강간죄(제5조의5), 통화위조죄(제10조), 마약법위반(제11조) 등이 있고, 성폭력범죄의 처벌 및 피해자 보호 등에 관한 법률상의 특수강도강간죄(제3조 제2항), 보건범죄단속에 관한 특별조치법상의 부정의약품제조죄의 재범(제3조의2) 등이 있다.

**징역형은 유기징역과 무기징역**이 있다. 징역형은 수형자를 교도소 내에 구치하여 징역에 복무하게 하는 형벌이다. 즉 노역을 시키는 것이다. 유기징역은 1월 이상 15년 이하의 징역형으로, 가중하는 경우에는 25년까지 선고할 수 있다(제42조). 무기징역은 10년 이상 복역한 경우 가석방 대상이 된다(제72조 제1항).

**금고형은 수형자를 교도소 내에 구치하여 자유를 박탈하는 형벌**이다(제68조). 징역과 다른 점은 노역을 시키지 않는다는 점이다. 그러나 수형자가 신청할 경우 작업을 하도록 할 수 있다(형의 집행 및 수용자처우에 관한 법률 제67조).

**구류형은 수형자를 1일 이상 30일 미만 기간 동안 구치소 내에 구치하는 자유형의 일종**이다(제46조). 구류형에 처할 수 있는 형법상 범죄로는 공연음란죄(제245조)·폭행죄(제260조)·과실치상죄(제266조)·협박죄(제283조) 등이 있다. 그 밖에도 경범죄처벌법 등에도 구류형이 있다.

**벌금형은 수형자에게 5만원 이상의 금원을 국가에 강제로 납부할 것을 명하는 재산형**으로, 감경하는 경우에는 5만원 미만으로 할 수 있다(제45조). 벌금은 판결확정일로부터 30일 이내에 납입하여야 하며, 위 기간 내에 벌금을 납입하지 아니하면 벌금액을 1일 이상 3년 이하로 환산한 일정 기간 동안 노역장에 유치하여 작업에 복무하게 한다(제69조).

**과료는 벌금형과 마찬가지로 재산형의 일종**으로서 금액(2천원 이상 5만원 미만)과 그에 따른 노역장유치기간(1일 이상 30일 미만)에서 차이가 날 뿐이다.

**몰수라 함은 범죄로부터 얻은 이득이나 범죄에 사용한 도구 등을 박탈하기 위하여 범죄행위와 관련된 재산을 박탈하는 재산형**이다. 예를 들어 살인죄에 사용된 권총을 몰수한다거나, 뇌물로 받은 금원을 몰수하는 경우이다. 뇌물죄 등과 같은 특정공무원범죄를 범한 자가 그 범죄행위를 통하여 취득한 불법수익 등을 추적·환수할 목적으로 공무원범죄에 관한 몰수특례법이 제정되어 있다.

**추징은 몰수의 대상인 물건을 직접 몰수하기 불가능한 경우에 몰수에 갈음하여 가액 상당액의 납부를 명하는 사법처분이다**(제48조 제2항).

**자격상실은 형벌선고에 따른 부대적 효력으로 부과되는 형벌**이다. 즉 사형·무기징역 또는 무기금고를 선고할 경우 공무원이 되는 자격, 공무원의 선거권과 피선거권, 법률로 요건을 정한 공법상의 업무에 관한 자격, 법인의 이사·감사 또는 지배인 기타 법인의 업무에 관한 검사역이나 재산관리인이 되는 자격을 상실하도록 자격상실형을 선고하게 된다. **자격정지는 일정한 기간 동안 자격의 전부 또는 일부를 정지시키는 것을 말한다**. 자격정지는 일정한 형의 판결을 받은 자에게 당연히 정지되는 당연정지와 판결의 선고에 의하여 자격이 정지되는 경우가 있다. 자격정지형은 선택형 또는 병과형으로 되어 있다.

## 3. 형의 유예 및 가석방제도

형벌과 관련하여 우리 형법은 형의 선고유예(제59조), 집행유예(제62조), 가석방(제72조, 제76조)제도 등을 규정하고 있다. **선고유예**라 함은 1년 이하의 징역이나 금고, 자격정지 또는 벌금의 형을 선고할 경우에 양형의 조건을 참작하여 개전의 정상이 현저한 때에 그 선고를 유예하는 것으로(제59조), **형의 선고유예를 받은 날로부터 2년을 경과한 때에는 면소된 것으로 간주**되는 제도를 말한다(제60조). 형을 병과할 경우에도 형의 전부 또는 일부에 대하여 선고를 유예할 수 있다.

집행유예라 함은 선고형이 3년 이하의 징역 또는 금고형인 경우 이미 금고 이상의 형을 선고한 다른 판결이 확정된 때부터 그 집행을 종료하거나 면제된 후 3년이 경과한 경우 그 형의 집행을 1년 이상 5년 이하 기간 동안 유예하는 것으로, 그 **유예기간 동안 다른 범죄로 인한 형을 선고받지 않으면 형의 선고효력을 상실시키는 제도**이다(제62조·제65조). **집행유예의 경우에는 보호관찰 이외에 사회봉사명령·수강명령을 부과**할 수 있다(제62조의2 제1항). 가석방이라 함은 징역 또는 금고 집행 중에 있는 자가 그 행상이 양호하여 개전의 정이 현저한 때에는 무기에 있어서는 20년, 유기에 있어서는 형기의 3분의 1을 경과한 후 임시로 석방하여 주는 행정처분을 말한다. 다만 벌금 또는 과료의 병과가 있는 때에는 그 금액을 완납하여야 한다.

한편 형법상의 보안처분으로 선고유예·집행유예·가석방의 경우 보호관찰을 할 수 있도록 규정하고 있다(제59조의2, 제62조의2, 제73조의2 제2항). 그 밖에 소년범에 대한 보호관찰법과 내란·외환의 죄나 국가보안법위반사범에 대한 보안관찰법은 별도로 보안처분에 대하여 규정하고 있다.

## 제 3 절 형법각칙

### Ⅰ. 서 론

우리 형법은 총칙과 각칙을 구별하고 있다. **형법총칙은 형벌의 대상인 범죄에 포괄적으로 적용되는 기본원칙을 정한 규정**이라 할 수 있다. 예를 들면 미수범에 대한 처벌 원칙이라든지 죄수론, 형벌론의 근거가 되는 일반 법조항이 그러하다. 이에 대해 **형법각칙은 개별 범죄의 구성요건 및 형량 등에 대하여 규정**하고 있다. 그런데 어떠한 행위를 범죄행위로 규정하여 처벌할 것인지는 입법자의 결단에 달려 있다고 하겠다. 국민의 모든 행위를 범죄로 처벌하여서는 아니 되기 때문이다. 형법상의 범죄행위를 결정함에 있어서는 헌법이 추구하는 국가구성의 기본원리인 시장경제체제·자유민주주의·법치주의 등의 기본원칙과 국민의 기본권, 예를 들면 생명권·신체의 자유·주거의 자유·사생활의 비밀·재산권 보장 등을 보장하는 내용들이 가장 중요한 결정기준이 된다고 하겠다. 이와 같은 권리침해에 대해서도 가벌성의 문제와 관련하여 어느 범위까지 형사처벌의 대상으로 삼을 것인지는 국민의 법감정과 문화, 생활관습 등 다양한 기준 등을 근거로 하여야 할 것이다. 즉 형사처벌의 필요성과 그 처벌에 대한 국민의 승복이 함께 공감대가 형성되어야만 하기 때문이다.

우리 형법은 국가형벌권에 의하여 보호할 필요성이 인정되는 법익을 중심으로 하여 **국가적 법익, 사회적 법익, 개인적 법익 등을 규정**하고 있다.

그러나 각 법익 간의 경계가 언제나 확정적으로 구분되는 것은 아니고 중첩적인 경우도 있다. 예를 들면 여성에 대한 강간죄의 경우 사회 내의 성풍속을 해치는 범죄행위에 해당되어 사회적 법익에 속하는 범죄이면서 동시에 여성의 성적 자기결정권을 보호법익으로 하고 있기 때문에 엄밀한 의미에서는 인격적 가치인 개인적 법익에 대한 범죄행위에 속하는 범죄이기도 하기 때문이다. 이처럼 법익이 중첩적인 경우도 많이 있다.

**국가적 법익에 대한 죄라 함은 국가의 존립과 권위 또는 기능을 보호하기 위한 범죄**로서 내란·외환의 죄, 국기·국교에 관한 죄, 공안을 해하는 죄, 폭발물에 관한 죄, 공무원의 직무에 관한 죄, 공무방해에 관한 죄, 도주와 범인은닉의 죄, 위증과 증거인멸의 죄, 무고의 죄 등이 이에 속한다. **사회적 법익에 대한 죄라 함은 다수의 인간이 공동으로 생활하고 있는 사회생활상의 일반적 법익을 보호하기 위한 범죄**로서 신앙에 관한 죄, 방화와 실화에 관한 죄, 일수와 수리에 관한 죄, 교통방해의 죄, 음용수에 관한 죄, 아편에 관한 죄, 통화에 관한 죄, 유가증권·복표와 인지에 관한 죄, 문서에 관한 죄, 인장에 관한 죄, 성풍속에 관한 죄, 도박과 복표에 관한 죄 등이 이에 속한다. **개인적 법익에 대한 죄라 함은 개인이 향유하고 있는 인격적 가치와 재산적 가치를 보호하기 위한 범죄**로서 살인의 죄, 상해와 폭행의 죄, 과실치사상의 죄, 낙태의 죄, 유기와 학대의 죄, 명예에 관한 죄, 신용·업무와 경매에 관한 죄, 비밀침해의 죄, 주거침입의 죄, 권리행사를 방해하는 죄, 절도와 강도의 죄, 사기와 공갈의 죄, 횡령과 배임의 죄, 장물에 관한 죄, 손괴의 죄 등이 이에 속한다.

우리 형법은 위와 같이 국가적 법익·사회적 법익·개인적 법익의 순으로 구성되어 있는데, 현대사회는 국가의 법익도 중요하지만 국민 개개인의 법익을 보호하여야 한다는 문화국가사상으로 인하여 점차 개인적 법익에 대한 관심이 높아지고 있는 것이 또한 사실이다. 따라서 위 세 유형 중 어느 법익의 범죄보호를 우선순위에 둘 것인지는 시대상황에 따른 국민의 가치변화에 따라 달라질 수밖에 없다. 편제상의 순서가 각 법익 간의 우열을 의미하는 것은 아니지만, 상징성마저 부인할 수는 없다. 일반적으로 개인적 법익, 사회적 법익, 국가적 법익의 순서로 설명하기도 하는데, 본서에서는 형법전의 편제에 따라 국가적 법익, 사회적 법익, 개인적 법익 순으로 설명하기로 한다.

## Ⅱ. 국가적 법익에 대한 죄

### 1. 서 론

국가적 법익에 대한 죄는, 국가의 존립과 권위를 보호하기 위한 죄와 국가기능을 보호하기 위한 죄로 나눌 수 있다. 전자에 해당하는 죄로 내란(제1장)과 외환의 죄(제2장), 국기에 관한 죄(제3장) 등이 있으며, 후자에 해당하는 죄로 공무원의 직무에 관한 죄(제7장), 공무방해에 관한 죄(제8장), 도주와 범인은닉의 죄(제9장), 위증과 증거인멸의 죄(제10장) 등이 있다.

### 2. 국가의 존립과 권위에 대한 죄

국가의 존립과 권위를 보호하기 위한 죄에는 내란의 죄(제1장), 외환의 죄(제2장), 국기에 관한 죄(제3장) 및 국교에 관한 죄(제4장) 등이 있다. 이 중 가장 중요한 범죄는 내란에 관한 죄라고 할 수 있다. 그런데 문제는 성공하면 처벌할 수 없다는 정치적 한계가 있다. 즉 **형법상의 고유범죄라기보다는 일종의 정치적 범죄행위**라 할 수 있는 것이다. 따라서 형법상의 처벌을 통해 내란행위를 처벌함으로써 국가의 존립을 보호하는 것은 사실상 불가능하며, 오로지 정치권력에 의해 보호되어야 하는 한계를 지니고 있다. 그러나 내란의 성공이 곧 법적 정당성을 부여받는 것은 아니라는 점을 명심해야 한다.

또한 내란죄와 관련하여 형법보다는 특별법인 국가보안법이 우선하여 적용된다고 하겠다. 문제는 국가보안법이 규정하고 있는 구성요건 중 일부가 죄형법정주의에 위배되어 위헌이라는 주장과 함께 폐지되는 것이 마땅하다는 주장이 제기되고 있다.

한편 **외환의 죄**는 외환을 유치하거나 대한민국에 대적하거나 적국에 이익을 제공하여 국가 외부의 침해로부터 국가의 존립과 안전을 위태롭게 하는 범죄를 말하며, 이에는 외환유치죄(제92조)·여적죄(제93조)·이적죄(제94조, 제97조, 제99조)·

간첩죄(제98조) 및 전시군수계약불이행죄(제103조) 등이 있다.

**국기에 관한 죄**(제3장)로는 국기·국장모독죄(제105조), 국기·국장비방죄(제106조) 등이 있고, **국교에 관한 죄**(제4장)로는 외국원수에 대한 폭행죄(제107조), 외국사절에 대한 폭행죄(제108조), 외국의 국기·국장모독죄(제109조) 등이 있고, **공안을 해하는 죄**(제5장)로는 범죄단체의 조직(제114조), 소요죄(제115조), 다중불해산죄(제116조), 전시공수계약불이행죄(제117조), 공무원자격사칭죄(제118조) 등이 있고, **폭발물에 관한 죄**(제6장)로는 폭발물사용죄(제119조) 및 동죄의 예비·음모·선동죄(제120조), 전시폭발물제조죄(제121조) 등이 있다.

## 3. 공무원의 직무에 관한 죄

공무원은 국가공무를 수행하는 자로 그 업무의 공정성이 무엇보다 중요하다고 하겠다. 공무원이라 함은 법령에 의하여 공무에 종사하는 자로서 국가공무원법과 지방공무원법에 의하여 그 지위가 결정되며, 다른 법령에 의하여 공무원과 동일한 지위를 인정받는 경우가 있다. 한국은행법에 의한 은행원이나 국·공립대학의 교직원 등이 그러하다.

공무원의 직무범죄는 다시 직무위배죄·직권남용죄·뇌물죄로 구분할 수 있다. **직무위배죄라 함은 직무를 위배할 경우에 성립하는 범죄**로 이에는 직무유기죄(제122조)·피의사실공표죄(제126조)·공무상 비밀누설죄(제127조) 등이 있다. **직권남용죄라 함은 공무원이 직권을 남용하여 직무권한에 속하는 사항에 관하여 위법한 조치를 취함으로써 다른 사람으로 하여금 의무 없는 일을 하게 하거나 사람의 권리행사를 방해한 때에 성립하는 범죄**로, 이에는 직권남용죄(제123조), 불법체포·감금죄(제124조), 폭행·가혹행위죄(제125조), 선거방해죄(제128조) 등이 있다. 특히 불법체포·불법감금죄는 재판·검찰·경찰 기타 인신구속에 관한 직무를 행하는 자 또는 이를 보조하는 자(경사 이하의 사법경찰리나 법원 또는 검찰서기)가 그 직권을 남용하여 사람을 불법적으로 체포·감금한 때에 성립한다. 불법적으로 체포·감금한다는 것은 영장 등과 같은 적법절차에 의하지 않은 피의자의 경찰서보호실구금이나 임의동행을 통한 경찰서조사실이나 보호실에 유치한 경우를 의미한다. 폭행·가혹행위죄도 불법체포·감금죄의 행위주체와 동일한 공무원이 형사피의자 또는 피고인·증인·참고인 등을 폭행하거나 가혹행위를 하는 경우에 성립하는 범죄이다. **선거방해죄**는 검찰·경찰 또는 군의 직에 있는 공무원이 법령에 의한 선거에 관하여 선거인·입후보자 또는 입후보자가 되려는 자에게 협박을 가하거나 기타 방법으로 선거의 자유를 방해한 경우에 성립하는 범죄이다. 즉 헌법이 보장하는 선거권(제24조)과 공무담임권(제25조)의 자유로운 행사를 보호하기 위해서 있는 범죄라고 할 것이다.

**뇌물죄**는 공무원 또는 중재인(노동쟁의조정법에 의한 중재위원, 중재법에 의한 중재인)이 직무행위의 대가로 부정한 이익을 취득하는 것을 금지할 뿐만 아니라 공무원 등이 수행하는 직무행위를 매수하는 것을 금지하기 위하여 존재하는 범죄이다. 즉 공무원의 직무행위의 불가매수성을 기본으로 삼고 있는 것이다. 뇌물죄와 관련하여 특정범죄가중처벌 등에 관한 법률은 정부관리기업체의 간부직원도 공무원으로 간주하고 있으며, 동법 제2조는 수뢰액이 3,000만원 이상 5,000만원 미만인 경우에는 5년 이상의 유기징역을, 5,000만원 이상 1억원 미만인 경우에는 7년 이상의 유기징역을, 1억원 이상인 경우에는 무기 또는 10년 이상의 유기징역형에 처하도록 가중처벌규정을 두고 있다. 뇌물죄에는 수뢰죄와 증뢰죄(제133조)가 있으며, 수뢰죄에는 단순수뢰죄·사전수뢰죄(제129조)·제3자뇌물공여죄(제130조)·수뢰후부정처사죄(제131조 제1항)·사후수뢰죄(제131조 제2항·제3항)·알선수뢰죄(제132조) 등이 있다. 문제는 **수뢰죄**는 뇌물을 받은 경우이고, **증뢰죄**는 뇌물을 제공한 경우이기 때문에 **양자가 필요적 공범**인가 여부인데, 판례[8]는 뇌물을 제공하겠다고 한 경우 수뢰를 거절하는 경우도 있을 수 있고, 그 반대인 경우도 있을 수 있기 때문에 **필요적 공범은 아니라는 입장**이다. 한편 **뇌물이라 함은 직무에 관한 부당한 이익 내지 불법한 보수**를 뜻하는바, 뇌물죄가 성립하기 위해서는 직무와 보수 사이에 대가관계가 인정되어야 한다. 다만 주의할 점은 여기의 직무는 그 공무원이 법령상 관장하는 직무행위는 물론이고 그 직무와 관련하여 사실상 처리하고 있는 행위 및 결정권자를 보좌하거나 영향을 줄 수 있는 직무행위도 포함되는 넓은 개념이라는 점이다.[9] 판례는 국회의원이 특정 협회로부터 요청받은 자료를

8) 대법원 1987. 12. 22. 87도1699 판결.
9) 대법원 1994. 9. 9. 94도619 판결.

제공하고 그 대가로서 후원금 명목으로 금원을 교부받았다면 직무관련성이 인정되어 뇌물죄가 성립한다고 하였고,[10] 이성간의 성 제공도 뇌물죄가 성립된다고 하였다.

수뢰죄 중 **단순수뢰죄**는 공무원 또는 중재인이 그 직무에 관하여 뇌물을 수수, 요구 또는 약속한 때에 성립하며, 사전수뢰죄는 공무원 또는 중재인이 될 자가 그 담당할 직무에 관하여 청탁을 받고 뇌물을 수수, 요구 또는 약속한 후 공무원 또는 중재인이 된 때에 성립한다. **사전수뢰죄**는 공직 취임 전의 수뢰행위를 처벌하기 위한 것이다. 제3자뇌물공여죄는 공무원 또는 중재인이 그 직무에 관하여 부정한 청탁을 받고 제3자에게 뇌물을 공여하게 하거나 공여를 요구 또는 약속한 때에 처벌되는 범죄이다. **제3자뇌물공여죄**는 제3자가 뇌물을 수수하였느냐 여부는 범죄성립요건으로 요구하지 않는다. **수뢰후부정처사죄**는 수뢰행위와 부정한 행위가 결합된 범죄로서 특정범죄가중처벌 등에 관한 법률이 형벌을 가중하고 있다. 수뢰후부정처사죄와 달리 **사후수뢰죄**는 직무상 부정한 행위를 한 후 뇌물을 수수, 요구 또는 약속하거나, 제3자에게 이를 공여하게 하거나, 공여를 요구 또는 약속하는 경우에 성립하는 범죄이다. 공여라 함은 상대방이 뇌물을 취득하게 하는 행위, 즉 뇌물의 제공을 의미한다.

**알선수뢰죄**는 공무원이 자신의 지위를 이용하여 다른 공무원의 직무에 속한 사항을 알선하고 뇌물을 수수, 요구 또는 약속한 때에 성립하는 범죄이다. 한편 공무원이 아닌 자가 공무원의 직무에 속한 사항을 알선하고 금품이나 이익을 수수, 요구 또는 약속한 경우에는 특정범죄가중처벌법(제3조)의 알선수재죄로 처벌받으며 그 형량은 5년 이하의 징역 또는 1,000만원 이하의 벌금형이다. 판례에 의하면, "알선수뢰죄는 공무원이 그 지위를 이용하여 다른 공무원의 직무에 속한 사항의 알선에 관하여 뇌물을 수수, 요구 또는 약속하는 것을 그 성립요건으로 하고 있고, 여기서 '공무원이 그 지위를 이용하여'라 함은 친구·친족관계 등 사적인 관계를 이용하는 경우에는 이에 해당한다고 할 수 없으나, 다른 공무원이 취급하는 사무의 처리에 법률상이거나 사실상으로 영향을 줄 수 있는 관계에 있는 공무원이 그 지위를 이용하는 경우에는 이에

10) 대법원 2009. 5. 14. 2008도8852 판결.

해당하고, 그 사이에 상하관계·협동관계·감독권한 등의 특수한 관계가 있음을 요하지 않는다고 할 것이고, '다른 공무원의 직무에 속한 사항의 알선행위'는 그 공무원의 직무에 속하는 사항에 관한 것이면 되는 것이지 그것이 반드시 부정행위라거나 그 직무에 관하여 결재권한이나 최종결정권한을 갖고 있어야 하는 것은 아니다"라고 하였다.[11]

**증뢰물전달죄**(증뢰죄)는 뇌물을 약속, 공여 또는 공여의 의사를 표시한 경우 혹은 이러한 행위에 제공할 목적으로 제3자에게 금품을 교부하거나 그 정을 알면서 교부를 받은 자에 대해서 성립하는 범죄이다. 상대방은 공무원 자신뿐만 아니라 처나 자녀인 경우도 해당된다. 뇌물의 약속이라 함은 공무원의 뇌물 요구에 이를 승낙하거나 장차 뇌물을 제공할 것을 자진하여 약속하는 경우도 해당된다.

## 4. 공무방해에 관한 죄

**공무방해에 관한 죄는 적법한 공무수행을 방해함으로써 국가 행정의 정당한 집행을 방해하지 못하도록 하기 위한 죄**이다. 공무방해에 관한 죄로는 공무집행방해죄(제136조 제1항)·직무방해죄(동조 제2항)·위계에 의한 공무집행방해죄(제137조)·법정 또는 국회회의장모욕죄(제138조)·인권옹호직무방해죄(제139조)·공무상비밀표시무효죄(제140조)·부동산강제집행효용침해죄(제140조의2)·공용서류등무효죄(제141조 제1항)·공용물파괴죄(제141조 제2항)·공무상 보관물무효죄(제142조)·특수공무방해죄(제144조) 등이 있다.

**공무집행방해죄**(제137조)**는 직무를 집행하는 공무원에 대하여 공무를 방해하기 위하여 폭행 또는 협박함으로써 성립**한다. 공무원의 직무집행은 반드시 강제적 성질을 갖는 것이어야 할 필요는 없으나, **공무원의 직무집행은 적법해야 한다는 것이 판례 및 통설의 입장**이다. 판례[12]는 장차 특정 지역에서 구 집회 및 시위에 관한 법률에 의하여 금지되어 그 주최 또는 참가행위가 형사처벌의 대상이 되는 위법한 집회·시위가 개최될 것이 예상된다고 하더라도, 이와 시간적·장소적으로 근접하지 않은 다른 지역에서 그 집회·시위에 참가하기 위하여 출발 또는 이동하는 행위를 함부로 제지하는 것은

11) 대법원 2006. 4. 27. 2006도735 판결.
12) 대법원 2008. 11. 13. 2007도9794 판결.

경찰관직무집행법 제6조 제1항에 의한 행정상 즉시강제인 경찰관의 제지의 범위를 명백히 넘어서는 것이어서 허용될 수 없으므로, 이러한 제지행위는 공무집행방해죄의 보호대상이 되는 공무원의 적법한 직무집행에 포함될 수 없다고 하였다. 이러한 적법성은 실질적인 내용을 기준으로 판단할 것이 아니라 형식적 요건을 기준으로 하여 판단하여야 한다. 즉 외관상 공무원의 적법한 직무행위로 보이면 실제로는 적법한 직무행위가 아닌 경우에도 공무원의 직무행위에 해당된다고 하겠다. 이러한 직무방해죄는 공무원에 대하여 그 직무상의 행위를 강요 또는 저지하거나 그 직을 사퇴하게 할 목적으로 폭행 또는 협박할 경우에 성립한다.

**위계에 의한 공무집행방해죄(제137조)는 공무원의 부지 또는 착오를 이용하여 직무집행을 방해하는 경우에 성립**한다. 예를 들면 국가가 시행하는 시험에 대리시험을 보는 경우나 운전면허시험에 대리응시하는 경우, 수사기관에 대하여 죄를 짓지 아니한 자가 진정한 죄인을 도피시키기 위해 허위로 자신이 범인이라고 진술 또는 신고하는 경우에 성립한다.

**법정·국회회의장모욕죄(제138조)는 법원의 재판이나 국회의 심의를 방해 또는 위협할 목적으로 법정이나 국회회의장 또는 그 부근에서 모욕 또는 소동한 자를 처벌하는 범죄이다.** 형법과는 별도로 **법원조직법(제61조 제1항)**은 "법원 및 재판장은 법정 내에서 법정의 질서유지에 필요한 명령에 위배하는 행위를 하거나 폭언·소란 등 행위로 법원의 심리를 방해 또는 재판의 위신을 현저히 훼손한 자에 대하여 직권으로 결정에 의하여 20일 이내의 감치 또는 100만원 이하의 과태료에 처하거나 이를 병과할 수 있다"고 하여 별도로 처벌규정을 두고 있고, **국회법(제154조)**은 국회의장으로 하여금 회의장 안의 질서를 방해하는 방청의 퇴장을 명하도록 규정하고 있고, 필요한 때에는 국가경찰관서에 인도할 수 있도록 규정하고 있다. 문제는 형법상의 법정모욕죄와 법원조직법상의 제재가 중복될 경우 양죄의 관계가 이중형벌의 문제가 되지 않느냐 여부인데, 형법은 형벌을 규정한 것이고, 법원조직법은 행정벌을 규정한 것으로 서로 다르기 때문에 이중처벌이라고 볼 것은 아니라고 하겠다.

**인권옹호직무방해죄(제139조)는 경찰의 직무를 행하는 자 또는 이를 보조하는 자가 인권옹호에 관한 검사의 직무집행을 방해하거나 그 명령을 준수하**

**지 아니한 때에 성립하는 범죄**로, 검사의 직무집행 또한 적법한 것이어야 한다.

**공무상 비밀표시무효죄**(제140조)는 공무원이 직무에 관하여 실시한 봉인 또는 압류 기타 강제처분의 표시를 손상 또는 은닉 기타 방법으로 그 효용을 해한 경우에 성립하는 범죄이다. 강제처분에는 **민사소송법상**의 유체동산이나 부동산의 압류·가압류·가처분, 금전채권의 압류, **국세징수법**(제41조 이하)에 의한 채권이나 부동산에 대한 압류 등이 모두 포함된다. 본죄에서의 봉인·압류 또는 강제처분도 적법한 것이어야 한다. **부동산강제집행효용침해죄**(제140조의2)는 강제집행으로 명도 또는 인도된 부동산에 침입하거나 기타 방법으로 강제집행의 효용을 해치는 경우에 성립하는 범죄이다.

**공용물파괴죄**(제141조 제2항)는 공무소에서 사용하는 건조물, 선박, 기차 또는 항공기를 파괴한 경우에 성립한다.

## 5. 도주와 범인은닉의 죄

**도주죄**(제145조 제1항)**는 법률에 의하여 체포 또는 구금된 자가 도주한 경우에 성립하는 범죄**이다. 법률에 의하여 체포 또는 구금된 자라 함은 피의자·피고인으로 구속된 자, 벌금형의 미납으로 환형처분된 자로서 노역장에 유치된 자 등이 있다. 현실적으로 구금된 자여야 하므로 가석방 중인 자나 보석 중에 있는 자가 도주한 경우는 본죄에 해당되지 않는다.

**집합명령위반죄**(제145조 제2항)는 법률에 의하여 구금된 자가 천재·사변 기타 법령에 의하여 잠시 해금된 경우에 정당한 이유 없이 그 집합명령에 위반한 때에 성립하는 범죄이다. 집합명령위반죄는 도주죄와 동일하게 처벌되며, **진정부작위범**에 해당된다 하겠다. 도주죄의 특수한 유형으로 도주하면서 시설을 손괴하거나 사람에게 폭행 또는 협박하거나 2인 이상이 합동으로 도주하는 특수도주죄(제146조)·도주원조죄(제147조)·간수자의 도주원조죄(제148조) 등이 있다.

**범인은닉죄**(제151조 제1항)**는 벌금 이상의 형에 해당하는 죄를 범한 자를 은닉 또는 도피하게 한 경우에 성립하는 범죄**이다. 도피라 함은 은닉 이외의 방법으로 수사기관의 발견·체포를 곤란 내지 불가능하게 하는 일체의 행위를 의미한다. 벌금 이상의 형이라 함은 법정형 중 최하위 형벌인 벌금형이 규정된 경우를 의미하며, 죄를 범한 자라 함은 범죄의 혐의가 확정된 자는 물론이고 혐의를 받은 상태에서 수사가 진행 중인 자도 포함한다. 범인은닉죄의 행위자는 벌금 이상의 형에 해당하는 죄를 범한 범인이라는 점을 인식하고 은닉 또는 도피시켜 주어야 한다. 친족, 동거가족이 본인을 위하여 범인을 은닉한 때에는 처벌하지 않는다. 가족간의 정의에 의한 책임조각사유에 해당된다고 하겠다.

## 6. 위증과 증거인멸의 죄

**위증죄**(제152조)**는 법률에 의하여 선서한 증인이 허위의 진술을 한 때에 성립**한다. 법률에 의하여 선서한 증인이 위증을 한 경우에 처벌받기 때문에 **신분범**이며, 따라서 선서하지 않은 증인이나 수사단계에서의 참고인은 위증을 하더라도 위증죄로 처벌받지 않는다. 위증죄의 증인이라 함은 형사소송뿐만 아니라 민사소송(제290조 이하)·징계사건(법관징계법 제27조, 검사징계법 제26조)·특허사건(특허법 제226조) 등에서의 증인도 해당된다.

**선서무능력자**는 선서를 할 수 없으므로 설령 선서하였다고 하더라도 그 선서는 무효이므로 위증죄로 처벌받지 않는다. 증인이 아닌 수사기관에서의 참고인은 허위진술을 하더라도 위증죄가 성립하지 않는다. 증언거부권자라 할지라도 거부권을 행사하지 않고 증언한 때에는 위증죄로 처벌받을 수 있다.

**허위의 증언이라 함은 증인이 자신의 기억에 반하는 증언을 하는 것, 즉 주관적 위증을 의미**하며, 증언내용이 객관적 진실과 일치하는가의 여부, 즉 객관적 위증은 문제되지 않는다는 것이 통설 및 판례의 입장이다. 그런데 판례는 증인이 기억에 반하는 허위의 진술을 하였더라도 그 신문이 끝나기 전에 이를 철회·시정한 경우에는 위증죄가 성립하지 않는다고 하였다.[13)]

**증거인멸죄**(제155조 제1항)는 타인의 형사사건 또는 징계사건에 관한 증거를 인멸·은닉·위조 또는 변조하거나 위조 또는 변조한 증거를 사용한 경우에 성립하는 범죄이다. 따라서 **자신의 형사사건이나 징계사건에 대한 증거인멸은 처벌받지 아니 한다**. 증거인멸죄는 국가의 형사사법기능을 보호하기 위한

---

13) 대법원 2008. 4. 24. 2008도1053 판결.

것으로, 증거인멸죄의 주체는 추상적 위험범에 해당된다고 하겠다. **형사사건 또는 징계사건에만 해당**되기 때문에 민사사건이나 행정사건 또는 선거사건에 대한 증거인멸의 경우는 해당되지 않는다. 형사사건이면 충분하기 때문에 수사개시 전후를 불문한다.

**증인은닉죄·증인도피죄**(제155조 제2항)는 타인의 형사사건 또는 징계사건에 관한 증인을 은닉 또는 도피하게 한 경우에 성립한다. 이 범죄의 증인은 형사소송법상의 증인뿐만 아니라 수사기관에서 조사하고자 하는 참고인도 포함된다. **모해증거인멸죄**(제155조 제3항)는 피고인·피의자 또는 징계혐의자를 모해할 목적으로 증거인멸이나 증인은닉죄·증인도피죄를 범한 경우에 가중처벌되는 범죄이다.

# Ⅲ. 사회적 법익에 대한 죄

## 1. 공공의 안전과 평온에 관한 죄

### (1) 서 설

공공의 안전과 평온에 관한 죄에는 공공의 안전과 평온을 유지하기 위하여 규율하고 있는 범죄유형으로 이에는 공안을 해하는 죄, 폭발물에 관한 죄, 방화와 실화의 죄, 일수와 수리에 관한 죄, 교통방해의 죄 등이 있다.

### (2) 공안을 해하는 죄

공공의 안전과 평온에 대한 범죄 중 공안을 해하는 죄에는 범죄단체조직죄(제114조)·소요죄(제115조)·다중불해산죄(제116조)·전시공수계약불이행죄(제117조)·공무원자격사칭죄(제118조) 등이 있고, 폭발물에 관한 죄(제6장), 방화와 실화의 죄(제3장), 일수와 수리에 관한 죄(제14장), 교통방해의 죄(제15장) 등이 있다. 이러한 범죄는 모두 **위험범으로 규정된 특징**을 갖고 있다. 형법각칙 체계상 위 죄들은 형식적으로는 국가적 법익에 대한 범죄로 배치되어 있으나, 학설은 실질적으로 사회적 법익에 관한 범죄로 보고 있다. 반면에 전시공수계약불이행죄와 공무원자격사칭죄는 형법에 규정된 순서나 그 성질상 국가적 법익에 관한 범죄로 보아야 할 것이다. 특히 전시공수계약불이행죄는 평상시 형법에서는 적용될 가능성이 거의 없는 유형의 범죄로서 형법에서 배제하는 것이 타당하다고 주장하는 학설도 있다.

**범죄단체조직죄**(제114조)는 범죄를 목적으로 단체를 조직하거나 이에 가담한 경우 및 병역 또는 납세의무를 거부할 목적으로 단체를 조직하거나 이에 가입한 경우에 성립하는 범죄이다. 범죄단체를 조직하는 것은 범행의 실행에 착수하기 이전의 예비단계에 해당하지만, 단체의 위험성을 고려하여 조직 또는 가입만으로 처벌하고 있다. 단체라 함은 두 사람 이상이 조직하여 통솔체제를 갖춘 결합체를 의미한다.

**소요죄**(제115조)는 다중이 집합하여 폭행·협박 또는 손괴행위를 하는 경우에 성립하는 범죄이다. 소요죄는 다수인이 집단을 이루어 범행을 해야 한다는 점에서 **필요적 공범**이며, 폭행·협박은 사람 또는 물건에 대한 것이면 충분하며, 가장 넓은 의미의 폭행·협박에 해당된다고 하겠다. **다중불해산죄**(제116조)는 폭행·협박 또는 손괴행위를 할 목적으로 다중이 집합하여 그를 단속할 권한 있는 공무원으로부터 3회 이상 해산명령을 받고서도 해산하지 아니한 경우에 성립하는 범죄로, **진정부작위범**에 해당한다. 소요죄의 전 단계에 있는 범죄라고 하겠다. 단속할 권한 있는 공무원으로는 경찰관이 있다. 전시공수계약불이행죄(제117조)는 전쟁, 천재 기타 사변에 있어서 국가 또는 공공단체와 체결한 식량 기타 생활필수품의 공급계약을 정당한 이유 없이 이행하지 아니한 경우에 성립한다.

공무원자격사칭죄(제118조)는 공무원의 자격을 사칭하여 그 직권을 행사하는 경우에 성립하는 범죄이다. 공무원의 자격을 사칭하는 방법은 공무원의 자격 없는 자가 공무원의 자격을 가진 것과 같이 잘못 믿도록 하는 일체의 행위를 말하며, 그러한 사칭 하에 사칭한 공무원의 직권을 행사하여야 한다.

판례[14]는 **공무원자격사칭죄가 성립하려면 어떤 직권을 행사할 수 있는 권한을 가진 공무원임을 사칭하고 그 직권을 행사한 사실이 있어야 한다**면서 피고인들이 위임받은 채권을 용이하게 추심하는 방편으로 합동수사반원임을 사칭하고 협박하였다고 하더라도 채권의 추심행위는 개인적인 업무일 뿐 합

14) 대법원 1981. 9. 8. 81도1955 판결.

동수사반의 수사업무에는 속하지 아니하므로 공무원자격사칭죄가 성립하지 않는다고 하였다.

### (3) 폭발물에 관한 죄

폭발물에 관한 죄에는 폭발물사용죄(제119조 제1항)·전시폭발물사용죄(제119조 제2항)·전시폭발물 제조·수입·수출·수수·소지죄(제121조) 등이 있다. **폭발물**이라 함은 점화 등 일정한 자극을 가하면 고체·액체 또는 가스 등의 급격한 팽창에 의하여 폭발작용을 하는 물체를 말한다. 문제는 시위현장에서 종종 사용되는 화염병을 폭발물로 볼 것이냐 여부인데, 폭발물에 해당한다고 할 것이나, 특별형법인 화염병사용 등의 처벌에 관한 법률에 의해 처벌된다고 하겠다. 동법은 화염병의 정의를 유리병 기타의 용기에 휘발유·등유 기타 불붙기 쉬운 물질을 넣어 그 물질이 유출하거나 비산하는 경우에 이것을 연소시키기 위한 발화장치 또는 점화장치를 한 물건으로서 사람의 생명·신체 또는 재산에 위해를 가하는 데 사용되는 물건이라고 하고 있다.

### (4) 방화와 실화의 죄

방화와 실화의 죄에는 현주건조물등에의방화죄(제164조)·공용건조물등에의방화죄(제165조)·일반건조물등에의방화죄(제166조)·일반물건에의방화죄(제167조)·연소죄(제168조)·진화방해죄(제169조)·실화죄(제170조)·업무상실화·중실화죄(제171조)·폭발성물건파열죄(제172조)·가스·전기등방류죄(제172조의2)·가스·전기등공급방해죄(제173조)·과실폭발성물건파열등죄(제173조의2), 위 각조의 미수범(제174조) 및 예비·음모죄(제175조) 등이 있다.

**방화의 죄는 전형적인 위험범**이다. 위험하다는 의미는 불특정 또는 다수인의 생명·신체·재산에 대한 위험을 가할 수 있다는 의미이다. 판례는 방화죄의 기수시기에 대하여 **화력이 매개물을 떠나 목적물인 건조물 스스로 연소할 수 있는 상태에 이른 때**라고 하고 있다.[15] 즉 **독립연소설**을 취하고 있다. 현주건조물방화죄(제164조)는 불을 놓아 사람의 주거에 사용하거나 사람의 현존하는 건조물·기차·전차·자동차·선박·항공기 또는 광갱을 소훼한 경우(무기 또는 3년 이상의 징역) 및 이로 인하여 사람을 상해에 이르게 한 경우(무

---

15) 대법원 2007. 3. 16. 2006도9164 판결.

기 또는 5년 이상의 징역)와 사망에 이르게 한 경우(사형·무기 또는 7년 이상의 징역)에 성립하는 범죄이다. 방화로 사람을 고의로 살해한 경우에는 살인죄와 현주건조물방화죄의 상상적 경합이 아닌 현주건조물방화치사죄로 처벌하여야 한다. 왜냐하면 현주건조물방화치사죄의 형량이 더 무겁기 때문이다.

**공용건조물등에의방화죄**(제165조)는 공용 또는 공익에 제공되는 건조물·기차·전차·자동차·선박·항공기 또는 광갱에 방화한 경우에 성립하는 범죄이다. 그 대상물이 공용 또는 공익에 제공되고 있으면 본죄가 성립하며, 소유자가 반드시 공공기관일 필요는 없다.

**일반건조물방화죄**(제166조)는 현주건조물방화죄와 공용건조물방화죄의 행위객체 이외의 건조물에 방화한 경우에 성립하는 범죄이다. **자기소유의 물건**이라 할지라도 공공의 위험을 발생하게 하면 본죄에 의해 처벌된다. 일반물건방화죄(제167조)는 위 세 가지 방화죄의 행위객체 이외의 물건에 대해 불을 놓아 공공의 위험을 발생하게 한 때에 성립한다.

**연소죄**(제168조)는 자기소유물건에 방화하였는데 그 방화가 확대되어 타인소유물에 옮겨 붙은 경우에 성립하는 범죄로, **결과적 가중범**에 해당된다.

**실화죄**(제170조)는 과실로 인하여 화재가 발생한 경우에 성립하는 범죄이고, 업무상 실화·중실화죄는 업무상 과실 또는 중대한 과실로 인하여 실화죄를 범한 경우에 성립하는 범죄이다. 그 외에도 진화방해죄(제169조), 폭발성물건파열죄(제172조), 가스·전기등방류죄(제172조의2), 가스·전기등공급방해죄(제173조), 과실폭발물폭발등죄(제173조의2) 등이 있다. 특히 1995년 형법 개정을 통해 가스 및 전기사용의 증가에 따른 가스·전기등방류죄(제172조의2), 가스·전기등공급방해죄(제173조), 과실폭발물폭발등죄(제173조의2) 등이 신설되어 시대상황을 반영하였다.

### (5) 일수와 수리에 관한 죄

일수와 수리에 관한 죄에는 일반건조물등일수죄(제179조)·수리방해죄(제184조)·현주건조물등일수죄(제184조)·공용건조물등일수죄(제178조)·화재시방수방해죄(제180조)·과실일수죄(제181조) 등이 있다. **일수라 함은 물을 넘치게 하여 건조물 등을 침해하는 행위**를 말한다. 예를 들면 제방을 무너뜨리거나 수문을 열어 건조물에 물을 쏟아붓는 범죄이다.

### (6) 교통방해의 죄

교통방해의 죄에는 육로, 수로 또는 교량을 손괴 또는 불통하게 하거나 기타 방법으로 교통을 방해한 행위를 처벌하는 일반교통방해죄(제185조), 기차·선박등교통방해죄(제186조), 사람이 현존하는 기차·전차·자동차·선박·항공기 등에 대한 전복·매몰·추락 또는 파괴행위를 처벌하는 기차 등 전복죄(제187조) 등이 있다. **고의범 처벌을 원칙**으로 하면서도 과실교통방해죄(제189조), 업무상 과실·중과실교통방해죄(제189조)의 경우에는 **과실범도 처벌**한다. 교통방해의 죄는 교통시설을 보호하고 교통소통을 원활하게 하기 위해 이를 방해한 경우에 처벌하는 범죄이다.

## 2. 공공의 신용에 대한 죄

### (1) 서 설

공공의 신용에 관한 죄는 사회생활을 함에 있어 국민들이 신용을 믿고 서로 원활한 거래활동을 보장하고자 이를 위반할 경우 처벌하는 범죄유형으로, 이에는 통화에 관한 죄(제18장), 유가증권·우표와 인지에 관한 죄(제19장), 문서에 관한 죄(제20장), 인장에 관한 죄(제21장) 등이 있다.

### (2) 통화에 관한 죄

통화에 관한 죄에는 내국통화위조·변조죄(제207조 제1항), 내국유통외국통화위조·변조죄(제207조 제2항), 외국통용외국통화위조·변조죄(제207조 제3항), 위조·변조통화행사등죄(제207조), 위조·변조통화취득죄(제208조), 통화유사물제조등죄(제211조), 통화위조예비·음모죄(제213조) 등이 있다. 통화에 관한 죄는 그 통화를 행사할 목적이 있어야만 성립이 인정되는 목적범이다.

통화에 대한 발권은 국내통화는 국가(한국은행)가, 외국의 경우에도 각 국가만이 갖기 때문에 이를 위조하거나 변조하는 것은 엄격히 금지되어 있다. 그리하여 이를 위반한 경우에 처벌함으로써 국내통화뿐만 아니라 국제통화의 유통을 보장하고자 하는 것이다. 통화라 함은 국가 또는 국가에 의하여 발행권한이 부여된 기관에 의하여 발행된 금액이 표시된 지불수단으로서 법적으로 강제통용력이 인정된 것을 말한다.

### (3) 유가증권에 관한 죄

유가증권에 관한 죄에는 발행권한이 없는 자가 타인 명의로 발행하는 유가증권위조·변조죄(제214조), 유가증권의 권리·의무에 관한 기재를 위조 또는 변조한 경우를 처벌하는 유기증권기재의 위조·변조죄(제214조), 자격모용에 의한 유가증권작성죄(제215조), 허위유가증권작성죄(제216조), 위조등유가증권행사죄(제217조), 인지·우표의 위조등죄(제218조), 위조인지·우표등의 취득죄(제219조), 소인말소죄(제221조), 인지·우표유사물의 제조등죄(제222조) 등이 있다.

유가증권이라 함은 그 증권에 금전적 가치가 표상되어, 그 증권 자체가 금전적 가치를 지니는 증권을 말한다. 여기의 유가증권에는 대한민국 또는 외국의 공채증서 기타 유가증권 등이 모두 포함된다. 어음이나 수표 등이 대표적인 유가증권이라 하겠다. 특히 수표의 경우에는 이를 위조하거나 정당한 이유 없이 지급이 거절될 경우에는 부정수표단속법에 의해 처벌받는다.

우표·인지에 관한 죄는 우표나 인지를 위조·변조하거나, 위조·변조한 우표 또는 인지를 행사 또는 취득하거나, 우표 등의 유사물을 제조하거나 수입 또는 수출하는 행위를 처벌하고 있다.

### (4) 문서에 관한 죄

문서에 관한 죄에는 공문서위조·변조죄(제225조), 자격모용에 의한 공문서작성죄(제226조), 허위공문서작성죄(제227조), 공전자기록위작·변작죄(제227조의2), 공정증서원본부실기재죄(제228조), 위조공문서 등의 행사죄(제229조), 공문서부정행사죄(제230조), 사문서위조·변조죄(제231조), 자격모용에 의한 사문서작성죄(제232조), 사전자기록위작·변작죄(제232조의2), 허위진단서작성죄(제233조), 위조사문서행사죄(제234조), 사문서부정행사죄(제236조) 등이 있다.

**문서라 함은 일정한 문자 또는 부호에 의하여 일정한 사상 또는 관념이 표출된 것**을 말한다. 이는 문서가 사회생활에서 계약이나 거래관계에서 중요한 법적 효과 발생의 증거기능을 하기 때문에 이를 보호하여 공공의 신용과 안전을 보장하고자 함에 있다. 문서는 다시 공문서와 사문서로 나눌 수 있다. **공문서는 공무원 또는 공무소가 직무상 작성한 문서**를 말하며, 공법관계에서 작성한 것이든 사법관계에서 작성한 것이든 모두 공문서에 해당된다. 사문서는 권리·의무 또는 사실증명에 관한 문서 또는 도화를 의미한다. 위조의 형태에는 유형위조와 무형위조가 있는데, **유형위조는 작성권한이 없는 자가 타인의 이름으로 문서를 작성하는 형식적 위조**이고, **무형위조는 그 내용을 허위로 작성하는 위조**이다. 무형위조의 경우를 특히 **허위문서**라고 한다. 이를 구별하는 것은 원칙적으로 공문서는 유형위조와 무형위조를 모두 처벌하나, **사문서는 유형위조만을 처벌**하기 때문이다. 한편 사문서의 경우에도 예외적으로 무형위조의 경우 처벌하는 경우가 있는데, 의사가 내용을 허위로 작성한 **허위진단서작성죄**(제233조)의 경우이다.

형법상 문서로 인정되기 위해서는 문서가 지속적 기능·증명적 기능·보장적 기능을 수행할 수 있어야 한다. **지속적 기능**이라 함은 문서의 형태가 시각적 방법으로 인식 가능한 유체물이어야 함을 의미한다. 즉 일정 기간 정도 외부에서 인식할 수 있는 상태에 놓여 있어야 한다는 것이다. 1995년 형법 개정을 통해 전자기록 등 특수매체기록도 문서에 포함시켰다. 그리하여 컴퓨터 디스켓·음반·녹음테이프 등도 이제는 문서에 해당이 되며, 전자복사문서·팩스와 같은 모사전송기 기타 이와 유사한 기기를 사용하여 복사한 문서 또는 도화의 사본도 문서 또는 도화에 해당이 된다(제237조의2). **증명적 기능**이라 함은 문서에 기재된 의사표시가 일정한 법률관계를 증명하거나 할 수 있는 것이어야 한다는 의미이다. 따라서 단순한 예술작품, 예를 들어 순수한 회화나 악보 등은 여기의 문서에 해당되지 않는다. **보장적 기능**이라 함은 문서를 작성한 자를 알 수 있어야 한다는 것이다. 여기의 명의인은 문서를 실제로 작성한 자는 물론이고 당해 문서를 작성할 권한이 있는 자가 작성하면 충분하며, 이에 따라 특정인에게 문서의 내용에 따른 법적 효과가 귀속하게 되는 자를 의미한다.

**문서의 위조라 함은 문서에 대한 작성권한 없는 자가 타인명의를 사용하여 문서를 작성하는 것**을 말하며, 문서의 변조라 함은 작성권한 있는 작성명의인에 의하여 진정하게 성립한 문서에 대하여 정당한 권한 없는 자가 이미 작성된 내용에 변경을 가하는 것을 말한다. 자격을 모용한다는 것은 대리권 또는 대표권이 없는 자가 타인의 대리자격 또는 대표자격이 있는 것처럼 자신의 지위나 자격을 가장하여 문서를 작성하는 것을 말한다.

### (5) 인장에 관한 죄

인장에 관한 죄에는 공인등의위조·부정사용죄(제238조), 사인등의위조·부정사용죄(제139조) 등이 있다. **인장이라 함은 특정인의 인격과 그 동일성을 증명하기 위하여 사용하는 상징**을 의미한다. **서명이라 함은 특정인이 자기를 표시하는 자필문자**를 말한다. **기명이라 함은 특정인의 주체를 표시하는 문자로서 자서가 아닌 것**을 말한다. 기호라 함은 물건에 압날하여 그 동일성을 증명하는 점에서 인장과 같으나, 인격의 동일성 이외의 사항을 증명하기 위한 것이라는 점에서 인장과 다르다.

인장에 관한 죄의 행위객체는 인장·서명·기명 또는 기호이다. 결국 인장에 관한 죄는 인장 등을 보호하여 그 행위자와 그 표시자가 동일인 또는 일정한 권한 있는 자임을 증명하여 책임 있는 자에게 법률관계의 효과를 귀속시키고자 함에 있다고 하겠다.

인장에 관한 죄 역시 행사할 목적이 있는 경우에만 성립하는 목적범으로, 미수범도 처벌한다(제240조).

## 3. 공중의 건강에 대한 죄

### (1) 서 설

공중의 건강에 관한 죄에는 음용수에 관한 죄(제16장)와 아편에 관한 죄(제17장) 등이 있다.

### (2) 음용수에 관한 죄

음용수에 관한 죄에는 음용수사용방해죄(제192조 제1항)·음용수유해물혼입죄(제192조 제2항)·수도음용수사용방해죄(제193조 제1항)·수도음용수유해물혼입죄(제193조 제2항)·음용수혼독치사상죄(제194조)·수도불통죄(제195조) 등이 있다.

음용수에 관한 죄는 모든 국민이 이용하는 식수나 생활용수의 안전을 통해 환경을 보존하고 공중의 건강을 보전하기 위한 목적으로 규정된 범죄유형이다. 최근에는 유해식품에 관한 문제도 음용수 못지않게 중요한 사회적 관심사가 되고 있고, 이를 규율하기 위하여 보건범죄단속에 관한 특별조치법이 있다. 동법은 부정식품 및 첨가물, 부정의약품 및 화장품, 부정유독

물의 제조나 무면허의료행위에 대하여 가중처벌함으로써 유해식품의 유통을 막고 국민의 건강을 증진시키는 데 목적을 두고 있다.

음용수사용방해죄는 일상음용에 공하는 정수에 오물을 혼입하여 음용하지 못하게 한 자를 처벌하고, 수도음용수의 사용방해죄는 수도에 의하여 공중의 음용에 공하는 정수 또는 그 수원에 오물을 혼입하여 음용하지 못하게 한 자를 처벌하고 있다.

### (3) 아편에 관한 죄

아편에 관한 죄에는 아편등의 제조등죄(제198조), 아편흡식기의 제조등죄(제199조), 세관공무원의 아편등의 수입죄(제200조), 아편흡식등·동장소제공죄(제201조), 아편등의 소지죄(제205조) 등이 있다.

그런데 실재로는 특별법인 **마약류관리에 관한 법률**(2000년)이 제정되어 모든 마약류범죄에 대해 처벌하고 있기 때문이 형법이 적용되고 있지 않다.

## 4. 사회적 도덕에 대한 죄

### (1) 서 설

사회적 도덕에 관한 죄에는 신앙에 관한 죄(제12장)·성풍속을 해하는 죄(제22장)·도박과 복표에 관한 죄(제23장) 등이 있다.

### (2) 신앙에 관한 죄

신앙에 관한 죄에는 장례식등의 방해죄(제158조)·사체등의 오욕죄(제159조)·분묘의 발굴죄(제160조)·사체등의 영득죄(제161조)·변사체검시방해죄(제163조) 등이 있다.

### (3) 성풍속을 해하는 죄

성풍속을 해하는 죄에는 음행매개죄(제242조), 음화 등의 반포·제조죄(제243조, 제244조), 공연음란죄(제245조) 등이 있다.

특히 **간통죄(제241조)에 대하여** 헌법재판소는 성적 자기결정권 및 사생활의 비밀과 자유를 침해하여 헌법에 위반된다고 결정하였다.[16]

음행매개죄(제242조)는 영리의 목적으로 사람을 매개하여 간음하게 한 때에

---

16) 헌법재판소 2015. 2. 26. 2009헌바17등 결정.

성립한다. 특히 음행매개죄에 대하여는 특별법인 **성매매알선 등 행위의 처벌에 관한 법률**과 **아동·청소년의 성보호에 관한 법률**에 의해 처벌되고 있다.

#### (4) 도박과 복표에 관한 죄

도박과 복표에 관한 죄에는 단순도박죄·상습도박죄(제246조), 도박장개설죄(제247조), 복표의 발매등죄(제248조) 등이 있다. 그런데 단순도박죄에 대하여는 구태여 처벌할 필요성이 있겠느냐는 주장이 제기되면서 비범죄화하는 것이 타당하다는 의견이 있다. 그리고 복표의 발매등죄(제248조)도 특별법인 **사행행위 등 규제 및 처벌 특례법**이 규율하고 있기 때문에 사실상 사문화되어 있는 상태이다. 통상적인 경품권이나 추첨권의 발행은 사회상규상 허용되고 있기 때문에 본죄의 적용대상은 아니라고 할 것이다.

## Ⅳ. 개인적 법익에 대한 죄

### 1. 서 론

개인적 법익에 대한 죄에는 생명과 신체에 대한 죄, 자유에 대한 죄, 명예와 신용에 대한 죄, 사생활의 평온에 대한 죄, 재산에 대한 죄로 구분할 수 있다. 개인적 법익에 대한 죄는 피해자의 생명이나 신체에 위해가 가해지거나, 자유권을 침해하거나, 명예와 신용에 피해를 주거나, 사생활의 평온을 침해하거나, 재산권을 침해하는 형태로 나타난다.

### 2. 생명과 신체에 대한 죄

#### (1) 살인의 죄

생명과 신체에 대한 죄에는 살인의 죄(제24장)·상해와 폭행의 죄(제25장)·과실치사상의 죄(제26장)·낙태의 죄(제27장)·유기와 학대의 죄(제28장) 등이 있다.

살인의 죄에는 살인죄(제250조 제1항), 존속살해죄(제250조 제2항), 영아살해죄(제251조), 촉탁·승낙에 의한 살인죄(제252조), 위계 등에 의한 촉탁살인죄(제253조) 등이 있다. 살인죄의 경우에는 미수범도 처벌하며, 예비·음모의 경우에도 처벌한다.

살인죄는 최근 안락사를 허용할 것인가 문제와 뇌사상태의 피해자의 경우 언제 사망한 것으로 보아 장기이식 등이 가능하다고 할 것인지 등에 대한 논의가 활발하다. 이 중 **안락사**는 치유될 수 없는 상태의 환자에게 고통을 덜어주기 위하여 죽음에 임박한 환자의 생명을 단축시켜 사망하게 하는 것을 말하는데, 그 방법으로는 간접적·적극적·소극적 안락사 등이 있을 수 있다. 그러나 현행법상 **적극적인 생명단축을 가져오는 적극적 안락사는 인정할 수 없다**. 합법을 가장한 살인행위에 해당하기 때문이다. 사망시점과 관련하여 의학계에서는 **뇌사설**을 주장한다. 그 이유는 뇌사상태인 자는 회복되는 경우가 없기 때문에 장기이식 등을 고려할 때 뇌사상태이면 사망한 것으로 보아야 한다는 것이다. 그러나 우리 **판례 및 통설은 맥박종지설의 입장**을 취하고 있다. 그런데 **장기이식 등에 관한 법률은 뇌사상태에서의 장기이식을 허용**하고 있기 때문에 예외적으로 뇌사설을 따를 수밖에 없는 경우가 있다.

존속살해죄는 형량의 과중함 때문에 위헌성의 문제와 함께 보통살인죄에 의해서도 그 의도하는 바를 달성할 수 있다는 관점에서 문제시되었으나, 개정형법에서는 사형·무기징역 이외에 7년 이상으로 징역형을 가중함으로써 양형상의 경직성을 어느 정도 해소하였다. 촉탁·승낙에 의한 살인죄(제252조)는 사람의 촉탁 또는 승낙을 받아 그를 살해한 자(제1항) 및 사람을 교사 또는 방조하여 자살하게 한 자(제2항)에 대해 처벌하고 있다.

### (2) 상해의 죄

**상해죄(제257조 제1항)라 함은 사람의 신체를 상해함으로써 성립하는 범죄**를 말한다. 무엇을 상해로 볼 것이냐 여부에 대하여 신체의 완전성에 대한 침해라는 견해, 생리적 기능의 훼손이라는 견해, 이를 절충한 견해 등이 있다. 통설은 폭행죄와 구별하기 위해 **신체의 생리적 기능에 장애를 가져올 경우** 상해죄로 처벌하는 것이 타당하다고 한다. 자상행위는 자신의 신체에 위해를 가한 것으로 원칙적으로 처벌하지 않지만, 병역을 회피하기 위한 자상의 경우에는 병역법 제86조에 의해 처벌되는 경우가 있다.

직계존속을 상해한 경우(제257조 제2항), 상해로 인하여 생명에 대한 위험을 발생하거나 불구 또는 불치나 난치의 질병에 이르게 한 경우(제258조), 사람을 상해하여 사망케 한 경우(제259조) 등은 그 행위의 양태와 결과의 중대함으로 인해 가중처벌된다.

**상해죄의 경우에는 동시범에 대한 특례**가 있다(제263조). 예를 들어 두 사람 이상이 상호 간에 의사연락 없이 독자적인 범죄를 동시에 행한 경우를 동시범이라고 하는데, 이 경우 각자가 자기의 행위에 대하여 처벌받는 것이 원칙이기 때문에 **원인된 행위가 밝혀지지 않으면 미수범으로 처벌할 수밖에 없는 것이 독립행위의 경합에 대한 원칙**이지만(제19조), **상해의 결과가 발생한 경우에는 상해죄의 공동정범, 즉 기수범으로 처벌**하도록 하고 있다. 판례는 이 특례규정은 폭행치사 및 상해치사의 경우에도 적용된다고 하였다. 반면에 강간치상·강도치상의 경우에는 적용되지 않는다. 행위태양의 특성상 그렇게 판단할 수밖에 없다고 하겠다.

### (3) 폭행죄

**폭행죄(제260조 이하)라 함은 사람의 신체에 대하여 폭력을 행사하여 성립하는 범죄**를 말한다. 형법상 폭행의 개념은 ① 최광의의 폭행, ② 광의의 폭행, ③ 협의의 폭행, ④ 최협의의 폭행 등 다양하게 분류할 수 있는데, 폭행죄에서의 폭행은 협의의 폭행을 말한다. 즉 **사람의 신체에 대한 유형력의 행사가 가해지는 폭행을 의미한다**고 하겠다. **단순폭행죄**(제260조 제1항) 및 **존속폭행죄**(동조 제1항)는 피해자의 명시한 의사에 반하여 공소제기할 수 없는 **반의사불벌죄**이다. 왜냐하면 그 피해가 경미하거나 피해자의 의사가 존중되어야 하기 때문이다. 반면에 단체 또는 다중의 위력을 보이거나 위험한 물건을 휴대하여 폭행을 한 특수폭행죄(제261조), 폭행죄를 범하여 사람을 사상에 이르게 한 폭행치사상죄(제262조), 상습으로 폭행죄를 범하는 상습폭행죄(제264조)의 경우에는 **가중처벌**된다.

### (4) 과실치사상죄

과실치사상죄(제266조 이하)라 함은 과실로 사람의 신체를 상해하거나 사망에 이르게 한 경우 성립하는 범죄를 말한다. **과실치상죄(제266조)는 반의사불벌죄**이다. 업무상 과실 또는 중대한 과실로 사람을 상해에 이르게 하거나 사망하게 한 경우에는 업무상 과실·중과실치사상죄가 성립한다(제268조). 이때의 **업무**

**라 함은 사람이 사회생활상의 지위에 기하여 계속하여 행하는 사무**를 말하는데, 반복·계속의 의사 또는 그러한 사실이 있는 한 그 사무에 대한 그 이전의 경험이나 법규상의 면허를 필요로 하지 아니한다.

형법상 업무는 ① 과실범에서의 업무(가중적 구성요건요소), ② 신분범의 요소로서의 업무(구성요건요소), ③ 보호법익으로서의 업무, ④ 행위의 태양으로서의 업무(구성요건요소) 등이 있다.

도로교통사고의 경우에는 **교통사고처리특례법**이 우선하여 적용되고 있다. 특히 도로교통사고의 경우에는 자동차운전자에게 사고방지의무가 있지만, 신뢰의 원칙이 적용되기 때문에 상대방이 교통법규를 준수할 것이라는 신뢰를 가지고 운전자는 자신의 운전에 대한 교통법규의 준수만을 하면 충분하다는 것이다. 최근 들어 의료사고가 빈번하게 발생하고 있어 문제인데, **최근 판례[17]는 개연성설의 입장에서 피해자의 증명책임을 완화**하여 피해자가 치료를 받던 중 치료를 하던 의사의 과실 등으로 인한 의료사고로 증상이 악화되거나 새로운 증상이 생겨 손해가 확대된 경우에는, 다른 특별한 사정이 없는 한 그와 같은 손해와 산재사고 사이에도 상당인과관계가 있다고 보아야 하므로, 산재사고와 의료사고가 각기 독립하여 불법행위의 요건을 갖추고 있으면서 객관적으로 관련되고 공동하여 위법하게 피해자에게 손해를 가한 것으로 인정된다면, 공동불법행위가 성립되어 공동불법행위자들이 연대하여 그 손해를 배상할 책임이 있다는 입장을 취하고 있다.

### (5) 낙태죄

낙태죄(제269조 이하)라 함은 태아를 낙태시킨 경우에 성립하는 범죄이다. 형법상의 낙태죄(제269조 이하)에 대하여 모자보건법은 ① 본인 또는 배우자가 우생학적 또는 유전학적 정신장애나 신체질환이 있는 경우, ② 본인 또는 배우자가 전염성질환이 있는 경우, ③ 강간 또는 준강간에 의하여 임신된 경우, ④ 법률상 혼인할 수 없는 혈족 또는 인척 간에 임신된 경우, ⑤ 임신의 지속이 보건의학적 이유로 모체의 건강을 심히 해하고 있거나 해할 우려가 있는 경우에는 본인과 배우자의 동의를 얻어 인공임신중절을 할 수 있도록 하여(제14조) 낙태의 경우 처벌하지 아니 하는 예외를 허용하고 있다. 문제는 산아

17) 대법원 2005. 9. 30. 2004다52576 판결.

제한과 관련하여 낙태가 성행하고 있는 현실을 제대로 반영하지 못하여 거의 사문화되어 있는 형벌조항이라 할 것이고, 이의 존폐를 두고 논란이 거듭되고 있는 실정이다.

#### (6) 유기와 학대의 죄

**유기죄**(제271조 이하)**라 함은 노유·질병 기타 사정으로 인하여 부조를 요하는 자를 보호할 법률상 또는 계약상 의무 있는 자가 그를 유기한 때에 성립하는 범죄**를 말한다. 직계존속에 대한 유기죄는 가중처벌한다(제2항). 그런데 독일 형법 제323조c(구조불이행죄)는 **소위 선한 사마리아인법이라 불리는 처벌규정**을 두고 있는데, 이는 강도를 당한 피해자를 사마리아인이 구제하여 주었다는 성경에서 유래된 처벌조항으로, 우리의 유기죄와 달리 **법률상 또는 계약상 의무가 없는 자라고 하더라도 부조를 요하는 자가 있으면 이를 부조**하지 아니 하면 처벌하도록 되어 있는 규정인데, 우리의 경우에도 독일 형법처럼 유기죄의 주체를 확대할 필요성이 있다는 논란이 일고 있다. 또한 직계존속이 치욕을 은폐하기 위하거나 양육할 수 없음을 예상하거나 특히 참작할 만한 동기로 인하여 영아를 유기한 때에는 영아유기죄(제272조)로 처벌하도록 하고 있다.

**학대죄**(제273조)**는 자기의 보호 또는 감독을 받는 사람을 학대한 경우에 성립하는 범죄**이다. 존속학대죄는 자기 또는 배우자의 직계존속에 대하여 학대한 경우에 성립하는 범죄이다. 아동혹사죄(제274조)는 자기의 보호 또는 감독을 받는 16세 미만의 자를 그 생명 또는 신체에 위험한 업무에 사용할 영업자 또는 그 종업자에게 인도한 경우에 성립하는 범죄이다. 학대나 유기를 통해 치사상에 이른 경우에는 유기등치사상죄(제275조)에 의하여 처벌된다.

### 3. 자유에 대한 죄

#### (1) 서 론

개인의 자유침해에 대한 죄 중 의사 및 활동의 자유와 관련해서는 협박죄(제283조 제1항), 강요죄(제324조), 신체활동의 자유와 관련해서는 체포·감금죄(제276조 제1항), 생활관계 유지 및 인신매매 방지를 위해 미성년자 약취·유인죄(제287조), 인신매매죄(제289조)가 있고, 강간과 추행에 관한 죄에는 강간죄(제297조), 유사강간죄(제297조의2)강제추행죄(제298조), 준강간·준강제추행죄(제299조), 미성년자 또는 심신미약자에 대한 간음·추행죄(제302조), 미성년자의제간음·추행죄(제305조) 등이 있다.

(2) 체포와 감금의 죄

**체포·감금죄(제276조)라 함은 사람을 체포·감금함으로써 신체의 자유를 침해하는 경우에 성립하는 범죄**이다. 이는 소위 **계속범**으로서 체포·감금상태가 종료될 때까지 범죄행위가 계속되는 특성을 가지고 있다. 직계존속에 대한 존속체포·감금죄의 경우에는 가중처벌된다. 또한 사람을 체포·감금하여 육체적·정신적으로 고통을 주는 일체의 행위를 한 자는 중체포·중감금죄로 가중처벌된다(제277조).

(3) 협박 및 강요의 죄

**협박죄(제283조 제1항)라 함은 사람에 대하여 해악을 고지함으로써 상대방에게 공포심을 일으키게 한 경우에 성립하는 범죄**이다. 해악의 고지내용으로는 생명·신체에 대한 것뿐만 아니라 자유·명예·재산·정조·신용 등에 대한 일체의 것을 포함한다. 자기 또는 배우자의 직계존속에 대한 경우에는 존속협박죄(제283조 제2항)로 가중처벌된다.

**강요죄(제324조)라 함은 폭행 또는 협박으로 사람의 권리행사를 방해하거나 의무 없는 일을 하게 할 경우에 성립하는 범죄**이다. 사람의 의사결정의 자유를 그 보호법익으로 하고 있다.

(4) 약취와 유인 및 인신매매의 죄

**미성년자약취·유인죄(제287조)는 미성년자를 약취·유인한 경우에 성립하는 범죄**이다. 추행 등 목적 약취·유인죄(제288조)는 추행·간음, 결혼 또는 영리의 목적으로 사람을 약취 또는 유인한 경우에 성립하는 범죄이다. 또한 2013년 형법 개정 전 인신매매 범죄는 형법상 약취·유인죄를 적용해 왔으나 인신매매죄(제289조)의 신설로 직접 처벌이 가능해졌다.

약취라 함은 폭행·협박을 수단으로 하여 피해자의 의사에 반하여 사람을 현재의 보호상태로부터 이탈시켜 자기 또는 제3자의 실질적 지배하에 놓는 경우를 말한다. 유인이라 함은 기망·유혹의 수단으로 사람을 자기 또는 제3자의 실질적 지배하에 놓는 경우를 말한다.

### (5) 강간과 추행의 죄

**강간죄(제297조)는 폭행·협박으로 사람을 강간하는 경우에 성립하는 범죄[18] 이다.** 준강간·준강제추행죄(제299조)는 상대방의 심신상실상태나 항거불능 상태를 이용하여 간음 또는 추행을 한 경우에 성립하는 범죄이다. 강간이라 함은 상대방의 의사에 반하여 성교를 하는 행위를 말하며, 추행이라 함은 일반인에게 성적 수치감과 혐오감을 일으키게 하는 일체의 행위를 말한다.

미성년자·심신미약자에 대한 간음죄(제302조)는 미성년자 또는 심신미약자에 대하여 위계 또는 위력으로써 간음 또는 추행을 한 경우에 성립하는 범죄이다. 13세 미만의 자에 대해서는 설령 그들이 동의하였다고 하더라도 의제간음·추행죄(제305조)가 성립한다. 즉 13세 미만의 사람을 간음하거나 추행을 하게 되면 행위방법 여하를 묻지 않고 강간죄나 강제추행죄, 강간·강제추행치사상죄(제301조)로 의제되어 처벌된다.

종전에 혼인빙자간음죄(제304조)는 혼인을 빙자하거나 기타 위계로써 음행의 상습 없는 부녀를 기망하여 간음한 경우에 인정되었으나, 헌법재판소가 부녀의 성적 자기결정권이 침해되었다고 볼 수 없을 뿐만 아니라, 남녀문제에 관한 과도한 국가형벌권의 개입이라는 사회적 비판이 제기되었고, 헌법재판소[19]가 이러한 점을 인정하여 위헌이라고 판결하여 위 형법조항은 현재 폐지되었다.

그런데 성범죄와 관련해서는 성폭력범죄의 처벌 등에 관한 특례법이 제정되어 형법을 사실상 대체하고 있다. 위 법은 주거침입·야간주거침입절도·특수절도 등을 범한 죄가 강간죄 등을 범한 경우(제3조 제1항), 특수강도죄를 범한 자가 강간죄 등을 범한 경우(제3조 제2항), 특수강간죄나 특수강제추행죄를 범한 경

---

18) 2012년 12월 18일 형법개정에 의하여 강간죄의 객체가 '부녀'에서 '사람'으로 개정하였다. 또한 제297조의 2에 유사강간죄(폭행 또는 협박으로 사람에 대하여 구강, 항문 등 신체(성기는 제외한다)의 내부에 성기를 넣거나 성기, 항문에 손가락 등 신체(성기는 제외한다)의 일부 또는 도구를 넣는 행위를 한 사람은 2년 이상의 유기징역에 처한다)를 신설하였다.

19) 헌법재판소 2009. 11. 26. 2008헌바58·191(병합) 결정.

우(제4조), 4촌 이내의 친족관계(사실상의 친족관계에 의한 친족 포함)에 있는 자가 강간죄 및 강제추행죄를 범한 경우(제5조), 장애인에 대한 강간죄나 강제추행죄를 범한 경우(제6조), 13세 미만의 미성년자에 대한 강간죄 및 강제추행죄를 범한 경우, 준강간·준강제추행죄를 범한 경우(제7조) 등의 경우에는 형법보다 가중처벌하도록 하였다. 사실상 성폭력과 관련된 범죄에 대하여는 형법이 적용되지 않고 위 법이 전면적으로 적용되고 있다고 하겠다. 동법은 법원이 성폭력범죄를 범한 사람에 대하여 형의 선고를 유예하는 경우에는 1년 동안 보호관찰을 받을 것을 명할 수 있도록 하였고, 유죄판결을 선고하거나 약식명령을 고지하는 경우에는 500시간의 범위에서 수강명령 또는 성폭력 치료프로그램의 이수명령을 병과하여야 한다. 집행유예를 선고할 경우에는 수강명령 외에 그 집행유예기간 내에서 보호관찰 또는 사회봉사 중 하나 이상의 처분을 병과할 수 있다. 또한 성폭력범죄를 범한 자가 가석방된 경우에는 가석방기간 동안 보호관찰을 받도록 하였다.

## 4. 명예에 대한 죄

### (1) 서 론

명예에 대한 죄에는 명예훼손죄(제307조)·사자에 대한 명예훼손죄(제308조)·출판물에 의한 명예훼손죄(제309조)·모욕죄(제311조) 등이 있다. 출판물에 의한 명예훼손죄를 제외하고는 모두 공연성을 구성요건으로 하고 있다. **공연성이라 함은 불특정·다수인에 대한 사실의 적시**라고 할 것인데, 대법원은 공연성을 판단함에 있어 전파성의 이론에 의하고 있다. **전파성의 이론**이라 함은 사실을 적시한 상대방이 특정인이라고 하더라도 그 자가 다른 불특정 또는 다수인에게 이를 전파할 가능성이 있으면 공연성을 인정할 수밖에 없다는 것이다. 예를 들어 기자에게 알린 경우 보도를 통해 모든 사람에게 전파될 수 있는 경우에 공연성이 인정된다는 것이다.

### (2) 명예훼손죄

**명예훼손죄(제307조 제1항)라 함은 공연히 사실을 적시하여 사람의 명예를 훼손한 경우에 성립하는 범죄**이다. 공연히 허위의 사실을 적시하여 사람의 명예를 훼손한 경우에는 가중처벌하도록 하고 있다(제307조 제2항). 사자의 명예를 훼손한 경우에도 명예훼손죄가 성립한다(제308조). 출판물등에 의한 명예훼손죄(제309조)는 사람을 비방할 목적으로 신문, 잡지 또는 라디오 기타 출판물에 의하여 명예훼손죄를 범한 경우에 성립한다.

**명예라 함은 사람의 인격적 가치에 대한 사회적 평가를 의미**한다. 즉 객관적 명예를 말하며 주관적 명예를 의미하지 않는다. 사실을 적시한다는 것은 특정 자연인 또는 법인의 사회적 평가를 저하시킬 가능성이 있는 **구체적 사실을 표시하는 것을 의미**한다. 다만 형법 제310조는 공연히 사실을 적시하였다고 하더라도 그 행위가 진실한 사실로서 오로지 공공의 이익에 관한 경우에는 처벌하지 않는다고 하여 위법성조각사유에 대하여 규정하고 있다. 이는 헌법상 보장된 언론의 자유(제21조)와 보호되어야 할 개인의 명예 사이의 충돌을 조절하기 위한 규정이다. 문제는 형법 제310조가 형사재판에서 피고인으로 하여금 "공공의 이익에 관한 사실"임을 증명하도록 하고 있어, 검사의 증명책임을 피고인에게 전가하고 있다는 비판이 가해지고 있다. 판례[20]는 형사상이나 민사상으로 타인의 명예를 훼손하는 행위를 한 경우에도 그것이 공공의 이해에 관한 사항으로서 그 목적이 오로지 공공의 이익을 위한 것일 때에는 진실한 사실이라는 증명이 있으면 그 행위에 위법성이 없고, 또한 그 증명이 없더라도 행위자가 그것을 진실이라고 믿을 상당한 이유가 있는 경우에는 위법성이 없다고 하면서, 명예훼손에 의한 불법행위가 성립하려면 피해자가 특정되어 있어야 하지만 그 특정을 위하여 반드시 사람의 성명을 명시하여야만 하는 것은 아니고, 성명을 명시하지 않은 경우라도 그 표현의 내용을 주위사정과 종합하여 볼 때, 그 표시가 누구를 지목하는가를 알아차릴 수 있을 정도라면 피해자가 특정되었다고 볼 수 있다고 하였다.[21]

### (3) 모욕죄

**모욕죄(제311조)라 함은 구체적인 사실의 적시 없이 단순히 사람에 대한 사회적 평가를 저하시킬 만한 추상적인 경멸의 표시를 한 경우에 성립하는 범죄**이다.

---

20) 대법원 1988. 10. 11. 85다카29 판결.
21) 대법원 1994. 5. 10. 93다36622 판결.

## 5. 신용 등에 관한 죄

신용에 대한 죄로는 신용훼손죄(제313조)와 업무방해죄(제314조)가 있다. 신용훼손죄(제313조)는 허위의 사실을 유포하거나 기타 위계로써 사람의 신용을 훼손한 경우에 성립한다. 신용은 사람의 경제적 활동에 대한 사회적 평가를 말하며, 구체적으로 특정인의 지불능력이 없다거나 지불의사를 의심케 하는 사회적 신뢰를 떨어뜨리는 행위를 말한다.

업무방해죄(제314조)는 허위사실을 유포하거나 위계·위력으로써 사람의 업무를 방해한 경우에 성립하는 범죄이다. 이때의 사람에는 자연인뿐만 아니라 법인도 포함되며, 방해하는 태양은 출입을 방해하거나 업무를 보지 못하도록 일정장소를 점거하거나, 컴퓨터 등의 정보를 해킹하는 등의 행위 등이 있을 수 있다.

경매·입찰방해죄(제315조)는 위계 또는 위력 기타 방법으로 경매 또는 입찰의 공정을 방해한 경우에 성립하는 범죄이다.

## 6. 사생활의 평온에 대한 죄

### (1) 서 론

사생활의 평온에 대한 죄에는 비밀침해의 죄, 주거침입의 죄, 권리행사를 방해하는 죄 등이 있다.

### (2) 비밀침해의 죄

비밀침해의 죄에는 비밀침해죄(제316조)·업무상 비밀누설죄(제317조) 등이 있다. **비밀침해죄는 친고죄**이다. 따라서 고소권자의 고소가 있어야만 형사처벌할 수 있다(제318조).

또한 **통신비밀보호법은 법원의 영장 없는 도청행위나 대화의 비밀녹음행위 등을 처벌할 뿐만 아니라 이를 공표하는 경우도 처벌**하고 있다. 개인의 비밀을 보호법익으로 하는 비밀침해죄는 봉함 기타 비밀장치한 사람의 편지, 문서 또는 도화를 개봉하거나, 이러한 행위객체나 전자기록 등 특수매체기록을 기술적 수단을 이용하여 그 내용을 알아 낸 경우에 성립한다. 개봉이라 함은 봉함 기타 비밀장치를 제거하여 그 내용을 파악할 수 있는 상태로 만드는 것을 말한다. 그리고 개정형법은 **컴퓨터 디스켓**에 수록된 정보를 검색하여 안 경우에도 처벌하는 조항을 신설하였다. 업무상 비밀누설죄(제317조)는 일정한 업무에 종사하는 자, 즉 의사·한의사·치과의사·약제사·조산사·변호사·변리사·회계사·공증인·대서업자나 그 직무상 보조자 또는 이러한 직에 있던 자나, 종교의 직에 있거나 있었던 자가 업무처리 중 알게 된 타인의 비밀을 누설한 때에 성립하는 범죄이다.

### (3) 주거침입의 죄

주거침입의 죄에는 주거침입죄·퇴거불응죄(제319조), 특수주거침입죄(제320조) 등이 있다. 주거침입죄·퇴거불응죄(제319조)는 사람의 주거, 관리하는 건조물, 선박이나 항공기 또는 점유하는 방실에 침입하거나, 이러한 장소로부터 퇴거요구를 받고 퇴거하지 아니한 경우에 성립하는 범죄이다. 특수주거침입죄(제320조)는 단체 또는 다중의 위력을 보이거나 위험한 물건을 휴대하여 주거침입행위를 하는 경우에 성립하는 범죄이다. 폭력행위등 처벌에 관한 법률(제2조·제3조)은 주거침입의 상습범이나 야간 또는 2인 이상이 공동하여 주거침입죄를 범하거나 특수주거침입죄를 범한 경우에는 가중처벌하도록 하고 있다.

주거·신체수색죄(제321조)는 사람의 신체, 주거, 관리하는 건조물, 자동차, 선박이나 항공기 또는 저유하는 방실을 수색한 경우에 성립하는 범죄이다. 점유하는 방실이라 함은 호텔이나 사무실 등과 같이 사실상 지배하는 일정한 장소를 의미한다.

### (4) 권리행사를 방해하는 죄

권리행사를 방해하는 죄에는 권리행사방해죄(제323조)·인질강요죄(제324조의2)·점유강취죄(제325조)·강제집행면탈죄(제327조) 등이 있다. 권리행사를 방해하는 죄는 타인의 점유 또는 권리의 목적이 된 자기물건에 대한 타인의 권리행사를 방해하거나 강제집행을 면할 목적으로 채권자를 침해하는 범죄를 말한다. 권리행사방해의 구체적 방법으로는 취거·은닉·손괴 등이 있다.

**권리행사방해죄(제323조)는 타인의 점유 또는 권리의 목적이 된 자기의 물건 또는 전자기록 등 특수매체기록을 취거·은닉 또는 손괴하여 타인의 권리행사를 방해한 경우에 성립하는 범죄**이다. 권리행사방해죄는 일종의 재산범죄로 보호법익은 소유권이 아닌 채권이나 용익·담보물권이다. **행위객체는 자기의 물건**이다. 따라서 자기와 공유에 속하는 물건은 타인의 물건에 해당되어 본죄의 행위객체가 아니다. 점유라 함은 적법한 권원에 의한 현실적인 소지를 의미한다. 타인의 권리의 목적이 되었다는 것은 타인의 제한물권 또는 채권의 목적이 된 것을 의미한다.

**인질강요죄**(제324조의2)는 사람을 체포·감금·약취 또는 유인하여 이를 인질로 삼아 제3자에 대하여 권리행사를 방해하거나 의무 없는 일을 하게 한 경우에 성립하는 범죄이고, 인질상해·치상죄(제324조의3)는 제324조의2의 죄를 범한 자가 인질을 상해하거나 상해에 이르게 한 경우에 성립하는 범죄이고, 인질살해죄·치사죄(제324조의4)는 제324조의2의 죄를 범한 자가 인질을 살해한 때에 성립하는 범죄이다.

**점유강취죄**(제325조 제1항)는 폭행 또는 협박으로 타인의 점유에 속하는 자기의 물건을 강취한 경우에 성립하는 범죄이다. 준점유강취죄(제325조 제2항)는 타인의 점유에 속하는 자기의 물건을 취거함에 당하여 그 탈환을 항거하거나 체포를 면탈하거나 죄적을 인멸할 목적으로 폭행 또는 협박을 가한 때에 성립하는 범죄이다. **강제집행면탈죄**(제327조)**는 강제집행을 면할 목적으로 재산을 은닉·손괴·허위양도 또는 허위의 채무를 부담하여 채무자를 침해한 경우에 성립하는 범죄이다**. 강제집행면탈죄가 성립하기 위해서는 강제집행을 면탈할 목적이 있는 목적범이어야 하며, 강제집행을 당할 객관적 상황, 즉 예를 들면 강제집행에 해당되는 가압류·가처분·압류 등의 신청이 개시될 상황이 객관적으로 존재하여야 한다. 또한 허위의 채무를 부담한다는 것은 채무가 없음에도 불구하고 채무가 있는 것과 같은 외관을 형성하는 것을 의미하며, 이 경우는 구체적으로 채권자를 해하지 않더라도 해할 위험성이 존재하는 것만으로도 성립하는 위험범이다.

## 7. 재산에 대한 죄

### (1) 서 설

재산에 대한 죄에는 절도죄(제329조)·강도죄(제333조)·사기죄(제347조)·컴퓨터등사용사기죄(제347조의2)·편의시설부정이용죄(제348조의2)·공갈죄(제350조)·횡령죄(제355조 제1항)·배임죄

(제355조 제2항)·장물죄(제362조)·손괴죄(제366조) 등이 있다. 이 중 **절도죄·횡령죄·장물죄·손괴죄는 재물을 행위객체로 하는 재물죄이고, 배임죄는 재산상의 이익을 행위객체로 하는 이득죄**이다. **강도죄·사기죄·공갈죄는 재물죄임과 동시에 이득죄**에 해당한다.

그런데 컴퓨터 등 정보기술의 발달에 따라 컴퓨터를 이용한 재산범죄가 급증하게 됨에 따라 이를 처벌하기 위하여 개정형법은 컴퓨터등사용사기죄(제347조의2)·편의시설부정이용죄(제348조의2) 등을 신설하였다. 뿐만 아니라 마약범죄나 조직범죄, 밀수 등을 통하여 취득한 재산을 소위 돈세탁(money laundering)을 통해 부당취득하는 것을 막기 위하여 **범죄수익은닉의 규제 및 처벌 등에 관한 법률**(2001년)을 제정하여 그 범죄로 취득한 재산을 국가가 몰수할 수 있도록 하였다.

### (2) 절도와 강도의 죄

**절도죄(제329조)는 타인의 재물을 절취함으로써 성립하는 범죄**이다. 절취라 함은 타인이 점유하는 재물을 점유자의 의사에 반하여 그 점유를 배제하고, 자기 또는 제3자의 점유로 옮기는 것을 말한다. 문제는 재산범죄인 절도죄의 객체로 부동산도 포함되는가 여부인데, 이에 대하여는 긍정설과 부정설이 대립하고 있으나, 절취행위의 행태상 부정하는 것이 타당하다고 하겠다. **절도죄의 성립을 위해서는 행위자에게 불법영득의 의사가 있어야 한다**. 그렇다면 그러한 불법영득의 의사가 없는 경우 어떻게 할 것이냐 여부인데, 이에 대하여는 자동차·선박·항공기·원동기장치자전거 등의 불법사용행위와 관련하여 **자동차등불법사용죄(제331조의2)를 신설하여 처벌**하고 있다. 야간주거침입절도(제330조)는 야간에 사람의 주거, 간수하는 저택, 건조물이나 선박 또는 점유하는 방실에 침입하여 타인의 재물을 절취한 경우에 성립하는 범죄이다(10년 이하의 징역).

**강도죄**(제333조)는 폭행 또는 협박을 통하여 타인의 재물이나 재산상의 이익을 취득하거나 제3자로 하여금 취득하게 함으로써 성립하는 범죄이다. 강도죄의 폭행·협박은 폭행죄나 협박죄의 경우보다 더 강하여 **상대방의 반항을 억압할 정도**여야 한다. 준강도죄(제355조)는 절도죄를 저지른 자가 재물의 탈환을 면탈하거나 죄적을 인멸할 목적으로 폭행 또는 협박을 가한 때에 성립하는 범죄이다. 따라서 **준강도죄의 행위자는 절도범이라는 신분범에 해당**된다. 이때의 절도죄의 주체는 절도행위의 기수와 미수를 불문한다. 문제는 절도행위가 미수인 경우에 준강도죄도 미수가 성립하느냐 여부인데, 판례[22]는 형법 제335조에서 절도가 재물의 탈환을 항거하거나 체포를 면탈하거나 죄적을 인멸할 목적으로 폭행 또는 협박을 가한 때에 준강도로서 강도죄의 예에 따라 처벌하는 취지는, 강도죄와 준강도죄의 구성요건인 재물탈취와 폭행·협박 사이에 시간적 순서상 전후의 차이가 있을 뿐 실질적으로 위법성이 같다고 보기 때문인바, 이와 같은 준강도죄의 입법 취지, 강도죄와의 균형 등을 종합적으로 고려해 보면, 준강도죄의 기수 여부는 절도행위의 기수 여부를 기준으로 하여 판단하여야 한다.

준강도죄의 기수 여부는 폭행·협박의 기수·미수 여부를 기준으로 하여야 한다는 입장이다. 기타 인질강도죄(제336조), 강도상해·치상죄(제337조), 강도살인·치사죄(제338조), 강도강간죄(제339조), 해상강도강간죄(제340조), 상습강도죄(제341조) 등이다.

### (3) 사기와 공갈의 죄

**사기죄(제347조)는 사람을 기망하여 자기 또는 제3자가 재물의 교부를 받거나 재산상의 이익을 취득한 경우에 성립**한다. 즉 기망행위에 의하여 상대방이 착오에 빠진 상태에서 재산을 처분하는 행위에 의하여 재물의 교부를 받거나 재산상의 이익을 취득하는 경우에 성립한다. 이때 재산상의 피해를 보는 자는 대부분 피기망자이겠지만 제3자인 소위 **삼각사기**인 경우에도 성립한다. 판례[23]는, 소송사기는 법원을 기망하여 자기에게 유리한 판결을 얻음으로써 상대방의 재물 또는 재산상 이익을 취득하는 것을 내용으로 하는 범죄로서, 소송사기가 성립하기 위하여서는 제소 당시에 그 주장과 같은 채권이 존재하지 아니한다는 것만으로는 부족하고, 그 주장의 채권이 존재하지 아니하는 사실을 잘 알면서도 허위의 주장과 입증으로써 법원을 기망한다는 인식을 하고 있어야만 하며, 채권에 대한 압류 및 전부(추심)명령을 신청한 경우, 집행력 있는 정본의 존부, 집행개시의 요건 구비 여부 등은 법원의 심사 대상이지만 피압류채권의 존부는 그 심사 대상이 아니라고 하였다.

---

22) 대법원 2004. 11. 18. 2004도5074 전원합의체 판결 .
23) 대법원 2009. 12. 10. 2009도9982 판결.

준사기죄(제348조)는 미성년자의 지려천박 또는 사람의 심신장애를 이용하여 자기 또는 제3자가 재물의 교부를 받거나 재산상의 이익을 취득하는 경우에 성립하는 범죄이다. 부당이득죄(제349조)는 사람의 궁박한 상태를 이용하여 현저하게 부당한 이익을 취득하거나 제3자로 하여금 취득하게 한 때에 성립하는 범죄이다. 개정형법에 의해 신설된 컴퓨터등사용사기죄(제347조의2)는 컴퓨터 등 정보처리장치에 허위의 정보 또는 부정한 명령을 입력하거나 권한 없이 정보처리를 하게 함으로써 재산상의 이익을 취득하게 하거나 제3자로 하여금 재산상의 이익을 취득하게 한 경우에 성립하는 범죄이다(10년 이하의 징역 또는 2천만원 이하의 벌금). 편의시설부정이용죄(제348조의2)는 부정한 방법으로 대가를 지급하지 아니하고 자동판매기·공중전화 기타 유료자동설비를 이용하여 재물 또는 재산상의 이익을 취득한 경우에 성립한다.

**공갈죄(제350조)는 사람을 공갈하여 자기 또는 제3자가 재물의 교부를 받거나 재산상의 이익을 취득한 경우에 성립하는 범죄**이다(10년 이하의 징역, 2천만원 이하의 벌금). 공갈이라 함은 타인에게 폭행·협박하여 그로 하여금 공포심을 갖도록 하여 재물을 교부케 하는 행위를 말한다. 공갈죄의 폭행·협박은 강도죄와 달리 상대방의 반항을 억압할 정도이지 않더라도 성립한다. 공갈죄의 보호법익은 재산뿐만 아니라 사람의 의사결정의 자유도 포함되기 때문에, 피공갈자는 재산상의 처분행위자이면서 동시에 재산상의 피해자여야 한다.

### (4) 횡령과 배임의 죄

**횡령죄(제355조 제1항)는 타인의 재물을 보관하는 자가 그 재물을 횡령하거나 그 반환을 거부한 경우에 성립하는 범죄**이다(5년 이하의 징역, 1,500만원 이하의 벌금). 따라서 횡령죄의 주체는 **타인의 재물을 보관한 자여야 하므로 신분범**에 해당된다. 타인의 재물을 보관하는 자라 함은 그 자가 재물을 점유하거나 소유하고 있는 자를 의미한다고 하겠다. 횡령죄의 재물에는 절도죄와 달리 **부동산도 포함**된다고 할 것이므로 부동산을 사실상 지배하고 있는 자는 등기 여부에 관계없이 보관자에 해당한다. **부동산명의신탁을 받은 자는 부동산실권리자 명의등기에 관한 법률(제4조)에 의해 소유권자가 될 수 없기 때문에 그 부동산의 보관자로 볼 수 없다**. 그 밖에 타인의 돈을 보관하거나 은

행 등에 예금하거나 유가증권을 소지하고 있는 경우도 법률상의 지배자로서 보관자에 해당한다.

문제는 **불법원인급여**(민법 제746조)의 경우에 불법행위자에게 보관물에 대한 반환청구권을 인정하고 있지 않기 때문에 이를 보관하고 있는 자가 이를 영득할 경우인데, **판례[24]는 이에 대하여 반환을 거절하더라도 횡령죄가 성립하지 않는다**는 입장이다. 또한 판례[25]는 사기죄에서 피해자에게 그 대가가 지급된 경우, 피해자를 기망하여 그가 보유하고 있는 그 대가를 다시 편취하거나 피해자로부터 그 대가를 위탁받아 보관 중 횡령하였다면, 이는 새로운 법익의 침해가 발생한 경우이므로 기존에 성립한 사기죄와는 별도의 새로운 사기죄나 횡령죄가 성립한다고 한다.

**배임죄**(제355조 제2항)**는 타인의 사무를 처리하는 자가 그 임무에 위배하는 행위로써 재산상의 이익을 취득하거나 제삼자로 하여금 이를 취득하게 하여 본인에게 손해를 가한 때에 성립하는 범죄**이다(5년 이하의 징역, 1,500만원 이하의 벌금). 타인의 사무를 처리하는 자라 함은 양자 간의 신임관계, 예를 들어 법령이나 계약 또는 신의성실의 원칙에 의해 형성된 신임관계에 기초를 두고 타인의 재산관리에 관한 사무를 대행하거나 타인재산의 보전행위에 협력하는 자의 지위에 있는 자를 말한다. **배임죄는 신분범**이라 할 수 있다. 임무에 위배하는 행위라 함은 당해 사무의 내용·성질 등 구체적 상황에 비추어 법률의 규정, 계약의 내용 또는 신의성실의 원칙상 당연히 기대되는 행위를 하지 않거나 당연히 하지 않아야 할 것으로 기대되는 행위를 함으로써 **본인에 대한 신임관계를 저버리는 일체의 행위**를 말한다. 예를 들어 **중도금을 받은 매도인의 이중매매**가 이에 해당한다. 판례[26]는 계주가 계원들로부터 계불입금을 징수하게 되면 그 계불입금은 실질적으로 낙찰계원에 대한 계금지급을 위하여 계주에게 위탁된 금원의 성격을 지니고 따라서 계주는 이를 낙찰·지급받을 계원과의 사이에서 단순한 채권관계를 넘어 신의칙상 그 계금지급을 위하여 위 계불입금을 보호 내지 관리하여야 하는 신임관계에 들어서게 되므로, 이에 기초한 **계주의 계금지급의무는 배임죄에서 말하는 타**

24) 대법원 1988. 9. 20. 86도628 판결.
25) 대법원 2009. 10. 29. 2009도7052 판결.
26) 대법원 2009. 8. 20. 2009도3143 판결.

**인의 사무에 해당**하지만, 계주가 계원들로부터 계불입금을 징수하지 아니하였다면 그러한 상태에서 부담하는 계금지급의무는 위와 같은 신임관계에 이르지 아니한 단순한 채권관계상의 의무에 불과하여 타인의 사무에 속하지 아니하므로 계주가 계원들과의 약정을 위반하여 계불입금을 징수하지 아니한 경우라 하더라도 배임죄는 성립하지 않는다고 하였다.

배임수증죄(제357조)는 타인의 사무를 처리하는 자가 그 임무에 관하여 부정한 청탁을 받고 재물 또는 재산상의 이익을 취득한 경우(배임수재죄)와 이를 공여한 경우(배임증재죄)에 성립하는 범죄이다(5년 이하의 징역, 1,000만원 이하의 벌금).

**점유이탈물횡령죄**(제360조)는 유실물·표류물·매장물 또는 타인의 점유를 이탈한 재물을 횡령한 경우에 성립하는 범죄이다(1년 이하의 징역, 300만원 이하의 벌금). 따라서 **길거리에서 주운 물건이 있으면 이를 1주일 이내에 경찰관서 등에 신고하여야 하며, 이를 위반하게 되면 점유이탈물횡령죄에 의해 처벌**받게 된다.

### (5) 장물에 관한 죄

**장물죄(제362조)는 장물을 취득, 양도, 운반 또는 보관하거나 알선한 경우에 성립하는 범죄**이다(7년 이하의 징역 또는 1,500만원 이하의 벌금). 장물이라 함은 재산범죄인 절도죄·강도죄·사기죄·횡령죄·공갈죄·장물죄 등의 결과 취득된 물건을 말한다. 따라서 **뇌물죄로 받은 물건은 장물이 아니다**. 취득은 유상이든 무상이든 무방하며, 양여는 장물인 줄 모르고 취득하였다가 이를 알고 다시 타인에게 유상 또는 무상으로 장물을 수여하는 것을 말하고, 보관은 장물임을 알고 하는 것으로 유상이든 무상이든 모두 해당된다. 알선행위라 함은 장물의 취득·양여·보관을 매개하거나 주선하는 행위를 말하며, 사실상의 알선행위가 있으면 성립되기 때문에 알선행위대로 실현되었는지 여부는 장물알선죄성립에 영향을 미치지 않는다. 업무상과실 또는 중과실에 의한 장물죄를 범한 경우에도 처벌된다(1년 이하의 금고 또는 500만원 이하의 벌금).

### (6) 손괴의 죄

손괴죄(제366조)는 타인의 재물, 문서 또는 전자기록 등 특수매체기록을 손괴 또는 은닉 기타 방법으로 그 효용을 해하는 경우에 성립하는 범죄이다(3년 이하의 징역, 700만원 이하의 벌금). 그러나 손괴의 객체가 공용물(공용서류·건조물 등)인 경우에는 별도의 공용물무효·파괴죄(제141조)에 의해, 공익건조물인 경우에는 별도의 공익건조물파괴죄(제367조)에 의해 처벌된다. 특수손괴죄(제369조)는 단체 또는 다중의 위력을 보이거나 위험한 물건을 휴대하여 손괴죄를 범한 때에 성립하는 범죄이다(5년 이하의 징역, 1,000만원 이하의 벌금). 경계침범죄(제370조)는 경계표를 손괴·이동 또는 제거하거나 기타 방법으로 토지의 경계를 인식불능하게 한 경우에 성립하는 범죄이다(3년 이하의 징역, 500만원 이하의 벌금).

# 제 6 장 상 법

# CHAPTER 06 상 법

## 제 I 절 총 설

### I. 상법의 개념

#### 1. 서 론

상법이라 함은 상행위를 중심으로 한 기업생활관계로부터 발생하는 법률관계를 규율하기 위한 모든 법규범을 말한다. 기업생활관계를 규율하는 데에는 상법이라는 성문법 이외에도 상관습 내지 상관습법 및 조리 등이 있다. 상법도 민법처럼 사법영역에 속하지만, 상행위로 인한 법률관계를 규율한다는 점에서 민법에 비하여 특별법의 지위에 있다. 상법은 다시 형식적 의미의 상법과 실질적 의미의 상법으로 나눌 수 있는데, 상법이라는 법전명을 가지고 있는 상법을 형식적 의미의 상법이라고 하고, 법전의 이름이 무엇이 되었든 실질적인 내용이 상행위로 인한 법률관계를 규율하고 있으면 이를 실질적 의미의 상법이라고 한다. 형식적 의미의 상법은 입법기술과 입법정책의 문제로서 국회에서 제정된 법을 의미하므로 실질적 의미의 상법과 내용이 일치하지 아니하는 경우도 있다. 즉 소송법과 관련된 절차규정이라든지, 형법과 같은 처벌규정도 형식적 의미의 상법에 포함되어 있다.

## 2. 형식적 의미의 상법

**형식적 의미의 상법이라 함은 상법이라는 명칭을 가진, 국회에서 제정된 성문상법전**을 말한다. 우리나라를 비롯하여 대륙법계통의 국가인 독일·프랑스 등은 성문상법을 제정하여 시행하고 있으나, 영미법계통의 국가인 영국·미국·스웨덴 등은 성문상법을 가지고 있지 아니하다. 그러나 상사 내지 기업관계는 복잡할 뿐만 아니라 다수의 이해관계자들의 법률관계를 획일적으로 처리할 필요성이 있을 뿐만 아니라 내용의 전문성·기술성 등을 고려할 때 법적 안정성·명료성이 요구되고 있다. 따라서 이를 규율하기 위해서는 점차 성문상법의 필요성이 일반화되고 있고, 국제무역의 통일적 해결을 위한 필요성 때문에 독일·프랑스 등 유럽국가를 중심으로 하여 통일상법전 제정을 위한 협력체계가 구축되어 가고 있는 실정이다.

우리나라 성문상법은 1962년 1월 20일에 법률 제1000호로 제정·공포되어 1963년 1월 1일부터 시행되어 오고 있으며, 그 동안 수차례의 개정을 통해 세계화와 경제화에 발맞추어 왔다고 할 수 있다.

형식적 의미의 상법은 제1편 총칙, 제2편 상행위, 제3편 회사, 제4편 보험, 제5편 해상 등 다섯 개 부분으로 편제되어 있다.

## 3. 실질적 의미의 상법

**실질적 의미의 상법이라 함은 실질적으로 상행위 및 기업생활관계를 규율하는 법규의 전체를 의미**한다. 따라서 명칭 여하에 불구하고 상행위와 기업생활관계를 통일적·체계적으로 규율하면 이를 실질적 의미의 상법이라고 한다. 기업이라 함은 일정한 영업계획에 따라 계속적으로 영리행위를 추구해 나가는 독립된 경제단위를 말한다. 또한 상법은 기업생활관계를 규율하는 특유한 법이기 때문에 기업의 상행위만을 규율하는 법이라 할 수 있다. 따라서 기업의 행위라고 하더라도 통상적인 부동산매매의 경우에는 상법이 적용되는 것이 아니라 일반법인 민법의 규율대상이 된다. 한편 실질적 의미의 상법에는 주로 기업의 사적 법률관계를 규율하는 것이 일반적이나, 이러한 사법질서의 실현을 보장하기 위해 특별한 경우에는 공법적 규율 규정도 경우에 따라서는 실질적 의미의 상법에 포함된다는 점이다. 다시 말해 상법은 기업의 주체·조직·활동·설비 및 기업과 관련된 사법관계를 규율하는 것이 원칙이나, 이를 실현하기 위해 직접적으로 필요한 공법적 규정 역시 상법 영역에 포함된다고 하겠다.

## Ⅱ. 상법의 법원(法源)

**법원이라 함은 법의 존재형식**을 말한다. 즉 상법의 법원이라 함은 상법이 어떠한 형태로 존재하는가 하는 문제라 할 수 있다. 상법 제1조는 "상사에 관하여 본법에 규정이 없으면 상관습법에 의하고 상관습법이 없으면 민법의 규정에 의한다"고 하여, 상법에 관한 법원으로 **상법, 상관습법, 민법의 규정**에 의하도록 규정하고 있다. 여기의 상법은 실질적 의미의 상법을 의미하기 때문에 말 그대로의 상법 이외에도 상사특별법령, 상사에 관한 국제법 및 국제조약, 상관습법, 상사자치법 등이 있다. 상사특별법령으로는 은행법, 보험업법, 자본시장과 금융투자업에 관한 법, 자본시장육성에 관한 법률, 독점규제 및 공정거래에 관한 법률 등이 있고, 상사자치법으로는 회사의 정관, 증권거래소의 업무규정, 어음교환소의 업무규정 등이 있다. 문제는 약관의 법원성을 인정할 것인가 여부이다. **약관이라 함은 기업의 계속적·집단적·반복적 거래관계를 획일적으로 처리하기 위하여 일괄적으로 작성된 계약내용**이라 할 수 있는데, 판례[1]는 일반적으로 약관을 계약의 한 내용으로 이해할 뿐 자치법규로까지 인정하고 있는 것은 아닌 것으로 판단된다. 그러나 자치법규로 보아야 한다는 견해도 주장되고 있다. 한편 약관은 모든 거래계약자에게 획일적으로 적용되기 때문에 불특정 다수의 거래자에게 영향을 미치기 때문에 약관을 작성하는 대기업 등의 횡포를 방지하기 위하여 약관의 규제에 관한 법률이 제정되어 이를 규율하고 있다.

1) 대법원 2002. 5. 10. 2000다70156 판결.

## Ⅲ. 상법의 특성과 경향

### 1. 상법의 특성

상법은 기업활동의 건전한 발전을 기본이념으로 하면서도 이를 규율해야 하는 이중적 성질을 가지고 있다. 즉 기업의 유지와 활동을 보장하는 한편 기업제도가 남용되지 못하도록 규제하고 있는 것이다.

상법은 기업의 유지와 관련하여 적극적 보장을 위하여 ① **기업의 독립성**을 보장하고, ② **자본의 충실화**를 위한 각종 제도를 규정하고, ③ **기업의 부실화를 방지**하기 위하여 적자상태의 기업에 대한 관리규정을 두고, ④ **금융의 원활화**를 위해 주식과 채권의 발행절차 등에 대하여 규정하고 있을 뿐만 아니라, 소극적 보장을 위하여 기업해소에 대한 회피제도 등을 규정하고 있다. 즉 첫째, 기업의 독립성 보장을 위하여 기업과 출자자를 분리하여(자본과 경영의 분리) **회사제도**를 운영(제169조 이하)하고 있고, 내부적으로는 **상업장부작성의무**(제29조 이하)를 부과하여 재무상태의 파악을 용이하게 하고, 둘째, 기업의 물적 기초가 되는 **자본의 충실화**를 위해 주식회사를 중심으로 자본 및 계산에 관한 각종 규정을 두고 있고, 셋째, 주식회사의 이사회제도, 지배인·상업사용인·기업보조자(대리상·중개인·운송인·창고업자 등) 등을 제도화하여 **기업경영의 전문화**를 도모하고, 넷째, 기업자금조달의 활성화를 위해 **주식회사의 수권자본제도 및 다양한 종류의 주식발행의 허용 및 회사채발행제도를 도입**하고, 더 나아가 익명조합(제78조 이하)·선박공유(제756조 이하)·선박담보권(제777조 이하) 등의 제도를 두고 있고, 다섯째, **기업존속**을 위해 회사계속·기업합병·정관변경·회사설립무효제소기간의 제한 등에 관한 규정을 두고 있다.

또한 상법은 기업의 활동과 관련하여 ① 회사제도(제169조 이하), ② 회사의 사원의 유한책임(제268조 이하), ③ 보험제도(제638조 이하), ④ 선박소유자의 책임제한제도(제769조 이하), ⑤ 공동해손제도(제865조 이하) 등 다양한 제도를 두고 있고, 영리를 추구하는 기업의 비개성적·계속적·집단적 동종행위의 반복을 보장하기 위한 각종 제도 등을 규정하고 있고, 경업금지(제89조, 제198조, 제397조)·개입권(제107조, 제116조, 제117조)·개입의무(제99조)·발기인의 인수납입담보책임(제321조)에 관한 규정 등을 두고 있다. 뿐만 아니라 **기업활동의 간이·신속성을 보장**하기 위하여 일반법인 민법에 비해 ① 상행위의 대리(제48조), ② 계약의 청약의 효력(제51조, 제52조), ③ 매수인의 목적물검사와 하자통지의무(제69조), ④ 매도인의 공탁권과 자조매각권(제67조), ⑤ 유가증권제도 등 편리하고 신속한 규정 등을 많이 두고 있고, **안정성을 보장**하기 위하여 ① 공시주의, ② 외관존중주의, ③ 엄격책임주의 등을 규정하고 있다. 첫째, **공시주의의 보장**을 위해 상업등기제도(상호·미성년자·법정대리인·지배인 등의 등기)와 각종의 공고제도를 규정하고 있고, 둘째, **외관존중주의의 보장**을 위해 명의대여자의 책임(제24조), 상호계속사용자의 책임가중(제42조), 표현대표이사(제395조), 유가증권에 대한 문언적 효력 인정을 제도화하여 선의의 제3자를 보호하고 있고, 셋째, **엄격책임주의의 보장**을 위해 상사채무의 연대책임, 공중접객업자의 수탁물에 대한 책임(제152조), 이사·업무집행관여자의 공동책임(제210조), 회사설립관여자의 자본충실책임(제293조) 등을 규정하고 있다.

## 2. 상법의 경향

세계경제가 WTO체제로 인해 자유무역의 시대가 전개됨에 따라 기업활동, 특히 무역을 중심으로 하는 기업들에 대한 보편타당한 국제적 기준의 마련이 무엇보다 중요시되고 있고, 기업의 규모 확대와 자본력 집중화현상으로 인한 자본에 의한 국가경제의 영향력이 증대되고 있다. 특히 상법은 그 중심에 위치하고 있고, 이러한 시대적 변화에 맞추어 유동적·진보적 경향과 보편적·통일적 경향이 함께 요구되는 시점에 이르렀다고 할 수 있다. 따라서 세계적 통일상법의 지향점을 향해 나아가는 추세에 있다 할 수 있고, 지역적·국가적 특성을 잃지 않으면서 보편적·세계적 관점을 따라가야 하는 어려운 시기에 놓여 있다고 할 수 있다. 세계화의 추세는 보편적 당위가 되어 가고 있는 실정이다.

# 제2절 총 칙

## Ⅰ. 상 인

### 1. 서 론

**상인이라 함은 영리를 목적으로 상행위를 하는 자**이다. 따라서 상인은 기업의 주체이다. 상법은 당연상인(제4조)과 의제상인(제5조)을 규정하고 있다. 마치 민법상의 권리능력과 행위능력처럼, 상법은 상인과 상행위에 대하여 규정하고 있다. 즉 상인은 영업에 관한 권리·의무의 법률상 귀속주체이고, 상행위는 상인의 영업에 관한 권리·의무의 발생·변경·소멸을 가져오는 법률요건이기 때문에 상인과 상행위는 상법상의 2대 기본축이라고 할 수 있다. 따라서 상인과 상행위의 관계를 어떻게 볼 것인가는 대단히 중요한 문제라고 하지 않을 수 없다.

### 2. 입법주의

(1) 상행위주의(객관주의·실질주의)

**상행위주의라 함은** 상인을 정의함에 있어 행위의 객관적인 성질에 따라 절대적 상행위를 먼저 정하고 그러한 **절대적 상행위를 하는 자를 상인으로 보는 입법주의**이다. 즉 상행위 개념을 상인 개념보다 먼저 정립하는 방식이라 하겠다.

(2) 상인주의(주관주의·형식주의)

**상인주의라 함은 상인을 먼저 정의하고 그 상인의 영업상의 행위를 상행위로 보는 입법주의**이다. 즉 일정한 조직 또는 설비(점포) 등의 형식적 기준을 갖추고 상인적 방법에 의하여 영리활동을 하는 자를 상인이라 하는데, 그 상인이 하는 영업상의 행위를 상행위로 보는 방식이다.

(3) 절충주의

이는 상행위주의와 상인주의를 절충하는 방식으로, 이에는 상인을 중심으로 하는 상인주의적 절충주의와 상행위를 중심으로 하는 상행위적 절충주의가 있다.

### (4) 상법의 입장

상법 제4조가 당연상인을 정의함에 있어 상행위를 전제로 하고 있다는 측면에서 보면 현행상법이 상행위주의를 채택하고 있다고 볼 수 있으나, 제4조의 상행위 역시 제46조의 상행위(행위의 객관적 성질이 아닌 영업으로 하는 경우에만 상행위로 인정)를 전제로 하고 있고, 제5조가 제46조의 상행위와 상관없이 점포 기타 유사한 설비에 의하여 상인적 방법으로 영업을 하는 자를 상인으로 의제하고 있음에 비추어 **절충주의적 입장을 취하고 있는 것**으로 보인다. 그런데 절충주의 중에서도 절대적 상행위를 인정하지 않고 있음에 비추어 **상인주의적 절충주의**를 취하고 있는 것으로 보는 것이 타당하다고 하겠다. 반면에 상행위주의적 절충주의를 취하고 있다는 반대견해도 있다.

## 3. 상인의 종류

### (1) 당연상인

**당연상인이라 함은 자기명의로 상행위를 하는 자**를 말한다(제4조). 자기명의라 함은 상행위의 결과, 즉 **상행위로 인한 법률상 권리·의무의 귀속주체**가 되는 것을 말하며, 여기의 상행위는 상법 제46조의 상행위는 물론이고 특별법상의 상행위, 예를 들어 담보부사채신탁법에 의한 제3자의 사채총액의 인수와 같은 상행위도 포함되는 상행위를 말한다. 다만 주의할 점은 상법 제46조의 행위는 영업으로서 할 경우에만 상행위로 취급된다는 점이다. **영업으로라는 의미는 영리를 목적으로 일정한 동종행위를 계속적·반복적으로 하는 것**을 말한다. 다만 영리목적이 실현되었는지 여부, 이익을 어디에 사용할 것인지 여부 등은 문제되지 않으며, 영리목적에 대한 판단은 단순한 주관적 의사에 의할 것이 아니라 객관적으로 사회적 통념에 의해 판단하여야 한다. 그 결과 변호사·의사·음악가 등의 행위는 일정한 수익을 올리더라도 행위의 성질상 영리성을 인정할 수 없다.

### (2) 의제상인

**의제상인이라 함은 당연상인이 아닌 자가 점포 기타 유사한 설비에 의하여 상인적 방법으로 영업을 하는 자**를 말한다(제5조). 의제상인을 인정하는 이유는 당연상인의 전제인 상행위의 종류가 22가지로 제한적으로 열거되어 있을 뿐이어서(제46조) 상인을 인정하는 범위가 축소되는 것을 막고 새로운 유형의 상행위가 상거래에서 끊임없이 생성되고 있는 현실을 고려하여 상법 적용의 대상이 되는 상인의 범위를 넓히기 위해서라고 할 것이다.

**의제상인에는 설비상인과 민사회사가 있다. 설비상인**이라 함은 제46조에서 열거된 상행위는 아니지만 점포 기타 유사한 설비에 의하여 상인적 방법으로 영업을 하는 자로, 점포 기타 유사한 설비에 의한다 함은 불특정 다수인과 계속적·반복적인 거래를 위해 개설한 장소적 설비를 갖춘 것을 말하고, 상인적 방법으로 영업을 한다 함은 영업조직·회계장부·영업보조자 등의 인적·제도적 장치를 갖추고 영리추구활동을 한다는 것을 말한다. 이러한 것을 판단하는 것은 사회통념에 의해 결정할 수밖에 없다. **민사회사**라 함은 상행위 이외의 영리를 목적으로 하는 회사를 말하는데, 현행상법은 민사회사를 의제상인으로 보고 있다. 즉 민사회사도 기업조직과 설비를 갖추고 대외적 활동을 하고 있기 때문에 의제상인으로 보고 있는데, 현행상법은 회사를 "상행위 기타 영리"를 목적으로 하는 사단법인으로 규정하고 있기 때문에 기타 영리를 추구하는 사업을 하는 민사회사를 상사회사와 구별할 실익은 거의 없다.

### (3) 소상인

**소상인이라 함은 자본금이 1,000만원 미만의 상인으로 회사가 아닌 자**를 말한다(상법시행령 제2조). 자본금은 영업자산액을 기준으로 판단한다. **소상인에 대하여는 지배인·상호·상업장부·상업등기에 관한 규정이 적용되지 않는다**(제9조). 따라서 소상인은 회사상호를 사용할 수 없고 이를 위반할 시 처벌받게 된다(제20조, 제28조). 한편 소상인은 상업장부를 작성할 수는 있으나, 작성·보존의무를 지지 않고, 등기의무를 부담하지 않는다.

## 4. 상인자격의 취득

### (1) 서 론

**상인자격이라 함은 상인이 될 수 있는 법적 지위**로 상법 제4조 및 제5조의 당연상인과 의제상인이 될 수 있는 자격을 말한다. 권리능력자인 자연인과 법인은 특별한 제한 없이 상인자격을 취득할 수 있다. 다만 권리능력은 자연인과 법인에게 당연히 주어지는 법률상 자격인데 비하여, 상인자격은 법인과 자연인이 상인으로서의 일정한 행위를 하겠다는 의사에 의하여 취득된다는 점에서, 양자는 다르다고 하겠다.

**영업능력이라 함은 상인자격을 갖춘 자가 단독으로 유효한 영업활동을 할 수 있는 능력**을 말한다. 자연인은 행위능력이 없는 자는 원칙적으로 영업능력도 없으나, 법인은 권리능력 범위 내에서 행위능력이 일반적으로 인정된다. 다만 미성년자 및 한정치산자는 법정대리인으로부터 영업에 대한 허가를 받으면 영업능력을 취득하게 된다(민법 제8조).

### (2) 자연인

자연인은 권리능력에 제한이 없으므로, 연령·성별·행위능력 등의 구비여부를 불문하고 상법 제4조 또는 제5조의 요건을 갖추면 상인자격을 취득한다. 상인자격의 취득시기는 **구체적으로 상인이 되고자 하는 의사가 객관적으로 외부에 나타난 때**라고 하겠다. 즉 영업행위를 개시한 때 취득한다고 하겠다. 영업행위를 개시한 때라 함은 영업의 목적인 행위를 한 때도 포함되지만, 그 이전의 준비행위(점포의 시설, 영업자금차입, 상업사용인고용, 물품의 구입 등)를 한 때도 포함하여 판단하여야 한다. **상인자격의 종료시기는 상인이 영업을 사실상 폐지하고 청산행위를 종료한 때**이다.

민법상의 행위무능력자는 원칙적으로 영업능력이 없으므로 미성년자·한정치산자는 법정대리인의 허락이 있어야 영업을 할 수 있으며, 대리인은 영업을 허락한 경우에는 미성년자와 한정치산자는 그 영업의 범위 안에서 능력자로 되므로 법정대리행위를 할 수 없다. 금치산자는 법정대리인의 동의가 있어도 법률행위를 할 수 없기 때문에 단독으로 유효한 영업행위를 할 수 없다.

### (3) 법 인

**상법상의 회사는 영리 사단법인이기 때문에 설립에 의하여 상인자격을 취득하고, 청산사무의 종결로 상인자격을 상실**한다. 학술·종교·자선 등의 공익사업을 목적으로 하는 비영리공익법인도 영업의 이익을 구성원에게 배당할 수 없을 뿐 비영리목적을 실현하기 위한 자금 마련을 위한 영업행위를 할 수 있다고 하겠다. 이에 대하여는 반대견해가 있다.

사단법인 중에는 농업협동조합·수산업협동조합 등과 같이 **영리법인이나 공익법인에 속하지 않으면서 구성원 상호간의 상호부조 또는 공공이익의 증진을 목적으로 하는 중간법인**이 있는데, 이러한 중간법인은 그 목적이 특별법에 의하여 특정되어 있고, 영리를 목적으로 하지 아니한다고 규정되어 있기 때문에 상인자격을 부정하는 것이 다수설이다. 이에 대하여는 긍정해야 한다는 견해도 있다. 법률상 그 목적이 특정되어 있는 특수공법인은 그 목적업무만을 하여야 하기 때문에 상인이 될 수 없으나, 국가나 지방자치단체와 같은 일반적 공법인은 상인자격이 인정된다.

## Ⅱ. 상인의 보조자

### 1. 서 론

상법은 상인의 영업행위를 보조하기 위한 인적 보조자로 **특정 상인에 종속하여 기업 내부에서 보조하는 자와 독립한 상인으로서 외부에서 보조하는 자**를 구분하고 있다. 상업사용인은 전자에 속하고, 대리상·중개인·위탁매매인·운송주선인·운송인 등은 후자에 속한다.

상법은 상업사용인에 대해서는 총칙편에서, 대리상·중개인·위탁매매인·운송주선인·운송인 등의 독립보조상인에 대해서는 상행위편에서 각각 규정하고 있다. 상업사용인은 다시 그 대리권의 범위에 따라 ① 지배인, ② 부분적 포괄대리권을 가진 사용인, ③ 물건판매점포의 사용인 등으로 나누어진다.

## 2. 상업사용인

### (1) 지배인

**지배인이라 함은 특정 상인에 종속하여 그 영업에 관한 재판상 또는 재판 외의 모든 행위를 할 수 있는 대리권(지배권)을 가진 상시적 상업보조자**이다. 지배인이 갖는 재판상의 대리권은 영업주를 위하여 소송대리인이 되거나 소송대리인을 선임하는 행위를 말하고, 재판 외의 행위는 소송 외에서 영업과 관련된 일체의 행위를 하는 것을 말한다. 다만 지배인은 포괄적 대리권을 가지기 때문에 영업과 관련된 모든 행위를 할 수 있지만, **영업 자체의 처분행위, 즉 영업의 폐지나 양도 등은 하지 못한다**. 영업에 관한 것인가 여부는 지배인의 외형적 행위에 의하여 결정되며, 지배인의 주관적 의사는 고려되지 않는다는 것이 통설 및 판례의 입장이다. 즉 **외형설의 입장에서 판단**된다고 하겠다.

일반적으로 지배인이라는 용어가 사용되지만, 그 이외에도 실질적인 지배권(대리권)을 행사하는가 여부에 의하여 판단되기 때문에 명칭이 전무, 상무 등으로 불리더라도 상법상의 지배인이 된다. 지배인은 영업주 또는 지배인선임의 권한이 수여된 대리인의 대리권수여에 의하여 이루어진다. 그러나 지배인선임의 권한을 수여받지 못한 통상의 지배인은 다른 지배인을 선임하지 못한다. 회사의 이사나 업무집행사원은 지배인을 겸할 수 있으나, 감사는 지배인을 겸하지 못한다(제411조). 지배인은 사망·파산·금치산, 위임계약의 해지, 영업주의 파산 등의 사유가 있게 되면 그 권한이 소멸하게 된다. 주의할 것은 본인이 사망하더라도 영업의 계속성이 보장되어야 하기 때문에 지배인의 대리권이 소멸하지 않는다는 점이다. 이 점에서 민법(제127조 제1항)상의 대리권 소멸사유와 다르다. 즉 상인이 사망한 경우에는 상인의 상속인이 영업을 승계받을 수 있도록 지배인은 계속하여 지배권을 행사하여야 한다는 것이다.

**지배권의 범위는 하나의 독립된 영업 전부에 대한 재판상 또는 재판 외의 행위를 할 수 있기 때문**에, 영업주가 수개의 영업을 가지고 수개의 상호를 사용하는 경우에는 **지배인의 권한은 각 상호에 한정**된다. 그러나 영업주가 수개의 영업소의 지배인을 겸하도록 하는 것은 허용된다. 또한 지배인의 대리권은 **상법상 포괄적 대리권이기 때문에 지배인의 대리권을 제한할 수**

**없으며, 제한하더라도 선의의 제3자에게 대항하지 못한다**(제11조 제3항). 지배인에 대하여도 표현지배인(표현대리)의 법리가 적용되며, 이러한 표현지배인에는 지점장·영업소장·지사장 등이 해당될 수 있다.[2)]

### (2) 부분적 포괄대리권을 가진 사용인

**부분적 포괄대리권을 가진 사용인이라 함은 영업의 특정한 종류 또는 특정한 사항에 관하여 재판 외의 모든 행위를 할 수 있는 권한을 위임받은 사용인**을 말한다(제15조 제1항). 즉 앞서의 포괄적 지배인과 달리 재판상 대리권을 행사할 수는 없으며, 영업 전반이 아닌 판매·구입·자재·경리 등과 같이 특정한 종류나 특정한 사항에 한하여 위임을 받은 사용인으로, 부장·과장·계장·주임 등이 이에 속할 수 있다.

영업주와 그 법정대리인 및 지배인은 부분적 포괄대리권을 가진 사용인을 선임할 수 있다. 또한 소상인도 이들을 선임할 수 있으나 등기사항은 아니다.

### (3) 물건판매점포의 사용인

**물건판매점포의 사용인이라 함은 점포 내에서 물건을 파는 사용인으로 그 판매에 관하여는 모든 권한이 인정**된다(제16조 제1항). 이는 물건판매점포에 근무하고 있는 사용인과 거래하는 고객의 편의를 위해 그 사용인에게 판매에 관한 권한이 부여되어 있는가의 여부와 관계없이 선의의 제3자, 즉 고객에 대한 관계에서 그 사용인에게 대리권이 있는 것으로 봄으로서 거래안전을 도모하고자 하는 데에 입법취지가 있다. 해석상 공중접객업소의 사용인, 은행 창구직원 등도 포함되나, 외무사원은 제외된다.

### (4) 상업사용인의 의무

**상업사용인의 영업주에 대한 의무는 고용계약과 위임계약에 의한 것**이 있다. 고용계약에 따라 상업사용인은 노무제공의무를 부담하며, 위임계약에 따라 선관주의의무(민법 제681조)·사무처리보고의무(민법 제683조)·취득물의 인도의무(민법 제684조)

---

2) 2010년 개정 전 상법 제14조(표현지배인) "영업주임 기타 유사한 명칭을 가진"이라고 규정되어 있었으나, 영업주임이라는 표현은 현대에 잘 쓰이지 않는 표현이라 하여, 거래현실에 맞는 다른 용어인 "본부장, 지점장 그 밖에 지배인으로 인정될 만한 명칭을"로 개정됨.

등을 진다.

이러한 민법상의 의무 이외에도 상법은 상업사용인에게 **경업피지의무와 특정지위취임금지의무를 부과**하고 있다. 즉 상업사용인은 대리권을 가지고 영업주를 위하여 대외적 영업활동을 하기 때문에 영업주의 영업비밀을 잘 알고 있어, 이를 남용할 경우 영업주의 이익을 침해할 위험이 크기 때문에 경업피지의무를 부과하여, 영업주의 허락이 없으면 자기 또는 제3자의 계산으로 영업부류에 속하는 거래를 할 수 없는 의무를 상업사용인에게 부과하고 있다. 영업부류에 속하는 거래라 함은 영업주와 상업사용인 사이에 거래로 인해 이익충돌의 우려가 있는 행위로, 이러한 의무는 근무시간 이외에도 인정된다. 특정지위취임금지의무는 사용인이 영업주에게 충실하도록 하기 위하여 사용인의 노력분산을 방지할 목적으로 영업주의 허락 없이 영업주의 업종과 동종 또는 이종인 다른 회사의 무한책임사원·이사 또는 다른 상인의 상업사용인이 되지 못하도록 금지하고 있는 의무를 말한다(제17조 제1항).

영업주는, 상업사용인이 경업피지의무를 위반하여 사용인의 계산으로 위반행위를 하였으면 영업주의 계산으로 한 것으로 볼 수 있고, 제3자의 계산으로 위반행위를 하였으면 위반으로 인하여 얻은 이익의 반환을 상업사용인에게 청구할 수 있다. 이를 **탈취권 혹은 개입권**이라 한다(제17조 제2항). 또한 영업주는 사용인에 대하여 계약위반을 이유로 고용계약 등을 해지할 수 있으며, 손해배상을 청구할 수 있다(제17조 제3항).

## Ⅲ. 영업소

### 1. 의 의

**영업소라 함은 상인의 영업활동의 중심이 되는 일정한 장소**를 말한다. 영업활동의 중심이 된다는 것은 객관적으로 영업에 관한 지휘·결정을 하고, 활동의 결과가 보고·통일되는 장소가 된다는 것을 말한다. 따라서 실행행위나 보조행위가 이루어지는 장소인 공장이나 창고는 영업소가 아니다. 일정한 장소라 함은 시간적으로 계속성이 있는 일정한 공간을 말한다. 따라서 일시적인 매점은 영업소가 아니다.

### 2. 영업소의 종류

상인이 수개의 영업소를 둔 경우에는 그 중 **주된 영업소를 본점**(principal office)이라 하고, **본점의 지휘·명령에 따라 영업활동을 분담하는 영업소를 지점**(branch office)이라 한다. 그런데 지점으로 인정되기 위해서는 일정한 범위 내에서 독자적으로 대외적인 활동을 하여야 하며, 이에 필요한 인적 조직을 갖추어야 한다. 따라서 이른바 **분점·출장소·지사 등은 일선조직에 불과하기 때문에 지점으로 보지 않는다**. 대리점은 독립상인인 대리상의 영업소이므로, 상인 본인의 영업소가 아니다.

영업소는 ① 당사자간에 다른 의사표시가 없는 한 특정물 이외의 영업에 관한 채무이행의 장소, ② 어음 등 유가증권상의 채무의 이행과 보전의 장소, ③ 법원의 관할결정의 재판적인 장소, ④ 상업등기소의 결정 장소, ⑤ 소송서류의 송달장소가 된다.

## Ⅳ. 상 호

### 1. 의 의

**상호라 함은 상인이 영업상 자기를 표시하기 위하여 사용하는 명칭**을 말한다. 상인을 표시한다는 것은 상호에 의한 행위의 효과가 귀속하는 권리의 주체인 상인을 표시하는 것을 의미한다. 상호는 상인의 영업상의 명칭이므로 비상인의 명칭은 상호가 아니며, 소상인에게도 상호는 인정되나 상호에 관한 상법규정의 적용이 배제되기 때문에 상법상 보호되는 상호는 아니다. 또한 영업상의 명칭이 아닌 성명·아호·예명 등은 상호가 아니다.

상호는 명칭이기 때문에 문자로 표시할 수 있어야 하고, 호칭할 수 있어야 한다. 따라서 기호나 도형은 사용이 불가능하다. 상호는 외국어로도 가능하나 외국문자에 의한 등기는 인정되지 않기 때문에 우리 말로 소리나는 대로 적어 등기하여야 한다. 상호는 문자로 표시되기 때문에 상인이 제조·

판매하는 상품을 표시하기 위하여 기호 또는 도형으로 나타낸 상표나, 자신의 영업 또는 그 자체의 동일성을 표시하기 위해 사용하는 영업표와는 구별된다.

## 2. 상호의 내용

### (1) 상호선정의 자유

**상호의 선정은 자유**이다. 다만 회사가 아니면 상호에 회사임을 표시하는 문자를 사용하지 못하며(제20조), **회사의 상호에는 그 종류에 따라 합명회사·합자회사·주식회사·유한회사·유한책임회사의 문자를 사용하여야 한다**(제19조). 또한 **동일영업에는 단일의 상호를 사용하여야 한다**(제21조 제1항).

### (2) 부정사용과 손해배상

상호는 법률적으로는 영업주체인 상인을 표시하는 명칭이나, 사회경제적으로는 영업의 독립성과 동일성을 표시하여 그 명성과 신용의 바탕이 되므로 보호할 필요가 있다. 상법은 **부정한 목적으로 타인의 영업으로 오인시킬 수 있는 상호의 사용을 금지**하고(제23조 제1항), 만일 부정한 목적으로 사용한 자가 있으면 그에 대하여 **상호사용폐지**와 손해배상청구(제23조 제2항), 부정경쟁방지 및 영업비밀보호에 관한 법률상의 **사죄광고**를 요구할 수 있고, 먼저 등기한 상호이더라도 부정목적을 증명하여 말소를 청구할 수 있다. 부정한 목적이라 함은 자기의 영업을 타인의 영업인 것처럼 일반인에게 오인시킬 의도로 상호로 사용하는 것을 말한다.

### (3) 상호의 등기

상인은 타인이 등기한 상호와 동일한 상호를 동일한 서울특별시·광역시·시·읍·면에서 동종영업의 상호로 등기하지 못하며(제22조), **동일 또는 유사한 상호를 사용하는 자는 부정사용목적이 추정**된다(제23조 제4항). 주식회사 또는 유한회사의 설립 시, 회사가 상호나 목적을 변경하고자 할 때, 본점을 이전하고자 할 때에는 상호의 가등기를 할 수 있고, **상호가 가등기되면 상호의 등기로 간주**된다(제22조의2).

상호는 재산권으로서의 성격을 가지지만 영업을 폐지하거나 영업과 함께 양도하는 경우에 한하여 양도가 인정되며, 상속이 된다고 하겠다(제25조 제1항). 상호의 양도는 당사자 사이의 의사표시의 일치로 성립하나, 등기하지 않으면 제3자에게 대항하지 못한다(제25조 제2항).

상법은 상인이 자기의 이름이나 상호를 타인이 사용하여 영업하는 것을 허락하는 명의대여의 경우, **명의대여자인 상인의 책임을 인정**하고 있다(제24조). 명의대여자는 자기를 영업주로 오인하여 거래한 선의의 제3자에 대하여 명의차용인과 연대하여 변제할 책임이 있다.

## Ⅴ. 상업장부

### 1. 의 의

**상업장부라 함은 상인이 그 영업상의 재산 및 손익의 상황을 명백히 하기 위하여 상법상의 의무로서 작성하는 장부**를 말한다. 따라서 비상인, 예를 들어 상호보험회사나 협동조합이 작성하는 장부는 상업장부가 아니다. 소상인은 상법상 상인이지만 상업장부에 관한 규정은 적용되지 않기 때문에 소상인이 작성하는 장부도 상업장부가 아니다. 상업장부는 영업상의 재산 및 손익의 상황을 명백히 하기 위하여 작성하는 것이므로 주주명부나 사채원부는 상업장부가 아니다. 상업장부는 영업실태에 대한 확인, 손익계산 등을 위해 작성되며, 궁극적으로 국가의 과세근거자료로 이용된다.

### 2. 상업장부의 종류

상법상 상업장부에는 **회계장부 및 대차대조표**가 있다. 회계장부는 상인이 일상의 거래와 기타 영업상의 재산에 영향이 있는 사항을 기재하는 동태적 상업장부를 말하고(제30조 제1항), 대차대조표는 일정한 결산기에 자산과 부채상황. 즉 기업의 재산상태를 알기 위하여 작성하는 상업장부를 말한다. **대차대조표는 회계장부를 기초로 하여 작성될 것, 즉 유도법에 의한 작성이 요구되고 있다**(제30조 제2항). 대변에는 기업의 재산상태를, 차변에는 부채와 자본금을 기재하여 양자의 합계를 일치시키고 있다.

### 3. 상업장부의 작성방법 및 보존

**상법은 회계장부를 일반적으로 공정·타당한 회계관행에 의하여 작성할 것을 규정**하고 있다(제29조 제2항). 2011년 개정 이전 상법에서는 회계장부에 기재될 자산의 평가원칙에 관한 규정을 두었었으나, 시대의 흐름에 따라 변화무쌍한 기업회계기준에 대한 상법의 관여를 최소화하고, 기업회계에 관한 기준을 일원화하기 위하여 해당 규정을 삭제하였다.[3)]

상인은 상업장부와 영업에 관한 중요 서류를 폐쇄한 때로부터 10년간 보존하여야 한다. 다만 전표 또는 이와 유사한 서류의 보존기간은 5년이다(제33조 제1항·제2항). 장부와 서류는 마이크로필름 기타의 전산정보처리조직에 의하여 보존할 수 있다(제33조 제3항).

## Ⅵ. 상업등기

상업등기라 함은 상법의 규정에 의하여 상업등기부에 하는 등기를 말한다. 상업등기부에는 ① 상호, ② 무능력자, ③ 법정대리인, ④ 지배인, ⑤ 합명회사, ⑥ 합자회사, ⑦ 주식회사, ⑧ 유한회사, ⑨ 유한책임회사, ⑩ 외국회사, ⑪ 합자조합 등에 관한 상업등기부가 있다. 선박등기 및 상호보험회사의 등기는 상업등기가 아니며, 소상인에게는 상업등기에 관한 규정이 적용되지 않는다(제9조).

**상업등기제도는 상인의 영업과 관련된 중요사항을 공시함으로써 상인의 신용을 유지하고 거래의 안전을 도모하기 위한 제도**라 할 것이다. 등기할 사항을 등기하지 않으면 이를 알지 못하는 **선의의 제3자에게 대항하지 못한다**(제37조 제1항). 따라서 **등기하면 대외적으로 공시하였기 때문에 선의의 제3자에게도 대항**할 수 있다. 상호는 등기하면 미등기상호보다 더 많은 보호를 받으며, 상호양도는 등기하여야만 대항력이 생기며, 회사는 설립등기를 하여야만 법인격을 취득하는 창설적 효력이 생긴다. 회사설립등기를 마친 후에는 주식인수의 무효와 취소가 제한되는 보완적 효력이 생기며, 회사설립등기 후

3) 2010. 5. 14. 제31조 규정 전면 삭제. 같은 맥락에서 회사편 제452조 이하 자산평가 규정도 삭제됨.

에는 주권발행과 권리주양도제한이 해제되는 부수적 효력이 생긴다.

고의 또는 과실로 인하여 사실과 상위한 사항을 등기한 자는 그 상위를 선의의 제3자에게 대항하지 못한다(제39조). 현재 상업등기사무는 전산정보처리조직에 의하여 처리된다(상업등기법 제6조 제1항).

## Ⅶ. 영업양도

### 1. 의 의

**영업양도라 함은 법률행위, 즉 계약에 의하여 양도인의 영업을 전체로서 그 동일성을 유지하며 양수인에게 이전하는 것**을 말한다. 영업양도의 대상인 영업이라 함은 일정한 영리목적을 위하여 결합한 조직적 재산의 전체, 즉 객관적 존재로서의 영업을 말한다. 이러한 영업에는 영업에 이용되는 각종의 재산뿐만 아니라, 영업조직·거래선·기술 등의 사실관계가 포함된다. 따라서 영업양도가 있게 되면 단순히 영업재산만을 양도하는 것이 아니라 경영자의 지위까지 모두 이전된다고 하겠다.

영업양도를 인정하는 것은 영업을 해체하여 양도할 경우 그 경제적 가치가 사라질 뿐 아니라 조직적 재산으로서의 가치를 상실하게 됨으로써 영업주 및 국가경제 전체적으로 불이익이 되기 때문에 기업유지에 목적을 두기 때문이다.

### 2. 영업양도의 효과

**양도인은 영업양도를 한 경우 영업재산의 이전과 경영자지위를 양수인에게 이전하여야 한다**. 그러나 영업양도는 영업을 이전할 의무를 발생시키는 채권계약이기 때문에 영업 전체를 일체로서 물권변동을 발생시킬 수는 없기 때문에 **물권변동을 위해서는 개별적인 이전절차를 밟을 수밖에 없다**. 이 점이 포괄적 승계가 인정되는 **법인의 합병과 다르다**고 하겠다. 따라서 부동산은 등기, 동산은 인도, 채권은 채권양도절차의 이행, 특허권과 상표권의 등록변경, 지시채권의 배서, 채무의 인수, 영업상 비밀의 사실상 전수, 고객 소개 등의 사실행위가 개별적으로 이루어져야 한다.

영업양도의 양도인은 다른 약정이 없으면 동일한 행정구역과 인접행정구역에서 10년간 동종영업을 하지 못하는 **경업피지의무**가 있다(제41조). 이러한 경업피지의무는 특약으로 면제하거나 경감할 수 있고 강화할 수도 있지만, 강화하는 경우에도 그 기간은 20년을 넘지 못한다.

**양수인은, 영업양도 후에도 영업이 동일성을 유지하고 있기 때문에 양수인이 양도인의 상호를 속용하는 경우 양도인의 기존채무에 대하여 변제할 책임이 있다**(제42조 제1항). 이처럼 양수인이 부담할 채무는 영업상의 활동과 관련하여 발생한 채무이면 그 발생원인이 무엇이든, 즉 채무불이행·불법행위·부당이득의 경우에도 모두 포함된다. 양수인이 영업양도 시 채무의 변제기의 도래 여부나, 채무의 존재를 알고 있었는가는 묻지 않는다. 다만 양수인이 지체없이 책임 없음을 등기하였거나, 양도인과 양수인이 그 뜻을 제3자에게 통지한 경우에는 양수인이 책임을 지지 않는다. 또한 양도인의 채무자가 양수인에게 선의이며 중대한 과실 없이 변제한 경우 그 변제는 유효하다(제43조).

**양수인은 양도인의 상호를 속용하지 않으면 원칙적으로 책임이 없으나, 채무인수를 광고한 경우에는 책임을 진다**(제44조). 양도인의 채무자는 채무이전의 대항요건이 갖추어지면 양수인에게 변제하여야 하고, 그렇지 않으면 양도인에게 변제하면 된다.

양수인이 채무인수를 광고하거나, 대항요건을 갖춘 경우에 양도인의 제3자에 대한 채무는 **영업양도 또는 광고 후 2년이 경과하면 소멸**하게 되며(제45조), 이 경우에는 양수인만이 책임을 지게 된다.

## 제3절 상행위법

### Ⅰ. 상행위법의 개념

#### 1. 상행위의 의의

상행위라 함은 실질적으로는 상인의 영리행위, 즉 기업활동을 말하고,

형식적으로는 상법 및 특별법에서 상행위로 규정하고 있는 행위를 말한다. 그런데 우리 상법은 ① 행위의 주체가 누구이든 상법이 행위의 객관적 성질에 의한 행위를 상행위라고 보는 **상행위주의**(객관주의·실질주의), ② 먼저 일정한 조직이나 설비 등의 형식적 기준에 의해 상인을 정한 후 그 상인의 영업상의 행위를 상행위로 보는 **상인주의**(주관주의·형식주의), ③ 이 양자를 병용하는 **절충주의**를 모두 취하고 있다. 즉 **상법 제4조는 당연상인을 규정하여 상행위를 전제로 하고 있고, 제5조는 상행위와 상관없이 의제상인을 의제하고 있어, 절충주의적 입장을 취하고 있는 것으로 평가**된다. 우리 상법이 절대적 상행위를 인정하지 않는다는 점에서 상인주의적 절충주의를 취하고 있다는 것이 통설적 견해이다.

## 2. 상행위의 종류

### (1) 기본적 상행위

기본적 상행위라 함은 상법 제4조의 당연상인의 개념을 정하는 기초가 되는 상행위를 말하며, **상법 제46조는 기본적 상행위로서 매매·임대차·도급·금융거래·신용카드 등 모두 22가지를 한정적으로 열거**하고 있다. 이러한 22종의 행위는 영업으로 할 경우에만 상행위로 인정되므로 영업적 상행위라고 한다.

### (2) 보조적 상행위

**보조적 상행위라 함은 기본적 상행위에 해당되지 않더라도 상인이 기본적 상행위를 하기 위하여 하는 필요한 부속적 상행위**를 말한다. 예를 들어 매매업을 목적으로 하는 상인이 자금을 차입하는 행위나 사무실을 임대하는 계약 등을 체결하는 것은 모두 매매업이라는 기본적 상행위를 하기 위한 보조적 상행위라고 할 수 있다. 상법은 상인의 행위를 영업을 위한 것으로 추정하고 있기(제47조 제2항) 때문에 보조적 상행위도 상행위에 해당한다.

### (3) 준상행위

점포 기타 유사한 설비에 의하여 상인적 방법으로 영업을 하는 의제상인의 경우, 그가 영업으로 하는 행위를 준상행위라 한다(제66조).

(4) 쌍방적 상행위와 일방적 상행위

도매상과 소매상의 거래처럼 **거래 쌍방이 모두 상행위인 경우를 쌍방적 상행위**라 하고, 소매상과 소비자의 거래처럼 **일방이 상행위인 경우를 일방적 상행위**라 한다. 상법은 일방적 상행위의 경우에도 상법이 적용된다고 규정하고 있다(제3조).

## 3. 상행위법의 의의

형식적 의미의 상행위법은 상법전 제2편(상행위)에 관한 규정을 말한다. 제2편은 제1장 통칙, 제2장 상사매매, 제3장 상호계산, 제4장 익명조합(특수한 계약적 기업형태), 제4장의2 합자조합, 제5장 대리상, 제6장 중개업, 제7장 위탁매매업, 제8장 운송주선업, 제9장 운송업, 제10장 공중접객업, 제11장 창고업, 제12장 금융리스업, 제13장 가맹업, 제14장 채권매입업 등에 관하여 규정하고 있다.

실질적 의미의 상행위법은 상법 제2편에 규정된 상행위 이외에도 보험업·해상운송업처럼 상법의 다른 편에 규정된 상행위나 특별법에 규정된 상행위를 규율하는 모든 법, 즉 법전의 명칭에 불구하고 상행위관계를 규율하는 법을 통칭한다고 하겠다.

## 4. 상행위법의 특징

상행위법은 자유로운 기업활동을 위하여 원칙적으로 사적 자치, 즉 계약의 자유가 보장되기 때문에 **대부분 임의규정의 성질**을 가지고 있다. 그러나 대기업과 중소기업의 관계처럼 구체적 상행위를 함에 있어 힘의 불균형이 있기 때문에 이러한 **상인의 횡포로부터 소비자 또는 경제적 약자를 보호하기 위하여** 상법 중 일부규정 예를 들어 운송인의 책임에 관한 규정(제148조)이나 공중접객업자의 책임에 관한 규정(제15조)은 **강행규정**으로 되어 있고, 특히 **독점규제법과 약관규제법은 계약자유의 원칙을 일부 수정하거나 강제하는 강행규정**으로 되어 있다.

# Ⅱ. 상행위법 총칙

## 1. 민법에 대한 상법의 특칙

상법은 민법에 대한 특별법이다. 따라서 상거래의 특수성, 즉 **영리성·신속성·반복성·비개성성 등을 고려하여 민법에 대한 특칙을 많이 두고 있다**. 첫째, **소멸시효기간이 민법의 10년보다 짧은 5년**으로 되어 있다. 즉 다른 법령에서 단기의 시효기간의 정함이 있는 경우를 제외하고 상법상의 채무는 시효기간을 5년으로 단축하였다. 둘째, **법정이율이 민법상 연 5푼인데 비해 상법은 연 6푼**으로 더 높다. 셋째, 대리의 방식에서도 민법은 현명주의를 취하고 있는데 **상법은 비현명주의를 취하고 있다**(제48조 본문). 넷째, 대리의 소멸원인에서도 민법은 본인이 사망하면 대리권이 소멸하도록 되어 있으나, **상법은 대리권을 존속**시키고 있다(제50조). 다섯째, 다수당사자 간의 채무에 대하여 민법은 분할책임을 원칙으로 하는데 비하여 **상법은 연대책임을 원칙**으로 하고 있다(제57조). 여섯째, 민법상의 유치권은 유치목적물과 피담보채권의 견련성을 요구하는데 **상사유치권은 견련성을 요구하지 않고 있다**(제58조). 일곱째, 민법은 유질계약을 금지하고 있으나 **상법은 유질계약을 허용**하고 있다(제59조).

## 2. 상사매매

**상사매매라 함은 당사자 쌍방 모두 상인인 자 사이에서 이루어지는 상행위로 되는 매매**를 말한다. 따라서 쌍방 모두가 상인이 아닌 경우, 예를 들어 상인과 비상인 사이의 매매의 경우에는 상사매매에 관한 상법규정이 적용되지 않는다. 민법의 매매규정이 주로 매수인 보호에 치중하고 있는 것과 달리 상법의 매매규정은 매도인을 주로 보호하는 내용으로 되어 있는바, ① 매수인이 목적물의 수령을 거부하거나 이를 수령할 수 없는 때, 즉 **채권자지체 중에는 매도인은 그 물건을 공탁하거나 상당한 기간을 정하여 최고한 후 경매**할 수 있고(제6조), ② 매매의 성질 또는 당사자의 의사표시에 의하여 일정한 일시 또는 일정한 기간 내에 이행하지 아니하면 계약의 목적을 달성할 수 없는 경우, 즉 **정기행위인 경우**에 민법은 이행의 최고를 하지 않더라도 계약해제의 의사표시를 할 수 있는데(제545조), 상법은 **의사표시 없이도 계약이 해제되는 것**으로 하고 있고(제68조), ③ **매수인은 목적물을 수령 즉시 지체없이 이를 검사하여야 하고 이를 게을리하면 대금감액청구, 계약해제 또는 손해배상청구를 할 수 없으며**(제69조), ④ 매수인은 격지간의 매매에 있어서 매수인이 매매목적물의 하자 또는 수량부족을 이유로 계약을 해제한 때에도 **매수인의 비용으로 매매의 목적물을 보관 또는 공탁하여야 하며**(제70조), 목적물이 멸실·훼손될 염려가 있는 경우에는 법원의 허가를 얻어 경매한 후 그 대금을 보관 또는 공탁하도록 하는 **긴급매각권**을 인정하고 있다.

## 3. 상호계산

상호계산이라 함은 상인간 또는 상인과 비상인 간에 상시 거래관계가 있는 경우에 일정기간 내의 거래에서 발생하는 채권·채무의 총액을 서로 상계한 후 그 잔액만을 지급하기로 약정하는 계약을 말한다(제72조). 예를 들어 은행의 당좌거래 같은 경우이다. 상호계산의 당사자는 일방이 상인이어야 하고, 여기의 상인에는 소상인도 포함된다.

상호계산은 상거래에서 주고 받을 채권이 수시로 발생하는 경우 대차결제의 기술적 수단으로 매번 금전결제에 따르는 비용과 불편·위험을 방지하고, 자금의 비생산적인 고정화를 방기하기 위해 이용되고 있다. 상호계산에 계입될 수 있는 채권과 채무는 거래관계에서 일정기간 내에 발생한 변제기가 도래한 채무이고, 거래의 종류는 불문하나 원칙적으로 금전채권에 한한다.

**상호계산에 계입된 각 채권은 독립성을 상실하고 개별적 행사가 정지되어 이행청구나 양도가 금지되는 상호계산불가분의 원칙이 적용**된다. 상호계산에 계입된 채권은 상호계산기간 경과 후 일방당사자의 계산서의 제출과 상대방의 승인으로 잔액이 확정된다. 계산서를 승인한 후에는 각 항목에 대한 이의를 제기하지 못한다(제75조 본문).

## 4. 익명조합

**익명조합이라 함은 당사자의 일방(익명조합원)이 상대방(영업자)의 영업을**

**위하여 출자하고, 상대방은 그 영업으로 인한 이익을 분배할 것을 약정하는 계약**을 말한다(제78조), 익명조합원의 자격에는 제한이 없으나, 영업자는 성질상 상인이어야 한다. 익명조합은 자본을 가진 자와 능력 있는 기업가의 결합에 의한 공동기업의 형태라 할 수 있다.

그러나 **익명조합은 법률상으로는 영업자의 단독기업**으로서 영업상의 권리와 의무는 영업자에게만 귀속한다는 데에 그 특색이 있다.

## 5. 합자조합

### (1) 의 의

**합자조합이라 함은 조합의 업무집행자로서 조합의 채무에 대하여 무한책임을 지는 조합원과 출자가액을 한도로 하여 유한책임을 지는 조합원이 상호출자하여 공동사업을 경영할 것을 약정함으로써 그 효력이 생기는 동업계약**을 말한다(제86조의2). 2011. 4. 14. 개정된 상법에 의해 2012. 4. 15.부터 시행되는 새로운 형태의 조합이다.

합자조합을 하고자 하는 자는 **조합계약서**에 목적, 명칭, 업무집행조합원의 성명 또는 상호, 주소 및 주민등록번호, 유한책임조합원의 성명 또는 상호, 주소 및 주민등록번호, 주된 영업소의 소재지, 조합원의 출자에 관한 사항, 조합원에 대한 손익분배에 관한 사항, 유한책임조합원의 지분의 양도에 관한 사항, 둘 이상의 업무집행조합원이 공동으로 합자조합의 업무를 집행하거나 대리할 것을 정한 경우에는 그 규정, 업무집행조합원 중 일부 업무집행조합원만 합자조합의 업무를 집행하거나 대리할 것을 정한 경우에는 그 규정, 조합의 해산 시 잔여재산 분배에 관한 사항, 조합의 존속기간이나 그 밖의 해산사유에 관한 사항, 조합계약의 효력 발생일 등을 기재한 후 기명날인 또는 서명하여야 한다(제86조의3).

업무집행조합원은 합자조합 설립 후 2주 내에 주된 영업소 소재지에서 조합계약 내용 중 일정 사항을 등기하여야 한다(제86조의4).

### (2) 업무집행

**업무집행조합원은 조합계약에 다른 규정이 없으면 각자가 합자조합의**

**업무를 집행하고 대리할 권리와 의무가 있고, 선량한 관리자의 주의의무가 있으며**, 둘 이상의 업무집행조합원이 있는 경우에 조합계약에 다른 정함이 없으면 그 각 업무집행조합원의 업무집행에 관한 행위에 대하여 다른 업무집행조합원의 이의가 있는 경우에는 그 행위를 중지하고 업무집행조합원 과반수의 결의에 따라야 한다(제86조의5).

**유한책임조합원은 조합계약에서 정한 출자가액에서 이미 이행한 부분을 뺀 가액을 한도로 하여 조합채무를 변제할 책임이 있다**(제86조의6). 업무집행조합원은 다른 조합원 전원의 동의를 받지 아니하면 그 지분의 전부 또는 일부를 타인에게 양도하지 못하지만, 유한책임조합원은 그 지분을 조합계약에서 정한 바에 따라 양도할 수 있으며, 유한책임조합원의 지분을 양수한 자는 양도인의 조합에 대한 권리·의무를 승계한다(제86조의8).

## Ⅲ. 상행위법 각칙

### 1. 대리상

#### (1) 의 의

**대리상이라 함은 상업사용인이 아니면서 일정한 상인을 위하여 상시 그 영업부류에 속하는 거래의 대리 또는 중개를 영업으로 하는 자**를 말한다(제87조). 상인은 대리상을 통해 사업을 확장할 수 있고, 전문적 영업정보를 활용하여 기업활동의 지역적 범위를 확충할 수 있게 된다. 국내에서는 특약점·지점의 신설이나 상업사용인의 고용, 해외에서는 자회사·현지법인의 설치에 따른 고비용이나 사업의 위험성을 절감할 수 있게 된다. 주로 상품판매·보험·운송·여행업의 경우 많이 이용되고 있다.

#### (2) 법적 성질

**대리상은 독립된 상인**으로, 특정 영업주에게 종속되지 않기 때문에 상업사용인과 다르다. 또한 **특정 상인의 대리상**이므로 불특정 다수인을 위하여 상행위의 중개 또는 주선행위를 하는 중개인이나 위탁매매인·운송주선인과도 다르다.

대리상 중 **체약대리상**은 상인을 위하여 거래의 대리를 하고, **중개대리상**은 거래의 중개를 한다. 이 중 중개대리상은 상인을 위한 대리권이 없으므로 상인에게 법률효과가 귀속되는 대리행위를 하지 못하고, **사실행위인 중개**만 할 수 있다. 그러나 계약을 통해 1인의 대리상이 체약대리상과 중개대리상의 역할을 겸할 수 있다.

대리상은 영업주로부터 위임을 받은 관계에 있기 때문에 선량한 관리자의 주의의무를 부담한다. 또한 대리상은 거래의 대리 또는 중개를 한 때에는 본인의 청구를 기다리지 않고 **지체 없이 통지를 발송**하여야 한다(제88조). 대리상은 보수 이외에도 대리상의 활동으로 본인이 새로운 고객을 획득하거나 영업상의 거래가 현저하게 증가하고, 이로 인하여 계약의 종료 후에도 본인이 이익을 얻고 있는 경우에는 대리상은 본인에 대하여 **상당한 보상을 청구**할 수 있다(제92조의2). 대리상은 **경업피지의무**(제89조 제1항)**와 영업비밀준수의무**(제92조의2)가 있다.

## 2. 중개업

### (1) 의 의

**중개업이라 함은 타인 간의 상행위의 중개를 영업으로 하는 것**을 말한다(제93조). 중개인은 상인이 필요로 하는 시장정보를 제공함으로써 거래를 원활하게 하는 기능을 하며, 주로 상품과 유가증권의 매매·보험·어음할인·관광업·금전대차·선박임대차·용선계약 분야에서 많이 영업이 이루어지고 있다.

**중개라 함은 법률행위가 아니라, 타인 간의 법률행위를 설립시키기 위하여 중간역할을 수행하는 사실행위**이다. 따라서 중개인은 **계약체결을 위한 대리권을 행사할 수 없다**는 점에서 위탁매매인이나 운송주선인과 다르다. 또한 중개인은 상행위를 중개하는 점에서 상행위 이외의 행위, 예를 들어 혼인중매·부동산을 중개하는 민사중개인과 구별된다.

### (2) 법적 성질

중개계약은 그 법적 성질 역시 **일종의 위임이므로 중개인은 선량한 관리자의 주의의무를 부담**한다. 따라서 중개인은 의뢰한 상인의 이익을 위하여 노력하여야 하고, 쌍방적 중개의 경우에는 양 당사자의 이익을 공평하게 보호하여야 한다. 중개인에게는 견품보관의무(제95조), 결약서교부의무(제96조), 장부작성과 등본교부의무(제97조), 성명과 상호묵비의무(제98조) 등이 있다. 중개인이 당사자의 일방의 성명 또는 상호를 묵비한 경우에는 상대방에 대하여 이행담보책임, 즉 개입의무가 있다(제99조). 상대방은 중개인의 신용만을 믿고 거래를 하기 때문이다.

중개인은 중개계약이 성립하지 못하면 원칙적으로 중개료를 청구할 수 없다. 중개료는 쌍방이 균등하게 분담하며, 중개인은 특약이 없는 한 별도의 비용상환청구권이 없다.

## 3. 위탁매매업

### (1) 의 의

**위탁매매업이라 함은 위탁매매인이 자기명의로써 타인(위탁자)의 계산으로 물건 또는 유가증권의 매매를 영업으로 하는 것**을 말한다(제101조). 위탁매매는 상인이 지점설치에 따른 비용증가나 대리상의 권한남용을 배제할 수 있고, 위탁매매인의 전문적 지식과 경험을 활용할 수 있는 장점이 있다. 주로 증권회사나 농수산물시장의 중매인, 중고자동차거래, 골동품거래 등에 많이 이용된다.

### (2) 법적 성질

위탁매매인이 **자기명의로 매매한다는 것은 매매계약에 있어서 권리·의무의 주체가 되는 것**을 말하고, **타인의 계산으로라는 것은 매매의 경제적 효과가 타인(위탁자)에게 귀속된다는 것**을 의미한다. 즉 위탁매매인의 주선행위는 법률적 귀속주체와 경제적 귀속주체가 분리된다는 특징이 있다. 물건 또는 유가증권의 매매는 위탁자에게는 반드시 상행위가 되는 것은 아니나, 위탁매매인에게는 보조적 상행위가 된다. 위탁매매인의 영업은 주선을 인수하는 것이기 때문이다.

위탁매매인은 위탁자에 대한 **지정가액준수의무**(제106조 제2항)가 있다. 보통 판매위탁의 경우는 최저가액, 매수위탁의 경우는 최고가격을 지정하여 이를 지키도록 한다. 위 **지정가액은 거래상한선을 의미**하는 것이기 때문에 지정가액보다 고가로 매도하거나 저가로 매수하게 되면 그 이익은 모두 위탁자의 이익으로 귀속한다(제106조 제2항). 또한 위탁매매인은 위탁물의 하자통지의무 및 처분의무(제108조), 계약요령통지의무 및 계산서제출의무(제104조), 이행담보책임(개입의무, 제105조) 등을 부담한다. 위탁매매인은 거래소의 시세 있는 물건의 매매를 위탁받은 때에는 직접 매도인이나 또는 매수인이 될 수 있다. 즉 자기계약을 할 수 있다.

위탁매매인이 위탁자로부터 받은 물건 또는 유가증권이나 위탁매매로 인하여 취득한 물건, 유가증권 또는 채권은 위탁자와 위탁매매인 또는 위탁매매인의 채권자 사이의 관계에서는 이를 **위탁자의 소유**로 본다(제103조). 위탁매매에 있어서 **법률적 효과의 귀속주체와 경제적 효과의 분리로 인한 모순을 해결하고, 위탁자를 보호하기 위한 것**으로, 반면에 위탁자와 위탁매매의 상대방 사이에는 아무런 법률관계가 없음이 원칙이다.

## 4. 운송업

### (1) 의 의

운송업이라 함은 육상 또는 호천·항만에서 물건 또는 여객의 운송을 영업으로 하는 것을 말한다(제125조). 운송업과 관련하여 육상운송은 상법 제2편, 해상운송은 상법 제5편에서 규정하고 있고, 항공운송은 상법에 규정이 없다. 따라서 항공운송의 경우는 국제항공운송조약 또는 상법의 육상운송이나 해상운송에 관한 규정을 유추적용할 수밖에 없는 한계가 있다.

### (2) 법적 성질

**육상운송업은 운송을 영업으로 하는 독립상인**이다. 육상운송인은 운송물운송의무·화물상환증교부의무·손해배상의무 등이 있다. **운송인의 손해배상책임은 원칙적으로 과실책임으로 하고 있으면서도 증명책임을 전환**하고 있다. 즉 운송인은 책임원인에 있어서 운송인 자신 또는 운송주선인이나 사용인이 운송물의 수령·인도·보관·운송과 관련하여 운송물의 멸실·훼손 또는 연착에 대한 자기 또는 이행보조자가 주의의무를 해태하지 아니하였음을 증명하지 못하면 손해배상책임을 지게 된다. 상법은 **정액배상주의를 취하여 손해배상의 일반원칙인 완전배상주의를 완화하여 경감·정형화**하였다. 즉 ① 운송물이 전부 멸실 또는 **연착된 경우는 인도할 날의 도착지의 가격**에 의하고, ② **일부 멸실 또는 훼손된 경우에는 인도한 날의 도착지의 가격**에 의하여 손해를 산정하도록 하고 있다(제137조). 다만 화폐·유가증권 기타의 고가물에 대하여는 송하인이 운송을 위임할 때에 그 종류와 가액을 명시한 경우에 한하여 운송인이 손해를 배상할 책임이 있다. 운송인의 책임은 수하인 또는 화물상환증소지인이 **운송물을 수령한 날로부터 1년을 경과하면 소멸시효가 완성**된다.

## 5. 운송주선업

**운송주선업이라 함은 자기명의로 물건운송의 주선을 영업으로 하는 것**을 말하며, 이러한 영업을 하는 자가 운송주선인이다(제114조). 운송주선업은 물건운송의 주선에 국한하나, 물건운송인 한 육상·해상·항공운송을 포함한다. 운송주선인은 운송계약의 체결뿐만 아니라 운송을 위한 부수행위, 포장, 계량, 수령, 보험계약의 체결, 통관사무 등을 영업으로 한다. 운송주선인은 주선의 목적이 물건운송이라는 점을 제외하고는 위탁매매인에 관한 규정이 준용되고 있다(제123조).

## 6. 공중접객업

**공중접객업이라 함은 극장·호텔·음식점·목욕탕 기타 객의 집래를 위한 시설에 의하여 거래하는 영업**을 말한다. 이러한 영업을 하는 자가 공중접객업자이다. 공중접객업자는 객으로부터 임치를 받은 물건의 멸실 또는 훼손에 대하여 불가항력으로 인함을 증명하지 못하면, 배상할 책임을 면하지 못한다(제152조 제1항). 임치를 받지 않은 물건의 멸실 또는 훼손에 대하여도 과실이 있으면 손해배상책임을 부담하며, 책임이 없음을 게시한 때라도 위의 책임을 면하지 못한다(제152조).

### 7. 창고업

**창고업이라 함은 타인(임치인)을 위하여 물건을 창고에 보관함을 영업으로 하는 것(수치인)**를 말한다(제155조). 창고업은 상품유통의 시간적 불일치를 조정하는 기능을 수행한다. 보관이라 함은 물건의 점유를 이전받아 그 멸실·훼손을 방지하여 현상을 유지하는 것을 말한다.

**창고업자는 임치물보관의무, 임치물반환의무, 창고증권교부의무, 임치물의 훼손·하자 등의 통지의무가 있다.** 그러나 임치물의 가격하락에 대한 통지의무는 없다. 창고업자는 자신에게 과실 없음을 증명하지 못하면 손해배상의무를 부담한다(제160조). 즉 **증명책임이 전환**되어 있다. 그러나 손해배상액에 대하여는 물건운송인의 경우와 같은 특칙이 없으므로 **상당인과관계가 있는 모든 손해를 배상할 완전배상의무**가 있다.[4)]

## 제4절 회 사

## Ⅰ. 회사법 통칙

### 1. 회사의 의의

회사라 함은 상행위 기타 영리를 목적으로 설립된 사단법인을 말한다(제169조·제171조 제1항). 회사는 사단이기 때문에 2인 이상의 사원이 있어야 한다. 다만 주식회사 및 유한회사는 1인회사의 설립이 가능하다. 그러나 이는 주식을 소유한 자가 1인이라는 의미일 뿐 발행된 주식은 복수여야 한다.

상법상 회사는 법인이므로 ① 회사 명의로 계약을 체결하고 권리·의무의 주체가 되고, ② 회사는 스스로 소송당사자가 될 수 있고, ③ 법인이 회사재산의 권리자가 되고, ④ 모든 회사는 외부관계에서 독립된 인격이 인정

4) 1995년 상법 개정 시 새로운 유형의 상행위로 리스, 프랜차이즈, 팩토링을 신설하면서도 구체적인 법률관계에 대하여는 규정을 두지 않아, 2010년 개정 상법 시 각각 별도의 장을 신설하여 제12장 금융리스업, 제13장 가맹업과 제14장 채권매입업에 관한 조문을 두었다.

되므로 독자적 상호와 영업소를 가진다.

법인을 내세워 불법행위를 하는 개인이나 다른 법인이 있을 수 있기 때문에 그런 경우에 법인에게 책임을 묻기 위한 이론으로 **법인격부인론 또는 법인격남용론**이 있다. 즉 법인격부인론은 회사의 법인격 자체를 영구적으로 박탈하는 것이 아니라, 예를 들어 甲이라는 이름의 법인을 내세워 불법적인 일을 저지르는 실체인 개인 乙이나 다른 법인 丙에게 甲 법인의 책임을 묻는 것을 말한다. 법인격부인론은 미국의 판례를 통해 발전하였는데, 우리나라 판례도 **법인격부인론을 인정**하고 있다.

**회사는 영리법인이므로 영업을 통해 얻은 이익을 구성원인 사원에게 분배해 주어야 한다**. 따라서 재단법인은 이익을 분배할 사원이 없으므로 영리법인이 될 수 없고, 영리를 목적으로 하지 아니하는 국가나 지방자치단체도 영리법인이 될 수 없다.

## 2. 회사의 종류

상법상 회사는 합명회사·합자회사·유한책임회사·주식회사·유한회사 등 다섯 가지의 종류가 있다. 강학상 사원의 개성·신용 등의 인적 요소가 회사의 대내외적 관계에서 반영되는 정도에 따라 **인적 회사와 물적 회사**로 나누기도 한다. 인적 회사는 사원의 개성이 중시되며, 사원 개인의 신용이 곧 회사의 대외적 신용의 기초가 되는 회사로, 합명회사가 전형적인 인적 회사에 속한다. 합자회사도 이에 속한다. 물적 회사는 자본결합의 회사로서 사원의 개성은 전혀 고려되지 않으며 회사재산만이 회사의 대외적 신용의 기초가 되는 회사로 주식회사가 대표적인 물적 회사이고, 유한회사[5]가 이에 속한다.

그 밖의 강학상 분류로 개인주의적 회사·단체주의적 회사, 상장회사·비상장회사, 모회사·자회사, 지배회사·종속회사, 공개회사·폐쇄회사 등으로 구분되기도 한다.

## 3. 회사의 능력

회사는 법인으로 당연히 권리능력자로 인정된다. 즉 회사도 자연인과

5) 그 외 유한책임회사를 물적 회사로 보는데 논의가 있음.

마찬가지로 권리능력이 인정되고 있다. 그러나 개별적 권리능력은 성질상·법률상 제한이 있을 수밖에 없다. 상법은 회사는 다른 회사의 무한책임사원이 되지 못한다고 제한하고 있고(제173조), 법인의 목적을 정한 정관에 의해 사실상 권리능력이 제한되는 효과가 있다.

## 4. 회사의 설립

회사는 법인설립등기를 마치면 권리능력을 취득한다. 일반적으로 정관을 작성한 후 사원들이 출자하고 회사의 설립등기를 마치는 절차를 밟게 된다. 인적 회사는 사원 개인이 대외적 책임을 지기 때문에 회사 설립절차가 간단하나, 물적 회사는 회사의 재산만이 대외적 책임재산이 되기 때문에 채권자 등 이해관계자가 많을 수 있기 때문에 설립절차가 복잡하고, 설립과정에 잘못이 있는 자는 손해배상책임을 지게 된다.

회사설립과정에 하자가 있으면 **회사설립무효·회사설립취소 소송**을 통해 회사설립이 무효가 될 수 있다. 상법은 회사설립무효와 취소의 소와 관련하여 제소권자, 제소기간 등에 대하여 특별규정을 두고 있다. 회사설립무효 또는 취소의 판결이 있게 되면 그 판결은 **제3자에게도 미치는 대세적 효력이 있지만 판결의 효력은 소급하지 않는다. 주식회사에 대해서는 회사설립취소제도가 없다.**

## 5. 회사의 합병·분할·조직변경

### (1) 회사의 합병

**회사의 합병이라 함은 두 개 이상의 회사가 법정절차에 따라 하나의 회사로 합해지는 것**을 말한다. **신설합병과 흡수합병**이 있다. 회사의 합병은 경제적으로 경쟁회피·기업확장·경영합리화·도산회사구제·국제경쟁력강화 등을 위하여, 법적으로는 소멸회사가 청산절차를 밟지 않고 소멸할 수 있다는 등의 장점이 있다. 인적 회사 및 물적 회사 모두 합병이 가능하다. 당사자의 일방 또는 쌍방이 주식회사 또는 유한회사인 경우에는 존속·신설회사는 주식회사 또는 유한회사여야 한다(제174조 제2항). 합병하려면 인적 회사는 총사원의 동의, 물적 회사는 사원 3분의 2 이상의 특별결의가 있어야 한다(제522조 제3항·제598조).

최근에는 상법 개정을 통하여 다양한 방식의 인수·합병 등 기업구조조정 법제를 다양화하고 있다. 2011년 상법 개정으로 모회사 주식을 활용한 삼각합병(제523조 제4호), 2015년에는 삼각주식교환(이른바 역삼각합병, 제360조의3 제6항) 제도를 도입한 바 있다.

### (2) 회사의 분할[6)]

회사의 분할이라 함은 하나의 회사(분할회사)의 영업재산이 분리되어 기존(분할승계회사) 또는 신설회사(단순분할신설회사 또는 분할합병신설회사)에 포괄승계됨과 동시에 피분할회사의 주주가 신설회사의 주식을 취득하여 신설회사의 주주가 되는 제도를 말한다. 즉 **하나의 회사가 두 개 이상의 회사로 나누어지는 것**을 말한다. 회사분할은 1998년 개정상법에 의하여 **주식회사에 한하여 도입된 새로운 제도**이다.

### (3) 회사의 조직변경

**회사의 조직변경이라 함은 회사가 그 인격의 동일성을 유지하면서 법률상의 조직을 변경하여 다른 종류의 회사로 되는 것**을 말한다. 인적 회사 상호간 또는 물적 회사 상호간에만 인정된다. 예를 들어 주식회사를 유한회사로, 합명회사를 합자회사로 바꾸는 경우이다.

## 6. 회사의 해산과 청산

**회사의 해산이라 함은 회사의 법인격소멸을 가져오는 법률사실이 발생한 것**을 말한다. 예를 들어 사원총회의 4분의 3 이상의 결의, 존립기간의 만료, 합병, 파산, 법원의 해산명령 또는 해산판결 등이 이에 해당한다.

회사의 해산으로 법인격이 소멸하는 것은 아니기 때문에 **해산된 후에도 청산의 목적 범위 내에서 회사는 여전히 존속**한다. 청산 중의 회사는 **청산사무를 종료하고 청산종결의 등기를 하면 법인격이 소멸**하게 된다. 따라서 청산등기가 되었더라도 청산사무가 실질적으로 종료하지 않았다면 그 회사

---

6) 2014년 상법 개정으로 회사분할제도를 정비하면서 용어 또한 개정되었다.
<단순분할> 분할되는 회사 → 분할회사, 설립되는 회사 → 단순분할신설회사
<흡수분할합병> 분할되는 회사 > 분할회사, 분할합병의 상대방 회사 중 존속하는 회사 → 분할승계회사
<신설분할합병> 분할되는 회사 → 분할회사, 설립되는 회사 > 분할합병신설회사

는 소멸하지 않은 것으로 보아야 한다.

## Ⅱ. 합명회사

**합명회사라 함은 무한책임사원만으로 구성된 회사**를 말한다. 즉 사원 개인은 회사채권자에 대하여 회사채무에 대한 직접·연대·무한의 책임을 부담하는 사원만으로 구성된 회사이다. 합명회사의 사원은 이와 같이 대외적인 책임을 지기 때문에 정관에 다른 규정이 없는 한 **사원 각자는 회사의 업무를 집행할 권한과 회사를 대표할 권한을 갖는다**. 또한 사원은 출자함에 있어 재산·노무·신용 등 제한이 없고 그 이행시기와 관련하여 회사설립 이전에 할 것을 요하지 아니한다. 그러나 사원 지위가 바뀌게 되면 대외적 책임관계가 달라지게 되어 채권자에게 이해관계가 크기 때문에 **사원지위의 교체는 엄격히 제한되어, 지분의 양도, 입사·퇴사 등이 자유롭지 못하다**. 실제로 보면 합명회사는 가족끼리 하는 등 폐쇄적인 경우가 대부분이고, 사원의 수도 적기 때문에 법률적·형식적으로는 사단이지만, 실질적으로는 조합에 해당된다고 보아야 한다. 따라서 사원끼리의 내부관계에 대하여는 정관이나 상법에 다른 규정이 없으면 민법의 조합규정을 준용하도록 하고 있다(제195조).

## Ⅲ. 합자회사

**합자회사라 함은 무한책임사원과 유한책임사원으로 구성된 이원적 구조의 회사**를 말한다(제268조). **유한책임사원**은 회사의 채무에 대하여 정관에서 정한 출자액의 한도 내에서만 책임을 지며, **무한책임사원**은 개인적으로 회사채무 전부에 대하여 책임을 진다. 유한책임사원은 회사의 업무집행이나 회사를 대표할 권한이 없으나, 업무감독권은 있다. 반면에 무한책임사원은 회사의 업무를 집행하고 회사를 대표한다.

유한책임사원은 재산만을 출자할 수 있으며, 무한책임사원의 동의가 있으면 지분을 양도할 수 있다. 유한책임사원의 지분은 상속될 수 있다. 합자회사도 소수의 사원으로 구성되고, 인적 신뢰를 바탕으로 하는 점에서 합명회사와 유사하다. 따라서 합자회사에 대하여도 다른 규정이 없는 한 합명회사의 규정이 준용된다(제269조).

## Ⅳ. 유한책임회사

2012년 개정상법은 **유한책임회사제도를 신설**하였다(제287조의2). **유한책임회사는 주식회사와 유한회사의 중간형태**로, 회사를 설립할 때 사원은 정관을 작성하여야 하며, 정관에는 출자목적 및 가액, 업무집행자, 사업목적 등을 포함시켜야 하고, 사원은 출자를 금전이나 그 밖의 재산으로 해야 하며, 신용이나 노무를 출자의 목적으로 하지 못한다(제287조의4). 유한책임회사는 본점 소재지에서 설립등기 및 기타 등기를 하여야 하고(제287조의5), **사원은 자신의 출자금액을 한도로 유한책임**을 지며, **사원은 다른 사원의 동의를 받지 아니하면 그 지분의 전부 또는 일부를 타인에게 양도하지 못하나**, 업무를 집행하지 아니한 사원은 업무를 집행하는 사원 전원의 동의가 있으면 지분의 전부 또는 일부를 타인에게 양도할 수 있다. 다만, 업무를 집행하는 사원이 없는 경우에는 사원 전원의 동의를 받아야 한다(제287조의8). 유한책임회사는 사원의 지분을 양수할 수 없고(자기지분 취득 금지), 만일 유한책임회사가 지분을 취득하는 경우에 그 지분은 취득한 때에 소멸한다(제287조의9).

업무집행자는 사원 전원의 동의를 받지 아니하고는 자기 또는 제3자의 계산으로 회사의 영업부류에 속한 거래를 하지 못하며, 같은 종류의 영업을 목적으로 하는 다른 회사의 업무집행자·이사 또는 집행임원이 되지 못하며(제287조의10), 업무집행자는 다른 사원 과반수의 결의가 있는 경우에만 자기 또는 제3자의 계산으로 회사와 거래를 할 수 있다(제287조의11). 유한책임회사는 정관으로 사원 또는 사원이 아닌 자를 업무집행자로 정하여야 하며, 업무집행자가 둘 이상이면 각자 회사의 업무를 집행할 권리와 의무가 있으나, 공동업무집행자로 정한 경우에는 전원의 동의가 없으면 업무집행에 관한 행위를 하지 못한다(제287조의12). **업무집행자가 아닌 사원은 감시권이 있다**(제287조의14). 업무집행자가 법인인 경우에는 그 법인은 해당 업무집행자의 직무를 행할 자를 선임하고, 그 자의 성명과 주소를 다른 사원에게 통지하여야 한다(제287조의15).

**업무집행자는 유한책임회사를 대표한다. 각자 대표가 원칙이나 공동대표로 대표권을 제한할 수 있고, 업무집행으로 타인에게 손해를 입히면 연대배상책임**이 있고, 회사의 사원은 업무집행자의 책임을 추궁하는 대표소송을 제기할 수 있고(제287조의22), 정관을 변경하는 방법으로 새로운 사원을 가입시킬 수 있고(제287조의23), 사원은 퇴사할 수 있고(제287조의24), 사원이 사망 시에는 상속인이 권리승계를 할 수 있으며(제287조의26), 사원 과반수의 결의로 사원을 제명할 수 있고, 퇴사 사원은 그 지분을 금전으로 환급받을 수 있고, 환급금액은 퇴사 시의 회사의 재산 상황에 따라 정하고(제287조의28), 사원의 지분을 압류한 채권자가 그 사원을 6개월 전에 통지하여 퇴사시킬 수 있고(제287조의29), 퇴사 사원은 자신의 성명이 유한책임회사의 상호 중에 사용된 경우에는 사용폐지를 청구할 수 있다(제287조의31).

## V. 주식회사

### 1. 주식회사의 의의

**주식회사는 사원인 주주가 출자한 자본으로 구성되는 대표적인 물적 회사**이다. 주주는 자신이 인수한 주금액을 한도로 출자의무를 부담할 뿐 대외적으로 회사의 채무에 대하여 아무런 책임을 지지 않는다. **주식회사의 3대 요소는 자본, 주식, 유한책임제도**라 할 수 있다.

상법은 종래의 최저 납입자본금 5천만원이던 것을 삭제하였다. 상법상의 자본은 불변적인 계산상의 액수로, 추상적·규범적 개념일 뿐이고, 실재로는 한국거래소를 통해 거래되는 금액이 실질적 재산가치라고 하겠다.

상법은 **수권납입제도를 채택**하고 있다. 즉 주식회사가 발행할 수 있는 주식의 총수를 정관으로 정한 후 회사 설립 시 일부만을 발행하고, 잔여부분의 신주발행권을 이사회에 위임, 즉 수권하는 방식을 취하고 있다. 상법은 **설립 시에 발행하는 주식의 총수를 발행예정주식총수의 4분의 1 이상**으로 하되 발행주식에 대하여는 **전액납입주의**를 채택하고 있는데(제303조), **예외적으로 주식의 할인발행**(제417조)을 허용하고 있다.

주식회사는 회사재산만이 대외적 담보가 되기 때문에 **자본은 대단히 중요한 물적 담보기능**을 하게 되므로, 상법은 **자본확정의 원칙, 자본충실의 원칙, 자본불변의 원칙**(자본감소제한의 원칙) **등 세 가지 자본의 원칙을 규정**하고 있다.

자본충실의 원칙을 실현하기 위하여 주식할인발행의 제한(제330조), 현물출자 기타 변태설립사항 등에 관한 조사(제299조·제310조·제313조·제314조·제422조), 발기인 이사의 주식인수·납입담보책임(제321조), 주금납입금의 상계금지(제334조), 자기주식취득·질권취득 제한(제341조), 자회사에 의한 모회사주식의 취득금지(제342의 제2항), 주식의 상호보유제한(제369조 제3항), 법정준비금(제458조·제459조), 이익배당의 제한(제462조) 등을 규정하고 있다.

주주의 유한책임은 합자회사의 유한책임사원이 지는 직접·연대의 유한책임과 달리 **이미 납입된 주식인수가액을 한도로 책임을 지는 간접유한책임**이기 때문에 주주는 추가로 책임을 져야 하는 것이 사실상 없다.

## 2. 주식회사의 설립

### (1) 발기설립

**발기설립은 발기인이 정관을 작성하고, 주식총수를 인수하여 주식회사를 설립하는 것**을 말한다. **발기설립의 경우는 창립총회가 없다.** 발기인은 주식인수가 끝나면 지체 없이 인수가액 전액을 납입하여야 한다(제295조 제1항). 주식인수인이 현물출자를 하는 경우에는 납입기일에 출자의 목적인 재산을 인도하여야 한다. 발기인은 출자의 이행이 끝나면 지체 없이 **의결권의 과반수로 이사와 감사를 선임**하여야 한다(제296조). 선임된 이사와 감사는 취임 후 지체 없이 회사의 설립에 관한 모든 사항이 법령 또는 정관의 규정에 위반되지 아니하는지 여부를 조사하여 발기인에게 보고하여야 한다. 이사는 변태설립사항(제290조)이 있는 경우에는 이에 관한 조사를 위하여 검사인의 선임을 법원에 청구하여야 하며(제298조 제4항), 검사인의 조사·보고절차가 끝나면 본점소재지에 설립등기를 하여야 한다.

### (2) 모집설립

**모집설립은 발기인이 정관을 작성하여 발행주식의 일부를 인수하고 주**

**주를 모집하여 나머지 주식대금을 납입받는 방식으로 주식회사를 설립하는 것**을 말한다. 주주모집은 **공모이든 연고모집이든 방법에 제한이 없다**. 주주의 청약에 대한 배정이 있으면 주식인수가 성립하며, 발기인은 지체 없이 주식인수에 대하여 인수가액의 전액을 납입시켜야 한다(제305조 제1항). 출자의 이행, 즉 납입이 끝나면 발기인은 지체 없이 창립총회를 소집하여야 한다(제308조 제1항). 창립총회는 주식인수인으로 구성되는 설립 중의 회사의 의결기관이며, 주주총회의 전신이다. 창립총회의 소집·결의는 대체로 주주총회에 관한 규정이 준용되나(제308조 제2항), 그 결의방법은 출석한 주식인수인의 의결권의 3분의 2 이상으로 하여 엄격하게 하고 있으며, 동시에 인수된 주식총수의 과반수에 해당하는 다수로 하여야 한다(제309조). 창립총회에서 이사와 감사를 선임하고, 본점 소재지에서 설립등기함으로써 회사는 성립한다.

주식회사의 부실한 설립을 막고 설립과정에서 사기를 목적으로 하는 경우도 있을 수 있기 때문에 상법은 이를 방지하기 위하여 특별배임죄, 부실보고죄, 주식인수인의 수뢰죄 등과 같은 형벌을 가하고 있고, 그 외에도 행정벌인 과태료의 제재를 가하고 있다. 뿐만 아니라 발기인·이사·감사·검사인·유사발기인·납입금보관자 등 설립관여자에게 엄격한 민사책임을 묻는 규정을 두고 있다.

## 3. 주 식

### (1) 의 의

주식에는 두 가지 의미가 있다. 즉 **자본의 구성단위로서의 주식과 주주의 회사에 대한 지위로서의 주식**(주주권)이 있다. 액면주식을 도입한 회사의 주식은 최저 100원 이상으로 균일하여야 하고, 무액면주식을 도입한 회사의 자본금은 주식발행가액의 2분의 1 이상의 금액으로서 이사회에서 자본금으로 계상하기로 한 금액의 총액으로 한다.[7] 원칙적으로 주주는 평등하기 때문에 주식평등의 원칙이 적용된다.

### (2) 주식의 종류

주식의 종류에는 **우선주·보통주·후배주·혼합주** 등이 있다. 우선주는

7) 2011년 상법 개정으로 무액면주식 도입.

다시 그 특성에 따라 **무의결권주식·상환주식·전환주식** 등으로 분류되기도 한다.

**주권이라 함은 주주권을 표창한 유가증권**을 말한다. 주권의 매매를 통해 주주권의 유통이 이루어지고 있다. 주식은 주권의 교부에 의하여 양도되는데, **정관은 주식의 양도에 대하여 이사회의 승인을 얻도록 할 수 있다**(제355조 제2항). 주식인수인으로서의 지위, 즉 주권이 발행되기 전에 하는 권리주의 양도는 회사에 대하여 효력이 인정하지 않는다. 또한 회사의 성립 후 또는 신주발행의 효력발생 후라도 주권발행 전에 한 주식의 양도는 회사에 대하여 효력이 없다(제335조 제3항). 회사가 발행한 주식을 그 발행회사가 취득하는 것(자기주식)은 자본충실의 원칙에 어긋나기 때문에 원칙적으로 금지되며(제341조), 모·자회사 간에 주식상호보유도 일정한 제재가 가해지고 있다(제342조의2).

## 4. 주식회사의 기관

### (1) 주주총회

**주주총회는 상법 또는 정관에서 정한 사항을 의결하는 회사 최고의 의사결정기관**이다. 각 주주는 평등하게 주당 하나의 의결권을 갖는다. 주주총회의 결의사항에는 **보통결의사항**(출석한 주주의 의결권의 과반수와 발행주식총수의 4분의 1 이상)(제368조)과 **특별결의사항**(출석한 주주의 의결권의 3분의 2 이상의 수와 발행주식총수의 3분의 2 이상)(제434조)이 있다. 주주총회의 소집은 이사회가 결정하여 대표이사가 소집하며, **총회일 2주 전 서면 또는 전자문서로 목적사항, 의안의 요령을 기재한 서면으로 통지**하여야 한다. **의결권은 본인 또는 대리인에 의해 행사**하며, 정관의 규정에 따라 서면에 의한 의결권 행사[8]도 인정되며(제368조의3 제1항), **의결권의 불통일행사도 인정**된다(제368조의2).

주주는 주주총회 결의의 절차상 혹은 내용상의 하자를 이유로 주주총회결의취소의 소, 주주총회결의무효확인의 소, 주주총회결의부존재확인의 소, 주주총회부당결의취소·변경의 소를 제기할 수 있다. 이런 소에는 민법과 달

8) 상법 제368조의3은 '서면투표' 제도로서, 2014년 상법 개정으로 신설된 '서면에 의한 결의'와는 완전히 다른 제도이다. 서면결의제도는 자본금 10억원 이하 소규모회사에 한하여 인정되는 제도로서 서면에 의한 결의로써 주주총회 결의를 갈음하는 제도이다(상법 제363조 제4항).

리 소 제기, 판결의 효력 등에 특수성이 인정되고 있다.

(2) 이사와 이사회

**이사는 주주총회에서 선임**하며, 그 수는 3인 이상이어야 하고, 그 자격에는 제한이 없다(제382조·제383조). 이사는 이사회를 통하여 회사의 업무집행에 관한 의사결정에 참여하고, 대표이사의 업무집행을 감독한다. 이사의 임기는 3년을 초과하지 못하며, 자본금 10억원 미만인 주식회사는 이사의 수를 1인 또는 2인으로 할 수 있다(제383조 제1항 단서).

**이사회는 이사 전원으로 구성되어 업무집행에 관한 회사의 의사결정과 대표이사를 감독하는 필요상설기관**이다. 이사회의 소집은 각 이사가 한다. 이사회는 정관이 정하는 바에 따라 이사회 내에 위원회를 설치하여(제393조의2) 그 위원회를 통해 업무를 집행할 수 있다. 신속한 의사결정과 업무집행을 통해 전문성과 능률을 높일 수 있기 위해서이다.

**대표이사는 정관에서 다른 규정이 없는 한 이사회에서 선임**되며, **대외적으로 회사를 대표하고, 대내적으로 업무을 집행하는 주식회사의 필요·상설기관**이다. 대표이사는 회사의 영업에 관하여 재판상 또는 재판 외의 모든 행위를 할 수 있다. **정관, 이사회규칙, 이사회의 결의 등을 통하여 대표권을 제한하여도 그 제한을 모르는 선의의 제3자에게 대항할 수 없다**. 대표이사가 업무집행과 관련하여 불법행위를 저질러 타인에게 손해를 가한 경우에는 회사는 대표이사와 연대하여 책임을 진다.

**이사와 회사의 관계는 위임관계**라 할 수 있다. 이사의 의무로는 선관주의 의무·충실의무·경업피지의무·비밀유지의무(제382조의4)·자기거래제한(제398조) 등이 있다. 이를 위반한 이사는 **회사에 대하여 손해배상책임**을 지고, **임무해태에 대한 고의 또는 중대한 과실이 있으면 주주 및 채권자에 대하여도 손해배상책임**을 진다(제399조·제401조). 이사는 신주발행으로 인한 변경등기 후 미인수주식이 있거나 납입이 흠결된 경우에는 **자본충실의 책임을 부담**하여 그 미인수주식을 인수하여야 한다. 이러한 **인수책임은 무과실책임**이고, 총주주의 동의로도 면제할 수 없다. 회사가 이사의 책임을 추궁하지 않으면 소수주주가 대표소송을 제기하여 책임을 추궁할 수 있다.

(3) 감사와 감사위원회

**감사는 주주총회에서 선임되며, 업무감사와 회계감사를 담당하는 필요·상설기관**이다. 감사는 회사 및 자회사의 이사 또는 지배인 기타의 사용인을 겸직하지 못한다(제411조). 감사에게는 비밀유지의무가 있다(제415조). 감사의 수는 1인 이상이어야 하며, 임기는 취임 후 3년 내의 최종의 결산기에 관한 주주총회 종결 시까지이다(제410조). 감사에게는 이사의 직무집행에 대한 감사의 효율성을 보장하기 위하여 영업보고요구권, 재산상태조사권, 이사회출석·의견진술권, 이사·회사 간의 소에 관한 회사대표권, 이사의 위법행위에 대한 유지청구권, 임시주주총회소집청구권 등이 인정된다(제409조 내지 제415조).

회사는 정관이 정한 바에 따라 감사에 갈음하여 이사회 내의 위원회의 하나로서 감사위원회를 둘 수 있다(제415조의2 제1항). 감사위원회의 기본적 기능은 이사회의 감독기능을 수행하고 보완하는 것이다. 이를 위하여 감사위원회는 회사의 회계서류의 작성과정과 그 내부통제의 심사, 회사의 외부회계감사인의 독립성을 정기적으로 심사할 수 있다. **감사위원회를 둔 경우 감사를 둘 수 없다**(제415조의2 제1항). 감사위원회는 3인 이상의 이사로 구성되며, 사외이사가 3분의 2 이상이어야 한다(제415조의2 제2항).

## 5. 신주발행

(1) 의 의

**신주발행이라 함은 회사의 성립 후 자금조달을 위하여 회사가 새로운 주식을 발행하는 것**을 말한다. 수권자본제도에 의해 발행 당시 미발행주식에 대한 신주발행을 **이사회의 권한사항**으로 하고 있다. 통상의 신주발행으로 회사는 자금조달을 하게 된다.

(2) 신주인수권

**기존의 주주는 신주발행 시 원칙적으로 그 신주에 대한 우선인수권이 있다**. 따라서 이사회는 신주배정일을 지정·공고하여야 한다(제418조). 신주발행의 효력발생시기는 주금납입기일의 다음 날이다. 주주의 신주인수권에도 **주주평등의 원칙**이 적용된다. 신주인수권의 대상이 되는 주식은 회사가 발행하는 장래의 모든 주식이며, 예외적으로 실권주, 현물출자, 준비금의 자본전입, 전환주식·전환사채, 주식배당, 주식병합, 회사합병, 신주인수권부사채, 정리회사, 종업원지주제도 등에 의한 신주발행의 경우에는 신주인수권이 보장되지 아니 한다. 주주의 신주인수권이 침해된 경우에는 **신주발행유지청구권**(제424조)이 인정되고, 이사의 회사 또는 주주에 대한 손해배상책임이 인정된다.

## 6. 정관의 변경

**정관변경이라 함은 회사의 조직과 활동에 관한 근본규칙인 정관의 내용을 변경하는 것**을 말한다. 즉 정관의 형식적 서면을 변경하는 것이 아니라 **정권의 실질적 내용을 수정·폐지·신설 등의 방법으로 변경하는 것**을 말한다. 정관변경이 있더라도 회사의 동일성은 유지된다.

정관의 절대적 기재사항, 상대적 기재사항, 임의적 기재사항 등 모든 정관내용은 정관변경의 대상이 된다. 정관을 변경하더라도 강행규정 또는 주식회사의 본질, 주주평등의 원칙, 주주의 고유권 등을 침해하는 내용의 변경은 허용되지 않는다. **정관에 정관내용을 변경할 수 없다고 되어 있더라도 정관을 변경할 수 있다**. 다만 이때에는 주주총회 특별결의가 있어야 한다(상법 제434조). 회사의 설립 시에 작성하는 원시정관은 공증인의 인증을 받아야 그 효력이 발생하지만(제292조), 개정하는 정관은 주주총회의 특별결의만으로 효력을 발생한다.

## 7. 자본의 감소

### (1) 의 의

**자본의 감소라 함은 발행주식의 수를 줄이거나 액면가액을 줄이는 방법으로 자본의 객관적 가치를 감소시키는 것**을 말한다. 이에는 실질상의 자본감소와 명목상의 자본감소가 있다. **실질상의 자본감소**는 회사재산이 사업에 비하여 과잉인 때 과잉재산을 주주에게 돌려주기 위하여 하는 자본감소이고, 이 경우에는 회사재산이 감소하게 된다. **명목상의 자본감소**는 손실의 발생으로 자본의 결손이 생긴 경우 명목상의 납입자본금을 축소시켜 결손금을 제거한 후 이익배당을 가능하게 하기 위하여 하는 자본감소이다. 통상 자본감소라 할 때는 명목상의 자본감소를 말한다.

### (2) 자본감소의 방법

자본감소의 방법에는 **1주의 액면금액을 감소하는 방법과 주식 수를 감소하는 방법**이 있다. 전자에는 ① 절기(형식적 감자), ② 환급(실질적 감자)이 있고, 후자에는 ① 주식의 소각(임의소각·강제소각, 유상소각·무상소각), ② 주식의 병합(두 주를 한 주로 줄이는 것과 같은 방식)의 방법이 있다. 자본감소의 방식 중 어느 방식을 선택할 것인지는 자유이지만, 어느 경우에도 주주평등의 원칙은 지켜져야 한다. 자본감소를 하더라도 미발행주식수가 환원되거나 증가하는 것은 아니다. 즉 종래 미발행주식수만큼만 추가 신주를 발행할 수 있다는 것이다.

**자본감소는 주주총회의 특별결의를 거쳐야** 하며(제438조 제1항), 자본감소의 방법도 정하여야 한다. 자본감소를 위한 총회의 소집과 공고에는 회의의 목적사항 이외에 의안의 요령을 기재하여야 한다. **자본감소결정은 주주총회의 전권사항이므로 이사회에 위임할 수 없다**. 자본감소는 회사가 보유하여야 할 기준이 감소되므로 **채권자보호절차**를 거쳐야 한다(제439조). 즉 주주총회의 결의일로부터 2주간 내에 회사채권자에 대하여 2월 이상의 일정한 기간 내에 이의를 제출할 것을 공고하고, 알고 있는 채권자에 대하여 채무이행기의 도래와 관계없이 최고하여야 한다. 이의가 있는 채권자에 대하여는 변제 또는 상당한 담보를 제공하여야 한다. **자본감소의 효력발생시기는 채권자보호절차와 주식에 대한 조치가 종료한 때**이다.

자본감소의 무효도 회사설립무효의 소와 마찬가지로 무효의 주장을 제한하고 있다. 원고가 승소한 경우에는 그 판결에는 대세적 효력이 있어 모든 사람에게 자본감소가 무효가 된다(제446조).

## 8. 회사의 계산

### (1) 계산의 원칙

주식회사는 물적 회사이기 때문에 회사의 재산상태에 대한 계산을 진실·적정하게 유지함으로써 주주 및 회사의 채권자를 보호할 필요가 크다. 상법은 주식회사의 경우 **재무제표로 대차대조표·손익계산서·이익잉여금처분계산서 또는 결손금처리계산서를 작성하도록 규정**하고 있다(제447조).

(2) 계산의 보고

이사는 정기총회일 6주 전에 재무제표를 감사에게 제출하고, 감사는 이 날부터 4주간 내에 감사보고서를 작성하여 이사에게 제출하여야 하고, 이사는 총회 1주 전에 재무제표를 비치하여야 한다(제448조 제1항). **재무제표는 주주총회에 보고하여 승인을 받아야 하며, 주주총회는 보통결의에 의하여 재무제표를 승인하거나 거부할 수 있고, 수정하여 승인할 수도 있다.**

주식회사의 내실을 기하기 위해 **준비금제도**를 규정하고 있다. 준비금이라 함은 회사의 순재산액이 자본액을 초과한 경우에 그 **초과액을 이익으로서 주주에게 배당하지 않고 일정한 목적을 위하여 회사 내에 적립해 둔 금액**을 말한다. 회사는 준비금을 장래 회사의 건전한 존속을 보장하는 기금으로 기능한다. **법정준비금에는 이익준비금과 자본준비금**이 있다. **이익준비금**은 이익잉여금 중 일부를 적립한 준비금으로, 자본의 2분의 1에 달할 때까지 매 결산기 금전에 의한 이익배당금액의 10분의 1 이상을 적립하여야 한다(제458조). **자본준비금**은 영업이익 이외의 원인으로 생긴 자본의 증가분, 즉 자본잉여금을 적립한 준비금으로 영업과 관계없는 것이기 때문에 주주에게 배당할 수 있는 성질의 것이 아니므로 그 전부를 적립하여야 하며, 적립의 상한선이 없다.

**법정준비금은 ① 결손전보, ② 준비금의 자본전입에 사용**된다.

## 9. 사 채

**사채라 함은 회사가 일반공중으로부터 비교적 장기의 자금을 집단적·대량적으로 조달하기 위하여 채권(회사채)이라는 유가증권을 발행하여 자금을 조달한 회사의 채무**를 말한다. 사채의 발행총액은 대차대조표상 현존하는 순자산액의 4배를 초과하지 못한다(제470조). 회사는 이전에 모집한 사채의 총액이 납입완료되지 않았으면, 추가로 사채를 모집하지 못한다. 사채금액은 1만원 이상이어야 한다.

**사채의 발행은 이사회의 결의에 의한다.** 사채의 모집을 용이하게 하기 위하여 특별한 이익을 제공하는 **특별사채**가 있는데, 이에는 주식으로의 전환권이 인정된 **전환사채**, 회사의 신주발행 시 신주인수권이 부여된 **신주인수권부사채**, 사채권자가 기채회사의 소유인 주식 기타 상장유가증권과의 교환을 청구할 수 있는 권리가 부여된 **교환사채** 등이 있다. 이러한 특수사채는 장차 주식을 취득할 수 있는 기대권을 가지고 있기 때문에 주식과의 혼합적 성질이 있다.

## Ⅵ. 유한회사

**유한회사라 함은 유한책임사원만으로 구성된 회사**로, 유한책임사원은 균등액으로 세분된 자신이 출자하기로 한 출자좌수에 해당하는 금액을 출자하여야 하고, 유한책임사원은 그 출자좌수에 해당하는 금액을 납입할 의무를 부담할 뿐, **대외적으로 회사의 채무에 대하여 책임을 지지 않는 회사**를 말한다. 유한회사의 **설립방법은 발기설립에 의하여야 하고, 유한회사에는 이사회제도가 없으며, 감사는 임의기관**이다.

유한회사는 그 사원의 수와 지분의 양도가 제한되는 **폐쇄적·비공개적 회사**이며, 사원의 책임이 간접적·유한책임이라는 점에서 주식회사와 다르다. 유한회사는 사채를 발행할 수 없다.

# 제 5 절 보 험

## Ⅰ. 보험의 의의

### 1. 의 의

보험이라 함은 동질적인 위험 하에 있는 다수인이 우연한 사고의 발생으로 인한 경제적 부담을 충족하기 위하여 통계적 기초에서 산출된 금액, 즉 보험료를 미리 갹출하여 그 돈으로 일정한 기금을 마련하고, 누군가에게 사고가 발생하면 일정한 재산적 급여(보험금)를 지급하기로 하는 제도를 말한다. 보험은 기업과 개인의 경제생활을 안정화시키는 데 기여하고, 갹출된 보험료는 기업의 투자재원으로 재투자되는 등 국가경제 발전의 자금제공기능을 수행하기도 한다.

상법은 보험계약의 윤리성·우연성·선의성을 보장하기 위하여 보험계약자와 피보험자에게 고지의무를 부여하고 있고, 고의로 인한 보험사고에 대해 보험자의 면책(제659조), 사기로 인한 초과보험의 무효(제669조 제4항) 등을 규정하고 있다.

**상법의 보험 관련 규정은 상대적 강행법규, 즉 반면적 강행법의 성질**을 갖고 있다. 따라서 당사자는 특약으로 보험계약자 또는 피보험자나 보험자의 불이익으로 계약내용을 변경하지 못한다(제663조).

## 2. 보험의 규율

보험계약에 대하여는 상법 이외에도 보통보험약관이 중요한 기능을 하고 있다. **보통보험약관**은 보험자가 미리 작성해 놓은 보험계약의 기본적 내용이라 할 수 있다. 즉 다수의 불특정한 고객으로부터 보험계약을 체결해야 하는 보험자(보험회사)로서는 모든 보험가입자에게 획일적으로 적용될 수 있는 내용을 미리 정해 둠으로써 다수의 보험계약자 간에 대량으로 신속하게 보험계약을 체결할 수 있도록 하고 있다. 보험제도는 사회성을 갖고 국민생활·기업활동에 영향을 크게 미치기 때문에 국가도 보험기업을 지도·감독하는 등 적극적으로 관여를 하고 있기 때문에 보험계약내용을 정형화해 놓은 것이 약관이다. 약관에 대하여는 약관규제에 관한 법률이 제정되어 시행되고 있다.

**보험계약은 계약자의 청약과 보험자의 승낙에 의하여 이루어진다**. 보험자는 계약자로부터 청약과 함께 보험료상당액의 전부 또는 일부를 지급받은 경우에는 **30일 이내에 낙부통지를 발송**하여야 하며(제638조의2), 만일 보험자가 낙부의 통지를 하지 아니한 경우에는 **보험계약이 성립된 것으로 의제**하여 보험계약자를 보호하고 있다. 보험자는 보험계약을 체결할 때에 보험약관을 계약자에게 교부하고 중요한 내용을 알려 주어야 하고, 이를 위반한 때에는 보험계약자가 계약 성립 후 3월 내에[9] 계약을 취소할 수 있다(제638조의3).

## Ⅱ. 보험의 종류

보험의 종류는 다양하게 분류할 수 있는데, 우선 상호보험과 영리보험으로 나눌 수 있다. **상호보험**이라 함은 보험을 원하는 자가 직접 공동위험단체를 만들어 보험계약을 체결하는 경우로 **버스공제조합**, **택시공제조합**과 같은 경우가 있다. 영리보험이라 함은 보험회사에 의하여 공동위험단체가 형성되는 경우로 통상적인 보험회사의 보험을 말한다.

또 다른 분류로 **손해보험과 인보험**이 있다. 손해보험이라 함은 보험자가 계약자의 재산상 손해를 전보할 것을 내용으로 하는 보험이고, 인보험이라 함은 사람의 생명·신체에 관한 보험사고가 생긴 경우에 보험자가 재산적 급여를 하는 것을 내용으로 하는 보험이다(제665조). 손해보험에는 화재보험·운송보험·해상보험·책임보험·자동차보험·삼림수해보험·신용보험·보증보험 등이 있고, 인보험에는 생명보험(정기·종신·생존·양로·단체·신용보험 등)과 상해보험이 있고, 기타 질병보험·교육보험·의료보험 등이 있다.

## Ⅲ. 손해보험

손해보험계약은 손해의 전보를 목적으로 하는 보험으로, 손해보험계약이 성립하려면 그 전제로 피보험이익, 즉 사고가 없었더라면 가졌을 이익이 있어야 한다. **피보험이익이라 함은 피보험자와 보험의 목적과의 관계에서 보험사고의 발생으로 손해를 입게 될 경우의 그 손해액 상당액**을 말한다. 손해보험은 손해보상을 목적으로 하므로 피보험이익은 손해보험계약에 있어서 본질적 요소가 된다. 피보험이익은 손해보험의 사행성을 방지하는 역할을 한다. **피보험이익의 주체를 피보험자**라고 한다. 보험계약자와 피보험자는 대부분 일치하나, 그렇지 않은 타인을 위한 보험도 있다.

---

9) 2014년 상법 보험편 개정.

피보험이익은 적법한 이익이어야 하며, 금전으로 산정할 수 있는 이익이어야 한다. 피보험이익은 보험계약의 동일성을 결정하며. 초과보험과 중복보험 여부를 결정하는 기준이 되며, 일부 보험인지 아니면 전부 보험인지를 결정하는 기준이 된다.

### Ⅳ. 인보험

**인보험이란 사람의 생명 또는 신체와 관련된 보험**이다. 상법은 인보험으로 생명보험과 상해보험 두 가지를 규정하고 있다. **생명보험계약**은 보험계약자가 보험자에게 일정한 재산적 급여를 정기적으로 일정기간 동안 지급하는 것을 조건으로 보험계약자나 제3자의 생명에 관한 보험사고가 발생한 경우에 보험자가 보험수익자에게 일정한 재산적 급여를 하기로 하는 보험계약을 말한다. 이것은 손해의 유무나 다소에 관계없이 정액을 지급하기로 하는 정액보험이다.

주의할 점은 **피보험자의 의미가 손해보험에서는 손해의 전보를 받을 자를 의미하는데 반하여 생명보험에서는 보험사고로 인해 생명을 잃게 되는 자를 말한다**. 보험계약자는 자기를 피보험자로 하지 않고 제3자를 피보험자로 할 경우에는 그 **타인의 동의**를 얻어야 하며 이러한 보험을 **타인의 생명보험**이라 하고, 보험계약자가 자기를 피보험자로 하여 보험금을 수령할 자를 타인으로 정한 보험을 **타인을 위한 보험**이라고 한다.

## 제6절 해 상

### Ⅰ. 해상법의 의의

해상법이라 함은 해상기업을 규율하는 상법상의 규정 전부를 말한다. 해상기업은 바다를 무대로 하고, 선박을 수단 내지 설비로 한다는 점에서 육상에서 이루어지는 일반기업과는 다른 특수성이 있다. 이러한 해상기업에는 해상운송업·해난구조업·어업·해상예선업 등 여러 가지가 있다. 이 중 해상운송업이 가장 대표적인 해상기업이므로, 해상법은 주로 해상운송업을 중심으로 규정되어 있다. 즉 해상법은 해상기업을 중심으로 한 개별 경제주체의 법률관계를 규율하는 법이라 할 수 있다. 해상법은 세계무역 등 세계경제와 항해기술의 발달로 국제조약 등으로 통일되어 가는 경향을 보이고 있다.

## Ⅱ. 해상기업의 물적 조직

해상기업의 물적 조직인 선박은 상행위 기타 영리를 목적으로 항해에서 사용하는 선박을 말한다. 상법상 항해라 함은 해상을 항행하는 것을 의미하기 때문에 해상이 아닌 하천·항만 등 내수만을 항행하는 선박은 해상법상의 선박으로 취급되지 않는다. 선박은 물건이라는 점에서는 동산으로 분류되지만, 형상·가격·용적 등이 크기 때문에 부동산등기처럼 등록절차를 밟도록 하여, 각종의 선박등기제도가 이용되고 있고, 강제집행과 경매절차에서도 부동산처럼 취급되고 있다.

선박은 해상법상서 모든 법적 문제의 출발점이라 할 수 있다.

## Ⅲ. 해상기업의 인적 조직

해상기업의 인적 조직으로는 해상기업주체와 해상기업보조자가 있다. 해상기업주체라 함은 선박소유자·선박공유자·선박임차인·정기용선자 등을 말하고, 해상기업보조자라 함은 선장과 해원을 말한다.

상법은 해상기업의 특수성을 고려하고 해상기업을 보호하기 위하여, **선박소유자의 유한책임제도를 규정**하고 있다(제769조).

선장은 선박에 승선하여 그 선박을 지휘하고, 선박소유자의 대리인으로서 법정의 권한을 가지며, 그 밖에 선박 내에서 경찰권과 같은 공법상의 권한을 행사할 수 있다. 선장은 선적항 내에서는 별도의 위임을 받지 않은 경우에는 해원고용 및 해원해고권만을 가지며(제749조 제2항), 선적항 외에서는 선박의 항해에 관한 재판상·재판 외의 모든 행위를 할 수 있는 권한을 가진다(제749조 제1항).

## Ⅳ. 해상운송

해상운송계약에는 **용선계약과 개품운송계약이 있다. 용선계약이라 함은 해상운송인이 선박의 전부나 그 일부를 제공하여 물건의 운송을 인수하는 해상운송계약을 말하고, 개품운송계약이라 함은 개개의 물건의 운송을 인수하는 운송계약**을 말한다.

해상운송인은 선박의 안전항행을 위한 **감항능력주의의무**, 운송물을 선량한 관리자의 주의의무를 다하여 **보관할 의무**, 부득이한 경우가 아니면 예정항로를 변경하지 아니하고 항행해야 할 **직항의무** 등을 부담한다. 또한 해상운송인은 용선자나 송하인의 청구가 있으면 **선하증권을 발행할 의무**가 있으며, 선하증권을 발행한 경우에는 운송물의 인도 및 처분은 선하증권으로만 하여야 한다.

상법은 해상운송에 있어 해상사고의 발생위험성, 운임의 저렴성 및 대량운송성, 해상기업의 정책적 보호와 육성 등을 목적으로 해상운송인의 책임한도를 감축하고 있다(제769조 이하).

## Ⅴ. 해상기업의 손해배상

### 1. 공동해손

**공동해손이라 함은 선박과 적하(화물)의 공동위험을 면하기 위하여 선장이 선박을 고의적으로 피난하거나 화물을 고의적으로 투하함에 따라 발생하는 손해나 비용**을 말한다. 상법은 공동해손의 경우에 대하여 그 위험을 면한 선박의 가액, 화물의 가액, 운임의 반액과 공동해손과 액과의 비율에 따라 각 이해관계인이 분담(제865조 이하)하도록 규정하고 있다.

### 2. 선박충돌

**선박충돌이라 함은 두 척 이상의 선박이 해상 또는 내수에서 접촉하여 손해를 일으키는 것**을 말한다. 선박충돌로 인해 피해가 발생했더라도 피해자는 그 충돌이 불가항력으로 발생하거나 충돌원인이 명백하지 아니 한 경우에는 그 손해의 배상을 청구하지 못한다. 그러나 충돌이 일방 선박의 선원의 과실로 발생한 경우에는 그 선박소유자가 손해를 배상하여야 한다. 선박충돌이 쌍방의 과실에 의한 경우에는 과실의 경중에 따라 각 선박소유자가 손해를 배상할 책임을 진다. 과실의 경중을 판정할 수 없는 때에는 균분하여 손해배상책임을 진다(제879조).

### 3. 해난구조

해난구조라 함은 해양사고에 조우한 선박 또는 적하를 의무 없이 구조하는 것을 말한다. 이때 선박구조자는 당연히 구조료청구권을 취득한다. 선박구조료는 당사자 사이의 합의에 의할 것이나, 합의가 이루어지지 않는 경우에는 당사자의 청구에 의해 법원이 그 위험정도·구조노력·구조비용·구조효과 등을 참작하여 정한 금액으로 한다(제883조).

## 제7절 어음·수표

## Ⅰ. 의 의

수표라 함은 발행인이 지급인에 대하여 일정한 금액을 수취인 또는 수표 소지인에게 지급할 것을 위탁하는 유가증권을 말한다. 약속어음이라 함은 발행인이 수취인 기타 약속어음의 소지인에게 일정 금액을 지급할 것을 약속하는 지급약속증권이다. 환어음이라 함은 발행인이 지급인에 대하여 일정한 금액을 수취인 또는 환어음 증권의 소지인에게 지급할 것을 위탁하는 유가증권이다. 따라서 환어음은 지급인으로 지명된 자가 이를 인수하지 않으면 주채무자가 없는 상태가 된다. 수표와 환어음은 이런 점에서 지급위탁증권이라는 점에서는 법적 성질이 같지만, 수표는 지급인(은행)에게 지급해 줄 것을 요청하는 지급증권인데 반하여 환어음은 지급기일에 지급될 때까지 일정기간 동안 신용을 이용할 수 있는 점에서 신용증권이라 할 수 있다. 약속어음도 그 점에서는 환어음과 마찬가지로 신용증권에 속한다.

어음과 수표는 증권상의 권리가 발생하고, 행사 또는 이전하기 위하여는 증권의 점유를 요하는 완전유가증권에 속하고, 금전지급의 채권을 표창하는 금전채권적 유가증권이고, 지시문구가 없는 경우에도 증권상 특정한 자를 권리자로 지정하면 그 지정된 자가 다시 타인을 권리자로 지정할 수 있는 증권이기 때문에 법률상 당연한 **지시증권**이며, 그 작성이 법정의 방식에 좇아 일정한 형식을 갖추어야 하므로 **요식증권**이고, 그 권리의 내용이 증권상의 문언에 의할 뿐 당사자간의 특약에 영향을 받지 않기 때문에 **문언증권**이고, 어음과 수표의 수수의 기초가 되는 원인관계의 무효·취소에 불구하고 증권상의 권리의 효력이 영향을 받지 않는다는 점에서 **무인증권**이다.

어음·수표는 상인뿐만 아니라 일반인도 이용하는 유가증권이기 때문에 **어음법·수표법은 상법의 특별법이라기보다는 민법의 특별법**이라 할 수 있다.

## Ⅱ. 환어음

### 1. 발 행

**환어음은 발행인이 환어음에 법정사항을 기재하고 서명 또는 기명날인하여 이를 수취인에게 교부함으로써 발행**된다. 환어음의 법정사항, 즉 필요적 기재사항으로는 환어음임을 표시하는 문자, 일정금액의 지급의 위탁, 지급인의 명칭, 만기의 표시, 지급지, 발행일, 발행지 등이며, 이 외에도 기재하면 유익한 유익적 기재사항으로는 이자에 관한 기재, 인수무담보문구, 배서금지문구 등이 있다.

### 2. 배 서

**발행인으로부터 환어음을 교부받은 수취인은 어음의 지급을 직접 청구**

**할 수도 있지만, 배서를 통해 이를 다른 사람에게 양도할 수도 있다**. 배서라 함은 어음에 소지인이 타인을 권리자로 지정하여 이전하는 것을 말한다. 배서를 통해 증권상의 권리가 피배서인에게 이전되는 **배서의 이전적 효력**, 어음의 유통 중 항변사유가 발생하더라도 증권을 직접 수수한 당사자가 아닌 그 이전의 자에 대하여 항변을 주장할 수 없는 **인적 항변의 절단** 등의 효력이 생긴다.

배서의 방식은 통상 배서인이 어음의 원본이나 등본 또는 보전(기재할 공간이 부족하여 어음에 붙인 별도의 종이)에 법정사항을 기재하여 서명 또는 기명날인하고, 피배서인에게 교부하는 방식에 의한다. 배서의 방식에는 피배서인의 이름을 기재하여 지정하는 **기명식 배서**, 피배서인의 이름을 기재하지 아니하여 지정하지 않는 **백지식 배서**, 피배서인을 지정함이 없이 단순히 소지인에게 지급하도록 교부하는 **소지인출급식 배서** 등이 있다.

**원칙적으로 배서는 연속**되어야 하는데, 즉 수취인이 자기를 제1배서인으로 하여 배서하고, 다시 제1배서인이 제2배서인에게 배서하여 현재의 소지인에 이르기까지 배서가 끊어짐이 없이 형식적으로 계속 연속되어야 하는 배서 연속의 원칙이 지켜져야만 유효한 배서가 된다. **배서가 연속되어 있는 어음을 소지한 자는 진정한 권리자로 추정되는 배서의 자격수여적 효력이 인정**된다. 따라서 배서가 연속된 소지인은 양도인이 무권리자일지라도 그 취득에 선의이고 중대한 과실이 없는 한 유효하게 어음을 취득하는 **선의취득**이 인정되고, 배서인은 자기 이후의 모든 피배서인에 대하여 인수와 지급에 관한 담보책임을 지는 **배서의 담보적 효력이 인정**된다.

## 3. 인 수

**인수라 함은 환어음의 발행인에 의하여 지급인으로 지목된 자가 이를 인정하여 어음상의 지급책임을 지겠다며 그 뜻을 기재한 후 기명날인하는 것**을 말한다. 즉 지급인으로 지목된 자는 인수를 통하여 비로소 그 환어음의 지급인(주채무자)으로서의 책임을 지게 된다. 환어음소지인은 어음발행 시부터 만기 시까지 언제든지, 일람후정기출급어음인 경우에는 발행일로부터 1년 내에 지급인이 인수하도록 지급인에게 인수제시하여야 한다.

### 4. 지 급

**어음소지인은 지급을 할 날 또는 이에 이은 2거래일 내에, 일람출급어음의 경우에는 발행일로부터 1년 내에 인수인이나 지급인에게 어음금액의 지급을 위하여 어음을 제시해야 한다**(지급제시). 이 경우 어음금액을 지급한 자는 배서가 형식적으로 연속되어 있는 한 그 어음소지인이 무권리자일지라도 책임을 면한다.

### 5. 소구(상환청구)

어음소지인은 지급인에 의해 인수가 거절되거나 지급이 거절되는 경우 인수거절증서 또는 지급거절증서를 작성하여 그 전자에게 어음금액 기타 비용의 변제를 청구할 수 있는데, 이를 소구 또는 상환청구라 한다.

## Ⅲ. 약속어음

약속어음은 신용증권이라는 점에서 환어음과 유사하므로 다른 규정이 없는 한 환어음에 관한 규정이 준용된다. 약속어음은 발행인 자신이 일정금액의 지급을 약속하는 증권이므로, 이에는 지급인이 없고 발행인과 수취인의 두 당사자만 있다. 따라서 약속어음에는 인수제도도 없고, 또 인수거절로 인한 소구의 문제도 없다. 약속어음은 국내결제에서 주로 이용된다.

## Ⅳ. 수 표

**수표는 발행인이 지급인인 은행에 대하여 수취인 기타 정당한 소지인에게 일정한 금액을 지급할 것을 위탁하는 지급위탁증권**이다. 따라서 수표에는 다른 규정이 없는 한 환어음에 관한 규정이 준용된다. 그러나 수표는 지급증권인 점에서 신용증권인 어음과는 많은 다른 특색을 지니고 있다.

**수표는 지급증권이므로 법률상 당연한 일람출급증권**으로 하였고, 또한 신속한 결제를 요하는 증권이므로 지급일로부터 10일 내에 지급제시를 하도록 하였다. 수표는 단기결제를 목적으로 하도록 하므로 인수제도가 없다.

수표의 지급인은 은행에 한한다. 발행인은 당좌예금계약·당좌대월계약 등 자기의 수표자금에서 지급할 것을 위탁하는 수표계약을 은행과 체결하고, 은행은 수표계약에 기하여 지급사무를 담당한다.

## 제8절 자본시장과 금융투자업에 관한 법률(자본시장법)

### Ⅰ. 서 론

#### 1. 법의 연혁

자본시장과 금융투자업에 관한 법률, 소위 자본시장법은 2007. 7. 3. 종래의 증권거래법, 선물거래법, 간접투자자산운용업법, 신탁업법, 종합금융회사에 관한 법률, 한국증권선물거래소법 등 여섯 개 자본시장 관련법을 통합하여 제정되어 2009. 2. 4.부터 시행되고 있는 법이다. 세계경제가 부동산·금 등 실물 선호에서 금융자산을 선호하는 체계로 변화됨에 따라 자본의 국제적 이동이 대형화·빈번화되고 있을 뿐만 아니라, 국내적으로도 금융산업의 발달로 이를 종합적으로 규율할 필요성이 대두하였다. 그리하여 우리나라도 1997년 IMF 금융구제과정을 겪으면서, 금융혁신 내지 금융규제완화 등 다양한 금융정책을 효율적으로 규제·발전시켜 나가기 위하여 종합적·통일적 자본시장 육성 및 규제를 위한 통합법으로 제정된 것이 자본시장법이라 할 수 있다. 이 법이 제정됨으로 우리나라의 금융시장은 은행법, 보험업법과 함께 3대 기본법에 의해 금융산업 및 자본시장에 대한 규제가 이루어지게 되었다고 하겠다.

#### 2. 입법취지

자본시장법 제1조는 자본시장에서의 금융혁신과 공정한 경쟁을 촉진하고, 투자자를 보호하며, 금융투자업을 건전하게 육성함으로써 자본시장의 공정성·신뢰성 및 효율성을 높여 국민경제의 발전에 이바지함을 목적으로 제정된 법이라고 입법취지를 밝히고 있다.

## Ⅱ. 자본시장과 행정·감독

### 1. 자본시장의 의의

**금융시장이라 함은 금융, 즉 자금의 신용이 발생하는 추상적 장소로서 자금흑자자로부터 적자자에게로 자금의 흐름이 일어나는 시장을 말한다.** 즉 자본소유자는 자금신용을 통하여 이자라는 수익을 얻고, 자본이 필요한 자는 자본시장으로부터 이자를 지급하는 대가로 자금을 융통하여 기업을 유지·발전시켜 나가게 된다. 금융시장은 자본시장, 즉 주식발행 등과 같이 기업이 출자자로부터 직접 자금을 조달받을 수 있는 **직접금융시장**, 은행 및 상호저축은행 등의 금융중개기관을 통해 간접적으로 자금을 조달받는 **간접금융시장**으로 나눌 수 있다. 또 다른 분류방법으로 **장기자본조달이 이루어지는 자본시장과 단기자본조달이 이루어지는 단기금융시장**으로 나누기도 한다.

이처럼 자본시장은 증권 등의 발행 및 유통을 통해 자금의 공급자인 투자자와 자금의 최종수요자인 기업이나 정부 또는 개인 등을 직접 연결시켜주는 직접금융시장으로서의 기능을 수행한다.

### 2. 자본시장의 행정·감독체계

#### (1) 공적 규제

**1) 기획재정부** 자본시장에 대한 최고결정기관이라고 할 수 있는 기획재정부(MOSF)의 장관은 재정의 기본정책을 수립하고, 한국은행법의 제정·개정제안권을 행사하는 방법을 통해 자본시장에 대한 행정을 집행하고 감독하는 기능을 수행한다.

**2) 금융위원회** 금융위원회(FSC)는 금융산업의 선진화와 금융시장의 안정을 도모하고 건전한 신용질서와 공정한 금융거래관행을 확립하기 위하여 설립된 기관으로, ① 금융정책 및 금융감독정책을 수립하고(공적자금관리위원

회와 금융정보분석원의 업무 포함), ② 금융 및 자본시장 관계 법률의 제정 및 개정에 대한 의견을 제시하고, ③ 금융기관에 대한 인가·허가를 담당하고 있다. 금융위원회는 국무총리소속의 합의체 중앙행정기관으로 위원장, 부위원장, 기획재정부 차관, 금융감독원 원장, 한국은행 부총재, 예금보험공사 사장 등 총 9인의 위원으로 구성되며, 위원의 임기는 3년이다.

3) **증권선물위원회** 증권선물위원회(SFC)는 ① 증권시장 및 선물시장의 불공정거래에 대한 조사, ② 기업회계제도 및 회계감리제도의 운영, ③ 증권시장 및 선물시장의 관리·감독에 관한 금융위원회 권한사항에 대한 사전심의기관으로, 금융위원회 부위원장이 위원장을 겸임하며, 1인의 상임위원, 3인의 비상임위원 등 5인으로 구성되며, 위원의 임기는 3년이다.

4) **금융감독원** 금융감독원(FSS)은 무자본특수법인으로 ① 금융위원회 및 증권선물위원회의 의결사항을 집행하는 집행기관으로, ② 은행·보험회사·금융투자회사·증권회사·자산운용회사·투자자문회사·증권투자회사·종합금융회사 등의 모든 금융기관과 한국거래소(KRX)·한국예탁결제원·증권금융회사·자산유동화회사·명의개서대행회사·금융투자협회 등의 업무 및 재산상황을 검사하는 검사기관으로 설립된 기관이다. 금융기관은 금융업 전반에 관한 집행 및 검사기관으로 막강한 영향력을 행사하고 있다.

5) **예금보험공사** 예금보험공사(KDIC)는 금융기관이 파산 등의 사유로 예금 등을 지급할 수 없는 경우에 일정금액의 예금을 예금주에게 보장하기 위하여 설립된 기관으로, 기존의 은행·증권회사·보험회사·종합금융회사·상호저축은행 등의 예금보험기구를 통합하여 설립되었다. 예금보험공사는 무자본특수법인으로 금융기관으로부터 일정한 비율, 예를 들어 은행의 경우 연평균 예금잔액 기준 10,000분의 5, 증권회사의 경우 10,000분의 10, 보험회사의 경우 10,000분의 10, 종합금융회사 및 상호저축은행의 경우 10,000분의 15에 해당하는 예금보험료를 징수한 돈으로 만든 기금으로 예금주당 일인당 최고 최고 5,000만원까지 예금을 보장하고 있다.

### (2) 자율규제

1) 한국거래소 **한국거래소는 증권 및 장내파생상품의 공정한 가격형성과 그 매매, 그 밖의 거래의 안정성 및 효율성을 도모하기 위하여 설립된**

**주식회사 형태로 설립된 기관**으로, 자본금 1천억원 이상이고, 본점은 부산광역시에 두고 있다(자본시장법 제373조). **한국거래소의 회원으로는 거래소결제회원과 매매전문회원**이 있다. 거래소의 회원이 아닌 자는 원칙적으로 증권시장 및 파생상품시장에서 매매거래를 하지 못한다. 한편 거래소가 아닌 자는 그 명칭 또는 상호에 한국거래소·금융상품거래소·금융투자상품거래소·증권선물거래소·증권거래소·선물거래소·파생상품거래소·거래소시장·증권시장·유가증권시장·코스닥시장·선물시장·파생상품시장 또는 이와 유사한 명칭을 사용할 수 없다(제379조).

한국거래소는 주요 업무인 유가증권시장·코스닥시장 및 파생상품시장의 개설·운영에 관한 업무를 수행하기 위하여 상장규정·공시규정·업무규정 등을 제정하여 운영하고 있다.

2) **금융투자업 관계기관** 금융투자업 관계기관으로 한국금융투자협회, 한국예탁결제원, 증권금융회사, 명의개서대행회사 등이 있다. ① 한국금융투자협회는 금융투자회사들로 구성된 협회로서, 회원 상호간의 업무질서를 유지하고 공정한 거래를 확립하며, 투자자를 보호하고 금융투자업의 건전한 발전을 도모하기 위하여 설립된 비영리사단법인이고(제283조), ② 한국예탁결제원은 종전의 증권대체결제주식회사를 전환한 특수법인인 증권의 중앙예탁기관으로 거래당사자가 직접 증권을 수수하는 대신에 예탁결제원에 계좌를 통해 증권을 집중예탁시킨 후 증권에 대한 권리이전을 계좌개설자 상호 간의 계좌간 이체업무를 수행하고 있는 기관으로 회사의 증권을 발행하여 예치토록 간접적 강제를 하고 있고, 그 외에도 명의개서대행업무, 실질주주의 의결권 대리행사 관련 업무, 증권의 보호예수업무 등을 담당하고 있고(제294조), ③ 증권금융회사는 증권시장에 필요한 단기자금을 지원하여 유가증권의 발행과 유통의 원활한 보장 등 증권시장에서의 단기자금의 중개전문기관으로 ⓐ 투자매매업자 또는 투자중개업자에게 금융투자상품의 매매대금·증권 인수자금 또는 증권의 대여업무를 수행하고, ⓑ 증권시장 및 파생상품시장에서의 매매거래 필요자금 또는 증권의 대여업무를 수행하고, ⓒ 증권담보대출업무 등을 취급하고(제326조), ⓓ 기타 고객예탁금의 집중관리 및 우리사주조합에 대한 지원 등의 업무를 수행하고, ④ 명의개서대행회사는 증권발행회사와의

계약에 의하여 발행회사 대신 주주명부의 관리, 증권관리업무 대행, 배당·이자 및 상환원금의 지급대행 등의 업무를 수행하기 위해 금융위원회에 등록한 회사로서 현재 한국예탁결제원·KB국민은행·KEB하나은행이 그 업무를 수행하고 있다(제365조).

3) **증권관련단체** 그 외에 증권관련단체로 상장회사협의회와 코스닥협회가 있다.

# Ⅲ. 자본시장법의 주요 내용

## 1. 금융투자업·금융회사 규제

자본시장법은 금융투자업을 규제하고 있다. 자본시장법은 종래의 증권거래법·선물거래법·간접투자자산운용업법·신탁업법·종합금융회사에 관한 법률·한국증권선물거래소법 등 여섯 개 자본시장 관련법을 통합한 후 동법들이 취급해 온 증권업·선물업·자산운용(투자신탁)업·투자자문업·신탁업·종합금융업·증권선물업 등을 통괄하여 금융투자업이라는 개념을 만들었다. 그런데 자본시장법은 금융투자업을 경제적 실질에 따라 투자매매업·투자중개업·집합투자업·투자자문업·투자일임업·신탁업 등 여섯 가지로 분류하였고, 금융투자업에 종사하는 회사를 위 영업의 종류에 따라 투자매매업자·투자중개업자·집합투자업자·투자자문업자·투자일임업자·신탁업자로 분류하여 각각 담당하도록 하고 있다.

자본시장법은 금융투자업에 종사하고자 하는 회사로 하여금 인가업무단위별로 자본금 5억원 이상, 투자자문업·투자일임업의 경우 등록단위별로 자본금 1억원 이상 시행령에서 정한 금액 이상의 자기자본을 갖추도록 하고 있다. 또한 금융회사의 종류에 관계없이 동일한 금융기능을 영위하는 경우에는 동일한 규제를 적용하도록 하는 기능별 금융규제제도를 채택하였다. 따라서 자본시장법 적용 이후에는 법 통합 이전에 개별 규제조항의 누락으로 존재하던 금융규제의 사각지대가 해소되게 되어 투자자보호에 만전을 기할 수 있게 되었다. 위 여섯 가지 금융투자회사에 해당하지 않은 자는 상호중에 금융투자업이라는 상호를 사용할 수 없다. 또한 기존의 증권회사 등은 굳이 상호를 금융투자회사로 변경하지 않고, 종래의 증권회사라는 상호를 그대로 사용하여도 무방하도록 유예하고 있다.

## 2. 금융투자상품에 대한 규제

자본시장법은 금융투자상품을 효율적으로 규제하기 위하여 금융투자회사가 취급하는 상품을 금융투자상품으로 보아 규제하고 있으며, 종래 증권거래소법 등이 증권 또는 파생상품에 해당하는 상품을 한정적 열거주의에 의해 제한함으로써 신생상품의 진입을 막아 불편하던 제도를 변경하여 금융투자회사들이 새롭게 개발하여 내놓은 상품을 규제대상으로 할 수 있도록 포괄주의로 제도를 바꾸었다. 따라서 새로이 개발되어 출시되는 금융투자상품도 이제는 모두 자본시장법의 규율대상이 되게 되었다. 이러한 금융투자상품으로 인정되려면 ① 이익을 얻거나 손실을 회피할 목적으로, ② 현재 또는 장래 특정한 시점에 금전 등을 지급하기로 약정하여 얻게 되는 권리로서, ③ 원본손실가능성, 즉 투자성 등의 요소를 갖추어야 한다(제3조).

## 3. 금융투자업의 범위확대 및 겸업 허용

### (1) 금융투자업의 겸업 허용

자본시장법은 금융투자회사가 투자매매업·투자중개업·집합투자업·투자자문업·투자일임업·신탁업 등 여섯 가지 금융투자업을 모두 겸영할 수 있도록 허용하고 있다(제12조). 이에 따라 금융투자회사가 모든 금융상품에 대한 영업을 할 수 있게 되어 대형 금융투자회사가 출현하여 세계적으로도 금융시장 경쟁이 가능하게 될 것으로 기대된다.

### (2) 금융투자업자의 다른 금융업무 겸업 허용

자본시장법은 금융투자회사로 하여금 보험대리점 업무·보험중개사 업무를 겸업할 수 있도록 허용하고 있고(보험업법 제91조), 투자매매업 및 투자중개업에 종사하는 금융투자회사로 하여금 금융결제원의 소액결제시스템에 참가하여 투자자의 투자자예탁금의 결제업무·송금업무·수시입출금업무 등 지급결제서비스업무를 겸업할 수 있도록 허용하고 있고(자본시장법 제40조 제4호), 또한 투자자의 보호 및 건전한 거래질서를 해할 우려가 없는 업무로서 시행령에서 정한 금융업무를 겸업할 수 있도록 허용하고 있다(제40조).

### (3) 부수업무의 포괄적 허용

자본시장법은 금융투자업이 아닌 업무로서 금융투자업에 부수되는 업무를 금융투자업무의 부수업무로 규정한 뒤, 원칙적으로 금융투자회사가 이러한 금융투자업에 부수되는 모든 업무를 영업할 수 있도록 허용하고 있다(제41조). 다만 금융투자회사는 이런 부수업무를 하려면 해당 업무개시 7일 전까지 금융위원회에 신고하여야 한다(제41조).

### (4) 집합투자업의 대상자산 확대

자본시장법은 폐지된 간접투자자산운용업법상의 간접투자를 집합투자로 개정하여, 집합투자의 개념을 ① 2인 이상의 투자자로부터 자금을 투자받아, ② 투자자 등으로부터 일상적인 운용지시를 받지 않고, ③ 그 투자금으로 재산적 가치 있는 투자대상자산을 취득·처분 또는 그 밖의 방법으로 운용하고, ④ 그 결과 얻은 이익을 투자자 등에게 배분하여 귀속시키는 것이라고 정의하였다(제6조 제5항). 위 ③과 관련하여 폐지된 간접투자자산운용업법이 간접투자기구의 투자대상자산의 범위를 투자증권, 장내파생상품 또는 장외파생상품, 부동산, 실물자산으로 제한적으로 열거하고 있던 것을 개정하여 "재산적 가치가 있는 투자대상자산"이라고 포괄적으로 규정함으로써 집합투자기구가 운용할 수 있는 대상자산을 대폭 확대하였다(제6조 제5항). 그 결과 금융투자회사의 업무범위가 확대되고 집합투자기구(펀드)의 종류별로 제한되고 있던 투자대상자산의 운용방법에 대한 제한도 완화되어 증권·부동산·특별자산·혼합자산·단기금융자산에 대한 운용방법의 선택폭이 넓어졌다(제229조).

그리고 자본시장법은 폐지된 간접투자자산운용업법이 간접투자기구로 투자신탁·주식회사(mutual fund)·합자회사(Private Equity Fund, 사모투자전문회사)로 한정하고 있던 것을 개정하여, 국내에서 설립 가능한 모든 형태의 기구, 예를 들어 회사형태(주식회사·유한회사·합자회사·유한책임회사)이든 상법상 익명조합형태이든 민법상 조합형태이든 상관없이 모두 집합투자기구로 인정함으로써 그들도 집합투자와 관련된 영업을 할 수 있도록 확대하였다.

### (5) 투자권유대행인제도의 도입

투자권유대행인(introducing broker)이란 금융투자회사가 투자권유영업을 하도록 위탁한 개인을 말한다. 자본시장법은 금융투자상품의 판매망 확충을 위하여 보험업에 있어서의 보험설계사, 증권업계의 증권투자상담사, 선물업계의 선물거래상담사, 자산운용업계의 수익증권취득권유인 등을 투자권유대행인으로 선정하여 투자권유업무를 대행하도록 허용하고 있다. 즉 투자권유영업을 할 수 있는 사람을 확대하여 금융투자업을 확장할 수 있도록 하고 있는 것이다.

문제는 투자권유대행인제도가 도입됨에 따라 그들의 불법행위 등 금융사고로 인하여 투자자가 피해를 보는 일이 없도록 하기 위하여 자본시장법은 투자권유대행인에 대하여 체약대리행위의 금지, 금전수취의 금지, 투자권유대행의 재위탁 금지 등 각종의 의무를 부과하였다(제52조).

## 4. 투자자 보호

### (1) 이해상충행위의 금지

**1) 신의성실 및 선관주의의무** 자본시장법은 금융투자업의 겸업을 허용하여 금융투자회사의 업무범위가 확대됨에 따라 금융투자회사와 투자자간, 투자자와 다른 투자자 간의 이해상충(conflicts of interests) 우려가 많아짐에 따라 이를 방지하기 위하여 금융투자업자의 신의성실의무(제37조), 집합투자업자의 선관의무 및 충실의무(제244조)를 규정하였다.

또한 자본시장법은 금융업자별 대표적 이해상충행위로 자기계약·선행매매(front running)·과당매매·기타 인수 관련 이해상충행위 등을 유형화하여 이를 직접 금지시키고 있다.

**2) 정보교류의 차단** 금융투자회사가 영위하는 금융투자업간에 이해상충발생 가능성이 있으면 ① 금융투자상품의 매매에 관한 정보를 제공하는 행위, ② 일정 업무간 임직원의 겸직행위, ③ 사무공간 및 전산설비의 공동이용 등의 행위가 제한된다(제45조).

**3) 이해상충의 관리** 금융투자회사는 이해상충 방지를 위한 내부통제기준을 설정해야 하고, 이해상충발생 가능성이 있으면 그 사실을 미리 해당

투자자에게 알려야 할 의무가 있으며, 투자자보호에 문제가 없는 수준으로 그 이해상충 가능성을 낮춘 후에라야 매매 기타 거래를 할 수 있다. 금융투자회사는 이해상충발생 가능성을 낮추는 것이 곤란하다고 판단되는 경우에는 매매 기타 거래를 단념하여야 한다(제44조). 그리고 금융투자업의 영위와 관련하여 계열회사 등과도 이해상충이 발생하지 않도록 하여야 한다.

### (2) 일반투자자의 보호 강화

1) **적합성의 원칙** 자본시장법은 일반투자자와 전문투자자로 투자자를 구분하고 있다(제46조 제1항). 금융투자회사는 전문지식이 부족하여 투자위험성이 높은 일반투자자를 보호하기 위하여 적합성의 원칙을 따라야 한다. 즉 금융투자회사는 일반투자자에게 투자권유를 하기 전에 면담·질문 등을 통하여 일반투자자의 투자목적·재산상황 및 투자경험 등 투자자의 특성정보를 파악하여 그 내용에 대한 일반투자자의 서명확인 등을 받아 두어야 한다. 그리고 일반투자자에게 투자권유를 하는 경우에는 그 특성에 비추어 적합하다고 인정되는 투자권유를 하여야 한다(제46조).

2) **설명의무** 금융투자회사는 일반투자자를 상대로 투자권유를 하는 경우에는 금융투자상품의 내용, 투자에 따르는 위험, 그 밖에 시행령으로 정한 사항을 일반투자자가 이해할 수 있도록 설명한 후 일반투자자가 그 설명한 내용을 이해하였음을 확인하는 투자자의 서명을 받아 두어야 하며, 투자자의 합리적인 투자판단 또는 해당 금융투자상품의 가치에 중대한 영향을 미칠 수 있는 중요사항을 거짓으로 설명하거나 의도적으로 누락하여서는 아니 된다(제47조).

3) **손해배상액 추정** 금융투자회사는 설명의무를 위반하여 투자자에게 손해가 발생한 때에는 그 손해를 배상할 책임이 있으며, 일반투자자의 지급총액에서 회수총액을 공제한 금액이 그 손해액으로 추정된다(제48조).

4) **부당권유금지** 금융투자회사는 투자권유를 할 때 거짓 내용을 알리거나, 단정적 판단을 제공하거나 확실하다고 오인하게 할 소지가 있는 내용을 알리거나, 투자자로부터의 투자권유요청을 받지 아니하고 방문·전화 등 실시간 대화방법을 이용하여 권유하거나, 그 밖에 투자자보호 또는 건전한 거래질서를 해할 우려가 있는 행위를 하여서는 아니 된다(제49조). 금융투자상

품에 대한 투자광고를 할 때는 상품내용과 투자위험 등에 관한 내용을 포함시켜서 광고해야 한다(제57조).

**5) 기타 의무** 금융투자회사는 그 외에도 건전영업질서 유지를 위하여 매매형태의 명시의무(제66조), 자기계약 금지(제67조), 임의매매의 금지(제70조), 불건전영업행위의 금지(제71조) 등의 의무를 부담한다.

### (3) 불공정거래규제 강화

**1) 내부자거래금지** 내부자거래(inside trading)라 함은 상장기업 및 코스닥상장기업의 내부자가 직무와 관련하여 지득한 일반인에게 공개되지 아니한 중요한 내부정보(inside information)를 이용하여 당해 상장기업의 특정 금융상품을 매매하는 것을 말하는데, 자본시장법은 이를 금지하고 있다(제174조). 내부자에는 해당 기업의 임직원·주요주주(100분의 10 이상 주주), 당해 법인과 같은 기업내부자, 권한행사와 관련하여 정보를 지득할 위치에 있는 자 및 계약의 체결 및 이행과 관련하여 정보를 지득할 위치에 있는 준내부자, 제1차적 정보수령자, 미공개정보에 접근할 수 있는 계열회사의 임직원과 당해 법인과 기업의 인수합병(M&A) 등의 계약체결을 교섭 중인 자 등이다(제174조).

내부자거래금지 대상증권에는 주권, 신주인수권증서, 사채, 전환사채·신주인수권부사채·이익참가부사채·교환사채 등 주식관련사채 및 예탁증권·교환사채권과 이들을 기초자산으로 하는 금융투자상품 등이 포함된다(제174조). 이용하는 미공개중요정보는 투자자의 투자판단에 중대한 영향을 미칠 수 있거나 주가에 큰 영향을 미칠 수 있는 중요한 정보로서 불특정 다수인이 알 수 있도록 공개되지 아니한 정보를 말한다. 예를 들면 증권발행업체의 부도, 은행거래정지, 영업양도, 합병, 자기주식의 취득, 증자 및 감자 등 당해 법인의 경영 및 재산에 중대한 영향을 미칠 사실정보 등이다(제161조). 그런데 자본시장법은 미공개내부정보가 아니더라도 시장정보(market information)로서 주가에 큰 영향을 미치는 공개매수 관련 정보 및 상장기업의 경영권에 영향을 줄 가능성이 있는 주식 등의 대량취득·처분 관련 정보도 중요정보에 포함시키고 있다(제174조).

또한 내부자는 자신에게 불공정거래행위로 인정되는 행위를 스스로 및 타인에게 이용하게 해서는 안 된다. 이를 위반하면 10년 이하의 징역 또는 그 위반행위로 얻은 이익 또는 회피한 손실액의 2배 이상 5배 이하에 상당하는 벌금에 처해지고 피해자에 대하여는 손해배상책임을 진다(제175조). 다만, 그 위반행위로 얻은 이익 또는 회피한 손실액이 없거나 산정하기 곤란한 경우 또는 그 위반행위로 얻은 이익 또는 회피한 손실액의 5배에 해당하는 금액이 5억원 이하인 경우에는 벌금의 상한액을 5억원으로 한다(제443조 제1항).

**2) 단기차익반환** 자본시장법은 상장법인의 전통적 내부자인 임원·직원·주요주주가 당해 법인의 특정 금융투자상품을 매수한 후 6월 이내에 매도하거나 매도한 후 6월 이내에 다시 매수하여 얻은 이익이나 회피한 손실을 당해 법인에 반환하는 소위 단기차익반환제도를 규정하고 있다(동법 제172조). 자본시장법은 단기차익반환의 규제대상증권을 당해 법인의 발행증권(주권·신주인수권증서·전환사채·신주인수권부사채·이익참가부사채·교환사채 등) 이외에도 예탁증권·교환사채권 및 이들을 기초자산으로 하는 금융투자상품으로 확대하였다.

**3) 시세조종행위 규제** 시세조종행위라 함은 상장증권 또는 장내파생상품의 매매에 관하여 그 매매가 성황을 이루고 있는 듯이 오인시키거나 타인에게 그릇된 판단을 하게 할 목적으로 증권시장이나 파생상품(선물)시장에서 가격이나 거래동향을 조작하는 행위를 말한다(제176조). 통상 시세조작 혹은 작전이라는 말이 통용되고 있다. 시세조종행위는 내부자거래 못지않게 거래의 공정성을 훼손하여 이를 알지 못한 투자자들에게 커다란 손해를 끼치고 있는 전형적 불공정행위로, 이에는 ① 위장거래에 의한 시세조종행위(통정매매 matched order), ② 현실거래에 의한 시세조종행위, ③ 허위표시에 의한 시세조종행위, ④ 위법한 안정조작행위 또는 시세조종행위 등이 있다.

뿐만 아니라 자본시장법은 선물과 현물시장의 양 방향 간 현·선물연계 시세조종행위, 파생결합증권과 그 기초자산인 증권 간의 방향 연계 시세조종행위도 금지하고 있다. 이에 따라 현물에서 이익을 얻기 위하여 KOSPI 200 주가지수의 핵심적 구성주식을 대량매도하여 지수를 떨어뜨리거나, 현물시장에서의 거래로부터 이익을 얻기 위하여 다른 선물시장의 상품가격이나 가치를 인위적으로 조종하는 행위도 시세조종행위로 금지된다. KOSPI 200 주가지수라 함은 한국거래소 유가증권시장에 상장된 주식종목 중에서 대표적인 200 종목을 구성종목으로 하여 1994. 6. 15.를 기준시점으로 하여 시가총액식으로 산출하는 주가지수를 말한다.

시세조종을 한 자는 10년 이하의 징역 또는 그 위반행위로 얻은 이익 또는 회피한 손실액의 2배 이상 5배 이하에 상당하는 벌금에 처해지고 피해자에 대하여는 손해배상책임을 진다(제175조). 다만, 그 위반행위로 얻은 이익 또는 회피한 손실액이 없거나 산정하기 곤란한 경우 또는 그 위반행위로 얻은 이익 또는 회피한 손실액의 5배에 해당하는 금액이 5억원 이하인 경우에는 벌금의 상한액을 5억원으로 한다(제443조 제1항).

4) **부정거래행위 등의 금지** 금융투자상품의 매매(증권의 경우 모집·매출·사모를 포함한다), 그 밖의 거래와 관련하여 ① 부정한 수단, 계획 또는 기교를 사용하는 행위, ② 중요사항에 관하여 거짓의 기재 또는 표시를 하거나, 타인에게 오해를 유발시키지 아니하기 위하여 필요한 중요 사항의 기재 또는 표시가 누락된 문서, 그 밖의 기재 또는 표시를 사용하여 금전 등 재산상의 이익을 얻고자 하는 행위, ③ 금융투자상품의 매매, 그 밖의 거래를 유인할 목적으로 거짓의 시세를 이용하는 행위가 금지된다. 또한 금융투자상품의 매매, 그 밖의 거래를 할 목적이나 그 시세의 변동을 도모할 목적으로 풍문의 유포, 위계(僞計)의 사용, 폭행 또는 협박을 하여서는 아니 된다(동법 제178조).

이는 미국 증권거래법(SEA 1934) Sec. 10(b)와 증권거래위원회(SEC) rule Sec. 10b-5의 법리를 도입하여 일반적인 증권사기에 관한 포괄적 금지조항(anti fraud clause)을 규정한 것으로서, 이는 내부자거래 및 시세조종에 속하지 않는 시장질서 교란행위에 대하여 적용된다. 이에 위반한 자는 그 위반행위로 인하여 금융투자상품의 매매 기타 거래를 한 자가 그 매매 기타 거래와 관련하여 입은 손해에 대해 배상할 책임을 지며(동법 제179조), 내부자거래 및 시세조종행위 위반에서와 같은 형사책임(동법 제443조 제1항)도 부담한다.

5) **공매도의 제한** 공매도(short sale)라 함은 상장증권(주식관련사채, 지분증권, 수익증권, 파생결합증권, 이들 관련 예탁증권)을 소유하지 아니하고서도 이를 매도하거나 또는 차입한 상장증권으로 결제하는 매도를 말한다. 자본시장법은 누구든지 증권시장에서 공매도 및 그 위탁 또는 수탁을 금지하고 있다(제180조). 다만, "차입공매도"라 하여 증권시장의 안정성 및 공정한 가격형성을 위하여

대통령령으로 정하는 방법에 따르는 경우에는 이를 할 수 있다(제180조 단서).

## 5. 기타 임직원매매·일임매매의 허용 등

자본시장법은, 폐지된 증권거래법이 임직원매매, 즉 증권회사의 임직원이 자기계산으로 하는 금융투자상품의 매매를 금지하고 있던 것을 변경하여, 금융투자회사의 임직원이 자기명의로 하는 금융투자상품 매매를 원칙적으로 허용하고 있다. 그러면서도 소속 투자중개업 영위회사에 1인 1계좌만을 개설토록 하여 분기별로 그 매매명세를 소속회사에 제출하도록 하였다(제63조). 또한 자본시장법은, 폐지된 증권거래법이 엄격하게 제한하였던 일임매매제한을 폐지하여, 금융투자회사가 투자일임업을 등록한 경우에는 일임매매를 할 수 있도록 허용하였다. 따라서 금융투자회사는 수량·가격·매매시기 및 증권의 종류·종목·위탁매매 등의 매매방법까지 일임받아 일임거래를 할 수 있게 되었다(제6조 제7항).

# 제 7 장 행정법

# CHAPTER 07 행정법

## 제 I 절 행정법학의 정의

### I. 서 론

**행정법은 국가기관인 행정조직과 그 구성원이라 할 수 있는 국민 사이에서 발생하는 공적 기능 중 행정행위를 규율하는 법률관계**라 할 수 있다. 즉 국가기관은 대한민국 헌법에 의해 입법부, 행정부, 사법부로 3권분립이 이루어져 있는데, 그 중 행정부가 국민에 대한 공적 업무를 수행하는 것에 대한 법률관계를 규율하기 위한 법이 행정법 분야라고 할 수 있다. 그렇지만 행정법은 민법이나 형법처럼 고유의 행정법이라는 이름의 성문법을 가지고 있지 않으며, 지방자치법·공무원법·경찰법을 비롯한 질서행정법·급부행정법·사회보장행정법·경제행정법·환경법·공용부담법·재무행정법·군사행정법·건축 및 토지법·도로교통법 등 **다양한 형태의 개별 법규의 총체적 집합을 일컫는 특징**을 가지고 있다. 이러한 분야도 복지국가 및 적극적 국가의무의 확장에 따라 개별 분야의 내용도 점차 세분화되어 가고 있는 특수한 법영역이라 할 수 있다. 경찰, 소방, 각종 세무, 국방 등 다양한 형태의 국가

행정관청을 중심으로 하여, 그러한 국가**행정관청의 조직**이 어떻게 되어 있는지, 그들이 **어떤 행정업무를 수행**하는지, 그러한 **수행의 결과 국민들은 어떠한 권리와 의무**를 가지며, 그러한 행정행위로 인한 **국민의 권리가 침해될 경우 이를 어떻게 구제받을 수 있을 것인지** 등에 대하여 다루고 있는 법이 행정법 분야라고 할 수 있다. 다만 국가행정관청 중 입법과 사법에 관한 것은 별도로 국회나 대법원 등의 국가기관이 담당하고 있고, 이 영역은 행정법 영역에서 배제하는 것이 일반적이기 때문에, 본장에서는 행정부 산하의 전형적 행정작용을 중심으로 하여 사회의 안녕과 질서를 유지하는 공익적 행정행위를 중심으로 살펴보기로 한다. 따라서 행정작용은 입법작용이나 재판작용과 달리 보다 **구체적이며 사회형성을 위한 적극적인 국가작용**으로 기능한다. 뿐만 아니라 오늘날 국가는 날로 그 기능과 업무영역이 확대되어 가고 있기 때문에 그 업무 수행과 관련하여 행정작용의 법적 형식, 행정작용의 실효성 보장, 위법·부당한 행정작용으로 인하여 권익을 침해당한 개인에 대한 권리구제 방법 등의 법체계가 필요하게 되었고, 행정법은 이러한 영역을 총괄적으로 다루는 법분야라고 할 수 있다. 그러다 보니 한편으로는 민법이나 형법처럼 체계적이지 않은 특징이 있고, 각 개별법이 추구하는 가치와 그 규율대상에 따라 각각 독립적 특성을 가지고 있음을 인정하지 않을 수 없다. 그러면서도 이를 전체적으로 조화시켜 나가야 하는 어려운 분야라고 할 것이다. 더 나아가 행정법은 단순히 행정작용과 관련된 실정법 해석이나 평가만을 그 목적으로 해서는 아니 되며, 현행 행정제도의 문제점을 파악하고, 이를 올바른 방향으로 개선할 수 있도록 입법정책적인 방향제시도 그 과제로 삼고 있음을 명심해야 한다.

일반적으로 행정법은 강학상 행정조직·행정작용·행정의 실효성보장·권리구제와 관련하여 일반적인 행정법의 원칙에 관한 행정법 총론과 개별 분야를 다루는 행정법 각론으로 나누어져 있다. 행정법 각론은 다시 행정관련 법규의 규율대상에 따라 다양하게 세분화되는 현상을 나타내고 있다. 예를 들어 재정법 분야의 경우 국가예산법·국가부채법·조세법을 비롯한 공과금법 등으로 세분되고 있고, 환경법 분야도 강학상 환경법의 일반원칙에 관한 총론과 원자력법·폐기물법·수자원법·대기환경법·독극물법 등 개별 분야로 다시 세분되고 있다. 따라서 행정법은 그 대상 범위가 계속 확대되고 있어 이를 일시에 학습하기에는 많은 어려움이 있지만, 기본적 이론을 습득하게 되면 일상생활을 해 나감에 있어 많은 유익을 주는 법분야라고 할 수 있다.

## Ⅱ. 공법과 행정법

행정상 법률관계는 두 가지로 분류할 수 있는데, 그 중 하나는 공권력을 행사하는 **행정주체 상호간의 권리·의무관계**이고, 다른 하나는 국가나 지방자치단체와 같은 **행정주체와 일반국민 사이의 권리·의무관계**이다. 이 경우 국민은 행정주체인 행정기관과의 관계에서는 행정객체로 취급되는 경우가 일반적이다. 이렇게 공권력의 주체인 행정기관과 그 객체인 국민 사이는 마치 헌법처럼 국가와 국민 간의 권리·의무관계가 형성되는 경우가 일반적이기 때문에 수직관계인 경우가 대부분이다. 즉 국가가 세금을 부과하면 국민은 자신의 재산으로 그 세금을 납부하여야 하며, 만일 이를 이행하지 않게 되면 체납처분에 의해 자신의 재산에 대한 국가의 강제집행을 수인해야 하며, 국가의 건축불허가처분이 있게 되면 건축할 수 없게 되는 불이익을 감수해야 하는 것이다. 반대로 만일 국민이 적법하게 건축허가를 취득하였다면 행정기관은 이를 방해할 수 없는 권리·의무관계가 생긴다고 하겠다. 이 경우 건축주인 국민은 적법한 허가를 통하여 취득한 건축과 관련하여 일체의 방해나 침해행위의 제거 또는 예방을 요구할 수 있는 권리를 취득하게 되며, 행정청과 다른 이해관계인은 건축주의 건축행위를 방해하지 않아야 할 의무를 부담하게 된다.

이처럼 행정기관과 국민 사이에 수직관계가 형성되다 보니, 현대행정법은 헌법의 근본이념이라고 할 수 있는 법치주의원리·민주주의원리·사회국가원리 등을 구체적으로 실현하는 기능을 수행하게 된다. 그리하여 흔히 **행정법은 헌법의 구체화법으로 기능**하게 되기 때문에 행정법은 헌법에 종속되는 관계가 성립하게 된다. 다만 헌법상의 법률관계는 재산권의 보호 및 그 행사, 납세의 의무처럼 비교적 추상적인 권리·의무관계로 나타나 프로그램적 성질을 가지는 경우도 있지만, 행정법 분야는 구체적인 권리·의무관계를 규율하고 있기 때문에 건축허가나 조세부과 등의 행정행위는 건축법·도시계획법·소득세법 등 개별 법규에 의한 구체적인 권리·의무관계로 나타나는 성질을 가지고 있다. 특히 행정법 분야는 헌법에 비추어 보다 전문적이고 기술적인 법률관계를 다루는 경우가 일반적이기 때문에 헌법의 이념을 그대로 구체화하는 데에는 일정한 한계가 있을 수밖에 없다. 즉 재정능력, 경제능력, 생활수준 등 다양한 요소를 고려하여 가장 적절한 최선의 방법을 찾아야 하는 근본적인 한계가 있기 때문이다. 그런 까닭에 행정법은 헌법에 종속되어 있으면서도 어느 정도 독자성을 갖는다고 할 수도 있다. 독일 행정법의 아버지로 칭해지는 오토 마이어(Otto Mayer)의 "헌법은 사라지나 행정법은 존속한다(Verfassungsrecht vergeht, Verwaltungsrecht besteht)"라는 말에서 알 수 있는 것처럼, 헌법과 행정법은 같은 가치를 추구하면서도 헌법의 이념을 행정법을 통해 실현하는 데에는 어느 정도 현실적 한계가 존재할 수밖에 없고, 그 범위 내에서 국가의 재정능력, 국가조직의 정도, 국민의식수준 등을 고려하여 합리적인 제한이 따를 수밖에 없다.

이리하여 국가와 국민, 국민 상호간의 수평적 법률관계를 다루는 민법이나 상법과 같은 사법체계와 달리, 헌법과 더불어 행정법은 국가와 국민 사이의 수직적 법률관계를 다루는 공법체계에 속한다고 하겠다.

## Ⅲ. 행정법의 발달과정

우리 법체계는 불문법국가인 영미법체계가 아니라 **성문법국가인 대륙법체계**라 할 수 있다. 행정법은 행정법의 모국이라고 할 수 있는 대륙법체계 국가인 프랑스에서 가장 먼저 발달하였다고 할 수 있다. 즉 프랑스에서는 일찍부터 강력한 왕권이 확립됨에 따라 행정제도가 발전하게 되었고, 다른 국가권력에 비해 행정의 독자성과 우월성을 보장받았던 것이다. 그러다 보니 **행정사건에 대한 재판권을 일반법원이 아닌 행정부 소속인 국사원**(Conseil d'Etat)**이 행사**하기에 이르렀다. 그렇지만 다행스럽게도 국사원은 행정부 소속인 행정법원이었음에도 불구하고 행정의 능률성보장과 개인의 권리보호를 적절히 조화시키는 행정판례를 축적하여 서로 상반된 가치의 충돌을 완화시키는데 기여한 바가 대단히 컸다. 즉 국사원은 행정부의 권한을 제한하면서도 국민의 권리를 보호하는데 앞장섬으로써 프랑스 행정법의 발전을 주도하였던 것이다. 특히 국사원은 19세기 후반경 공역무(service public) 개념을 정립하였는데, 이를 통해 종래 프랑스 행정법이 국가와 개인 간의 행정법관계에 대해 국가의 우월적 지위를 인정하여 국가가 개인에게 명령하거나 강제하는 질서행정작용에 치우치던 것에서 더 나아가, 국민들의 생존에 필요한 공공적 서비스나 재화 공급의 필요성도 행정법의 중요영역으로 인식하여 이를 비권력적 공역무라 하여 국사원의 관할대상으로 삼았다. 그렇게 함으로써 행정작용의 범위가 넓어지게 되어 중요성이 커지게 되었고, 자연스레 비권력적인 공역무도 공법관계의 한 유형으로 자리매김하게 되었던 것이다. 따라서 국사원의 판례를 통해 국가와 국민의 행정상 법률관계는 전통적인 권력관계와 비권력적인 공역무관계로 편성되게 되었다.

국사원이 공역무를 자신의 관할대상으로 삼게 된 계기는 프랑스권한재판소가 1873년 선고한 소위 블랑꼬판결이라 할 수 있다. 프랑스의 보르도지방에서 살던 블랑꼬라는 소년이 보르도연초공장 소속직원이 운전하던 연초운반차에 치어 부상을 입게 되자 그의 아버지가 보르도민사재판소에 그 직원 및 국가를 공동피고로 하여 프랑스 민법 제1382조에 의한 손해배상청구소송을 제기한 것에 대하여 관할법원을 어디로 할 것인가에 대한 다툼이 있게 되었는데, 프랑스권한법원은 담배의 공급업무는 사기업 활동과 유사한 성격이 없는 것은 아니나 그것은 국가재정을 확보하기 위한 것으로 국가가 공권력행사를 통해 관리하고 있으므로 다른 공공역무와 마찬가지로 공공역무에 속한다면서, 그렇다면 담배생산 및 판매와 같은 업무는 공역무에 속하므로 국사원의 재판관할에 속한다고 하였다. 그 이후 공역무가 행정법원인 국사원의 관할사항이 되면서, 전통적인 권력관계뿐만 아니라 비권력적인 공역무관계도 행정법의 지배대상이 됨으로써 행정법 판례의 발달이 이루어졌다고 할 것이다. 이러한 이론은 더욱 확대되어 국가가 설치·운영하는 철도 및 발전시설 등으로 인하여 개인이 손해를 입은 경우에도 행위자의 고의·과실 등 주관적 책임요소와 관계없이 국가가 손해배상책임을 져야 한다는 소위 위험책임의 법리로 발전하게 되어 국가배상법이론의 토대가 되기도 하였다.

또 다른 대륙법체계국가인 독일에서도 17·18세기 절대주의시대를 거치면서 근대적 의미의 행정행위 개념이 성립하였지만, 국가행정권의 행사는 주로 상비군 및 관료제 유지를 위한 재정적·정치적 분야에 집중되어 권력행사에 중점이 주어졌기 때문에 법적 구속과 통제는 제대로 이루어지지 않았고, 다음 세기에 들어와서야 행정법체계 및 이론이 정비되기에 이르렀다. 즉 시민적 법치국가 혹은 자유주의적 법치국가시대로 평가되는 19세기에 이르러 부르주아시민계급이 군주로부터 경제적 자유를 획득하게 됨에 따라 정치적 통치로부터 경제적 자율성이 분리되어 독자적 권리로 인정되게 되었고, 이로 인하여 국가권력의 간섭배제라는 자유방임주의 내지 보이지 않는 손에 의한 시장경제 등의 용어가 발달하게 되었다. 그 결과 군주를 정점으로 하는 국가권력은 국가라는 통치조직을 운영함에 있어 시민계급으로 상징되는 국민들로부터 조세 등을 징수하기 위해서는 시민계급의 대표기관인 의회가 제정한 법률의 근거가 필요하게 됨에 따라 소위 국가와 시민사회라는 이원론적 대립 및 균형관계가 구축되게 되었다. 즉 조세법률주의나 죄형법정주의에 의해 군주가 시민에게 조세를 부과하거나 형벌을 가하기 위해서는 의회가 법률을 통해 동의해 주어야만 한다는 법치주의가 확립된 것이다.

이러한 헌법적 원리들이 확립됨에 따라 19세기에는 법률의 유보와 기본권보장이라는 법치주의가 확립되기에 이르렀다. 이러한 원칙이 확립되는 데는 1869년에 제정된 영업법(Gewerberecht)이 크게 기여하였다고 할 수 있다. 영업법은 국민에게 광범위한 개인의 영업자유를 보장하는 한편 경제활동에 대한 국가규제를 필요 최소한의 범위로 축소하였던 것이다. 이처럼 행정법에 대한 법치주의원리가 확립됨에 따라 독일 행정법의 아버지로 불리우는 오토 마이어(Otto Mayer)는 그의 저서 『독일 행정법(Deutsches Verwaltungsrecht)』에서 행정행위론을 중심으로 하는 자유주의적 법치주의 행정법이론을 총정리하여 법학계와 법원의 판결에 많은 영향을 미치게 되었다. 독일은 19세기 후반부터 각 란트(Land)에 행정재판소를 설치하여 행정사항을 관할하도록 하였고, 점차 행정 관련 판례가 축적됨에 따라 행정법은 기하급수적으로 발전하게 되었다. 특히 프로이센고등행정재판소가 가장 획기적인 행정법 관련 판례들을 선고하였다.

그런데 문제는 19세기의 자유주의 내지 방임주의 사상은 행정부의 권력 확장으로 이어졌고, 입법부 및 사법부의 권한이 축소됨에 따라, 통법부에 불과하게 된 입법부가 국민의 기본권을 보장하고 헌법의 기본이념들을 제대로 반영하지 못한 내용의 성문법을 양산하게 되었고, 국회 통과라는 형식적 요건만 갖춘 악법들이 그 내용의 비민주성·위헌성에도 불구하고 행정부의 통치수단으로 남용되기에 이르렀다. 결국 바이마르공화국의 붕괴로 이어져 나치시대(1933년~1945년)라는 전제주의 국가체제를 거치면서 행정권의 남용으로 인한 국민의 기본권이 침해되는 사태가 발생하게 되었다. 제2차세계대전 이후 독일은 1949년 현재의 독일기본법을 제정하였고, **독일기본법은 19세기의 잘못을 되풀이하지 않기 위해 시민적 자유와 함께 실질적 평등 및 사회정의를 실현하고자 사회적 법치국가**(sozialer Rechtsstaat)**를 지향**하기에 이르렀다. 뿐만 아니라 헌법상 국민의 기본권에 대하여 모든 국가권력을 직접적으로 구속하는 효력을 부여함으로써 소위 특별권력관계·자유재량행위와 같은 19세기의 행정편의주의는 더 이상 발을 붙일 수 없게 되었다. 이처럼 독일기본법이 지향하는 가치가 변함에 따라 행정법 역시 많은 변화가 있게 되었는바, 행정작용도 질서행정이나 침해행정에서 국민의 생존권 보장을 위한 급부행정과 유도행정으로 이동하게 되었다. 또한 행정법이론 역시 행정법관계에서 개인의 기본권이 존중받게 됨에 따라 개인적 공권의 확대, 공법상 계약의 인정, 재량의 한계설정, 행정절차에 참여하는 국민의 권리보장 등에 관한 이론들이 정립되기에 이르렀고, 독일연방행정법원도 판례를 통해 **신뢰보호의 원칙, 비례의 원칙, 평등의 원칙 등을 행정법의 일반원칙으로 확립**하기에 이르렀다.

우리나라는 이러한 대륙법계의 영향을 받은 일본으로부터 현대적 의미의 행정법체계를 상당부분 받아들였다. 그리하여 현재의 대한민국헌법이 추구하고 있는 국민의 기본권보장 및 재산권 보장, 나아가 사회복지국가의 실현을 위한 각종 행정법 관련 분야의 발전을 가져와 국가적 필요에 의해 선도적으로 행정법분야를 발전시켜 나가고 있다고 하겠다.

## 제2절 행정법의 기초이론

### Ⅰ. 행정과 법치주의

현대적 의미의 행정은 국가의 권력분립이론에 의해 행정부가 주로 담당하여 왔다. 계몽주의시대를 거쳐 루소와 로크 및 몽테스키외 등에 의해 근대적 의미의 권력분립이론이 확립되었고, 이를 근거로 하여 현대적 의미의 헌법들이 서구사회에 정착되면서 비로소 **국가의 행정작용은 국민의 대표기관인 국회가 제정한 성문법에 근거하여 이루어져야 한다는 법치주의체제가 정비**되기에 이르렀다. 즉 국가권력기관은 국가권력을 자의적으로 행사할 수 없고, 국가의 권력분립에 따라 국회에서 제정된 법률에 근거한 법의 지배가 이루어져야 한다는 것이다.

19세기에 확립된 법치주의의 주요 내용으로는, 법률유보의 원칙과 법률우위의 원칙을 들 수 있다. 법률유보의 원칙이라 함은 국민의 재산권이나 신체의 자유 등을 제한하거나 의무를 부과하기 위해서는 반드시 의회가 제정한 법률에 근거가 있어야 한다는 것이고, **법률우위의 원칙이라 함은 모든 행정작용은 법률에 위반되어서는 아니 된다는 것**을 말한다. 구체적 형태로 형법상의 **죄형법정주의**, 조세법상의 **조세법률주의**가 이에 속한다고 하겠다. 다만 문제는 앞에서도 살펴본 바와 같이 19세기에는 **형식적 법치주의**에 머무르고 있어서 행정작용이 의회에서 제정된 법률에 근거하면 충분하다는 사상에 의해, 그 법률의 내용이 과연 기본권보장에 충실한 헌법정신에 부합하는가 하는 **실질적 법치주의**를 무시하고 있어 국민의 기본권이 실질적으로 침해되는 사례가 자주 발생하였다는 점이다. 뿐만 아니라 이러한 형식적 법치주의 하에서는 소위 특별권력관계라든지 자유재량행위 및 통치행위 등을 법으로부터 자유로운 행정작용영역으로 인정함으로써 법적 규제로부터의 사각지대를 인정하여 국민의 기본권이 제한되거나 재산권이 침해되는 사태가 발생하였다는 점이다. 그리하여 형식적 법치주의는 의회의 입법권에 의한 행정부의 통제가 어렵게 되어 통법부라는 오명을 얻게 되었고, 그 결과 **합**

**법을 가장한 실질적인 불법과 위법이 허용되는 형식적 법치주의의 모순이 발생**하게 되었다. 이러한 극명한 현상은 독일 나치시대의 **수권법**이라 할 것이다. 즉 히틀러 총통에게 모든 권리행사의 정당성을 부여함으로써 입법부의 기능이 무력화되고, 이를 통해 국민의 기본권이 침해되었을 뿐만 아니라 제2차세계대전이 정당시되는 **전제주의 국가체제가 대두**하게 되었던 것이다. 그리하여 **제2차세계대전 이후 형식적 법치주의에 대한 비판 및 반성의 결과 국가공권력행사는 실질적 법치주의에 근거하여야 한다는 사상적 변화**가 이루어지게 되었다. 실질적 법치주의는 국민의 기본권을 존중하고 헌법의 제 원리를 준수함으로써 개별 법률의 내용이 합헌성을 가져야 하고, 위헌적 요소를 가지고 있을 경우 위헌법률 여부를 판단할 수 있는 헌법재판제도를 필요로 하게 되었다.

따라서 법률유보의 원칙은 헌법상의 민주주의원리·법치국가원리·기본권보장원리에 의해 확립되게 되었는바, **민주주의원리**는 직접 국민에 의해 선출된 국회의원들로 구성된 정당성이 보장된 의회를 통해 국민의 권리·의무관계를 규율하는 법률이 제정되어야 하고, **법치주의원리**는 이렇게 제정된 법률에 근거하여 행정작용이 이루어져야 하며, **기본권보장원리**는 이러한 법률에 의해 기본권이 보장되어야 한다는 것이다. 뿐만 아니라 법치국가원리에 의해 국가와 국민의 법률관계는 자의적 법집행이 허용되지 않기 때문에 법률을 통한 지배가 이루어져야만 국민에 대한 공권력행사의 정당성 및 예측 가능성, 기대 가능성이 보장될 수 있다.

그렇지만 헌법상 보장된 국민의 기본권은 보장되는 것이 필요하지만 합리적 이유에 의해 제한될 수 있는데, 이 경우에도 오직 법률에 의해서만 가능하기 때문에 **법률유보의 원칙은 기본권보장에도 부합**한다고 하겠다. 문제는 공권력행사의 제한에 대하여는 법적 근거가 필요하지만, 모든 공권력 행사에 법적 근거를 요하는가 여부라 할 것인데, 이에 대하여는 **침해유보설·사회유보설·급부유보설·전부유보설·본질사항유보설** 등의 견해가 주장되고 있다. 즉 조세부과나 병역의무처럼 국민에게 의무를 지우는 공권력행사의 경우에는 엄격한 법적 근거를 요하지만, 국민의 문화적 생활을 보장하기 위해 학문과 예술을 진흥하거나 국가경제에 도움이 되는 기업에 조세감면 등의 혜택을 주기 위한 경우에도 반드시 법적 근거를 요하는가 등 법률유보의 범위를 결정하는 이론이 다양하게 주장되고 있다는 것이다.

**침해유보설**은 국민의 자유와 권리를 침해하는 부과적 공권력행사에는 법적 근거를 요하지만 국민의 법적 지위를 향상시키거나 유익을 주는 행정작용의 경우에는 굳이 법적 근거가 필요하지 않다고 보는 견해로, 침해행정작용에 대하여만 법적 근거가 필요하다고 하여 법률유보를 최소화하고 있는데 이는 19세기에 주로 주장된 법률유보이론으로 현재는 별로 지지를 받고 있지 못하다. **사회유보설**은 침해유보설의 범위를 포함하여 사회보장적 급부를 시행하는 행정작용의 경우에도 법적 근거가 필요하다는 이론이다. 이 견해에 따르게 되면 의료보험·연금보험과 같은 사회보험법 분야, 국가유공자예우 및 범죄피해자구조 등과 같은 사회보상법 분야, 생활보호법·재해구조법·아동복지법·노인복지법·모자복지법과 같은 사회부조 및 촉진법 분야 등의 행정작용의 경우에도 법적 근거를 요하게 되는데, 우리나라의 경우 이러한 분야에 대하여 대부분의 입법이 갖추어져 그 법적 근거를 제공하고 있다. **급부유보설**은 침해행정작용과 사회보장행정작용은 물론이고 공정한 국가적 급부가 이루어져야 하는 행정작용 분야에도 법적 근거가 필요하다는 이론이다. 급부행정작용의 영역은 사회보장적 급부 및 국민에 대하여 현물이나 금전을 급부하는 행정작용, 학교·도서관·국공립병원 등 공공시설을 제공하는 생존배려행정과 수도·전기·가스 등 국민생활에 반드시 필요한 재화 및 용역을 공급하는 공급행정이 해당된다. 우리나라의 경우 사회보장행정 분야와 마찬가지로 대부분의 급부행정작용도 대부분 법적 근거가 제도화되어 있기 때문에 **현재로서는 급부유보설이 법률유보의 원칙에 근접한 이론**이라 할 수 있다.

결국 행정작용은 어느 분야이든 자의적 행정집행을 허용하지 않고 그 법적 근거를 요한다고 하겠다. 이는 점차 국가행정작용의 범위와 필요성이 증대되고 있는 사회복지국가체제로의 전환이 이루어지고 있기 때문에 사회보장을 포함하여 국가의 모든 급부행정작용 역시 법률에 근거하여 그 요건 및 절차, 내용을 제도화함으로써, 이를 근거로 국민은 행정법상의 권리를 행사할 수 있는 권리를 보장받게 된다고 하겠다. 또한 국가의 급부행정작용이 이루어지게 될 경우 급부의 수혜를 받는 자가 있는 반면, 토지수용 등과 같이 불이익을 받는 자도 있게 되기 때문에 양자의 이익형량을 조절할 필요성이 있고, 급부행위의 공정성과 형평성 보장을 위해서도 급부의 요건 및 내용에 대한 법적 근거가 필요하게 된다. 이렇게 행정행위의 범위가 넓어지게 되면 장차 모든 행정작용에 대해 법적 근거가 필요하다는 전부유보설이 지지를 받을 가능성도 있으나, 이는 기술적·실질적으로 불가능하다. 왜냐하면 행정관청에서 이루어지는 모든 행위에 법적 근거를 요하게 되면 재량성이 침해되고 행정행위의 능률성을 도모하지 못하는 사태가 발생하게 되기 때문이다.

한편 **본질사항유보설**은, 앞서 살펴본 법률유보이론들이 주로 국민에게 수익적 행정작용인가 부과적 행정작용인가를 기준으로 법적 근거가 필요한가 여부를 논하는 이론임에 비추어, 해당되는 행정작용이 국민의 기본권실현과 관련하여 중요하면서도 본질적인 사항인가의 여부에 따라 법적 근거의 필요성 여부를 결정하여야 한다는 이론이다. 그러면서 본질사항유보설은 기본권실현의 방법을 종적인 면과 횡적인 면으로 나누어 살펴보려 한다. 즉 본질사항유보설은 법적 근거를 요하는 행정작용의 범위를 정함에 있어 그러한 행정작용이 국민의 기본권실현에 있어 중요하고도 본질적인 것인지 여부를 살펴보아야 한다는 것이다. 이러한 분야에 속하는 것으로 생수시판과 관련된 먹는물관리법이나 행정정보공개와 관련된 정보공개법 영역 등을 들 수 있다. 즉 생수시판을 허용할 것인지 여부를 국민의 기본권실현의 측면에서 검토함으로써 생수시판에 따른 지하수개발과의 이익 비교, 국민의 건강관리를 위한 행정당국의 관리 및 감독 필요성 여부 등을 결정하여야 한다는 것이다. 정보공개 역시 국가나 지방자치단체 등 행정관청이 보유한 정보를 국민이 공개할 것을 요구할 경우 어느 범위까지 공개할 것인지 여부 등을 법제화한 것이 정보공개법이라 할 수 있다. 이처럼 생수시판이나 정보공개 등은 종래의 법률유보이론으로 설명하기에는 한계가 있을 수밖에 없다. 왜냐하면 급부행정과 완전히 다른 생소한 영역이기 때문이다. 따라서 본질사항유보설은 생수시판 문제나 행정정보공개 문제는 국민의 중요한 기본권인 생명권이나 알 권리라는 보다 본질적 사항에 속하므로 이러한 분야를 규율하기 위하여 관련법이 제정되어야 하고, 그러한 행정영역 역시 행정작용의 범위에 포함시켜야 한다고 한다. 다만 이 이론이 안고 있는 문제는 과연 무엇을 국민의 기본권실현을 위한 본질적 사항이라고 규율할 것인지 여부가 분명하지 않다는 점이다. 그렇지만 본질사항유보설은 국민의 기본권실현을 위한 작용도 행정작용의 한 유형이 될 수 있고, 그렇다면 법적 근거를 필요로 한다는 점을 밝힌 점에 의의가 있다고 하겠다.

한편 본질사항유보설은 법률유보의 횡적인 면을 결정한 다음 종적인 면에서 다시 법률유보의 범위를 정하여야 한다고 한다. 즉 일단 횡적인 측면에서 법률유보의 범위가 확정되면 그 법률유보된 행정작용 영역에서 국민의 기본권실현과 관련하여 중요하고 본질적인 사항이 있다면 종적으로 이를 법률로 제정하여 국민에게 행정편의를 제공할 것을 입법자에게 요구하는 헌법적 명제로 기능하게 된다. 사회보장행정작용을 시행하기 위해서는 종래의 법률유보이론에 의하더라도 법적 근거가 필요하지만, 본질사항유보설은 이에서 더 나아가 이러한 사회보장행정작용을 통해 이루어지는 국가적 급부행정작용이 과연 국민의 기본권실현에 중요하고도 본질적인 사항, 즉 급부의 대상자, 급부의 법률적 요건, 급부의 내용 및 절차 등을 결정함에 있어 생활보호자대상자 등을 보호하여 그들의 기본권을 보장해 줄 수 있는가 하는 점까지 나아가 규율하여야 한다고 한다. 다만 문제는 본질사항유보설에 의하더라도 핵심적 사항은 입법자가 정할 수 있지만, 이를 실행하기 위한 구체적이고 기술적인 사항들을 정하는 것은 입법기술상 한계가 있기 때문에 법률에 직접 규정하기보다는 명령이나 규칙 등에 위임하는 것도 가능하다고 하겠다. 결국 **본질사항유보설은 행정작용을 법률로 규율함에 있어서 입법부와 행정부 간에 입법권능을 배분하는 원리로 기능**하게 되며, 이는 결국 국민의 기본권실현을 위해서 중요한 사항은 입법부가 직접 제정해야 한다는 의무를 입법부에 부여하게 되어, 모든 사항을 법규명령에 백지위임해서는 안 된다는 위임입법의 한계원리로 작용하게 된다.

이처럼 **현대행정에 있어서 법률유보원리와 법률우위원칙은 모든 행정작용은 성문법인 법률에 근거를 두어야 하고, 행정법의 일반원칙이라고 할 수 있는 보호의 원칙 및 비례의 원칙 등에 의해 행정행위의 내용이나 절차가**

**규율되어야 한다**고 하겠다. 법률유보원리는 어느 학설을 따르느냐에 따라 입법의 한계 및 행정작용의 범위가 달라지지만, 법률우위원칙은 행정작용의 종류나 법적 형식에 관계없이 어느 경우에도 모든 행정작용에 제한 없이 적용되어야 할 것이다. 이러한 법률우위원칙은 행정행위에는 물론이고 사실행위에도 적용된다고 하겠다. 예를 들어 행정행위의 경우로 조세를 부과하는 것은 관련 세법에 의해 규제되어야 한다는 것이고, 사실행위의 경우로 경찰관이 부당하게 일반 국민을 임의동행 형식으로 불법연행하여 장시간 구인하는 것 역시 경찰관직무집행법 등 관련 법규에 의해 규율되어야 한다고 하겠다. 만일 행정작용이 관련 법규를 위반하여 국민에게 신체상·재산상 피해를 준 경우에는 불법행위가 성립하게 되어 국가나 지방자치단체는 이를 손해배상해야 한다.

## Ⅱ. 행정법의 일반원칙

### 1. 서 론

행정법의 일반원칙이라 함은 행정법이 적용되기 위해 갖추어야 할 기본원칙을 말한다. 그런데 행정법은 다른 법에 비해 전형적인 성문법 분야라고 할 것이기 때문에 종래는 입법부를 통과한 성문법이 행정법의 일반원칙을 규율해 왔다고 할 것이다. 그렇지만 행정법 영역에서도 관습법 또는 법원의 판례를 통해 일반원칙이 점차 확대되게 되었고, 행정법의 역사는 민법 등에 비해 대단히 짧기 때문에 성문법이 체계화되기 이전에 관습법이나 판례 등을 통해 행정행위가 정립되고 규율되는 경우 또한 적지 아니하다. 그렇지만 행정법은 민법 등 사법상의 법률관계와 달리 집단적·대량적으로 규율되는 경우가 많고, 수직적 법률관계를 규율하다 보니 국민의 의사에 반하여 강제적으로 실현되어야 할 경우가 많기 때문에 법률생활의 안정을 위해서는 성문법에 근거를 둘 필요성이 큰 것 또한 사실이다. 그런데 민법은 사법상의 법률관계를 규율함에 있어 조리에 의한 규율을 명문으로 규정하고 있는데, 행정법 영역 역시 조리에 의한 규율을 허용하고 있다. 다만 조리라는 개념이 도덕적 개념과 겹치면서 법적 개념이 불확실한 경우가 있기 때문에 최근에 행정법 영역에서는 조리라는 용어 대신 행정법의 일반원칙이라는 용어를 주로 사용하고 있다.

## 2. 평등의 원칙

행정법의 일반원칙 중 하나로 평등의 원칙이 있다. 이 원칙은 우리나라 헌법 제11조 제1항이 "모든 국민은 법 앞에 평등하다. 누구든지 성별·종교 또는 사회적 신분에 의하여 정치적·경제적·사회적·문화적 생활의 모든 영역에 있어서 차별을 받지 아니 한다"고 규정하고 있음에서 그 근거를 찾을 수 있다. 법 앞의 평등은 합리적 이유 없이 개인과 개인 또는 집단과 집단을 차별하거나 자의적으로 불평등하게 취급하여서는 아니 된다는 **자의의 금지원칙**이라 하겠다. 즉 평등의 원칙이 지켜져야 한다고 하여 모든 개인과 집단을 아무런 차이 없이 절대적으로 평등하게 취급하라는 것이 아니라 **합리적 사유가 있으면 그 사유에 맞게 차별하는 것이 오히려 평등의 원칙에 부합**하다는 것이다. 즉 **절대적 평등이 아닌 상대적 평등의 의미**라 하겠다.

따라서 행정작용 역시 헌법상의 평등권이념에 맞추어 모든 개인과 집단을 아무런 차이 없이 절대적으로 평등하게 취급할 것이 아니라 합리적 사유가 있으면 오히려 차등을 두어 취급하여야 한다. 그러므로 법을 집행하는 행정기관 역시 행정업무의 기준을 내규 등으로 미리 규정하여 놓고, 그 규정에 따라 행정작용을 하여야 하는 **자기구속의 법리에 의한 지배**를 받게 된다.

## 3. 비례의 원칙

**비례의 원칙 혹은 과잉금지의 원칙이라 함은 행정청이 달성하고자 하는 목적과 이를 위해 행사하는 수단 사이에는 일정한 균형관계가 성립하여야 한다는 원칙**이다. 따라서 목적에 비하여 과도한 수단이 행사되게 되면 이는 위법한 공권력행사가 된다고 하겠다. 이러한 과잉금지의 원칙은 주로 경찰법 분야에서 발달하여 온 경찰비례의 원칙이던 것이 모든 행정법 분야의 일반원칙으로 발전하여 왔다고 할 수 있다. 이러한 과잉금지의 원칙은 위헌심사를 함에 있어서 행정법의 합헌성 판단기준으로 기능하기에 이르렀다.

이러한 과잉금지의 원칙은 **적합성의 원칙**, 필요성의 원칙, 좁은 의미의 비례의 원칙으로 나누어 볼 수 있다. 적합성의 원칙은 행정청이 행정작용을 통해 실현하고자 하는 목적과 그 목적 실현을 위한 수단이 적합해야 한다는 것으로, 목적과 수단 사이에 **객관적 관련성이 보장**되어야 한다는 것이다. 예를 들어 일정한 국책사업을 할 경우, 그 자금조달을 국고, 국채발행, 외자차입 등 다양한 방법으로 모색하되 지불능력과 자금투자 대 효과의 상당성 등이 비교·검토되어야 한다는 것이다. 예를 들어 부동산에 대한 등기를 할 경우 주택채권을 강제로 매입하도록 하거나, 자동차구입 시 일정액의 채권을 매입하도록 하여 그러한 공사대금의 재원을 마련하는 것 등이 이에 해당된다고 하겠다. **필요성의 원칙**은 행정목적의 실현수단으로 다수의 수단이 있을 경우, 국민에 대한 권리침해가 가장 적은 수단을 선택하여야 한다는 것으로 **최소침해의 원칙**이라 하겠다. 예를 들어 시위진압을 하면서 최루탄을 시위군중에게 직접 발사한다거나, 무기를 소지하지 아니한 범죄자를 검거하기 위하여 총기를 사용하는 것 등은 필요성의 원칙에 비추어 과잉수단을 사용하여 부당하다는 것이다.

**좁은 의미의 비례의 원칙**이란 행정목적을 달성하기 위하여 적절하고도 필요한 수단을 행사할 경우에도 공권력의 행사를 통하여 달성하려고 하는 공익과 이로 인해 침해되는 사익을 비교형량하여 공익이 우월한 경우에만 공권력행사가 이루어져야만 한다는 원칙으로 **법익균형의 원칙**이라고도 한다. 판례는 운전면허와 관련하여 교통법규 위반 등으로 인하여 누적된 벌점이 일정 수준 초과한 경우 운전면허를 철회할 수 있도록 한 것과 관련하여 운전자에 대한 운전면허의 철회행위가 비록 법에 정한 절차에 따라 행하여졌다 하더라도 원고의 운전면허가 철회됨으로 인하여 생업에 막대한 타격이 초래되는 경우에는 비례의 원칙에 어긋난다고 하여 좁은 의미의 비례의 원칙을 적용하기도 하였다. 다만 주의할 점은 위 세 가지 내용 중 어느 하나에 위반하는 경우에도 바로 공권력행사의 위법성이 인정된다는 점이다.

### 4. 신뢰보호의 원칙

행정법의 일반원칙의 하나인 신뢰보호의 원칙이라 함은 행정청의 적극적·소극적 언동에 의하여 개인에게 일정한 신뢰가 형성되고, 그러한 개인의 신뢰가 법적 보호가치가 있다고 인정될 경우 행정청은 그러한 선행행위에 어긋나는 후행행위를 하여서는 안 된다는, 즉 이를 위반한 경우 행정청의 위법성이 인정된다는 원칙으로, 개인의 행정청에 대한 행위에 대한 신뢰를 보호해야 한다는 것이다. 이러한 **신뢰보호의 원칙은 영미법상의 금반언(estoppel)의 원칙에서 그 뿌리를 찾을 수 있다**고 하겠다. 즉 일정한 선행행위에 대하여 일정한 신뢰가 형성된 이후에는 그와 반대되는 후행행위의 효력을 인정해서는 안 된다는 것이다. 자기모순의 행동이기 때문이다. 이러한 금반언의 원칙은 대륙법계 국가에서는 법치주의에 대한 새로운 인식이 이루어짐으로써 더 확고하게 되었다고 하겠다. 즉 형식적 법치주의에 의해 법률의 유보나 법률의 우위가 인정되어 온 종래의 행정작용이 법률에 적합하게 행해지면 적법하게 인정되던 것에서 한 발 나아가 행정작용에 대한 행정객체인 개인이 행정청의 일정한 행위에 대한 신뢰가 형성되거나 법적 안정성을 도모할 필요성이 있는 경우가 생기면 이 경우에도 그 신뢰를 보호할 실질적인 법치주의의 필요성이 대두된 것이다. 그리하여 선행행위인 행정행위가 비록 그 자체로 보면 위법하다고 하더라도 이를 신뢰한 국민의 사익을 보호할 현실적인 필요성이 있는 경우 형식적이고 기계적인 법치주의를 적용하기에 앞서 실질적 법치주의의 입장에서 새로운 해석과 이해를 도모할 필요성이 있다는 것으로, 이러한 이론을 정립한 것은 독일 연방헌법재판소와 연방행정재판소의 판례였다고 할 수 있다. 즉 위 두 연방법원은 오늘날 정립된 법치주의에 대하여 행정의 법률적합성의 원칙과 더불어 행정법관계에서의 개인의 법적 안정성이나 신뢰보호도 중요한 내용이라는 법이론을 확립한 것이다. 이에 따라 행정법관계에서 구체적인 문제를 해결함에 있어 행정청의 법률적합성의 원칙을 기본으로 하면서도 경직된 **법률적합성의 원칙**을 적용하여 얻게 되는 공익과 잘못된 선행 행정행위를 신뢰한 자의 사익을 보호하려는 **법적 안정성과의 비교형량**을 통해 해결하도록 하게 되었다. 특히 판례를 통한 신뢰보호의 원칙은 1977년 1월 1일부터 시행된 독일 연방행정절차법에 의해 실정법적 원칙으로 확립되기에 이르렀다. 동법은 행정청이 확약한 것은 이행되어야 한다거나, 위법한 수익적 행정행위이더라도 선행행위로 행정행위가 이루어진 경우라면 이에 대한 취소권을 제한해야 한다거나, 적법한 수익적 행정행위에 대한 철회권을 제한해야 한다거나 등의 규정을 명문화한 것이다.

우리나라의 경우에도 대법원이 1980년에 소급하여 과세행위하는 것은 과세되지 않을 것이라는 개인에게 형성된 신뢰에 대한 법적 안정성을 침해하여 부당하다는 판례가 정립된 이후 구체화되면서, 결국 국세기본법 제18조 제2항과 제3항은 **소급과세행위를 금지**한다고 선언하여 법적으로도 금지하기에 이르렀다. 또한 1996년도에 제정되어 시행 중에 있는 **행정절차법 제4조 신의성실의 원칙 및 신뢰보호의 원칙을 명문화**하는 등 신뢰보호의 원칙을 일반적 원칙으로 받아들이게 되었다. 또한 우리 **행정절차법은 직권취소권의 제한, 행정계획의 폐지·변경에 따르는 원상회복과 손실보상 등을 신뢰보호원칙의 한 내용으로 규정**함으로써 신뢰보호의 원칙이 보다 구체적으로 보호받을 수 있게 되었다고 하겠다.

## 제3절 행정상 법률관계와 공권

### Ⅰ. 행정상 법률관계의 당사자

행정상 법률관계의 당사자로는 행정행위의 주체인 행정주체로서의 국가 또는 지방자치단체가 있고, 그의 지배대상인 행정객체로서의 국민 또는 시민이 있다.

### Ⅱ. 행정상 법률관계의 종류

#### 1. 국가적 공권

국가적 공권이라 함은 공권력의 행사주체인 행정주체가 권리를 행사하고 행정객체인 국민이 의무를 부담하는 공법적 권리관계를 말한다. 이러한 국가적 공권의 경우에는 행정청에 의한 조세부과 또는 병역의무부과처럼 행정청이 조세를 부과하거나 병역의무를 부과하면 해당 국민은 납부기일까지 세금을 납부하여야 하며 이를 위반할 경우 자신의 책임재산에 대한 체납처분의 불이익을 받게 되고, 병역 또한 국가가 부과한 기간 동안 국방의무를 성실히 이행해야 되는 의무를 부담하는 권리·의무관계를 말한다고 하겠다.

## 2. 개인적 공권

**개인적 공권이라 함은 행정객체가 일정한 법적 근거에 의하여 권리를 갖고 반대로 행정주체가 일정한 의무를 부담하는 공법적 권리관계**를 말한다. 이러한 개인적 공권의 경우로 국민기초생활보장법에 의하여 일정한 조건 하의 **국민기초생활보호대상자는 행정청에 대하여 일정한 현물 또는 금전급부 등을 청구할 수 있게 되고, 행정청은 이를 이행할 의무를 부담하게 되고**, 만일 행정청이 이를 위반할 경우 국민은 행정청에 대하여 행정쟁송을 통해 자신이 침해당한 공권을 보호받게 된다.

그렇다면 이러한 개인적 공권을 어디까지 보장할 것인가 여부이다. 오늘날 헌법상 기본권의 향유주체로 인정받고 있는 개인은 행정법의 영역에 있어서도 그에 부합하는 권리를 인정받을 필요성이 있다. 이러한 주관적 공권이론은 독일의 게오르그 옐리네크의 지위이론에서 오트마르 뷜러의 실정법상의 권리로 발달하여 왔는데, 특히 오트마르 뷜러는 **주관적 공권의 성립 및 보호근거를 국가에 대한 국민으로서의 당연한 권리라는 추상적 개념으로서가 아니라 권리내용을 구체적으로 규정하고 있는 실정법에서 찾아야 한다고 주장**하였다. 일반적으로 주관적 권리라 함은 법률관계의 당사자가 상대방에 대하여 직접 자신의 이익을 보장받기 위하여 작위·부작위·수인·급부 등 특정한 행위를 요구할 수 있는 법률상의 힘을 말한다.

일반적으로 행정법상의 권리가 인정되기 위해서는 첫째, 행정주체에게 일정한 행정행위의무를 부과한 **강행규정**이 있거나, 둘째, 이러한 강행규정이 공익의 실현은 물론이고 특정한 개인의 이익, 즉 **사익을 보호**하고 있어야 하며, 셋째, 강행규정상의 권리를 보장받을 수 있도록 **개인에게 행정주체에 대한 공법상의 재판청구권이 보장**됨으로써 단순한 반사적 이익에 그쳐서는 아니 되어야 한다.

전통적 공권이론에 따르면, 원칙적으로 행정은 법치주의원리에 의한 국가공권력의 행사로서 일차적으로는 공익의 실현을 위한 것이지만, 개별 법규범이 특정한 개인의 이익보호를 위한 명시적인 규정을 두고 있는 경우에는 그들에게 자신들의 이익을 실현하기 위한 공권력발동을 청구할 수 있는 권리를 인정하게 된다. 문제는 전통적인 공권이론에 따르게 되면 공권의 요건과 내용이 실정법에 의해서만 결정되기 때문에 공권성립의 범위가 지나치게 축소되어 국민의 개인적 이익이 침해될 우려가 크기 때문에, 그러한 폐단을 시정하여 개인의 행정법상 공권을 확대하기 위하여 개별 규범의 명시적 규정뿐만 아니라 헌법상 기본권을 직접 행정법상의 근거로 삼아야 한다거나, 행정처분의 직접상대방이 아닌 제3자에게도 법의 내용과 취지에 따른 목적론적 해석, 즉 제3자고려명령론을 통해 공권을 인정할 필요성이 있다는 이론이 대두되게 되었다.

일반적으로 행정심판법 제9조와 행정소송법 제12조를 기준으로 보면 법률상 이익과 공권을 반드시 같은 의미로 해석할 수는 없지만, 주관적 공권개념은 행정처분의 상대방보호로부터 제3자의 주관적 공권보호까지 확대되어야 할 필요성 때문에 나타난 것이기 때문에 그 취지에 맞게 주관적 공권론의 연장선상에서 제3자의 권리침해 문제로 파악할 필요성이 있다고 하겠다. 특히 주관적 공권론에서는, 제3자보호와 관련하여 독일 학계에서 논의되고 있는 보호규범론·제3자고려명령론·기본권 직접적용론 등을 구체적으로 어떻게 평가하고 적용할 것인가가 문제가 되고 있다. 우리 **대법원 판례도 이러한 행정법이론에 맞추어 제3자보호 필요성을 인정**하고 있다. 다만 경제행정법상 경쟁업자간의 분쟁에 대하여 지나치게 법의 내용 및 취지를 고려한 목적론적 해석을 함으로써 기존업자의 경제적 이익보호에 치중해 온 경향이 있는바, 이는 수정할 필요성이 있다고 하겠다. 왜냐하면 기존의 경제적 이익보호에 치중하게 되면 이는 일정한 재화와 용역이 유통되는 시장에서 일부 기득권층에 대하여 경제력의 집중을 야기하여 부익부 빈익빈의 악순환이 되풀이될 수 있기 때문에 헌법상 보장되고 있는 독과점금지, 지나친 시장지배와 경제력남용방지, 신규 진입자의 직업선택 및 영업의 자유를 함께 고려하여 합목적적인 해석이 필요하다고 하겠다. 반면에 제3자의 생명·신체·

보건·환경 등과 관련하여서는 이해당사자가 다양하기 때문에 어떠한 부류에 속한 자에 대한 권리침해에 대하여는 엄격한 보호규범론에서 제3자보호의 본래 취지를 고려하여 합목적적 해석이 이루어져야 할 것이다. 왜냐하면 헌법상의 가치는 대등하다고 보아야 하므로 어느 일방에게 독점적으로 유리한 지위를 인정해서는 안 되기 때문이다.

### 3. 사법상의 법률관계

**행정상의 법률관계는 대부분 공권적 권리관계**이지만, 경우에 따라서는 **행정주체와 행정객체가 사법상의 법률관계**를 맺음으로써 넓은 의미의 행정상의 법률관계를 구성할 때도 있다. 예를 들어 행정청이 자신에게 필요한 청사를 신축하거나 물품을 구입할 경우 사법상의 계약과 동일하게 일정한 건축공사계약이나 물품구입계약 등을 통해 사법상의 법률관계가 형성되지만, 이러한 사법상의 법률관계임에도 불구하고 당사자가 행정주체 대 행정객체이기 때문에 넓은 의미의 행정상 법률관계로 볼 수도 있는 것이다.

즉 광의로 보면 **행정상 법률관계는 공법관계와 사법관계**로 나눌 수 있는데, **공법관계**는 다시 경찰행정작용이나 공과금 행정작용과 같이 **권력적 요소를 가진 권력관계**와 보조금의 교부·행정지도와 같은 급부행정과 유도행정작용을 포함하는 **비권력관계**로 나눌 수 있고, 공법관계는 다시 구매계약이나 도급계약과 같은 행정주체의 조달행정작용과 전매사업·공기업 경영에 따른 이윤추구를 목적으로 하는 행정주체의 영리활동으로 나눌 수 있다.

이때 행정기관은 급부행정이나 유도행정작용과 같은 비권력적 행정작용에 대하여는 이를 불허하는 명문의 규정이 없는 한 행정작용의 원활한 수행을 위하여 공법행위와 사법행위 중에서 유리한 쪽을 선택할 수 있는 행위형식의 선택권이 인정되는데, 이 경우 **사법관계를 통한 행정작용을 수행하는 것을 행정사법**이라고 한다.

# Ⅲ. 특별권력관계

## 1. 의 의

특별권력관계라 함은 특별한 행정목적의 달성을 위하여 필요한 범위 내에서 행정객체에 대한 포괄적 지배권이 행정주체에 부여됨으로써, 행정객체는 행정객체에 대하여 일방적으로 복종하여야 하는 권력관계를 말한다. 이러한 특별권력관계에서는 권리와 의무의 상호성은 사라지고, 일방통행적 관계가 성립하게 된다.

## 2. 사법통제 대상 여부

특별권력관계는 19세기 독일의 형식적 법치주의의 결과라고 할 수 있다. 당시 행정법관계에 대하여 일반권력관계와 특별권력관계로 구분한 뒤, **일반권력관계는 법치주의의 적용을 받지만, 특별권력관계는 통치권자의 우월적 지위가 보장되어야 한다는 이유로 법치주의의 적용이 배제**되었기 때문이다. 즉 특별권력관계의 특징은, 공권력행사에 있어 법률의 유보원칙이 배제되었을 뿐만 아니라, 특별권력관계 내에서의 공권침해에 대해서는 국민의 제소권이 배제됨으로써 법으로부터 자유로운 행정영역으로 기능하였던 것이다.

예를 들면 공무원·군인의 복무관계와 같은 공법상의 근무관계, 특허기업과 지방자치단체에 대한 국가의 감독관계, 국공립학교·병원·도서관 같은 공공시설이용관계, 공법상의 사단이나 구성원에게 명령·징계할 수 있는 공법상의 사단관계 등이 특별권력관계에 해당되는 것으로 인정되어 왔다.

그러나 실질적 법치주의를 표방하며 독일에서 1949년 기본법체계가 새로 들어옴에 따라 국민의 기본권보장이 헌법질서의 최고이념으로 대두됨에 따라 종래의 특별권력관계 역시 일정한 법적 규제를 받을 필요성이 있다는 새로운 가치가 정립되기에 이르렀다. 특히 1950년 후반 울레 교수는 종래의 **특별권력관계를 기본관계와 일상관계로 나눈 뒤, 기본관계는 특별권력관계 자체의 성립·변경·소멸을 수반하는 행위로, 일상관계는 특별권력관계 내부에서 일상적으로 행해지는 행위로 구분**하였다. 그리하여 울레 교수는, 기본관계에 대하여는 특별권력관계 그 자체이므로 법치주의원리에 의한 지배를 받아야 하지만, 일상관계는 법이 침투하기에는 부적절한 영역이므로 예외를 인정하여야 한다고 보았다(특별권력관계수정설). 그리하여 기본관계에는 공무원의 임명·징계·파면·해임 등이 속한다고 하였고, 공무원의 일상적인 집무, 군인의 훈련, 학교에서의 수업 등은 일상관계에 속한다고 하였다.

울레 교수 이후에도 특별권력관계를 그대로 인정할 것인가 여부에 대하여 논의가 끊임없이 있어 왔는데, 독일 연방헌법재판소는 1972년 3월 14일 재소자에 대하여도 서신의 검열이나 압류와 같은 행위는 재소자의 사생활의 자유나 통신의 비밀과 같은 중요한 기본권을 제한하는 행위이기 때문에 교도소장의 훈령과 같은 행정규칙으로 제한할 수 없으며, 만일 이를 제한하고자 할 경우에는 일반국민에 대한 것과 마찬가지로 법률에 의해서만 제한할 수 있다고 함으로써, 사실상 일반권력관계와 특별권력관계에 질적인 차이가 없다고 판시하였다.

우리 대법원[1)]도 공공기관의 직원들에 대한 해임·파면 등의 소송과 관련하여 특별권력관계에 있음을 인정하면서도 역시 사법적 심사의 대상이 된다는 입장을 취하고 있다. 그리하여 학설도 종래 광범위하게 특별권력관계가 인정된다는 입장에서 **특별권력관계도 법적 규제의 대상이 된다는 방향**으로 바뀌어가고 있고, 국가공무원법·행형법 등도 역시 특별권력관계를 전제로 법적 규제의 대상이 된다는 원칙을 따르고 있다고 하겠다.

한편 김대중 정부 시절의 대북송금과 관련하여 대법원은 "입헌적 법치주의국가의 기본원칙은 어떠한 국가행위나 국가작용도 헌법과 법률에 근거하여 그 테두리 안에서 합헌적·합법적으로 행하여질 것을 요구하며, 이러한 합헌성과 합법성의 판단은 본질적으로 사법의 권능에 속하는 것이고, 다만 국가행위 중에는 고도의 정치성을 띤 것이 있고, 그러한 고도의 정치행위에 대하여 정치적 책임을 지지 않는 법원이 정치의 합목적성이나 정당성을 도외시한 채 합법성의 심사를 감행함으로써 정책결정이 좌우되는 일은 결코 바람직한 일이 아니며, 법원이 정치문제에 개입되어 그 중립성과 독립성을 침해당할 위험성도 부인할 수 없으므로, 고도의 정치성을 띤 국가행위에 대

1) 대법원 1991. 5. 10. 90다10766 판결.

하여는 이른바 통치행위라 하여 법원 스스로 사법심사권의 행사를 억제하여 그 심사대상에서 제외하는 영역이 있으나, 이와 같이 통치행위의 개념을 인정한다고 하더라도 과도한 사법심사의 자제가 기본권을 보장하고 법치주의 이념을 구현하여야 할 법원의 책무를 태만히 하거나 포기하는 것이 되지 않도록 그 인정을 지극히 신중하게 하여야 하며, 그 판단은 오로지 사법부만에 의하여 이루어져야 한다"고 하여,[2] 고도의 정치성을 띤 국가행위를 통치행위라 하여 사법심사권의 한계를 제한할 수는 있지만, 그 경우에도 신중하게 이루어져야 하고 그 판단의 주체는 오직 사법부만이라고 하였다.

## 제 4 절 행정작용의 형식

### Ⅰ. 행정행위의 개념

전통적 의미에 있어서의 행정행위라 함은 행정주체가 구체적 사실을 법적으로 규율하기 위하여 외부에 대하여 직접적인 법적 효과를 발생시키는 처분·결정 기타의 공권력행사를 의미해 왔다. 이러한 행정행위 개념은 19세기 독일에서 오토 마이어에 의하여 정립되었는데, 오토 마이어는 경찰관의 수신호, 조세부과, 영업허가, 건축허가, 영업허가 및 영업활동에 대한 각종 규제조치, 토지 등에 대한 공용수용, 민원서류의 발급, 공무원의 임명, 광업권의 특허 등 다양한 행정관청의 공행정업무의 수행을 위한 공권력 행사의 공통적 요소를 검토하여 위와 같은 행정행위의 개념을 도출하였다. 그리하여 이러한 좁은 의미의 행정행위에 대하여는 행정행위의 공정력과 같은 독특한 효력을 인정함으로써 다른 행정작용의 법적 형식과 구별하였다.

하지만 오늘날 국가의 공행정작용은 위와 같은 좁은 의미의 행정행위만으로 해결하기에는 그 규모와 질적인 면에서 엄청나게 확대되었을 뿐만 아니라 다양하게 되었다. 따라서 고전적 의미에서의 국방이나 치안에 머물지 않고 21세기 복지국가시대를 맞이하여 복지행정행위가 중심축으로 떠오르

2) 대법원 2004. 3. 26. 2003도7878 판결.

고, 세계화 속에서 농업에 관한 우르과이라운드, 환경을 중시하는 그린라운드 및 세계자유무역시대에 맞춰 다양한 국가의 후견적 기능이 강화됨으로써 국가의 공행정수요는 기하급수적으로 늘어나고 있는 것이 현실이다. 따라서 종래의 좁은 의미의 행정행위 개념만으로는 공행정작용을 제대로 설명할 수 없는 지경에 이르렀다.

이에 따라 국가의 행정작용도 일방적 명령이나 강제가 아닌 국민의 자발적 협력이나 동의를 필요로 하는 단계에 이르렀고, 이러한 목적실현을 위해 국가의 행정작용이 현실적으로 국민에게 작용하여 행정목적을 실현하기 위해서는 행정행위의 법적 형식의 다양화가 필요하기에 이르렀다. 따라서 질서행정작용이나 공과금행정작용에 대하여는 공권력적 요소가 강하게 작용하는 법적 형식이 가능하지만, 급부행정과 유도행정 등 권력적 요소가 약하게 작용하는 경우에는 행정객체의 지위 등이 함께 고려되는 법적 형식을 필요로 하게 된다.

그렇지만 현재도 여전히 공행정작용의 수행에는 좁은 의미의 행정행위가 가장 중요한 위치를 차지하고 있는 것 또한 현실이다.

따라서 우리나라의 경우도 행정행위의 개념을 어떻게 볼 것이냐가 중요한 문제가 되고 있는데, 우리 행정소송법과 행정심판법은 행정행위라는 용어 대신 행정처분이라는 용어를 사용하고 있다. 행정소송법 제2조는 행정처분을 "처분 등이라 함은 행정청이 행하는 구체적 사실에 대한 법집행으로서의 공권력의 행사 또는 그 거부와 그 밖에 이에 준하는 행정작용 및 행정심판의 재결을 말한다"고 규정하고 있다. 그리하여 **행정처분에 대한 쟁송은 항고소송을 통해 구제**받을 수 있도록 하고 있다. 문제는 위 법조문에 따르게 되면 행정행위의 범위가 지나치게 좁기 때문에 행정행위 내지 행정처분으로 인한 침해에 대한 구제를 받기 위한 항고소송을 제기하는 데 한계가 있게 되어, 좁은 의미의 행정행위 이외에도 권력적 사실행위, 일반처분적 성격의 구속적 행정계획, 처분적 법규명령 등에 대해서도 항고소송이 가능하도록 할 필요성이 제기되고 있다. 그러기 위해서는 행정행위의 개념을 쟁송법적 차원에서 새롭게 구성할 필요가 있다는 견해가 주장되고 있다. 그러나 항고소송의 대상이 되고 있는 행정행위는 그렇지 않은 다른 행정작용의 법적 형식과는 다른 특징적 요소들이 있기 때문에 행정행위 개념을 새롭게 해석할 필요성이 있다는 견해도 나름대로 의미가 있지만, 항고소송의 대상을 확대하는 행정소송법 등의 개정을 통해 국민의 권리구제의 폭을 넓히는 것도 하나의 방법이라 하겠다.

## Ⅱ. 행정행위의 종류

### 1. 이중효과적 행정행위

**이중효과적 행정행위라 함은 행정청의 행정행위로 인하여 행정객체인 국민이 일정한 이익을 누리거나 불리해지는 경우의 행정행위**를 말한다. 국민에게 이익이 되는 행정행위를 **수익적 행정행위**라 하고, 국민에게 불이익이 되는 행정행위를 **부과적 또는 부담적 행정행위**라 한다. 이러한 행정행위의 분류방법은 행정행위의 법적 효과와 법의 기속 정도에 따른 분류방법이라 할 것이다. 수익적 행정행위의 예로는 조세감면, 보조금교부, 영업허가, 건축허가 등이 있으며, 부과적 행정행위의 예로는 조세부과처분, 병역의무부과, 심야영업금지, 영업의 취소나 정지처분 등이 있다.

이러한 분류는 그 성립과 효과에서 차이가 있기 때문인데, **부과적 행정행위는 국민에게 일정한 불이익을 주기 때문에 법률유보의 원칙이 엄격하게 적용**될 필요성이 있고, **수익적 행정행위는 그 점에서는 어느 정도 자유롭다**고 할 수도 있다. 또한 수익적 행정행위는 부과적 행정행위와 달리 비록 위법하다 하더라도 상대방의 신뢰보호를 위하여 취소권을 행사하는 것이 어느 정도 제한될 수밖에 없다. 문제는 오늘날 행정행위가 부과적 효과와 수익적 효과가 명확하게 구분되지 않아 양자의 효과가 동시에 나타나는 경우가 있는데, 이러한 행정행위를 이중효과적 행정행위라고 한다. 또한 이중효과적 행정행위도 수익적 효과와 부과적 효과가 동일인에게 나타나는 경우(혼합적 행정행위)와 특정인에게 수익적 효과가 나타나는 결과 다른 제3자에게 부과적 효과가 나타나는 경우(제3자효적 행정행위) 등이 있다. 예를 들면 특정인에게 영업허가처분과 동시에 심야영업시간을 규제하는 것처럼 특정인에게 영업허가의 수익적 효과와 심야영업행위규제라는 부과적 효과가 동시에 발생하거나(혼합적 행정행위), 일정한 고층의 건축허가로 특정인에게 건물신축이라는 수익적 효과의 결과로 이웃주민의 일조권침해나 조망권침해 등의 부과적 효과가 동시에 발생(제3자효적 행정행위)하는 경우이다. 제3자적 행정행위에 있어서 제3자는 행정법관계의 직접당사자는 아니지만 행정행위로 인하여 자신의 권리가 침해당하는 이해관계인이기 때문에 그들의 권리보호의 필요성이 대두되었고, 타인에 대한 행정행위의 적법성 여부에 대한 사법적 판단을 받을 필요성이 있기 때문에 우리 행정소송법도 이들에게 항고소송의 원고적격을 인정하고 있다.

## 2. 재량행정행위

재량행정행위라 함은 법률에서 공권력발동의 요건만을 추상적으로 규정하고 **실제로 행정청이 공권력을 행사할 것인지 여부 및 행사할 경우 그 구체적인 수단 중 어느 수단을 선택할 것인가에 대해 당해 행정청에 상당한 정도의 재량권이 주어진 행정행위**를 말한다. 행정청의 행정행위는 법치주의 원칙상 국회가 제정한 법률의 내용을 충실하게 해석하고 적용하여 집행할 의무가 있는 것이 원칙이지만, 국회가 행정관청의 모든 행정행위에 대한 입법을 한다는 것은 법기술적으로도 불가능하고 타당하지 않기 때문에 구체적 상황에 맞춰 행정청이 재량권을 발휘하여 가장 효율적인 행정행위를 할 수 있도록 어느 정도 재량권을 보장해 줄 필요성이 있는 것이다. 그렇다고 하더라도 재량행위가 행정청의 행정행위에 대한 방임을 의미하는 것은 아니기 때문에 현실적 필요성 때문에 행정행위의 근거가 되는 법률요건을 추상적으로 규정하여 행정청에 자율적인 판단을 부여하거나 재량권을 인정하였다고 하더라도 행정청은 법률요건을 해석함에 있어서는 적법성과 상당성의 범위를 넘어설 수는 없으며, 법률요건판단을 그르치거나 재량권행사의 한계를 넘어선 경우에는 위법한 재량권행사로 보아 행정소송법 제27조는 이러한 재량권행사를 취소할 수 있도록 규정하고 있다. 예를 들어 경찰관직무집행법 제5조는 경찰관에게 인명 또는 신체에 위해가 미치거나 중대한 재산상 손해가 우려되는 천재, 사변, 공작물의 손괴, 교통사고, 위험물의 폭발 등 기타 위험한 사태가 있을 경우 위험을 방지하기 위하여 경고, 억류, 피난 등의 긴급조치를 취할 의무를 부과하고 있는데, 이러한 위험방지조치를 취하기 위해서는 위험성과 시간적·공간적으로 일정한 상당성이 있어야 하며, 만일 이를 일탈하여 과도한 방지조치를 취하였다면 이는 적법한 한계를 일탈한 것으로 과잉금지의 원칙을 위반하였다고 보아야 할 것이다.

## Ⅲ. 행정행위의 효력과 부관

### 1. 행정행위의 효력

#### (1) 구속력

행정행위는 다른 행정작용과 달리 독특한 효력이 있는데, 그 중의 하나가 구속력이다. **구속력이라 함은 행정행위가 그 행정행위의 내용에 따라 상대방과 이해관계인을 구속하는 힘이 있음을 말한다**. 예를 들어 특정인에게 조세부과처분이 있게 되면 조세채무자는 조세부과처분한 대로 납기일까지 일정 세액을 납부해야 하는 의무를 부담하게 되는 효력이다. 그런데 행정행위의 구속력은 상대방과 이해관계인을 구속할 뿐만 아니라 행정행위를 발령한 행정청도 구속하는 힘이 있는바, 이를 양면적 구속력이라고 한다.

#### (2) 공정력

**행정행위의 공정력**이라 함은 행정행위가 법에서 요구하는 주체·내용·형식·절차상의 요건을 갖추지 못하여 흠이 있는 경우에도 **그 흠이 중대하고도 명백하여 당연무효가 아닌 경우라면 권한 있는 기관에 의하여 취소되기 전까지는 어느 누구도 이를 부인할 수 없는 효력**을 말한다. 다시 말해 행정행위에 흠이 있더라도 그것이 당연무효에 이르지 않는 단순한 위법행위에 그친 경우에는 취소권한을 갖는 처분청, 직근상급행정관청, 행정심판이 제기된 재결청, 행정소송이 계속된 수소법원이 이를 취소하지 않는 한 처분의 상대방·이해관계인·재결청과 수소법원을 제외한 다른 행정기관과 법원은 이에 구속된다는 것이다. 이러한 공정력의 근거로 종래에는 공정력을 인정할 수 밖에 없는 것은 행정청 스스로가 그 적법성을 확인하였기 때문이라는 **자기확인설**과 국가의 권위가 행정행위의 적법성을 보장하기 때문이라는 **국가권위설** 등이 주장되어 왔다. 이러한 이론들은 행정행위에 설령 흠이 있다고 하더라도 일응 적법성이 추정되기 때문에 행정객체인 원고가 행정쟁송에서 행정청의 행정행위가 위법행위임을 증명하지 못하는 한 적법한 행위로 인정된다는 것이다.

그러나 **자기확인설**은 행정행위의 적법성을 처분청이 스스로 담보하는 것은 부당하며 사법부인 법원에 의해 최종적으로 확인된다는 점에서 그 이론적 타당성에 문제가 있고, **국가권위설**도 실질적 법치국가에서 국가에 우월적 권위를 인정할 근거가 없다는 이유로 그 이론적 타당성에 문제가 있다. 그리하여 최근에는 **공정력의 이론적 근거를 행정법관계의 안정성과 공익실현이라는 행정정책적 목적에서 찾고 있으며**, 종래 적법성이 추정되던 것도 취소권한 있는 기관이 취소권을 행사하기 이전까지 단순히 행정정책적 이유로 효력을 유지할 수밖에 없다는 **유효성 추정의 원칙으로 약화**되었다고 할 수 있다. 더 나아가 최근에는 공정력이라는 개념의 독자성을 부정하면서 이를 구속력에 포함시켜 행정행위가 상대방과 이해관계인을 구속하는 **협의의 구속력**과 재결청·수소법원 이외의 다른 국가기관을 구속하는 **소위 구성요건적 효력**으로 보아야 한다는 견해도 주장되고 있다.

### (3) 존속력

행정행위의 효력 중 하나인 존속력은 **형식적 존속력으로서의 불가쟁력과 실질적 존속력으로서 불가변력**으로 나누어진다. 즉 **형식적 존속력인 불가쟁력**이란 행정행위에 흠이 있는 경우에도 일정한 행정쟁송기간을 도과해버리면 법적 안정성 때문에 더 이상 행정행위의 흠을 다툴 수 없는 효력을 말하고, **실질적 존속력인 불가변력**이란 행정행위가 일단 발령되면 처분청도 스스로 그 내용을 함부로 변경할 수 없는 효력으로 행정행위의 양면적 구속력으로부터 나온다고 하겠다. 모든 행정행위는 그 종류에 관계없이 불가변력이 인정되는데, 특히 행정심판의 재결과 같은 소위 준사법적 행정행위는 재판절차에 준하는 까다로운 절차적 규제에 따라 내려진 것이기 때문에 고도의 적법성이 담보된다고 할 것이어서 강한 불가변력이 인정된다. 그렇지만 행정행위의 불가변력은 행정법관계의 안정성을 보장하기 위해 인정되는 정책적 효력이기 때문에 절대적인 것은 아니라 할 것이어서 행정객체의 권리보호가 더 크고 필요한 경우에는 예외적으로 행정처분의 재심사제도 또는 흠의 승계제도를 통하여 행정행위의 위법성을 다시 한 번 심사하도록 하고 있다.

### (4) 집행력

행정행위의 효력 중 **집행력**이란 행정처분을 통하여 행정객체에 부과된 의무를 행정객체가 이행하지 않을 경우 민법이나 민사소송법상의 강제집행 절차를 밟지 않고 **행정청이 직접 행정객체의 의무의 이행을 강제할 수 있는 효력**을 말한다. 즉 **법원에 소송을 제기하여 집행권원을 얻는 절차가 생략**된다는 것이다. 이러한 집행력의 근거로 종래에는 소위 **직무집행설**이 주장되었는데, 이 견해에 의하면 행정행위의 집행력은 행정행위에 내재되어 있는 효력으로 행정행위의 근거법만 있으면 충분하기 때문에 구태여 강제집행의 내용과 절차를 정한 별도의 법률은 필요하지 않다고 보았다. 그러나 행정객체인 국민으로서는 행정행위로 인하여 부과된 의무를 이행하지 않을 경우 어떠한 내용과 절차에 의해 제재를 받게 되는지 알지 못한다면 이 또한 국민의 권리를 침해할 수도 있기 때문에 오늘날에는 **강제집행을 위한 실정법 규정이 존재**하여야 한다는 것이 통설적 견해라 할 수 있다.

## 2. 행정행위의 부관

### (1) 의 의

**행정행위의 부관이라 함은 행정관청이 행정행위를 하면서 주된 행위인 행정행위의 내용 및 효과를 제한 또는 보충하기 위하여 부가된 종된 의사표시 혹은 추가적인 규율**을 말한다. 부관은 이처럼 일종의 종된 행위라 할 수 있다. 즉 행정행위는 그 내용과 효과에 있어 아무런 제약이나 조건 없이 행해지는 경우도 있지만, 대부분의 경우 행정관청이 일정한 행정목적을 실현하기 위하여 행정행위를 하면서 이에 추가하여 기한이나 조건 등 다양한 부관을 붙이는 경우가 있는데, 이를 행정행위의 부관이라고 한다. 예를 들면 건축허가 시 일정한 주차장 공간을 확보할 것을 부과하는 경우이다. 일반적으로 부관이 붙여지는 행정행위는 행정객체에 유리한 법적 효과가 야기되는 수익적 행정행위인 경우가 대부분인데, 행정관청으로서도 행정행위의 부관을 통해 행정목적을 탄력적으로 달성할 수 있다.

(2) 종 류

이러한 **부관으로는 조건, 기한, 철회권의 유보, 부담, 법률효과의 일부배제, 행정행위 내용변경권의 유보** 등이 있다. 일부학설은 **수정부담** 등도 부관의 일종으로 본다. 이 중 조건은 장래에 성취가 불확실한 사유에 대하여 행정행위효력의 발생과 소멸을 의존하게 하는 것으로 이에는 정지조건과 해제조건이 있다. **정지조건**의 경우로는 주차장설치를 조건으로 자동차운수사업의 면허를 부여하는 경우이고, **해제조건**의 경우로는 일정시기까지 법인설립의 법정요건 충족을 조건으로 법인설립허가를 해주는 경우이다.

그런데 행정행위의 부관 중 하나로 조건이 부가되는 경우도 있지만, 행정법관계는 민사법관계와 달리 고도의 법적 안정이 요구되는 분야이므로 조건을 붙이게 되면 도래가 불확실한 사실에 행정행위의 효력을 의존하게 되기 때문에 조건은 행정행위에는 친숙하지 않은 부관이라 할 수 있다.

조건과 달리 **기한은 장래에 도래가 확실시되는 사실에 행정행위효력의 발생과 소멸을 의존하는 부관**으로, 이에는 시기와 종기가 있다. 즉 언제부터 효력이 발생하는 것이 시기이고, 언제부터 효력이 소멸하는 것이 종기이다. 시기와 종기가 같이 붙는 경우도 있다. 즉 언제부터 언제까지 사이만 효력이 있다고 하는 경우로, 이 사이를 기간이라 한다.

부관의 하나인 **철회권의 유보는 행정행위를 발령할 때 일정한 사유가 도래하면 행정행위를 철회할 수 있음을 미리 유보해 두는 것**을 말한다. 예를 들어 유흥음식점의 영업허가 시 미성년자에게 음주를 판매할 경우 영업허가를 취소할 수 있음을 미리 유보해 두는 경우이다. 그런데 철회권의 유보가 있는 경우에도 실제로 철회사유가 발생하게 되면 곧바로 행정행위를 철회하기보다는 철회를 통해 얻어지는 공익과 철회권을 행사하지 않음으로써 지켜지는 개인의 사익을 비교형량하여 철회권을 행사할 것인지를 결정하게 된다. 즉 **철회권의 유보는 개인의 신뢰보호원칙의 제한이 따른다**고 하겠다.

행정행위 부관의 하나인 **부담은 행정행위의 주된 내용이나 효력을 제한하기 위해서 붙여진 작위·부작위·수인·급부의 추가적 사항을 의미**한다. 예를 들어 건축허가 시 일정 규모의 주차시설을 갖출 것이 부과되는 것과 같은 **급부하명**, 식품영업허가 시 일정시간 이후의 영업을 하지 못하도록 금지하는 것과 같은 **부작위하명**, 행정대집행의 경우 행정대집행의무로자로서는 자신의 비용으로 행정대집행을 감수하여야 하는 **수인하명** 등이 부관에 해당된다고 하겠다. 그런데 부담은 본체인 행정행위의 효력과 내용을 제한·보충하는 효력이 있는 한편 부종성의 원리에 의해 본체인 행정행위가 무효 또는 취소되는 경우에 부관도 함께 소멸하게 되지만, **부관은 그 자체로 놓고 보면 일정한 의무를 부과지우는 하명이라는 독자적 행정행위이기 때문에 다른 부관과 달리 어느 정도 독립성이 인정되는 특징**이 있다. 이러한 점을 고려하여 대법원 판례는 부담만이 위법한 경우에는 **그 부담의 위법성 여부를 심판하는 행정쟁송이 가능**하다고 하고 있다.

또 다른 부관으로는 **법률효과의 일부배제**가 있는데, 이는 특정한 행정행위에 대하여 법률이 일정한 효과를 인정하고 있는 경우 행정행위를 통하여 그 효력의 일부를 배제시키는 부관이다. 예를 들어 건축허가 시 도로점용허가를 하면서 그 점용시간을 특정한다거나 개인택시사업자에 대하여 격일제 운행할 것을 부관으로 하는 면허처분을 내리는 경우이다.

행정행위의 부관의 하나로 **행정행위 내용변경권의 유보가 있는데, 이는 행정행위를 하면서 그 내용을 사후에 변경할 수 있음을 미리 유보해 두는 부관**을 말한다. 예를 들어 도로점용허가를 하면서 사후에 도로교통사정에 따라 점용면적을 축소할 수 있음을 유보해 두는 경우이다.

### (3) 부관의 법적 한계 및 독립적 쟁송 가능성

행정행위의 부관과 관련하여 특히 문제가 되는 것으로 부관의 법적 한계와 부관에 대한 독립적 쟁송의 가능성 여부가 있다. **부관의 법적 한계**에는 행정의 법률적합성의 원칙과의 관계에서의 한계와 행정법의 일반원칙과의 관계에서의 한계로 나누어 살펴볼 필요가 있다. **법률적합성의 원칙과의 관계**에서 볼 때 행정행위의 부관은 일반적으로 국민에게 일정한 부담을 지우는 법적 효과가 있는 경우가 대부분이기 때문에 부관을 붙이기 위해서는 **원칙적으로 법적 근거가 필요**하다. 따라서 법적 근거가 결여되거나 성문법 규정에 위반한 부관은 그 부관이 위법한 것이 되어 효력을 인정하기 어렵다. 또한 행정법의 일반원칙과의 관계에서 볼 때 행정행위의 부관이 **신뢰보호의 원칙, 평등의 원칙, 비례의 원칙 등 행정법의 일반원칙**에 어긋나게 되면 이 역시 위법성의 경중에 따라 무효나 취소의 대상이 될 수 있다.

그렇다면 이러한 한계를 위반하여 부관이 위법하게 판단될 경우 **원칙적으로 부담을 제외한 나머지 부관의 경우는 그 부관만의 독립적 쟁송은 불가하다는 것이 판례 및 학설의 입장**이다. 즉 주된 행위인 행정행위와 함께 종된 행위인 부담을 함께 일부취소를 구하는 행정쟁송의 방법을 취하여야지 부관만을 독립적으로 행정쟁송의 대상으로 삼아서는 안 된다는 것이다. 그러나 실제로는 부관부행정행위의 경우 대부분 국민에게 일정한 수익적 효과를 주고 있고, 독립적인 행정쟁송이 가능하다고 보는 부담과 그렇지 아니한 나머지 부관을 명확하게 구분짓는 것이 사실상 어려운 경우가 많다. 이러한 점을 고려하여 부담 이외의 부관에 대하여도 독립적인 행정쟁송의 구제수단을 보장해 줄 필요가 있다는 반론이 나오고 있는 것은 주목할 점이라 하겠다.

## Ⅳ. 행정행위의 흠

### 1. 의 의

행정행위는 법에 규정되어 있는 주체·내용·형식·절차상의 모든 요건을 갖추어야만 적법한 행정행위로서 일정한 행정법상의 효과가 발생하게 된다. 따라서 행정행위로서 적법하게 인정되기 위해 갖추어야 할 요건을 갖추지 못한 것을 행정행위의 흠이라고 하고, 행정행위에 흠이 있는 경우에는 행정행위의 효력이 부인될 수밖에 없으며, 그 정도에 따라 행정행위의 무효와 취소로 나누어진다.

### 2. 행정행위의 무효와 취소

**행정행위의 무효라 함은** 행정행위의 흠의 정도가 중대할 뿐만 아니라 객관적으로 흠이 있음이 명백한 경우를 말하며, 이 경우에는 **행정행위 발령시부터 아무런 효력이 발생하지 않게 된다**.

행정행위의 취소라 함은 행정행위의 흠이 위 무효와 달리 중대하고 명백한 정도에 이르지 않는 단순한 위법사유가 있는 경우를 말하며, 이 경우에는 취소권한 있는 기관에 의하여 취소되지 않는 한 행정행위로서의 효력이 잠정적으로 유효하기 때문에 행정행위의 효력이 발생하게 된다.

문제는 행정행위의 흠이 어느 정도에 이르러야 무효인지 또는 취소인지에 대하여 실정법이 구체적으로 규정하고 있지 않아, 이를 구체적 사례별로 상당성에 의해 판단할 수밖에 없다는 것이 판례 및 학설의 입장이기 때문에 잘못되면 자의적 해석이 가능하게 될 우려가 있어 행정법의 안정성이 침해될 우려가 크다는 점이다.

즉 학설과 판례는 **일반적으로 행정행위가 무효인 경우에는 절대적으로 무효이기 때문에 처음부터 무효**이지만 행정행위의 취소의 경우에는 취소되기 전까지는 일응 유효하다는 상대적 입장을 취하고 있다. 이는 **취소의 경우 행정심판이라는 전치절차**를 밟도록 하거나 그 취소기간에 일정한 제한을 두고 있기 때문에 흠이 있을 경우 이를 무효로 볼 것인지, 아니면 취소로 볼 것인지는 그 효과와 관련하여 대단히 중요하다고 하겠다. 이러한 문제점을 고려하여 일부 학자들은 행정행위의 무효와 취소사유를 학설과 판례에만 맡겨놓지 말고 실정법에 구체적으로 규정하는 것이 국민의 법적 안정성과 기대 가능성을 고려할 때 보다 더 타당하다는 입장을 취하고 있다. 비교법적으로도 독일의 연방행정절차법 제44조 제1항은 행정행위가 중대하고 명백한 흠을 지니는 경우에는 무효라고 규정하고, 동조 제2항은 ① 발령청을 알 수 없는 행정행위, ② 법규상 문서로 할 것을 요구하였으나 이에 위반한 행정행위, ③ 권한 없는 행정청의 행정행위, ④ 사실상 불능인 행정행위, ⑤ 위법한 행위를 요구하는 행정행위, ⑥ 선량한 풍속 기타 사회질서에 위반하는 행위 등을 무효행위로 규정하고 있는바, 좋은 참고가 되리라 본다.

## Ⅴ. 행정법규명령과 행정규칙의 효력

### 1. 의 의

**행정법규명령이라 함은 헌법 제75조와 제95조에 의해 입법부에서 제정한 법률에 위임되어 있는 내용에 대하여 행정부가 직접 제정한 대통령령, 총리령, 각 부 장관령 등을 말한다**. 헌법 제40조는 삼권분립의 원칙에 따라 입법권을 국회에 귀속시키고 있지만, 국민의 대표기관인 국회가 입법권을 행사함에 있어서는 기술적 문제 등의 한계로 인해 현실적으로 많은 제약을 받을 수밖에 없다. 따라서 입법부는 구체적인 법의 골격을 정하고, 행정부가 이 기본적 내용을 기준으로 하여 행정행위가 필요한 세밀한 영역에 대하여 전문적 지식과 기술을 갖춘 전문가 및 공무원들의 의견을 반영하여 세부실행내용을 결정하게 되는데, 이러한 법규를 행정법규명령이라 한다.

그러나 행정부의 행정법규제정의 한계는 법률의 효력을 갖는 헌법 제76조의 긴급재정명령을 제외하고는 **일반적인 위임명령과 집행명령에 대하여 법률의 위임이 있어야 한다**는 것이다. 즉 모든 행정법규명령은 위임명령이라는 한계를 갖는다. 따라서 **위임법인 상위법률의 내용을 침해하거나 저촉된 내용을 제정할 수는 없다**. 만일 이를 위반한 경우는 대법원이 행정법규명령에 대한 위헌, 위법 심판을 하게 된다. 한편 헌법 제75조가 구체적으로 범위를 정하여 위임할 수 있다고 하고 있기 때문에 백지위임은 허용되지 않는다.

## 2. 효 력

행정부의 입법작용 중에는 법규명령과 행정규칙 또는 행정명령이 있다. **법규명령**이라 함은 앞서 살펴본 바와 같이 국민의 자유와 권리에 직접적인 효력을 가져오는 사항에 대하여 법률의 위임 범위 내에서 제정하는 것이고, **행정규칙 또는 행정명령**이라 함은 행정청이 상위법령의 수권 없이 행정청 내부의 업무처리, 즉 사무처리를 위하여 스스로 제정한 규칙 또는 명령이다. 이러한 행정규칙은 상급행정관청이 하급행정관청의 업무를 감독하거나 업무지침을 정한 것으로 훈령·통첩·예규 등 행정조직의 세부적인 운영관계를 규율하는 것과 학교·도서관 등 공공시설의 이용관계를 규율하는 소위 영조물규칙 등이 있다. 앞의 행정법규명령과 달리 행정규칙은 행정청 내부를 규율하는 자율적 규정에 불과하여 국민을 구속하는 힘이 없기 때문에 법규성이 부정되며, 따라서 이를 위반한 경우에도 위법의 문제가 생기지 않기 때문에 재판규범성과 법원성도 인정되지 않는다.

다만 문제는 행정분야의 확대에 따라 행정규칙의 종류가 다양해지고 있기 때문에 종래의 위와 같은 이분법적 방식에 의하여 모든 행정행위를 규율하기에 한계가 있다는 점이다. 특히 입법부가 제정한 **상위법령이 특정 행정**

**분야에 대한 규율이 필요함에도 불구하고 이를 누락하여 침묵을 지킨 경우에 어쩔 수 없이 행정부가 행정규칙으로 법규사항을 정하는 경우가 있는데, 이를 일반적으로 규범구체화적 행정규칙이라고 한다.**

이 경우 규범구체화적 행정규칙은 행정청의 내부적 업무처리지침을 넘어서 국민에 대하여 마치 법률이나 법규명령처럼 구속력을 갖게 되는데, 이러한 규범구체화적 행정규칙에 해당하는 **국세청장훈령인 재산제세조사사무처리규정**과 보건복지부장관의 내국인에 대한 생수판매를 제한하는 **보건복지부장관의 고시**를 대법원은 유효하다고 판시하였다. 다만 이러한 규범구체화적 행정규칙이라고 하더라도 상위법령의 입법취지를 위반할 수는 없기 때문에 이를 위반한 경우 위헌·위법심사의 대상이 되는 것은 물론이다.

문제는 행정규칙의 법규성을 인정하여 국민의 자유와 권리를 일반적으로 제한하게 되면 이는 삼권분립의 헌법정신에 반하게 된다는 점이다. 따라서 위임입법의 한계 및 국회에서 제정된 입법의 미비의 경우 국회로 하여금 이를 개정하도록 하는 것이 바람직할 것이고, 행정청의 자의적 법규제정권의 남용을 묵인하여서는 아니 될 것이다.

## Ⅵ. 공법상 계약과 행정지도

### 1. 공법상 계약

**공법상 계약이라 함은 사법상 계약처럼 공법상의 효과발생을 목적으로 양 당사자가 상호 대등한 지위에서 당사자간의 의사표시의 합치에 의한 공법행위를 가리킨다.** 예를 들어 특정한 개인이 개인의 건조물이 건립될 수 없는 자신 소유의 공원부지에 일정한 시설을 설치한 후 일정 기간 동안 이를 사용·수익한 후 이를 시에 기부하기로 약정하는 경우처럼 일종의 공법상의 사용·수익 및 증여가 포함된 계약의 형태가 이에 속하며, 실무상 이를 기부채납이라고 한다. 이처럼 공법상 계약이 이루어지는 것은 행정행위와 행정입법 등의 법적 형식을 취할 경우 오로지 행정주체가 일방적 공권력행사주체로서 강제적으로 이루어지는 권력적 행정작용을 취하는 것보다는 비권력행적 행정작용을 통해 동일한 목적을 달성할 수 있는 경우에는 국민의 자발적 참여를 유도

하는 것이 보다 더 행정작용의 효과를 극대화할 수 있기 때문에 이러한 방법이 많이 이용되고 있다.

이러한 공법상 계약은 보통은 행정주체와 행정객체 간에 체결되지만, 경우에 따라서는 지방자치단체 상호간에 도로나 공공시설의 관리의 효율성을 높이기 위한 기관 상호간의 계약이 체결되는 경우도 있다. 경우에 따라서는 사인간의 계약도 공법상의 계약으로 취급되는 경우가 있는데, 예를 들어 공공용지의 취득 및 보상에 관한 법률에 의한 토지공용수용의 경우 기업자가 사인일 때 사업자와 토지소유자 사이에서 토지수용에 대한 협의가 성립한 경우 **관할토지수용위원회가 협의성립을 확인하면 토지수용위원회의 재결과 동일한 효력이 인정**되는 경우이다.

문제는 행정절차법이 공법상 계약에 대해 규정하고 있지 않기 때문에 공법상 계약의 한계를 어디까지로 정할 것이냐의 문제이다. 이에 대하여 부정설은 법령에 명시적인 수권이 있는 경우에 한하여 공법상 계약이 가능하다고 하고, 긍정설은 법령의 내용에 위배되지 않는 한 특별한 수권 없이도 공법상 계약이 가능하다고 하고 있다. 전자의 견해에 따르게 되면 우리나라의 행정관련법규가 공법상 계약에 대하여 규정하고 있는 경우가 거의 없기 때문에 공법상 계약이 작용할 수 있는 영향이 극히 제한될 수밖에 없고, 후자의 견해에 따르게 되면 공법상 계약의 범위가 너무 넓어져 행정행위의 한계를 일탈할 수 있다는 문제가 발생할 수 있다. 따라서 이러한 이해관계를 조절하기 위해서 원칙적으로 조세부과나 병역의무처럼 소위 **부과적 행정행위의 영역에서는 공법상 계약을 허용하게 되면 국민 상호간의 공평부담의 원칙을 침해할 소지가 많기 때문에 원칙적으로 공법상 계약이 허용되지 않는다고 보아야 할 것**이지만, **건축허가·영업허가·보조금교부 등과 같은 수익적 행정작용의 영역에서는 행정작용을 통해 동일한 결과를 얻을 수도 있지만 행정객체와의 협의를 통해 효율적인 결과를 얻어낼 수도 있기 때문에 공법상 계약이 허용된다고 보아야 할 것**이다.

## 2. 행정지도

**행정지도라 함은 행정주체가 바람직한 행정질서의 형성을 위하여 행정**

**객체의 자발적인 동의와 협력을 바탕으로 그들을 일정한 방향으로 유도하는 비권력적 사실행위**를 말한다. 행정절차법 제48조는 행정지도에 대하여 목적 달성에 필요한 **최소한도**에 그쳐야 하며, 행정지도의 상대방의 의사에 반하여 **부당하게 강요하여서는 아니 되며**, 상대방이 행정지도에 따르지 않는다고 하여 **어떠한 불이익을 주어서도 아니 된다**고 규정하고 있다.

행정지도를 구체적으로 살펴보면, 중소기업에 대한 경영합리화를 위한 **경영지도** 및 **과학기술의 보급지도** 등 조성·촉진적 내용의 행정지도, 기업체에 대한 가격담합의 규제 및 물가지도·환경지도와 같은 **규제적 성격의 행정지도**, 해외에 진출하는 우리나라의 기업들의 과당경쟁을 막고 국가와 기업의 이미지 실추를 예방하기 위한 행정지도와 같은 **조정적 행정지도** 등이 있다.

이처럼 행정지도는 행정행위와 같은 강제수단이 아니고 상대방의 동의를 바탕으로 행해지기 때문에 이를 받아들이는 행정객체의 입장에서 거부감이 적을 뿐만 아니라 오히려 행정청의 도움으로 정보 및 기술 등의 지원을 받을 수 있다는 장점이 있다. 반면에 행정지도에 따라 행정객체가 일정한 행위를 하였으나 행정지도가 잘못되어 손해가 발생한 경우 행정청이 이에 대하여 손해배상책임을 지지 않기 때문에 적절한 권리구제가 이루어지지 않는다는 등의 단점이 있다. 즉 행정지도는 비권력적 사실행위로서 처분성이 없기 때문에 행정행위처럼 항고소송의 대상이 되지 못하며, 행정객체가 행정지도에 동의하여 일정한 행위를 자발적으로 하였기 때문에 국가를 상대로 한 손해배상청구가 사실상 블가능하게 되어 문제이다. 물론 헌법 제23조 제3항에 의한 손실보상도 고려해 볼 수 있으나, 동 조항은 공공필요에 의한 재산권의 수용·사용·제한 등 공용침해의 경우에 법률이 정하는 바에 의하여 정당한 보상을 지급하도록 규정하고 있고 그 경우에도 재산권에 대한 적법한 고권적 침해, 재산권주체의 특별한 희생, 손실보상의 내용과 절차를 규정한 실정법 등의 존재를 요구하고 있기 때문에 비권력적 사실행위에 불과한 행정지도의 경우에는 사실상 손실보상이 불가능하여 행정불신을 가져오는 문제가 있다. 이는 잘못된 행정지도로 인해 발생한 행정객체의 손실에 대하여 국가가 보상해 주는 입법정책이 수립되어야 할 것이다.

# Ⅶ. 행정계획

## 1. 의 의

**행정계획이라 함은 행정주체가 미래의 행정목적을 설정하고 이를 달성하기 위해 인적·물적 수단을 종합화하는 기준의 설정행위라고 말할 수 있다.** 이러한 행정계획은 최근에 들어와 주목을 받고 있는 새로운 영역이라 할 수 있다.

오늘날 복지국가를 지향하는 현대국가는 당면문제를 해결하는 것에서 한 발 나아가 국가의 장기목표를 향후 5년, 10년, 50년, 100년 등 중장기계획을 세우고 **국가가 수행해 나가야 할 미래 행정요구를 미리 대비**하고 있다. 그리하여 현대국가는 일면 계획국가라는 속성을 가지고 있다고 하겠다. 이에 따라 행정계획은 종합계획과 전문계획으로 나눌 수 있는데, **종합계획이라 함은 행정계획이 행정업무 전반에 걸쳐 종합적·전반적 업무를 대상으로 하는 계획**으로, 예를 들면 국토건설종합계획, 폐기물처리종합계획 등이 이에 해당한다 할 수 있다. **전문계획이라 함은 특정 행정분야에 대한 행정계획**으로, 예를 들면 국토이용계획·도시계획·폐기물처리시설설치계획 등이 이에 해당한다 할 수 있으며, 행정계획이라 함은 주로 전문계획을 말한다고 하겠다. 또한 행정계획은 행정작용의 업무지침을 정하는 **비구속적 계획**과 행정관청과 국민에게 법적 구속을 가하는 **구속적 계획**으로 나눌 수도 있다. 일반적으로 대부분의 종합계획은 비구속적 계획에 속하고, 대부분의 전문계획은 행정관청이나 국민에게 법적 구속력을 갖게 되는 구속적 계획에 속하는 경우가 많다.

## 2. 수립절차 및 법적 성질

행정계획은 이를 수립하는 행정주체가 행정계획상의 목적과 이를 달성하기 위해 동원하는 수단을 선택함에 있어 광범위한 재량권을 행사하게 되기 때문에 그러한 재량권의 일탈을 막고 법적 한계 내에서 적법하게 행사될 수 있도록 하기 위해서는 수립절차를 확립하는 것이 무엇보다 중요하다. 일반적으로 재량적 행정행위는 법에서 규정된 요건을 충족하고 있는 경우 일정한 행위를 할 것인지 여부의 결정, 어느 수단의 선택, 효과상의 재량성의 한계 등을 고려하여 재량권의 내적·외적 한계를 정하여 재량권의 행사 여부의 적법성을 판단할 수 있지만, 행정계획을 수립함에 있어서의 재량성은 일반적 행정재량과 달리 목적·수단상의 재량구조를 취하고 있기 때문에 적법성의 판단기준도 달라질 수밖에 없다. 즉 **행정계획에 있어서의 재량성은 목적설정과 수단의 동원에 있어서 계획주체가 행정계획의 수립에 수반되는 공익과 사익, 사익과 사익 상호 간의 이해관계를 어떻게 적절히 비교형량하여 조절할 수 있는가 여부에 의해 판단되어야 한다**는 점이다.

따라서 행정주체는 행정계획을 수립함에 있어 관련 근거법에 의해 관계행정청간의 의견조정, 이해당사자에 대한 계획안의 열람공고, 이해관계인의 의견제출, 청문 및 공청회, 계획의 확정공고에 관한 적법한 절차를 거쳐야 하며, 행정계획의 수립과 집행을 통하여 발생할 수 있는 이해관계의 갈등과 대립을 적절히 형량하여야 한다. 이러한 수립절차를 통해 확정된 행정계획은 공고되어야 한다.

이처럼 확정된 행정계획은, 구체적인 사실에 대한 공권력행사에 의해 행정상 법률관계를 규율하는 행정행위와 달리 그 법적 성질은 앞으로의 행정활동에 대한 기준의 설정이기 때문에 입법행위적 성질을 갖는 경우가 있는바, 대법원 판례도 토지세 부과 기준이 되고 공용징수 시 손실보상의 기준이 되는 토지의 기준시가, 즉 공시지가 등을 결정하는 것은 입법행위의 성질을 갖는 기준설정행위에 해당한다고 하였다.

이와 달리 행정계획이 행정처분적 성질을 갖는 경우도 있는바, 예를 들어 도시계획이나 국토이용계획 등이 확정·공고되면 특정 개인의 재산권이나 거주권 등에 직접적인 변동을 초래하고, 구체적인 의무가 부과되는 경우이다.

이처럼 행정계획이 어떠한 법적 성질을 갖는가에 따라, **입법행위적 성질을 갖는 경우**는 그 구제방법이 위헌·위법한 명령의 심사의 형식을 취하게 되고, **행정처분적 성질을 갖는 경우**는 행정쟁송의 제기를 통해 그 취소를 구하게 될 것이다.

# 제5절 행정법상의 의무이행강제

## Ⅰ. 행정강제와 행정법

### 1. 행정강제

행정강제라 함은 행정객체가 행정의무를 이행하지 아니할 경우 행정주체가 강제적으로 이를 실현하는 것을 말한다. 즉 법령이나 행정행위 등을 통하여 행정객체에 특정한 행정의무가 부과되는 경우에 행정객체가 이를 임의이행하면 행정상의 법률관계가 종료되지만, **행정객체가 행정법상의 의무를 이행하지 않는 경우에 행정주체가 우월적 지위에서 행정객체에 이를 강제적으로 실현**하게 된다. 따라서 사인간의 법률관계에 있어서의 채무불이행의 경우에는 법원에 소송을 제기하여 승소판결(집행권원)을 받은 후 강제집행절차에 나아가는 것과 달리 그러한 절차 없이 행정주체가 곧바로 공권력을 행사하게 되는 것이다.

행정강제의 수단으로는 **행정상 강제집행·행정상 즉시강제·행정조사**로 나눌 수 있으며, 행정상 강제집행은 다시 **대집행·집행벌·직접강제·행정상 강제징수**로 세분할 수 있다. **대집행이라 함은** 행정대집행법에 따라 행정법상 행정객체가 직접 하지 않더라도 동일한 결과실현이 가능한 의무불이행의 경우 행정청 스스로 또는 제3자로 하여금 그 의무를 이행토록 하고 원래의 의무자로부터 대집행에 소요된 비용을 징수하는 행정강제수단을 말한다. 예를 들어 무허가건물의 철거 등이 이에 해당한다. **집행벌이라 함은** 행정객체가 행정법상의 의무를 이행하지 아니할 경우 의무자에게 금전적 부담을 가하여 의무를 이행하도록 심리적 압박을 가하는 행정강제수단을 말한다. 예를 들어 **국세징수법상의 가산금·중가산금제도** 등이 이에 해당한다. **직접강제라 함은** 행정객체의 의무불이행의 경우 행정청 스스로 의무자의 재산이나 신체에 실력을 행사하는 행정강제수단을 말한다. 예를 들어 무허가업소에 대한 업소폐기나 밀수품 등의 폐기처분 등이 이에 해당한다. 그런데 대집행도 행정청 및 제3자가 할 수 있기 때문에 직접강제와 대집행을 구별하는 것은 쉽지 않다. **강제징수**

**라 함은** 공법상 금전납부의무의 불이행이 있는 경우 행정청이 국제징수법의 예에 따라 체납처분을 행하여 직접 징수하는 행정강제수단을 말한다. 이때의 공과금은 국세나 지방세 등 조세는 물론이고 사용료·수수료·분담금·사회보험료·특별부담금 등도 모두 그 대상이 된다.

**행정상 즉시강제라 함은 선행의무를 명할 시간적 여유가 없거나 의무를 미리 명해서는 행정목적을 달성할 수 없는 경우에 행정청이 직접 의무자의 재산이나 신체에 실력을 행사하여 행정상의 목적을 달성하는 행정강제수단이다.** 즉 강제집행은 먼저 의무를 부과한 후 일정 기간 경과 후 불이행이 있을 경우 행해지는 행정강제수단인데 반하여, 즉시강제는 그러한 선행절차 없이 곧바로 강제집행에 나아가는 행정강제수단인 것이다. 예를 들어 경찰관이 도주하는 범인을 체포하기 위하여 각종의 경찰장구나 총기 등을 사용하는 경우가 이에 해당한다. 즉 도주하지 말 것을 명령하는 **금지하명이라는 의무부과행위**와 이를 강제로 실현하는 **체포행위나 총기사용행위**가 동시에 일어나게 되는 것이다.

**행정조사라 함은** 행정상 필요한 증거나 자료를 확보하기 위한 권력적 조사작용을 말한다. 행정조사는 종래 행정상 즉시강제의 한 유형으로 이해하였으나, 최근에는 즉시강제와 독립된 행정강제수단으로 이해하고 있다. 예를 들어 범인을 체포하면서 경찰관이 총기를 사용하는 것은 즉시강제에 해당되지만, 그 전단계로 범죄 용의자를 불심검문하거나 그의 가택에 출입하여 수색 등을 하는 것은 행정조사라고 할 수 있다.

행정강제는 행정객체의 재산이나 신체 등 개인의 중대한 법익을 침해하기 때문에 이를 시행하기 위해서는 법적 근거가 있어야 한다. 종래에는 행정객체에 의무를 부과하는 규정이 이의 강제적 실현까지 담보하고 있다고 보았으나, 최근에는 행정객체의 입장에서 자신의 의무불이행에 대하여 가해지는 강제수단의 구체적인 내용과 절차가 예측할 수 있어야 법적 안정성을 보장받을 수 있기 때문에 의무를 명하는 법규와는 별도로 이의 불이행 시 강제적으로 실현하는 강제수단에 관한 법규가 제정되어 있어야 한다는 입장으로 바뀌었다. 그리하여 행정강제의 근거법규로 행정대집행법·국세징수법·경찰관직무집행법 등의 일반법과 해당 행정법규별로 개별적 단행법규들이 제정되어 시행되고 있다.

### 2. 행정벌

**행정벌이라 함은 행정법상의 의무불이행에 대한 제재로서 일반통치권에 기하여 가하는 처벌**을 말한다. 이를 형사벌과 구별하여 행정벌이라 칭한다. 다만 일부견해 중에는 과태료의 부과를 내용으로 하는 행정질서벌과 달리 행정형벌의 경우에는 의무위반자에 대하여 형법상의 벌을 과하는 것이므로 형사벌로 보면 되므로 구태여 행정벌과 형사벌을 구별할 필요성이 없다며 행정벌의 독자성을 부인하는 소수견해도 있다.

그러나 일반적으로 형사벌은 살인이나 절도와 같이 형벌법규에 의한 처벌 이전부터 그 자체가 반인륜적이고 부도덕한 행위이기 때문에 처벌하여야 한다는 일종의 자연범으로서의 성격이 강하지만, 행정벌은 행정법규에 의하여 처벌의 구성요건이 정해진 경우에 비로소 처벌하게 된다는 점에서 인위적 성질이 강하다는 점에서 차이가 있다. 예를 들어 환경법이나 교통법규를 위반한 경우에 처벌하는 경우이다. 따라서 양자는 구별할 필요성이 있다는 것이 다수설의 입장이고, 행정범은 형사범에 비해 고의, 과실, 타인의 행위에 대한 책임 인정 등 여러 면에서 특수성이 인정되고 있다. 행정벌에는 행정형벌과 행정질서벌이 있다. 행정형벌은 원칙적으로 형사소송절차에 의하여 처벌하고 있으나, 예외적으로 통고처분이나 즉결심판과 같은 약식절차에 의하여 처벌되기도 한다. 반면에 행정질서벌은 과태료에 처할 자의 소재지를 관할하는 지방법원이 비송사건절차법에 의하여 부과하는 것이 원칙이다. 그런데 최근에는 공중위생법·식품위생법·지방자치법 등에서 과태료부과절차에 대한 특례를 규정함으로써 법원이 아닌 관할행정청이 직접 부과·징수하는 경우도 있다.

## Ⅱ. 새로운 의무이행확보수단

### 1. 공급거부

최근에 이르러 행정작용의 범위가 넓어지고 있고, 행정객체의 의무불이행의 형태도 다양하기 때문에 종래의 행정강제와 행정벌만으로는 행정법상의 의무이행확보에 많은 문제가 발생하게 됨에 따라 새로운 의무이행확보수단이 강구되고 있다. 이러한 새로운 의무이행확보수단은 행정벌이나 행정강제에 비하여 비교적 간접적이고 우회적인 방법으로 압박을 가하여 행정객체로 하여금 의무이행을 할 수밖에 없게 만들고 있다.

그 중 하나인 **공급거부라 함은 행정법상의 의무이행을 간접적으로 강제하기 위하여 행정주체가 행정객체의 생존을 위해 제공되는 전기·상하수도·가스 등의 공급을 중단함으로써 의무이행을 강제하는 방법**이다. 예를 들어 건축법 제69조는 불법건축물에 대하여 시장·군수·구청장이 공사중지명령을 내리거나 시정명령을 내리고, 이를 의무자가 이행하지 아니할 경우 위법건축물에 대한 전기·전화·수도 및 도시가스 등의 공급을 중단할 것을 공급자나 관계행정기관에게 요청할 수 있도록 규정하고 있다. 다만 문제는 이러한 공급거부는 행정의무자의 생존에 필요한 최소한의 재화와 용역의 공급거부를 통해 **헌법상 보장되고 있는 사회국가원리에 의한 국민의 생존권배려의무를 도외시한 채 오직 불법건축물의 철거나 시정조치만을 원활히 수행하려고 한다는 점에서 위헌의 소지가 있다고 할 수 있으며, 과연 건축법상의 의무불이행과 공급거부가 객관적 관련성이 있다고 보아야 할 것인지 등의 적합성 원칙에 부합하는지가 의문이라고 하지 않을 수 없다**. 따라서 공급거부가 이루어지더라도 최소한도에 그쳐야 할 것이다.

## 2. 공 표

공표라 함은 행정객체의 의무이행을 심리적으로 강제하기 위하여 의무불이행자의 인적사항 등을 공개하는 행정강제수단이다. 예를 들어 상습적 조세체납자의 명단을 공개하거나 등록세납부를 회피하기 위하여 등기·등록을 게을리하는 자에 대한 명단을 공개하거나, 비업무용 부동산의 양도실적이 부진한 법인의 명단을 공개하는 것 등이 이에 해당한다.

공표 역시 공급거부와 마찬가지로 간접적으로 행정객체를 심리적으로 압박하여 행정목적을 달성하려고 하는 것이기 때문에 법적 근거가 있어야 할 것이다. 그런데 현실적으로 볼 때 그러한 명문의 규정이 없는 경우에도 행정편의만을 위해 행정청이 위반자의 명단을 공개하는 경우가 종종 있는데, 이러한 명단의 공개행위는 법률유보원칙상 위법하다고 하지 않을 수 없다. 물론 개인의 사생활 및 비밀보장은 법률에 근거할 경우 제한의 대상이 되어 공표될 수 있지만, 이는 개인의 정신적 영역에 속하는 권리로서 그의 명예를 심대하게 해할 우려가 있으므로 그 요건은 명백하고 위험성이 있어야 할 것이다.

## 3. 인허가의 제한

인허가의 제한이라 함은 **행정객체가 일정한 행정의무를 이행하지 아니할 경우 그의 인허가를 불허함으로써 심리적으로 강제하는 행정강제수단**이다. 예를 들어 국세징수법 제7조는 세무서장은 납세자가 정당한 사유 없이 국세를 체납하는 때에는 주무행정관서에 납세자에게 영업허가 등을 하지 말거나 이미 부여된 허가를 철회하여 줄 것을 요구할 수 있고, 이 경우 주무관서는 정당한 이유가 없는 한 이에 응하도록 규정하고 있는 경우가 이에 해당된다고 하겠다.

그런데 조세체납의 경우에는 체납자의 재산에 대한 직접강제징수의 수단이 가능한데도 불구하고 인허가를 제한하는 방법은 우회적인 것으로, 이 역시 행정목적의 실현과 제재수단 사이에 객관적 견련성이 인정될 때만 허용되는 적합성의 원칙이 적용된다고 하겠다.

## 4. 기타 수단

기타 수단으로 조세제도가 국가재정수입의 확보기능 이외에도 다른 목적을 위해 사용되는 경우 등이 있다. 예를 들어 유류세를 인상함으로써 유류소비정책을 추진하거나, 조세를 감면하여 줌으로써 산업의 활성화나 부동산경기 진작을 도모하는 것 등이다.

이처럼 조세제도가 단순히 국가재정의 확보수단에 그치지 아니하고 그 외에도 다양한 사회정책적·경제정책적 목적의 실현과 국민의 가치판단 및 행동기준을 일정한 방향으로 유도하는 경우가 있다. 부동산투기를 막기 위하여 토지거래허가제도를 실시하거나, 종합부동산세제를 운용하는 경우 등도 마찬가지라고 하겠다.

이러한 간접적인 조세정책 등은 국민에게 과세부담을 가중시킬 수 있기 때문에 공과금부과의 근거법이 헌법상의 평등권·재산권을 지나치게 침범하게 되는 것은 위헌이 될 수도 있다.

## Ⅲ. 행정절차 등

### 1. 행정절차

**행정절차라 함은 행정청이 행정권 행사를 하기 위하여 밟아야 하는 적법한 절차**를 말한다. 이는 입법부의 입법절차와 사법부의 재판절차에 비유되는 개념이라 할 수 있다. 행정절차의 법적 개념은 현재 명확히 정의되고 있지 못한 새로운 개념이나, 행정절차는 구속적 행정결정이 내려지기 이전 절차인 행정입법절차, 행정계획의 확정절차, 행정처분절차, 공법상 계약의 확정절차와 이후의 절차인 행정심판절차·행정집행절차·행정처벌절차를 포함하는 광의로 쓰이기도 한다.

한편 **좁은 의미의 행정절차는 행정청이 제1차적인 구속적 행정결정을 내리기 위하여 밟는 절차**를 말하는데, 여기에는 행정입법절차·행정계획절차·행정처분절차 등이 해당된다고 하겠다. 일반적으로 행정절차라고 하면 좁은 의미의 행정절차를 의미한다. 이처럼 구속적 행정행위를 행하기 전에 행정절차를 밟도록 하고 있는 것은, 구속적 행정결정이 내려지기 전에 다양한 이해관계인들을 참여시키는 절차보장을 통해 기본권을 보장하고, 이해관계인의 이해관계를 사전 조정하는 것이 행정에 대한 민주적 절차의 보장과 개방성, 예측 가능성을 가능케 하는 장점이 있기 때문이다. 우리나라도 1996년도에 행정절차법이 제정되어 시행되고 있다.

### 2. 행정정보공개와 개인정보의 보호

**행정정보공개라 함은 국가와 지방자치단체가 관리 중인 정보나 행정기관의 의사결정과정을 주민들의 청구에 의하여 공개하도록 하는 것**을 말한다. 즉 헌법상 국민의 알 권리를 실현시키기 위한 방안으로 행정정보공개의 필요성이 강조되고 있다. 헌법 제117조 제1항 및 지방자치법 제15조에 의해 법령의 범위 내에서 행정상의 정보를 공개할 수 있도록 하여 행정청이 보유·관리하는 정보를 일반국민이 알 수 있도록 하고 있으나, 이 경우 특정 개인이나 법인에 관련된 정보도 있을 수 있기 때문에 다른 한편으로는 개인의 정보를 보호해야 하는 필요성과 충돌하게 된다. 즉 개인의 사생활과 비밀의 자유가 침해되거나, 예를 들어 특허권의 비밀 내용 등이 경쟁업자에게 유출되면 재산상의 불이익을 입게 되는 경우도 있기 때문에 **행정상의 정보공개가 이루어진다고 하더라도 개인정보는 보호될 필요성이 크다**고 하겠다. 그리하여 1993년에 공공기관의 개인정보보호에 관한 법률이 제정됨으로써, 개인의 정보를 처리·이용·공개할 수 없도록 제한하기에 이르렀다. 다만 정보주체의 동의가 있거나 범죄의 수사, 공소의 제기 등 공익상 법령에 정한 사유가 있는 경우에는 개인정보도 공개대상이 된다.

## 제6절 행정상 손해배상제도

### Ⅰ. 공무원의 직무상 불법행위로 인한 손해의 배상

#### 1. 의 의

국가나 지방자치단체에 속한 공무원이 직무와 관련하여 불법행위를 행함으로써 국민에게 손해를 입히는 경우가 있을 수 있다. 이 경우 그 직무를 행한 공무원 개인이 민법상의 불법행위로 인한 손해배상책임을 지는 것은 너무나 당연하다. 그런데 이 경우 공무원 개인의 자력이 부족한 경우 손해를 입은 국민은 피해배상을 실질적으로 받지 못하는 문제가 발생할 수 있다. 또한 가해자인 공무원도 자신의 직무상 과실에 의하여 불법행위를 저지른 것이지만 법령상 주어진 공무를 수행하는 과정에서 발생한 손해에 대하여 개인만이 책임을 지게 된다면 공무원이 직무를 회피하게 되어 오히려 국민에게 불이익이 돌아갈 수도 있다. 이런 이유로 공무원의 직무상 불법행위의 경우 직무를 수행함에 있어 경미한 과실이 있는 경우에는 그 발생한 손해에 대한 책임을 면제해 주고 그 대신 그 공무원이 속한 국가나 지방자치단체가 손해배상책임을 지도록 할 필요성이 있다.

우리 헌법 제29조도 이러한 점을 고려하여 **공무원의 직무상 불법행위로 인하여 손해를 입은 국민은 법률이 정하는 바에 의하여 국가 또는 공공단체에 정당한 배상을 청구할 수 있으며, 이로 인한 공무원 개인의 책임은 면제될 수 없다고 규정하고 있다**. 이를 위하여 국가배상법이 제정되어 시행되고 있다.

## 2. 국가배상책임의 내용

헌법 제29조에 근거하여 제정된 **국가배상법**은 국가배상책임의 내용과 청구절차를 규정하고 있다. 즉 동법 제2조는 공무원의 직무행위로 인한 손해배상책임의 성립요건으로 ① 공무원의 직무행위, ② 공무원의 고의 또는 과실에 의한 법령위반, ③ 타인에게 손해가 발생하였을 것을 규정하고 있다. 여기의 **공무원**은 국가공무원과 지방공무원뿐 아니라 널리 공무를 위탁받아 이를 수행하는 자도 포함되며, **직무행위**라 함은 직무행위 그 자체는 물론이고 직무행위와 직·간접으로 관련성이 있으면 공법상의 행위이든 사법상의 행위이든 모두 직무에 포함된다고 하겠다. **공무원의 고의 또는 과실**이라 함은 불법행위의 책임요소로서 일반인을 기준으로 결정하여야 할 것이며, **법령위반**이라 함은 제정된 법률은 물론이고 법규명령을 포함하여 과잉금지의 원칙, 평등의 원칙, 신뢰보호의 원칙 등 행정법의 일반원칙에 위배되는 행위도 포함된다고 하겠다. **손해가 발생한 타인**이라 함은 불법행위를 한 공무원과 이에 가세한 자 이외의 모든 자가 해당된다. 다만 전투훈련 중인 군인·군무원·경찰공무원은 직무의 특성상 별도의 법령에서 정한 재해보상금·유족연금·상이연금 등을 받도록 되어 있기 때문에 그 법령 이외의 국가배상법이나 민법에 의한 손해배상청구를 할 수 없는 제한을 받고 있다. 일반불법행위의 성립요건으로 공무원의 가해행위와 손해의 발생 사이에 상당인과관계가 인정되어야 할 것이다.

**국가와 지방자치단체는 국가배상법상의 손해배상책임이 인정되면 직무를 수행한 공무원을 대신하여 피해자인 국민에게 직접 배상책임을 진다.** 이러한 직접 배상책임의 법적 성질에 대하여는 **대위책임설과 자기책임설**이 대립하고 있다. **대위책임설**은 국가의 배상책임은 개인인 공무원이 져야 할 책임을 국가정책적 입장 때문에 대위하여 손해를 배상해 주는 것이라고 보는 입장이다. 반면에 **자기책임설**은 공무원의 행위는 곧 국가의 행위이기 때문에 국가가 행위주체로서 직접 자기책임을 지는 것이라고 보는 입장이다. 즉 민법 제35조가 법인의 불법행위책임을 인정하고 있는 것처럼 국가배상법은 법인인 국가나 지방자치단체에 불법행위책임을 인정하고 있다는 것이다.

연혁적으로 보면 국가의 배상책임은 공무원의 행위에 대한 대위책임이라는 입장에서 시작되었으나, 현재는 공무원의 직무는 곧 국가의 직무이고, 공무원은 국가의 수족에 불과하므로 국가나 지방자치단체가 직접 자기책임을 지는 것으로 이해하고 있다. 그리하여 현재는 손해를 본 타인은 오직 국가와 지방자치단체에만 손해배상을 청구하여야지 **직접 가해자인 공무원에게는 손해배상청구를 할 수 없다는 것이 판례의 입장**이다. 국가나 지방자치단체는 손해를 배상한 후 그 공무원이 고의 또는 중과실에 의한 직무상의 불법행위를 행한 경우에는 내부적으로 그 공무원에게 구상권을 행사할 수 있다.

## Ⅱ. 공공시설의 설치·관리상의 하자로 인한 손해의 배상

### 1. 의 의

국가배상법 제5조는 "도로·하천 기타 공공의 영조물의 설치·관리상의 하자가 있기 때문에 타인에게 손해를 발생하게 하였을 때에는 국가 또는 지방자치단체는 그 손해를 배상하여야 한다"고 규정하고 있다. 이러한 영조물책임은 공공시설의 하자로 인해 발생한 손해배상책임은 공무원의 직무상 불법행위로 인한 손해의 배상책임과 달리 고의·과실 등 행위자의 주관적인 책임요소를 필요로 하지 않기 때문에 **공공시설이 갖추어야 할 일반적인 안전성에 흠결이 있어 손해가 발생한 경우에는 국가가 책임을 지도록 하고 있어 일종의 무과실책임에 해당된다.**

## 2. 국가배상책임의 내용

공공시설의 설치·관리상의 하자로 인한 손해배상책임은 ① 공공의 영조물에서, ② 설치·관리상의 하자가 있어야 하고, ③ 이로 인해 타인에게 손해가 발생한 경우에 생기게 된다. **공공의 영조물이라 함은 공공목적에 제공된 유체물로 강학상의 공물을 말한다.** 공물이면 되기 때문에 도로·항만 등과 같은 인공공물은 물론이고 하천·호수 등과 같은 자연공물 및 동산이나 동물 등도 포함된다. 공공시설의 설치 또는 관리상의 하자라 함은 공공시설이 일반적으로 갖추고 있어야 할 안전성에 흠결이 있는 것을 말하며, 그 흠결은 불가항력적인 사유가 있는 경우를 제외하고는 다소의 자연력이 가산함으로써 흠결이 발생하였더라도 손해배상책임이 생긴다고 하겠다. 타인에게 손해가 발생한 경우는 공무원의 직무상 불법행위로 인한 손해와 그 내용이 같다고 하겠다.

# Ⅲ. 공공성이 강한 사인의 시설 등으로부터 발생한 손해

최근에는 공공성이 강한 사인의 시설이나 국민의 생명과 신체 등에 중요한 영향력이 있는 법인 등의 물품의 관리, 감독상의 소홀로 인하여 발생하는 손해에 대하여 그 감독관청인 국가나 지방자치단체가 책임을 져야 한다는 주장이 나오고 있다. 예를 들어 해상에서 발생한 대형유조선의 기름유출로 인한 해안가 어민들의 피해보상, 시중에 유통되는 혈액제제의 잘못으로 인한 에이즈 감염이나 간염 전염, 국·공립학교에서 이루어지는 성희롱방지를 게을리한 것에 대한 국가의 감독소홀의무 등에 대하여도 국가나 지방자치단체 등이 손해배상책임을 져야 한다는 것이다.

**감독관청인 공무원의 과실에 의한 부작위로 인해 불법행위가 성립한다**는 것이다. 일부 선진국에서는 이 경우 국가의 감독책임소홀로 인한 국가배상책임을 인정하기도 하기 때문에 우리의 경우도 더 깊이 있는 연구검토를 통해 국가배상법의 개정 문제도 심도 있게 논의되어야 할 것이다.

우리나라의 경우에도 이러한 유형의 경우에 국가배상책임이 인정된 사례도 있으며, 이 경우에는 국가배상책임에 관한 소송 이전에 국가나 지방자치단체를 상대방으로 한 국가배상법상의 배상심의회의 결정, 즉 결정전치주의를 거쳐 민사소송절차에 의해 구제가 이루어지고 있다. 경우에 따라서는 행정처분의 취소소송 등과 병합되어 심리되는 경우도 있다. 이론적으로 보면 국가배상소송은 전형적인 행정소송의 하나이기 때문에 민사소송절차에 의할 것이 아니라 공법상 당사자소송으로 심리되는 것이 타당하다고 하겠다.

## 제 7 절 행정상 손실보상제도

### Ⅰ. 의 의

**행정상 손실보상이라 함은 적법한 행정작용의 결과 공공필요를 실현하기 위하여 개인의 재산권을 수용·사용·제한함에 따라 개인에게 특별한 희생이 발생할 경우 법률에 정한 바에 따라 공평하게 조절적 보상이 이루어지는 것을 말한다.** 국가배상제도는 공무원의 불법행위와 공공시설의 하자 등 국가행위의 위법성으로 인해 발생한 손해를 배상하는 제도라면, 손실보상제도는 공공의 필요라는 적법한 원인으로 인해 발생한 개인의 재산상의 손실을 국민 전체의 부담으로 보상해 주는 제도라고 할 수 있다.

헌법 제23조 제3항은 "공공필요에 의한 재산권의 수용·사용 또는 제한 및 그에 대한 보상은 법률로 하되 정당한 보상을 지급하여야 한다"고 하여 정당한 손실보상을 하도록 규정하고 있다. 이에 따라 **손실보상은 재산권에 대한 적법한 공용침해로 인하여 개인이 특별한 희생을 당한 경우에 손실보상의 구체적인 내용과 지급절차를 규정한 실정법에 의해 보상을 하게 된다.** 그런 의미에서 공용침해를 인정하는 법률과 손실보상을 규정한 법률의 상호불가분성을 고려하여 이러한 보상규정을 흔히 **불가분조항**이라고 칭한다.

## Ⅱ. 손실보상제도의 내용

일반적으로 공용침해행위에 의해 개인의 재산권에 대한 사용·수용·제한 등이 있게 되면 이는 공용침해행위로 인해 개인의 재산권에 대한 특별한 침해가 있게 되므로 이에 대하여 보상해 주는 것이 당연하다. 헌법 제23조 제2항은 재산권의 행사가 공공복리에 적합하여야 함과 법률에 의해 재산권의 행사가 제한될 수 있음을 규정하고 있다. 즉 국민의 재산권은 신성불가침의 절대적 권리가 아니라 사회적 기속성이 있다는 것이다. 따라서 이러한 헌법적 이념에 의해 개인의 재산권에 대한 공용침해행위가 있다 하더라도 재산권에 대한 사회적 기속성이 인정되는 경우라면, 즉 공공복리 적합성이 인정되는 영역에 속한다고 한다면 이는 특별한 손해가 아니라 보편적·일반적 손해에 불과하기 때문에 손실보상을 할 필요가 없다. 예를 들어 도시계획법 제21조가 규정한 개발제한구역, 소위 그린벨트 지역의 선정으로 인해 건축허가 불가 등 개인의 재산권행사에 제한이 있다 하더라도 이는 도시의 무질서한 확산을 방지하고 도시환경 등을 보전하기 위한 목적을 위한 도시계획의 반사적 효과 때문이라고 할 것이므로, 이를 통해 재산권의 제한행위, 즉 계획제한행위가 있더라도 도시계획법은 국민에게 손실보상을 해 주도록 규정하고 있지 않다. 즉 **특별한 손해라기보다는 일반적 재산권행사의 제한으로 모든 국민에게 공평하게 적용되는 제한의 한계, 기속성의 한계라는 것이다.**

따라서 특정한 공용침해행위가 손실보상을 요하는 특별한 희생인가, 아니면 재산권의 공공복리 적합성의 문제인가를 결정하는 것은 대단히 중요하다. 이를 구별하는 이론 중 하나인 **입법방침설**에 의하면 손실보상에 관한 헌법규정은 공용침해 시 가능한 한도 내에서 손실을 보상하라는 입법방침을 천명한 것에 불과하기 때문에 **실제로 입법이 이루어지지 않았다면 구체적으로 발생한 손실을 보상할 수가 없게 된다.** 그러나 이러한 입법방침설은 지나치게 국민의 재산권보장을 소홀히 하게 되고 국가우선주의 사상의 표출이라 할 것이어서 현대에는 어울리지 않는 이론이라고 할 수 있다. 한편 **직접적 효과설**은 헌법 제23조 제3항이 손실보상의 직접적 규정이 되기 때문에 만일 입법부가 손실보상에 대한 구체적 입법을 하지 않았다고 하더라도 위헌법 조항에 의해 손실을 입은 국민은 직접 손실보상청구를 할 수 있다고 한다. 다만 직접적 효과설은 헌법 제23조 제3항이 보상은 법률에 의해 하도록 위임하고 있는데 실행 입법이 없다면 손실보상의 기준, 급부의 내용, 청구의 구체적 절차 등을 헌법 스스로 해결할 수 없는 한계가 있기 때문에 헌법을 직접적 근거로 삼기에는 현실적으로 어려운 점이 많다. 한편 **위헌무효설**에 의하면 공용침해의 모든 요건이 충족되었음에도 불구하고 보상규정을 두고 있지 않다면 그 법률은 헌법위반으로 위헌이기 때문에 보상규정이 없어 보상을 해 줄 수 없다면 공용침해행위 역시 무효인 법률에 의거한 재산권의 침해행위로서 위법하므로 불법행위를 구성하게 되고, 피해 국민은 불법행위로 인한 손해배상청구를 할 수 있다고 한다. 그러나 이 견해 역시 법률에 대한 위헌무효의 판단은 종국적으로 헌법재판소가 판단할 사항으로 헌법재판소가 이를 위헌결정하지 않는 한 그 타당성을 인정하기 어려운 한계가 있다. 결국 새로운 이론이 필요하게 되는데, 그러한 새로운 영역에 대한 것으로 수용유사적 침해이론 등이 새롭게 등장하고 있다.

## Ⅲ. 새로운 행정손실보상청구권의 필요성

### 1. 수용적 침해

**수용적 침해라 함은 적법한 행정작용의 결과 당초에 의도하지 않았던 부수적 결과로 개인의 재산권이 침해되어 개인에게 특별한 희생이 발생하지만 공용침해의 요건이 충족되었다고 보기 어려울 뿐만 아니라 보상에 대한 법률도 존재하지 않는 침해를 말한다.** 예를 들어 국가에서 고속도로를 새로이 개통하다 보니 인근의 양돈장의 돼지들이 소음으로 인하여 출산율이 저하되거나 대량폐사하는 피해가 발생하는 경우 이다.

이러한 수용적 침해는, 공용침해가 재산권에 대한 의도적이고 고권적인 침해인데 반하여, 고속도로 개통이라는 **적법한 공공시설의 가동결과 나타나는 의도되지 않은 비정형적인 침해이기 때문에 손실보상의 요건을 결하게**

**되고 따라서 보상을 위한 실정법이 존재하지 않더라도 개인에게는 특별한 재산상 손실이 발생하였기 때문에 그러한 손해를 공평부담의 견지에서 보상하는 것이다.** 종래 행정상의 손해보전제도는 공무원의 직무상 불법행위로 인한 국가배상제도와 공공필요에 의한 적법한 공용침해에 대한 손실보상제도로 발전되어 왔다. 즉 국가의 위법·유책한 행위에 대해서는 국가배상을, 적법·무책한 행위에 대해서는 손실보상을 인정해 왔는데, 수용적 보상은 위법·무책한 행위에 대한 보상이라는 새로운 손해전보 영역이라고 할 수 있다.

## 2. 수용유사적 침해

**수용유사적 침해라 함은 공용침해의 모든 요건을 갖추었음에도 불구하고 보상규정이 없는 경우에 보상규정이 있는 것으로 의제하여 손실보상을 인정하자는 것**을 말한다. 보상규정이 없으면 공용침해를 해서는 안 되기 때문에 만일 공용침해를 하게 되면 위헌적 행위로 평가되겠지만, 그러한 공용침해가 필요한 것이라고 한다면 법원이 해석을 통해 창조적으로 보상규정을 의제하여 손해전보를 해 줄 수 있다는 것이다. 다만 주의할 점은 수용유사적 침해에서의 위법성은 필요성이 인정되어 실제로는 적법성이 보장되어야 하는 것이기 때문에 국가배상법상의 위법성과 다르다고 할 것인바, 즉 보상규정이 없다는 의미에서 위헌·위법하다는 의미로 보아야 한다.

따라서 적법한 공용침해에 대해서 손실보상을 하고 있다면 위법한 침해에 대하여는 더더군다나 손실보상을 해주어야 하므로, 보상규정이 결여되어 있을 뿐 공용침해의 다른 요건을 모두 갖추고 있다면 법원이 손실보상을 결정하더라도 이론상 모순이 없다는 것이다. 이러한 수용유사적 침해이론은 독일 최고민형사재판소의 판례를 통하여 발전하여 왔는데 독일 연방헌법재판소는 1981년 소위 자갈채취사건을 통해 손실보상을 인정하는 규정이 없다면 이론상 손실보상의 청구는 불가능하다면서 피해를 당한 국민은 법적인 근거 없이 행해진 행정처분에 대한 취소 등을 구할 수 있을 뿐이라며 수용유사적 침해에 대한 손실보상에 제동을 걸었는데, 이로 인해 수용유사적 침해이론에 근거한 손실보상이 불가능하게 됨으로써 행정행위 취소라는 행정쟁송의 제기를 통해서만 권리를 구제받을 수 있다는 종래의 행정상의 권리구제원칙으로 되돌아가게 되었다.

### 3. 희생보상청구권

희생보상청구권이라 함은 수용적 침해나 수용유사적 침해이론이 적법하지만 무책한 국민의 재산권 침해를 구제하자는 손실보상이론임에 반하여, 의도되지 않은 비정형적인 공권력행사의 부수적 결과로서 국민의 생명·신체에 대한 권리침해가 발생하고 이러한 침해가 권리주체에 대해 특별한 것이라면 설사 보상규정이 결여되었더라도 손실보상을 해 주어야 한다는 것이다. 희생보상청구권은 판례를 통해 발달하여 왔는데, 예를 들어 범인을 체포하기 위한 적법한 경찰관의 총기사용으로 인하여 지나가던 행인이 생명·신체상의 손해를 입거나, 적법한 예방접종을 실시하였는데 예상치 못한 부작용으로 피접종인이 사망한 경우에 손해배상을 해주어야 한다는 것이다.

문제는 국가배상책임과 공용침해에 대한 손실보상 이외의 수용적 침해, 수용유사적 침해, 희생보상청구권 이론 등은 21세기 사회적 법치국가에서는 일응 긍정적 평가가 내려질 수밖에 없다. 다만 보상규정의 제정은 입법권을 가진 국회의 권한이라고 할 것인데, 보상규정의 불비를 사법부가 재판을 통해 창조적으로 의제하여 보상하는 것이 일반화된다면 권력분립의 대원칙을 침해할 위험성이 있기 때문에 이러한 문제가 발생하지 않도록 행정부 및 입법부가 관련 법규 제정에 만전을 기해야 할 것이다.

## 제8절 행정쟁송제도

## I. 서 론

**행정쟁송이라 함은 위법하고 부당한 행정작용으로 인하여 권리를 침해당한 자가 그 행정작용의 취소·변경·무효확인 등의 방법으로 잘못된 행정작용을 시정해 줄 것을 구하는 행정상 권리구제제도**이다. 행정쟁송제도는 국가배상이나 손실보상제도와 달리 금전적 배상이나 보상을 받겠다는 것이 아니라 **위법한 행정작용 자체의 시정을 구하는 것**으로, 이를 통해 침해된 개인의 공적 권익을 침해 이전의 상태로 원상회복시키는 것을 그 목적으로 한다.

다시 말해 국가배상과 행정상 손실보상이 국민의 재산권 피해에 대한 권리보상보호수단이라면, **행정쟁송제도는 국민의 침해된 권리에 대한 존속보호수단**이라고 할 수 있는데, 이러한 행정쟁송제도에는 행정청에 대한 행정심판과 사법부에 대한 행정쟁송이 있다.

## Ⅱ. 행정심판

### 1. 의 의

**행정심판이라 함은 위법·부당한 행정작용으로 인하여 권익을 침해당한 개인이 재결청에 대하여 행정작용의 취소, 변경, 위법한 부작위에 대한 의무이행, 무효의 확인을 구하는 행정상 권리구제절차**를 말한다. 즉 행정심판은 법원에 대하여 구제를 구하는 행정소송과 달리 **처분행정청의 직근 상급행정관청에 재결을 구하여 그 관청에 설치된 행정심판위원회의 심리·재결을 통해 행정청 스스로 위법·부당한 행정작용을 수정할 수 있는 기회를 주는 것**으로, 이 역시 행정작용이라 할 것이어서 사법절차인 행정소송과 다르다.

이처럼 행정심판은 행정소송과는 다르지만, 개인의 권익을 구제하기 위한 행정청의 재결절차라는 점에서 사법작용인 행정소송과 관련성이 크기 때문에 단순한 행정절차와는 다른 소위 **준사법적 행정절차**라 할 수 있다. 헌법 제107조 제3항도 "재판의 전심절차로서 행정심판을 할 수 있다. 행정심판의 절차는 법률로 정하되 사법절차가 준용되어야 한다"고 규정하여 행정소송의 전심절차로서 법률에 정한 절차에 따라 행정심판을 하도록 하고 있는데, 이를 위해 행정심판법 등이 제정되어 있다. 행정심판법은 행정심판을 함에 있어 그 심리·재결을 재판절차에 준하여 하도록 하여 그 결과에 고도의 적법성을 담보하도록 하고 있다. 다만 문제는 헌법정신과 달리 현행 행정심판제도는 국민의 권리구제에 미흡한 점이 적지 않는데, 첫째, 행정심판의 적법한 심리를 위해서는 행정작용의 위법·부당성의 판단근거로서 자료의 열람이나 정보공개청구권이 확실히 보장되어야 함에도 **정보공개법의**

**미비와 자료열람 등이 제한되고 있어 무기의 불평등현상이 심화**되어 있고, 둘째, 행정심판법 제33조가 **사정재결제도**를 인정함으로써 행정심판위원회가 국민의 행정심판청구가 이유 있다고 인정되는 경우에도 그 인용이 현저히 공공복리에 적합하지 아니하다고 인정할 경우에는 그 심판청구를 기각할 수 있도록 하고 있어 **행정편의주의적 발상에 의해 공공복리를 명목으로 개인의 희생을 지나치게 강요하고 있어 문제**라는 비판이 가해지고 있다.

## 2. 행정심판법

2010년도에 전면 개정되어 시행 중에 있는 행정심판법은, **통상의 행정심판**과 전문성과 특수성을 살리기 위해 행정심판에 갈음하는 **특별행정심판제도**를 두고, 행정심판의 종류로 행정청의 위법 또는 부당한 처분을 취소하거나 변경하는 행정심판인 **취소심판**, 행정청의 처분의 효력 유무 또는 존재여부를 확인하는 행정심판인 **무효등확인심판**, 당사자의 신청에 대한 행정청의 위법 또는 부당한 거부처분이나 부작위에 대하여 일정한 처분을 하도록 하는 행정심판인 **의무이행심판** 등이 있다. 또한 행정심판기관으로 각 행정청 내부에 **행정심판위원회**를 설치하도록 하고 있고, **상급행정청에 재결을 위한 행정심판위원회**, **중앙행정심판위원회**를 두도록 하고 있다. 각 심판별로 청구인적격에 대하여 규정하고 있고, 비법인 사단이나 재단에 대하여도 청구인적격을 인정하고 있다. 또한 다수 당사자가 있는 경우에는 선정대표자제도를 이용할 수 있도록 하고 있고, 청구인의 사망 등의 경우 청구인 지위승계를 인정하고 있다. 또한 피청구인적격을 규정하고 있고, 피청구인을 잘못 지정한 경우에는 피청구인경정을 허용하고 있으며, 대리인을 선임할 수 있도록 하고 있다. 그리고 심판결과에 이해관계가 있는 자의 심판참가를 허용하고 있다.

**심판청구는 행정처분이 있음을 알게 된 날로부터 90일 이내에 청구하여야 하며, 처분이 있었던 날부터 180일이 지나면 청구하지 못 한다**. 행정심판위원회는 처분, 처분의 집행 또는 절차의 속행 때문에 중대한 손해가 생기는 것을 예방할 필요성이 긴급하다고 인정할 때에는 직권으로 또는 당사자의 신청에 의하여 처분의 효력, 처분의 집행 또는 절차의 속행의 전부 또는 일부의 정지, 즉 **집행정지를 할 수 있고, 처분 또는 부작위가 위법·부당하다고 상당히 의심되는 경우로서 처분 또는 부작위 때문에 당사자가 받을 우려가 있는 중대한 불이익이나 당사자에게 생길 급박한 위험을 막기 위하여 임시지위를 정하여야 할 필요가 있는 경우에는 직권으로 또는 당사자의 신청에 의하여 임시처분을 결정할 수도 있다.**

행정심판위원회는 **취소심판의 청구**가 이유가 있다고 인정하면 처분을 취소 또는 다른 처분으로 변경하거나 처분을 다른 처분으로 변경할 것을 피청구인에게 명하며, **무효등확인심판의 청구**가 이유가 있다고 인정하면 처분의 효력 유무 또는 처분의 존재 여부를 확인하며, **의무이행심판의 청구**가 이유가 있다고 인정하면 지체 없이 신청에 따른 처분을 하거나 처분을 할 것을 피청구인에게 명하게 된다. 다만 위원회는 심판청구가 이유가 있다고 인정하는 경우에도 이를 인용하는 것이 공공복리에 크게 위배된다고 인정하면 그 심판청구를 기각하는 **사정재결**을 할 수 있으며, 이 경우에는 청구인에 대하여 상당한 구제방법을 취하거나 상당한 구제방법을 취할 것을 피청구인에게 명할 수 있다. **재결은 심판청구서를 받은 날로부터 60일 이내에 하여야 하며, 심판청구를 인용하는 재결은 피청구인과 그 밖의 관계 행정청을 기속**하기 때문에 당사자의 신청을 거부하거나 부작위로 방치한 처분의 이행을 명하는 재결이 있으면 행정청은 지체 없이 이전의 신청에 대하여 재결의 취지에 따라 처분을 하여야 한다.

## Ⅲ. 행정소송

### 1. 의 의

행정소송이라 함은 위법한 행정작용으로 인하여 권리를 침해당한 개인이 그러한 행정작용의 취소·변경·무효확인 등을 법원에 소송을 통하여 구하는 행정상 권리구제절차를 말한다. 헌법 제107조 제2항은 “명령, 규칙 또는 처분이 헌법이나 법률에 위반되는 여부가 재판의 전제가 될 경우에는 대법원은 이를 최종적으로 심사할 권한을 가진다”고 규정하여 **행정처분에 대한 위헌·위법심사권이 법원에 있음을 명백히 하고 있다.** 결국 사법기관인 법원을 통해 위법한 행정작용으로 인하여 침해된 개인의 권리구제라는 행정소송의 주관적 기능뿐만 아니라, 행정부의 행정작용의 적법성·타당성 보장이라는 행정소송의 객관적 기능을 통해 적법한 행정작용이 이루어지도록 하여 종국적으로 국민의 권리보호를 도모할 수 있게 된다. 이처럼 행정작용이 성문의 법규범이나 행정법의 일반원칙을 위반한 상태에서 행정객체의 공법상 권리가 보장을 받지 못하고 침해된 경우 법치주의원칙에 의해 행정재판권의 구제수단이 보장되어야 한다. 그런데 이러한 행정재판권이 행정부에 소속한 행정재판소 관할로 삼고 있는 나라도 있지만, 우리나라는 행정작용의 적법성심사권을 사법부의 고유권한으로 하여 민사재판권, 형사재판권과 더불어 행정재판권도 대법원을 중심으로 한 사법부의 권한으로 인정하고 있는 것이다.

## 2. 행정소송의 종류

**주관적 행정소송으로 항고소송과 당사자소송**이 있고, **객관적 소송으로 민중소송과 기관소송**이 있다. **항고소송이라 함은 행정청의 처분이나 부작위 등으로 인하여 피해를 입은 국민이 이의 시정을 구하기 위하여 제기하는 소송을 말한다**. 즉 행정청의 위법한 처분이나 재결 또는 위법한 부작위로 인하여 권익을 침해당한 자가 그 위법을 다투기 위하여 제기하는 행정소송이 항고소송인 것이다. 행정소송법 제4조는 다시 항고소송을 행정청의 처분 등을 취소 또는 변경하는 **취소소송**, 행정청의 처분 등의 효력 유무 또는 존재여부를 확인하는 무효 등 **확인소송**, 행정청의 부작위가 위법함에 대한 확인을 구하는 **부작위위법확인소송**으로 나누고 있다. 한편 **당사자소송은 행정청의 처분 등을 원인으로 하는 법률관계에 관한 소송으로서 그 법률관계의 한쪽 당사자인 자가 제기하는 소송을 말한다**. 따라서 당사자소송은 항고소송과 달리 **일종의 공법상 포괄소송적 성격**을 갖게 되는데, 이에는 공법상의 금전채권을 내용으로 하는 소송, 공법상의 일정한 지위 및 권리·의무관계의 확인을 구하는 소송 등이 있게 된다. 그렇지만 아직은 일반화되어 있지 않아 항고소송에 비하여 활용도가 낮은 편이다.

**민중소송이라 함은 국가 또는 공공단체의 기관이 법률에 위반되는 행위를 한 때에 직접 자신의 법률상 이익과 관계없는 자가 공익적 목적으로 그**

**시정을 구하기 위하여 제기하는 소송**을 말한다. 예를 들어 공직선거 및 선거부정방지법 제222조·제223조에 의해 선거의 효력과 당선의 효력에 대하여 이의가 있는 후보자·정당·선거인 등이 중앙선거관리위원회를 피고로 하여 대법원에 그 선거나 당선의 효력을 판단해 달라며 제기하는 선거소송의 경우이다. 이처럼 **민중소송은 소송주체의 개인적 권익과 무관하게 공익적 정의나 적법성을 실현하기 위한 객관적 소송으로 국가행위의 적법성 여부를 판단해 달라는 것으로, 특정의 권리침해자를 확정하거나 원고로서의 자격을 심사하는 것이 아니라는 특징을 갖는다**. 한편 **기관소송**은 국가 또는 공공단체 등 여러 기관이 서로 간의 권한의 존부 또는 그 행사에 관한 다툼이 있을 때에 이를 확정하기 위하여 제기하는 소송을 말한다. 예를 들어 지방의회 의결이 법령에 위반되거나 공익을 현저히 해한다고 판단될 경우 지방자치단체의 장은 지방의회에 이유를 붙여 재의를 요구할 수 있는데, 이 경우 지방의회가 이를 시정함이 없이 재의결한 경우 그 재의결된 사항이 법령에 위반된다고 판단되면 해당 지방자치단체장인 시·도지사는 행정자치부 장관의 승인을 얻어, 시장·군수·자치구의 구청장은 시·도지사의 승인을 얻어 재의결한 날로부터 15일 이내에 대법원에 누구의 권한이 맞는지를 판단해 달라며 제소할 수 있다. 즉 **지방자치단체와 지방의회라는 두 기관이 서로 권한을 놓고 다툴 때 누구에게 그 권한이 있는지를 판단하는 소송이 기관소송인 것이다**. 다만 헌법재판소의 관장사항은 헌법재판소 제2조에 의해 헌법재판소가 직접 관장하고 있다.

2002년에 제정되어 현재 시행 중에 있는 행정소송법은 행정법원을 제1심관할법원으로 하고 있고, 관련 청구소송의 이송 및 병합을 허용하고 있고, 행정처분 등의 효력 유무 또는 존재 여부가 민사소송의 선결문제로 되어 당해 민사소송의 수소법원이 이를 심리·판단할 수 있다고 규정하고, 원고적격 및 피고적격, 피고경정 등에 대하여 규정하고 있다. 또한 다수 이해관계인의 공동소송 및 소송참가를 보장하고 있고, 이해관계 있는 다른 행정청도 보조참가할 수 있도록 하고 있다. 행정소송 결과 취소판결 등이 있게 되면 그 판결의 효력은 제3자에게도 미치며, 처분 등을 취소하는 확정판결은 그 사건에 관하여 당사자인 행정청과 그 밖의 관계 행정청을 기속한다.

JURISPRUDENCE

# 제 8 장 민사소송법

JURISPRUDENCE »»

CHAPTER

# 08 민사소송법

## 제 1 절 통상의 민사사송

### Ⅰ. 민사소송의 개념

#### 1. 민사소송의 의의

**민사소송이라 함은 사인의 사법적 권리가 침해된 경우에 법원의 재판을 통해 권리구제를 받는 재판절차**를 말한다. 다수의 사람이 모여 사는 사회에는 수많은 법률적 이해관계가 존재하게 되고, 그 이해관계를 둘러싸고 그 존부, 범위, 내용 등에 대하여 다툼이 있게 마련이다. 그렇다고 하여 이해당사자 스스로 자력구제권을 행사하여 분쟁을 해결하라고 하면 이 사회는 약육강식의 정글의 법칙이 난무할 것이기 때문에 국가가 사인간의 분쟁에 개입하여 법원의 재판절차를 통해 권리관계의 존부와 범위를 규정하고 강제집행을 통해 권리실현을 도모해 주는 절차라고 할 수 있다.

#### 2. 민사소송의 대상

소송은 그 대상이 무엇이냐에 따라 민사소송·형사소송·행정소송·가사소송·헌법소송 등 여러 종류로 나눌 수 있다. 이 중 **민사소송이라 함은 민사에 관한 소송**을 말하는데, **민사라 함은 대등한 당사자 사이의 사법적 법률관계에 관한 분쟁 사건**을 말한다. 다만 대등한 당사자 사이의 분쟁사건 모두가 민사소송의 대상이 되는 것은 아니며 **사인간의 권리·의무관계, 즉 법률관계를 둘러싼 분쟁만이 그 대상이 된다**고 하겠다. 이러한 법률관계는 다시 재산관계와 신분관계로 나눌 수 있다. 또한 법률관계여야 하기 때문에 단순한 사실관계나 자연현상 등에 대한 관계는 분쟁이 있더라도 소송의 대상이 되지 못한다.

## Ⅱ. 소송대체적인 분쟁해결수단

### 1. 의 의

민사소송, 즉 재판을 통해 분쟁을 1회적으로 해결하는 것도 좋은 방법이지만, 이는 분쟁 당사자의 감정을 전혀 고려하지 않은 법적 해결이기 때문에 당사자 사이에 앙금이 남게 되고, 임의이행이 어렵게 되는 문제가 있다. 이처럼 일도양단의 재판절차로 해결할 수 없는 문제를 해결하기 위하여 당사자의 능동적 관여를 통한 문제해결방법이 점차 호평을 받고 있는 추세라 할 수 있다. 즉 법률상의 분쟁이더라도 법원의 판결이 아닌 당사자의 능동적 참여에 의한 방법으로 소송대체적 분쟁해결제도(alternative dispute resolution) 즉 ADR이 많이 이용되고 있다.

### 2. 화 해

**화해라 함은 당사자가 상호 양보함으로써 분쟁을 해결하는 방법**이다. 이에는 민법 제371조에 의한 화해, 즉 실체법상의 화해계약과 민사소송법상의 재판상 화해가 있다. 양자의 차이는 강제집행력이 있는지 여부로, 실체법상의 화해계약은 다시 그 화해계약을 둘러싸고 법적 분쟁이 발생할 수도 있다. 그러나 **재판상 화해는 법원이 개입하여 하기 때문에 확정적으로 판결과 동일한 효과가 인정되어, 강제집행이 가능하게 된다.**

재판상 화해는 **제소전화해와 소송상화해**가 있는데, **제소전화해**는 당사자가 화해조항을 미리 작성한 후 소송절차 없이 판사 앞에서 화해를 하는 것이고, **소송상화해**는 당사자가 소송진행 중에 판사 앞에서 화해를 하는 것으로, 양자 모두 화해조서가 작성되면 확정판결과 동일한 효력이 인정된다.

## 3. 조 정

조정이라 함은 **민사조정법에 의해 법관이나 조정위원회가 분쟁당사자를 알선·협력하여 화해에 이르도록 하는 것**을 말한다. 일반적으로 분쟁사항을 검토한 법관이나 조정위원회가 당사자를 중개한 후 조정안을 작성하여 당사자의 수락을 받게 되면 조정조서를 작성하게 되고, 조정조서를 작성하면 재판상화해와 동일한 효력이 있기 때문에 결국 **확정판결과 동일한 효력이 인정**된다. 이러한 조정은 비용이 저렴하고 분쟁해결이 단기간에 성사될 수 있어서 경제적 효과가 크고, 분쟁사건 분야의 전문가인 조정위원들의 조언 등이 분쟁해결에 많은 도움을 주고 있다. 이러한 장점을 고려하여 민사조정법에 의한 조정이 활성화됨으로써 최근 들어 조정에 의한 분쟁해결이 급격히 증가하는 추세를 보이고 있다.

## 4. 중 재

**중재라 함은 분쟁당사자가 제3자인 중재인을 선임하고, 그 중재인의 판단에 복종하기로 하는 합의를 한 후 그 중재인이 중재판정을 하게 되면 그 결과에 따르는 것**을 말한다. 즉 중재계약에 의해 선임된 중재인의 중재판정에 양 당사자가 승복하는 제도가 중재이다.

중재는 법관이 아닌 중재인의 사적 재판에 복종하는 것이라는 점에서 당사자의 상호 양보에 의한 분쟁해결방법인 화해 및 조정과 다르다. 중재는 단심제이기 때문에 소송 등에 비해 비용이 저렴하고 신속할 뿐만 아니라 비공개로 중재절차가 진행되기 때문에 업무상 또는 개인의 비밀이 보장되는 장점이 있다. 이러한 중재는 내국인 사이의 분쟁해결에도 많은 도움이 되지만, 특히 **무역과 같은 국제거래에서 발생하는 분쟁을 해결하는 수단으로 많이 이용**되고 있다. 왜냐하면 사법체계가 다른 외국과의 분쟁해결방법으로 적합하기 때문이다. 따라서 국제거래는 대부분 분쟁이 발생하는 경우 중재를 통하여 해결한다는 중재조항을 두고 있는 경우가 많다. 중재는 중재법에 의해 규율되고 있으며, 중재기관으로 사단법인 한국중재원이 있다.

## Ⅲ. 민사소송의 주체

### 1. 법원과 관할

#### (1) 의 의

민사소송이 이루어지려면 먼저 민사소송의 심판자인 법원이 있어야 한다. 민사재판권은 법원에 속하기 때문에 **당사자는 관할권 있는 법원에 소를 제기**하여야 한다. 법원은 법관 기타 법원직원이 배치된 사법관서로서의 통일적인 조직체를 가리키는 의미로도 사용되지만, **민사소송법상 법원이라고 하면 재판사건을 심리하기 위하여 1인(단독판사) 또는 수인의 법관(합의부)으로 구성된 재판기관**을 가리키는 의미로 사용되고 있다.

**관할이라 함은 수개의 법원 상호 간의 재판권의 분장관계를 정해 놓은 것**을 말한다. 관할 중 중요한 것으로는 **사물관할, 토지관할, 변론관할** 등이 있다.

#### (2) 사물관할

**사물관할이라 함은 소송물의 가액 등을 기준으로 합의부와 단독판사 중 어느 법원으로 하여금 소송사건을 담당하도록 할 것인가를 결정하는 관할을 말한다.** 즉 사건의 복잡·단순 또는 소송가액의 다과를 구분하여 지방법원 합의부(3인의 법관으로 구성)와 단독판사(1인의 법관으로 구성) 중 누가 사건을 맡을 것인가가 사물관할에 관한 것이다. 합의부는 소송물가액이 1억원을 초과하는 사건, 비재산권상의 소, 재산권상의 소인데도 소가를 산정하기 어려운 사건 등을 관할하고, 단독판사는 그 이외의 사건을 관할한다. 다만 어음금사건이나, 금융기관의 대출금 관련 사건, 불법행위로 인한 손해배상사건 등은 소가가 1억원을 초과하더라도 단독판사가 관할하고, 강제집행사건도 단독판사가 관할한다.

**소송물가액을 계산하는 방법은 합산의 원칙**이 적용되기 때문에 하나의 소송절차에서 여러 개의 청구를 병합하는 경우에는 모든 청구의 소가를 합산하여 사물관할을 결정한다. 다만 **수단과 목적관계**, 예를 들어 토지를 명도받기 위하여 건물철거가 필요한 경우에는 그 목적인 토지의 가액만이 소송물가액으로 산정되며, 주된 권리를 청구하면서 종된 권리를 병합하여 청구하는 경우, 예를 들어 원금채권을 청구하면서 이자채권이 부수되는 경우에는 원금채권만이 소송물가액으로 된다.

### (3) 토지관할

토지관할이라 함은 법원이 장소적으로 여러 군데 있기 때문에 그러한 장소가 다른 여러 법원 간의 직무집행의 한계를 고려하여 **장소와 밀접성이 있는 법원으로 하여금 소송사건을 담당하도록 하는 관할을 토지관할**이라 한다. 토지관할은 그 소송사건의 발생원인이 되는 관련지점을 중심으로 결정되는데, 그러한 관련지점을 **재판적**이라고 한다. 당사자를 중심으로 그 당사자에 대한 모든 사건을 관할하는 재판적을 **보통재판적**이라 하며, 자연인은 피고의 주소, 법인은 피고의 주된 영업소 소재지가 보통재판적이 된다. 다만 국가를 상대로 하는 소송은 국가를 대표하는 기관(법무부)의 소재지를 관할하는 수원지방법원 또는 대법원 소재지인 서울중앙지방법원이 관할한다.

**피고의 응소의 불이익을 고려한 것이 보통재판적**이라면, **소를 제기하는 원고의 이익을 위해 소송사건과 일정한 장소적 견련성이 있는 장소를 원고가 선택할 수 있도록 한 관할이 특별재판적**이다. 예를 들어 지참채무의 경우 채권자의 주소지, 즉 원고의 주소지가 특별재판적이 되며 불법행위지, 어음의 지급지 등도 특별재판적의 하나이다(민사소송법 제7조 내지 제24조). 따라서 원고는 피고의 보통재판적이나 특별재판적이 있는 법원에 소를 제기하면 된다. 하나의 특별재판적이 있는 법원에 소송을 제기하면 그 당사자와 관련된 다른 사건도 그 법원에 소송을 병합하여 제기할 수 있는데, 이를 **관련재판적**이라고 한다. 즉 원고는 여러 개의 관할 중 하나의 관할법원을 선택하여 제기할 수 있다. 또 원고와 피고가 여러 명이고 그 주소 등이 모두 다른 경우 공동소송을 제기함에 있어 관련재판적이 이용되기도 한다. 그런데 공동소송의 경우 재판적이 없는 공동소송인 중의 1인이 다른 공동소송인의 관련재판적에 응소하게 되는 경우 장소가 먼 그 법원에 응소하려면 불이익하기 때문에 이 경우에는 공동소송인 상호간에 관련성이 밀접한 경우에 한하여 관련재판적이 인정되며, 그렇지 않은 경우에는 관련재판적이 인정되지 않는다(민사소송법 제65조). 예를 들어 연대채무자는 서로 재판적이 다르더라도 한 사람의 연대채무자의 주소지를 관할하는 법원에 토지관할(관련재판적)이 인정되므로 공동소송을 제기할 수 있고, 불법행위로 인한 손해배상사건이 발생한 재판적과 대여금이 발생한 재판적이 서로 다르더라도 그 중 하나에 특별재판적이 인정되면 다른 하나에도 관련재판적이 인정되므로 모두 같은 법원에 병합하여 소를 제기할 수 있다.

(4) 기타 관할과 소송의 이송

관할을 구별함에 있어 **임의관할과 전속관할**로 나누기도 하는데, **전속관할**이라 함은 그 사건에 대한 법원이 특정되어 있기 때문에 그 법원에만 소를 제기하도록 강제되는 관할을 말하며 이에는 가사사건에 대한 가정법원의 관할, 행정사건에 대한 행정법원의 관할 등이 있으며, **임의관할**이라 함은 피고의 응소를 위해 존재하는 관할이기 때문에 관할이 없는 법원에 원고가 소를 제기하더라도 피고가 이에 대하여 다투지 아니하고 **본안에 대하여 응소하면 관할의 하자가 치유되는 관할이다. 전속관할을 제외한 나머지는 모두 임의관할이라 할 수 있고, 원칙적으로 토지관할과 사물관할은 임의관할에 속한다**고 할 수 있다.

**임의관할에는 합의관할과 변론관할**이 허용되는데, **합의관할**이라 함은 당사자가 임의관할로 법정되어 있는 법원 이외의 다른 법원에 제소할 수 있음을 특약한 경우의 관할법원을 말하고(민사소송법 제29조), **변론관할**이라 함은 임의관할을 위반하여 관할 없는 법원에 원고가 제소한 경우 피고가 관할 위반을 다투지 아니 하고 본안에 대하여 응소한 경우에 피고의 의사를 존중하여 관할을 인정하는 것을 말한다(민사소송법 제30조). 따라서 전속관할에는 합의관할과 변론관할이 인정되지 아니 한다.

그런데 관할이 불분명한 경우가 있을 수 있는데, 이 경우에 관할을 지정할 필요가 있기 때문에 **관할이 불분명하거나 법정관할법원이 재판권을 행사할 수 없는 사정이 있는 때에는 상급법원에 관할지정을 신청하여 상급법**

**원이 지정한 법원에 관할이 인정되는 경우를 지정관할**이라고 한다(민사소송법 제28조).

또한 원고가 관할이 없는 법원에 소송을 제기하는 경우가 있는데, 이러한 관할 위반의 경우 관할이 있는 법원으로 사건을 이전하는 것을 **소송의 이송**이라고 한다. 즉 관할이 없다는 이유로 바로 소를 각하하게 되면 시효중단의 실효나 인지비용의 추가부담 등 원고에게 불리한 결과가 발생하기 때문에 관할 있는 법원으로 이송하게 되는데, **이를 관할이송**이라고 한다. 한편 법정관할법원에 정당하게 소가 제기된 이후에 다른 법원에서 심리를 하는 것이 더 편리한 사유가 발생한 경우 법원이 다른 법원으로 이송할 수 있다(민사소송법 제35조). 다만 이 경우에도 정당한 사유가 없으면 관할이송을 허용하지 않는 것이 실무관행이라고 할 수 있는데, 이러한 **편의관할이송은 임의관할에서만 허용**되며, 전속관할에 대하여는 허용되지 아니 한다.

### (5) 심급관할

민사소송은 원칙적으로 3심제도로 운영되는데, **1심인 지방법원 또는 지원은 소송물의 가액 등에 의해 단독판사(단독사건) 또는 합의부(합의사건)의 사물관할이 결정된다**. 항소심부터는 단독판사가 없으며 합의부만 있다. 1심사건 중 단독사건은 지방법원 본원의 합의부(항소부)가 항소심을 담당하며, 1심사건 중 합의부사건은 고등법원이 항소심을 담당한다.

3심은 대법원이 모두 담당한다. 대법원은 법률심으로 모든 상고사건을 담당함으로써 당사자의 권리구제 및 법령의 해석적용의 통일을 기하고 있다.

## 2. 당사자

### (1) 당사자의 의의

당사자라 함은 자기 이름으로 재판권의 행사를 요청하는 자로, 원고 및 그 상대방인 피고를 말한다. 민사소송은 **대립당사자주의**를 취하고 있기 때문에 원고 및 피고가 대립하고 있어야 한다. 따라서 법인의 합병이나 상속의 경우 원고와 피고가 동일인에게 귀속하는 경우에는 혼동으로 소송관계가 종료한다.

(2) 당사자확정

민사소송이 진행되려면 **우선 누가 원고이고 누가 피고인지가 확정되어야 하는데 이를 당사자확정이라 한다**. 당사자가 확정되지 않으면 공격의 주체와 방어의 주체를 특정할 수 없기 때문이다. 이 경우 소장에 원고와 피고로 명기된 자가 법정에 출석하여 변론하여야 하기 때문에 타인의 성명을 무단히 사용하거나 사망한 자가 당사자가 되어서는 아니 된다. 당사자를 확정하는 기준과 관련하여 **의사설, 표시설, 행위설** 등이 주장되고 있으나, 현재는 **실질적 표시설이 통설 및 판례**[1]**의 입장**이라고 할 수 있다. 즉 실질적 표시설은 소장에 원고와 피고로 명기된 자를 당사자로 특정하는 것을 원칙으로 하되, 소장의 청구취지 및 청구원인 등의 기재를 통해 그러한 특정이 오기임이 분명한 경우에는 소장상의 내용에 기재되어 있는 자로 당사자를 경정하는 것이 허용된다고 한다. 그 결과 경정 후 당사자가 변론절차에 참여하여야 한다. 당사자가 확정되면 그 자가 소송절차에 관여하게 되고 판결의 기판력에 복종하게 된다.

**당사자확정과 관련하여 실질적 표시설의 입장처럼 소장 전체의 취지상 동일성이 인정되는 한도 내에서만 당사자의 표시정정이 허용**되며, 동일성이 인정되지 않으면 원칙적으로 당사자를 변경할 수 없다. 왜냐하면 종래의 소송자료가 변경된 당사자에게는 무익하기 때문에 차라리 새로운 소송절차를 밟도록 하는 것이 타당하기 때문이다. 다만 현행법은 소장기록상 명백히 당사자를 오인한 경우에는 예외적으로 당사자변경을 제한적으로 허용하고 있다(민사소송법 제68조). 당사자확정과 관련하여 타인의 성명을 모용하여 소를 제기하는 원고측 모용이나, 무단히 타인의 명의로 응소하는 피고측 모용이 있을 수 있는데, 이러한 성명모용소송은 소장상의 당사자와 실제 법정에 출석하여 변론하는 자가 불일치하기 때문에 판결이 내려진다 하더라도 이러한 불일치 때문에 판결의 효력이 무력하게 된다. 따라서 원고측모용의 경우에는 소장상의 당사자가 변론절차에 나오도록 하여야 하며, 만일 모용행위를 한 자가 계속하여 출석할 경우에는 그 소를 각하하여야 한다. 반면에 피고측모용인 경우에는 그 모용자를 배제하고 소장상의 피고를 재소환

1) 대법원 2006. 7. 4. 2005마425 결정.

하여 변론절차를 진행하여야 한다. 만일 소장상의 피고가 출석하지 않은 경우에는 자백간주되어 무변론판결의 불이익을 입게 된다.

### (3) 당사자능력

**당사자능력이라 함은 소송의 주체, 즉 원고와 피고가 될 수 있는 법적 지위를 말한다.** 이는 민법상 권리·의무의 주체가 될 수 있는 **권리능력**에 대응하는 소송법상의 개념이다. 민법은 권리능력자를 **자연인과 법인**만을 인정하고 있으나, 민사소송법은 더 나아가 **권리능력 없는 사단이나 재단**에 대하여도 당사자능력을 확대 인정하고 있다(민사소송법 제52조).

당사자능력과 관련하여 **조합을 당사자능력자로 인정할 것인가**에 대하여 학설은 대립하고 있으나, **판례는 당사자능력을 부정**하고 있다. 그 결과 조합원 모두가 소송에 당사자로 참여하여야 하게 됨으로써 소송절차가 복잡해지는 문제가 있는데, 판례는 이 경우 조합의 업무집행조합원이 다른 조합원으로부터 소송신탁을 받아 업무집행조합원의 이름으로 조합재산에 대한 소송을 할 수 있다고 하였다.[2] 즉 조합에 대하여 예외적으로 임의적 소송신탁을 허용하고 있다.

### (4) 당사자적격

**당사자적격이라 함은 구체적 사건에서 소송을 수행하여 판결을 받을 수 있는 정당한 자격을 말한다.** 즉 당사자적격은 소송물에 대하여 아무런 법률상 이해관계 없는 자가 소송을 수행할 경우 그 소송은 무익한 판결이기 때문에 법률상 이해관계 없는 자의 불필요한 남소를 방지하기 위해 필요하다. 일반적으로 **이행의 소**에서는 청구권자임을 주장하면 원고적격이 인정되고, 원고에 의하여 채무자로 지정된 자에게는 피고적격이 인정된다. **확인의 소**에서는 다툼이 있는 권리 또는 법률관계의 확인을 받음으로써 현존하는 불안을 제거할 이익을 가지는 자에게 원고적격이 인정되고 불이익을 입은 자에게 피고적격이 인정된다. 사실관계에 대하여는 확인의 소를 제기할 수 없다. **형성의 소**는 판결의 대세적 효력 때문에 대체로 원고적격자와 피고적격자를 법률로 명시하고 있으나, 법률에 명시되지 않은 경우에는 다툼이 있는

2) 대법원 1984. 2. 14. 84다카1815 판결.

형성권이나 형성원인에 대하여 직접적 이해관계를 가지고 있는 자에게 당사자적격이 인정된다.

그런데 실체법상의 권리자나 의무자가 아닌 제3자에게 당사자적격이 인정되는 경우가 있다. 즉 **제3자에게 소송수행권이 주어지기 때문**에 제3자가 원고나 피고가 되어 소송을 수행할 수 있게 된다. 이러한 소송수행권은 자신(당사자적격자인 제3자)의 이름으로 소송을 수행하기 때문에 타인(본인)의 이름으로 소송을 수행하는 대리권과 다르다. **제3자적격자에는 실체법상의 권리자와 함께 소송수행권이 병행하여 인정되는 경우와 실체법상의 권리자에게는 소송수행권이 인정되지 않고 제3자에게만 소송수행권이 갈음하여 인정되는 경우가 있다**. 전자의 경우로는 채권자대위소송에서의 채권자와 채무자가 있고, 후자의 경우로는 파산자와 파산관재인이 있다. 이와 같이 제3자에게 당사자적격이 인정되는 경우에는 **제3자가 소송을 수행한 결과 성립한 판결의 효력이 소송에 관여하지 않은 실체법상의 권리자에게 미치게 된다**. 다만 위 채권자대위소송의 경우 판례[3]는 채무자가 채권자에 의한 대위소송이 진행 중이라는 사실을 안 경우에만 판결의 기판력이 채무자에게 미친다고 한다. 위 병행형과 갈음형 이외에도 **일정한 직책을 가지고 있는 자에게 당사자적격이 인정되는 경우가 있다**. 그러한 예로 인지청구를 하고자 할 경우 아버지가 사망하고 없으면 아버지의 역할을 공익의 주체인 검사가 담당하게 되므로 검사에게 피고적격이 인정되는 경우이다. 위 세 가지를 법정제3자소송담당이라 한다.

**임의적 소송신탁은 변호사소송대리제도와 소송신탁금지의 원칙 때문에 원칙적으로 허용**되지 않지만, 예외적으로 공통의 이해관계를 가진 자가 다수일 때 그 중 1인 또는 수인에게 소송수행권을 신탁할 수 있는 선정당사자제도가 인정되고 있다(민사소송법 제53조).

### (5) 소송능력과 변론능력

1) **소송능력이라 함은 단독으로 유효한 소송행위를 수행할 수 있는 법적 지위를 말한다**. 이는 민법상 행위능력에 대응하는 소송법상의 개념이다. 따라서 민법상 행위무능력자인 **미성년자, 한정치산자, 금치산자**는 소송능력

3) 대법원 1975. 5. 13. 74다1664 전원합의체 판결.

이 인정되지 않는다. 또한 **의사무능력자는 아예 변론능력이 없기 때문**에 소송능력이 인정되지 않는다. 다만 미성년자 중 법률혼으로 인하여 성년의제된 자와 허락받은 영업(민법 제8조)의 한도 내에서 행위능력자로 간주되는 자는 그 영업과 관련한 법률관계에 대한 소송능력이 인정된다.

따라서 소송무능력자의 경우에는 그 법정대리인인 친권자 또는 후견인이 소송행위를 대리하게 된다.

2) **변론능력이라 함은 법원에 출석하여 유효하게 소송행위, 즉 공격과 방어를 할 수 있는 실제적인 능력을 말한다.** 이는 민법상의 의사능력에 대응하는 개념이다. 본인소송주의가 허용되는 우리 민사소송법체계에서는 행위능력자이면 원칙적으로 변론능력이 있다. 독일, 프랑스, 오스트리아처럼 변호사강제주의를 취하는 나라에서는 당사자의 변론능력이 배제된다. 변론능력은 변론 당시 의사능력, 즉 변론과정에서 주장 및 증거제출 등의 행위를 할 수 있는 사실상의 능력이라 하겠다. 따라서 법원이 변론능력을 간과하고 변론을 진행시키면 이는 변론능력을 인정한 것이라 할 수 있다. 다만 법원이 당사자가 변론능력이 없다고 판단한 경우에는 당사자의 소송을 중단시키고 대리인을 선임할 것을 명령할 수 있는데, 이 경우에는 당사자에게 변론능력이 배제된다고 하겠다.

### (6) 집단분쟁과 당사자

환경소송, 소비자피해소송, 제조물책임소송, 증권관련소송과 같은 현대형 소송에서는 1인의 가해자에 의해 불특정 다수의 소액 피해자가 양산되는 경우가 많다. 이러한 경우 일개인으로서는 피해가 경미하기 때문에 소송비용과 소송에 소비되는 노력 등을 고려할 때 소송을 포기하기가 쉽다. 그리하여 이러한 문제를 해결하기 위하여 나타난 것이 집단소송제도이다. 이러한 집단소송제도로는 **영미법상의 대표자소송**(class action)**과 독일법상의 단체소송**이 있다.

**영미법상의 대표자소송제도**(class action)는 대표적인 피해자 1인 또는 수인이 대표자로 나와 전체 피해자를 대표하여 소송을 수행하게 되고, 그 소송의 결과가 모든 피해자에게 미치도록 하는 제도이다. 독일법상의 단체소송은 소비자보호단체와 같은 특정 단체가 나와 그 구성원의 피해를 보전받거나 가해기업으로 하여금 다시는 그러한 불법행위를 저지르지 못하도록 규제하는 판결을 받아내는 제도이다.

우리 민사소송법은 일반론으로 집단분쟁해결제도를 도입하지 않고 있으며, 단지 선정당사자제도를 통해 법률상 공통의 이해관계를 가진 다수의 분쟁해결을 도모하거나, 동일한 변호사를 선임하여 주장과 증명의 통일을 기하는 방법을 취하도록 하고 있다. 다만 증권관련소송과 관련하여 증권관련집단소송법이 2005년부터 시행되고 있고, 소비자기본법이 2008년도에 소비자단체소송제도를 신설하였는데, 증권관련소송은 영미법상의 대표소송처럼 피해자에 대한 금전배상을 주된 목적으로 하고 있는 반면에, 소비자기본법상의 단체소송은 독일법상의 단체소송처럼 위법한 침해행위의 금지청구를 주안점으로 하고 있다는 점에서 차이가 있다.

### (7) 공동소송

**공동소송이라 함은 원고 또는 피고가 복수인 소송을 말한다**. 공동소송은 복수의 당사자들의 법률적 이해관계가 공통되거나 주관적 견련성이 있는 경우에 소송자료의 통일화를 통해 분쟁의 1회적 해결을 도모하고, 법령 적용·해석의 통일화를 도모하기 위하여 인정된다고 하겠다. 이러한 공동소송에는 통상공동소송과 필수적 공동소송이 있다.

**통상공동소송이라 함은 공동소송인들이 각자 독립된 소송을 제기할 수 있음에도 불구하고 공동으로 소송을 제기한 것으로, 공동소송인 상호 간에 판결의 결과가 일치될 필요가 없는 공동소송구조**를 말한다. 통상공동소송은 공동소송인독립의 원칙이 적용되기 때문에 공동소송인은 각자 자신의 권리를 주장하고 이를 증명하여야 할 책임을 지게 된다. 즉 다른 공동소송인이 주장한 소송자료를 다른 공동소송인이 원용하지 않는 한 이를 이용할 수 없다. 다만 증거자료는 공통으로 객관적 판단의 근거이기 때문에 공동소송인들이 특별히 원용하지 않더라도 법관이 자유심증주의원칙에 따라 증거를 이용할 수 있다.

민사소송은 변론주의원칙에 의해 운용되기 때문에 공동소송인들은 각자 자신의 권리를 변론(주장)하여야 하며, 이를 주장하지 않으면 그러한 사실은 존재하지 않은 것으로 취급된다. 그 결과 공동피고인 채무자와 보증인이 동일한 채무로 연결되어 있다고 하더라도 채무자는 변제를 주장(변론)하여 증명하면 승소하게 되는데, 동일한 채권임에도 불구하고 보증인이 법정에 출석하지 않아 이를 주장하지도 않고 원용하지도 않았다면 변제사실이 없는 것으로 취급되어 보증인은 패소하게 된다. 즉 동일한 채권으로 주채무자가 변제하였다면 당연히 보증인도 변제책임이 배제되어야 함에도 불구하고 공동소송인독립의 원칙, 변론주의의 원칙 때문에 변론하지 아니한 보증인은 패소라는 모순된 판결을 감수할 수밖에 없다.

**필수적 공동소송이라 함은, 통상공동소송과 달리 공동소송인 간에 소송의 결과가 일치하여야 하는 공동소송 형태이다.** 필수적 공동소송은 실체법상 또는 소송법상 필요성 때문에 판결의 결과가 일치되어야 하는, 즉 합일확정이 요구되는 공동소송 형태라고 할 수 있다. 필수적 공동소송은 다시 **고유필수적 공동소송과 유사필수적 공동소송**으로 나눌 수 있는데, 전자는 공동소송인이 될 자가 전원이 원고가 되거나 피고가 될 것이 **실체법상 요구되는 필수적 공동소송**이고(따라서 이해관계인 중 한 명이라도 누락되게 되면 당사자 적격의 흠결이 발생하게 된다), 후자는 공동소송인으로 될 수 있는 자가 전부 다 소송의 당사자가 될 것이 강제되지는 않지만 우연히 공동소송인이 되었다면 그 공동소송인 전원에 대한 판결의 결과가 일치될 것이 **소송법상 요구되는 필수적 공동소송**이다. 구체적으로 살펴보면 전자의 경우로는 혼인무효소송에서 부부 쌍방이 반드시 공동피고가 되는 경우이고, 후자의 경우로는 주주총회결의무효의 소를 전체 주주 중 일부 주주가 원고가 되어 공동으로 소를 제기하는 경우이다.

어느 경우이든 **필수적 공동소송에서는 공동소송인 상호 간의 권리 및 법률관계가 서로 공동운명체적 관계에 있기 때문에 판결의 결과가 모두 일치해야 하는 것이다.** 따라서 필수적 공동소송에서는 통상공동소송상의 공동소송독립의 원칙이 적용될 수 없기 때문에 별도의 특칙이 적용된다(민사소송법 제67조). 즉 필수적 공동소송인 간의 소송행위는 모든 공동소송인에게 유리한 소송자료만 다른 공동소송인에게 인정될 수 있으며, 모든 소송자료와 증거자료가 통일되게 적용되어야 한다. 그 결과 소송의 결과, 즉 승패가 일률적으로 통일되는 것이다.

공동소송 중 2002년 민사소송법 전면개정 시 소의 주관적 예비적·선택적 병합제도가 신설되었다(민사소송법 제70조). 이러한 병합소송은 **다수에 의한 또는 다수에 대한 청구가 법률상 양립할 수 없는 경우에 각 청구에 순서를 정하여 청구하거나(예비적 병합), 순서를 정하지 않고 청구(선택적 병합)하게 된다**. 원고측이 예비적·선택적으로 병합되는 경우도 있고, 피고측이 예비적·선택적으로 병합되는 경우도 있다. 전자의 경우로는 1차적으로 채권의 양수인이 원고가 되고 2차적으로 채권의 양도인이 원고가 되어 채무자를 상대로 양도된 채권의 이행을 순서대로 구하는 예비적 병합소송을 제기하거나, 양수인과 양도인 중 아무나 승소시켜 줄 것을 구하는 선택적 병합소송을 제기하게 된다. 예비적 병합인 경우에는 만일 원래의 채권의 존재가 인정되어 채권양도가 인정되면 1차적 원고를, 채권양도가 인정되지 않으면 2차적 원고를 각각 승소시켜 주면 될 것이고, 선택적 병합인 경우에는 법원이 적당한 방법으로 양수인과 양도인 중 아무나 승소시켜 주면 될 것이다. 후자의 경우로는 물건을 판매한 원고가 그 매수인이 무권대리인인지 아니면 본인인지 알 수 없는 경우에 1차적으로 본인을 피고로, 2차적으로 무권대리인을 피고로 소를 제기하면 예비적 공동소송이 되고, 본인과 무권대리인 중 아무에게나 승소시켜 줄 것을 구하면 선택적 공동소송이 된다. 예비적 공동소송의 경우에 법원은 본인이 매입한 것으로 인정되면 본인에 대하여, 무권대리인이 매입한 것으로 인정되면 무권대리인에 대하여 원고 승소판결을 하여야 할 것이고, 선택적 공동소송의 경우에는 법원이 적당한 방법으로 본인과 무권대리인 중 아무에게나 원고 승소판결을 하면 될 것이다. 소의 주관적 예비적·선택적 병합에 대하여는 필수적 공동소송의 심리원칙에 관한 민사소송법 제67조의 특칙이 적용된다.

(8) 소송참가

**소송참가라 함은 타인 간에 소송이 진행 중일 때 제3자가 일정한 법률상 이해관계가 있을 경우 그 소송에 참가하는 것을 말한다**. 소송참가의 형태에는 보조참가, 공동소송적 보조참가, 독립당사자참가, 공동소송참가 등이 있다.

**보조참가**라 함은 현재 진행 중인 타인 간의 소송의 결과에 이해관계가 있는 자가 그 소송에 참가하여 원고 또는 피고 중 일방의 보조인이 되어 그의 승소를 돕기 위해 하는 참가를 말한다. 보조참가인은 원고와 피고 중 어느 일방의 승소를 도와줌으로써 그가 승소할 경우 일정한 법률상의 이익을 누리게 된다. 그런데 반대로 보조참가하여 한편이 되어 소송하였음에도 진 경우에는 그 일방이 보조참가인을 상대로 후소를 제기해 오게 되면 그 앞서 판결의 이유 중에서 불리하게 판단된 사실을 보조참가인은 다툴 수 없게 된다. 예를 들어 채권자가 보증인을 상대로 대여금청구소송을 제기해 온 경우 그 보증인이 패소하게 되면 주채무자에게 구상권을 행사하게 될 것을 염려하여 주채무자가 그 보증인을 보조참가하여 함께 협력하여 응소하였으나 패소하였다면, 나중에 보증인이 주채무자를 상대로 후소를 제기해 올 경우 전소의 패소이유인 주채무자의 채무가 존재하고 보증인이 이를 보증하여 대신 돈을 변제하였다는 사실을 보조참가인(주채무자)은 다투지 못하게 된다. 그런데 보증인이 제소당하였음에도 불구하고 주채무자가 보조참가하지 않을 경우에는 보증인은 주채무자에게 현재 소송이 진행 중이라는 사실을 **소송고지**하여 보조참가를 독려할 수 있고, 만일 그 통지를 받고서도 주채무자가 보조참가를 하지 않을 경우에는 채권자와 보증인 사이의 소송의 패소이유에 구속을 받게 된다. 이렇게 참가하여도 패소이유에 구속을 받게 되고, 소송고지 후 참가하지 않더라도 패소이유에 구속을 받게 되는 효력을 **참가적 효력**이라고 한다. 보조참가인은 피보조참가인의 승소를 보조하는 자이기 때문에 피참가보조인에게 불리한 소송행위를 하지 못하는 제약을 받는다.

**공동소송적 보조참가**라 함은 타인 간의 소송의 결과 판결이 나오게 되면 그 판결의 효력에 복종하여야 하는 자(이를 기판력의 주관적 범위의 확장이라고 한다)가 원고와 피고 중 일방을 보조하기 위하여 참가하는 것을 말한다. 즉 앞서의 순수한 의미의 보조참가를 할 수도 있지만, 그 판결의 결과인 기판력에 복종해야 하는 관계에 있는 자는 실질적으로는 권리의 귀속주체에 해당되는 자이기 때문에 특별히 공동소송적 보조참가를 할 수 있도록 하고 있는 것이다. 예를 들어 파산자는 자신의 재산권을 직접 행사할 수 없고, 법원이 선임한 파산관재인이 대신 행사하게 되는데, 파산관재인과 타인 사이에 소송이 진행 중일 경우, 파산자가 실체법상의 권리자이기 때문에 파산관재인을 보조하여 참가하는 경우가 이에 속한다. 즉 판결이 있게 되면 그 판결의 기판력을 받게 되는 자는 당사자적격이 인정되기 때문에 당사자로서 공동소송참가나 독립당사자참가를 할 수 있지만, 위의 파산자처럼 일정한 경우에는 기판력을 받을 관계에 있으나 당사자적격을 인정받지 못하는 경우에는 어쩔 수 없이 부득이 보조참가를 할 수밖에 없는 경우가 있다. 그러나 통상의 보조참가보다는 실체적 권리자이기 때문에 그 이익이 더 크다고 할 것이어서, 공동소송적 보조참가인은 통상의 보조참가인보다 강화된 지위가 인정되어 피참가인의 행위와 저촉되는 행위도 할 수 있다.

**독립당사자참가**라 함은 타인 간에 소송이 진행 중에 있을 때 제3자가 원고(독립당사자참가인)가 되어 기존의 원·피고를 공동피고로 삼거나 또는 그 중 일방을 피고로 삼아 원래의 청구와 관련된 자기의 청구를 동시심판해 줄 것을 요구하거나(권리주장참가), 원·피고 간의 소송결과로 인하여 자기의 권리가 침해당하는 것을 방지하기 위하여 참가(사해방지참가)하는 것을 말한다(민사소송법 제79조). 독립당사자참가가 있게 되면 기존의 원고와 피고 및 참가인 3자 간에 소송이 진행되며, 참가인은 소송의 당사자로서 소송을 수행하게 된다. 이 경우 기존의 원고와 피고 및 참가인의 소송관계는 필수적 공동소송에 관한 규정(민사소송법 제67조)이 준용되어 절차의 진행과 소송자료의 이용이 통일되어 3자 간의 분쟁이 하나의 판결로 모순 없이 해결되게 된다. 독립당사자참가의 예를 들면, 甲이 乙을 상대로 특정 부동산의 소유권을 다투는 사건에서 독립당사자참가인이 그 부동산에 대하여 자신이 소유권자임을 주장하면서 참가하거나, 채권을 양수받은 甲이 채무자 乙을 상대로 대여금청구소송을 제기한 경우에, 채권 양도인이 채권을 양도한 사실이 없다면서 甲에 대하여는 채권양도사실의 무효를, 채무자에 대하여는 대여금반환청구를 구하면서 참가하는 형태이다.

**공동소송참가**라 함은 타인 간의 소송이 진행 중에 있을 때 그 판결의 기판력을 받게 될 제3자가 스스로 원고나 피고 중 어느 일방의 편에 서서 당사자로 참가하여 공동원고가 되거나 공동피고가 되어 소송을 수행하는 것을 말한다(민사소송법 제83조). 예를 들어 수인의 주주가 회사를 상대로 회사설립무효의 소를 제기한 경우, 소를 제기하지 아니한 다른 주주도 그 판결에 대하여 기판력을 받게 되기 때문에 스스로 기존의 원고에 참가하여 공동원고가 되어 소송을 수행하는 경우이다. 공동소송참가는 당사자, 즉 원고 또는 피고의 지위로 참가한다는 점에서 단지 피참가인의 승소를 보조하기 위한 보조인으로 참가는 보조참가와 다르며, 참가인과 피참가인의 관계가 필수적 공동소송인관계가 되기 때문에 필수적 공동소송에 관한 규정(민사소송법 제67조)이 적용되어 판결의 결과가 통일되어야 한다. 즉 이기면 모두 이기고 지면 모두 져야 하는 것이다.

### 3. 소송대리인

**소송대리인이라 함은 원고 또는 피고의 대리인으로서 소송에 관여하여 변론행위를 하는 자를 말한다.** 우리 민사소송법은 본인소송주의를 채택하고 있기 때문에 당사자는 자기 스스로 소송을 수행하거나 또는 소송대리인을 선임하여 소송행위를 위임할 수 있다. 다만 소송무능력자(미성년자·한정치산자·금치산자)는 단독으로 유효한 소송행위를 할 수 없기 때문에 법정대리인(친권자 또는 후견인)이 대리하여 소송행위를 하여야 한다(민사소송법 제51조).

**민사소송법은 원칙적으로 변호사만이 소송대리인이 될 수 있도록 하여 변호사대리의 원칙을 취하고 있다**(민사소송법 제87조). 다만 단독판사의 사물관할에 속하는 사건은 변호사가 아닌 자라도 당사자와 친족, 고용 기타 특별한 관계에 있으면 법원의 허가를 얻어 소송대리인이 될 수 있다(민사소송법 제88조). 그리고 소액사건의 경우에도 변호사가 아닌 자 중에서 당사자와 배우자·직계혈족·형제자매의 관계가 있는 자는 법원의 허가 없이도 소송대리인이 될 수 있도록 하고 있다(소액사건심판법 제8조).

## Ⅳ. 민사소송절차

### 1. 소송의 종류

#### (1) 이행의 소

민사소송의 종류에는 이행의 소, 확인의 소, 형성의 소 등 세 가지가 있다. **이행의 소라 함은 원고가 피고를 상대로 청구권을 행사하여 일정한 급부의 이행을 구하는 소를 말한다.** 이행의 대상이 될 수 있는 것이면 청구하는 급부의 내용이 무엇이든 그 대상이 되며, 주로 금전의 지급, 물건의 인도, 작위 또는 부작위의 청구, 의사표시의 청구 등이 그 대상이 되고 있다. 이행의 소는 원칙적으로 이행기가 도래한 청구권을 대상으로 하는 것이지만, 예외적으로 미리 청구할 필요가 있는 특별한 경우에는 아직 이행기가 도래하지 않는 청구권에 대하여도 이행의 소를 제기할 수 있는데, 이를 장래이행의 소(민사소송법 제251조)라고 한다. 이행의 소의 판결이 있게 되면 기판력, 집행력이 인정되게 된다. **기판력이라 함은 판결의 효력을 부정할 수 없는 실질적 확정력을 말하며, 집행력이라 함은 판결의 결과 패소하였음에도 불구하고 임의이행을 하지 않을 경우 국가의 공권력을 빌려 강제집행을 할 수 있는 것을 말한다.** 이행의 소에서 패소하게 되면 소송에서 주장한 청구권이 존재하지 아니하다는 사실에 대한 기판력이 생기게 된다.

(2) 확인의 소

**확인의 소라 함은 당사자 사이에 분쟁이 있는 권리나 법률관계의 존재 또는 부존재의 확인을 구하는 소를 말한다.** 실무상 주로 소유권존재확인의 소, 사실혼관계존재확인의 소, 대여금채권의 부존재확인의 소 등의 형태로 많이 이용되고 있다. 확인의 소의 대상은 모든 권리 또는 법률관계이다. 따라서 사실관계에 대한 것은 확인의 소의 대상이 되지 못한다. 다만 **증서의 진정성립 여부, 즉 그 문서가 진정으로 성립되었는가**(위조된 것이 아닌가)**에 대한 확인의 소는 허용된다**(민사소송법 제250조). 이때 증서진부확인의 소의 대상이 되는 문서는 그 문서 자체에 법률관계가 표시되어 있어야 한다. 예를 들어 계약서라든지, 약속어음 또는 현금보관증 같은 것 등이다. 또한 확인의 소는 모든 권리나 법률관계가 그 대상이기 때문에 남소가 우려되므로, **현실적으로 확인의 소를 제기하기 위해서는 원고와 피고 사이에 그 권리의 존부에 대한 다툼, 즉 현존하는 위험이 있어야 하고, 그 다툼을 해결하는 데 가장 유효적절한 수단일 경우에 확인의 소가 허용**된다. 따라서 이행의 소나 형성의 소가 가능하면 그 소를 제기하여 분쟁을 일거에 해결하는 것이 바람직하기 때문에 확인의 소를 허용하지 않는 것이 원칙이다. 이러한 확인의 소의 성질을 **확인의 소의 보충성**이라고 한다. 예를 들어 대여금채권이 있을 경우 대여금채권에 대한 확인의 소를 제기하는 것보다 이행의 소를 제기하여 대여금의 지급을 구하는 것이 보다 확실한 해결방법이라는 것이다. 즉 확인의 소에는 이행의 소에서의 집행력, 형성의 소에서의 형성력이 없기 때문이다. 그러나 확인의 소에 대하여 권리관계나 법률관계의 확인을 받아두면 그것이 기초가 되어 그 권리나 법률관계로부터 파생되는 여러 권리해결의 기준점이 될 경우에는 확인의 소를 제기할 수 있다. 즉 확인의 소의 실익은, 포괄적이거나 절대적인 권리나 법률관계의 확인을 받아두면 그로부터 파생되는 다른 권리의 기준으로 작용하는 장점이 있다는 것이다.

#### (3) 형성의 소

**형성의 소라 함은 소를 통해 형성권을 행사함으로써 권리 또는 법률관계의 변동, 즉 권리 또는 법률관계의 발생·변경·소멸을 구하는 소를 말한다.** 예를 들어 혼인 외의 자가 아버지를 상대로 인지청구를 함으로써 법률상 친생자관계가 발생하거나, 부부가 이혼소송을 통해 부부관계가 소멸하는 경우이다. 형성의 소의 특징은 판결이 있게 되면 대세효가 있어서 모든 사람에게 그 판결의 효력이 미치게 된다는 점이다. 예를 들어 이혼판결이 확정되면 그 부부는 모든 사람에게 있어 부부가 아닌 것으로 된다. 이처럼 판결의 효력이 확대되기 때문에 형성의 소를 제기할 수 있는 원고나 피고 등은 명문으로 규정된 경우가 많은데, 명문으로 제소권자가 정해져 있지 않은 경우에는 그 법률관계의 형성에 특별한 법률상 이해관계를 가진 자만이 제소할 수 있다고 하겠다.

### 2. 소송물(소송의 객체)

#### (1) 의 의

소송물이라 함은 원고가 소를 통해서 달성하려고 하는 목적을 말한다. 법원은 원고가 소를 통해 정한 대상과 범위에 한하여 재판할 수 있다(당사자처분권주의, 민사소송법 제203조). 이처럼 소송물이라 함은 심판의 대상이 되는 기본단위를 말한다. 법원이 재판을 하기 위해서는 소송물이 원고에 의해 특정되어야 한다. 무엇을 소송물로 볼 것인가에 대하여는 구소송물이론과 신소송물이론이 대립하고 있다. 판례는 구소송물이론을 취하고 있다.

구소송물이론은, 소송상의 청구(소송물)와 실체법상의 권리주장(청구권)을 동일한 것으로 보아 당사자가 주장하는 실체법상의 청구권을 소송물로 이해한다. 그런데 청구취지는 무색무취하기 때문에 청구취지만을 보아서는 소송상의 청구의 내용을 파악할 수 없으므로 청구원인을 통해 그 내용이 보충되어야만 소송물을 특정할 수 있게 되기 때문에, 청구취지와 청구원인에 의하여 보충된 청구를 소송물이라고 본다. 예를 들면 버스 승객이 교통사고를 당한 경우 버스 승객은 운송계약에 근거한 채무불이행으로 인한 손해배상청구권(민법 제390조, 상법 제148조)과 불법행위로 인한 손해배상청구권(민법 제750조, 자동차손해배상보장법 제3조)을 취득하게 되는데, 이 두 개의 권리는 실체법상 청구권의 발생근거가 서로 다르기 때문에 두 개의 권리로 인정된다(권리경합). 그런데 구소송물이론은 이 경우 실체법상 두 개의 청구권이 발생하였기 때문에 소송물이 두 개라고 보는 입장을 취한다. 그런데 위 두 개의 청구권을 소송을 통해 실현함에 있어 청구취지로 "피고는 원고에게 금 얼마를 지급하라"라고만 기재하게 되는데, 그 얼마의 돈이 위 두 개의 권리 중 어느 권리에 속하는지를 알 수 없기 때문에 청구원인에서 위 두 개의 권리 중 어디에 해당하는 권리인지에 대해 주장한 내용을 검토하여야만 비로소 소송물을 특정할 수 있게 된다고 한다.

기본적으로 구소송물이론은 위 경우 두 개의 권리는 각각 독립된 권리이기 때문에 두 개의 청구권을 각각 주장하여 두 개의 소송을 제기할 수 있고(중복소송이 아니고), 하나의 소송에서 지더라도 다른 청구권을 근거로 후소를 제기할 수 있고(기판력이 미치지 않고), 법원도 원고가 청구한 권리만을 심판할 수 있을 뿐 청구하지 아니한 권리를 근거로 재판해서는 안 된다(당사자처분권주의)고 한다. 따라서 구소송물이론은 실체법설이라고도 한다. 구소송물이론은 현재 판례의 입장이고, 학설은 소수설에 속한다.

**신소송물이론(소송법설)은** 위 교통사고의 경우 구소송물이론을 따르게 되면 하나의 교통사고에 대한 분쟁을 여러 번 제소할 수 있게 되어 원고의 제소권이 남용될 수 있고, 피고도 수차례 응소하여야 하기 때문에 불편할 뿐 아니라, 법원도 동일한 교통사고에 대하여 여러 번 재판을 해야 하기 때문에 모순된 판결이 나올 수 있고, 비용과 시간이 많이 드는 문제점이 있다면서, 위 경우 **교통사고라는 하나의 사실에 근거하고 있으므로 소송물을 하나**

**로 보아야 한다는 입장**이다. 즉 소송물은 당사자가 주장하는 실체법상의 청구권과는 무관하게 소송법의 독자적 견지에서 특정하여야 하는 것으로, **청구취지 하나만으로 소송물의 동일성 여부를 판단하여야 한다는 일본지설과 청구취지와 사실관계를 고려하여 소송물의 동일성 여부를 판단하여야 한다는 이분지설로 나누어져 있다**. 일본지설에 의하면 소장상의 청구취지가 동일하면 소송물은 하나라고 보아야 한다는 견해로, 청구원인은 청구취지를 이유 있게 하기 위하여 주장되는 공격방법 내지는 법적 관점에 불과하다고 본다. 즉 구소송물이론이 실체법상의 청구권으로 독립된 소송물이라고 보았던 개념을 청구취지상의 청구만을 소송물로 보고 위 실체법상의 청구권을 위 청구를 이유 있게 하기 위한 공격방법 내지 법적 관점에 불과하다고 보는 것이다. 위 교통사고의 경우 두 개의 권리는 모두 청구취지상에 “피고는 원고에게 금 얼마를 지급하라”와 같이 동일하게 표시되기 때문에, 소송물이 하나라는 것으로 현재의 다수설이라고 할 수 있다.

**이분지설은 청구취지만으로 소송물을 특정하면 불명확할 수도 있으므로 청구취지와 함께 사실관계도 고려하여 소송물을 특정해야 한다고 보는 입장**이다. 예를 들어 매매계약 체결 후 중도금으로 어음을 지급받았는데, 그 어음이 부도가 났다면, 매도인으로서는 매매를 원인으로 한 중도금을 받거나 부도난 어음금을 받으면 동일한 목적을 실현할 수 있지만, 매매계약과 어음교부는 두 개의 역사적 사실이 다르기 때문에 청구취지는 동일하게 “피고는 원고에게 돈 얼마를 지급하라”라고 동일하다고 하더라도 소송물은 두 개라는 입장을 취하고 있다.

최근에 신실체법설이라고 하여, 종래의 실체법상의 청구권 개념을 수정하여 일종의 재판청구권을 하나의 포괄적 청구권으로 이해하여, 구소송물법상의 두 개의 실체법상의 권리를 포섭하여 하나의 손해배상청구권으로 보아 소송물이 하나라고 보자는 견해가 주장되고 있다.

### (2) 소송물의 수

통상 하나의 소송절차에서 하나의 소송물을 대상으로 재판하는 것이 대부분이지만, 동일한 원고와 피고 사이에 여러 개의 소송물을 한꺼번에 소송하는 경우가 있는데, 이렇게 소송물이 복수인 경우를 청구의 병합, 즉 소의 객관적 병합이라고 한다.

이처럼 **소의 객관적 병합이라 함은 원고가 하나의 소송절차에서 여러 개의 청구를 하는 것을 말한다**(민사소송법 제253조). 청구의 병합을 인정하는 것은 동일 당사자 사이에 여러 개의 분쟁이 존재할 경우 그 분쟁을 하나의 소송절차를 통해 일거에 해결함으로써 판결의 모순·저촉을 방지할 수 있어 소송경제를 도모할 수 있기 때문이다.

소의 객관적 병합에는 단순병합, 선택적 병합, 예비적 병합이 있다. **단순병합이라 함은 병합된 청구 사이에 상호 관련성이 없어 서로 독립적인 소송물을 하나의 소송절차에서 재판하는 것을 말한다**. 예를 들어 동일한 원고와 피고 사이에 매매대금채권과 대여금채권이 있는 경우 두 개의 권리는 상호 연관성이 없지만, 하나의 소송절차에서 병합하여 재판을 구하는 경우이다. 이 경우 그 존재와 범위에 대하여는 각각 판단하여 심판하면 되기 때문에 어느 하나는 승소하고 어느 하나는 패소하는 등 판결의 결과가 불일치해도 무방하다.

**선택적 병합이라 함은 양립하는 두 개의 청구권 또는 형성권을 주장하면서 법원이 그 중 어느 하나에 대하여 승소판결을 내려 줄 것을 구하는 병합형태를 말한다**. 예를 들어 원고가 부동산인도를 구하면서 소유권에 기한 인도청구권과 임대차기간만료에 따른 인도청구권을 주장하는 경우이다. 원고는 어느 권리에 의해 부동산을 인도받으면 소기의 목적을 달성하게 된다. 이 경우 원고를 패소시킬 경우에는 법원은 위 두 개의 선택적 병합을 모두 심판하여 이유 없다고 판단하여야 하며, 원고를 승소시킬 경우에는 위 두 개의 선택적 병합 중 어느 하나만을 인정하여 승소시키면 된다. 이에 대해 **예비적 병합이라 함은 양립할 수 없는 두 개의 청구권 또는 형성권을 주장하면서 원고가 그 재판 순서를 정하여 법원에 판단해 줄 것을 구하는 병합형태를 말한다**. 예를 들어 하나의 계약을 근거로, 그 계약이 유효하면 부동산에 대한 소유권이전등기를 해 줄 것을 구하고(주위적 청구), 만일 그 계약이 무효라고 한다면 이미 지급한 매매대금을 반환해 줄 것을 구하는(예비적 청구) 경우이다. 즉 예비적 병합은 두 개의 권리에 주위적, 예비적 청구와 같이 순서를 정하여 법원의 판단을 구하는 것으로 법원은 그 판단 순위에 구속을 받는다.

이와 같이 하나의 소송절차에서 소의 객관적 병합이 허용되기 위해서는 첫째, **각 청구가 동종의 소송절차**(민사소송절차)**에서 심판될 수 있는 것**이어야 하며, **재판하는 수소법원이 모든 청구에 대한 관할권이 있어야 한다**. 다만 임의관할의 경우에는 관련재판적(민사소송법 제22조)이 인정되기 때문에 어느 하나의 권리에 관할이 인정되면 동일한 원고와 피고 사이에서 존재하는 다른 권리에 대한 재판권은 당연히 관련재판적으로 인정된다.

### (3) 청구의 변경

**청구의 변경이라 함은 소송이 진행되고 있는 중에 원고가 청구, 즉 소송물을 변경하는 것을 말한다**(민사소송법 제262조), 청구의 변경에는 교환적 변경과 추가적 변경이 있는데, 전자는 종래의 청구에 갈음하여 새로운 청구를 하는 것을 말하고, 후자는 종래의 청구를 유지하면서 새로운 청구를 추가하는 것을 말한다. 처음에 하나의 소를 제기하였다가 추가적 변경이 있게 되면 소의 객관적 병합형태가 된다. 즉 청구의 추가적 변경이 있게 되면 그 소는 **단순병합, 선택적 병합, 예비적 병합 중 하나의 형태로 변하게 된다**.

문제는 원고가 청구를 언제든지 변경하게 되면 기왕에 진행된 소송절차가 무의미하게 되고, 피고의 방어권행사가 곤란해지기 때문에 청구의 **변경은 청구의 기초에 변경이 없는 한도 내에서만 변경이 허용**되며, 변경으로 인하여 소송절차가 현저히 지연될 염려가 있는 경우에는 변경이 허용되지 않는다.

### (4) 중간확인의 소

**중간확인의 소라 함은 원고가 소송 진행 중에 그 청구의 당부를 판단함에 있어 선결적 법률관계에 있는 것에 대하여 확인을 구하는 독립한 소를 말한다**. 중간확인의 소가 제기되면 원래의 소와 더불어 소의 객관적 병합형태가 된다(민사소송법 제264조). 예를 들어 청구가 임대료 상당액의 부당이득반환을 구하는 소에서, 양 당사자의 쟁점이 그 점유 중인 부동산의 소유권자가 누구냐가 된 경우에 중간확인의 소로 원고가 그 부동산의 소유권자인 것에 대한 확인의 소를 제기하는 경우이다. 즉 소유권은 부당이득반환청구의 선결적 법률관계에 있는데, 판결의 이유에서 판단될 경우 기판력이 미치지 않기 때문에 이를 청구(소송물)로 격상시켜 판결의 주문에서 판단받음으로써 기판력이 미치게 하고자 할 경우에 이용되는 병합형태라고 할 수 있다. 중간확인의 소에서 주장된 청구는 그 자체가 본래의 소와는 독립된 청구이기 때문에 중간확인의 소에 대한 판결 역시 독립된 종국판결이라고 할 것이다. 즉 중간판결이 아니므로 주의할 일이다.

#### (5) 반 소

**반소라 함은, 피고가 원고가 제기한 본소에 편승하여 원고에 대하여 자기의 청구를 심판해 달라고 제기하는 소를 말한다**(민소법 제269조). 예를 들어 원고가 피고를 상대로 건물명도청구를 구할 때(본소), 피고가 원고를 상대로 건물을 명도해 줄테니 매매대금 중 아직 지급하지 않은 잔금을 지급해 달라고 적극적으로 소(반소)를 제기하는 경우이다.

반소를 제기하기 위해서는 본소와 **반소의 청구취지가 상호 견련성이 있거나, 본소에 대한 방어방법과 견련관계가 있어야 한다**. 즉 하나의 소송절차에서 원고와 피고가 서로 각각의 청구를 구하는 경우로서, 반소가 제기되면 판결주문이 원고를 위한 판결주문과 피고를 위한 판결주문이 각각 내려지게 되어, 각각 기판력이 생기게 된다. 즉 반소의 청구취지는 단순한 방어방법이 아니고, 그 자체가 독립된 소송물이 된다는 것이다. 반소를 제기할 것인지, 방어방법으로 그치고 말 것인지, 아니면 독립된 별도의 소송을 제기할 것인지는 피고의 선택에 달려 있다고 하겠다.

### 3. 소의 제기

#### (1) 보전처분

보전처분이라 함은 집행권원을 확보하기까지 많은 시간이 걸리기 때문에 그 사이에 채무자가 자신의 책임재산을 처분하여 무자력이 되어 버리면 채권자는 소송에서 승소하더라도 강제집행을 할 수 있는 채무자의 재산을 발견하지 못하여 결국 채권회수가 어렵게 되는 것을 방지하기 위하여 **채무자의 재산처분권을 제한하기 위하여 밟은 처분권제한절차를 보전처분**이라고 한다. 이에는 가압류와 가처분이 있다.

**가압류라 함은 금전채권의 이행수단을 확보하기 위하여 채무자의 재산의 처분권을 제한하는 보전처분을 말한다.** 예를 들어 부동산을 가압류하게 되면 나중에 소송에서 승소하여 그 부동산을 강제집행할 경우 그 부동산 자체를 취득할 목적이 아니라 경매를 통해 환가된 경매대금으로부터 금전채권의 회수를 꾀하고자 할 경우에 이용되는 보전처분이다. **가처분에는 다툼이 있는 목적물에 대한 가처분과 임시지위를 정하는 가처분**이 있는데, **다툼이 있는 목적물에 대한 가처분**은 예를 들어 부동산을 매수한 매수인이 매도인이 그 부동산을 이중매도하여 버릴 것을 우려하여 그 부동산에 대한 매도인의 처분을 금지하는 처분금지가처분을 함으로써 나중에 본안소송에서 승소한 후 자신 명의로 그 부동산 자체를 권리이전하기 위한 보전처분이고, **임시지위를 정하는 가처분**은 예를 들어 부당해고된 근로자가 해고무효를 다투면서 장기간이 소요되어 생활이 어려워질 것을 우려하여 해고되지 않은 근로자라는 임시지위를 부여해 달라고 하는 가처분으로, 임시지위를 정하는 가처분이 받아들여지게 되면 그 해고된 근로자는 해고되지 않은 근로자처럼 근로를 제공하고 급여를 받을 수 있게 된다.

결국 **가압류나 가처분은 나중에 승소판결을 받은 후 자신의 채권확보를 위해 하는 것**으로, 만일 이를 해 두지 않을 경우 채무자가 자신의 재산을 처분해 버리면 소송에서 승소하더라도 결국 채권을 회수하지 못하는 불이익을 받게 되는 것을 사전예방하는 보전처분으로 그 중요성은 대단히 크다고 하겠다.

(2) 소의 제기

**원고는 필요적 기재사항이 기재된 소장에 인지를 첩부하여 관할법원에 접수시킴으로써 소를 제기할 수 있다.** 소장 사본이 피고에게 송달되어야 하기 때문에 피고 수만큼의 소장 부본은 소장 원본에 첨부하여 제출하여야 한다. 소장에는 소정의 인지를 첩부하여야 하는데, 이 **인지는 재판수수료에 해당**된다고 하겠다. 인지대가 20만원을 넘는 경우는 현금으로 납부하여야 한다. 인지 이외에도 **송달료 등을 별도로 납부**하여야 한다. 소가가 2천만원 이하의 소액사건의 경우에는 소장이라는 서면 대신 법원에 출석하여 구술로도 소를 제기할 수 있다. 실무상 법원에 비치되어 있는 소액사건심판청구서에 필요사항을 보충기재하는 방법으로 제소하고 있다.

**소장의 필요적 기재사항으로는 당사자, 법정대리인, 청구의 취지와 원인이 있다**(민사소송법 제249조 제1항). 원고는 당사자를 특정하기 위하여 원고와 피고의 주소 및 성명를 정확하게 기재하여야 하며, 법인인 경우에는 그 명칭과 소재지를 적는다. **청구의 취지는 원고가 구하는 소의 종류와 권리의 내용과 범위를 특정하여 기재하여야 한다.** 청구취지는 무색투명하기 때문에 "피고는 원고에게 금 일억원을 지급하라"와 같이 명확하고 특정되게 기재하여야 한다. 그렇지만 그 돈의 성질까지 기재하지는 않기 때문에 청구원인에서 이를 보충하여 6하원칙에 의하여 그 청구취지의 내용을 특정하여 밝혀야 한다. **청구원인은 정확한 실체법상의 근거를 적어야 하는 것은 아니며, 사실관계만 명확하게 기재하면 된다.** 왜냐하면 "너는 사실을 말하라, 나는 권리를 주리라"라는 격언에서 알 수 있는 바와 같이 법률적 판단은 법원의 직권사항이기 때문이다.

원고는 소장에 필요적 기재사항 이외에 **임의적으로 필요한 사항을 기재할 수 있으며**(임의적 기재사항), **이러한 내용은 향후 준비서면**(변론으로서의 주장)**으로서의 기능을 한다.**

(3) 소제기의 효과

소가 제기되면 권리를 행사한 것이기 때문에 **실체법상 효력으로 소멸시효의 중단**(민법 제168조), **제척기간 준수 등의 효과가 발생**하며, **소송법상 효력으로 소장 부본이 피고에게 송달되면 소송계속**(청구가 수소법원에서 심판받을 수 있는 상태에 놓이게 되는 상태)**의 효과가 발생하고, 소송촉진등에 관한 특례법상의 효력으로 법정이자가 민법상의 연 5%에서 연 20%로 인상되는 효력이 발생**하게 된다.

또한 동일한 소를 제기할 수 없는 **중복제소금지라는 소송법상의 효과**가 생기게 된다(민사소송법 제259조). 중복제소금지라 함은 동일한 당사자 사이에서 동일한 소송물에 대하여 중복하여 소를 제기할 수 없다는 것으로, 만일 중복소송에 해당되면 소각하된다. 즉 **중복제소가 있게 되면 소송경제에 반할 뿐만 아니라 판결의 모순·저촉을 가져올 우려**가 있기 때문에 아예 심판 자체를 허용하지 않겠다는 것이다.

문제는 어디까지 소가 동일하다고 할 것인지인데, **당사자와 소송물이 동일**한 경우를 말한다고 하겠다. 특히 소송물의 동일성을 판단하기 위해서는 어느 소송물이론을 따를 것이냐에 따라 달라지게 되는데, **구소송물이론에 의하면** 청구취지가 같아도 청구원인에서 주장되는 실체법상의 청구권이 다르면 소송물은 동일한 것이 아니기 때문에 중복소송이 아니지만(앞서의 교통사고 예에서 민법 제390조의 채무불이행으로 인한 손해배상청구권과 민법 제750조의 불법행위로 인한 손해배상청구권은 소송물이 다르다), **신소송물이론에 의하면** 원인도 하나의 교통사고이고 청구취지도 동일한 금액을 청구하는 것이기 때문에 소송물이 같으므로 만일 같은 내용의 후소를 제기한다면 중복소송에 해당되어 후소가 부적법 각하된다.

판례는 채권자대위소송과 관련하여 채권자가 채무자를 대위하여 제3채무자를 상대로 채권자대위소송을 제기한 상태에서 채무자가 제3채무자를 상대로 소송을 제기하면 후소는 전소와 동일한 소송물을 가지고 소송을 제기한 경우에 해당되어 중복소송에 해당한다고 하였다.[4]

## 4. 소장 부본 송달과 변론기일 지정

원고가 소장을 제출할 때 소장 원본 이외에도 피고 수만큼의 소장 부본을 제출하게 되어 있는데, **법원은 이 소장 부본을 피고에게 송달하게 된다**. 즉 피고에게 어떠한 내용의 소송이 제기되었는지를 알려 주어 방어권행사를 용이하게 하기 위해서이다. 법원은 원고가 소장을 제출하면 인지가 첩부되어 있는지, 송달비용을 납부하였는지를 심사(소장심사)한 후 요건을 갖추었으면 소장 부본을 피고에게 송달하게 된다. 만일 요건에 흠결이 있는 경우에는 법원은 기한을 정하여 이의 보정을 명하게 된다(민사소송법 제254조). 이에 대하여 원고가 기한 내에 보정하지 않으면 소장을 각하하게 된다. 소장 각하는 일종의 재판거부라고 할 것이다.

또한 법원은 소장 부본을 송달할 때 30일 이내에 답변서를 제출할 것을 명하게 된다.

---

4) 대법원 1992. 5. 12. 91다41187 판결.

## 5. 답변서제출의무와 무변론판결

법원은 피고가 소장 부본을 송달받고서도 법원이 정한 기일(보통은 30일) 이내에 답변서를 제출하지 않으면, **원고의 청구를 다투지 않는 것으로 보아 변론기일을 열지 않고, 곧바로 무변론판결선고일자를 지정하게 된다**(민사소송법 제257조). 위 기한을 도과하였더라도 법원이 선고하기 전까지 답변서를 제출하면, 법원은 다시 변론기일을 정하여 변론을 속행하게 된다.

## 6. 변론절차

### (1) 의 의

**변론이라 함은 당사자가 자기에게 유리한 주장을 하고, 유리한 주장을 이유 있게 인정받기 위해 증명을 하는 것을 말한다**. 즉 민사소송절차는 당사자주의에 기초하고 있기 때문에 원고와 피고는 자신에게 유리한 소송자료를 제출할 책임을 지게 되고, 유리한 소송자료가 있더라도 이를 제출(변론)하지 않으면 없는 것으로 취급되어 불리한 판결을 받게 된다.

변론절차는 변론준비절차와 변론기일절차로 나누어져 있다. **변론준비절차**는 사건 내용이 복잡하여 쟁점을 정리하고 증거를 정리할 필요가 있다고 인정되는 경우에 법원이 변론절차에 앞서서 변론준비절차를 열게 된다. 변론준비절차는 비공개로 하며, 변론준비절차에서 제출된 소송자료는 나중에 변론절차에 현출함으로써 소송자료로 된다.

이러한 변론준비절차는 서면만으로 이루어지는 **서면준비절차**와 당사자를 출석시켜 진행되는 변론준비기일제도로 이원화되어 있다. 즉 준비서면의 제출만으로 사실관계와 쟁점 등을 파악할 수 있는 경우에는 서면의 공방만으로 준비절차를 진행하며, 당사자를 출석시켜 쟁점과 증거를 정리할 필요가 있을 경우에는 변론준비기일절차를 밟게 된다. **변론준비기일에는 당사자신문과 증인신문을 제외한 다른 증거조사(서증절차, 감정절차, 검증절차 등)를 할 수 있고, 주장내용 등 쟁점을 정리할 수 있다**. 한편 변론준비기일절차에서는 증인신청이나 당사자본인신문을 신청할 수 있도록 하여, 나중에 변론절차를 열어 곧바로 증인신문이나 당사자본인신문을 하도록 준비시키고 있다. **변론준

**비기일절차를 밟게 되면 변론준비기일에 주장하지 아니한 사실을 변론기일에 주장할 수 없도록 실권효의 제재를 가하고 있기 때문**에 변론준비절차에서 제출하지 않은 공격방어방법은 나중에 변론기일을 열게 되더라도 그 변론기일에서 주장(제출)할 수 없게 된다(민사소송법 제285조).

### (2) 변론 기본원칙

변론에는 몇 가지 기본적인 원칙이 있다. 첫째, **공개심리주의의 원칙**이 있는데, 이는 재판의 공정성과 신뢰성을 보장하기 위하여 심리를 공개하도록 하고 있다. 다만 공개재판이 국가의 안전보장, 안녕질서 또는 선량한 풍속 기타 사회질서를 해칠 염려가 있는 경우에는 재판부의 결정으로 비공개심리할 수 있다. 그러나 비공개로 변론하더라도 판결의 선고만은 반드시 공개하여야 한다.

둘째, **쌍방심리주의의 원칙**이 있는데, 이는 법원이 사건을 심리함에 있어 원고와 피고에게 변론의 기회를 평등하게 보장하여야 한다는 원칙이다. 이를 당사자평등의 원칙 또는 무기평등의 원칙이라고도 한다. 그러나 쌍방심리주의의 원칙은 원고와 피고 쌍방에게 변론의 기회를 보장해 주면 충분하며, 실지로 보장을 받고서도 당사자 중 일방이 출석하지 않은 경우에는 쌍방심리주의는 준수된 것으로 된다. 이러한 쌍방심리주의는 판결절차에서는 반드시 지켜져야 하지만, 간이절차인 지급명령절차에서는 변론기일을 열지 않기 때문에 채무자를 심문하지 않은 채 법원이 일방적으로 지급명령을 발하게 되어 일방심리주의를 따르고 있다.

셋째, **구술심리주의의 원칙**이 있는데, 이는 변론 및 증거조사를 할 때는 당사자를 법정에 출석시켜 구술로 행하도록 하여야 한다는 것이다. 이는 서면심리주의의 반대 개념으로, 구술심리주의를 채택하게 되면 당사자출석이 보장되고, 법관의 심증형성에 기여하게 되어 공정한 재판이 이루어지게 된다. 즉 법관이 직접 당사자를 대면한 채 재판절차가 진행되기 때문에 당사자의 변론 태도 등을 통해 심증형성이 유리하고, 의문점은 즉시 반문할 수 있어 사실규명이 용이하게 된다. 그렇지만 실제로는 원고와 피고는 준비서면을 미리 작성하여 제출하고, 법정에서는 그 준비서면을 진술하겠다는 말로 간단히 끝내고 있기 때문에 구술심리주의가 형해화되어 가는 현상이 있는 것 또한 어쩔 수 없는 현실이다.

넷째, **직접심리주의의 원칙**이 있는데, 이는 반드시 변론절차에서 심리한 법관, 즉 당사자의 변론과 제출된 증거에 의해 사실관계를 심리한 법관만이 재판(판결주문의 결정)을 하여야 한다는 원칙을 말한다. 즉 직접심리한 법관만이 판결의 결론을 내릴 수 있도록 함으로써 오판을 방지하겠다는 것이다. 그런데 재판 도중 법관이 경질된 경우에는 그 이전의 재판에는 관여한 바가 없기 때문에 이를 법률상 관여한 것으로 하기 위하여 종전까지의 소송결과를 진술하도록 하는 **변론갱신절차**를 밟게 되면 직접심리주의가 보완된 것으로 처리하고 있다.

다섯째, **처분권주의의 원칙**이 있는데, 이는 절차의 개시, 절차의 대상 및 범위의 확정, 절차의 종결을 당사자에게 맡기고 있는 원칙을 말한다. 즉 당사자는 실체법상 사적 자치에 의해 자신의 권리에 대한 처분권이 있기 때문에 이를 소송절차에 반영한 것이다. 따라서 원고가 소를 제기하여야만 소송절차가 개시되며(소송의 개시면에서의 처분권주의), 원고가 소송물을 확정하여야 하며(소송의 객체에 대한 처분권주의), 법원도 원고가 확정한 소송물에 한하여 재판할 수 있으며(소송의 대상 및 범위의 확정면에서의 처분권주의), 소송진행 중에도 원고는 소를 취하하거나 포기할 수 있으며, 피고는 원고의 청구를 인낙할 수 있고, 원고와 피고는 청구를 화해하거나 조정할 수 있다(소송의 종결면에서의 처분권주의). 다만 당사자가 권리를 임의로 처분할 수 없는 경우, 예를 들어 **친생자를 정하는 소송과 같은 경우에는 실체적 진실이 중요하기 때문에 당사자의 처분권이 제한되는 경우도 있다**. 앞서의 예에서 구소송물이론을 취하고 있는 판례에 따르면 원고가 불법행위를 원인으로 한 손해배상청구를 한 사안에 대하여 법원이 채무불이행을 원인으로 한 손해배상청구를 인용하는 것은 당사자처분권주의에 반한다고 하겠다.[5)]

여섯째, **변론주의의 원칙**이 있는데, 이는 재판에 지기 싫으면 원고나 피고는 자신에게 유리한 소송자료, 즉 재판의 기초가 될 사실과 증거를 수집하여 제출할 책임이 있다는 원칙을 말한다. 변론주의는 직권탐지주의에 대립하는 개념이라 할 수 있다. 변론주의에 의하면, 법원은 당사자가 제출하지

---

5) 대법원 1963. 7. 25. 63다 241 판결.

않은 소송자료를 재판의 기초로 삼을 수 없기 때문에 법관이 재판과 무관하게 개인적으로 알게 된 사실관계에 의해서는 재판을 할 수 없다. 즉 **법원은 당사자가 법정에 출석하여 주장한 사실과 제출한 증거만에 의하여 재판하여야 한다.** 다만 변론주의는 **주요사실**(구성요건해당사실)에 대하여만 적용되기 때문에 **간접사실**(주요사실의 존부를 추측하여 판단케 하는 사실)이나 **보조사실**(증거의 신빙성에 영향을 주는 사실)에 대하여는 적용되지 않는다. 따라서 법원은 간접사실이나 보조사실에 대하여는 당사자가 주장하지 않더라도 증거조사를 통해 알게 되면 이를 재판의 기초자료로 삼을 수 있다. **통설 및 판례에 의하면 주요사실은 당사자가 주장하는 권리나 법률관계의 발생에 요건이 되는 직접적인 사실을 말한다.** 예컨대 금전소비대차에서 대여금반환을 구할 경우 대여금반환청구권의 발생요건인 대여사실은 주요사실에 해당되고, 그 대여금에 대하여 이자를 지급한 사실이 간접사실(이자지급을 통해 대여사실을 추단할 수 있으므로)에 해당되고, 대여사실을 보았다는 증인에 대하여 그 증인이 위증죄로 그 전에 처벌받은 전력이 있다는 사실이 증인의 이 사건 증언의 신빙성을 탄핵하기 때문에 보조사실에 해당된다. 변론주의원칙상 당사자의 주장이 일치하면 이를 재판상 자백이라 하며, **형식적 진실주의를 취하고 있는 민사소송절차에서는 자백이 성립하게 되면 증거가 필요 없게 된다.** 문제는 변론주의를 엄격하게 적용하게 되면, 법률지식이나 소송기술이 부족한 당사자가 변론절차에서 자신에게 유리한 소송자료를 제대로 제때 제출하지 못하여 불이익을 받을 염려가 있다. 그리하여 이를 보완하기 위하여 법원은 석명권의 행사를 보완하여 당사자의 변론미숙을 보완하게 된다. **석명권이라 함은 당사자의 주장 중 불명료하거나 모순 또는 불명확한 부분이 있는 경우에 질문을 통해 이를 명확히 하거나, 당사자가 법적 관점을 빠뜨리고 주장하지 않은 경우에 이를 지적하여 주장할 기회를 보장하는 것을 말한다**(민사소송법 第136조).

일곱째, **적시제출주의의 원칙**이 있는데, 이는 당사자로 하여금 공격 또는 방어방법을 소송의 정도에 따라 적절한 시기에 제출할 의무를 부여한 것을 말한다(민사소송법 第146조). 구민사소송법은 수시제출주의를 취하여 공격방어방법의 제출시기를 제한하지 않고 언제든지 제출할 수 있도록 하였으나, 이로 인하여 소송절차가 지연되는 폐단이 발생함에 따라 소송자료 적시제출주의를 채택하게 되었다. 이에 따라 법원은 당사자가 고의 또는 중과실로 공격방어방법을 늦게 제출하는 경우에는 그 공격방어방법을 받아주지 않고 각하하도록 하여, 즉 **실기한 공격방어방법의 각하**를 통해 소송에 참작하지 않을 수 있도록 한 것이다(민사소송법 제149조 제1항). 또한 법원은 양 당사자의 의견을 들은 후 사실이나 증거의 제출기간을 정할 수 있게 하여, 이 재정기간을 도과한 후에는 법원이 당사자가 공격방어방법을 제출하지 못하도록 실권효의 제재를 가할 수 있도록 하였다(민사소송법 제147조).

### (3) 변론기일 절차진행

법원이 지정한 변론기일에 양 당사자는 출석하여, **원고측은 소장을 진술**(어떤 판결을 구하는지 주장)하고, **피고측은 답변**(소의 각하나 청구의 기각을 구하는 주장, 또는 자백이나 인낙)을 하게 된다. 양 당사자의 주장이 틀리게 되면 이후 원고측의 공격과 피고측의 방어과정을 통해 주장 및 증거의 제출 및 이에 대한 조사가 이루어지게 된다. 법원은 양쪽의 주장에 대한 쟁점 및 증거조사가 종료되었다고 판단되면 변론을 종결하게 된다. 다만 변론준비절차를 밟은 경우에는 변론준비절차에서 이미 준비된 소송자료를 법원에 제출하는 것으로 변론을 하며, 원칙적으로 변론기일을 한 번만 여는 것을 원칙으로 하고 있다. 그렇지만 새로운 주장이나 증거가 제출되면 변론기일은 수회에 걸쳐 속행될 수밖에 없다.

변론기일의 진행절차를 구체적으로 살펴보면 첫째, 당사자는 주장을 하게 된다. 즉 원고가 먼저 자신의 청구(소송물)를 주장하면, 이에 대하여 피고가 이를 **자백**(원고가 주장하는 사실을 인정) 또는 **인낙**(원고가 주장하는 소송물인 권리 자체를 인정)하거나, **부인**하는 세 가지 중 하나를 취하게 된다. 예를 들면 원고가 피고에게 돈 1천만원을 빌려 주었으므로 그 돈을 지급해 달라고 주장(공격)하면, 피고가 이 돈을 빌렸다거나(자백), 원고의 청구대로 응하겠다거나(인낙), 돈을 받은 사실이 전혀 없다거나(전부부인), 아니면 돈을 받았으나 빌린 것이 아니라 매매대금으로 받았다거나(일부자백) 등을 주장(방어)하게 된다. 즉 서로 간에 자기에게 유리한 소송자료를 주장하게 되는 것이다. 한편 피고가 원고의 주장에 대하여 **침묵을 지키는 경우에는 자백한 것으로 간주**되며, **모르겠다고 주장하는 경우에는 부인으로 간주**된다. 그런데 **피고가 자백**

**하면서 원고의 청구와 양립되는 새로운 주장을 하는 경우를 항변**이라고 한다. 예를 들어 앞서의 예에서 돈을 빌렸지만 갚았다라고 주장하는 경우이다.

둘째, 양 당사자의 주장이 서로 불일치할 경우에는 객관적인 자료에 의하여 판단할 수밖에 없기 때문에 양 당사자는 증명책임을 지게 된다. 즉 **불리한 판결을 받지 않기 위해 증명노력을 해야 하는 주관적 증명책임**을 지게 된다. 따라서 변론기일에 당사자가 주장만 하고 증거를 제출하지 아니하면, 법원은 주관적 증명책임을 지는 당사자에게 석명권을 행사하여 증명할 것을 촉구하게 된다. 한편 주장과 주관적 증명책임을 다 한 후 더 이상 증거를 제출하지 못하여 주장한 사실이 객관적으로 증명되지 못한 경우 입게 되는 불이익을 객관적 증명책임이라고 한다. 법률요건에는 **권리발생적 법률요건, 권리발생장애적 법률요건, 권리저지 법률요건, 권리소멸 법률요건** 등이 있는데, 권리발생적 법률요건은 권리를 주장하는 권리자가, 나머지 세 요건은 그 권리를 부정하는 의무자가 증명해야 한다고 보고 있다(법률요건분류설). 예를 들어 원고가 채권자라면서 매매대금청구를 할 경우, 원고는 일정한 매매관계가 있는 사실을 주장하고 증명하여야 하며, 피고는 매매계약의 장애 사실(무효, 취소, 해제 등)나 매매계약이행의 저지 사실(동시이행항변권, 기일미도래항변권 등), 매매대금소멸 사실(변제, 소멸시효 완성 등)을 주장하고 증명할 책임을 지게 된다. 만일 **주관적 주장책임과 증명책임을 다 하지 못하면 그 주장 사실은 존재하지 아니한 것으로 취급되어 패소하게 된다**. 다만 최근 들어 증명책임에 있어, 증거가 일방당사자측에만 편재한 경우나 과학적 입증 등이 곤란한 경우 **개연성설이나 위험영역설 등 증명책임을 완화하여야 한다는 새로운 이론들이 주장**되고 있고, **의료사고나 환경피해 등에 대한 손해배상청구소송에서는 개연성설**이 판례를 통해 받아들여지고 있다.

## V. 증 명

### 1. 증거의 의의와 종류

#### (1) 의 의

증거라 함은, 양 당사자의 주장이 서로 불일치할 경우 객관적으로 이를 증명하기 위하여 필요한 자료를 말한다. 그런데 증거라는 말은 다의적이어서 증거방법, 증거자료, 증거원인 등 다양한 개념으로 사용되고 있다.

(2) 증거방법의 종류

첫째, **증거방법이란 증거조사의 객체가 되는 유형물**을 말하는데, 증거방법으로 인정되기 위해서는 우선 증거능력이 있어야 한다. **증거능력이란 증거방법이 될 수 있는 적법한 자격**을 말한다. 따라서 법관은 증거능력이 있는 증거방법만을 증거로 채택하여 증거조사하여야 한다. 고문이나 위법한 수단에 의한 증거수집이 이루어지지 않도록 하기 위해 증거능력을 필요로 한다. **증거방법으로는 인증으로서의 증인, 물증으로서의 문서인 서증, 감정, 검증, 기타의 증거방법 등이 있다**. 증거조사의 대상이 사람인 경우를 인증(예컨대 증인)이라 하고, 사람 이외의 물건인 경우를 물증(예컨대 문서)이라 한다. 둘째, **증거자료라 함은 증거방법을 증거조사한 결과 나온 자료를 말한다**. 이에는 법관이 믿는 증거자료와 믿지 않은 증거자료가 모두 포함되어 있다. 셋째, **증거원인이라 함은 증거자료 중 법관이 믿는, 즉 신빙성을 인정한 증거자료**를 말하며, 법관은 이 증거원인에 의하여 원고 또는 피고의 주장 사실의 존재를 인정 또는 부정하게 된다. 그런데 민사소송법은 형사소송법과 달리 **증거자료 중에서 증거원인을 인정할 뿐만 아니라 변론의 전체취지로도 증거원인을 삼을 수 있도록 하고 있다**. 변론의 전체취지라 함은 법관이 변론을 진행하는 과정에서 당사자들의 진술태도나 인상 등을 통해 사실관계의 존재에 대한 심증에 영향을 받은 것을 말한다. 이처럼 증거원인이 되기 위해서는 증거자료 및 변론의 전체취지에서 법관에게 심증을 갖도록 하여야 하는데, 이러한 **심증형성에 기여하는 가치를 증명력 또는 증거가치**라고 한다. 즉 증거자료와 변론의 전체취지 중 증명력(증거가치)이 있는 것만이 증거원인이 되어 소송의 승패를 결정짓는 증거로 사용될 수 있다.

증거는 증명해야 할 사항과 관련하여 **직접증거, 간접증거**로 구분되기도 한다. **직접증거라 함은 증명을 요하는 주요사실을 직접 증명하는 증거**를 말하며, 예를 들어 매매계약사실을 증명하는 매매계약서, 대여금사실을 직접 증명하는 차용증 등이 이에 속한다. **간접증거라 함은 주요사실을 직접 증명하는 것이 아니라 간접적으로 증명하는 증거**를 말하며, 예를 들어 매매계약사실을 간접적으로 증명하는 매매대금지급사실, 대여금사실을 간접적으로 증명하는 이자지급사실 등이 이에 속한다. 즉 당사자가 증명해야 하는 사실에는 주요사실, 간접사실, 보조사실 등이 있는데, **주요사실은 법률이 정한 구성요건해당사실을 말하고, 간접사실은 주요사실을 간접적으로 추단케 하는 사실을 말하고, 보조사실은 증거의 신빙성을 높이거나 탄핵하는 사실을 말한다**. 따라서 주요사실은 직접증거를 통해 인정될 수도 있고, 간접사실에 대한 간접증거를 통해 주요사실이 추단됨으로써 인정될 수도 있다. 예를 들어 대여금사실에 다툼이 있으나 차용증이 없는 경우, 이자지급이라는 간접사실을 증명하여 주요사실인 대여금사실을 추단케 하여 인정될 수도 있는 것이다. 차용증이 위조되었다거나(증거방법에 대한 탄핵), 증인이 과거에 위증죄로 처벌받은 전력이 있음을 증명하여 당해 사건에 출석한 증인의 증언의 신빙성을 믿지 못하게 하거나(증거가치에 대한 탄핵) 하는 증거를 보조증거라 하는 것이다.

또한 **주관적 증명책임을 지는 자가 증명하는 것을 본증이라 하는데, 본증은 법관으로 하여금 확신에 이르도록 신빙성이 있어야 한다**. 반면에 본증에 의한 법관의 심증형성을 방해하여 사실관계를 의심케 하는 증명을 반증이라 하는데, **반증은 법관으로 하여금 의심을 갖도록 하는 것으로 충분**하다.

## 2. 요증사실과 불요증사실

### (1) 요증사실

**요증사실이라 함은, 당사자가 증명해야 하는 사실**을 말하고, 불요증사실이라 함은 당사자가 증명할 필요가 없는 사실을 말한다. 첫째, **요증사실은 당사자 사이에 사실의 존재에 대한 불일치, 즉 다툼이 있는 경우에 이를 객관적으로 증명해야 하는 사실을 말한다**. 증명의 대상이 되는 사실은 외계의 사실은 물론이고, 고의, 과실, 선의, 악의와 같은 내심적 사실도 포함된다. 당사자가 주장하는 사실 중 경험법칙에 관계되는 사실의 경우에는 일반적 상식에 속하는 경험칙에 해당하는 사실은 증명이 필요 없으나, 특수한 전문적 지식이 요구되는 사실은 증명의 대상이 된다. 경험법칙이라 함은 법규가 아니지만 보편적 인간의 경험에 의해 일응 인정되는 법칙(사실)을 말한다. 둘째, **불요증사실은 증명을 요하지 않는 사실**로, 이에는 재판상 자백한 사실, 공지의 사실, 현저한 사실, 법률상 추정되는 사실 등이 있다. 재판상 자백이라 함은 상대방에게 증명책임이 있는, 즉 자기에게 불리한 상대방의 주장 사실을 재판절차에서 다투지 않고 시인하는 것을 말하며, 재판상 자백은 구체적 사실에 대한 상대방의 주장에 대하여서만 인정된다. 따라서 법원의 전권사항인 법률상의 주장에 대하여는 재판상 자백이 인정되지 않는 것이 원칙이다. 예를 들어 어떤 법률의 존재, 그 법률에 대한 해석 등에 대한 자백은 법원을 구속하지 못한다. **재판상 자백이 있게 되면 법원은 이에 구속을 받기 때문에 자백과 다른 사실을 인정하지 못하는 제한이 따른다.** 이러한 재판상 자백은 주요사실에 한하여 인정되며, 간접사실이나 보조사실은 증거에 의하여 법관이 당사자의 자백에 구속됨이 없이 자유롭게 인정할 수 있다. 즉 간접사실이나 보조사실은 재판상 자백이 허용되지 않기 때문에 양 당사자가 일치된 진술을 하더라도 법원은 이에 구속됨이 없이 증거에 의하여 자백과 다른 사실을 인정할 수 있다. 이처럼 주요사실에 대한 재판상 자백에 법원을 구속시키는 것은 형사소송이 실체적 진실주의를 취하고 있는 것과 달리 **민사소송은 형식적 진실주의**를 취하고 있어서 당사자가 인정하고 다투지 아니하는 사실에 대하여 법원이 개입하여 그와 다른 사실을 강요할 필요가 없기 때문이다.

### (2) 불요증사실

불요증사실 중 **공지의 사실이라 함은 일반인이 모두 알고 있는 사실**로, 모두 다 알고 있는 사실을 구태여 증명할 필요가 없기 때문이고, **현저한 사실이라 함은 일반인은 알지 못하더라도 법원이 잘 알고 있어서 구태여 증명할 필요가 없는 사실**이다. 예를 들어 대법원 판례의 존재나 가압류 또는 가처분이 있었던 사실 등이 이에 속하고, 법률상 추정되는 사실이라 함은 법률이 그 존재를 추정하고 있기 때문에 이를 주장하는 자가 구태여 이를 증명할 필요가 없고, 오히려 상대방이 그 부존재를 증명해야 하는 책임(그런 의미에서 법률상 추정되는 사실에 대한 증명은 반증이 아니라 본증이다)을 지게 되는 사실을 말한다.

## 3. 증거조사

### (1) 의 의

이처럼 요증사실에 대하여 당사자는 주관적 증명책임을 지기 때문에 자기에게 유리한 증거를 신청하게 된다. 법원은 당사자의 증거신청에 대하여 이를 증거로 받아줄 것인지 여부를 결정하게 되는데 이를 **증거의 채부결정**이라고 한다. 즉 증거를 채택하면 비로소 그 증거방법은 증거조사의 객체가 될 수 있으며, 증거채택이 거부되면 아예 증거조사의 객체가 되지 못하기 때문에 증거로 사용할 수 없게 된다. 따라서 법원은 증거신청이 방식에 위배되거나 시기에 늦게 제출된 경우(민사소송법 제149조)에는 채택하지 않고 이를 각하할 수 있다. 다만 유일한 증거, 즉 어느 주장 사실에 대하여 신청된 **유일한 증거인 경우에는 특별한 사정이 없는 한 채택하여 조사하여야 한다**. 증거조사를 할 때는 증거조사기일과 장소를 고지하여 **당사자의 절차참여권을 보장**하여야 하며, 직접주의원칙 또는 공개주의원칙을 지켜야 하므로 법정 내에서 하는 것이 원칙이다. 다만 법원이 필요하다고 인정하는 예외적인 경우에는 현장검증 등 법원 밖에서 증거조사를 실시할 수도 있다(민사소송법 제297조 제1항).

### (2) 증거조사의 방법

증거조사의 방법은 증거방법에 따라 다르다. 첫째, **증인의 경우는, 정해진 일시 및 장소로 증인을 소환하여 주신문, 반대신문, 재주신문의 순서로 신문하고 답변**(증언)**을 듣는 방법으로 증거조사를 한다**. 주신문이란 증인을 신청한 자가 신문하는 것을 말하고, 반대신문이란 그 상대방이 주신문을 반박하기 위하여 신문하는 것으로 **유도신문**이 가능하며, 재주신문은 반대신문을 반박하기 위하여 증인신청자가 다시 하는 신문을 말한다. **증인적격은 당사자와 법정대리인을 제외한 모든 제3자**이다. 증인으로 소환된 자는 정당한 사유 없이 불출석할 수 없으며 그 경우에는 과태료의 제재를 받는다(민사소송법 제311조). 당사자와 법정대리인 등을 제외한 제3자이면 누구나 증인적격이 있다. 증인으로 소환된 자는 정해진 일시, 장소에 출석할 의무가 있으며, 정당한 이유 없이 불출석하는 경우는 과태료의 제재를 받는다(민사소송법 제311조). **과태료의 제재를 받고서도 다시 출석하지 않으면 7일 이내의 감치에 처할 수 있다**. 모든 국민은 증인으로 **출석할 의무**가 있으며, 출석한 증인은 특별한 사정이 없는 한 **선서의무**가 있으며, 만일 위증을 할 경우에는 위증죄로 처벌받게 된다. **증언이란 증인이 과거에 경험한 사실을 진술하는 것**으로, 자신의 기억에 반하여 증언하면 위증죄로 처벌받는다.

둘째, **서증의 경우에는 법관이 서증을 읽어보고 그 내용을 파악하는 방법**으로 한다. 서증이라 함은 문자나 기호로 사상을 표현한 유형물인 문서의 내용을 증거로 하는 것을 말한다. 서증은 인증인 증인신문에 비해 기록을 통해 사실관계를 확인하기 때문에 실질적으로는 증거로서의 가치가 높다. 서증이 증거로 채택되면, 우선 작성명의자에 의해 그 문서가 진실되게 작성되었는지 여부를 먼저 확인하여야 하며(서증의 성립 인정, 형식적 증거력 여부), 형식적 증거력이 인정되면 그 서증의 기재내용이 당해 분쟁사건의 증거로 사용될 수 있는 내용이 될 수 있을 만큼 진실한지 여부(실질적 증거력의 유무)를 판단하게 된다. 당사자는 서증을 소지하고 있으면 이를 **직접 법원에 제출하는 방법**으로 신청하며, 상대방이나 제3자가 소지하고 있는 경우에 그들에게 법률상 제출의무가 있는 경우에는 법정의 요건을 갖추어 **제출명령신청을 하는 방법**으로 서증을 신청한다(민사소송법 제344조). 문서제출명령을 받은 상대방이나 제3자는 법이 정한 특별한 사유가 없는 한 그 문서를 제출할 의무를 부담한다. **영미법상의 디스커버리(discovery)제도와 유사한 효과를 거둘 수 있도록 문서제출명령이 강화되었다**. 법원으로부터 제출명령을 받고서도 문서를 제출하지 않으면 상대방의 문서에 대한 주장이 진실한 것으로 인정되거나 과태료가 부과되는 등의 제재가 따른다. 문서의 진정성립과 관련하여 판례는 "문서의 성립에 관한 자백은 보조사실에 관한 자백이기는 하나 그 취소에 관하여는 다른 간접사실에 관한 자백취소와는 달리 주요사실의 자백취소와 동일하게 처리하여야 할 것이므로 문서의 진정성립을 인정한 당사자는 자유롭게 이를 철회할 수 없다고 할 것이고, 이는 문서에 찍힌 인영의 진정함을 인정하였다가 나중에 이를 철회하는 경우에도 마찬가지이다"라고 하여,[6] **문서에 찍힌 인영의 진정성립을 자백한 경우에는 문서 전체의 진정성립이 인정**된다는 입장을 취하여 자백의 취소를 제한하고 있다.

---

6) 대법원 2001. 4. 24. 2001다5654 판결.

셋째, **감정의 경우에는, 법원이 자신의 판단능력을 보충하기 위하여 분쟁사건 분야에 특별한 지식과 경험을 가진 감정인으로 하여금 그 사건에 대한 판단을 하도록 한 후 그 감정자료를 법원에 보고토록 하여 증거자료로 이용하는 방법**을 취한다. 예를 들어 계약서의 필적감정이나 혈액형·유전자 등을 감정하거나 교통사고 현장을 감정의뢰하는 방법 등이 이용되고 있다. 다만 법원은 감정인의 감정결과에 법적으로 구속되지 않기 때문에 그 감정자료를 증거로 채용할 것인지 여부는 자유심증으로 판단한다. 당사자가 감정신청을 하더라도 법원은 그 필요성이 인정되지 아니할 경우에는 그 채택을 거부할 수 있다.

넷째, **검증의 경우에는 법관이 자기의 오관을 통하여 직접 증거방법의 상태나 현상을 조사하는 방법**을 취한다. 예를 들어 법관이 교통사고 현장에 직접 나가서 현장을 살펴보는 방법이다. 문서의 경우 그 기재된 내용(서증)이 아니라 필적, 인영, 지질 등을 법관이 직접 판단하는 것은 검증에 해당하며, 사람도 증언이 아니라 그 신체나 모습을 법관이 직접 오관으로 검사하는 것은 검증에 해당된다. 검증의 대상이 된 물건이나 사람은 정당한 이유가 없는 한 조사에 응해야 하는 수인의무가 있다.

다섯째, **당사자신문의 경우에는 당사자인 원고나 피고를 증거방법으로 채택하여 신문하는 방법으로 증거조사를 한다**. 원래 당사자는 소송절차의 주체이기 때문에 그들이 법정에서 진술하는 것은 주장(소송자료)이지 증거(증거자료)가 아니다. 그렇지만 당사자야말로 사실관계를 가장 잘 알고 있는 자이기 때문에 그들의 진술을 주장이 아닌 증거로 이용하기 위해 당사자를 **당사자가 아닌 증거방법으로 증거조사를 하는 것**이다. 현행 민사소송법은 당사자신문을 보충적인 증거조사방법이 아니라 필요하다고 인정될 경우에는 언제든지 당사자본인신문을 할 수 있도록 하여 **당사자본인신문의 독자성과 중요성을 중시하고 있다.**

여섯째, **기타 증거방법에 대한 증거조사**가 있다. 예를 들어 정부기관이나 연구소 등에 사실관계를 증명할 수 있는 자료가 있는 경우 그 제출을 구해 증거자료로 활용하는 방법이다.

### 4. 변론종결

#### (1) 의 의

변론절차를 통해 법관이 사실관계에 대해 심증을 형성하게 되면 변론을 종결하게 된다. 법관은 증거원인인 증거자료 중 믿는 증거자료와 변론의 전체취지에 의해 사실관계를 확정짓게 된다. 즉 **법관은 당사자가 주장한 사실(소송자료)과 증거조사를 통해 나온 증거자료 및 변론의 전체취지 중 믿는 증거원인이 일치한 범위에서 원고 승소판결을 하게 되는 것**이다. 이때 법관은 헌법과 법률이 정한 바에 따라 법관으로서의 양심에 따라 자유심증주의에 의한 사실관계를 확정하고 그 확정된 사실에 대하여 법률을 적용하여 결론을 내리게 된다.

#### (2) 효 과

**사실심(1심과 2심) 변론이 종결되게 되면, 판결이 그 이후에 있더라도 사실심변론종결일에 판결의 효력인 기판력이 생기게 된다.** 왜냐하면 사실심변론종결일까지 제출된 소송자료 및 증거자료에 의해 재판이 이루어졌기 때문에 그 이후 또는 그 이전의 사실관계를 고려할 필요가 없기 때문이다. 따라서 변론이 종결되었음에도 사실관계에 대한 존부의 확정이 안 되는 경우, 즉 주관적 증명책임을 다하지 못한 경우에는 그 사실은 없는 것으로 보아 불이익한 재판을 할 수밖에 없다. 이는 객관적 증명책임에 의해 어쩔 수 없는 상황이라고 하겠다. 즉 **주관적 증명책임이 있는 자가 증명을 하지 못하면 그가 불이익을 받는 객관적 증명책임에 따라, 그 자는 증명하지 못한 부분만큼 패소할 수밖에 없게 되는 것이다.**

## Ⅵ. 소송의 종료

### 1. 소송의 종료

#### (1) 의 의

변론절차가 마무리되어 현출된 소송자료로 결론을 도출할 수 있게 되면, 즉 **당사자의 주장과 증명을 통해 사실관계에 대한 법관의 심증이 형성**

**되게 되면 변론을 종결하고 결론을 내리게 된다**. 그렇게 되면 소송이 종료된다. 그런데 소송의 종료는 법원의 강제적 재판을 통해 이루어지는 경우도 있지만, 당사자의 행위를 통해서 종료되는 경우도 있다.

### (2) 법원에 의한 소송의 종료

법원이 단독판사인 경우에는 단독판사의 결심으로, 합의부인 경우에는 합의부 소속 법관들의 합의에 의해 결론을 내리게 된다. 이를 합의절차를 밟는다고 한다. **합의, 즉 재판의 결과가 나오게 되면 판결서를 작성**하게 된다. 판결서에는 당사자와 법정대리인, 주문, 청구의 취지와 상소의 취지, 이유, 변론종결 연월일(무변론선고의 경우에는 선고일자), 판결법원을 기재하고 법관이 서명날인한다(민사소송법 제208조). **판결주문은 소장의 청구취지에 대립되는 개념으로 판결의 결론**이라 할 수 있는데, 주문의 해석을 둘러싸고 혼란이 일어나면 안 되기 때문에 간결·명확하게 적어야 하며, 원고가 전부승소하게 되면 주문을 적고 청구취지는 주문과 같다라는 약식의 방법으로 기재하여도 무방하다.

**이유는 소장의 청구원인에 대립되는 개념으로, 판결주문이 나오게 된 근거를 적으면 된다**. 즉 당사자의 주장과 공격방어방법에 대한 판단결과에 따른 사실관계의 확정 및 그 사실관계에 대한 법률의 해석·적용에 관한 사항을 기재하면 된다. 법원의 재판 중 판결에는 이유를 반드시 기재하여야 하나, 결정이나 소액재판의 판결에는 이유기재를 생략할 수 있다. 법관의 판결서 작성 부담을 경감시켜 주기 위해서이다.

**판결서를 작성한 후 법원은 선고기일을 정하여 판결을 선고하게 된다**. 변론종결 후 원칙적으로 2주 내에 판결을 선고하여야 하지만, 실무는 사건이 많다 보니 그보다 늦게 선고되는 경우가 많다. **판결의 선고는 반드시 공개법정에서 판결주문을 낭독하는 방법으로 하여야 한다**. 이유는 필요하다고 인정될 경우에 한하여 이유의 요지를 설명하면 되며, 필요하지 않을 경우에는 이유의 요지에 대하여 설명을 생략할 수 있다(민사소송법 제206조).

### (3) 당사자에 의한 소송의 종료

**당사자도 당사자처분권주의원칙에 의해 소송을 종료할 수 있다**. 즉 실체법상의 권리처분권을 소송상 행사할 수 있도록 보장하는 것이 타당하기 때문이다. 당사자의 행위에 의한 소송의 종료 중 첫째가 **소의 취하**이다. 소의 취하라 함은 원고가 자신이 제기한 소를 판결이 확정되기 전에 스스로 심판청구의 전부 또는 일부를 철회하여 소의 제기가 없었던 상태로 환원하는 것을 말한다(민사소송법 제266조).

소의 취하로 당해 소송은 종료되며, 원고는 청구의 포기가 아닌 소의 취하의 경우에는 언제든지 다시 동일한 내용의 소를 제기할 수 있다. 다만 **법원의 판결 후 그 판결이 확정되기 전에도 소를 취하할 수 있는데, 이 경우에 다시 소를 제기할 수 있도록 허용하면 종래 있었던 판결, 즉 법원의 판결을 무력화시키는 결과를 야기하기 때문에 판결 후 판결이 확정되기 전에는 소를 취하할 수 있도록 허용하면서 동시에 다시는 제소하지 못하도록 불이익을 주고 있다**. 주의할 점은 1심판결 이후 항소한 상태에서 항소를 취하하면 원심판결이 확정되지만, **소를 취하하면 판결이 실효된다**는 점이다. 또한 1심판결 후 피고가 침해를 보상하거나 더 이상 침해하지 않겠다고 하여 판결 확정 전에 소를 취하하였는데, 소가 취하되자 피고가 다시 권리를 침해한 경우에는 재소할 수 있다. 왜냐하면 침해법익이 달라져, 새로운 권리보호의 필요성이 발생하였기 때문에 소송물이 달라진 것으로 취급되기 때문이다.

두 번째, **청구의 포기와 인낙**이 있다. **청구의 포기**라 함은 소를 제기한 원고가 자신의 청구(소송물)가 이유 없음을 법원에 진술하는 것을 말하며 청구의 포기가 있게 되면 원고가 패소한 것과 동일한 효과가 발생한다. **청구의 인낙**이라 함은 피고가 원고의 청구(소송물)를 그대로 인정하는, 즉 원고의 권리를 그대로 인정하겠다는 법원에 대한 피고의 진술로, 청구의 인낙이 있게 되면 피고가 패소한 것과 동일한 효과가 발생한다. 따라서 **포기조서 또는 인낙조서가 작성되면 원고패소 또는 원고승소의 확정판결과 동일한 효력이 발생한다**(민사소송법 제220조). 청구의 포기와 인낙이 자백과 다른 점은, 자백은 청구(소송물)를 이유 있게 하는 공격방어방법인 사실관계를 시인하는 것인데 비하여, 청구의 포기와 인낙은 청구 그 자체, 즉 원고가 소를 통해서 달성하려고 하는 목적인 권리 자체에 대한 포기 또는 시인이라는 점에서 다르다. 따라서 청구의 포기나 인낙이 있게 되면, 소송절차는 종료되며, 법원은 이와 다른 판결을 할 수 없게 된다.

세 번째, **재판상의 화해**가 있는데, 이는 다시 제소전화해와 소송상화해로 나누어진다. **제소전화해라 함은 당사자가 소를 제기하지 않고 별도로 화해한 후 그 화해사항에 대하여 집행력을 부여받기 위하여 법원에 화해신청을 하는 것**으로, 제소전화해의 경우에 법관 앞에서 양 당사자가 화해사항을 인정하게 되면 제소전화해조서가 작성되며, 이 **제소전화해조서는 확정판결과 동일한 효력**이 있다. **소송상화해라 함은 당사자가 소송진행 중 화해하기로 하여 화해가 이루어지는 것**으로, 이 역시 소송상화해조서가 작성되며, 이는 확정판결과 동일한 효력이 있다(민사소송법 제220조). 화해조서가 작성되면 재판은 종료되며, 화해조항에 대한 강제집행력이 인정되므로 이를 집행권원으로 하여 원고는 강제집행을 할 수 있다.

## 2. 재판의 종류

### (1) 의 의

재판이라 함은 일정한 소송법상의 효과가 발생하는 재판기관의 판단 또는 의사표시를 말한다. 일반적으로 재판이라 하면 종국판결을 의미하는 개념으로 사용되고 있다. **재판에는 판결, 결정, 명령**이 있으며, 이 세 용어를 포함하는 개념이라 할 수 있다.

### (2) 판 결

**판결이라 함은 법원이 변론을 거친 재판에 대하여 내리는 법원의 판단이나 의사표시를 말한다.** 다만 피고가 소장부본을 송달받고서도 답변서를 제출하지 않거나 제출한 답변서에서 원고의 청구를 모두 자백한 경우에는 변론 없이 원고승소판결을 내릴 수 있다(민사소송법 제257조). 판결에는 종국판결과 중간판결이 있다. **종국판결이라 함은 사건이 당해 심급을 떠나는 판결을 말하며, 중간판결이라 함은 사건 전체가 심급을 떠나지 않은 상태에서 당사자 사이에 쟁점이 되어 다툼의 전제사실로 작용하고 있는 중간원인에 대하여 이루어지는 판결을 말한다.** 즉 중간판결이 있게 되면 나중에 다른 종국판결이 있게 되며, 그렇게 되면 중간판결과 나중의 종국판결을 합하여 전체가 하나의 판결이 되어 당해 심급을 떠나게 된다. 즉 중간판결에 대하여는 독립하여 상소할 수 없다.

또한 종국판결은 소송요건의 흠결로 본안사건에 대한 심리 없이 본안에 대한 재판이 거부되는 **소각하판결**과, 본안(소송물인 청구취지)에 대한 심리가 이루어져 원고의 청구가 이유 있을 때 내려지는 **인용판결**, 이유 없을 때 내려지는 **기각판결**이 있다. 1심판결에 대한 불복이 있으면 2심에 항소할 수 있고, 2심판결에 대한 불복이 있으면 3심(대법원)에 상고할 수 있다. **항소와 상고를 합하여 상소**라고 한다.

#### (3) 결 정

**결정이라 함은 법원이 소송절차상 파생되는 사항이나 소송지휘상 필요한 사항 등 비교적 가벼운 사항에 대하여 표시하는 법원의 의사표시**라고 할 수 있다. 따라서 결정은 변론절차를 열지 않고서도 할 수 있으며(임의적 변론), 결정에 대한 불복방법은 이의나 항고 또는 재항고이다. 결정은 판결을 선고하는 것과 달리 상당한 방법으로 고지하면 된다(민사소송법 제221조). 예를 들어 가압류결정, 가처분결정과 같은 보전처분이라든지, 소송진행 중 당사자의 증거신청에 대한 채부결정 등이 이에 해당한다. 판단의 주체가 법원이라는 점에서 판단의 주체가 법관인 명령과 다르다.

#### (4) 명 령

명령이라 함은 수소법원의 재판형식이 아니라 **재판장, 수명법관(합의부원 중 특정의 소송행위를 하도록 명을 받은 법관), 수탁판사(다른 법원의 판사가 특정의 소송행위를 위탁받은 경우) 등 법관이 하는 재판**을 말한다. 명령도 임의적 변론을 취하며, 불복방법은 결정과 같다. 예를 들어 현장검증에 나간 판사가 즉석에서 증인을 채택하여 신문하거나, 감정인에게 감정을 명하는 것 등이 이에 해당한다.

## Ⅶ. 판결의 효력

### 1. 기속력

**기속력이라 함은, 판결이 선고되면 그 판결을 한 법원도 이를 철회하거**

**나 내용을 변경할 수 없게 되는 구속을 받게 되는 효력**을 말한다. 즉 판결이 판결법원을 구속하는 구속력 또는 자박력이라 할 것이다. 다만 판결에 명백한 오류가 있는 경우, 예를 들어 판결에 잘못된 계산이나 기재, 그 밖에 이와 동등한 잘못이 있음이 분명한 경우에는 예외적으로 **판결의 경정**이 허용된다(민사소송법 제211조). 이러한 판결의 경정이 있게 되면 그 경정결정은 원래의 판결시점으로 소급하여 효력이 인정되며, 경정판결과 원판결은 합쳐서 하나의 완성된 판결이 된다.

## 2. 형식적 확정력

**형식적 확정력이라 함은, 판결이 상소기간 등을 도과하여 확정되면 통상적인 불복의 방법**(항소나 상고, 항고나 재항고 등)**으로는 더 이상 불복할 수 없는 효력을 말한다**. 즉 판결이 선고되면 상소기간이 도과되거나, 그 이전에라도 당사자가 상소를 취하하거나 포기하면 그 판결은 확정되게 된다. 따라서 판결이 확정되게 되면, 더 이상 불복할 수 없도록 하여 판결의 법적 안정성을 도모하려고 한다. 이렇게 판결이 형식적으로 확정되면, 그 판결에는 기판력, 집행력, 형성력 등 판결에 부여된 법적 효력이 발생하게 된다. 다만 형식적 확정력은 **재심사유**(민사소송법 제451조는 재심사유를 열한 가지 열거하고 있다), **추완상소**(당사자의 잘못 없이 상소할 수 없는 사유가 있었으나 그 사유가 제거된 때), **정기금판결변경의 소**의 경우에만 예외적으로 다툴 수 있다.

## 3. 기판력

### (1) 의 의

**기판력이라 함은 확정판결이 갖는 강제적 통용력을 말한다**. 즉 판결이 확정되면 그 판결 속의 동일한 당사자는 동일한 소송물에 대하여 다시는 다툴 수 없도록 하여, 동일한 당사자 사이에서 동일한 소송물에 대한 반복적인 소의 제기를 불허하는 효력을 말한다. 또한 **후소법원도 기판력에 복종**하여야 하기 때문에 확정된 판결의 내용과 다른 내용을 인정할 수 없는 구속을 받는다. 이런 기판력의 효력은 **불가쟁성 또는 불가반성**으로 나타나게 된다. 따라서 기존의 확정판결에 반하는 주장을 하면서 동일한 소송을 다시 제기할 경우 후소는 전소판결의 기판력의 존재 때문에 그 적법성이 부정되어 소는 부적법 각하되게 된다. 기판력은 시적 범위, 객관적 범위, 주관적 범위에 대한 효력으로 나누어진다고 하겠다.

(2) 기판력의 시적 범위

**판결이 확정되면, 어느 시점을 기준으로 하여 그 판결의 효력을 확정지을 것인가의 문제가 기판력의 시적 범위에 관한 문제**라고 할 수 있다. 즉 민사소송의 대상이 되는 사법적 법률관계는 시간의 경과에 따라 변동이 있기 때문에, 법원이 재판을 종료함에 있어 일정 시점을 표준으로 하여 양 당사자 사이의 사법적 법률관계를 판단할 수밖에 없고, 그 판결은 그 시점의 권리관계에 대한 판단일 수밖에 없는 시간적 한계가 있다. 이러한 표준이 되는 시점을 기판력의 표준시점이라 하는데, **원칙적으로 사실심변론종결 시를 기준으로 한다**. 왜냐하면 최종사실심(1심법원과 2심법원)은 변론종결 시까지 제출된 소송자료만을 가지고 당사자 사이의 분쟁의 대상이 되고 있는 소송물에 대하여 판단하였기 때문에 그 시점을 표준시점으로 삼은 것이다. 따라서 판결선고 시나 판결확정 시가 아닌 점을 주의하여야 한다. 또한 대법원은 변론절차를 열지 않은 법률심으로 새로운 소송자료가 제출되지 않기 때문에 2심법원에 제출된 소송자료만을 가지고 서면주의에 의한 재판을 하기 때문에 **판결의 기판력은 사실심변론 시를 기준**으로 할 수밖에 없는 것이다.

따라서 판결의 기판력은 원칙적으로 사실심변론종결시점을 기준으로 하기 때문에 그 이전이나 그 이후의 법률관계에 대하여는 판결의 효력이 미치지 않는다. 그 결과 원본채권청구소송에서 원고가 패소하였더라도 기판력 표준시점 이전에는 원본채권이 존재하였을 수도 있기 때문에 그 사실을 주장하며 새롭게 이자를 청구하는 것은 가능하며, 패소한 피고도 사실심변론종결 후에 그 판결서상의 채무를 변제하였다면 판결서상의 채무의 소멸을 주장할 수 있다. 이 경우 원고가 변제를 받고서도 판결문에 근거하여 강제집행을 해오면, 피고는 청구이의의 소를 제기하여 사실심변론종결 후에 채무를 변제하였음을 주장하여 승소함으로써, 전소 판결을 무력화시킬 수 있다.

또한 기판력의 표준시점이 확정되면, 다른 후소에서 전소의 변론종결 시까지 제출하지 아니한 공격방어방법(사실과 증거)은 더 이상 주장할 수 없는 효력, 즉 실권효(차단효)가 생긴다. 이러한 실권효는 당사자가 그 공격방어방법의 존재를 알았는지 몰랐는지, 알지 못한 데 대하여 과실이 있는지 여부를 불문하고 후소에서의 제출이 금지된다. 다만 실권효의 제재가 따르는 것은 공격방어방법에 국한되기 때문에, 전소와 다른 소송물은 실권되지 않는다. 예를 들어 전소에서 피고가 변제하였다고 주장하면서도 영수증을 증거로 제출하지 못하여 패소하였다면 나중에 채무부존재확인소송을 제기하면서 변제하였다는 영수증을 증거로 제출할 수 없는 것이 실권효의 대표적인 경우라고 할 것이다.

### (3) 기판력의 객관적 범위(물적 범위)

**기판력은 판결주문에만 미치는 것이 원칙**이다. 즉 원고가 소송을 통해 소송물로 주장한 청구에 대하여만 기판력이 미치는 것을 기판력의 객관적 효력이라고 한다(민사소송법 제216조 제1항). 따라서 판결주문이 아닌 판결이유에서 판단된 사항, 예를 들어 이유에서 판단한 사실인정, 항변에 대한 판단, 법률의 해석·적용에 관하여는 기판력이 미치지 않는다. 따라서 후소를 제기하면서 전소의 판결 이유에서 판단된 사항과 반대되는 사항을 주장하는 것은 허용된다. 예를 들어 전소에서 건물명도청구권을 소송물로 주장하면서 그 이유로 자신이 소유권자임을 주장한 경우, 소유권자임이 인정되지 않아 건물명도청구소송에서 패소하였다면, 기판력이 미치는 것은 건물명도청구권만이기 때문에, 후소를 제기하면서 그 건물이 자신의 소유임을 주장하며 소유권존재확인의 소를 제기하는 것이 허용된다는 것이다. 즉 소유권의 존재 여부는 전소의 판결이유였지 판결주문이 아니기 때문에 기판력이 미치지 않았으므로 후소를 제기하는데 지장이 없다는 것이다. 이처럼 판결이유에서 판단될 사항에 기판력이 미치지 않아, 후소의 제기가 예상되는 경우 이를 차단하기 위해서는 **전소절차를 이용하여 중간확인의 소를 제기하면 된다**. 즉 본소인 건물명도청구소송에 중간확인의 소(민사소송법 제264조)로 건물에 대한 소유권존재확인의 소를 제기하면, 판결주문이 두 개가 나오기 때문에 모두 기판력이 미치게 되고, 후소에서 이와 다른 소를 제기할 수 없게 할 수 있는 것이다. 다만 소유권부존재를 이유로 소유권이전등기말소를 구하는 것과 진정명의회복을 위한 이전등기청구권은 소송의 명칭은 달라도 동일소송으로 기판력이 미친다는 것이 판례[7]의 취지이다. 모두 자신 명의로 소유권이전등기가 되어 있던 소유권자(물권자)가 물권적 청구권을 행사한다는 점에서 그 원인이 같기 때문이다.

(4) 기판력의 주관적 범위(인적 범위)

**기판력은 소송의 당사자, 즉 원고와 피고 사이에만 미치는 것이 원칙**이다. 이를 기판력의 상대성이라고 한다(민사소송법 제218조). 왜냐하면 동일한 소송물을 놓고 당사자인 원고와 피고가 서로의 권리를 주장하며 소송을 한 것이기 때문에 그들 사이에만 미치는 것이 정상적이고, 만일 소송에 참가하지 않는 타인에게 그 소송의 결과를 미치게 하면 그 타인은 불측의 손해를 입게 될 염려가 있기 때문이다. 그러나 **일정한 경우에는 타인도 그 소송과 일정한 관계가 있어 당사자와 동일시할 정당한 이유가 있는 경우에는 그 타인에게까지 기판력을 확장하는 것은 어찌할 수 없다**고 하겠다. 왜냐하면 그러한 타인에 대하여 기판력을 부정하게 되면 당사자가 권리를 타인에게 처분하는 등의 방법으로 판결의 효력을 무력화시킬 수 있기 때문이다. 특히 **제3자적격소송에서 갈음형의 경우**에는 소송을 수행하지 않은 실체적 권리자에게도 기판력은 언제나 미치며, **병행형의 경우**에는 소송을 수행하지 않은 실체적 권리자가 그 소송이 진행 중인 사실을 안 경우에만 기판력이 미치는 제한적 기판력설을 우리 판례가 취하고 있음은 이미 살펴보았다.[8] 즉 병행형의 경우인 채권자대위소송에서 채권자가 제3채무자를 상대로 채권자대위소송을 제기한 사실을 채무자가 알고서도 소송참가 등을 하지 않았다면 채권자와 제3채무자 사이에서 성립한 판결의 기판력은 타인인 채무자에게도 당연히 미친다고 하겠다.

한편 변론종결 후에 ① 소송의 목적물을 승계한 자, ② 당사자를 위하여 목적물을 승계한 자, ③ 당사자를 위하여 목적물을 소지하고 있는 자에 대하여는 기판력의 주관적 범위가 확대된다. 왜냐하면 판결을 무력화시켜서는 안 되기 때문이다. ①의 경우 예를 들면 대여금청구소송에서 원고가 승소하여 그 채권을 타인에게 양도하면 그 양수인은 승소판결이 이루어진 채

---

7) 대법원 2001. 9. 20. 99다37894 전원합의체 판결.
8) 대법원 1975. 5. 13. 74다 1664 전원합의체 판결.

권을 양도받은 것이므로 그 기판력을 주장(별도로 소송을 제기할 필요 없이 승계집행문을 부여받아 강제집행하면 됨)하여 채무자에게 강제집행을 할 수 있고, ②의 경우 예를 들면 건물명도청구소송에서 패소한 피고가 사망하여 그의 상속인이 그 건물을 상속받아 점유하고 있다면 원고는 그 상속인을 상대로 전소의 기판력을 주장하여 강제집행할 수 있고, ③의 경우 예를 들면 패소한 피고가 그 물건을 창고업자에게 보관시켜 놓았다면 승소한 원고가 그 창고업자에 대하여 기판력을 주장하며 그 보관 중인 물건의 인도를 구할 수 있게 된다.

다만 주의할 점은 **기판력의 주관적 범위가 확대되는 것은 변론종결 후의 승계인인 경우에 한하기 때문에 소송진행 중 승계가 이루어지 않도록 가처분과 같은 보전처분절차를 미리 밟아두지 않으면 판결을 받더라도 변론종결 전의 승계인에 대하여는 그 판결의 효력을 주장할 수 없게 된다**는 점이다. 한편 이러한 경우를 예상하여 민사소송법은 소송진행 중 승계를 받은 자에 대하여는 변론종결 후에 승계를 받은 것으로 추정하는 규정을 두고 있는데, 이는 추정에 불과하여 반증이 제시되면 무너질 수 있기 때문에 가처분 같은 보전처분을 받아두는 것이 확실하다고 하겠다.

한편 가사소송, 회사관계소송, 행정소송 등의 경우에는 변론주의가 아니라 직권탐지주의가 적용되는 경우가 많기 때문에 그 경우에는 판결의 기판력이 당사자뿐만 아니라 제3자에게 확장되는 대세효가 있다. 예를 들어 부부에 대한 이혼판결이 있게 되면 당사자인 부부뿐만 아니라 타인에게도 그 부부는 더 이상 법률상의 부부가 아닌 것으로 인정되는 효과가 발생하게 된다.

## 4. 집행력

**집행력이라 함은 이행의 소에서 패소한 피고가 임의이행을 하지 않을 경우, 원고가 그 승소판결을 집행권원으로 하여 국가공권력을 통해 강제적으로 권리를 실현할 수 있는 강제력을 말한다**. 집행력은 원칙적으로 판결이 확정되어야만 생기는 것이나, 패소한 피고가 강제집행을 회피하기 위하여 무익한 상소를 남용하여 강제집행을 지연시키는 것을 방지하기 위하여 판결이 확정되기 전에도 임시로 강제집행을 할 수 있도록 특별한 사유가 없는 한 **1심판결에 대하여 가집행선고를 하도록 하고 있고**(민사소송법 제213조), 1심에서 승소한 원고는 아직 확정되지 않은 1심판결의 가집행선고에 근거하여 강제집행을 할 수 있다. 경우에 따라서는 2심이나 대법원에서 원심판결이 변경될 수도 있기 때문에 경우에 따라서는 가집행을 선고하는 법원은 가집행의 취소나 원심판결 번복에 따른 원상회복을 담보하기 위하여 일정한 담보를 제공하는 것을 조건으로 가집행선고를 할 수도 있지만, 대부분 그러한 담보의 제공 없이 강제집행을 하도록 하는 무담보부가집행선고를 하고 있는 것이 일반적이다.

### 5. 형성력

형성력이라 함은 형성의 소에 대한 형성판결에 인정되는 효력을 말한다. 즉 **판결에 의해 당사자 사이의 권리 또는 법률관계가 발생·변경·소멸하는 효력이 형성력**이다. 예를 들어 부부에 대한 이혼판결이 있게 되면 부부 사이의 법률혼관계가 소멸하고, 공유물분할판결이 있게 되면 그 판결대로 공유물이 분할되는 효력이 발생하게 된다. 형성판결은 앞에서 살펴본 바와 같이 그 형성력으로 인하여 당사자 사이에서만 권리 또는 법률관계가 발생·변경·소멸하는 것이 아니라 다른 제3자에 대하여도 그 효력이 인정되는 대세효가 있다.

## Ⅷ. 상소심 절차

### 1. 의 의

**상소라 함은 재판이 확정되기 전에 당사자가 원심판결에 불복하여 상급법원에 그 취소 또는 변경을 구하는 소송절차**를 말한다. 상소는 재판의 결과가 아직 확정되기 전에 불복하는 점에서 판결이 확정된 후에 제기하는 특별한 불복방법인 재심과 다르다. 종국판결에 대하여 상소가 제기되면 그 판결은 확정이 차단되며, 소송이 상급심으로 이심되어 상소심절차가 진행된다. 상소심절차에는 특별히 규정을 두고 있는 사항 이외에는 제1심절차가 준용된다. 상소에는 항소, 상고, 항고, 재항고 등이 있다.

## 2. 항 소

**항소라 함은 제1심의 종국판결에 대한 불복신청을 말한다**. 제1심판결에 불복하고자 하는 당사자는 제1심판결서를 송달받은 날로부터 2주 내에 상급법원에 항소를 제기하여야 한다. 사물관할에서 항소심법원이 2원화되어 있음은 이미 살펴보았다. 위 항소기간이 도과하면 제1심판결은 확정된다. 항소는 항소장을 제1심판결법원에 제출하는 방법으로 한다(민사소송법 제397조). 그러면 제1심법원은 항소장이 적식의 방법을 갖추었는지, 인지 등이 첩부되어 있는지 등을 검토하여 이상이 없으면, 항소장과 함께 제1심소송기록을 항소심법원으로 이송한다.

**항소심의 심판범위는 항소인이 제1심판결 패소한 부분 중에서 불복한 사항에 한정된다**. 따라서 항소심 재판결과 그 한도를 넘어 항소인에게 유리한 결과가 나오더라도 항소법원은 항소인이 항소한 범위를 넘어서 유리하게 또는 불리하게 재판할 수 없는 **불이익변경금지의 원칙의 지배**를 받게 된다(민사소송법 제415조)

예를 들어 제1심에서 1,000만원을 패소한 피고가 500만원을 초과한 부분에 불복하여 항소한 경우에 항소심법원이 심리한 결과 피고가 300만원만 지급하면 된다고 판단하였더라도, 피고가 500만원을 초과한 부분에 대하여만 항소하였으므로, 즉 500만원까지는 지급하겠다고 하였으므로 지급액을 300만원으로 판결할 것이 아니라 500만원으로 판결하여야 한다는 것이다. 또한 원고가 항소하지 않았을 경우 항소심 재판결과 제1심판결보다 더 많이 받을 권리가 인정되었다고 하더라도 항소하지 않은 원고에게 더 유리한 항소심판결을 할 수 없으므로 항소법원은 원심판결대로만 판결하여야 한다.

## 3. 상 고

**상고라 함은 항소심의 종국판결에 대한 불복신청을 말한다**. 모든 재판의 상고심은 대법원으로 통일되어 있다. 이는 대법원이 오판을 시정해야 한다는 의미도 있지만, 법률심으로 법률 해석·적용의 통일을 기할 목적 때문이기도 하다. 법률심이라 함은 사실에 대한 확정은 사실심의 전권사항이기 때문에 사실심에서 확정한 사실에 대하여 법률 적용 및 해석이 정확하게 되었는지에 대하여만 심리하여야 한다는 것을 말한다. 그러나 이로 인하여 대법원에 상고사건이 폭주하여 대법관의 업무과중 및 이로 인한 심리의 신속성 및 정확성에 많은 문제가 발생하고 있기 때문에 대법원에의 상고를 합리적으로 제한하기 위하여 상고심절차에 관한 특례법이 제정되어 있다. 이에 따라 동법 제4조는 상고사건 중 법이 정한 사유가 포함되어 있지 않은 상고사건에 대하여는 심리함이 없이 판결로 상고를 기각할 수 있도록 하는 **심리불속행제도**에 대하여 규정하고 있다.

상고기간도 항소기간처럼 항소심판결서를 송달받은 날로부터 2주간이다. 상고심판결은 파기환송되는 것이 아닌 한 판결과 동시에 확정된다.

### 4. 항고와 재항고

**항고라 함은 판결 이외의 재판인 결정 또는 명령에 대한 불복신청을 말한다**. 항고는 법률이 특별히 인정하고 있는 때에 한하여 허용되며, 이에는 통상항고와 즉시항고가 있다. **통상항고라 함은 항고기간의 정함이 없이 항고의 이익이 있는 한 시간에 관계없이 언제나 제기할 수 있는 불복방법**으로, 통상항고의 경우에는 항고를 하였더라도 절차를 정지하는 효력이 없다. 반면에 **즉시항고는 항고기간이 1주간으로 제한되어 있고, 즉시항고를 하게 되면 해당 결정이나 명령에 집행정지의 효력이 생긴다**. 즉시항고는 명문으로 즉시항고할 수 있음을 규정하고 있는 경우에만 예외적으로 인정된다.

재항고라 함은 항고법원이 항고된 사항에 대하여 다시 결정한 것과 고등법원이나 지방법원항소부에서 한 결정과 명령에 대하여 불복하고자 할 경우에 대법원에 하는 불복절차를 말한다.

## Ⅸ. 재 심

### 1. 재 심

**재심이라 함은 형식적으로 확정된 종국판결에 대하여 통상의 불복방법**

**으로 다툴 수 없게 된 후 일정한 법정사유가 있는 경우 비상한 방법으로 불복할 수 있는 제도**를 말한다. 재심의 소는 당사자가 판결이 확정된 뒤 재심의 사유를 안 날부터 30일 이내에 제기하여야 하며, 이 기간은 불변기간이다. 또 판결이 확정된 뒤 5년이 지난 때에는 재심의 소를 제기하지 못한다.

## 2. 재심사유

당사자가 확정된 종국판결에 대하여 상소에 의하여 그 사유를 주장하였거나 이를 알고도 주장하지 아니한 경우가 아닌 경우에, ① 종국판결이 법률에 따라 판결법원을 구성하지 아니한 경우, ② 법률상 그 재판에 관여할 수 없는 법관이 관여한 경우, ③ 법정대리권·소송대리권 또는 대리인이 소송행위를 하는 데에 필요한 권한의 수여에 흠이 있는 경우(다만 추인한 경우는 제외), ④ 재판에 관여한 법관이 그 사건에 관하여 직무에 관한 죄를 범한 경우, ⑤ 형사상 처벌을 받을 다른 사람의 행위로 말미암아 자백을 하였거나 판결에 영향을 미칠 공격 또는 방어방법의 제출에 방해를 받은 경우, ⑥ 판결의 증거가 된 문서, 그 밖의 물건이 위조되거나 변조된 것인 경우, ⑦ 증인·감정인·통역인의 거짓 진술 또는 당사자신문에 따른 당사자나 법정대리인의 거짓 진술이 판결의 증거가 된 경우, ⑧ 판결의 기초가 된 민사나 형사의 판결, 그 밖의 재판 또는 행정처분이 다른 재판이나 행정처분에 따라 바뀐 경우, ⑨ 판결에 영향을 미칠 중요한 사항에 관하여 판단을 누락한 경우, ⑩ 재심을 제기할 판결이 전에 선고한 확정판결에 어긋나는 경우, ⑪ 당사자가 상대방의 주소 또는 거소를 알고 있었음에도 있는 곳을 잘 모른다고 하거나 주소나 거소를 거짓으로 하여 소를 제기한 경우 등의 사유가 있으면 재심을 청구할 수 있다. 다만 위 사유 중 ④ 내지 ⑦의 사유의 경우에는 처벌받을 행위에 대하여 유죄의 판결이나 과태료부과의 재판이 확정된 때 또는 증거부족 외의 이유로 유죄의 확정판결이나 과태료부과의 확정재판을 할 수 없을 때에만 재심의 소를 제기할 수 있다. 한편 **항소심에서 사건에 대하여 본안판결을 하였을 때에는 제1심 판결에 대하여 재심의 소를 제기하지 못한다**(민사소송법 제451조).

또한 **판결의 기본이 되는 재판에 민사소송법 제451조에 정한 사유가 있을 때에는 그 재판에 대하여 독립된 불복방법이 있는 경우라도 그 사유를**

**재심의 이유로 삼을 수 있다**(민사소송법 제542조). 왜냐하면 재심대상판결의 기판력 때문에 그 재판의 선결적 법률관계에 있는 재심대상판결의 효력을 그 재판의 법관이 구속을 받기 때문에 그 구속으로부터 벗어나도록 하기 위하여 기본재판(선결적 법률관계에 있는 판결의 기판력)을 재심으로 파기하여 기판력을 배제하여야 하기 때문이다.

## 3. 관할법원

**재심은 재심을 제기할 판결을 한 법원이 전속관할**하며(민사소송법 제453조 1항), 심급을 달리하는 법원이 같은 사건에 대하여 내린 판결에 대한 재심의 소는 상급법원이 관할한다. 다만 항소심판결과 상고심판결에 각각 독립된 재심사유가 있는 때에는 그러하지 아니하다(동조 제2항).

재심소송절차는 각 심급의 소송절차에 따라 진행하면 된다(민사소송법 제455조).

## 4. 재심사유에 대한 중간판결

재심의 소가 제기되면 법원은 재심의 소가 적법한지 여부와 재심사유가 있는지 여부에 관한 심리 및 재판을 본안에 관한 심리 및 재판과 분리하여 먼저 시행할 수 있는데, 이 경우 **재심사유가 있다고 인정될 경우에는 재심사유에 대한 쟁점을 결론짓기 위하여 중간판결로 재심청구가 이유 있다고 미리 판결**할 수 있고, 그 후 본안에 대하여 심리 및 재판을 하게 된다(민사소송법 제454조).

## 5. 재심판결

**재심의 소가 이유 있다고 인정되면 재심을 받아들여 원래의 판결을 변경**하고, 이유 없다고 인정되면 재심을 배척하여 원래의 판결을 유지한다. 재심청구이유의 범위 안에서 재심대상판결의 본안에 대하여 변론하고 재판하여야 한다(민사소송법 제459조).

한편 재심사유가 인정되더라도 재심대상판결이 정당하다고 인정되는 경우(즉 재심사유가 있지만 그 판결 자체로 보면 정당하게 된 경우)에는 재심청구를 기각한다(민사소송법 제460조).

### 6. 준재심

화해조서, 청구포기조서, 인낙조서 또는 즉시항고로 불복할 수 있는 결정이나 명령이 확정된 경우에 제451조 제1항에 규정된 재심사유가 있는 때에는 확정판결에 대한 제451조 내지 제460조의 규정에 준하여 재심을 제기할 수 있다(민사소송법 제461조).

## X. 강제집행

### 1. 의 의

**강제집행이라 함은 채무자가 판결내용에 따른 임의이행을 하지 않는 경우 채권자가 국가기관의 강제력을 동원하여 자기 채권의 만족을 구하는 것**을 말한다. 강제집행을 하기 위해서는 집행권원이 필요하다. 집행권원이라 함은 강제집행의 근거가 되는 집행력이 있음을 공적으로 증명한 것을 말한다. 이에는 확정판결, 가집행선고가 붙은 미확정판결, 제소전화해조서, 소송상화해조서, 인낙조서, 조정조서, 확정된 지급명령, 공정증서 등이 있다.

강제집행을 하고자 하는 채권자는 소송기록을 보관하고 있는 제1심법원(예외적으로 소송기록이 상급법원에 있는 경우에는 그 법원)에 강제집행을 할 것을 허락한 집행문을 부여신청하여, 집행문을 부여받으면 이를 근거로 강제집행을 신청하게 된다(민사소송법 제29조).

### 2. 방법과 절차

강제집행방법은 강제집행의 대상에 따라 다르다. 우선 **부동산의 경우**에는 채권자가 집행권원에 근거하여 집행법원에 압류신청을 하면, 집행법원이 압류와 동시에 강제집행개시결정을 하게 되며, 집행법원이 그 부동산을 매각(경매)하여 매수인으로부터 납부된 매각대금으로부터 채권자가 배당을 받음으로써 강제집행이 종료하게 된다.

**동산의 경우**에는 채권자가 집행권에 근거하여 집행관에게 압류신청을 하면, 집행관이 동산을 직접 압류한 후 강제집행개시결정을 하게 되며, 집행관이 그 동산을 매각하여 매수인으로부터 납부된 매각대금으로부터 채권자가 배당을 받음으로써 강제집행이 종료되게 된다.

**제3채무자에 대한 채권인 경우**에는 채권자가 채무자에 대한 집행권원에 근거하여 집행법원에 피보전채권에 대한 압류 및 추심명령 또는 전부명령을 신청하면, **집행법원이 채무자의 제3채무자에 대한 피보전채권에 대한 압류 및 추심명령 또는 전부명령을 발하는 방법**으로 한다. **추심명령의 경우**에는, 채권자는 제3채무자로부터 채무자의 채권을 추심하여 이를 법원에 신고한 후 배당절차에 따라 배당을 받게 되며(이때는 다른 채권자도 배당참가하여 배당을 받아가게 된다), **전부명령의 경우**에는, 채권자는 채무자의 제3채무자에 대한 피보전채권을 일종의 채권양도받은 것과 같은 방법으로 채권을 회수한 것으로 된다(즉 원래의 채권 대신 제3채무자에 대한 채무자의 피보전채권으로 대물변제를 받는 셈이 된다).

문제는 이때 제3채무자가 채무를 임의변제하지 않으면, 제3채무자에 대한 집행권원은 아직 없기 때문에 할 수 없이 채권자는 제3채무자를 상대로 **추심금청구의 소 또는 전부금청구의 소를 제기**하여 승소하여 다시 제3채무자의 재산에 대한 강제집행절차를 밟아야 한다. 판결주문이 **특정물의 인도명령의 경우**에는 집행관에게 강제집행신청을 하여, 집행관이 채무자로부터 그 특정물을 명도받아 이를 채권자에게 이전하는 방식으로 강제집행을 하며, **의사를 명하는 판결인 경우**에는 채권자가 그 판결을 직접 채무자에게 송부하거나, 단독등기신청하는 방법으로 강제집행을 실시한다.

## 제 2 절 특별민사소송절차(간이소송절차)

### Ⅰ. 소액심판제도

#### 1. 의 의

소액사건이라 함은 소송물의 가액이 3,000만원 이하인 사건(소액사건심판규칙 제1조의 2)

을 말하는데, 금액이 소액이기 때문에 간이한 절차에 의한 재판이 가능하도록 소액사건심판법이 제정되어 적용되고 있다. 즉 소액사건의 분쟁을 손쉽게 해결할 수 있도록 하기 위한 여러 가지 방안이 강구되고 있는 것이다. 소액사건심판법은 민사소송법(제87조)상의 변호사대리의 원칙과 달리 **비변호사대리가 가능**하도록 하고 있고, 소장제출도 **구술제소가 가능**하도록 하고 있으며, 증거조사를 간이하게 할 수 있도록 하고 있고, **첫 변론기일에 선고**할 수 있도록 하고 있고, **판결서에도 판결이유를 기재하지 않도록** 하는 등 여러 가지 간이한 절차를 규정하고 있다.

## 2. 소액심판의 대상

### (1) 소송물 가액이 3,000만원 이하의 금전 기타 대체물 또는 유가증권

소액사건심판법의 적용대상이 되는 사건은 소송물의 객관적 가치가 3,000만원 이하의 사건이어야 한다. 즉 3,000만원 이하의 금전, 기타 대체물, 유가증권의 일정수량의 지급을 구하는 사건이어야 한다. 따라서 **부동산과 같은 대체성이 없는 특정물인 경우에는 소가가 3,000만원 이하이더라도 소액사건심판의 대상이 되지 않는다**.

소가가 3,000만원 이하이면 되기 때문에 채권의 발생원인은 묻지 아니한다. 즉 매매대금채권이든, 대여금채권이든, 불법행위로 인한 손해배상채권이든 소가가 3,000만원 이하이면 되는 것이다.

### (2) 분할청구 금지

채권자가 일부러 소액사건심판법의 적용을 받아 간이하게 채권을 회수하기 위한 편법으로 채권을 분할하는 것을 금지하고 있다. 즉 1억 5천만원의 채권을 3,000만원의 채권 다섯 개로 나누어 청구하는 것을 금지하고 있는 것이다. 따라서 이렇게 청구권을 분할한 것으로 인정될 경우에는 소를 각하하도록 하고 있다(동법 제5조의2 제1항). 이는 채권자의 권리남용에 해당될 뿐만 아니라, 여러 차례 응소해야 하는 채무자의 부담, 여러 번 재판을 해야 하는 법원의 업무 가중 등의 문제 등 소송경제에 반하기 때문이다.

## 3. 소액심판절차

### (1) 제소방법

원고가 소액사건을 신청하는 방법에는 세 가지가 있다. 즉 통상의 민사소송절차에 의한 소장제출방식, 구술제소방식, 임의출석방식 중 하나를 선택하여 제소할 수 있다(동법 제4조, 제5조).

**소장제출의 경우**에도 소액사건 신청인의 편의를 위해 법원에는 여러 종류의 소장 양식을 비치하여 놓고, 법원 직원의 도움을 받아 당사자가 소장을 작성하여 제출할 수 있도록 하고 있다. **구술제소**라 함은, 신청인이 법원에 출석하여 법원사무관 등에게 어떠한 내용의 소를 제기하고자 하는 것인지를 구술하고 법원서기관 등이 이를 조서로 작성하게 되면 이 제소조서가 소장으로 의제된다(동법 제4조). **임의출석**이라 함은, 양 당사자가 임의로 법원에 출석하여 소송에 관하여 변론하여 이를 심판하는 것을 말한다(동법 제5조). 즉 제소전 화해처럼 양 당사자가 임의로 법원에 함께 출석하여 분쟁을 신속하게 해결할 수 있도록 한 것이다.

소액사건의 경우에도 신청인은 소장에 준하여 **인지를 첩부**하여야 하며, 소송비용의 선납으로 **송달료를 납부**하여야 한다.

### (2) 비변호사 소송대리 허용

소가가 소액이기 때문에 재판비용을 경감시킬 수 있도록 변호사 아닌 자에 대하여 일정한 경우 소송대리권을 인정하고 있다. 즉 통상적인 소송의 경우는 변호사대리가 원칙이고, 예외적으로 소액사건이 아닌 단독사건의 경우에 당사자와 친족, 고용 기타의 관계에 있는 변호사 아닌 자에 대하여 법원이 허락하면 비변호사를 소송대리인으로 선임할 수 있도록 하고 있는 것(민사소송법 제88조)과 달리, **당사자의 배우자, 직계혈족, 형제자매의 관계에 있는 자는 법원의 허락을 얻지 않고서도 소송대리인이 될 수 있도록 허용**하고 있다(소액사건심판법 제8조). 따라서 법원은 비변호사인 자가 자신과 위의 특별관계가 있는 자임을 증명하는 서류를 첨부하여 소송대리위임장을 법원에 제출하면 된다.

### (3) 판결대체(결정에 의한 이행권고)

법원은 소액사건이 제기된 경우, 소장의 내용을 검토한 후 합리적인 이유가 있으면 소장부본이나 구술제소의 경우 제소조서등본을 첨부하여 **피고에게 원고 청구취지대로 이행할 것을 권하는 이행권고결정**을 할 수 있다(동법 제5조의3 제1항). 이행권고결정을 받은 채무자는 이의하고자 할 경우에는 결정문을 받은 후 2주 이내에 이의신청을 할 수 있고, 이의가 있게 되면 소송절차를 진행하게 되고, 만일 이의하지 아니 하면 그 이행권고결정은 그대로 확정되어 확정판결과 동일한 효력이 인정된다.

### (4) 간이재판절차

간이권고결정이 이루어지지 않거나 이의가 제기된 경우에는, 법원은 통상의 소송절차처럼 소장부본을 피고에게 송달하며, 변론기일을 지정하여 출석할 것을 통지하여야 한다. 다만 통상의 민사소송과 달리 절차의 주도권을 당사자가 아닌 법원이 갖도록 하여 신속한 분쟁해결을 도모하고 있다. 따라서 법원은 직권으로 증거조사를 할 수 있으며, 증인신문도 통상의 소송절차와 달리 법관이 직접 주신문을 하며, 언제라도 당사자본인신문을 통해 증거를 채집할 수도 있다. 소액사건이 변호사의 조력 없이 이루어지는 경우가 많아 당사자가 소송절차를 잘 알지 못하기 때문에 **법원이 후견적 기능을 수행**하는 것이다.

또한 신속한 절차진행을 위해 소액사건에 대하여는 제소 후 지체없이 변론기일을 정하도록 하고 있고, 가능한 한 1회 변론으로 심리를 종결하도록 하고 있다(동법 제7조). 담당판사는 피고에게 소장부본을 송달할 때 답변서의 제출을 명하여야 하며, 변론기일 전이라도 당사자에게 증거신청을 하도록 명령할 수 있다.

통상의 소송절차는 변론을 종결하고 보통 2주 정도 후에 선고기일을 별도로 운영하고 있으나, 소액사건의 경우에는 변론종결과 동시에 판결을 즉시 선고할 수 있도록 하고 있다(동법 제11조의2). 또한 **소액사건에 대하여는 상고를 제한**하여, 대법원에 상고 또는 재항고하고자 할 경우에는 ① 법률·명령·규칙 또는 처분이 헌법에 위반되는 경우, ② 명령·규칙 또는 처분이 법률에 위반되는 경우, ③ 대법원의 종전 판례에 상반되는 경우에만 가능하도록 하여, 통상의 소송절차에서 인정되고 있는 일반적 법률위반을 상고이유로 한 상고를 허용하지 않고 있다. 즉 소액사건의 경우 상고와 재항고를 제한하여 사실상 2심제를 취하고 있는 셈이라 할 수 있다.

## Ⅱ. 독촉절차(지급명령)

### 1. 독촉절차의 의의

**독촉절차라 함은 채권자가 금전 기타 대체물 또는 유가증권의 일정수량의 지급을 구하는 경우에 법원이 변론절차를 열지 않고(채무자를 심문하지 않고) 채권자의 신청에 따라 채무자에게 그 지급을 명령하는 간이절차**를 말한다. 정식소송과 달리 독촉절차에 의하면 변론절차를 열지 않기 때문에 채권자와 채무자가 법정에 출석하지 않아도 되고, 인지 등의 소송비용이 통상의 소송절차에 비해 저렴하기 때문에 비용이 절감되며, 채무자로서도 채권자의 청구가 명백한 경우 구태여 법정에 출석하여 다투고자 하지 아니하고자 할 것이므로 실무상 많이 이용되고 있다. 독촉절차에서는 소액사건과 달리 소가의 제한이 없다.

최근 대법원은 전자시스템에 의한 독촉절차에 관한 법률을 제정하여, 카드회사나 할부판매회사 등과 같이 불특정 다수의 채무자와 채권관계를 맺고 있는 채권자들이 전자시스템에 의한 간이소송절차를 통해 독촉절차를 밟을 수 있도록 하고 있다.

### 2. 지급명령의 신청

#### (1) 요 건

지급명령을 신청하기 위해서는 ① 금전 기타 대체물이나 유가증권의 일정수량의 지급을 목적으로 하여야 하며, ② 대한민국에서 공시공달에 의하지 아니하고 송달할 수 있어야 한다(민사소송법 제462조).

지급명령을 통해 청구하는 청구금액이나 수량에 제한이 없으며 청구권의 발생원인도 불문한다. 다만 **즉시집행을 할 수 있는 채권**이어야 하기 때문에 조건부나 기한부 청구권의 경우에는 아직 조건이 성취되지 않았거나 기한이 도래하지 않았기 때문에 지급명령을 신청할 수 없다. 왜냐하면 아직 조건의 미성취, 기한의 미도래채권에 대한 집행권원을 인정해서는 안 되기 때문이다.

또한 지급명령을 외국에 송달하거나 국내라도 채무자를 알 수 없거나 알더라도 주소를 알지 못하여 직접송달이 불가능하여 공시송달에 의하여 송달할 수밖에 없는 경우에는 간이절차를 이용할 실익이 없기 때문에 독촉절차에 의한 지급명령제도를 인정하지 않고 있다. 따라서 채무자가 외국에 거주하거나 국내에 거주하더라도 주소나 거소를 알 수 없는 경우에는 지급명령이 인정되지 않는다.

### (2) 관할법원

지급명령의 사물관할은 금액의 다과에 상관없이 언제나 지방법원이나 지원의 단독판사가 관할한다. 다만 **현재는 사법보좌관이 독촉절차와 공시송달절차를 담당하고 있다**(사법보좌관규칙 제2조 제1항 제2호). 토지관할은 채무자의 보통재판적 소재지(주소지 또는 거소지)의 지방법원 또는 근무지 혹은 사무소나 영업소의 소재지의 지방법원 등이 관할한다(민사소송법 제463조).

### (3) 신청절차

당사자는 지급명령을 소장에 준하여 서면으로 신청하여야 한다(민사소송법 제464조). 지급명령신청서에는 청구취지와 청구원인을 적어야 하며 인지를 첨부하여야 하고, 송달료를 납부하여야 한다. 지급명령절차는 변론을 열지 않기 때문에 소장에 붙이는 인지액의 **10분의 1에 해당하는 인지를 첨부**하도록 하고 있다. 단 채무자가 지급명령에 이의를 하여 소송절차로 바뀐 경우에는 나머지 인지를 추가로 첨부하여야 한다. 지급명령은 채무자를 심문하지 않기 때문에 소장부본을 첨부할 필요는 없다. 다만 법원에서는 소장을 복사하여 이를 지급명령서에 첨부하는 형태를 취함으로써, 채무자가 어떤 채권에 대한 지급명령인지를 알 수 있도록 하고 있다.

## 3. 법원의 지급명령

### (1) 신청의 각하

법원(사법보좌관)은 지급명령의 신청이 있더라도, 관할위반의 신청이거나, 신청취지 자체로 보아 이유가 없음이 명백한 경우에는 지급명령신청을 각하하게 된다. 채권자는 이 각하결정에 대하여 불복할 수 없다(민사소송법 제465조).

### (2) 지급명령

법원(사법보좌관)은 위와 같이 각하되는 경우 이외에는 지급명령을 발하여 당사자 쌍방에게 직권으로 송달한다(민사소송법 제469조 제1항). 이 지급명령서에는 당사자, 법정대리인, 청구취지와 청구원인을 기재하며, 지급명령이 송달된 후 2주일 내에 채무자가 이의신청을 할 수 있음을 부기한다(민사소송법 제468조).

## 4. 채무자의 이의신청

### (1) 이의절차

지급명령을 받은 채무자는 지급명령의 내용에 승복할 경우에는 이의하지 않게 될 것이고, 이 경우에는 그 지급명령은 확정되게 된다. 그러나 **지급명령을 승복할 수 없는 채무자는 지급명령을 송달받은 날로부터 2주 이내에 지급명령을 발령한 법원(사법보좌관)에 대하여 이의신청**을 할 수 있다. 이의신청은 서면 또는 구술로 할 수 있으며, 지급명령의 일부에 대한 이의도 할 수 있다. 채무자는 이의신청을 함에 있어 구태여 이의하는 이유를 밝힐 필요가 없기 때문에 단순히 지급명령에 대하여 이의한다고만 하면 된다. 그 이유는 나중에 소송절차로 전이된 후에 하면 된다.

기한 내에 적법한 이의가 없는 경우는 지급명령이 확정되므로(민사소송법 제474조) 채무자가 지급명령대로 임의이행하지 않으면 이를 집행권원으로 하여 강제집행할 수 있다. 다만 주의할 점은 **지급명령은 확정되면 집행력이 생기지만 기판력은 인정되지 않기 때문에 채무자는 지급명령이 확정된 이후에도 채무부존재확인의 소를 제기하여 지급명령을 배척할 수 있다.**

### (2) 이의에 대한 법원의 처리

법원(사법보좌관)은 채무자의 이의신청이 있으면 이를 조사하여 이의신청이 부적법한 경우에는 이의신청을 각하하며, 이에 대하여 불복하는 채무자는 다시 즉시항고할 수 있다(민사소송법 제471조). 이의가 적법하면 이의를 제기한 범위에 한하여 지급명령의 효력이 상실되며, 이 경우 처음 **지급명령신청을 한 때 소가 제기된 것으로 보며, 이제까지 들어간 독촉절차비용은 소송비용의**

**일부로 본다**(민사소송법 제473조 제4항). 법원(사법보좌관)은 채권자에게 부족한 인지를 보정할 것을 명하여야 하며, 보정이 되면 지급명령을 처리한 법원의 사무관 등은 이의를 제기한 소송목적의 값이 **합의사건(1억원 초과)인 경우에는 지체 없이 소송기록을 관할법원의 합의부로, 단독판사의 사건인 경우에는 단독판사에게 송부**해야 하며(동조 제3항), 송부받은 법원은 이후 소송절차에 따라 재판을 진행한다.

# 제 9 장 형사소송법

# CHAPTER 09 형사소송법

## 제 1 절 형사소송의 기초

### Ⅰ. 형사소송법의 개념

형사소송법은 형사소송절차를 규정한 절차법이다. 형법이 어떤 행위가 범죄인지를 규명하여 그에 대해 어느 정도의 형량, 즉 형벌과 보안처분을 가할 것인지를 규정한 실체법이라고 한다면, **형사소송법은 그 실체법인 형법에 저촉된 자에 대하여 어떤 절차에 따라 형벌권을 행사할 것인지에 대한 절차를 규정한 법**이라 할 수 있다. 형벌은 국민의 신체와 생명 및 재산에 대한 침해를 가져오기 때문에 형법뿐만 아니라 형사소송법 역시 법정주의에 의해 국가의 자의적 형벌권행사를 억제할 필요가 있다. 따라서 형사소송법은 범죄를 저지른 자에 대하여 그 **구체적 사건에 형법을 적용하고 실현하기 위한 재판절차 및 이를 집행하기 위한 절차를 규정**하고 있다고 하겠다. 대한민국헌법 제12조 제1항은 "누구든지 법률에 의하지 아니하고는 체포·구속·압수·수색 또는 고문을 받지 아니하며, 법률과 적법한 절차에 의하지 아니하고는 처벌·보안처분 또는 강제노역을 받지 아니 한다"고 규정하여 형사절차법정주의를 규정하고 있다.

**형식적 의미의 형사소송법**은 국회가 제정하여 시행 중에 있는 형사소송법이라는 법률명칭을 가지고 있는 형사소송법전(1954. 9. 23. 법률 제341호)을 말하고, **실질적 의미의 형사소송법**은 법률명칭을 불문하고 그 실질이 형사절차를 규정한 모든 법률체계를 말한다고 하겠다. 예를 들어 법원조직법·검찰청법·변호사법·형사소송규칙 등이 실질적 형사소송법에 속한다고 하겠다.

## Ⅱ. 형사소송법의 기본원리

### 1. 의 의

형사소송법의 기본원리, 즉 **형사소송법의 기본목적은 국가의 형벌권 남용을 억제하고, 형사처벌받을 자에 대하여 적법절차에 따른 형사재판을 통해 국가의 형벌권을 실현하는 것**이라 할 것이다. 다만 그러한 목적을 실현함에 있어 열 명의 범인을 놓치더라도 한 명의 억울한 피해자를 생산해서는 안 된다는 원칙하에 죄 있는 자만을 처벌해야 한다는 **실체적 진실주의**와 실체적 진실을 추구하더라도 그 재판절차가 공정하고 적법하여야 한다는 **적정주의의 원칙**, 재판지연에 따른 불이익이 없어야 한다는 **신속한 재판의 원칙** 등이 지켜져야 한다. 뿐만 아니라 공공복지의 유지 및 국민의 기본권보장도 지켜져야 한다고 하겠다.

### 2. 실체적 진실주의

**실체적 진실주의라 함은, 형사소송절차가 범죄의 실체에 관하여 객관적 진실을 발견하여 처벌할 것인지 여부를 판단하여야 한다는 원칙**을 말한다. 즉 형식적 진실주의를 취하고 있는 민사소송절차와 달리 형사소송절차는 법원이 당사자의 사실상의 주장, 사실의 인정과 부인 및 제출한 증거에 구애됨이 없이 사건의 진실을 규명하여, 객관적인 진실을 규명하여야 한다는 것이다. 따라서 실체적 진실주의에 의해 피고인이 아무리 유죄라고 자백하더라도 객관적인 증거에 의하여 범죄사실이 증명되지 않는 한 처벌하여서는 아니 된다.

## 3. 적정절차의 원리

**적정절차의 원리라 함은 국가형벌권의 행사가 헌법의 기본원칙인 법치주의국가 원칙에 의해 법정절차에 의하여 공정하고 적법하게 실현되어야 하는 원리**를 말한다. 이 원리에는 ① 공정한 재판의 원칙, ② 비례성의 원칙, ③ 피고인보호의 원칙이라는 세 가지 내용이 포함되어 있다. 첫째, **공정한 재판의 원칙**이라 함은 헌법과 법률에 의해 독립성이 보장된 법관에 의하여 인간의 존엄과 기본적 인권이 존중되며 정의와 공평의 이념에 의한 재판이 이루어져야 함을 의미한다. 이 원칙이 실현되기 위해서는 법원을 구성하는 법관의 공정한 배치, 피고인의 실질적 방어권 보장, 기소(공격)의 주체인 검사와 변호(방어)의 주체인 피고인 간에 공격과 방어의 무기가 평등하게 보장되어야 한다(무기평등의 원칙). 둘째, **비례성의 원칙(과잉금지의 원칙)**이라 함은 국가형벌권이 구체적 사건에 있어 개별적·사실적 내용을 고려하여 소송의 목적을 달성하는데 적합하고 다른 수단으로는 그 목적을 달성할 수 없을 뿐만 아니라 범죄의 정도에 따라 상당성이 인정되게 실현되어야 함을 의미한다. 즉 경미한 범죄에 대하여는 경미한 처벌이, 중한 범죄에 대하여는 중한 처벌이 따라야 한다는 것이다. 셋째, **피고인보호의 원칙**이라 함은 수사기관 및 법원이 피의자 또는 피고인의 정당한 방어권행사를 위한 방어방법 및 가능성을 고지하고 일정한 소송행위의 법적 결과의 설명 등과 같은 권리행사 방법을 알려주어 피고인을 보호하여야 한다는 원칙이다. 죄는 미워하되 사람을 미워하면 아니 되기 때문이다.

## 4. 신속한 재판의 원칙

신속한 재판의 원칙이라 함은 형사재판절차가 지연될 경우 피의자 또는 피고인은 형벌의 불확정상태에서 정상적인 일상생활을 영위하기가 어려울 뿐만 아니라, 방어권 행사에 지장이 있고, 국가 또한 엄정한 법집행을 통해 질서유지를 해야 할 책무가 있기 때문에 이를 게을리하면 안 되기 때문에 **재판을 신속하게 진행하여야 한다는 원칙**이다. 헌법 제27조 제3항은

“모든 국민은 신속한 재판을 받을 권리를 가진다”고 하여, 신속한 재판을 받을 권리를 규정하고 있다.

즉 신속한 재판이 이루어져야 하는 이유는 피고인의 인권보장을 위해 ① 형사피고인의 불안을 해소하고, ② 판결 전의 미결구금일수의 장기화를 막아야 하기 때문이고, 실체적 진실을 규명하기 위해서는 소송지연으로 인한 증거의 멸실이나 훼손을 막아야 하기 때문이고, 범죄예방이라는 형사정책적 목적을 위해 신속한 재판에 의한 처벌을 통해 일반인에게 형벌의 위하적 효력을 보일 수 있어야 하기 때문이다.

형사소송법은 이러한 신속한 재판을 위해 **간이공판절차와 약식절차를 규정**하고 있으며, 개별 규정으로 구속기간·판결선고기간의 제한(제92조), 검사에 대한 수사권의 집중(제195조), 수사기관의 구속기간을 제한하는 규정(제202조, 제203조), 공판준비절차, 심리범위의 한정, 결석재판제도, 재판장의 소송지휘권(제279조), 상소기간 등의 제한(제358조, 제374조), 미결구금일수의 형벌산입 등이 있다.

## Ⅲ. 형사소송의 기본구조

**형사소송구조는 규문주의에서 탄핵주의로 발전**하여 왔다. **규문주의라 함은** 소추기관과 재판기관이 분리되지 않아 법원이 스스로 절차를 개시하여 심리 및 재판까지 하는 단일소송절차를 말한다. **탄핵주의라 함은 재판기관과 소추기관을 분리하여 소추기관의 공소제기에 대하여 법원이 절차를 개시하는 절차를 말한다.** 현재 우리는 탄핵주의를 취하고 있다.

오늘날 형사소송구조는 소추기관과 재판기관의 분리에 중점을 두기보다는, 재판기관과 재판을 받는 피고인 사이의 소송구조를 어떻게 설정할 것인가에 중점이 두어지고 있다고 하겠다. 이는 다시 **당사자주의와 직권주의**로 나눌 수 있다. 당사자주의라 함은 당사자인 검사와 피고인에게 형사소송의 주도적 지위를 부여하여 그들 사이에 공격과 방어가 이루어지도록 하여 심리를 진행한 후 법원이 제3자적 지위에서 당사자의 주장과 증명을 판단하는 소송구조를 말한다. 직권주의라 함은 소송에서의 주도적 지위를 당사자가 아닌 법원에 부여하고 있는 소송구조를 말한다. **우리 형사소송법은 기본적**

으로는 **직권주의를 취하면서도 상당부분 당사자주의를 가미하고 있는 절충주의적 입장**이라고 할 수 있다. 또한 국민참여재판제도가 도입되는 등 점차 당사자주의를 지향하고 있다고 보인다.

## 제2절 소송의 주체

### Ⅰ. 법 원

#### 1. 법원의 의의

형사소송상의 법원은 국가형벌권을 행사하여 소추기관인 검사와 방어의 주체인 피고인 사이의 **형벌권을 둘러싼 다툼에 대하여 심리·재판하는 권한을 가지고 있는 국가기관**이라 할 것이다. 한편 사법재판기관이 아닌 사법행정상 의미에서의 법원은 입법, 행정에 대립되는 개념으로서의 사법부를 의미하기도 한다.

형사소송상의 법원은 사법권의 행사를 통해 국가형벌권을 확정하고 집행하는 **소송법상의 법원**을 의미한다고 하겠다.

#### 2. 법원의 종류

정부기관으로서의 법원은 **최고법원인 대법원과 하급법원인 고등법원, 지방법원·가정법원·특허법원·행정법원**이 있다. 또한 지방법원과 가정법원의 사무의 일부를 처리하기 위하여 그 관할구역 내에 **지원과 소년부지원, 시·군법원 및 등기소** 등이 있다. 특별법원으로는 군사재판을 담당하는 **군사법원**이 있는데, 군사법원은 심급에 따라 고등군사법원과 보통군사법원이 있다. 모든 법원의 상고심은 모두 대법원이 담당한다.

소송법상 의미의 법원은 심급을 기준으로 **제1심법원, 제2심법원, 제3심법원**으로 나눌 수 있고, 법원의 구성방법을 기준으로 **단독판사와 합의부**로 나눌 수 있다. 또한 형사소송법상 제1심법원은 1인의 법관으로 구성되는 단독판사와 수인의 법관으로 구성되는 합의부로 나눌 수 있다. 제2심법원(판사 3인) 및 제3심법원(소부는 대법관 4인, 전원합의체는 대법관 전원)은 모두 합의부로만 구성되어 있다.

## 3. 법관의 자격과 신분보장

지방법원과 가정법원 판사는 사법시험에 합격하여 사법연수원의 소정과정을 마친 자, 검사 또는 변호사 자격이 있는 자 및 법학전문대학원을 졸업하고 변호사시험에 합격하여 **변호사 자격이 있는 자 중에서 임명**한다. 지방법원과 가정법원의 부장판사와 고등법원 판사는 5년 이상, 지방법원·가정법원·고등법원장인 판사와 고등법원 부장판사는 10년 이상, 대법원장과 대법관은 15년 이상 판사·검사·변호사 또는 이러한 자격이 있는 자로서 국가기관·국공영기업체·정부투자기관 기타 법인에서 법률에 관한 사무에 종사한 자이거나 공인된 대학의 법률학 조교수 이상의 직에 있던 자 중에서 임명한다. 또한 법관은 신분이 보장되어 탄핵 또는 금고 이상의 형의 선고에 의하지 아니하고는 파면되지 아니하며, 법관징계위원회의 징계처분에 의하지 아니하고는 정직·감봉 또는 불리한 처분을 받지 아니한다.

## 4. 법관의 제척·기피·회피

### (1) 법관의 제척

법관의 제척이라 함은 공정한 재판이 이루어지도록 하기 위하여 ① 법관이 피해자인 때 또는 피해자와 개인적으로 밀접한 관련이 있는 때, ② 법관이 피고인과 개인적으로 밀접한 관련이 있는 때, ③ 법관이 이미 당해 사건에 관여하였을 때 등의 사유가 있으면 **불공정한 재판을 할 우려가 있는 경우에 법관이 그 직무집행에서 당연히 배제되는 것**을 말한다.

예를 들어 법관과 피고인이 부자관계이거나 부부관계인 경우 등이 그러하다. 그러나 약식명령을 발부한 법관은 약식명령에 불복하여 정식재판을 청구한 피고인에 대한 재판에 대하여는 전심절차가 아닌 당해심절차(모두 1심절차)이므로 제척사유에 해당하지 아니 한다.[1)]

---

1) 대법원 2002. 4. 12. 2002도944 판결.

(2) 법관의 기피

법관의 기피라 함은 제척사유에 미치지 못하는 사유이더라도 **법관이 불공정한 재판을 할 염려가 있을 경우 당사자의 신청에 의해 그 법관이 직무집행에서 배제되는 제도**를 말한다.

(3) 법관의 회피

법관의 회피라 함은 법관이 스스로 제척 또는 기피의 원인이 있다고 인정하여 자발적으로 직무집행에서 탈퇴하는 것을 말한다.

(4) 법원서기관 등에 준용

법관에 대한 제척·기피·회피사유는 법원서기관 등, 통역인에게도 준용된다.

## 5. 법원의 관할

(1) 토지관할

**토지관할이라 함은 동등한 심급의 법원 간에 있어 사건의 토지와의 관련성에 의해 제1심 관할을 결정하는 것**을 말한다. 토지관할은 범죄지, 피고인의 주소·거소·현재지 등에 의한 **재판적**에 의해 결정된다. **관련재판적**에 의해 하나의 사건에 토지관할이 인정되면 토지관할이 없는 다른 사건도 병합하여 같은 토지관할법원에서 재판할 수 있다.

(2) 사물관할

**사물관할이라 함은 사건의 경중 또는 성질을 표준으로 하여 제1심의 토지관할 내에서 단독판사와 합의부 중 누가 관할할 것인가를 결정하는 것**을 말한다. 현재 제1심의 사물관할은 원칙적으로 제1심 법원의 단독판사가 관할하지만, ① 사형, 무기 또는 단기 1년 이상의 징역이나 금고에 해당하는 사건, ② 위의 사건과 동시에 심판할 공범사건, ③ 지방법원판사에 대한 제척·기피사건, ④ 법률에 의하여 지방법원 합의부의 권한에 속하는 사건은 제1심법원의 합의부관할사항이다.

**사물관할을 달리하는 수개의 사건이 관련된 때에는 합의부가 병합관할**

하나(형사소송법 제10조), 합의부는 결정으로 관할권 있는 법원단독판사에게 이송할 수 있다.

(3) 심급관할

**심급관할이라 함은 제1심관할, 제2심관할, 제3심관할과 같이 심급에 따른 관할을 말한다.** 항소사건은 지방법원 또는 지방법원지원의 단독판사가 재판한 제1심판결에 대한 항소는 지방법원본원합의부(항소부)에서 관할하고, 지방법원합의부의 제1심판결에 대한 항소는 고등법원에서 관할하며, 상고사건은 위 두 경우 모두 대법원이 관할한다. 또한 제1심판결에 대한 비약상고의 경우에는 항소법원을 거치지 않고 곧바로 대법원에서 관할한다. 판결이 아닌 항고사건의 경우에는 지방법원단독판사의 결정·명령에 대한 항고사건은 지방법원본원합의부에서 관할하고, 지방법원합의부의 제1심결정에 대한 항고사건은 고등법원에서 관할한다. 고등법원의 결정과 지방법원합의부의 제2심결정에 대한 항고사건은 대법원에서 관할한다.

(4) 관련사건의 관할

**관련사건의 관할이라 함은 하나의 사건에 대하여 고유의 관할권이 있는 법원은 고유의 관할권이 없는 다른 관련사건에 대해서도 관할권을 갖는 것**을 말한다.

관련사건의 관할은 ① 1인이 여러 개의 범죄를 범한 경우, ② 다수인이 공동으로 하나의 죄를 범한 경우, ③ 다수인이 동시에 동일한 장소에서 죄를 범한 경우, ④ 범인은닉죄·증거인멸죄·위증죄·허위감정통역죄 또는 장물에 관한 죄와 그 본범의 죄처럼 상호 관련성이 있는 사건은 하나의 같은 법원에서 병합하여 관할한다.

(5) 재정관할

**재정관할이라 함은 법원의 재판에 의하여 원래 관할권이 없는 법원에 관할권이 인정되는 경우**를 말한다. 이에는 관할의 지정, 관할의 이전, 관할의 창설 등이 있다. **관할의 지정**이라 함은 관할법원이 없거나 관할법원이 명확하지 아니한 경우에 상급법원이 사건을 심판할 하급법원을 지정하는 것을 말한다. **관할의 이전**이라 함은 법정관할권이 있는 법원이 ① 법률상의 이유 또는 특별한 사정으로 재판권을 행사할 수 없을 때, ② 범죄의 성질, 지방의 민심, 소송의 상황 기타 사정 등으로 재판의 공평을 유지하기 어려울 염려가 있는 때에 법원의 관할권을 법정관할권 없는 법원으로 이전하는 것을 말한다. **관할의 창설**이라 함은 재판상의 준기소절차에 의하여 사건이 지방법원의 심판에 부하여짐으로써 원래 관할권이 없는 법원에 관할권이 새로 생기는 경우를 말한다.

(6) 관할권에 대한 재판

**관할은 결국 재판권의 분배를 통해 특정 법원이 특정 사건을 재판할 수 있는 권한을 의미**한다고 할 것이므로 정당한 이유 없이 관할권이 없는 법원이 재판을 해서는 안 된다. 이러한 관할권의 존재는 형식적 소송조건으로, 법원은 관할의 유무를 **직권조사**하여야 하며, 이러한 관할권은 공소제기 시는 물론이고 소송계속 중에도 존재하여야 하기 때문에 법원은 관할권이 없다고 판단되면 **관할위반의 선고**를 하여야 한다. 피고사건에 대하여 관할권이 없는 때에는 법원은 관할위반의 선고를 하여야 한다.

## Ⅱ. 검 사

### 1. 검사의 의의

**검사라 함은 검찰권을 행사하는 국가기관**을 말한다. 검사는 그 성격과 지위가 검찰권의 행사를 그 직무로 한다는 점에서 사법권의 행사를 직무로 하는 법관과 다르다. 검사는 검찰권을 범죄의 수사, 공소의 제기 및 수행, 재판의 집행지휘 등의 방법으로 행사한다.

### 2. 검사의 자격

검사의 자격은 법관의 자격과 동일하다. 다만, 검찰총장은 15년 이상, 고등검사장과 검사장은 10년 이상, 고등검찰관은 5년 이상 소정의 직에 있던 자 중에서 임명한다. 또한 검사도 판사처럼 신분이 보장되어 탄핵 또는 금고 이상의 형을 받거나 징계처분을 받지 아니하면 파면·정직 또는 감봉의 처분을 받지 아니한다.

### 3. 검찰청

**검찰청은 검사의 사무를 통할하는 국가행정기관**이다. 검찰청은 대검찰청·고등검찰청 및 지방검찰청 등 3단계로 되어 있다. 각각 대법원·고등법원·지방법원에 대응된다. 다만 지방법원지원이 설치된 지역에는 이에 대응하여 지방검찰청지청을 둘 수 있다. 현재 대검찰청은 서울에 위치하고 있으며, 고등검찰청은 서울·대구·광주·부산·대전 등 다섯 군데에 있고, 지방검찰청은 서울·인천·수원·춘천·청주·대전·대구·부산·마산·전주·광주·제주에 있다.

### 4. 검사동일체의 원칙

모든 검사는 검찰총장을 정점으로 하여 피라미드식의 계층적 조직체를 구성하고 있으며, **일체불가분의 유기적 통일체인 검사동일체의 원칙**에 의해 조직되어 있다. 검사동일체의 원칙이 요구되는 것은 범죄수사, 공소권의 행사, 재판의 집행 등 검찰사무의 처리에 있어서 통일성·공정성을 보장하고, 신속하고 기동성 있게 범죄에 대한 형벌권을 행사하기 위해서이다. 이 원칙에 의해 검사는 검찰의 사무에 관하여 상사의 명령에 복종하여야 한다. 그러나 검사는 구체적 사건에 대하여 상사의 지휘·감독의 적법성이나 정당성에 이견이 있으면 이의를 제기할 수 있다. **법무부장관은 검찰사무에 관하여 일반적인 지휘·감독권을 행사할 수 있을 뿐이며, 구체적 사건에 대한 지휘·감독권은 검찰총장에게만 행사할 수 있다**. 검찰권이 정치적으로 이용되는 것을 예방하기 위해서이다.

### 5. 검사의 지위

**검사는 수사의 주체로서 범죄의 혐의가 있다고 인정되는 경우에는 직접 수사할 수 있다**. 검사는 또한 범죄수사에 관하여 사법경찰관리에 대한 지휘·감독권이 있으며, 이에 따라 사법경찰관리는 범죄수사에 관한 검사의 직무상 명령에 복종하여야 한다. 검사는 공익의 대표자이기 때문에, 수사를 함에 있어 피의자에게 불리한 증거뿐만 아니라 유리한 증거도 수집하여 피의사건의 진실규명에 노력하여야 한다.

검사의 주된 수사목적은 **공소제기 여부를 결정**하는 데 있다. 그런데 **기소독점주의**에 의해 검사만이 공소를 제기할 수 있으며, **기소편의주의**에 의해 범죄사실이 인정되더라도 기소를 할 것인지 아닌지 여부도 검사만이 결정할 수 있다. 검사는 또한 사건에 대한 재판의 집행을 지휘·감독할 책무와 권한이 있다.

## Ⅲ. 피고인

### 1. 피고인의 의의와 특정

**피고인은 검사에 의하여 형사책임이 있다고 인정되어 공소제기당한 자 또는 공소가 제기된 자로 취급되어 있는 자**를 말한다. 이런 점에서 **피의자**(공소제기 이전)·수형자(확정판결에 의해 형의 집행을 받고 있는 자)와 구별된다. 검사는 피의자를 공소제기함에 있어 공소장에 피고인의 성명·본적·주소·직업·생년월일·주민등록번호 등을 기재하여 피고인을 특정하여야 한다. 만일 피고인의 성명·본적·주소·직업·생년월일·주민등록번호 등을 알 수 없을 때에는 사진첨부 등 적당한 방법으로 특정하여야 하며, 그러한 인적사항이 명백하지 아니한 취지를 기재하여야 한다. 공소장에 피고인이 특정되지 아니한 경우에 법원은 재판을 할 수 없기 때문에 **공소기각판결**을 하여 형사소송을 종결하여야 한다.

### 2. 피고인의 소송법상 지위

현행 형사소송이 **탄핵주의**에 의해 운영되고 있기 때문에 **형사절차에서 피고인은 방어권을 행사하는 소송주체로서의 지위를 인정받고 있다**. 따라서 피고인은 형사소송절차에서 소송당사자로서의 지위, 증거방법으로서의 지위, 절차의 대상으로서의 지위 등 복합적 지위에 있으나, 그 중 가장 중요한 것은 **검사의 반대측 소송당사자로서의 지위**라고 하겠다. 따라서 피고인은 방어권의 주체, 즉 수동적 당사자로서 능동적 당사자인 검사와 대립하며 소송절차를 진행하는 법적 지위가 있다고 하겠다. 검사가 공소의 주체로서 공격권을 행사하는 데 대하여, 피고인은 이를 방어하는 방어권의 주체라고 하겠다.

형사소송법은 피고인에게 ① 방어권행사를 위한 공소장부본을 송달받을 권리, ② 공판기일의 변경신청권, ③ 법관에 대한 기피신청권, ④ 관할이전신청권, ⑤ 진술거부권, ⑥ 증거조사신청권, ⑦ 증인신문권, ⑧ 공판조서의 열람·등사청구권, ⑨ 최후진술권, ⑩ 접견교통권, ⑪ 변호인선임권, ⑫ 상소권 등의 방어권보장을 위한 권리를 인정하고 있다.

## 3. 진술거부권

**진술거부권이라 함은 피의자 또는 피고인이 공판절차 또는 수사절차에서 법원 또는 수사기관의 신문에 대하여 진술을 거부할 수 있는 권리**를 말하며, 묵비권(right of silence)이라고도 한다. 따라서 피의자 또는 피고인은 수사기관·법원 등의 신문에 대하여 진술의무가 없기 때문에 진술을 거부할 수 있으며, 이에 따라 수사기관 또는 법원도 피고인·피의자에게 진술을 강요할 수 없다.

**피의자 또는 피고인의 진술거부권**을 실질적으로 보장하기 위하여 형사소송법은 ① 수사기관(검사·사법경찰관리)이 피의자로부터 진술을 들을 경우에는 미리 피의자에게 진술거부권이 있음을 적극적·명시적으로 고지하도록 하고 있고, ② 재판장도 검사의 기소요지의 진술 후 피고인에게 개개의 신문에 대하여 진술을 거부할 수 있다는 취지를 고지하여야 한다. 그러나 진술거부권을 행사할 것인가의 여부는 피의자 또는 피고인의 자유이기 때문에 피의자 또는 피고인은 진술거부권을 포기하고 피의사건 또는 피고사건에 대하여 진술할 수 있다.

판례는 수사기관이 피의자에게 진술거부권을 고지하지 않고 진술을 받은 경우와 관련하여 "피의자의 진술을 녹취 내지 기재한 서류 또는 문서가 수사기관에서의 조사과정에서 작성된 것이라면, 그것이 진술조서·진술서·자술서라는 형식을 취하였다고 하더라도 피의자신문조서와 달리 볼 수 없다. 형사소송법이 보장하는 피의자의 진술거부권은 헌법이 보장하는 형사상 자기에게 불리한 진술을 강요당하지 않는 자기부죄거부의 권리에 터 잡은 것이므로, **수사기관이 피의자를 신문함에 있어서 피의자에게 미리 진술거부권을 고지하지 않은 때에는 그 피의자의 진술은 위법하게 수집된 증거로서 진술의 임의성이 인정되는 경우라도 증거능력이 부인되어야 한다**"고 하였다.[2]

# Ⅳ. 변호인

## 1. 의 의

**변호인이라 함은 피의자 또는 피고인의 방어권을 조력하기 위한 보조자**를 말한다. 피의자 또는 피고인의 법률적 지식의 부족 또는 구금으로 인한 방어권 보장의 불이익을 보완하여 **무기평등의 원칙**에 의해 검사·법원과 대등한 법적 지식을 가진 공익의 주체로서의 변호사의 도움을 받을 수 있도록 하는 것은 공정한 재판권행사에 대단히 중요한 일이라 하지 않을 수 없다.

## 2. 변호인의 선임

변호인은 사선변호인과 국선변호인이 있다. **사선변호인**은 피의자·피고인 등 사인에 의해서 선임되는 변호인을 말하며, **국선변호인**은 국가기관인 법원에 의해 선정되는 변호인을 말한다. 사선변호인을 선임할 수 있는 사람은 피의자와 피고인뿐만 아니라 피의자 또는 피고인의 법정대리인·배우자·직계친족·형제자매이다. 피선임자인 변호인은 원칙적으로 변호사에 한한다. 다만 대법원 이외의 법원은 특별한 사정이 있으면 변호사 아닌 자를 변호인으로 선임할 것을 허가하여 특별변호인을 둘 수 있다.

변호인의 수에는 원칙적으로 제한이 없으나, 소송진행의 신속을 위해 수인의 변호인이 있는 경우에는 3인을 초과하지 않는 범위 내에서 대표변호인을 지정하도록 하여 대표변호인제도를 운영하고 있다. 피의자 또는 피고인이 사선변호인을 선임하게 되면 선임자와 선임된 변호인이 연명·날인한 서면, 즉 변호인선임신고서를 수사기관 또는 법원에 제출하여야 한다. 법원은 피의자 또는 피고인이 ① 구속된 때, ② 미성년자인 때, ③ 70세 이상인

2) 대법원 2009. 8. 20. 2008도 8213 판결.

때, ④ 농아자인 때, ⑤ 심신장애의 의심이 있는 때, ⑥ 사형·무기 또는 단기 3년 이상의 징역이나 금고에 해당하는 필요적 변호사건으로 기소된 때, ⑦ 피고인이 빈곤, 그 밖의 사유로 변호인을 선임할 수 없을 때, ⑧ 피고인의 청구가 있을 때에 국선변호인을 선정한다.

법원은 국선변호인을 선정함에 있어 가급적 신속히 선정함으로써 국선변호인이 변론준비를 위한 시간적 여유를 갖도록 하여야 하며, 다만 부득이한 경우에 한해서 공판정에서 국선변호인을 선정할 수 있도록 즉석국선변호를 인정하고 있다. 국선변호인의 자격은 원칙적으로 변호사 또는 사법연수생이어야 하나, 부득이한 때에는 변호사 아닌 자도 가능하다. **국선변호인의 수는 피고인 또는 피의자마다 1인을 선정함을 원칙**으로 하며, 국선변호인은 일당·여비·숙박료 및 보수를 청구할 수 있다.

### 3. 변호인의 소송법상 지위

변호인은 수사절차와 공판절차 등 모든 형사절차에서 피의자·피고인의 이익을 보호할 의무가 있다. 따라서 변호인은 피고인이나 피의자에게 불이익한 소송활동을 하여서는 안 된다. 그러나 그러한 피고인 등에 대한 이익보호도 정당한 이익에 한하며, 피고인 등의 방어권 남용에 협력하는 부당·불법적인 변호활동은 변호권의 한계를 일탈한 것으로 허용되지 아니 한다.

### 4. 변호인의 권한

변호인은 형사소송법상 **대리권과 고유권**을 가지고 피고인 등을 위한 변호활동을 하게 된다. **대리권**이라 함은 변호인이 성질상 대리가 허용되는 소송행위를 포괄적으로 행사하여 피의자·피고인을 보호할 수 있는 권한으로, 피고인을 대리한 구속의 취소청구, 보석청구, 상소제기, 법관에 대한 기피신청 등이 이에 속한다. **고유권**이라 함은 피의자·피고인 등의 소송법상 권리와 관계없이 변호인에게 인정된 특수한 고유권리로, 이에는 ① 접견교통권, 피의자신문참여권, 피고인신문권, 상고심에서의 변론권 등과 같이 변호인만이 가질 수 있는 권한과, ② 공판기일출석권·소송기록열람권·증거조사참여권·증인신문권 등과 같이 피의자 또는 피고인과 중복하여 가지고 있는 권한 등이 있다.

# 제 3 절 수사와 공소

## Ⅰ. 수 사

### 1. 의 의

수사라 함은 수사기관이 피의자·피고인의 범죄의 혐의 유무를 명백히 하여 공소의 제기 및 유지 여부를 결정하기 위하여 범인을 발견·확보하고, 증거를 수집·보전하는 활동 혹은 이러한 활동을 법적으로 규제하는 절차를 말한다. 수사기관으로는 수사의 주재자로서의 검사와 검사를 보조하는 기관으로서의 사법경찰관리가 있다.

### 2. 수사의 개시

수사의 개시라 함은 **수사기관이 범죄의 혐의가 있다고 판단되는 때에 범인, 범죄사실과 증거를 조사하기 시작하는 것**을 말하며, 수사개시의 원인을 **단서**라고 한다.

수사의 단서는 ① 현행범인의 체포, 변사자의 검시, 불심검문(직무질문) 등과 같이 수사기관의 직접 체험에 의한 경우와, ② 고소·고발·자수·진정·범죄신고 등과 같이 타인의 체험의 청취에 의한 경우가 있다.

### 3. 고 소

고소라 함은 범죄의 피해자 또는 그와 일정한 관계가 있는 고소권자가 수사기관에 대하여 범죄사실을 신고하여 범인의 처벌을 구하는 의사표시를 말한다. **고소는 범죄로 인한 피해자나 피해자의 법정대리인 등이 서면 또는 구술로 검사 또는 사법경찰관리에게 하여야 한다**. 형법상 고소기간에는 제한이 없으나, 친고죄의 경우에는 범인을 알게 된 날로부터 6월을 경과하면 고소하지 못한다. 그리고 고소하였더라도 제1심 판결 선고 전까지는 취소할 수 있으며, 고소를 취소한 자는 다시 고소하지 못한다. 한편, 2013년 성폭력범죄의 처벌등에 관한 특례법과 형법 등이 개정됨에 따라 성범죄 관련 친고죄 조항이 모두 삭제되었다.

고소는 특히 친고죄의 경우에 중요한 의미를 가지는데, 친고죄인 경우 여러 명의 공범 중 일부만을 처벌해 줄 것을 요구하는 고소나 일부에 대하여만 고소를 취하하게 되면 이는 고소불가분의 원칙에 의해 허용되지 않는다. 즉 친고죄는 전원에 대하여 처벌하거나 처벌하지 않아야 하기 때문에 공범 중 일부에 대한 고소제기는 적법한 고소라 할 수 없어 일부에 대하여 고소하거나 일부에 대한 고소를 취하하게 되면 법원은 직권으로 이를 심사하여 전원에 대한 공소기각을 선고하여야 한다.[3] 한편 성폭력과 관련하여 12세 이하의 미성년자에 대한 성폭행범은 피해자의 처벌의사와 상관없이 처벌된다. 한편 13세 이상 18세 미만의 미성년자에 대한 성폭행범은 피해자의 처벌의사가 있어야만 처벌할 수 있는데, 피해자가 미성년자이더라도 처벌의사의 표시는 그들에게 의사능력이 있으면 단독으로 할 수 있기 때문에 법정대리인인 부모의 동의가 필요한 것은 아니다.[4]

### 4. 수사의 방법

수사방법에는 임의수사와 강제수사가 있다. **임의수사**라 함은 임의적인 조사에 의한 수사, 즉 강제력을 행사하지 않고 상대방의 동의나 승낙을 받아서 행하는 수사를 말하고, **강제수사**라 함은 강제처분에 의한 수사를 말한다. 수사는 임의수사에 의하는 것을 원칙으로 하고 있으며, 강제수사는 법률에 규정된 경우에 한하여 예외적으로 허용된다. **임의수사방법으로는 임의동행, 승낙수색, 승낙검증과 승낙에 의한 거짓말탐지기 검사 등**이 있다.

## Ⅱ. 강제처분과 강제수사

### 1. 구 속

**구속이라 함은 피고인 또는 피의자의 신체의 자유를 제한하는 대인적**

3) 대법원 2009. 1. 30. 2008도7462 판결.
4) 대법원 2009. 11. 19. 2009도 6058 전원합의체 판결.

**강제처분을 말한다**. 넓은 의미의 구속에는 **구인과 좁은 의미의 구속을 포함**되고 있다. **구인이라 함은 피고인을 법원 기타의 장소에 인치하는 강제처분**을 말하고, **좁은 의미의 구속**(미결구금)**이라 함은 피의자 또는 피고인을 구치소 또는 교도소에 구금하는 강제처분**을 말한다. 구속은 피의자 또는 피고인이 도주 또는 증거인멸의 우려가 있거나 형사소송의 진행과 형벌의 집행을 확보하기 위해서 실시되고 있다. 그러나 구속으로 인해 피의자나 피고인의 자유가 제한됨으로써 그들 개인은 물론이고 가족과 사회에 중대한 영향을 미치기 때문에 엄격히 제한되어야 하고, 그 남용을 방지할 수 있어야 한다.

## 2. 영장에 의한 체포

영장에 의한 체포라 함은 검사 또는 사법경찰관이 수사에 필요하여 피의자의 출석을 요구하여 진술을 듣고자 하였으나, **이러한 수사기관의 출석요구에 대하여 피의자가 출석을 거부하는 경우에 지방법원판사에게 청구하여 체포영장을 발부받아 피의자를 체포하는 강제처분**을 말한다. 체포할 수 있는 경우는 ① 피의자가 죄를 범하였다고 의심할 만한 상당한 이유가 있거나, ② 정당한 이유 없이 전술한 출석요구에 응하지 아니하거나, 응하지 아니할 우려가 있는 경우이다. 다만 경미한 사건, 즉 다액 50만원 이하의 벌금, 구류 또는 과료에 해당하는 사건에 관하여는 피의자가 일정한 주거가 없는 경우 또는 정당한 이유 없이 출석요구에 응하지 아니한 경우에 한한다.

관할지방법원판사는 검사의 체포영장청구에 대하여 상당한 이유가 있다고 인정될 경우 체포영장을 발부하되, 명백히 체포의 필요가 인정되지 아니하는 경우에는 체포영장을 발부하지 아니한다. 검사는 체포한 피의자를 구속하고자 할 때에는 체포한 때로부터 48시간 이내에 구속영장을 청구하여야 하고, 그 기간 이내에 구속영장을 청구하지 아니하는 때에는 피의자를 즉시 석방하여야 한다.

## 3. 영장에 의한 구속

### (1) 의 의

영장에 의한 구속이라 함은 법원 또는 수사기관이 형사절차에서 피의자 또는 피고인의 신체의 자유를 제한하는 강제처분을 말한다. 이를 위해서는 영장주의원칙에 따라 법원 또는 법관이 발부한 영장이 있어야 한다. 법원 또는 법관은 피의자 또는 피고인이 죄를 범하였다고 의심할 만한 상당한 이유가 있는 경우 및 일정한 주거가 없거나 증거인멸의 위험이 있을 때 및 도주나 도주의 우려가 있는 경우에 영장을 발부하고 있다.

### (2) 구속영장실질심사 및 영장 발부

피의자에 대한 구속은 원칙적으로 검사의 청구에 의하여 법관이 발부한 구속영장에 의하며, **법관은 구속영장을 발부하기에 앞서 피의자를 대면하여 심문하여야 한다**. **구속영장실질심사**를 거친 후 법원이 발부한 구속영장에 의해 피의자를 구속하게 된다(구속영장실질심사제도). 피고인에 대한 구속은 수소법원이 구속영장을 발부해야 한다.

**구속영장의 집행은 검사의 지휘에 의하여 사법경찰관리가 행하며, 교도소 또는 구치소에 있는 피의자나 피고인에 대하여는 교도관리가 집행한다**. 구속영장을 집행하여 피의자 또는 피고인을 구속한 때에는 즉시 공소사실 또는 피의사실의 요지와 변호인을 선임할 수 있음을 알려야 한다.

### (3) 접견교통권

구속된 피의자 또는 피고인은 법률의 범위 내에서 타인과 접견하고, 서류 또는 물건을 수수하며, 의사의 진료를 받을 수 있고, 변호인 또는 변호인이 되려는 자는 신체구속을 당한 피고인 또는 피의자와 접견·교통할 수 있다.

### (4) 구속기간

사법경찰관리가 피의자를 구속한 때에는 **10일 이내에 피의자를 검사에게 인치하지 아니하면 석방**하여야 한다. 검사도 직접 구속하거나 사법경찰관리로부터 인치받은 경우에는 **10일 이내에 기소 여부를 결정**하여 기소하거나 석방하여야 하지만, **10일을 초과하지 않는 한도에서 구속기간을 연장**할 수 있다.

**피고인에 대한 구속기간은 2월이나 심급마다 2차에 한하여 2개월의 한도에서 구속기간을 갱신할 수 있다**. 즉 각 심급별로 법원은 피고인을 6개월간 구속할 수 있는 것이다. 또한 검사 또는 사법경찰관에 의하여 구속되었다가 석방된 자는 다른 중요한 증거를 발견한 경우를 제외하고는 동일한 범죄사실로 다시 구속하지 못한다.

## 4. 긴급체포

**긴급체포라 함은 수사기관이 현행범인 아닌 자가 죄를 범하였다고 의심할 만한 상당한 이유 있을 경우 체포영장 없이 체포하는 것을 말한다.** 긴급체포는 영장주의에 대한 예외로 남용되면 안 되기 때문에 ① 피의자가 사형·무기 또는 장기 3년 이상의 징역이나 금고에 해당하는 죄를 범하였다고 의심할 만한 상당한 이유가 있거나, ② 피의자가 증거를 인멸할 염려가 있거나 도망하거나 도망할 염려가 있거나, ③ 긴급을 요하여 지방법원판사의 체포영장을 받을 시간적 여유가 없는 등 세 가지 요건이 있는 경우에 한하여 행해져야 한다.

긴급체포를 하는 경우에 검사 또는 사법경찰관리는 피의자에게 긴급체포를 한다는 사유를 알려야 한다. 검사는 피의자를 긴급체포 후 구속할 필요가 있다고 인정하는 때에는 **체포한 때로부터 48시간 이내에 긴급체포서를 첨부하여 관할 지방법원판사에게 구속영장을 청구**하여야 한다. 48시간 이내에 구속영장을 청구하지 아니하거나 구속영장의 발부를 받지 못한 때에는 피의자를 즉시 석방하여야 한다.

## 5. 현행범체포

**현행범체포라 함은 범죄의 실행 중이거나 실행의 직후인 현행범인을 누구든지 영장 없이 체포하는 것을 말한다.** 따라서 수사기관뿐만 아니라 일반인도 현행범인을 체포할 수 있다. 검사 또는 사법경찰관리가 현행범인을 체포하는 경우에는 필요할 경우 영장 없이 타인의 주거에 들어가 피의자를 수색할 수 있고, 체포현장에서 압수·수색·검증을 할 수 있다. 검사 또는 사법경찰관리가 아닌 자가 **현행범인을 체포한 때에는 즉시 검사 또는 사법경찰관리에게 인도하여야 한다.** 현행범인의 체포의 경우에도 긴급체포의 규정과 같이 사후영장을 받아야 한다.

판례는 음란물유포의 범죄혐의를 이유로 압수·수색영장을 발부받은 사법경찰관리가 피고인의 주거지를 수색하는 과정에서 대마를 발견하자, 피고인을 마약류관리에 관한 법률위반죄의 현행범으로 체포하면서 대마를 압수하였으나 그 다음 날 피고인을 석방하면서 사후 압수·수색영장을 발부받지 않았다면 위 압수물과 압수조서는 형사소송법상 영장주의를 위반하여 수집한 증거로서 증거능력이 없다고 하였다.[5)]

## 6. 체포·구속적부심사제도

### (1) 의 의

체포·구속적부심사제도라 함은 법원이 수사기관에 의하여 체포 또는 구속된 피의자에 대한 체포·구속의 적법 여부와 구속계속의 필요성을 심사하여 그 체포·구속이 부적법·부당한 경우에 체포·구속된 피의자를 석방하는 제도이다. **체포·구속적부심사제도는 수사기관의 인신구속 남용에 대한 사법적 구제제도**로서 수사기관의 불법체포·구속을 시정하여 피의자의 신체의 자유라는 인권을 보장하기 위한 제도라 할 수 있다.

체포·구속적부심사제도는 미군정치하인 1948년 3월 20일 미군정법령 제176호(형사소송법의 개정)에 의하여 도입되었으며, 1954년 9월 24일에 공포된 형사소송법이 구속적부심사제도를 계수하였으나, 1972년 10월유신에 의해 개정된 유신헌법에서 구속적부심사제도가 폐지됨에 따라 형사소송법에서도 이를 삭제하였는데, 그 후 수사기관의 불법구속이 남용됨에 따라 1980년 형사소송법 개정을 통해 다시 제한적으로 부활되었으며, 1987년 민주화투쟁의 산물로 개정된 형사소송법이 구속적부심사청구권을 제한·배제하는 조항을 삭제함에 따라 완전한 구속적부심사제도가 정착되었고, 더 나아가 1995년 형사소송법 개정 시 체포제도가 도입됨에 따라 이에 대한 심사를 포함하여 체포·구속적부심사제도로 변경되어 시행되고 있다.

### (2) 신청권자

체포·구속적부심사를 청구할 수 있는 사람은 체포 또는 구속된 피의자, 그 피의자의 변호인·법정대리인·배우자·직계친족·형제자매·가족 및 동거

5) 대법원 2009. 5. 14. 2008도10914 판결.

인 또는 고용주이다.

### (3) 청구사유 및 심사

체포·구속적부심사의 청구사유는 원칙적으로 제한이 없으며, 청구방법은 체포·구속적부심사청구서를 제출하는 방법으로 한다. 체포·구속적부심사의 청구는 체포 또는 구속된 피의자를 수사 중인 검사의 소속검찰청에 대응한 법원에 대하여 한다.

법원은 체포·구속적부심사청구를 받으면 청구서가 접수된 때부터 48시간 이내에 피의자를 심문하여야 하고, 이를 위해 청구인·변호인·검사 및 피의자를 구금하고 있는 관서(경찰서·교도소·구치소 등)의 장에게 통지하여야 한다. **법원은 심문기일에 피의자를 심문하고, 수사관계서류와 증거물을 조사한 후 심사결과에 따라 결정하여야 한다.** 법원은 심사결과 청구가 이유 없다고 인정한 때에는 결정으로 그 청구를 기각하고, 이유 있다고 인정한 때에는 결정으로 체포 또는 구속된 피의자의 석방을 명하여야 한다. 이와 같은 체포·구속적부심사청구에 관한 법원의 결정에 대하여는 기각결정과 석방결정 모두 항고가 허용되지 아니 한다.

## 7. 보석제도

### (1) 의 의

**보석이라 함은 일정한 보증금의 납부를 조건으로 하여 구속집행을 정지하여 구속된 피고인을 석방하는 제도**이다. 체포·구속적부심사제도가 구속된 피의자에 대한 석방심사제도라면, 보석제도는 구속된 피고인을 보석금을 조건으로 석방할 것인지 여부를 심사하는 석방심사제도라고 하겠다. 구속피의자에 대하여 체포·구속적부심사절차에서 보증금납입조건부 석방이 인정되고는 있으나, 그러한 소위 피의자보석은 피의자에게 청구권이 인정되지 않는데 반하여, **피고인에 대한 보증금납입조건부 보석제도에서는 피고인에게 청구권이 인정된다는 점에서 차이가 있다.** 이러한 보석제도는 무죄추정의 법리를 존중하여 미결구금의 부당한 장기화로 인한 폐해를 최소화하려는 제도라고 할 것이다.

### (2) 보석의 이유(종류)

보석에는 필요적 보석과 임의적 보석이 있다. **필요적 보석**이라 함은 피고인에 대한 보석청구에 대하여 법원은 법정의 제외사유가 없는 한 보석을 허가하여야 하는 것을 말한다. 필요적 보석이 제외되는 법정사유로 형사소송법은 ① 피고인이 사형·무기 또는 장기 10년이 넘는 징역이나 금고에 해당하는 죄를 범한 때, ② 피고인이 누범에 해당하거나 상습범인 죄를 범한 때, ③ 피고인이 죄증을 인멸하거나 인멸할 염려가 있다고 믿을 만한 충분한 이유가 있는 때, ④ 피고인이 도망하거나 도망할 염려가 있다고 믿을 만한 충분한 이유가 있는 때, ⑤ 피고인의 주거가 분명하지 아니한 때, ⑥ 피고인이 피해자, 당해 사건의 재판에 필요한 사실을 알고 있다고 인정되는 자 또는 그 친족의 생명·신체나 재산에 해를 가하거나 가할 염려가 있다고 믿을 만한 충분한 이유가 있는 때로 규정하고 있다.

**임의적 보석**이라 함은 법원이 위와 같은 제외법정사유에 해당하는 경우에도 상당한 이유가 있으면 직권 또는 보석청구권자의 청구에 의하여 결정으로 허가하는 보석을 말한다. 피고인의 건강을 이유로 보석을 허가하는 소위 **병보석**의 경우도 임의적 보석의 한 유형이라고 할 것이다.

### (3) 보석절차

보석의 청구는 피고인, 피고인의 변호인·법정대리인·배우자·직계친족·형제자매·가족·동거인 또는 고용주가 법원에 서면으로 제출한다. **법원이 피고인의 보석에 관한 결정을 함에는 검사의 의견을 물어야 한다**. 보석의 청구를 받은 법원은 지체 없이 심문기일을 정하여 구속된 피고인을 심문하여야 하며, 필요한 경우에는 사실을 조사할 수 있다. 보석의 청구가 부적법하거나, 이유 없는 때에는 보석청구를 기각한다. 보석을 허가하는 경우에는 반드시 피고인의 출석을 보증할 수 있는 보증금을 정하여야 하며, 필요하고 상당한 범위 안에서 적당한 조건을 부가할 수 있다. 정해진 보증금을 납입한 후가 아니면 보석허가결정을 집행하지 못한다. **보증금은 현금으로 납부함을 원칙**으로 하나, 법원은 **유가증권 또는 피고인 이외의 자가 제출한 보증서로써 보증금에 갈음함을 허가**할 수 있는데, 이는 경제적으로 어려운 피고인의 보석이 가능하도록 하기 위해서이다. 법원은 직권 또는 검사의 청구에 의하여 보석을 취소할 수 있다. **보석을 취소할 때에는 보증금의 전부 또는 일부를 몰수할 수 있다**. 구속이 취소되거나, 보석을 취소하거나, 구속영장의 효력이 소멸한 때에는 **보증금을 환부**하여야 한다.

## Ⅲ. 공 소

### 1. 공소의 의의

**공소라 함은 검사가 법원에 대하여 특정한 피고인에 대한 특정한 형사사건의 심판을 요구하는 법률행위적 소송행위**를 말한다. 이러한 공소를 제기하는 검사의 권리, 즉 검사가 구체적 사건에 관하여 유죄 또는 무죄의 실체 판결을 구하는 권능을 **공소권**이라고 한다. 이러한 공소권의 행사는 적법한 행사여야 하기 때문에 검사가 자의적으로 공소권을 행사하여 피고인에게 실질적인 불이익을 줌으로써 소추재량권을 현저히 일탈하였다고 보여진다면 이는 공소권의 남용으로 공소제기의 효력을 인정할 수 없다.[6)]

### 2. 공소제기의 기본원칙

#### (1) 기소독점주의

역사적으로 공소제기에는 국가소추주의와 사인소추주의가 있는데, 현대사회는 **국가소추주의를 원칙**으로 하고 있고, 우리나라도 마찬가지이다. 즉 국가소추주의라 함은 국가기관이 공소를 전담하는 것을 말하며, 검사가 그 일을 맡고 있기 때문에 **검사기소주의**라고도 한다. 사인소추주의는 일반인에게 공소제기를 할 수 있는 권한을 인정하는 것으로, 이에는 피해자와 일정한 이해관계인이 제기하는 피해자소추주의와 일반인이 제기하는 공중소추주의가 있다.

기소독점주의의 결과 수사결과 공소를 제기함에 충분한 혐의가 인정되고 소송조건을 갖춘 경우에 반드시 공소를 제기하여야 하는 것이 아니기 때

---

6) 대법원 2001. 10. 9. 2001도3106 판결.

문에 **재량에 의한 불기소처분**(기소유예)**이 가능한데, 이를 기소편의주의라고 한다**. 우리 형사소송법은 검사는 범인의 연령·성행·지능과 환경, 피해자에 대한 관계, 범행의 동기·수단과 결과, 범행 후의 정황 등을 참작하여 기소유예를 할 수 있는 기소편의주의를 채택하고 있다. 이에 반해 혐의와 소송조건을 갖춘 경우에 반드시 기소하여야 하는 제도를 기소독점주의라고 한다.

(2) 기소독점주의의 예외

검사의 기소독점주의의 예외로 **재정신청제도와 특별검사제도**가 있다. 재정신청제도라 함은 수사기관에 고소나 고발을 하였음에도 불구하고 검사가 불기소결정한 한 경우에 그 고소나 고발을 한 자가 그 검사소속의 지방검찰청소재지를 관할하는 고등법원에 그 당부에 관하여 심판하여 줄 것을 청구하여, **관할고등법원이 그 신청이 이유 있다고 인정할 경우 그 사건에 대하여 공소제기를 결정하는 것을 말한다**. 관할고등법원으로부터 재정결정서를 송부받은 관할 지방검찰청 검사장 등은 지체 없이 담당검사를 지정하고, 그 검사로 하여금 공소를 제기하도록 하여야 한다. 재정결정에 의한 공소제기에 대하여는 검사가 이를 취소할 수 없다. 재미있는 것은 재정결정에 의한 기소의 경우 검사가 당초에 불기소처분을 하였기 때문에 재정결정에 의해 반의사적으로 공소를 제기한 경우도 있을 수 있기 때문에 **검사는 무죄를 주장할 수가 있으며**, 이 경우 법원은 이에 구속됨이 없이 유죄를 선고할 수 있다는 점이다.

특별검사제도라 함은 고위공직자의 비리나 위법혐의가 있음에도 불구하고 검사가 기소를 하지 아니할 경우 **국회의 의결에 의해 특별검사를 임명하여 그 특별검사가 그 특정 사건에 대하여 수사하여 기소 여부를 결정하는 제도**이다. 우리나라에서는 1999년에 최초로 특별검사제도가 도입되었는데, 대통령은 변호사협회가 대통령에게 특별검사후보 두 명을 추천하면, 그 중에서 한 명을 특별검사로 임명한다. 임명된 특별검사는 특별검사보 및 특별수사관을 선정한다. 특별검사는 고위공직자의 비리나 위법혐의에 대해 독자적인 수사를 할 수 있도록 수사와 공소유지를 위해 검찰청법과 형사소송법이 규정하고 있는 검사의 모든 권한을 행사할 수 있다.

## 3. 공소제기의 방식

### (1) 공소장에 의한 요식주의

**검사가 공소를 제기할 때는 공소장을 관할법원에 제출하는 방식으로 한다.** 공소장에는 피고인·죄명·공소사실 및 적용법조를 기재하여야 한다. 특히 공소사실의 기재는 범죄의 주체 및 일시·장소·범죄방법 등을 명시하여 범죄사실을 특정할 수 있도록 하여야 한다. 판례는 공소장의 서면주의와 엄격한 요식행위성과 관련하여, 공소의 제기에 의해서 법원의 심판이 개시됨을 중시하여 **심판을 구하는 대상을 명확하게 하여 피고인의 방어권을 보장할 필요성 때문에 엄격한 형식과 절차에 따른 공소장 제출은 공소제기라는 소송행위가 성립하기 위한 본질적 요소에 해당**된다면서 공소제기에 현저한 방식 위반이 있는 경우에는 공소제기절차가 법률의 규정에 위반하여 무효인 경우에 해당하고, 위와 같은 절차 위배의 공소제기에 대하여 피고인과 변호인이 이의를 제기하지 아니하고 변론에 응하였다고 하여 그 하자가 치유되는 것은 아니라며, 특정인의 범죄행위가 명시되지 않은 공소장을 검사가 구두로 공소장변경신청을 하고 피고인과 변호인이 이의를 제기하지 않았다고 하더라도 그러한 공소장변경에 의한 공소제기는 적법하지 않는 무효의 공소제기라고 하였다.[7)]

### (2) 공소장일본주의

**공소장일본주의라 함은 공소장에 사건에 관하여 법원에 예단이 생기게 할 수 있는 서류 기타 물건을 첨부하여서는 안 되는 원칙을 말한다.** 이것은 구체적 사건의 심판에 있어서 **공판절차 전에 법관의 예단과 편견을 방지**하여 공정한 판단을 보장하려는 데 그 목적이 있다. 따라서 모든 서류와 증거 등은 공판절차에서 법정에서 직접 제출하여야 한다.

## 4. 공소제기의 효과

**공소제기에 의하여 법원의 공판절차가 개시된다.** 즉 법원의 심판은 검사의 공소제기에 의하여 시작되며, 공소제기로 인하여 **피의자는 피고인으로**

7) 대법원 2009. 2. 26. 2008도11813 판결.

**신분이 바뀌며 수사의 객체에서 소송의 주체로 지위가 전환되게 된다**. 이와 같이 사건이 특정한 법원의 심판대상으로 되어 있는 상태를 **소송계속**이라고 한다. 소송계속이 존재하는 경우에는 동일사건에 대하여 다시 공소를 제기할 수 없는 이중기소의 금지원칙이 적용된다.

공소가 제기되면 공소장에 기재된 특정 피고인에 대하여 특정한 범죄사실에 단일성과 동일성이 인정되는 범위에서만 공소제기의 효력이 미친다. 이를 **공소불가분의 원칙**이라고 한다. 공소제기에 의해 심판의 대상이 확정되기 때문에 법원도 공소제기된 피고인의 범죄사실에 한하여 심판할 수 있다.

## 5. 공소시효

공소시효라 함은 검사가 일정기간 내에 공소제기하지 않으면 그 범죄인이 설사 유죄가 인정되는 범죄를 저질렀다고 하더라도 **국가의 형사소추권이 소멸**하는 것을 말한다. 공소시효제도는 시간의 경과에 따른 사실관계를 존중하여 사회와 개인생활의 안정을 도모하고, 형벌권의 적정한 집행을 기하고자 함에 그 이유가 있다.

공소시효기간은 법정형의 경중에 따라 각각 다르다. 예를 들어 **사형에 해당되는 범죄의 공소시효기간은 15년이고, 무기징역 또는 무기금고에 해당하는 범죄는 10년이다**. 예외적으로 헌정질서파괴범죄나 집단살해범죄의 경우에는 공소시효의 적용이 배제되는 입법체계도 있다. **공소시효의 기산일은 범죄행위를 종료한 때로부터 진행하고, 공범의 경우에는 최종행위가 종료한 때로부터 모든 공범에 대한 시효기간을 기산한다**.

또한 범죄 후 법률 개정으로 공소시효기간이 짧아지면 신법 우선의 원칙에 의해 신법이 적용되며,[8] 길어지면 불이익변경금지의 원칙에 의해 종전의 법률이 적용된다. **공소시효기간을 계산함에 있어 범인이 형사처분을 면할 목적으로 국외에 있는 경우, 그 기간 동안 공소시효는 정지된다**. 공소의 제기 없이 공소시효기간이 경과하거나, 공소가 제기되었으나 판결이 확정되지 않고 15년을 경과한 때에는 공소시효가 완성되고, 이 경우 검사는 불기

8) 대법원 2008. 12. 11. 2008도4376 판결.

소처분을 하여야 하며, 검사가 불기소처분을 하지 않을 경우 법원은 공소기각판결을 한다.

## 제4절 공 판

### Ⅰ. 공판절차

#### 1. 의 의

공판 또는 공판절차라 함은 공소가 제기되어 사건이 법원에 계속된 이후 그 소송절차가 종결될 때까지의 전 절차, 즉 **법원이 피고사건에 대하여 심리·재판하고 또 당사자가 변론하는 모든 절차단계를 말한다**. 이러한 공판절차 중 공판기일에 행하여지는 절차를 협의의 공판절차라고 한다.

#### 2. 공판절차의 기본원칙

공판절차는 보통 **공개주의, 구두변론주의, 직접주의, 집중심리주의** 등 기본적으로 네 가지 원칙에 의하여 진행된다. 공개주의라 함은 공판절차가 일반국민에게 공개되어 그들이 방청할 수 있는 것을 말하며, 밀행주의나 당사자공개주의에 대립되는 개념이다. 다만 공개주의원칙을 취하면서도 법정의 크기나 법정의 질서를 유지하기 위하여 방청인을 제한할 수는 있다. 또한 사건의 내용이 국가의 안전보장 또는 안녕질서에 반하거나 선량한 풍속을 해할 염려가 있는 때에는 심리를 공개하지 않을 수 있다. **구두변론주의**라 함은 법원이 당사자의 구두에 의한 공격·방어를 근거로 하여 심리·재판하는 원칙을 말한다. **직접주의**라 함은 공판정에서 직접 조사한 증거만을 재판의 기초로 삼아야 한다는 원칙을 말한다. 따라서 공판 진행 후 담당판사가 바뀌게 되면 종전의 공판절차를 갱신하고, 반대신문의 기회가 보장되어 있지 않는 전문증거는 직접증거가 아니기 때문에 증거능력이 배제된다. **집중심리주의 또는 계속심리주의**라 함은 심리에 2일 이상을 요하는 사건은 연일 계속하여 심리해야 한다는 것을 말하며, 현재 집중심리는 특정강력범죄의 처벌에 관한 특례법에 의한 공소제기에 대하여 시행되고 있다.

### 3. 공판심리의 대상

**형사법원의 심판대상은 공소장에 기재된 공소사실에 한한다**. 이를 현실적 심판의 대상이라고 한다. 다만 공소사실과 동일성이 인정되는 사실은 **공소장변경 등을 통해 언제든지 현실적 심판의 대상이 될 수 있기 때문**에 잠재적 심판의 대상이 된다. 결국 잠재적 심판의 대상은 공소사실과 동일성이 인정되더라도 공소장변경절차에 의하여 변경되지 않는 한 법원이 심판할 수 없는 제한을 받는다. 따라서 **검사는 공소사실의 동일성을 해하지 않는 한도에서 법원의 허가를 얻어 공소장의 공소사실 또는 적용법조를 추가·철회 또는 변경할 수 있다**. 이것을 공소장변경이라고 한다. 법원은 검사가 공소장변경을 하지 아니하면 심리의 경과에 비추어 상당하다고 인정할 때에는 검사에게 공소사실 또는 적용법조의 추가 또는 변경을 요구하여야 한다.

### 4. 공판준비절차

**공판준비절차는 공판절차를 진행하기 위하여 수소법원이 미리 사전에 행하는 절차**를 말하며, 제1회 공판기일 전이든, 제2회 공판기일 전이든 언제든지 할 수 있다. 이러한 공판준비절차로는 공판기일 전에 행하는 공소장부본의 송달, 공판기일의 지정·변경, 공판기일의 통지와 소환, **공판기일 전의 증거조사** 등이 있다.

### 5. 공판정에서의 심리

**형사재판은 공판기일에 공판정에서 판사와 검사 및 법원사무관 등이 출석**하여 개정한다. 국민의 형사재판참여에 관한 법률에 의해 시행되는 **국민참여재판의 경우에는 판사·배심원·예비배심원·검사·변호인 등이 출석하여 개정**한다.

당연히 피고인이 공판기일에 공판정에 출석하여야 하기 때문에 피고인이 출석하지 아니하면 공판절차를 진행하지 못한다. 다만 ① 피고인이 법인

(대리인 출석 가능), ② 다액 500만원 이하의 벌금 또는 과료에 해당하는 사건, ③ 공소기각 또는 면소의 재판을 할 것이 명백한 사건, ④ 장기 3년 이하의 징역 또는 금고, 다액 500만원을 초과하는 벌금 또는 구류에 해당하는 사건에서 법원이 피고인의 불출석을 허가한 사건, ⑤ 약식명령에 대하여 피고인만이 정식재판을 청구하여 판결을 선고하는 사건, ⑥ 피고인이 정당한 사유 없이 출석을 거부하고 교도관에 의한 인치가 불가능하거나 현저히 곤란하다고 인정되는 경우에는 예외적으로 피고인이 출석하지 않더라도 공판절차를 개정할 수 있다.

그 외에도 법원은 소송관계를 분명하게 하거나 소송절차를 원활하게 진행하기 위하여 필요한 경우에는 직권으로 또는 검사·피고인 또는 변호인의 신청에 의하여 결정으로 전문심리위원을 지정하여 공판준비 및 공판기일 등 소송절차에 참여하게 할 수 있다. 공판기일에 소송의 진행을 질서 있게 하고 심리를 원활하게 하기 위하여 재판장은 소송지휘권을 행사하여 소송을 지휘하고, 법정경찰권을 행사할 수 있다.

## 6. 공판기일의 절차

### (1) 모두절차

공판정에서 이루어지는 공판절차는 모두절차·사실심리절차·판결선고절차 등 세 단계로 구분된다. **모두절차**라 함은 ① 재판장이 피고인에게 각개의 신문에 대하여 진술을 거부할 수 있음과 이익이 되는 사실을 진술할 수 있다는 취지를 알려 주는 **진술거부권의 고지절차**와 피고인의 성명·연령·본적·주거와 직업 등을 확인하여 피고인의 동일성을 확인하는 **인정신문절차** 등 **법원의 모두절차**, ② 검사가 공소장에 의하여 기소의 요지를 진술하거나 검사의 출석 없이 개정하는 경우 공소장에 기재된 사항에 의하여 검사의 기소요지의 진술이 있는 것으로 간주되는 **검사의 모두절차**, ③ 피고인이 공소사실의 인정 여부를 진술하거나 피고인과 변호인이 피고인에게 이익이 되는 사실 등을 진술하는 **피고인의 모두절차** 등을 말한다.

재판장은 피고인의 모두진술이 끝난 후 피고인 또는 변호인에게 쟁점의 정리를 위하여 필요한 질문을 할 수 있다. 그리고 재판장은 증거조사를 하기에 앞서 검사 및 변호인으로 하여금 공소사실 등의 증명과 관련된 주장 및 입증계획 등을 진술하게 할 수 있다.

### (2) 사실심리절차

법원은 모두절차가 끝나면 피고사건의 사실인정과 형의 양정에 관한 심증형성을 위하여 **인증·서증·물증 등 각종의 증거방법을 조사**한다(증거조사). 증거조사 중 증인신문은 증인을 출석시켜 선서하게 한 후 신문에 따라 진술(증언)하는 방식으로 진행된다. 증인선서는 증인신문 전에 하여야 하는데, 선서의 내용은 "양심에 따라 숨김과 보탬이 없이 사실 그대로 말하고, 만일 거짓말이 있으면 위증의 벌을 받기로 맹서합니다"라고 하여야 한다. 재판장은 선서할 증인에 대하여 **선서 전에 위증의 죄를 경고**해야 한다. **증인이라 함은 증인이 과거에 경험한 사실을 내용으로 하는 진술(답변)을 통해 증거를 얻는 증거방법이다**. 즉 당사자 이외의 제3자여야 한다. 법원은 법률에 다른 규정이 없으면 누구든지 증인으로 신문할 수 있지만 당해 재판을 담당하고 있는 법관·검사·변호인·피고인은 당해 사건에 대한 증인이 될 수 없다.

증인은 선서하였다고 하더라도 ① 자기·친족·친족관계에 있었던 자·법정대리인·후견감독인의 형사책임과 관련되는 경우, ② 변호사·의사·약사·종교인 등 특정의 직에 있는 자 또한 이러한 직에 있던 자의 경우에는 **증언거부권**이 인정된다. 증인에 대한 신문은 개별 신문을 원칙으로 하나 필요한 때에는 다른 증인 또는 피고인과 **대질신문**을 할 수 있으며, **신문방식은 일문일답의 형식에 의한 구두진술이어야 한다**. 증인신문의 순서는 **교호신문제도**에 의해 증인을 신청한 검사, 변호인 또는 피고인이 먼저 신문하고(주신문), 다음에 반대당사자가 신문한다(반대신문). 법원은 원칙적으로 당사자의 신문이 끝난 뒤에 신문할 수 있다. 즉 **주신문, 반대신문, 재주신문, 재반대신문 등의 순서로 행해진다**.

**증거조사 종료 후 피고인신문을 한다**. 피고인신문은 검사 또는 변호인이 순차로 피고인에게 공소사실 및 정상에 대하여 필요한 사항을 직접 신문할 수 있고, 재판장도 필요하다고 판단할 경우 피고인을 신문할 수 있다. 합의부원(주로 주심판사)은 재판장에게 고하고 신문할 수 있다.

공소사실에 대한 심리가 끝나면 검사는 그 사실에 적용할 법률적 의견을 진술한다. 이를 **검사의 논고**라고 하며, 그 중 검사의 양형에 대한 의견을 구형이라고 한다. 재판장은 검사의 의견을 들은 후 **피고인과 변호인에게 최종의견을 진술할 기회를 주어야 한다**. 이러한 최종변론기회는 피고인 및 변호인 모두에게 주어야 한다.

(3) 판결선고절차

사실심리절차가 종료한 후 수소법원이 판결을 선고하는 판결선고절차를 밟는다. 법원은 국민의 형사재판참여 법률에 의한 국민참여재판의 경우에는 **배심원이 유·무죄에 관하여 평의하고, 전원의 의견이 일치하면 그에 따라 평결한다. 배심원의 평결과 의견은 직업법관으로 구성된 재판부를 기속하지 않는다**.

판결은 법관이 공판정에서 재판서에 의하여 선고하여야 한다. **재판장은 판결을 선고함에 있어 주문을 낭독하고 이유의 요지를 설명하여야 한다**. 재판장은 형을 선고하면서 피고인에게 상소할 기간과 상소할 법원을 고지하여야 한다. 판결의 선고에 의하여 당해 심급의 공판절차는 종결되고, 상소기간이 진행된다.

## 7. 간이공판절차

**간이공판절차라 함은 피고인이 공판정에서 자백하는 사건에 대하여 형사소송법이 규정하는 증거조사절차를 간이화하고, 증거능력의 제한을 완화하여 심리를 신속하게 진행하기 위한 공판절차를 말한다**. 따라서 간이공판절차에서의 증거조사는 법원이 상당하다고 인정하는 방법으로 행하면 충분하다. 그러나 간이공판절차는 증거능력과 증거조사에 대한 특칙이 인정되는 것일 뿐 나머지 절차는 그렇지 않기 때문에 그 이외의 공판절차는 형사소송법의 정식재판절차에 의해 행해진다. 또한 법원은 피고인의 자백이 신빙할 수 없다고 인정되거나 간이공판절차로 심판하는 것이 현저히 부당하다고 인정되는 경우에는 직권으로 간이공판절차를 취소하고 정식절차에 의해 공판절차를 진행할 수 있다.

## 8. 공판절차의 정지와 갱신

### (1) 공판절차의 정지

**공판절차의 정지라 함은 심리의 진행을 방해할 중대한 사유가 발생한 경우에 그 사유가 없어질 때까지 공판절차를 법률상 진행할 수 없는 것을 말한다.** 이러한 사유에는 ① 피고인이 사물을 변별하거나 의사결정을 할 능력이 없는 상태에 있거나, ② 공소장변경으로 인한 피고인의 방어권보장을 위한 필요성이 있을 때 등이 있다.

### (2) 공판절차의 갱신

**공판절차의 갱신이라 함은 공판절차를 진행한 법원이 판결선고 이전에 이미 진행된 공판절차를 그대로 인정할 수 없어 다시 그 절차를 밟은 것을 말한다.** 이러한 사유로는 ① 공판개정 후 판사의 경질이 있거나, ② 간이공판절차의 결정이 취소되거나, ③ 피고인의 심신상실로 인하여 공판절차가 정지된 후 다시 공판절차를 진행하는 경우 등이다. 실제로는 공판갱신절차라는 간이한 절차를 통해 종전 공판자료를 그대로 원용하여 사용하고 있다.

## 9. 변론의 병합·분리·재개

**변론의 병합**이라 함은 법원이 필요하다고 인정한 때 직권 또는 검사·피고인·변호인의 신청에 의하여 결정으로 동일 또는 별개의 법원에 계속되어 있는 수개의 사건을 한 개의 절차에 병합하여 동시에 심리하는 것을 말하고, **변론의 분리**라 함은 병합된 수개의 사건을 분리하여 별개의 절차에서 심리하는 것을 의미한다. 또한 법원은 필요하다고 인정한 때에는 이미 종결한 변론을 직권 또는 검사·피고인이나 변호인의 신청에 의하여 다시 **재개**할 수 있다. 심리가 미진하여 사실관계나 법률관계에 대한 검토가 더 필요하다고 할 경우에 재개하고 있다.

# Ⅱ. 증 거

## 1. 의 의

증거라 함은 일반적으로는 사실인정의 근거가 되는 자료를 말하지만, **형사소송법상 증거라는 용어는 증거방법·증거자료·증거원인 등 다양한 의미로 사용되고 있다.** **증거방법**이라 함은 증거조사의 객체가 되는 유형물, 즉 증인·감정인·증거물·증거서류 등과 같이 사실인정의 자료를 가지고 있는 사람 또는 물건을 말한다. **증거자료**라 함은 증거방법을 증거조사한 결과 알게 된 내용, 즉 사실인정의 자료를 말한다. 이에는 믿을 수 있는 증거자료와 믿을 수 없는 증거자료 등이 모두 포함되어 있는 상태라고 하겠다. 증거자료로는 증인신문에 의하여 얻게 된 증인의 증언, 피고인의 진술, 증거물의 조사에 의하여 알게 된 증거물의 성질 등이 있다. **증거원인**이라 함은 증거자료 중 법관이 사실인정의 자료로 활용한 증거자료, 즉 사실인정에 미치는 증거가치를 말한다. 따라서 **법관이 자유심증에 의해 믿지 아니하는 증거자료는 증거자료이지만 증거원인은 되지 못하며, 법관이 믿는 증거자료만이 증거원인이 되어 유·무죄의 판단자료로 사용된다.**

**증거능력이라는 개념이 있는데, 이는 증거방법이 될 수 있는 적법한 자격을 말한다.** 따라서 증거능력이 없는 증거방법은 증거로 채택될 수 없기 때문에 증거조사를 하여서는 아니 되며, 증거조사를 하였다고 하더라도 그 증거자료는 증거원인으로 사용하여서는 아니 된다.

## 2. 증거의 종류

### (1) 직접증거, 간접증거

**직접증거라 함은 요증사실(범죄의 구성요건해당사실)을 직접 증명하는 증거**를 말한다. 예를 들어 피고인의 범죄사실에 대한 자백, 범죄현장을 직접 목격한 증인의 증언 등이 이에 해당한다. **간접증거(정황증거)라 함은 요증사실을 간접적으로 증명하여 범죄사실을 추단케 하는 증거를 말한다.** 예를 들어 범죄현장에서 채취된 피고인의 지문, 피 묻은 칼, 범행장소에서 나오는 장면

이 찍힌 CCTV 등의 자료 등이 이에 해당한다.

(2) 인적 증거, 물적 증거, 증거서류

증거의 대상에 의한 분류방식으로, **인적 증거**라 함은 증인의 증언이나 피고인의 진술과 같이 사람의 언어에 의하여 진술된 사상내용이 증거로 되는 증거를 말한다. **물적 증거**라 함은 범행에 사용된 흉기 또는 절도의 장물과 같이 감각적 실험에 의하여 물건의 존재 또는 상태가 증거로 되는 말한다. **증거서류**라 함은 공판조서와 같이 서면의 의미·내용이 증거로 되는 것을 말한다.

(3) 본증, 반증

증거제출책임이 누구에게 있는가에 의한 분류로, **본증이라 함은 증명책임을 지는 당사자가 제출하는 증거를 말하며**(실질적 거증책임), **반증이라 함은 본증의 증거가치를 배척하고 법관의 심증형성을 방해하기 위하여 본증의 반대당사자가 체굴하는 증거를 말한다.**

## 3. 증거능력과 증명력

**증거능력이라 함은 증거방법이 엄격한 증명의 자료로 사용될 수 있는 법적 지위나 자격을 말한다.** 따라서 증거능력이 없는 증거에 의하여 공소범죄사실 등 주요사실이 인정되어서는 아니 되며, 이러한 증거에 의해 법관이 영향을 받아 심증을 형성하여서도 아니 된다.

**증명력이라 함은 증거방법을 증거조사하여 나온 증거자료의 가치를 말한다.** 즉 법관이 그 증거자료를 믿을 것인지 말 것인지에 대한 증거가치라고 하겠다. 증거에 대하여는 법관의 자유심증주의가 원칙이기 때문에 법관은 헌법과 법률, 법관으로서의 양심에 따라 자유롭게 증거자료 인정 여부를 결정할 수 있다.

## 4. 증거재판주의

(1) 의 의

실체적 진실주의를 취하고 있는 형사소송법체계에서는 법관의 자의에 의한 사실인정이 허용될 수 없고, 피고인이 자백하였다고 하더라도 그 자백만을 근거로 유죄로 인정해서는 아니 된다. 따라서 법관은 사실을 인정함에 있어 반드시 객관적 증거에 의해야 하며, 그 범죄사실의 인정 정도도 합리적인 의심이 없는 정도의 증명에 이르러야 한다. 이를 증거재판주의라고 한다.

#### (2) 엄격한 증명, 자유로운 증명

증거재판주의와 관련하여 엄격한 증명과 자유로운 증명이 있는데, **엄격한 증명이라 함은 법률상 증거능력이 있고 적법한 증거조사를 거친 증거에 의하여 증명하여야 하는 증명**을 말하고, **자유로운 증명이라 함은 증거능력이 없는 증거 또는 적법한 증거조사를 거치지 아니한 증거에 의하여 증명이 인정되는 증명**을 말한다. 현행 형사소송법은 공소범죄사실, 처벌조건, 법률상 형의 가중·감면의 이유되는 사실, 몰수·추징의 사유와 간접사실 등은 엄격한 증명을 필요로 한다. 이에 반하여 양형의 기초가 되는 정상관계사실, 소송조건의 존부 등과 같은 순수한 소송법적 사실은 자유로운 증명으로 족하다.

이와 같이 엄격한 증명이든, 자유로운 증명이든 증명을 요하는 사실을 **요증사실**이라고 한다. 이와 달리 증명을 요하지 않는 **불요증사실**이 있는데, 이에는 공지의 사실, 법률상 추정되는 사실, 사실상 추정되는 사실, 거증금지사실 등이 있다.

### 5. 거증책임(증명책임)

거증책임, 즉 **증명책임이라 함은 범죄구성요건사실, 즉 요증사실의 존부에 대하여 증명할 책임을 지는 것을 말한다**. 거증책임의 주관적 책임은 범죄사실을 증명해야 하는 검사에게 있다. 따라서 검사는 공소범죄사실, 처벌조건인 사실, 형의 가중·감면사유가 되는 사실, 소송조건의 존재에 대하여 증거를 제출할 책임이 있다. 만일 이러한 거증책임을 다 하지 못하면 그러한 사실은 존재하지 아니한 것으로 기능하여 피고인에게 유리하게 작용한다.

### 6. 자유심증주의

#### (1) 의 의

**자유심증주의**라 함은 법관의 자유로운 판단에 의해 증거의 증명력을 결정하도록 하는 원칙을 말한다. 반면에 일정한 증거가 있으면 반드시 유죄로 인정하여야 하는 원칙을 **법정증거주의**라고 한다. 따라서 법관은 자유심증주의에 의하여 범죄사실을 인정함에 있어 아무런 법률적 구속을 받음이 없이 구체적으로 증거가치를 판단하여 사건의 실체적 진실을 규명할 수 있는 장점이 있다. 즉 법관은 자유심증주의에 의해 증명력, 즉 증거의 가치를 판단하게 되는 것이다.

### (2) 자유심증주의의 한계

자유심증주의의 한계는 법관의 자의적 판단에 의한 불공정한 재판이 이루어지는 것의 경계라고 할 것이다. 이와 관련하여 판례는 **증거와 증명력은 법관의 자유판단에 맡겨져 있으나**(형사소송법 제308조), **그 판단은 논리와 경험칙에 합치하여야 하고, 형사재판에 있어서 유죄로 인정하기 위한 심증형성의 정도는 합리적인 의심을 할 여지가 없을 정도**여야 하나(형사소송법 제307조 제2항), 이는 모든 가능한 의심을 배제할 정도에 이를 것까지 구하는 것은 아니며, 증명력이 있는 것으로 인정되는 증거를 합리적인 근거가 없는 의심을 일으켜 이를 배척하는 것은 자유심증주의의 한계를 벗어나는 것으로 허용될 수 없다 할 것인바, 여기에서 말하는 합리적 의심이라 함은 모든 의문·불신을 포함하는 것이 아니라 논리와 경험칙에 기하여 요증사실과 양립할 수 없는 사실의 개연성에 대한 합리성 있는 의문을 의미하는 것으로서, 피고인에게 유리한 정황을 사실인정과 관련하여 파악한 이성적 추론에 그 근거를 두어야 하는 것이므로 단순히 관념적인 의심이나 추상적인 가능성에 기초한 의심은 합리적 의심에 포함된다고 할 수 없다고 하였다.[9)]

이러한 자유심증주의의 한계는 피고인의 자백이 유일한 증거인 경우에 다른 보강증거가 없는 한 유일한 자백만으로 유죄의 증거를 삼을 수 없도록 형사소송법은 제한하고 있다. 결국 자유심증주의라 함은 그 한계를 고려할 때 합리적 심증주의 또는 과학적 심증주의에 기초한 자유심증주의라고 하겠다.

---

9) 대법원 2008. 6. 12. 2008도2621 판결.

## 7. 자백의 증거능력 제한

### (1) 자백의 의의

**자백이라 함은 피의자 또는 피고인이 범죄사실의 전부 또는 일부를 시인하는 진술을 말한다**. 자백은 공소범죄사실을 직접적으로 인정할 수 있는 증거이므로 직접증거에 해당한다. 그러나 피고인의 자백이 고문·폭행·협박·신체구속의 부당한 장기화 또는 기망 기타의 방법으로 임의로 진술한 것이 아니라고 의심할 만한 합리적 이유가 있는 경우에는 이를 유죄의 증거로 삼지 못한다.

### (2) 증거능력의 한계

**자백은 그 자체로 진실해야 하며, 임의적 진술에 의하여야 한다**. 따라서 자백이 임의성이 없는 경우에는 자백의 증거능력이 부정되어야 한다. 왜냐하면 임의성 없는 자백에 증거능력을 인정하게 되면 수사관이 고문 등의 방법으로 피의자 또는 피고인의 자백을 강요할 것이기 때문에 인권침해의 소지가 있기 때문이다. 또한 임의성 없는 자백에 기초하여 취득한 다른 증거, 예를 들어 고문을 하여 범행도구가 숨겨진 장소를 자백받아 범죄도구를 압수한 경우에도 그 다른 증거도 **독수독과의 원칙에 따라 증거능력이 부정되어야 한다**.

판례도 자백의 임의성에 대한 의심과 입증책임에 대하여, "피고인의 검찰에서의 자백이 잠을 재우지 아니한 채 폭언과 강요·회유한 끝에 받아낸 것으로 임의로 진술한 것이 아니라고 의심할 만한 상당한 이유가 있는 때에 해당한다면 형사소송법 제309조의 규정에 의하여 그 피의자신문조서는 증거능력이 없고, 임의성 없는 자백의 증거능력을 부정하는 취지가 허위진술의 유발 또는 강요할 위험성이 있는 상태 하에서 행하여진 자백은 그 자체가 실체적 진실에 부합하지 아니하여 오판의 소지가 있을 뿐만 아니라 그 진위 여부를 떠나서 자백을 얻기 위하여 피의자의 기본적 인권을 침해하는 위법·부당한 압박이 가하여지는 것을 사전에 막기 위한 것이므로, 그 임의성에 다툼이 있을 때에는 그 임의성을 의심할 만한 합리적이고 구체적인 사실을 피고인이 입증할 것이 아니고 검사가 그 임의성과 관련된 의문점을 해소하

는 입증을 하여야 한다"고 하였다.[10]

### (3) 유일한 자백과 보강증거

형사소송법 제310조는 "피고인의 자백이 그 피고인에게 불이익한 유일의 증거인 때에는 이를 유죄의 증거로 하지 못한다"고 규정하여, 자백이 유일한 유죄의 증거인 경우에는 이를 보강할 다른 증거를 요구하고 있다. 따라서 법관은 피고인이 임의로 한 자백에 의하여 유죄의 심증을 얻었다 할지라도 보강증거가 없으면 유죄판결을 하여서는 아니 된다. 이러한 자백의 보강법칙은 법관의 자유심증주의에 대한 예외라고 할 것이다.

**보강증거라 함은 피고인의 자백의 진실성을 확인하는 독립된 증거를 말한다.** 따라서 자백의 보강증거를 통해 진실성을 담보함으로써 오판을 사전에 예방하고, 자백을 얻기 위한 수사기관의 인권침해를 사전에 예방하는 데 그 목적이 있다. 피고인의 유일한 자백은 수사기관에서의 자백이든 법원에서의 자백이든 모두 보강증거를 필요로 한다. 보강증거는 독립증거일 것이 요구되므로 증거능력 있는 독립증거인 이상 인증·물증·증거서류·간접증거·정황증거이든 모두 보강증거가 될 수 있다. 보강증거는 범죄사실의 전부에 대한 증거임을 요하지 않고, 자백의 진실성을 담보할 수 있으면 일부에 대한 증거로도 족하다. 판례도 자백에 대한 보강증거는 범죄사실의 전부 또는 중요부분을 인정할 수 있는 정도가 되지 아니하더라도 피고인의 자백이 가공적인 것이 아닌 진실한 것임을 인정할 수 있는 정도만 되면 족한 것으로서, 자백과 서로 어울려서 전체로서 범죄사실을 인정할 수 있으면 유죄의 증거로 충분하고, 나아가 사람의 기억에는 한계가 있는 만큼 자백과 보강증거 사이에 어느 정도의 차이가 있어도 중요부분이 일치하고, 그로써 진실성이 담보되면 보강증거로서의 자격이 있다고 하였다.[11]

다만 즉결심판의 경우에는 자백만으로 유죄의 증거로 삼을 수 있기 때문에 자백의 보강법칙이 적용되지 아니 한다.

---

10) 대법원 1999. 1. 29. 98도3584 판결.

11) 대법원 2008. 5. 29. 2008도2343 판결.

## 8. 위법수집증거배제법칙

### (1) 의 의

**위법수집증거배제법칙이라 함은 위법한 절차에 의하여 수집된 증거, 즉 위법수집증거의 증거능력은 부정되어야 하는 것을 말한다.** 왜냐하면 위법수집증거를 인정하게 되면 형사소송법이 추구하고 있는 적법절차의 실현이 무너질 뿐만 아니라 국민의 기본권이 침해되는 경우가 발생할 수 있기 때문이다. 문제는 어느 정도까지의 위법의 경우에 그 증거를 배제할 것인가의 여부라고 하겠다. 따라서 위법의 정도가 경미한 경우까지 증거능력을 부정할 것은 아니라고 하겠다. 따라서 **위법수집증거의 배제법칙은 영장주의에 위반하여 수집한 증거물, 야간압수·수색금지규정에 위반한 압수·수색 등으로 인하여 수집한 증거, 고문 등에 의하여 얻는 증거 등의 경우에 적용된다**고 할 것이다.

판례도 같은 취지로 "헌법과 형사소송법이 정한 절차에 따르지 아니하고 수집한 증거는 물론, 이를 기초로 하여 획득한 2차적 증거 역시 기본적 인권보장을 위해 마련된 적법한 절차에 따르지 않는 것으로서 원칙적으로 유죄인정의 증거로 삼을 수 없다. 다만, 위법하게 수집한 압수물의 증거능력 인정 여부를 최종적으로 판단함에 있어서는 수사기관의 증거수집과정에서 이루어진 절차위반행위와 관련된 모든 사정, 즉 절차조항이 보호하고자 하는 권리 또는 법익의 성질과 침해정도 및 피고인과의 관련성, 절차위반행위와 증거수집과정에서 이루어진 절차위반행위와 관련된 모든 사정, 즉 절차조항의 취지와 그 위반의 내용 및 정도, 구체적인 위반경위와 회피가능성, 절차조항이 보호하고자 하는 권리 또는 법익의 성질과 침해정도 및 피고인과의 관련성, 절차위반행위와 증거수집 사이의 인과관계 등 관련성의 정도, 수사기관의 인식과 의도 등을 전체적·종합적으로 살펴볼 때, 수사기관의 절차위반행위가 적법절차의 실질적인 내용을 침해하는 경우에 해당하지 아니하고, 오히려 그 증거의 증거능력을 배제하는 것이 헌법과 형사소송법이 형사소송에 관한 절차조항을 마련하여 **적법절차의 원칙과 실체적 진실규명의 조화를 도모**하고 이를 통하여 형사사법정의를 실현하려고 한 취지에 반하는 결과를 초래하는 것으로 평가되는 예외적인 경우에 한해 그

증거를 유죄인정의 증거로 사용할 수 있을 뿐이다"라고 판시하였다.[12)]

(2) 당사자의 동의 불허

**위법하게 수집된 증거인 경우에는 피의자 또는 피고인이 그 증거능력을 동의하였다고 하더라도 이를 증거로 인정하여서는 아니 된다**고 하겠다.

## 9. 전문증거배제법칙

(1) 의 의

**전문증거라 함은 사실인정의 기초가 되는 경험적 사실을 경험자 자신이 직접 법원에 진술하는 것이 아니라, 한 단계를 거친 다른 형태로 간접적으로 보고되는 증거를 말한다**. 따라서 법관은 증거제공자와 직접 대면한 것이 아니기 때문에 공판중심주의에 반하게 되어, 그러한 전문증거를 법원이 원칙적으로 증거로 인정할 수 없는 것을 전문증거배제법칙 또는 전문법칙이라고 한다. 이처럼 전문법칙을 취하고 있는 것은 **전문증거가 부정확한 내용의 전달인 경우가 많고, 반대신문의 기회가 없으며, 법원의 직접심리주의에 반하기 때문이다**.

(2) 예 외

전문증거는 요증사실을 직접 지각한 자의 진술을 내용으로 하는 진술증거를 의미한다. 따라서 **전문법칙은 진술증거에 대하여만 적용**되기 때문에 증거물과 같은 비진술증거에는 그 적용이 없다. 그런데 전문증거배제법칙은 원칙적으로 증거가치 있는 모든 증거는 증거능력이 있다는 전제에 대한 예외적 현상이기 때문에 각종의 예외를 인정하고 있다. 예를 들어 피고인에 대한 피의자신문조서의 경우 피의자가 진정성립을 인정하면 그 임의성과 내용이 진실한 것으로 추정되어 전문증거를 증거로 인정할 수 있다.

판례는 공판준비 또는 공판기일에서 이미 증언을 마친 증인을 검사가 소환하여 그 증언내용과 다른 진술을 받은 **참고인진술조서**를 증거로 제출한 것에 대하여 "**공판준비 또는 공판기일에서 이미 증언을 마친 증인을 검사가 소환한 후 피고인에게 유리한 증언내용을 추궁하여 이를 일방적으로 번복시**

12) 대법원 2009. 5. 14. 2008도10914 판결.

**키는 방식으로 작성한 진술조서를 유죄의 증거로 삼는 것은 당사자주의·공판중심주의·직접주의를 지향하는 현행 형사소송법의 소송구조에 어긋나는 것**일 뿐만 아니라, 헌법 제27조가 보장하는 기본권, 즉 법관의 면전에서 모든 증거자료가 조사·진술되고 이에 대하여 피고인이 공격·방어할 수 있는 기회가 실질적으로 부여되는 재판을 받을 권리를 침해하는 것이므로, 이러한 진술조서는 피고인이 증거로 할 수 있음에 동의하지 아니하는 한 그 증거능력이 없다고 하여야 할 것이고, 그 후 **원진술자인 종전 증인이 다시 법정에 출석하여 증언을 하면서 그 진술조서의 성립의 진정함을 인정하고 피고인측에 반대신문의 기회가 부여되었다고 하더라도 그 증언 자체를 유죄의 증거로 할 수 있음은 별론으로 하고 위와 같은 진술조서의 증거능력이 없다는 결론은 달리할 것이 아니다**"라고 하여 그 증인의 번복진술에 대한 참고인진술조서에 대한 피고인의 증거동의가 없는 한 증거능력이 없다고 하였다.[13]

## 10. 당사자의 동의와 증거능력

어떤 증거가 증거로 최종 인정되기 위해서는 **진정성립, 임의성, 내용의 진실성 등이 모두 인정되어야 한다**. 그런데 검사와 피고인이 모두 증거로 할 수 있음을 동의한 서면 또는 물건이 진정한 것으로 인정된 때에는 이를 증거로 할 수 있도록 하고 있다. 이는 전문법칙에 의하여 증거능력이 없는 증거라 할지라도 당사자가 동의한 때에는 증거로 할 수 있도록 하여 그 전문법칙을 유지하기 위하여 불필요하게 증인을 소환하여 신문하는 절차를 생략함으로써 신속한 재판을 통한 소송경제를 도모하기 위해서이다.

즉 **증거에의 동의는 반대신문권의 포기를 의미**하므로 원칙적으로 증거조사 전에 적극적으로 명시하여야 한다. 다만 실체적 진실주의원칙상 당사자가 증거로 함에 동의한 서면 또는 물건일지라도 법원이 진정한 것으로 인정한 때에 한하여 증거능력이 있다. 여기서 진정성이란 진술서에 서명·날인이 없거나, 진술서의 기재내용이 진술과 상이하거나, 진술내용이 진실과 다른 경우와 같이 그 진실성을 의심케 하는 상황이 없는 경우를 의미한다고

13) 대법원 2000. 6. 15. 99도1108 전원합의체 판결.

하겠다. 한편 피고인은 동의하였더라도 그 동의가 절차를 형성하는 행위에 불과하기 때문에 절차의 안정성을 해치지 않는 범위에서는 철회가 허용된다고 할 것인데, 이 경우에도 증거조사가 완료되기 전까지 해야 한다. 왜냐하면 법관의 심증형성 이후에 하는 동의의 철회는 의미가 없기 때문이다.

판례도 "형사소송법 제318조에 규정된 증거동의의 의사표시는 증거조사가 완료되기 전까지 취소 또는 철회할 수 있으나, **일단 증거조사가 완료된 뒤에는 취소 또는 철회가 인정되지 아니하므로 제1심에서 한 증거동의를 제2심에서 취소할 수 없고, 일단 증거조사가 종료된 후에 증거동의의 의사표시를 취소 또는 철회하더라도 취소 또는 철회 이전에 이미 취득한 증거능력이 상실되지 않는다**.[14]

동의는 소송주체인 당사자가 할 것이지만, 변호인도 피고인의 명시한 의사에 반하지 않는 한 피고인을 대리하여 동의할 수 있고, 이 경우 피고인이 즉시 이의하지 아니하는 경우에는 변호인의 동의로 증거능력이 인정되고 증거조사완료 전까지 앞서의 동의가 취소 또는 철회하지 아니한 이상 일단 부여된 증거능력은 그대로 존속된다고 하겠다.[15]

## 11. 탄핵증거

**탄핵증거라 함은 전문법칙에 의하여 증거능력이 없는 전문증거가 진술증거의 증명력을 강화하거나 약화시키기 위한 증거로 사용되는 증거를 말한다.** 즉 진술의 증명력을 다루기 위한 증거를 말한다. 이처럼 탄핵증거제도는 그 자체로는 증거능력이 없는 전문증거이지만, 그 전문증거를 다른 증거의 증거능력이나 증명력을 강화하거나 약화시키는 증거로 이용함으로써 간접적으로 전문증거를 관철시키게 될 경우, 법관이 증거능력 없는 증거에 의한 부당한 심증형성을 하게 될 위험성을 안고 있다고 하겠다.

그럼에도 불구하고 탄핵증거를 허용하는 것은 전문증거에 기재된 내용과 다른 내용의 진술을 법정에서 하는 피고인이나 증인들의 진술의 신빙성을 탄핵하기 위한 목적으로 이용된다. 즉 탄핵증거로서 제출할 수 있는 증

---

14) 대법원 1999. 8. 20. 99도2029 판결.
15) 대법원 1999. 8. 20. 99도2029 판결.

거는 그 범위가 **자기모순의 진술**, 즉 법정에서의 진술과 상이한 진술을 법정 외에서 동일인이 한 경우에 그 법정 외에서 진술을 들은 자의 진술에 국한된다고 하겠다. 예를 들어 참고인을 조사한 사법경찰관리가 피고인이 자신에게 수사를 받을 때 법정에서 한 진술과 다른 진술을 임의성이 보장된 상태에서 진술하였음을 법정에 증인으로 출석하는 증언하는 경우이다.

# Ⅲ. 재 판

## 1. 재판의 의의와 종류

### (1) 재판의 의의

협의의 형사재판이라 함은 피고사건의 실체에 대한 법원의 공권적 판단, 즉 피고인이 유죄인지, 아니면 무죄인지에 대한 실체적 종국재판을 말한다.

### (2) 재판의 종류

재판의 기능에 따른 분류로 **종국재판과 중간재판**이 있는데, 종국재판이라 함은 당해 심급에서 보면 그 심급을 떠나게 되는 실체적 종결재판(유죄 또는 무죄선고), 관할위반, 공소기각, 면소의 재판 등을 말하고, **중간재판**이라 함은 당해 심급을 떠나지 않은 중간재판으로 예를 들어 당해 재판절차에서 증인불채택하는 경우가 이에 속한다.

**재판의 형식의 의한 분류로 판결, 결정, 명령**이 있는데, 판결이라 함은 종국재판의 원칙적 형식으로 법원이 하는 재판을 말하고, 결정이라 함은 종국 전의 재판형식으로 법원에 의한 절차에 관한 재판을 말하고, 명령이라 함은 종국 전의 재판형식으로 재판장·수명법관·수탁판사로서 법관이 행하는 재판인 명령이 있다.

재판의 내용에 의한 분류로 형사사건의 실체적 법률관계를 판단하는 **실체재판**과 사건의 절차적·형식적 법률관계를 판단하는 재판인 **형식재판**이 있다.

## 2. 재판의 성립

### (1) 합 의

재판은 법원 또는 법관의 당해 사건에 대한 의사표시이므로 외부에 선고하기 위해서는 먼저 법원을 구성하는 법관의 의사결정과정이 필요한데, 이를 합의라고 한다. 단독판사의 경우에는 혼자 결정하면 되지만, 합의부인 경우에는 합의부를 구성하는 법관의 과반수로 결정하며, 합의과정은 공개하지 않는다. 다만 대법원 전원합의체 판결에 대하여는 대법관의 의견이 서로 다를 경우 이를 판결문에 표시하여야 한다.

### (2) 선 고

**합의가 성립하면 판결서를 작성한 후 주문을 법정에서 낭독하는 방법으로 선고한다.** 판결이유는 이유의 요지를 설명하는 것으로 충분하다.

## 3. 재판의 구성과 방식

**재판은 주문과 이유로 구성된다.** 주문은 재판의 대상이 된 사실에 대해 내린 법원의 최종적 결론을 말하며, 형을 선고하는 판결에는 구체적인 선고형이 주문의 내용을 이룬다. 예를 들어 피고인을 징역 3년에 처한다와 같이 결론을 명확하게 표시하여야 한다.

재판을 할 때에는 재판서를 작성하여야 하는데, 이 재판서에는 재판을 받는 자의 성명·연령·직업·주소를 기재하여야 하고, 판결서에는 공판에 관여한 검사의 관직·성명 및 변호인의 성명을 기재하여야 한다. 재판서에는 또한 재판한 법관이 서명·날인하여야 한다.

## 4. 유죄판결

유죄판결이라 함은 피고사건의 실체에 관하여 범죄의 증명이 있는 때에 선고하는 실체재판을 말한다. **유죄판결에는 형의 선고, 형의 면제, 선고유예의 판결** 등이 있다. 형을 선고하는 때에는 판결이유에 범죄될 사실, 증거의 요지, 법령의 적용을 명시하여야 한다. **범죄될 사실**이라 함은 형법상 특정한 범죄의 구성요건에 해당하는 위법하고 유책한 구체적 사실을 말하고, **증거**

**의 요지**라 함은 범죄될 사실을 인정하는 자료가 된 증거의 요지를 말하며, 어떤 증거로부터 어떤 사실을 인정하였는가를 알 수 있도록 당해 증거를 구체적·개별적으로 표시하여야 하며, **법령의 적용**이라 함은 인정된 범죄사실에 대하여 어떤 형벌법규를 적용하였는가를 말하며, 어떤 범죄사실에 어떤 법령을 적용하였는가를 객관적으로 알 수 있도록 분명하게 기재하여야 한다.

당사자가 주장한 법률상 범죄의 성립을 조각하는 이유 또는 형의 가중·감면이유에 대한 사실에 대하여도 판단하여 이를 명시하여야 한다.

## 5. 무죄판결

**무죄판결이라 함은 피고사건이 범죄로 되지 않거나 범죄사실의 증명이 없는 때에 선고하는 실체재판을 말한다**. 피고사건이 범죄로 되지 않는 때라 함은 검사의 공소사실이 범죄를 구성하지 않는 경우를 말하고, 범죄사실의 증명이 없는 때라 함은 공소사실의 부존재가 적극적으로 증명된 경우이거나 그 사실의 존부에 관하여 증거가 불충분하여 법관이 충분한 심증을 얻을 수 없는 때를 포함한다. 이는 무죄추정의 원칙 및 의심스러울 때는 피고인의 이익으로라는 원칙 때문에 유죄에 대한 증명이 없으면 무죄선고를 하게 된다.

판결주문에 피고인은 무죄라고 기재한다.

## 6. 관할위반과 공소기각의 재판

### (1) 관할위반의 판결

**관할위반의 판결이라 함은 피고사건이 해당 법원의 관할에 속하지 아니한 경우에 판결로써 관할위반의 선고를 하는 것을 말한다**. 관할위반의 판결이 있게 되면 형식적 확정력과 내용적 구속력이 생긴다. 다만 일사부재리의 효력이 없기 때문에 관할 있는 법원에 다시 공소제기할 수 있게 된다.

### (2) 공소기각의 재판

공소기각의 재판이라 함은 피고사건에 대하여 관할권 이외의 형식적 소송조건이 결여된 경우에 절차상의 하자를 이유로 사건의 실체에 대한 심리를 하지 않고 소송을 종결시키는 형식재판을 말한다. 이에는 공소기각의 결정과 공소기각의 판결이 있다.

**공소기각의 결정은 절차상의 하자가 중대하고 명백한 경우에 하는 것**으로, 예를 들어 ① 공소가 취소된 경우, ② 피고인이 사망하거나 피고인인 법인이 존속하지 아니하게 된 경우, ③ 관할의 경합으로 인하여 재판할 수 없는 경우, ④ 공소장에 기재된 사실이 진실하다고 하더라도 범죄가 될 만한 사실이 포함되지 아니한 경우 등에 하게 된다.

**공소기각의 판결을 하여야 하는 경우**로는 ① 피고인에 대하여 재판권이 없는 경우, ② 공소제기의 절차가 법률의 규정에 위반하여 무효인 경우, ③ 공소가 제기된 사건에 대하여 다시 공소가 제기된 경우, ④ 공소취소 후 다른 중요한 증거가 발견되지 않았는데도 불구하고 다시 공소가 제기된 경우, ⑤ 친고죄에 대하여 고소가 취소된 경우, ⑥ 반의사불벌죄에 대하여 처벌을 희망하지 아니하는 의사표시가 있거나 처벌을 희망하는 의사표시가 철회된 경우 등이 있다.

## 7. 면소의 판결

**면소판결이라 함은 실체적 소송조건이 구비되지 아니한 경우에 선고되는 실체관계적 형식재판을 말한다**. 예를 들어 ① 피고사건에 대하여 이미 확정판결이 있는 경우, ② 피고인의 범죄에 대한 사면이 있는 경우, ③ 공소시효가 완성된 경우, ④ 범죄 후의 법령개폐로 형이 폐지된 경우 등이다.

면소판결이 선고되면 구속력이 발생하고, 소송은 당해 심급에서 종결된다. 이에 대하여 불복하는 자는 상소할 수 있다.

## 8. 재판의 효력

### (1) 재판의 확정

형사재판은 확정되어야 일정한 효력이 발생하게 되는데, 재판의 확정이라 함은 통상의 불복방법으로는 더 이상 다툴 수 없게 되어 재판의 내용을 변경할 수 없게 된 상태를 말한다. **재판의 확정은, 대법원 판결은 선고와 동시에 확정되며, 다른 법원의 재판으로 불복신청이 허용되는 재판은 상소기간 기타 불복신청기간을 경과함으로써 확정된다.**

(2) 재판확정의 효력

**재판이 확정되면 재판의 본래적 효력인 확정력이 발생**한다. 재판의 확정력이라 함은 형식적으로 더 이상 통상의 불복방법으로 재판의 당부를 다툴 수 없는 **불가쟁력**(형식적 확정력)과 내용적으로 재판의 판단내용인 법률관계를 바꿀 수 없는 상태로 확정되는 **불가변력**(내용적 확정력)이 생긴 효력을 말한다.

그 결과 재판이 확정되면 다른 법원에서도 동일한 사정에서 동일한 사항에 대하여 다른 판단을 할 수 없는 효력(내용적 구속력)이 생기게 된다. 따라서 유죄·무죄의 실체판결이나 면소판결이 확정되면 동일사건에 대하여는 다시 심리·판단하여서는 아니 된다. 이를 **일사부재리의 효력 또는 기판력**이라고 한다. 그 효력 때문에 **포괄일죄에 포함되는 범죄에 대하여는 한 번 재판이 확정되면 그 확정판결의 기판력이 미치기 때문에 포괄일죄에 포함되는 다른 범죄행위에 대하여 다시 기소할 수 없다**.

일사부재리의 효력(기판력)은 ① 객관적으로는 법률의 현실적 심판의 대상인 당해 공소사실은 물론 그 공소사실과 단일하고 동일한 관계에 있는 사실의 전부, ② 주관적으로는 공소가 제기된 피고인, ③ 시간적으로는 계속범·상습범 등이 확정판결 전후에 걸쳐 행하여진 경우에 판결선고시점까지의 범죄에 대하여 그 효력이 미치게 된다(기판력의 범위).

## 제5절 불복절차

# Ⅰ. 상 소

### 1. 상소의 의의

**상소라 함은 미확정의 재판에 대하여 상급법원에 구제를 구하는 불복신청제도를 말한다**. 상소제도가 운영되는 것은 오판을 시정하기 위해서라고 할 것이다. 상소는 제1심판결에 불복하여 제2심법원에 제기하는 항소, 제2심

**원심판결의 형보다 중한 형을 선고하지 못한다는 원칙을 말한다.** 원심판결에 불복하여 상소하였는데, 원심판결보다 더 중한 형을 선고받게 된다면, **중형선고의 위험성** 때문에 피고인이 상소권을 본의 아니게 포기하거나 단념하는 것을 방지하여 피고인의 상소권을 보장하기 위한 정책적 이유 때문이다. 따라서 피고인과 검사가 모두 상소하게 되면 불이익변경금지의 원칙은 적용되지 않는다. 그것은 상소인의 상소의 효과 때문이 아니라 상대방의 상소권의 보장으로 빚어진 어찌할 수 없는 현상이라 하겠다.

불이익변경이 금지되는 것은 형의 선고에 한하기 때문에 선고한 형이 중하게 변경되지 않는 한 원심이 인정한 죄보다 중한 죄를 인정하거나, 원심에서 일죄로 인정한 것을 경합범으로 변경하는 등 법령적용을 불이익하게 변경하는 것은 이 원칙에 반하지 않는다. 판례는 **원심에서 추징한 금액보다 더 많은 금액을 상소심에서 선고하는 것은 불이익변경금지의 원칙에 위배된다고 하였다.**[17)]

## 6. 항소와 항소심

### (1) 항소의 의의

**항소라 함은 제1심판결에 불복하여 판결선고일로부터 7일 이내에 항소심법원에 상소하는 것을 말한다.** 제1심법원이 단독판사와 합의부로 운영되고 있기 때문에 항소심법원도 이에 따라 결정되는데, 지방법원단독판사가 선고한 제1심판결에 대하여는 **지방법원본원합의부**(항소부)에, 지방법원합의부가 선고한 제1심판결에 대하여는 **고등법원**에 항소하여야 한다.

항소인이 항소할 수 있는 이유에는 ① 판결에 영향을 미친 헌법·법률·명령 또는 규칙의 위반이 있는 때, ② 판결 후 형의 폐지나 변경 또는 사면이 있는 때, ③ 사건의 심리에 관여하지 아니한 판사가 그 사건의 판결에 관여한 때, ④ 공판의 공개에 관한 규정에 위반한 때, ⑤ 판결에 이유를 붙이지 아니하거나 이유에 모순이 있는 때, ⑥ 사실의 오인이 있어 판결에 영향을 미친 때, ⑦ 형의 양정이 부당하다고 인정할 사유가 있는 때 등이 있다. 주로 ⑦의 경우가 가장 많은 항소이유라고 할 수 있다.

---

17) 대법원 2006. 11. 9. 2006도4888 판결.

**항소하고자 하는 자는 항소기간 내**(판결선고일로부터 7일)**에 항소장을 원심법원에 제출**하는 방법으로 항소한다. 원심법원은 항소제기가 법률상의 방식에 위반하거나 항소권소멸 후인 것이 명백한 경우에는 결정으로 항소를 기각한다. 원심법원은 항소기각의 결정을 하는 경우 외에는 **항소장을 받은 날로부터 14일 이내에 소송기록과 증거물을 항소법원에 송부**하여야 한다. 기록을 송부받은 항소법원은 즉시 항소인과 상대방에게 그 사유를 통지하고, **통지를 받은 항소인 또는 변호인은 20일 이내에 항소이유서를 항소법원에 제출**하여야 한다. 항소이유서를 제출받은 항소법원은 지체 없이 그 부본 또는 등본을 상대방에게 송달하고, **상대방은 송달받은 날로부터 10일 이내에 답변서를 항소법원에 제출**하여야 한다.

### (2) 항소심절차

항소심절차는 특별한 규정이 없으면 제1심 공판에 관한 규정이 준용된다. 다만 항소법원은 피고인이 공판기일에 출정하지 아니하면 다시 기일을 정하여야 하며, 항소이유에 포함된 사유에 한하여만 심판할 수 있다. 항소심도 사실심이기 때문에 제1심법원에서 증거로 할 수 있었던 증거는 항소법원에서도 증거로 할 수 있다.

항소법원은 항소제기의 절차에 위반이 있는 경우에는 **항소기각의 결정**을 하며, 항소이유가 없다고 인정하는 경우에는 **판결로써 항소를 기각**한다. 항소이유가 있다고 인정하는 때에는 **원심판결을 파기하고 다시 판결**을 하여야 한다. 항소심은 원칙적으로 위와 같이 **파기자판**하여야 한다. 다만 공소기각 또는 관할위반의 재판이 법률에 위반됨을 이유로 원심을 파기하는 경우에는 판결로써 사건을 원심법원에 환송하고, 관할인정이 법률에 위반됨을 이유로 원심판결을 파기하는 경우에는 판결로써 사건을 관할법원에 이송한다. 왜냐하면 원심법원에서 실체관계에 대하여 재판을 하지 않았기 때문에 원심법원에서부터 재판할 수 있도록 심급의 이익을 보장하기 위해서이다.

## 7. 상고와 상고심

### (1) 상고의 의의

**상고라 함은 제2심판결에 불복하여 대법원에 상소하는 것**을 말한다. 다만 제1심판결에 대하여 제2심을 거치지 않고 예외적으로 대법원에 상고할 수 있는데, 이를 **비약적 상고**라고 한다. 비약적 상고는 원심판결이 인정한 사실에 대하여 다툼이 없지만 적용되어야 할 법령을 적용하지 아니하였거나, 법령의 적용에 착오가 있는 때 또는 원심판결이 있은 후 형의 폐지나 변경 또는 사면이 있는 때에 항소심절차를 생략한 채 직접 상고법원인 대법원에 상고하는 방식이다.

**상고인이 상고할 수 있는 이유**에는 ① 판결에 영향을 미친 헌법·법률·명령 또는 규칙의 위반이 있는 때, ② 판결 후 형의 폐지나 변경 또는 사면이 있는 때, ③ 재심청구의 사유가 있는 때, ④ 사형·무기 또는 10년 이상의 징역이나 금고가 선고된 사건에 있어서 중대한 사실의 오인이 있어 판결에 영향을 미친 때 또는 형의 양정이 심히 부당하다고 인정할 현저한 사유가 있는 때 등이 있다.

### (2) 상고심절차

상고제기의 절차는 대체로 항소제기의 절차와 동일하며, 원심법원이 제2심법원이 되고, 상고법원은 대법원으로 통일되어 있다. 상고심절차 역시 특별한 규정이 없으면 항소심절차에 관한 규정이 준용된다. 다만 **상고심은 법률심**이므로 변호사 아닌 자를 변호인으로 선임할 수 없고, 검사와 변호인은 상고이유서에 의하여 변론하여야 하고, **상고심의 공판기일에는 서면심사주의**를 취하고 있기 때문에 피고인의 소환을 요하지 아니한다. 상고법원은 상고장, 상고이유서 기타의 소송기록에 의하여 변론 없이 판결할 수 있다.

특히 대법원은 상고인에 대하여 **20일 이내에 상고이유서를 제출**하도록 하고 있고, 이 기간은 불변기간으로 운영되고 있기 때문에 이 기간 내에 상고이유서를 제출하지 않으면 상고가 기각당한다. 한편 상고이유서는 구체적이고 명시적인 이유를 기재하여야 하는데, 이와 관련하여 판례[18]는 **상고이유서에 상고이유를 특정하여 원심판결의 어떤 점이 법령에 어떻게 위반되었는지에 관하여 구체적이고도 명시적인 이유의 설시가 있어야 한다**면서, 상고인이 제출한 상고이유서에 위와 같은 구체적이고도 명시적인 이유의 설시가 없이 상고이유로 단순히 원심판결에 사실오인 내지 법리오해의 위배가

---

18) 대법원 2009. 4. 9. 2008도5634 판결.

있다고만 기재한 경우는 어느 증거에 대한 취사조치가 채증법칙에 위배되었다는 것인지, 또 어떠한 법령적용의 잘못이 있고 어떠한 점이 부당하다는 것인지 구체적 사유를 전혀 주장하지 않은 것이어서 적법한 상고이유가 제출된 것으로 볼 수 없다고 하였다.

대법원은 상고제기절차에 위반이 있으면 상고기각의 결정을 하고, **상고이유가 없다고 인정하는 경우에는 판결로써 상고를 기각**한다. **상고가 이유있다고 인정하는 때에는 원심판결을 파기**하여야 한다. 대법원은 원심판결을 파기한 후 원칙적으로는 **환송 또는 이송**하나, 예외적으로 피고사건에 대하여 직접 판결할 수 있다. 공소기각 또는 관할위반의 재판이 법률에 위반됨을 이유로 원심판결 또는 제1심판결을 파기하는 경우에는 판결로써 사건을 원심법원 또는 제1심법원에 환송하고, 관할인정이 법률에 위반됨을 이유로 원심판결 또는 제1심판결을 파기하는 경우에는 판결로써 사건을 관할법원에 이송한다.

## 8. 항 고

**항고라 함은 법원의 결정에 대한 상소방법**이다. 항고에는 일반항고와 특별항고(재항고)가 있다. 일반항고는 다시 즉시항고와 보통항고로 구분된다. 즉시항고는 원심결정에 대하여 3일 내에 항소법원에 제기하는 항고로, 즉시항고의 제기가 있게 되면 재판의 집행이 정지되는 효력이 있다. **즉시항고**는 형사소송법에 특별히 규정된 경우에만 허용이 되는데, 즉시항고는 공소기각의 결정, 상소기각의 결정, 기피신청기각결정 등의 경우에 할 수 있다. **보통항고**는 즉시항고 이외의 이유를 근거로 법원의 결정에 대하여 불복이 있는 경우에 할 수 있는 통상적인 항고를 말한다. 보통항고는 제기기간의 제한이 없기 때문에 언제든지 할 수 있으나, 즉시항고와 달리 집행정지의 효력이 없다. 항고는 항고장을 원심법원에 제출하는 방법으로 한다.

**재항고라 함은 형사소송법에 의하여 대법원에 즉시항고하는 것이 특별히 허용되어 있는 경우에 하는 항고를 말한다.** 예를 들어 항고법원 또는 고등법원의 결정에 대하여 재판에 영향을 미친 헌법·법률·명령 또는 규칙 위반이 있음을 이유로 하는 때에 대법원에 즉시항고하는 것을 재항고라고 한다.

## Ⅱ. 비상구제절차

### 1. 재 심

#### (1) 의 의

**재심이라 함은 유죄의 확정판결에 사실오인이 있는 경우에 그 잘못된 사실인정을 바로잡아 그 부당을 시정하기 위하여 인정되는 비상구제절차를 말한다.** 재심제도는 확정판결에서 잘못된 사실인정을 바로잡아 확정판결에 의하여 불이익을 받은 피고인을 구제하려는 데 그 목적이 있다. 유죄의 확정판결에 대한 재심의 사유는 유죄판결의 증거가 위조 또는 허위임이 명백한 경우나 또는 새로운 증거를 발견한 경우 등이다.

판례는 **새로운 증거가 발견된 때의 의미**에 대하여 "증거가 새로 발견된 때란 재심대상이 되는 확정판결의 소송절차에서 발견되지 못하였거나 또는 발견되었다 하더라도 제출할 수 없었던 증거를 새로 발견하였거나 비로소 제출할 수 있게 된 때를 말한다. 증거의 신규성을 누구를 기준으로 판단할 것인지에 대하여 위 조항이 그 범위를 제한하고 있지 않으므로 그 대상을 법원으로 한정할 것은 아니다. 그러나 재심은 당해 심급에서 또는 상소를 통한 신중한 사실심리를 거쳐 확정된 사실관계를 재심사하는 예외적인 비상구제절차이므로 피고인이 판결확정 전 소송절차에서 제출할 수 있었던 증거까지 거기에 포함된다고 보게 되면, 판결의 확정력이 피고인이 선택한 증거제출시기에 따라 손쉽게 부인될 수 있게 되어 형사재판의 법적 안정성을 해치고, 헌법이 대법원을 최종심으로 규정한 취지에 반하여 제4심으로서의 재심을 허용하는 결과를 초래할 수 있다. 따라서 피고인이 재심을 청구한 경우 재심대상이 되는 확정판결의 소송절차 중에 그러한 증거를 제출하지 못한 데 과실이 있는 경우에는 그 증거는 위 조항에서의 '증거가 새로 발견된 때'에서 제외된다고 해석함이 상당하다"고 하였다.[19]

#### (2) 재심절차

재심청구권자, 즉 검사, 유죄의 선고를 받은 자 또는 그 법정대리인, 유죄

---

19) 대법원 2009. 7. 16. 2005모472 전원합의체 결정.

의 선고를 받은 자가 사망하거나 심신장애가 있는 경우에는 그 배우자·직계친족·형제자매 등의 재심청구가 있어야 한다. **재심청구의 시기에는 제한이 없으므로 유죄의 선고를 받은 자가 사망한 때에도 할 수 있다**. 재심청구는 재심청구의 취지 및 재심청구의 이유를 기재한 재심청구서에 원판결의 등본 및 증거자료를 첨부하여 관할법원에 제출하여야 한다. 여기의 관할법원은 원판결을 한 법원, 즉 재심청구인이 재심사유가 있다며 재심청구의 대상으로 삼은 판결을 말한다. 재심법원은 재심청구사건에 대하여 재심청구가 부적법하거나 재심청구가 이유 없는 경우에는 결정으로 재심청구를 기각하며, 재심청구가 이유 있다고 인정한 때에는 재심개시결정을 하고, 이러한 결정을 할 때에는 결정으로 형의 집행을 정지할 수 있다.

## 2. 비상상고

**비상상고라 함은 확정판결에 법령위반이 있는 경우 그 확정판결의 법령위반을 이유로 하여 상고하는 비상구제절차를 말한다**. 비상상고의 목적은 법령의 해석·적용의 통일을 기하려는 데 있다. **비상상고의 신청권자는 검찰총장**이며, 신청의 여부는 검찰총장의 재량에 속한다. 비상상고신청서에는 그 이유를 기재하여 대법원에 제출하여야 한다. 대법원은 비상상고사건에 대하여는 반드시 공판기일을 정하여야 하고, 그 공판기일에는 검사가 출석하여 신청서에 의하여 진술하여야 한다.

대법원은 비상상고가 이유 없다고 인정한 때에는 **판결로써 기각**하여야 하며, 이유 있다고 인정한 때에는 **원판결 또는 소송절차를 파기**하여야 한다. 한편 대법원은 원판결이 피고인에게 불이익한 경우에는 원판결을 파기하고 피고사건에 대하여 자판한다. 이러한 파기자판의 경우를 제외하고는 비상상고의 판결은 피고인에게 개별적으로 효력이 미치지 아니한다.

예를 들어 공소시효가 완성된 사건에 대하여 법원이 이를 간과하고 판결하였다면 이는 법령을 위반한 잘못이 있으므로 비상상고의 대상이 된다고 하겠다.

## Ⅲ. 특별형사절차

### 1. 약식절차(약식재판)

**약식절차라 함은 공판절차를 거치지 아니하고 서면심리만으로 피고인에게 벌금·과료를 과하는 간이한 형사절차를 말하며, 이러한 약식절차에 의한 재판을 약식명령이라고 한다.** 약식절차제도는 피고인을 소환하지 않고 재판이 이루어지기 때문에 형사재판의 신속을 기할 수 있고, 공개재판에 따른 피고인의 심리적·사회적 불안을 감소시킨다는 점에서 경미한 형사사건에서 많이 이용되고 있다.

**약식명령의 청구는 검사가 공소제기와 동시에 서면으로 하여야 하며,** 이때 검사는 필요한 증거서류와 증거물을 함께 법원에 제출하여야 한다. 약식명령청구대상사건은 지방법원의 관할에 속하는 벌금·과료에 처할 수 있는 사건이다. 약식명령이 청구된 사건은 사건의 경중에 따라 지방법원 합의부 또는 단독판사의 관할로 나뉜다. 법원은 약식명령에 대한 청구가 있은 날로부터 14일 이내에 약식명령을 발하여야 하며, 약식명령에는 범죄사실·적용법조·주형·부수처분과 약식명령의 고지를 받은 날로부터 7일 이내에 정식재판의 청구를 할 수 있음을 명시하여야 한다. **약식명령이 확정되면 이는 확정판결과 동일한 효력을 가지기 때문에 일사부재리원칙에 의하여 같은 사건에 대하여는 다시 공소제기하지 못한다.**

약식명령에 불복하고자 하는 검사, 피고인 또는 상소대리권자는 7일 이내에 정식재판을 청구할 수 있다.

### 2. 즉결심판절차

#### (1) 의 의

즉결심판이라 함은 판사가 즉결심판절차에 의해 경찰서장이 청구한 경미한 범죄사건에 대하여 공판절차에 의하지 아니하고 **20만원 이하의 벌금·구류·과료에 처하는 간이한 심판절차**를 말한다. 관할경찰서장은 지방법원, 지원 또는 시·군법원의 판사에게 즉결심판청구서를 제출하는 방법으로 즉결심판을 청구한다. 즉결심판청구서에는 피고인의 성명 기타 피고인을 특정할 수 있는 사항, 죄명, 범죄사실과 적용법조를 기재하여야 한다. 판사는 즉결심판청구사건이 즉결심판을 할 수 없거나 즉결심판절차에 의하여 심판함이 적당하지 아니하다고 인정할 때에는 결정으로 청구를 기각하여야 한다. 이러한 청구기각의 경우를 제외하고는 판사는 즉시 심판을 하여야 한다. 즉결심판으로 유죄를 선고할 때에는 형, 범죄사실과 적용법조를 명시하고, 피고인은 7일 이내에 정식재판을 청구할 수 있다는 것을 고지하여야 한다.

#### (2) 효 력

**즉결심판이 확정되면 확정판결과 동일한 효력이 생긴다.** 즉결심판에 의한 형의 집행은 경찰서장이 하고, 그 집행결과를 지체 없이 검사에게 보고하여야 한다. 만일 즉결심판에 불복하는 경우에는 즉결심판의 고지를 받은 날로부터 7일 이내에 정식재판청구서를 경찰서장에게 제출하고, 경찰서장은 지체 없이 판사에게 이를 송부하여야 한다.

즉결심판에 불복하여 정식재판을 청구한 피고인에 대하여 정식재판을 관할하는 법원은 즉결심판보다 더 불리한 판결을 할 수 없다. 불이익변경금지의 원칙이 즉결심판절차에도 적용되기 때문이다

### 3. 배상명령절차

#### (1) 의 의

형사배상명령절차라 함은 법원이 일정한 범죄의 피고사건에 대하여 유죄판결을 선고하는 경우에 직권 또는 피해자의 신청에 의하여 피고사건의 범죄행위로 인하여 발생한 직접적인 물적 피해 및 치료비손해의 배상을 명하는 절차를 말한다. 배상명령을 할 수 있는 피고사건은 원칙적으로 재산적 손실을 가져온 범죄에 국한되기 때문에 상해죄, 중상해죄, 상해치사죄, 폭행치사상죄, 과실사상죄, 절도와 강도의 죄, 사기와 공갈의 죄, 횡령과 배임의 죄, 손괴의 죄에 한한다.

#### (2) 배상절차

배상청구권자는 피해자 또는 그 상속인이며, 배상신청은 공판의 변론종결시까지 사건이 계속된 법원에 서면(배상신청서)으로 신청하여야 하며, 다만

공판정에서는 구술로도 신청할 수 있다. 법원은 배상신청이 부적법하거나 또는 그 신청이 이유 없거나 배상명령을 함이 상당하지 아니하다고 인정될 때에는 결정으로 이를 각하하여야 한다. **배상명령은 유죄판결의 선고와 동시에 하여야 하며, 일정액의 금전지급을 명하는 방법으로 하고, 배상의 대상과 금액을 유죄판결의 주문에 표시하여야 한다**. 유죄판결에 대한 상소의 제기가 있는 때에는 배상명령은 확정이 차단되고, 피고사건과 함께 상소심에 이심된다.

확정된 배상명령 또는 가집행선고 있는 배상명령이 내려진 유죄판결서 정본은 민사판결정본과 동일한 효력이 있기 때문에 집행력이 부여되어, 민사소송법상의 강제집행을 할 수 있는 집행권원이 된다.

## 제 6 절 재판의 집행과 형사보상

### Ⅰ. 재판의 집행

#### 1. 의 의

**재판의 집행이라 함은 재판의 내용인 의사표시를 국가의 강제력을 통해 구체적으로 실현하는 것을 말한다**. 재판의 집행 중 가장 중요한 것은 유죄판결에 따른 형의 집행이라 할 것이다. 재판은 형사소송법의 특별한 규정이 없으면 원칙적으로 확정한 후에 집행한다. 재판의 집행은 재판을 한 법원에 대응한 검찰청 검사가 지휘한다. 상소의 재판 또는 상소취하로 인하여 하급법원의 재판을 집행할 경우에는 원칙적으로 상소법원에 대응한 검찰청 검사가 지휘한다. 재판의 집행지휘는 재판서 또는 재판을 기재한 조서의 등본 또는 초본을 첨부한 서면으로 하여야 한다.

#### 2. 집행방법

형의 집행은 형의 종류에 따라 사형·자유형·자격형·재산형의 집행과 기타 처분으로 나눌 수 있다. 사형의 집행은 법무부장관의 명령에 의하며, 사형집행명령은 판결이 확정된 날로부터 6월 이내에 하여야 한다. 그러나 이 기간은 훈시규정이기 때문에 사실상 사형집행이 상당기간 유예되고 있다. **법무부장관이 사형의 집행을 명한 때에는 5일 이내에 교도소 또는 구치소 내에서 교수형의 방법으로 집행한다.** 사형의 집행에는 검사, 검찰청 서기관과 교도소장 또는 구치소장이나 그 대리자가 참여하여야 하고, 검사 또는 교도소장의 허가가 없으면 누구든지 형의 집행장소에 들어가지 못한다. 사형의 선고를 받은 자가 심신의 장애로 의사능력이 없는 상태에 있거나 잉태 중인 여자인 때에는 법무부장관의 명령으로 심신장애의 회복 후나 출산 후까지 사형의 집행을 정지한다.

**징역·금고·구류인 자유형의 집행은 검사가 형집행지휘서에 의하여 교도소에 구치하는 방법으로 집행한다.** 문제는 사형을 선고받아 구치소나 교도소에 대기 중이던 자가 감형을 통해 무기징역으로 바뀐 경우 사형집행대기기간을 무기징역의 징역형 기간에 산입하여 가석방대상으로 삼을 수 있느냐 여부인데, 이에 대하여 사형집행대기기간은 사형에 대한 대기상태일 뿐 무기징역형의 형을 복역한 것이 아니라는 이유로 가석방심사의 복무기간에 산입할 수 없다는 것이 판례[20]의 입장이다.

# Ⅱ. 형사보상

## 1. 의 의

**형사보상이라 함은 국가가 형사절차에서 억울하게 구속되었거나 유죄판결을 받아 형의 집행을 받은 사람에 대하여 그 손해를 보상하여 주는 제도를 말한다.** 이러한 형사보상은 무죄판결을 받거나 기소유예처분 이외의 불기소처분을 받은 자가 구금 또는 형의 집행을 받았을 것을 그 요건으로 한다. 그러나 무죄판결을 받은 경우라 할지라도 보상청구자가 객관적으로 위법한 행위를 하였거나, 위계를 통해 유죄판결을 자초한 경우 또는 종국적으

20) 대법원 1991. 3. 4. 90모59 결정.

로 유죄판결을 받을 경우에는 형사보상이 인정되지 않는다. 예를 들어 범죄행위를 저질렀으나 형사미성년자라는 이유로 무죄판결을 받은 경우에는 형사보상을 받을 수 없다. 한편 위계를 통한 유죄판결 자초의 경우와 관련하여 판례는 "형사보상법 제3조는 제2호에 의하여 법원이 보상청구의 전부 또는 일부를 기각하기 위해서는 본인이 단순히 허위의 자백을 하거나 또는 다른 유죄의 증거를 만드는 것만으로는 부족하고, 본인에게 '수사 또는 심판을 그르칠 목적'이 있어야 한다. 여기서 '수사 또는 심판을 그르칠 목적'은 헌법 제28조가 보장하는 형사보상청구권을 제한하는 예외적인 사유임을 감안할 때 신중하게 인정하여야 하고, 형사보상청구권을 제한하고자 하는 측에서 입증하여야 한다. 수사기관의 추궁과 수사상황 등에 비추어 볼 때 본인이 범행을 부인하여도 형사처벌을 면하기 어려울 것이라는 생각으로 부득이 자백에 이르게 된 것이라면, '수사 또는 심판을 그르칠 목적'이 있었다고 섣불리 단정할 수 없다"면서 "군용물손괴죄로 구금된 공군 중사가 수사기관에서 범행을 자백하다가 다시 부인하며 다투어 무죄의 확정판결을 받고 형사보상청구를 한 사안에서, 자신이 범인으로 몰리고 있어서 형사처벌을 면하기 어려울 것이라는 생각과 거짓말탐지기검사 등으로 인한 심리적인 압박 때문에 허위의 자백을 한 것이므로 형사보상청구의 기각요건인 '수사 또는 심판을 그르칠 목적'에 해당하지 않는다"고 하여, 형사보상을 해 주어야 한다고 하였다.[21)]

## 2. 보상방법

구금에 대한 보상은 그 일수에 따라 1일 5천원 이상 대통령령이 정하는 금액 이하의 비율에 의한 보상금을 지급한다. 사형집행에 대한 보상금은 집행 전 구금에 대한 보상금 외에 3천만원 이내에서 모든 사정을 고려하여 법원이 상당하다고 인정하는 액을 가산하여 보상한다. 형사보상청구권자는 피고인보상을 받는 무죄·면소 또는 공소기각의 재판을 받은 본인이나 그 상속인 또는 피의자보상을 받는 기소유예처분 이외의 불기소처분을 받은 피의자이다. 보상의 청구는 피고인보상의 경우는 형사재판이 확정된 날로부터, 피

---

21) 대법원 2008. 10. 28. 2008모577 결정.

의자보상의 경우는 검사로부터 공소를 제기하지 아니하는 처분의 고지 또는 통지를 받은 날로부터 1년 이내에 보상청구서를 무죄재판을 한 법원(피고인보상)이나 그 검사가 소속한 지방검찰청의 심의회(피의자보상)에 하여야 한다.

무죄재판을 받은 자에 대한 보상은 법원합의부에서 심판하여 결정한다. 법원은 보상청구의 절차가 법령상의 방식에 위반하여 보정할 수 없거나, 청구인이 법원의 보정명령에 응하지 아니하거나, 또는 청구기간 경과 후에 보상을 청구한 경우에는 보상청구를 각하하여야 한다. 법원은 보상의 청구가 이유 있을 때에는 보상결정을 하여야 하며, 이유 없을 때에는 청구기각의 결정을 하여야 한다. 피의자보상에 관하여는 지방검찰청 내에 설치된 피의자보상심의회에서 심사·결정하는데, 이 심의회는 법무부장관의 지휘·감독을 받는다.

# 제 10 장 사회보장법

JURISPRUDENCE >>>

CHAPTER

# 10 사회보장법

## 제 1 절 사회보장법의 일반이론

### Ⅰ. 사회보장법의 형성

우리 사회에서 오랜 경제성장 중심의 정책은 자본과 노동의 불균형을 심화시켰으며, 질병·장애·실업 등과 같은 위험이 시장에서 보호되지 못하는 상황이 자주 나타나면서 1970년대 후반 사회보장입법에 대한 필요성이 대두되었다. 이는 1977년 의료보험법, 1988년 국민연금법, 1993년 고용보험법, 1999년 국민기초생활보장법, 2007년 장애인차별금지법, 2008년 노인장기요양보험법 등의 제정으로 이어졌다.

한편 국제사회는 이미 제2차 세계대전 이후 국제정치적 평화를 위하여 사회보장의 과제가 필수적으로 인식되었던 시대적 흐름과 1942년 영국에서 출간된 베버리지보고서(Social Insurance and Allied Services),[1] 1952년 국제노동기

---

1) 베버리지보고서의 주요 내용: 5가지(빈곤, 질병, 무지, 불결, 실업) 사회악을 동시에 퇴치하여야 한다. 실업, 재해, 노령, 사망 등에 의한 가득능력의 상실 및 감소, 지출비의 증가를 빈곤의 원인으로 보았다. 이 보고서는 ① 빈곤대처에 필요한 것으로 기본적인 요구를 충족하기 위한 사회보험, 특별한 긴급적 요구를 충족하기 위한 국민부조, 기본

구(ILO)의 사회보장 최저기준에 관한 협약 제102호 등과 같이 국제협약 및 권고의 형태로 사회적 위험에 대처하기 위해 노력하였다.

특히 최근 저출산·고령사회에 진입한 우리 사회에서 출산은 더 이상 개인의 문제가 아닌 사회적 문제로 인식되고 있으며, '인구절벽'에 다다른 상황에서 이제 국가는 사회적 위험의 전체 국면을 포괄적으로 보장해야 하는 과제를 안게 되었다.

## Ⅱ. 사회보장의 정의

사회보장법은 실정법적 용어가 아니기 때문에 개념정의와 관련된 논의가 있으며, 사회보장정책의 목표 및 범위가 광범위하여 그 개념을 정의하는 방법 또한 다양하다고 할 수 있다.

**광의의 사회보장법**에 따르면 주체와 방법을 불문하고 개인을 사회적 위험으로부터 보호하는 '기능'을 수행하는 모든 법영역을 사회보장법이라고 할 수 있다. 이러한 의미로 파악하는 경우 사실상 우리 헌법의 사회적 기본권을 구체화하는 모든 법이 여기에 포섭된다.[2)]

**협의의 사회보장법**에 따르면 사회보장법이란 국가 혹은 공법인이 주체가 되어 개인을 생활위험으로부터 보호하는 것을 1차적인 목적으로 제공되는 급여관계를 규율하는 공법체계라고 설명한다.[3)]

사회보장기본법에 따른 사회보장은 "출산, 양육, 실업, 노령, 장애, 질병, 빈곤 및 사망 등의 사회적 위험으로부터 모든 국민을 보호하고 국민 삶의 질

---

적인 조치에 부가되는 임의보험을 들고 있으며, ② 사회보장이 기능하기 위해 필요한 것으로 완전고용의 유지, 포괄적인 보건의료제도의 유지, 아동수당제도의 확립을 들고, ③ 사회보장의 6가지 원칙으로서 균일액의 최저생활비의 급여, 균일액의 보험료 갹출, 행정책임의 통일, 적정한 급여액, 포괄성, 피보험자의 분류 등을 기술하고 있다.

2) 사회보장은 사회와 그 사회의 구성원들이 부딪히게 되는 일정한 위험에 대비해서 사회가 적절한 여러 기관을 통해 부조를 제공하는 것이다. 즉 전국민의 최저생활보장 및 모든 위험과 사고로부터 보호해야 하며 공공기관을 통해서 보호, 보장되는 것을 뜻한다고 광의의 사회보장법을 정의하는 견해도 있다

3) 사회보장은 질병, 실업, 재해 등에 의하여 소득이 중단된 경우 또는 퇴직이나 사망으로 인한 부양상실에 대비하며 더 나아가 출생 및 사망 등에 관련된 특수한 지출을 보충하기 위한 소득보장을 의미한다고 협의의 사회보장법을 정의하는 견해도 있다.

을 향상시키는 데 필요한 소득·서비스를 보장하는 사회보험, 공공부조, 사회서비스를 말한다"(제3조 제1호).

그 이외 사회보장기본법상의 용어는 다음과 같다. '사회보험'이란 "국민에게 발생하는 사회적 위험을 보험의 방식으로 대처함으로써 국민의 건강과 소득을 보장하는 제도를 말한다"(제3조 제2호). '공공부조'란 "국가와 지방자치단체의 책임 하에 생활 유지 능력이 없거나 생활이 어려운 국민의 최저생활을 보장하고 자립을 지원하는 제도를 말한다"(제3조 제3호). '사회서비스'란 "국가·지방자치단체 및 민간부문의 도움이 필요한 모든 국민에게 복지, 보건의료, 교육, 고용, 주거, 문화, 환경 등의 분야에서 인간다운 생활을 보장하고 상담, 재활, 돌봄, 정보의 제공, 관련 시설의 이용, 역량 개발, 사회참여 지원 등을 통하여 국민의 삶의 질이 향상되도록 지원하는 제도를 말한다"(제3조 제4호). '평생사회안전망'이란 "생애주기에 걸쳐 보편적으로 충족되어야 하는 기본욕구와 특정한 사회위험에 의하여 발생하는 특수욕구를 동시에 고려하여 소득·서비스를 보장하는 맞춤형 사회보장제도를 말한다"(제3조 제5호).

## Ⅲ. 사회보장의 특징 및 기능

사회보장은 사회정책으로서 사회질서유지에 기본적 목적이 있으며, 개인의 경제적 곤란에 대한 사회적 개입을 통하여 최저수준의 보장을 하고, 사회보장을 국가의 의무로 보고 있으며 강제성을 띠고 수입이 있는 상태로의 복귀를 목적으로 하며 사회연대의식, 즉 사회적 책임을 강조하는 특징을 갖는다.

또한 사회보장은 다음과 같은 기능을 갖는다. 첫째, 자본주의제도가 갖는 모순을 극복할 수 있도록 돕는 수단으로 정치적 위기에 대한 대책으로 사용된다. 다시 말해, 자본주의제도의 유지·존속과 사회질서를 유지시키기 위한 목적을 갖는다. 둘째, 소득재분배의 기능, 건강한 노동력 공급 및 유지, 자본축적의 기능, 고용기회 창출, 구매력 촉진, 일반생활수준을 규정하는 기능을 한다. 셋째, 최저생활보장과 사회적으로 소득재분배를 통하여 이해와 요구 등을 조정하고 조율하는 기능을 한다. 넷째, 국민의 사회보장권리 의식을 일깨우고 국민의 정치참여 유도기능을 통해 국민의식을 제고하는 공적 기능을 수행한다.

## Ⅳ. 사회보장의 구성

### 1. 사회보험

사회구성원의 생활과 위험을 보험방식에 의해 보장함으로써 국민 건강과 소득을 보장하고 생활보장을 실현시켜 주는 제도(사회보장기본법 제3조 제2호)로, 기여자는 피고용인·고용주·정부가 되며 기여금은 개인의 소득에 따라 정도가 정해진다. 급여는 개인의 욕구와 자산에 관계없이 주어지며 각 개인의 기여금 정도에 따라 정해진다.

사회보험은 주로 사회적 공평성을 강조하며 관련 법률로는 국민연금법, 공무원연금법, 군인연금법, 사립학교교직원연금법, 건강보험법, 노인장기요양보험법, 산업재해보상보험법, 고용보험법 등이 있다.

### 2. 공공부조

국가 및 지방자치단체의 책임 하에 생활유지능력이 없거나 생활이 어려운 국민에게 최저생활을 보장하고 자립을 지원하는 제도를 말한다(사회보장기본법 제3조 제3호). 최저한의 수준 보장으로 재정적 지원을 하며, 재원은 일반 조세를 통해서 나오며 공공부조의 핵심은 빈곤을 해결하는 것이다. 우리나라의 경우 국가 또는 지방자치단체의 책임 하에 생활유지능력이 없거나 생활이 어려운 국민의 최저생활을 보장하는 복지제도로서 관련 법률로는 국민기초생활보장법, 긴급복지지원법, 의료급여법, 일차종군위안부에 대한 생활안정지원법, 농어촌주민의 보건복지증진을 위한 특별법, 식품기부활성화에 관한 법률 등이 있다.

### 3. 사회서비스

국가·지방자치단체 및 민간부문의 도움이 필요한 모든 국민에게 복지,

보건의료, 교육, 고용, 주거, 문화, 환경 등의 분야에서 인간다운 생활을 보장하고 상담, 재활, 돌봄, 정보의 제공, 관련 시설의 이용, 역량 개발, 사회참여 지원 등을 통하여 국민의 삶의 질이 향상되도록 지원하는 제도를 말한다(사회보장기본법 제3조 제4호). 사회적인 장애를 가진 사람에 대하여 개별적으로 급부를 하거나 서비스를 제공한다는 의미에서 공공부조·사회보험과 구별되고, 금전적인 급부를 그 본래의 목적으로 하지 않는다는 점이 특징으로 사회서비스는 입법적 및 제도운영적 측면에서 공공부조와 밀접한 관련이 있다. 관련 법률로는 아동복지법, 노인복지법, 장애인복지법, 영유아보육법, 성폭력방지 및 피해자보호 등에 관한 법률, 가정폭력방지 및 피해자보호 등에 관한 법률, 식품기부활성화에 관한 법률, 다문화가족지원법 등이 있다.

## 제2절 개별적 법률 검토

### Ⅰ. 사회보장기본법

#### 1. 목 적

사회보장기본법은 사회보장에 관한 기본법으로 이 법은 사회보장에 관한 국민의 권리와 국가 및 지방자치단체의 책임을 정하고, 사회보장정책의 수립·추진과 관련 제도에 관한 기본적인 사항을 규정함으로써 국민의 복지증진에 이바지하는 것을 목적으로 한다(사회보장기본법 제1조).

#### 2. 기본이념

사회보장은 모든 국민이 다양한 사회적 위험으로부터 벗어나 행복하고 인간다운 생활을 향유할 수 있도록 자립을 지원하며, 사회참여·자아실현에 필요한 제도와 여건을 조성하여 사회통합과 행복한 복지사회를 실현하는 것을 기본이념으로 한다(사회보장기본법 제2조).

## 3. 주요 내용

### (1) 국가 및 지방자치단체의 책임(사회보장기본법 제5조)

① 국가와 지방자치단체는 모든 국민의 인간다운 생활을 유지·증진하는 책임을 가진다.

② 국가와 지방자치단체는 사회보장에 관한 책임과 역할을 합리적으로 분담하여야 한다.

③ 국가와 지방자치단체는 국가 발전수준에 부응하고 사회환경의 변화에 선제적으로 대응하며 지속가능한 사회보장제도를 확립하고 매년 이에 필요한 재원을 조달하여야 한다.

④ 국가는 사회보장제도의 안정적인 운영을 위하여 중장기 사회보장 재정추계를 격년으로 실시하고 이를 공표하여야 한다.

### (2) 국민의 책임(사회보장기본법 제7조)

① 모든 국민은 자신의 능력을 최대한 발휘하여 자립·자활(自活)할 수 있도록 노력하여야 한다.

② 모든 국민은 경제적·사회적·문화적·정신적·신체적으로 보호가 필요하다고 인정되는 사람에게 지속적인 관심을 가지고 이들이 보다 나은 삶을 누릴 수 있는 사회환경 조성에 서로 협력하고 노력하여야 한다.

③ 모든 국민은 관계 법령에서 정하는 바에 따라 사회보장급여에 필요한 비용의 부담, 정보의 제공 등 국가의 사회보장정책에 협력하여야 한다.

### (3) 사회보장을 받을 권리(사회보장수급권)

모든 국민은 사회보장 관계 법령에서 정하는 바에 따라 사회보장급여를 받을 권리(이하 '사회보장수급권'이라 한다)를 가진다(사회보장기본법 제9조).

### (4) 사회보장 급여의 수준(사회보장기본법 제10조)

① 국가와 지방자치단체는 모든 국민이 건강하고 문화적인 생활을 유지할 수 있도록 사회보장급여의 수준 향상을 위하여 노력하여야 한다.

② 국가는 관계 법령에서 정하는 바에 따라 최저보장수준과 최저임금을 매년 공표하여야 한다.

③ 국가와 지방자치단체는 제2항에 따른 최저보장수준과 최저임금 등을 고려하여 사회보장급여의 수준을 결정하여야 한다.

## 4. 사회보장제도의 운영

### (1) 운영원칙(사회보장기본법 제25조)

① 국가와 지방자치단체가 사회보장제도를 운영할 때에는 이 제도를 필요로 하는 모든 국민에게 적용하여야 한다.

② 국가와 지방자치단체는 사회보장제도의 급여 수준과 비용 부담 등에서 형평성을 유지하여야 한다.

③ 국가와 지방자치단체는 사회보장제도의 정책 결정 및 시행 과정에 공익의 대표자 및 이해관계인 등을 참여시켜 이를 민주적으로 결정하고 시행하여야 한다.

④ 국가와 지방자치단체가 사회보장제도를 운영할 때에는 국민의 다양한 복지 욕구를 효율적으로 충족시키기 위하여 연계성과 전문성을 높여야 한다.

⑤ 사회보험은 국가의 책임으로 시행하고, 공공부조와 사회서비스는 국가와 지방자치단체의 책임으로 시행하는 것을 원칙으로 한다. 다만, 국가와 지방자치단체의 재정 형편 등을 고려하여 이를 협의·조정할 수 있다

### (2) 협의 및 조정(사회보장기본법 제26조)

① 국가와 지방자치단체는 사회보장제도를 신설하거나 변경할 경우 기존 제도와의 관계, 사회보장 전달체계와 재정 등에 미치는 영향 등을 사전에 충분히 검토하고 상호 협력하여 사회보장급여가 중복 또는 누락되지 아니하도록 하여야 한다.

② 중앙행정기관의 장과 지방자치단체의 장은 사회보장제도를 신설하거나 변경할 경우 신설 또는 변경의 타당성, 기존 제도와의 관계, 사회보장 전달체계에 미치는 영향 및 운영방안 등에 대하여 대통령령으로 정하는 바에 따라 보건복지부장관과 협의하여야 한다.

③ 제2항에 따른 협의가 이루어지지 아니할 경우 위원회가 이를 조정한다.

④ 보건복지부장관은 사회보장급여 관련 업무에 공통적으로 적용되는 기준을 마련할 수 있다

### (3) 민간의 참여(사회보장기본법 第27條)

① 국가와 지방자치단체는 사회보장에 대한 민간부문의 참여를 유도할 수 있도록 정책을 개발·시행하고 그 여건을 조성하여야 한다.

② 국가와 지방자치단체는 사회보장에 대한 민간부문의 참여를 유도하기 위하여 다음 각 호의 사업이 포함된 시책을 수립·시행할 수 있다.

1. 자원봉사, 기부 등 나눔의 활성화를 위한 각종 지원 사업
2. 사회보장정책의 시행에 있어 민간 부문과의 상호협력체계 구축을 위한 지원사업
3. 그 밖에 사회보장에 관련된 민간의 참여를 유도하는 데에 필요한 사업

③ 국가와 지방자치단체는 개인·법인 또는 단체가 사회보장에 참여하는 데에 드는 경비의 전부 또는 일부를 지원하거나 그 업무를 수행하기 위하여 필요한 지원을 할 수 있다.

### (4) 비용의 부담(사회보장기본법 第28條)

① 사회보장 비용의 부담은 각각의 사회보장제도의 목적에 따라 국가, 지방자치단체 및 민간부문 간에 합리적으로 조정되어야 한다.

② 사회보험에 드는 비용은 사용자, 피용자(被傭者) 및 자영업자가 부담하는 것을 원칙으로 하되, 관계 법령에서 정하는 바에 따라 국가가 그 비용의 일부를 부담할 수 있다.

③ 공공부조 및 관계 법령에서 정하는 일정 소득 수준 이하의 국민에 대한 사회서비스에 드는 비용의 전부 또는 일부는 국가와 지방자치단체가 부담한다.

④ 부담 능력이 있는 국민에 대한 사회서비스에 드는 비용은 그 수익자가 부담함을 원칙으로 하되, 관계 법령에서 정하는 바에 따라 국가와 지방자치단체가 그 비용의 일부를 부담할 수 있다.

# Ⅱ. 국민건강보험법

## 1. 목 적

국민건강보험법은 국민의 질병·부상에 대한 예방·진단·치료·재활과 출산·사망 및 건강증진에 대하여 보험급여를 실시함으로써 국민보건 향상과 사회보장 증진에 이바지함을 목적으로 한다(국민건강보험법 제1조).

국민건강보험은 가입이 강제되며, 소득수준에 따라 보험료가 차등 부과되고 강제 징수되며, 보험사고 발생 시에는 관계법령에 따라 균등하게 보험급여가 지급되고 정부가 법으로 지급을 보장하므로 자금집중이 필요 없다.

## 2. 주요 내용

### (1) 적용 대상자(국민건강보험법 제5조)

① 국내에 거주하는 국민은 건강보험의 가입자(이하 "가입자"라 한다) 또는 피부양자가 된다. 다만, 다음의 어느 하나에 해당하는 사람은 제외한다.

1. 「의료급여법」에 따라 의료급여를 받는 사람(이하 "수급권자"라 한다)
2. 「독립유공자예우에 관한 법률」 및 「국가유공자 등 예우 및 지원에 관한 법률」에 따라 의료보호를 받는 사람(이하 "유공자등 의료보호대상자"라 한다). 다만, 다음 각 목의 어느 하나에 해당하는 사람은 가입자 또는 피부양자가 된다.
   가. 유공자등 의료보호대상자 중 건강보험의 적용을 보험자에게 신청한 사람
   나. 건강보험을 적용받고 있던 사람이 유공자등 의료보호대상자로 되었으나 건강보험의 적용배제신청을 보험자에게 하지 아니한 사람

② 제1항의 피부양자는 다음 각 호의 어느 하나에 해당하는 사람 중 직장가입자에게 주로 생계를 의존하는 사람으로서 소득 및 재산이 보건복지부령으로 정하는 기준 이하에 해당하는 사람을 말한다.

1. 직장가입자의 배우자

2. 직장가입자의 직계존속(배우자의 직계존속을 포함한다)
3. 직장가입자의 직계비속(배우자의 직계비속을 포함한다)과 그 배우자
4. 직장가입자의 형제·자매

③ 제2항에 따른 피부양자 자격의 인정 기준, 취득·상실시기 및 그 밖에 필요한 사항은 보건복지부령으로 정한다.

### (2) 가입자의 종류(국민건강보험법 제6조)

① 가입자는 직장가입자와 지역가입자로 구분한다.

② 모든 사업장의 근로자 및 사용자와 공무원 및 교직원은 직장가입자가 된다. 다만, 다음의 어느 하나에 해당하는 사람은 제외한다.

1. 고용 기간이 1개월 미만인 일용근로자
2. 「병역법」에 따른 현역병(지원에 의하지 아니하고 임용된 하사를 포함한다), 전환복무된 사람 및 군간부후보생
3. 선거에 당선되어 취임하는 공무원으로서 매월 보수 또는 보수에 준하는 급료를 받지 아니하는 사람
4. 그 밖에 사업장의 특성, 고용 형태 및 사업의 종류 등을 고려하여 대통령령으로 정하는 사업장의 근로자 및 사용자와 공무원 및 교직원

③ 지역가입자는 직장가입자와 그 피부양자를 제외한 가입자를 말한다.

④ 제2항 제4호에 따른 근로자 및 사용자는 대통령령으로 정하는 절차에 따라 직장가입자가 되거나 탈퇴할 수 있다.

### (3) 국민건강보험의 운영 및 관리

국민건강보험제도의 운영주체는 보험자인 국민건강보험공단으로(국민건강보험법 제13조) 가입자 및 피부양자의 자격관리와 의료보험료 기타 징수금의 부과, 징수를 담당하며, 질병 등 보험사고가 발생한 경우 각종 보험급여를 지급하고 가입자 및 피부양자의 건강의 유지 증진을 위하여 필요한 예방사업을 한다(국민건강보험법 제14조). 그리고 국민건강보험정책에 관한 사항을 심의 의결하기 위하여 보건복지부장관 소속하에 건강보험정책심의위원회를 두며(국민건강보험법 제4조) 국민건강보험공단과는 별도의 공법인으로 요양급여비용을 심사하고 요양급여의 적정성을 평가하는 건강보험심사평가원을 둔다(국민건강보험법 제63조).

# 제 11 장 노동법

JURISPRUDENCE >>>

CHAPTER

# 11 노동법

## 제 1 절 노동법의 발전

### Ⅰ. 자본주의의 형성 및 발전

프랑스대혁명 이후 시민계급은 “신분에서 계약으로”라는 사회적 변화가 있었고, 산업혁명을 통해 사회가 자본가계급과 근로자집단으로 경제적 신분이 이원화되기에 이르렀다. 그 결과 자본을 소유하지 못한 근로자는 자신의 근로를 상품으로 제공하고 그 대가인 임금을 수령하여 생존을 유지하기에 이르렀다. 그런데 근로자의 근로는 공급이 넘쳐나는데 노동시장은 한계가 있게 되어 사적 자치라는 미명 하에 근로계약이 자유롭게 결정되어야 한다는 형식적 평등주의를 내세우며 실제로는 경제적 강자인 자본가에 의한 계약조건의 일방적 결정이 이루어지게 되어 사회적 강자와 경제적 약자의 불합리하고 불공평한 근로계약이 체결되는 현실이 반복되었고, 이는 사회적 불평등을 야기하기에 이르렀다. 그리하여 이러한 사회적 불평등을 수정하여 자본가와 근로자 사이에서 합리적인 근로조건의 결정이 이루어질 수 있도록 국가가 후견적 기능을 수행할 필요성이 대두하게 되었다.

그런 사회적 필요성 때문에 새롭게 출현한 법 분야가 바로 노동법분야라고 하겠다.

## Ⅱ. 노사대립과 자본주의의 수정

사법원리에 기초한 초기 자본주의는 모든 개인이 자유, 평등한 인격자라는 전제에서 그 가치를 부여받았으나, 이러한 **자유와 평등은 형식적 명제에 불과하였고, 실제로는 특권계급인 자본가계급과 경제적 약자인 근로자계급이 대립**하게 되었다. 그리하여 노사대립 문제를 사법원리만으로 해결하기에는 한계가 있을 수밖에 없게 되자 새로운 시민법영역이 나타나게 되었다.

**사회법이라 함은 일반적으로 사법의 기본원리를 수정하는 의미를 갖는 법**으로, 개인의 사적 자치를 원칙으로 하는 사법, 즉 주로 민법과 달리 국가가 개입하여 자본가와 노동사 사이의 **실질적인 자유와 평등을 도모하기 위한 필요성 때문에 발달하게 된 새로운 법원리**라고 할 것이다. 이러한 사회법 영역 중 노동법이 가장 대표적인 법으로, 그 외에도 각종의 경제법 및 사회보장법 등이 있다.

노동법은 근대사법의 기본원리인 소유권절대의 원칙, 계약자유의 원칙, 과실책임의 원칙에 대하여, 첫째, 개별적 근로관계에 있어 **근로기본권을 소유권에 대립시킴으로써 소유권절대의 원칙을 제한하고, 국가가 근로계약의 기준을 강제하여 계약자유의 원칙을 수정하고, 산업재해에 대한 사용자의 무과실책임이론을 도입하여 과실책임의 원리를 수정**하였다.

둘째, 집단적 노사관계에 있어 근대사법의 기본원리는 근로자의 노동조합 결성 및 가입행위를 공모(conspiracy) 및 독점(trust) 등 민사·형사상의 불법행위로 간주하여 제한하거나 금지하였으나, **노동법은 근로자들의 근로3권을 인정하고 합법화하기에 이르렀다**. 한편 근로3권에 대하여 처음에는 소극적 용인 내지 합법화 정도에 머물렀으나, 현대에 들어와서는 헌법상의 기본권으로 보장할 권리로 인정하여 그 법적 보호를 강화하고 있다.

# Ⅲ. 우리나라 노동법의 발전

## 1. 의 의

대한민국헌법 제32조 제1항은 "모든 국민은 근로의 권리를 가진다"고 하여, 근로3권을 보장하고 있다. 우리나라가 제정한 최초 노동관련법은 대부분 일본법을 모방·계수하였다고 할 것인데, 일본법은 제2차 세계대전 이후 미국 맥아더군정 하에서 미국 노동관련법의 영향을 받은 관계로, 우리나라 노동관련법은 출발 시부터 미국 관련법의 영향을 상당 부분 받았다고 하겠다. 예를 들면 **근로3권의 병렬적 인정, 부당노동행위 구제제도, 노동쟁의 조정제도, 기업단위별 노동조합활동 및 단체교섭제도, 노동위원회제도 등이 그러하다**. 다만 민법이 대륙법계인 독일법의 영향을 많이 받았기 때문에 예를 들면 단체협약의 지역적 구속력 등은 독일 단체협약법의 내용을 일부 계수하기도 하였다.

우리나라 노동법은 외국 노동법의 모방 또는 계수를 통해 도입되었으나 현재는 우리 실정에 맞게 제정하거나 개정하여 이제는 어느 정도 우리나라 체계에 맞는 선진적 노동관련법체계가 확립되었다고 할 수 있다.

## 2. 개별적 근로관계법의 제정

헌법 제32조가 보장한 근로의 권리를 실행하기 위한 구체적 개별 입법이 이루어졌는데, 최초의 법이 **1953년에 제정된 근로기준법**이라 할 수 있다. 이 법은 근로조건의 기준을 정함으로써 근로자의 기본적 생활을 보장, 향상시키는 것을 목적으로 하고 있다. 그 외에도 **1962년의 선원법**은 선원에 관한 근로조건과 관련하여 선원의 특수성을 고려하여 근로기준법과 별도의 내용으로 제정되었고, **1963년의 산업재해보상보험법**은 산업재해에 관한 사회보험제도를 무과실책임으로 규정하였고, **1986년의 최저임금법**은 근로기준법상의 최저임금규정을 독립시켜 근로자의 최저임금을 규율하기 위하여 독립적으로 제정되었고, **1990년의 산업안전보건법**은 산업현장에서 근로자의 안전과 보건에 관한 사항을 규율하기 위하여 근로기준법의 일부조항을 독립시켜 제정되었고, **2005년의 근로자퇴직급여 보장법**은 인구고령화에 대비하여 퇴직금제도를 일시금이 아닌 연금제도로 전환하여 근로자의 노후 생활안정에 기여할 목적으로 근로기준법의 퇴직금제도를 독립시켜 제정되었고, **2007년의 기간제 및 단시간근로자 보호 등에 관한 법률 및 파견근로자 보호 등에 관한 법률**은 노동시장 유연화현상에 대처하여 기간제, 단시간, 파견근로자 등 비정규직 근로자에 대한 불합리한 차별을 시정하고, 사용자의 비정규직에 대한 남용행위를 규제하여 비정규직 근로자의 근로조건을 보호하기 위하여 제정되었다.

**노동관련법은 현재 근로를 제공하는 자뿐만 아니라 장차 제공할 의사를 가지고 있는 실업자 또는 잠정적 근로자 역시 그 보호대상으로 삼고 있으며**, 헌법 제32조는 ① 국가의 고용증진 의무(제1항), ② 여자근로자의 차별대우금지 의무(제4항), ③ 국가유공자 등의 고용우선의무(제6항) 등을 아울러 규정하고 있다. 그러한 헌법적 가치를 실현하기 위하여 **1993년에 고용정책기본법**을 제정하여, 국가가 경제상황에 맞는 고용정책을 수립할 것을 국가의 의무로 규정하고 있다.

그 외에도 고용정책기본법을 기본으로 하여 종래의 남녀고용평등법을 대체한 2007년의 남녀고용평등과 일·가정 양립 지원에 관한 법률, 직업안정법, 2005년의 근로자직업능력 개발법 등이 제정되어 시행 중에 있다.

## 3. 집단적 노사관계법의 제정

헌법 제33조가 보장한 근로3권을 구체적으로 실현하기 위하여, 1953년의 노동조합법·노동쟁의조정법·노동위원회법, 1981년의 노사협의회법, 1996년의 노동조합 및 노동관계조정법, 근로자참여 및 협력증진에 관한 법률이 제정되어 있다.

특수직역인 공무원과 교원의 노동기본권과 관련하여 공무원·교원의 노동조합 설립 및 운영, 단체교섭, 분쟁조정절차 등에 관한 사항과 관련하여 공무원과 교원의 근무조건의 개선과 사회적, 경제적 지위의 향상을 위하여 공무원의 노동조합 설립 및 운영 등에 관한 법률과 교원의 노동조합 설립 및 운영 등에 관한 법률을 제정하여 시행 중에 있다.

# 제2절 노동법의 법적 지위

## Ⅰ. 의 의

노동법이라 함은 사용자와 근로자의 근로계약을 둘러싸고 발생하는 사실상의 불평등관계, 즉 **불평등종속노동관계를 규율하기 위해 제정된 법을 총칭**하는 말이다. 근대 시민법사회에서 사용자와 근로자의 고용계약을 둘러싼 불평등법률관계를 종래의 민법만으로는 해결할 수 없게 되자, 그러한 종속노동관계에 국가가 개입하여 실질적 평등관계를 보장하기 위해 제정된 법을 통칭하여 노동법이라 부르고 있다.

## Ⅱ. 종속노동의 본질

종속노동이라는 용어는 노동법학자들과 근로자들이 주로 사용하는 용어이다. 이에 대해 **대법원은 사용종속관계라는 용어를 사용**하고 있다. 대법원 판례[1]는 **근로자가 노동법에 의한 보호를 받기 위해서는 사용종속관계가 필요**하다고 하면서, 그 존재성 여부를 판단하기 위해서는 계약의 명칭 또는 형태가 어떠하든지, ① 업무내용, 업무수행과정 및 업무시간, 근무장소 등에서 취업규칙 또는 인사규정 등의 적용을 받으며 **사용자의 지휘·명령·감독**을 받고 있는지 여부, ② 노무제공자가 비품 및 자재 등을 공급하고 제3자로 하여금 업무를 대행케 하는지 여부, ③ 업무의 대체성 여부, ④ 근로에 대한 대가로 보수를 받는지 여부 등 양 당사자의 경제·사회적 조건 등을 종합적으로 고려하여야 한다고 하고 있다.

1) 대법원 2006. 12. 7. 2004다29736 판결.

# Ⅲ. 노동법의 본질

## 1. 노동법과 사법의 상관성

노동법은 시민법, 즉 민법이라는 사법상의 법률관계 중 고용을 둘러싼 법률관계의 불평등이라는 모순을 해결하기 위하여 대두되었다고 할 수 있다. 즉 민법체계 하의 대원칙인 소유권절대의 원칙, 계약자유의 원칙, 과실책임의 원칙으로 빚어진 자본가와 근로자 사이의 실질적인 불평등과 불합리를 해결하기 위하여 민법의 본질과 다른 목적으로 발달해 온 법분야가 노동법분야인 것이다.

즉 민법이 관념적이고 형식적인 평등의 이념에서 출발하고 있다면, **노동법은 사용자와 근로자 사이의 실질적인 평등과 자유를 보장하고자 하는 목적에서 출발하고 있다**. 즉 두 법은 어느 정도 고용이라는 측면에서 부합하고 있지만, 노동법은 민법과 다른 법체계에서 운영됨으로써 **근로조건에 대해 임의성보다는 법률에 의한 강제성이 더 크고**, 이를 위반하면 형벌에 의한 형사처벌이 가해진다는 점에서 다르다고 할 수 있다. 그러면서도 노동법은 근로의 제공에 대한 보수의 지급을 전제로 하고 있다는 점에서 민법체계의 범주에 속한다고도 할 것이다. 결국 민법과 노동법은 상호 보완적 관계에 있다고 할 것이다.

그러나 노동법은 민법에 비하여 특별법관계에 있기 때문에 **특별법우선의 원칙에 의하여, 노사간의 근로관계는 노동법분야가 우선하여 적용**될 수 밖에 없고, 따라서 ① 근로계약 및 단체협약 등의 체결방법 및 효력 등은 근로기준법, 노동조합 및 노동관계 조정법 등이 우선하여 적용되고, ② 이러한 규정 위반으로 인한 손해배상청구는 관련 법령에 별도의 규정이 있으면 이에 따르고 없으면 민법이 보충적으로 적용된다고 하겠다. 일부 학설은 노동법이 민법의 특별법적 성질을 갖는 것을 부인하지만, 상호 부합되는 범위 내에서는 노동법이 민법에 특별법기능을 수행하고 있음을 부인할 수는 없다고 하겠다.

### 2. 노동법과 공법의 상관성

노동법은 사용자를 규제하고, 근로자를 보호하기 위한 공법적 규정을 상당 부분 가지고 있다. 예를 들어 근로계약의 체결, 근로조건의 결정, 근로계약의 효력 등에 관하여 특별규정을 많이 두고 있으며, 이를 위반하는 경우 형사처벌할 수 있도록 하고 있다. 예를 들어 근로시간의 법정화, 최저임금제의 강제, 취업규칙의 법적 효력 등이 그러하다.

또한 근로자의 단체행동과 관련하여 노동쟁의 조정제도 및 노동위원회제도 등을 통해 국가가 노사관계에 개입하는 것이 허용되며, 이러한 노동법의 근로자에 대한 후견적 기능은 경제적 약자일 수밖에 없는 근로자들이 사용자에 의해 일방적으로 불리하게 결정된 근로계약을 체결할 수밖에 없는 것을 방지하여 노사간의 실질적 평등과 자유를 보장함으로써 국가 전체의 안정적 고용유지 및 국가경제발전을 도모하고자 하는 점에서, 공법적 성격이 상당 부분 포함되어 있다고 하겠다.

## 제 3 절 노동법의 법적 체계

### Ⅰ. 의 의

노동법은 적용대상을 누구로 하느냐에 따라 개별적 근로관계법과 집단적 노사관계법으로 구분할 수 있다. **개별적 근로관계**라 함은 근로자 개인과 사용자 간의 근로관계를 말하며, **집단적 노사관계**라 함은 노동조합과 같은 근로자집단과 사용자 간의 노사관계를 말한다. 개별적 근로관계는 헌법 제32조의 근로의 권리보호에, 집단적 노사관계는 헌법 제33조의 근로3권 보호에 근거하고 있다고 하겠다.

**최근 제3의 영역으로 고용정책기본법과 고용보험법 등을 내용으로 하는 노동시장법 또는 고용정책법 분야가 새롭게 대두하고 있다.** 이러한 새로운 법체계에 대하여 기존 노동법체계에 포함시켜야 한다는 견해와 제3체계로 독립적으로 보아야 한다는 견해가 나누어져 있는데, 전자의 주장은 노동시장법 또는 고용정책법이 장래의 근로관계 성립을 예정하거나 전제하는 법이므로 근로관계의 성립, 존속, 변경 및 종료에 관한 포괄적 법 영역인 개별적 근로관계법에 포함되어야 한다고 주장하는데 반하여, 후자는 노동시장법 또는 고용정책법이 근로와 고용에 관한 국가의 정책적 의지를 반영하는 법이므로 개별적 근로관계법과는 다르기 때문에 별개의 독립된 법체계로 보아야 한다고 주장한다. 개인적으로는 전자의 견해가 더 타당하다고 본다. 결국 개별적 근로자들의 고용 및 근로조건 개선을 통한 고용안정에 이바지할 것이기 때문이다.

## Ⅱ. 개별적 근로관계법

### 1. 헌법적 근거

헌법 제32조는 모든 국민에게 근로의 권리가 있음을 천명하고, **국가도 사회적·경제적 방법으로 근로자의 고용의 증진과 적정임금의 보장에 노력할 의무 및 최저임금제를 시행할 의무가 있음을 천명**하고 있다. 또한 국민은 근로의 의무를 진다고 하여 근로가 권리이자 의무임을 천명하고 있고, 국가로 하여금 법률로 근로의무의 내용과 조건을 민주주의원칙에 따라 정하도록 규정하고, 이때 기준이 되는 근로조건은 인간의 존엄성을 보장하도록 법률로 정하여야 하며, 여자는 근로를 함에 있어 특별한 보호를 받을 뿐만 아니라 임금 등 근로조건에서 부당한 차별을 받지 아니하며, 연소자의 근로가 특별보호대상임을 명시하고, 국가유공자·상이군경 및 전몰군경의 유가족은 법률이 정하는 바에 의하여 우선적으로 근로의 기회를 제공받을 수 있도록 하고 있다.

### 2. 주요 내용

#### (1) 취업자의 개별적 근로관계

개별적 근로관계법은, 민법체계 하에서 사실상 불평등, 부자유한 근로계약체결을 할 수밖에 없기 때문에 이러한 문제점을 시정하기 위하여, **근로자 개인과 사용자 간의 근로계약의 체결 및 근로관계의 내용, 변경 및 종료절차 등에 국가가 일정 부분 개입하여 근로계약체결의 최저수준에 대한 법적 기준을 제시함으로써 근로자를 보호하는 것을 근본목적**으로 하고 있다.

앞서 살펴본 바와 같이 헌법 제32조가 추구하고 있는 인간의 존엄성 보장, 적정임금 및 최저임금의 보장, 여성근로자와 연소근로자의 보호 등을 위하여 제정된 근로기준법, 선원법, 최저임금법, 산업안전보건법, 남녀고용평등과 일·가정 양립 지원에 관한 법률 및 산업재해보상보험법 등이 취업자의 개별적 근로관계에 대하여 일정한 기준을 제시하고 있다.

#### (2) 미취업자의 개별적 근로관계

현재 실업상태이거나 고용되기를 희망하는 미취업근로자의 취업기회 보장도 대단히 중요한 사회적 문제이다. 이를 위해 앞서 살펴본 바와 같이 헌법 제32조는 근로를 국민의 권리로 규정하여 근로하고자 하는 자의 취업의 기회를 보장해 주도록 하고 있고, 근로와 관련된 다른 권리는 이러한 취업을 보장하는 헌법상의 권리로부터 파생되어 나오는 권리라고 하겠다.

또한 이러한 취업권보장을 위하여 헌법 제32조는 **근로자의 근로권 보호의무와 국가의 근로자에 대한 고용증진의무, 국가유공자 등에 대한 우선적 취업기회부여의무를 규정하고 있다**. 이를 위해 고용정책기본법, 고용보험법, 직업안정법, 근로자직업능력 개발법, 국가유공자 등 예우 및 지원에 관한 법률, 고용상 연령차별금지 및 고령자고용촉진에 관한 법률 및 장애인고용촉진 및 직업재활법 등이 제정되어 있다.

## Ⅲ. 집단적 노사관계법

### 1. 헌법적 근거

헌법 제33조는 근로자에게 근로조건의 향상을 기할 수 있도록 자주적 단결권·단체교섭권 및 단체행동권을 인정하고, 공무원의 단결권·단체교섭권 및 단체행동권을 법률의 정한 바의 범위 내에서 인정하고 있다.

## 2. 주요 내용

집단적 노사관계법은 사용자와의 근로조건 교섭력에서 약자일 수밖에 없는 근로자를 단결시켜 집단적으로 근로조건 등을 교섭할 수 있도록 노동조합 또는 근로자대표 등을 내세워 그들이 **근로자집단의 단결된 힘으로 사용자와의 협상을 가능토록 하고**, 그러한 양자 간의 관계를 규율하기 위해 제정된 법을 말한다. 즉 근로자를 단결시켜 사용자와 **실질적으로 대등한 노사협상력을 보장하기 위한 법체계**라고 할 수 있다. 집단적 노사관계법에는 노동조합 및 노동관계조정법, 근로자참여 및 협력증진에 관한 법률 및 노동위원회법 등이 있다.

이러한 집단적 노사관계법의 힘을 통해, 개별적 근로자는 노동조합을 조직하거나 이에 가입하여 사용자와 단체교섭을 실시하고 쟁의행위 등의 집단적 노사관계를 가질 수 있다. 모두 헌법 제33조가 보장한 근로자의 단결권, 단체교섭권 및 단체행동권에 근거하고 있다고 하겠다.

## 3. 개별적 근로관계법과 집단적 노사관계법의 상호관계

개별적 근로관계법과 집단적 노사관계법은 각각 별개의 법체계를 유지하고 있어 적용대상이 다르지만, 양자는 근로자의 근로기본권을 보호하기 위한 공통의 목적이 공유되고 있다는 점에서 상호밀접성이 인정된다고 하겠다.

양자는 첫째, 집단적 노사관계법은 개별적 근로관계의 존재를 전제로 하고 있기 때문에 우선 근로자가 사용자에게 개별적으로 고용된 후 노동조합 가입이나 근로조건의 개선, 유지를 위한 단체교섭이나 쟁의행위 등 **집단적 노사관계법의 보호를 받게 된다는 점에서 상호관련성**이 있다. 둘째, 개별적 근로관계법은 근로자의 임금 및 근로시간 같은 근로조건을 법정함으로써 국가가 이에 직접적으로 간섭, 개입하도록 하고 있는 반면에, 집단적 노사관계법은 국가가 직접 개입하는 대신 노동조합 등의 결성을 보장하여 그 단체가 근로자의 집단적으로 결합된 힘으로 실질적으로 사용자와 대등한 지위에서 당사자간 교섭을 하도록 **간접적으로 지원한다는 점에서 차이가 있으면서도 상호관련성**이 있다. 셋째, 개별적 근로관계는 집단적 노사관계의 도움 없이 개별적으로도 유지될 수 있으나 그 경우 힘이 약화될 수밖에 없어 노동조합 결성이라는 집단적 근로관계를 통해 **힘을 강화할 수 있다는 점에서 상호관련성**이 있다고 하겠다.

## 제4절 노동법의 법원(法源)

### Ⅰ. 의 의

노동법의 법원, 즉 노동법의 존재형식에는 **실정노동법, 관습노동법** 등이 있다. **자치규범, 행정해석과 판례** 등은 **대륙법계**에 속하는 우리나라의 경우 법원성을 인정하기 곤란하지만, 사실상 실질적인 노동관계를 규율하는 기준으로 작용하고 있다는 점에서 무시할 수는 없다고 하겠다.

### Ⅱ. 종 류

#### 1. 실정노동법

##### (1) 국내 노동관련법

실정노동법, 즉 성문노동법의 대표적인 것으로는 헌법과 법률이 있다. 헌법은 국가의 기본법으로 노동법의 존재근거를 규정하고 있다. 앞서 살펴본 바와 같이 헌법 제32조와 제33조는 개별적 근로 및 집단적 근로관계에 대하여 헌법적 근거를 제공하고 있다. 또한 헌법에 근거하여 개별적 노동관계법인 근로기준법, 노동조합 및 노동관계조정법, 근로자참여 및 협력증진에 관한 법률, 노동위원회법, 최저임금법, 선원법, 남녀고용평등과 일·가정 양립 지원에 관한 법, 산업재해보상보험법 등 많은 노동관련법이 제정되어 운영 중에 있다.

##### (2) 국제 노동관련법

국제 노동관련법으로는 국제노동기구협약 등 국제적으로 인정된 노동관련 조약이나 근로에 관한 국제연합헌장 등이 있다. 헌법 제6조에 의해 헌법에 의하여 체결, 공포된 조약과 일반적으로 승인된 국제법규 중 노동관련 법규가 있으면 이러한 국제관련노동법도 국내법과 동일한 효력을 갖는다. 우리나라는 1991년에 국제노동기구(ILO)에 가입하였기 때문에 **국제노동기구 협약은 노동법의 중요 법원으로 기능**하고 있다.

## 2. 관습노동법

관습노동법이라 함은 근로관계에서 일정한 관행이 있고, 그 관행에 대하여 구성원들이 법적 확신에 이른 상태의 관습을 말한다. 민법 제1조가 관습법을 민법에 대한 법원으로 인정하고 있기 때문에 관습노동법 역시 노동법에 대한 법원성이 인정된다고 하겠다.

## 3. 자치규범

### (1) 서 론

우선 노사 간에 자율적으로 체결된 자치규범은 당사자 사이의 계약의 한 유형이지 국가가 제정한 법규범은 아니다. 즉 노사 간에 체결한 단체협약, 취업규칙, 노동조합의 조합규약 등은 국가가 제정한 것이 아니기 때문에 법원성을 부정해야 한다는 **부정설**, 노동법의 법원의 개념을 노사 당사자 간의 노사관계를 규율, 구속하는 재판규범으로 보게 되면 자치법규도 당사자 사이의 근로제공을 둘러싸고 발생한 법적 분쟁을 해결하는 기준이 된다는 이유로 노동법의 법원성을 긍정해야 한다는 **긍정설**이 대립하고 있다. 법원성긍정설의 입장에서 보면 개별적인 근로계약조차 재판규범으로 기능한다는 이유만으로 법원성을 긍정해야 한다는 결론이 도출되어 부당하다고 하지 않을 수 없다. 따라서 개인적으로 자치규범은 노동법의 법원성을 부정하는 것이 타당하다고 보며, 부정하더라도 자치규범이 실질적으로 노사관계를 규율하는 중요한 재판규범이 되고 있어 사실상의 법원성은 인정된다고 해석할 수밖에 없다고 하겠다.

### (2) 단체협약

**단체협약이라 함은 노동조합이 사용자와 단체교섭을 실시한 결과 합의**

**된 사항을 문서화한 협약을 말한다**. 단체협약의 법적 성질을 계약으로 보는 견해(법원성부정설)와 규범으로 보는 견해(법원성긍정설)로 나누어져 있으나, 앞서의 이유와 마찬가지로 **법원성부정설**이 개인적으로는 타당하다고 본다.

그러나 어느 견해를 따르더라도 단체협약은 노사 당사자를 법적으로 구속할 뿐만 아니라 재판규범으로 기능하고 있다는 점에서는 일치한다.

(3) 취업규칙

**취업규칙이라 함은 사용자가 사업장에서 근로자에게 적용되는 근로조건 및 복무규율 등을 일방적으로 결정하고 작성한 규범을 말한다**. 취업규칙의 법원성에 대하여 근로기준법 제98조의 입법취지상 법원성이 인정된다거나 근로자가 취업규칙에 대하여 반대하지 아니하는 한 취업규칙에 의한 근로관계의 성립이 인정되는 것은 사실인 관습으로서 확립되어 있다면서 법원성을 인정해야 한다는 견해(법원성긍정설)와 사용자가 일방적으로 작성한 것이기 때문에 취업규칙의 법원성을 인정할 수 없다는 견해(법원성부정설)로 나누어져 있다. 개인적으로는 취업규칙을 노동법의 법원으로 인정하는 것은 곤란하다고 본다. 그렇지만 취업규칙도 무효이지 않는 한 사실상 근로자와 사용자를 구속하는 힘이 있음을 부정할 수는 없으므로, 사실상의 법원으로 기능하고 있는 점은 인정하지 않을 수 없다.

결국 **취업규칙 중 단체협약 및 근로계약 부분은 당사자간의 합의로 구체화되었기 때문에 계약에 의한 구속력을 인정하여도 무방할 것으로 보이며, 취업규칙 중 사용자가 일방적으로 정한 내용인 경우는 경영권의 정당한 행사로 인정되는 한 사실상 노사 당사자를 구속하는 힘이 있다고 하겠다**.

(4) 노동조합규약

노동조합규약이라 함은 노동조합의 조직 및 활동, 운영에 관하여 조합원이 자율적으로 정한 기본규칙을 말한다. 조합규약에 법원성을 인정할 것인가 여부는 다른 자치규범과 마찬가지로 보면 될 것이다. 다만 조합규약은 조합내부의 기관 및 조합원만을 구속할 수 있을 뿐 대외적 효력이 없기 때문에 사용자 등 조합원이 아닌 제3자를 구속하지는 못한다.

### 4. 행정해석 및 판례

#### (1) 행정해석

**행정해석이라 함은 노동부 또는 법무부가 노동행정의 지침이나 노동법에 관해 내린 유권해석을 말한다**. 이러한 행정해석은 하급관청의 행정집행을 구속하지만, 일반국민을 구속하지는 못한다. **행정청 내부의 구속력만이 인정**되기 때문이다. 따라서 행정해석은 재판규범으로 기능하지 못하기 때문에 법원성을 인정하기 어렵다고 하겠다.

그러나 행정해석은 사실상 노동행정을 담당하는 관청을 구속하기 때문에 공무원들의 노동행정을 통하여 현실의 노사관계에 중대한 영향을 주고 있을 뿐만 아니라, 법원의 재판기준으로 기능하고 있는 것도 사실이다.

#### (2) 판 례

우리나라는 대륙법체계 국가이기 때문에 영미법국가와 달리 **판례의 법원성**을 부정하고 있다. 다만 대법원의 판례는 사실상 유사사건에서 하급심을 구속하기 때문에 사실상의 구속력을 부정할 수는 없다고 하겠다.

## 제 5 절 개별적 근로관계법

## Ⅰ. 근로기준법

### 1. 서 론

**근로기준법은 개별적 근로관계법의 기본이 되는 법**이다. 근로기준법은 모두 12개 장, 116개 조 및 부칙으로 되어 있다. 12개 장은 제1장 총칙, 제2장 근로계약, 제3장 임금, 제4장 근로시간과 휴식, 제5장 여성과 소년, 제6장 안전과 보건, 제7장 기능습득, 제8장 재해보상, 제9장 취업규칙, 제10장 기숙사, 제11장 근로감독관 등, 제12장 벌칙으로 구성되어 있다.

## 2. 구체적 내용

### (1) 총 칙(제1장)

총칙에서는, 근로자에 대하여 직업의 종류와 관계없이 임금을 목적으로 사업이나 사업장에 근로를 제공하는 자로 정의하고 있고(제2조 제1장 제1호), 사용자에 대하여 사업주 또는 사업경영담당자, 그 밖에 근로자에 관한 사항에 대하여 사업주를 위하여 행위하는 자로 정의하는(제2조 제1항 제2호) 등 근로기준법상 사용되는 용어를 정의하고 있다. 그 외에도 동법의 적용범위, 입법목적과 일반원리를 규정하는 한편, 근로자들의 기본적 생활보장을 위한 최저기준의 설정, 노사대등결정의 원칙, 근로조건 준수의무, 국적·신앙·성별 등에 의한 차별대우의 금지, 강제근로의 금지, 중간착취의 금지 등에 대하여 규정하고 있다. 판례는 단체협약에서 동일부서 내의 남녀 정년을 남자는 55세, 여자는 53세로 정하고 있는 것은 근로기준법 위반으로 무효라고 하였고,[2] 외국인이 당해 사업장의 실질적인 근로자로 인정될 경우 근로기준법 및 최저임금법상의 근로자에 해당되므로 최저임금이 보장되어야 한다고 하였고,[3] 외국인근로자도 외국인이라는 이유로 임금 및 근로시간 중 근로조건에서 차별해서는 안 된다고 하였다.[4]

### (2) 근로계약(제2장)

제2장에서는, 근로계약을 근로자가 사용자에게 근로를 제공하고, 사용자는 이에 대하여 임금을 지급하는 것을 목적으로 체결된 계약이라고 정의하고(제2조 제1항 제4호), 근로계약의 당사자·형식·내용 및 효력에 관하여 규정하고 있다. 주요 내용을 살펴보면, **최저기준에 미달하는 근로계약의 효력을 무효**로 규정하고, 근로계약의 당사자·형식·내용 및 효력에 대하여 규정하고, 부당한 해고제한, 임금에 대한 금품청산, 임금채권우선변제권 보장, 사용증명서, 취업방해 금지, 계약서류의 보존 등에 대하여 규정하고 있다.

---

2) 대법원 1993. 4. 9. 92누15765 판결.
3) 대법원 2006. 12. 7. 2006다53627 판결.
4) 대법원 1995. 9. 15. 94누12067 판결.

### (3) 임 금(제3장)

제3장에서는 **임금을 임금·통상임금·평균임금 등 세 가지로 분류**하고, 그 중 **임금**은 사용자가 근로의 대가로 근로자에게 임금·봉급, 그 밖에 어떠한 명칭으로든지 지급하는 일체의 금품이라 정의하고, **통상임금**은 근로자에게 정기적이고 일률적으로 소정근로 또는 총근로에 대하여 지급하기로 정한 시간급 금액·일급금액·주급금액·월급금액 또는 도급금액이라 정의하고(근로기준법시행령 제6조 제1항), **평균임금**이란 이를 산정하여야 할 사유가 발생한 날 이전 3개월 동안에 그 근로자에게 지급된 임금의 총액을 그 기간의 총일수로 나눈 금액이라고 정의하고 있다(근로기준법 제2조 제1항 제6호).

뿐만 아니라 제3장에서는 임금의 지급방법, 도급근로자에 대한 임금지급방법, 임금의 비상시 지급방법, 사용자의 귀책사유로 인한 휴업 시의 휴업수당 지급방법 등에 대하여 규정하고 있다.

**판례는 소정근로 또는 총근로의 대상으로 근로자에게 지급되는 금품으로서 그것이 정기적·일률적으로 지급되는 고정적인 것이면 통상임금에 포함이 되지만, 실제의 근무성적에 따라 지급 여부 및 지급액이 달라지는 임금은 통상임금에 포함되지 않는다고 하였다.**[5)]

### (4) 근로시간과 휴식(제4장)

제4장에서는 근로시간과 휴게·휴일·휴가에 관하여 규정하고 있다. 근로시간에 대하여 1주 40시간, 1일 8시간 근로할 것을 원칙으로 하고 있다. 종래 있던 **월차유급휴가제도는 폐지**되었다. 위 근로시간 범위 내에서 근로시간의 신축적 운영을 위한 탄력적 근로시간제도, 선택적 근로시간제도, 연장근로의 제한, 휴게시간제도, 주휴일제도, 연장·야간·휴일근로, 근로시간계산의 특례, 근로시간 및 휴게시간의 특례, 연차유급휴가 및 유급휴가의 대체, 근로시간· 휴게· 휴일 적용제외 등에 관하여 규정하고 있다.

**대법원 판례는 실제 근로하는 시간이 아닌 근로대기시간이나 휴식·수면시간의 경우에도 사용자의 지휘·감독 아래 놓여 있는 시간이면 근로시간에 포함된다고 하였다.**[6)] 또한 근로기준법 제50조 제3항은 근로시간을 산정

---

5) 대법원 2003. 4. 22. 2003다10650 판결.

함에 있어 작업을 위하여 근로자가 사용자의 지휘·감독 아래에 있는 대기시간 등은 근로시간으로 본다고 신설하였다(신설 2010. 2. 1).

(5) 여성과 소년(제5장)

제5장에서는 여성과 연소자에 관한 취업제한과 취업 시의 근로조건 등 특별보호에 관하여 규정하고 있다. 즉 제5장에서는 연소근로자에 대한 최저 취업연령과 취업인허증제도, 여성 및 연소근로자에 대한 도덕·보건상의 유해·위험한 사업에의 사용금지, 연소자증명서의 비치, 근로계약, 임금청구, 근로시간, 야간근무금지, 시간외근로금지, 갱내근로금지, 생리휴가보장, 임산부의 보호조치, 태아검진시간의 허용, 육아시간 등에 대하여 규정하고 있다. 근로기준법 이외에도 모성보호를 위한 남녀고용평등과 일·가정 양립 지원에 관한 법률은 여성의 산전산후휴가 등의 지원, 육아휴직, 육아기근로시간 단축제도 등에 대하여 규정하고 있다.

(6) 안전과 보건(제6장)

제6장에서는 근로자의 안전과 보건에 관하여 규정하고 있다. 원칙적으로 근로자의 안전과 보건에 관하여는 근로기준법의 특별법인 산업안전보건법이 우선하여 적용된다고 하겠다.

(7) 기능습득(제7장)

제7장에서는 기능습득자의 근로기준을 정하여 기능습득자를 보호하고, 근로자가 기술습득을 할 수 있도록 기술습득에 대하여 규정하고 있다. 특히 일종의 도제제도처럼 기술습득과정에서 근로자에게 불이익한 일이 돌아가지 않도록 각종 폐단을 금지하는 규정을 두고 있다.

(8) 재해보상(제8장)

제8장에서는 근로자가 업무 중 부상·질병 또는 사망한 경우에 그 근로자 또는 유족을 보호하기 위하여 재해보상의 종류·방법 및 기준 등에 대하여 규정하고 있다. 그런데 근로자의 업무상 재해보상에 대하여는 근로기준법보다 특별법인 산업재해보상보험법이 우선하여 적용된다고 하겠다.

---

6) 대법원 2006. 11. 23. 2006다41990 판결.

(9) 취업규칙(제9장)

제9장에서는 취업규칙에 대하여 근로자에게 적용되는 근로조건 또는 당사자가 준수하여야 할 경영규범에 관하여 사용자가 일방적으로 정한 통일적이고 획일적인 규칙을 총칭한다고 정의하는 한편, 취업규칙의 작성·변경·제제규정의 제한, 취업규칙의 효력 및 취업규칙에 미달하는 근로계약의 효력 등에 대하여 규정하고 있다.

(10) 기숙사(제10장)

제10장에서는 사업장의 **부속기숙사**에서 생활하는 근로자들을 보호하기 위하여 기숙사 관련 규정을 두고, 사업자가 기숙근로자의 사생활을 보장하고, 기숙사규칙의 작성·변경 및 기숙사의 설비와 안전위생에 관하여 지켜야 할 사항 등에 대하여 규정하고 있다.

(11) 근로감독관(제11장)

제11장에서는 근로기준법이 제대로 지켜지는지에 대하여 감독자인 **근로감독관**에 대하여 그의 권한 및 의무 등에 대하여 규정하고 있다. 즉 근로감독관의 설치, 근로감독관의 권한, 근로감독관의 의무, 감독기관에 대한 신고방법, 사법경찰권행사자의 제한 등에 대하여 규정하고 있다.

(12) 벌 칙(제12장)

제12장에서는 근로기준법을 위반한 자에 대한 처벌에 대하여 규정함으로써 근로기준법의 실효성 확보를 도모하고 있다.

## Ⅱ. 관련 법령

근로기준법 이외에도 근로기준법과 관련된 개별법으로 최저임금법, 근로자직업능력 개발법, 직업안정법, 선원법, 숙련기술장려법, 남녀고용평등과 일·가정 양립 지원에 관한 법률, 고용상 연령차별금지 및 고령자고용촉진에 관한 법률, 장애인고용촉진 및 직업재활법, 산업안전보건법, 근로감독관규정, 근로자퇴직급여보장법, 파견근로자보호 등에 관한 법률 및 기간제 및 단시간근로자보호 등에 관한 법률, 산업재해보상보험법, 사내근로복지기금법, 진폐의 예방과 진폐근로자의 보호 등에 관한 법률, 임금채권보장법 등이 있다.

# 제 6 절 집단적 노사관계법

## Ⅰ. 노동조합 및 노동관계조정법

### 1. 노동조합의 설립

#### (1) 서 론

**노동조합은 근로자들의 이익을 대변하고, 근로조건 등에서 유리한 결과를 얻어내어야 할 의무가 있다.** 따라서 우선 **노동조합은 자주적으로 조직되고 민주적 방식에 따라 운영되어야 할 기본원칙**이 있다. 왜냐하면 조직에 있어서 자주성과 민주성을 확보하지 못한 노동조합은 오히려 근로자의 이익을 위해 활동하기보다는 사용자와 공모하여 오히려 근로자의 이익을 해할 우려가 있기 때문이다. 따라서 **노동조합의 설립에 대한 자주성과 운영에 있어서의 민주성은 근로자의 헌법상 단결권보호를 위한 최소한도의 필요조건**이라고 할 것이다.

#### (2) 노동조합 설립의 실질적 요건

노동조합이 설립되기 위한 실질적 요건으로 적극적 요건과 소극적 요건이 있다. **적극적 요건**으로는 노동조합이 근로자가 주체가 되어 자주적으로 단결하여 근로조건의 유지·개선과 근로자의 복지증진 기타 경제적·사회적 지위의 향상을 도모함을 목적으로 조직하는 단체 또는 그 연합단체여야 하고, **소극적 요건**으로는 노동조합이 사용자 또는 항상 그 이익을 대표하여 행동하는 자의 참가를 허용하거나, 노동조합이 그 경비의 주된 부분을 사용자로부터 원조받거나, 노동조합이 공제·수양 기타 복리사업만을 목적으로 하거나, 노동조합이 근로자가 아닌 자의 가입을 허용하거나(다만 해고의 효력을 다투는 자는 중앙노동위원회의 재심판정이 있을 때까지 근로자가 아닌 자로 보지 아니한다), 주로 정치운동을 목적으로 하는 경우 등에는 노동조합의 설립이 허용되지 아니 한다. 즉 적극적 요건은 이를 갖추어야만, 소극적 요건은 이를 갖추지 아니하여야만 실질적으로 노동조합의 설립요건을 갖추게 된다는 것이다.

### (3) 노동조합 설립의 형식적 요건

노동조합은 대외적인 자주성과 대내적인 민주성을 갖추어 위의 실질적 요건을 충족하게 되면 **조합규약을 첨부한 설립신고서를 담당 행정관청에 제출하여 설립신고를 하여야 한다**. 이러한 설립신고절차를 마친 것을 형식적 요건을 갖추었다고 말한다. 노동조합의 설립신고절차는 노사관계법 제10조에 의해 설립신고를 마치게 되면, 행정관청은 동법 제12조에 따라 설립심사를 하게 된다.

문제는 헌법 제33조 제1항이 근로자의 자유로운 단결권을 보장하고 있고, 노사관계법 제5조도 근로자의 노동조합 설립을 자유설립주의원칙에 의해 자유롭게 설립할 수 있도록 보장하고 있는데, 위의 **노동조합설립신고에 대한 심사제도를 노사관계법이 규정하고 있는 것은 행정관청이 노동조합 설립을 심사하는 것으로, 행정관청의 간섭이 허용된다는 점에서 노동조합의 자유설립주의원칙을 침해하여 위헌성 논란이 일고 있다는 점이다**.

이러한 위헌성 제기에 대하여 노동조합이 단순히 행정관청에 신고하는 것만으로 노동조합의 설립을 인정하게 되면 노동조합의 민주성 및 자주성이라는 실질적 요건을 갖추지 못한 **비자격조합의 난립**을 가져와 오히려 어용노동조합이나 이권에 매달리는 잘못된 노동조합을 양산하게 되는 문제점이 있기 때문에 최소한의 적격성 심사를 위한 것으로 허용되어야 한다는 옹호론이 주장되고 있다. **세계 주요국가들도 이러한 심사제도를 운영하고 있다**.

행정관청은 노동조합설립신청에 대한 심사 결과 설립요건을 갖추었다고 인정되면 **설립신고서 접수일로부터 3일 내에 설립신고증을 교부하여야 하며, 설립신고증의 교부로 노동조합은 설립신고서가 접수된 날로 소급하여 노사관계법상의 노동조합으로 인정된다**.

## 2. 노동조합의 단체교섭 및 단체협약

### (1) 단체교섭

**단체교섭이라 함은 노동조합이 사용자와 근로자의 임금·근로시간 등 근로조건에 관하여 협의·교섭하는 것을 말한다.** 노사관계법 제30조는 노동조합과 사용자에게 신의에 따라 성실하게 교섭하고, 단체협약을 체결하도록 의무규정을 두고 있다. **단체교섭의 주체는 개별 노동자가 아니라 노동조합**이다. 다만 노동조합을 대표한 대표자와 노동조합으로부터 단체교섭 또는 단체협약의 체결권을 위임받은 자가 단체교섭의 담당자로서 단체교섭권한을 가진다.

### (2) 단체협약

**노동조합과 사용자는 단체교섭의 결과 합의가 이루어지면 서면으로 단체협약을 체결하여야 한다.** 만일 단체협약이 이루어지지 않으면 노동조합은 파업 등 쟁의행위를 할 수 있다. 단체협약이 이루어지면 양 당사자는 **단체협약의 체결일부터 15일 이내에 이를 행정관청에 신고하여야 한다**(노사관계법 제31조 제2항).

**단체협약은 노동조합과 사용자를 모두 구속**하기 때문에 단체협약에서 정한 근로조건 기타 근로자의 대우에 관한 기준에 위반되는 내용으로 취업규칙을 작성하거나 근로계약을 체결하면 그 부분은 무효이며(노사관계법 제33조 제1항), 그 무효부분은 단체협약에서 정한 협약대로 근로기준이 된다. 또한 취업규칙이나 근로계약에서 단체협약사항이 누락된 경우에도 단체협약이 근로기준이 된다(노사관계법 제33조 제2항).

## 3. 단체행동

### (1) 의 의

무엇을 단체행동으로 볼 것이냐에 대하여 단체행동을 ① 사업자의 업무의 정상적 운영을 저해하는 쟁의행위로 보는 협의설, ② 업무의 정상적 운영을 저해하는 쟁의행위에 완장착용 등과 같이 업무의 정상적 운영을 저해하지 아니하는 단체과시도 포함된다고 보는 광의설, ③ 쟁의행위 및 단체과시뿐만 아니라 조합활동까지 포함된다고 보는 최광의설 등이 있다. 그 중

**광의설이 현재의 통설**이라 할 수 있다.

근로자들은 단결권을 행사하여 노동조합을 결성하고, 노동조합을 통하여 단체교섭권을 행사한다. 그런데 단체교섭이 결렬되게 되면 노동조합은 자기의 주장을 관철하기 위한 실력행사로 나갈 수밖에 없고, 그러한 실력행사가 곧 단체행동인 것이다. 이러한 근로자의 단체행동권은 헌법이 보장하고 있는 권리라고 하겠다.

문제는 근로자의 단체행동권 행사로 인한 사용자의 재산권 피해에 대하여 근로자와 사용자의 이해는 서로 충돌하게 된다는 점이다. 즉 우리 헌법이 보장하는 **자본주의 경제체제에서의 사유재산권 보호와 근로자의 단체행동권이 서로 상충되는 상황**에 놓이게 되기 때문에 근로자의 단체행동권과 사용자의 재산권은 상호 조화와 균형이 필요하게 된다.

한편 노사관계법 제2조 제5호는 **노동쟁의를 "노동조합과 사용자 또는 사용자단체 간에 임금·근로시간·복지·해고 기타 대우 등 근로조건의 결정에 관한 주장의 불일치로 인하여 발생한 분쟁상태"**라고 정의하고, 동조 제6호는 **쟁의행위에 대하여 "파업·태업·직장폐쇄 기타 노동관계당사자가 그 주장을 관철할 목적으로 행하는 행위와 이에 대항하는 행위로서 업무의 정상적인 운영을 저해하는 것"이라고 정의**하고 있다. 즉 노동쟁의와 쟁의행위의 개념을 구별하고 있는 것이다. 쟁의행위에는 근로자의 쟁의행위는 물론이고 사용자의 직장폐쇄와 같은 쟁의행위도 허용하고 있다.

### (2) 근로자의 단체행동

근로자의 단체행동, 즉 쟁의행위에는 파업·태업·준법투쟁·생산관리·보이콧·피케팅 및 직장점거 등이 있다. 그런데 쟁의행위라고 무한정 허용되는 것은 아니기 때문에 그 목적·방법 및 절차가 법령 기타 사회질서에 위반되어서는 아니 된다(노사관계법 제37조 제1항). 따라서 **쟁의행위가 주체·목적 및 방법에 있어 정당성을 상실하면 민·형사상 책임을 지게 된다**. 또한 **필수공익사업의 경우에는 업무가 정지되거나 폐지되는 경우 공중의 생명·건강 또는 신체의 안전이나 공중의 일상생활을 현저히 위태롭게 하는 업무로서, 대통령령이 정한 업무의 경우에는 쟁의행위기간 동안에도 필요 최소한의 유지·운영수준, 대상 직무 및 필요인원 등을 협정으로 정하도록 하여 전면적인 쟁의행위를 금**

**지하고 있다**. 즉 필수유지업무협정을 체결하여 그 업무에 종사하는 근로자는 쟁의행위기간 중에도 업무를 수행하도록 하여 국민에게 큰 피해가 가지 않도록 방지하고 있다.

대법원 판례는, 근로자의 쟁의행위의 적법성 요건으로 ① 그 주체가 단체교섭의 주체가 될 수 있는 자격을 갖추어야 하고, ② 그 목적이 근로조건의 향상을 위한 노사 간의 자치적 교섭을 조성하는 것이어야 하고, ③ 사용자가 근로자의 근로조건 개선에 관한 구체적 요구에 대한 단체교섭을 거부하고 쟁의행위 개시에 대한 조합원의 찬성결정 등 법령이 규정한 절차를 거쳐야 하고, ④ 그 수단과 방법이 사용자의 재산권과 조화를 이루어야 할 뿐만 아니라 폭력행사에 해당되지 아니하여야 한다고 하여 이러한 요건을 갖추지 못한 쟁의행위는 정당하지 못하다고 하였다.[7)]

### (3) 사용자의 쟁의행위

**사용자는 근로자의 쟁의행위에 대항하여 직장폐쇄라는 쟁의행위를 할 수 있다**. 직장폐쇄라 함은 집단적 노사분쟁에 있어서 사용자가 그의 주장을 관철하기 위하여 일정한 산업 또는 사업체 내의 근로자들의 **근로의 수령을 집단적으로 거부하여 근로자의 임금지급을 거절함으로써 근로자에게 경제적 압력을 가하여 근로자의 쟁의행위를 멈추게 하거나, 근로자의 쟁의행위로 인한 재산상의 손실을 줄이고자 하는 사용자의 쟁의행위**를 말한다.

사용자는 노동조합이 쟁의행위를 개시한 이후에만 직장폐쇄를 할 수 있으며(노사관계법 제46조 제1항), 할 경우에도 노사 간의 교섭태도, 경과, 근로자측 쟁의행위의 태양, 그로 인하여 사용자측이 받는 타격의 정도 등에 관한 **구체적 사정에 비추어 형평의 견지에서 근로자측의 쟁의행위에 대한 대항·방위수단으로서 상당성이 인정되는 경우에 한하여 정당한 쟁의행위로 인정될 수 있다**.[8)]

## 4. 노동쟁의조정

### (1) 의 의

노동쟁의조정이라 함은 사용자와 노동조합 사이의 분쟁이 양 당사자의

7) 대법원 2009. 6. 23. 2007두12859 판결.
8) 대법원 2007. 3. 29. 2006도9307 판결.

합의로 이루어지지 아니할 경우에 제3자가 개입하여 분쟁해결을 할 수 있도록 보장하고 있는 것이 노동쟁의조정제도이며, 양 당사자는 노동쟁의조정을 거치지 아니하면 쟁의행위를 할 수 없다(노사관계법 제45조 제2항).

### (2) 방 법

노동쟁의조정은 크게 **조정과 중재로 구분**된다. 조정은 노사 양 당사자 중 일방의 신청만으로도 개시되며, **노동위원회가 조정안을 제시하더라도 양 당사자를 구속하는 힘은 없다**. 반면에 중재는 ① 당사자 쌍방이 함께 중재 신청을 하거나, ② 당사자의 일방이 단체협약에 의하여 중재신청을 하거나, ③ 국가경제사정상 긴급조정이 필요하거나, ④ 교원·공무원의 경우에 한하여 중재절차를 개시할 수 있으며, 이러한 **중재안은 당사자를 구속하는 힘이 있다**.

## 5. 부당노동행위

### (1) 의 의

**부당노동행위라 함은 사용자가 근로자의 근로3권을 부당하게 침해하는 행위를 말한다**. 이러한 부당노동행위는 사용자의 부당노동행위로부터 근로자의 근로3권을 보호하기 위한 것으로, 국가가 정책적으로 설정한 일종의 공법상의 권리구제제도라고 할 수 있다.

노사관계법 제81조는 부당노동행위의 유형을 ① 근로자가 노동조합에 가입 또는 가입하려고 하였거나, 노동조합을 조직하려고 하였거나 기타 노동조합의 업무를 위한 정당한 행위를 한 것을 이유로 그 근로자를 해고하거나 불이익을 주는 행위, ② 근로자가 어느 노동조합에 가입하지 아니할 것 또는 탈퇴할 것을 고용조건으로 하거나, 특정한 노동조합의 조합원이 될 것을 고용조건으로 하는 이른바 **황견계약**(yellow dog contract)을 체결하는 행위, ③ 노동조합의 대표자 또는 노동조합으로부터 위임을 받은 자와의 단체협약 체결 기타의 단체교섭을 정당한 이유 없이 거부하거나 해태하는 행위, ④ 근로자가 노동조합을 조직 또는 운영하는 것을 지배하거나 이에 개입하는 행위와 노동조합의 전임자에게 급여를 지원하거나 노동조합의 운영비를 원조하는 행위, ⑤ 근로자가 정당한 단체행위에 참가한 것을 이유로 하거나, 또는 노동위원회에 대하여 사용자가 이 조의 규정에 위반한 것을 신고하거나, 그에 관한 증언을 하거나 기타 행정관청에 증거를 제출한 것을 이유로 그 근로자를 해고하거나 그 근로자에게 불이익을 주는 행위로 규정하고 있다.

(2) 구 제

부당노동행위에 대한 구제에는 첫째, 노사관계법 제82조 내지 제86조에 규정된 **노동위원회에 의한 구제절차**와, 둘째, 동법 제90조에 의한 **형벌부과절차**가 있다. 이처럼 부당노동행위에 대한 **원상회복주의와 형벌주의를 병과**함으로써, 양자의 단점을 취하고 단점을 극복하여 이미 발생된 부당노동행위로 인한 근로자의 피해를 원활히 구제함과 동시에 사용자에 의한 부당노동행위의 발생을 사전에 예방하고 응징하기 위한 것이다.

## Ⅱ. 관련 법령

집단적 노사관계법에는 노동조합 및 노동관계조정법, 공무원직장협의회의 설립·운영에 관한 법률, 근로자참여 및 협력증진에 관한 법률, 노동위원회법, 교원의 노동조합 설립 및 운영 등에 관한 법률, 공무원의 노동조합 설립 및 운영 등에 관한 법률 등이 있다.

JURISPRUDENCE

# 제12장 경제법

JURISPRUDENCE >>>

CHAPTER

# 12 경제법

## 제 1 절 총 설

### Ⅰ. 경제법

#### 1. 경제법의 의의

**경제법이라 함은 국가가 경제정책을 효율적으로 수행하기 위해 제정한 법률로 국민경제생활에 밀접한 관련을 가지는 모든 법규범을 총칭하는 말이**다. 자본주의시장경제가 경제발전을 가져왔지만, 그 이면에는 **시장의 자율적 조정기능 상실로 인한 모순과 폐해로 빈익빈 부익부의 경제적 불일치**를 가져왔고, 이로 인해 국민경제의 균형 있는 발전이 어려워짐에 따라 이러한 문제점들을 시정하기 위하여 **대부분의 국가에서는 재정을 포함한 각종 경제정책을 통하여 국민경제에 개입함으로써 합리적인 경제운영이 가능하도록 하기 위하여 개인의 경제적 자유를 어느 정도 제한하고, 국민들의 경제생활을 규율할 필요성이 대두**되었는데, 이러한 제한과 개입의 법적 근거가 필요하기 때문에 이를 규율하기 위하여 제정된 법규범이 바로 경제법인 것이다.

그렇지만 경제법이 규율대상으로 삼고 있는 경제활동에 대한 견해가 학자들에 따라 다양하게 정의되고 있기 때문에 **경제법을 어떻게 보느냐에 따라 경제법이 적용될 구체적 대상과 범위가 달라지게 되는 문제점이 있다.** 그런데 일반적으로 경제법을 그 법적 기능을 중시하여 국가가 국민경제를 정당하게 질서지우기 위한 법제도 또는 법규범의 총체로 보고 있다.

## 2. 경제법의 발전

경제법분야는 가장 늦게 태동된 법분야라고 할 수 있다. 즉 자본주의가 발달함에 따라 국가경제 전반에 걸쳐 수많은 모순이 나타나게 되었고, 이를 해결하기 위한 수단으로 국가가 개입하지 않을 수 없게 되었고, 그러다 보니 그 개입에 대한 법적 근거가 필요하게 되어 태동된 것이 경제법 분야이기 때문이다. **종래 자본주의는 소위 자유방임주의**(Laissez-faire)에 의한 개인의 경제활동에 대한 자유가 최대한 보장되었고, 시장은 국가의 개입 없이 **소위 보이지 않는 손**(invisible hand)**에 의해 개인의 이기심의 합리적 조화가 이루어짐으로써 경제의 균형이 유지될 것으로 이해**하고 있었다.

그런데 자본주의가 고도로 발전함에 따라 이러한 시장에 대한 신뢰가 무너지게 되었고, 자본주의의 탐욕으로 인해 **시장이 자율적 조정기능을 상실함**으로써 독·과점의 폐해가 나타났고, **근로자의 상대적 빈곤화**가 나타났고, 생산력과 소비력의 불균형으로 **경제불황의 출현** 등 수많은 경제적, 사회적 문제가 나타나게 되었다. 그리하여 **사회주의 경제이론, 즉 국가의 재정정책을 통한 국민경제에 대한 개입이 정당화되는 새로운 경제이론이 대두**되었고, 이에 맞춰 자본주의는 **수정자본주의체제로 전환**되기에 이르렀다.

특히 제1차세계대전을 전후하여 나타나기 시작한 자본주의경제의 모순은 1929년 세계적 경제공황을 거치면서, 국가의 경제정책개입을 정당화하는 수많은 입법이 이루어지게 되었다. 그리하여 경제법이라는 용어가 독일을 중심으로 주장되기 시작하였고, 세계대전의 와중에서 국가의 경제적 통제를 정당화하기 위한 수많은 전시경제입법 및 전후의 사회화법, 각종 산업부문의 경제적 통제에 관한 다양한 규범에 그 이름이 붙여졌다. 미국도 각 산업분야에서 과도한 경쟁과 주기적 불황이 찾아왔고, 당시까지 대기업들에 의해 자행되던 독·과점 폐해를 규제할 필요성이 대두됨에 따라 **1920년 셔먼법을**

**비롯한 일련의 반트러스트법이 제정**되었고, 특히 1930년대에 미국의 경제정책이 자유방임주의에서 수정자본주의로 바뀌게 됨에 따라 경제불황을 극복하기 위해 재정정책인 뉴딜정책을 뒷받침하고자 전국산업부흥법(National Industrial Recovery Act)이 제정되기에 이르렀다.

우리나라도 경제개발 5개년계획의 성공적 수행 결과 경제가 급격히 발전하게 되었는데, 이로 인한 경제적 폐해 또한 심각한 수준에 이르게 되었고, 그러한 현상은 1980년대로 들어오면서 더욱 심화되었는데, 이를 해결하기 위하여 독점규제 및 공정거래에 관한 법률을 비롯하여 소비자보호법·약관의 규제에 관한 법률 등 각종 경제법이 제정되어 시행되기에 이르렀다.

## Ⅱ. 경제법의 본질

### 1. 근대민법원리의 수정

**근대민법은 소유권절대의 원칙, 사적 자치의 원칙, 과실책임의 원칙**이라는 3대원칙에 의해 유지되어 왔다. 결국 **이는 개인주의, 자유주의 사상**에 근거한 이론으로, 모든 인간은 평등한 능력을 갖추었다는 전제 하에서 이러한 원칙들이 경제발전에 기여해 왔으나, 보이지 않는 손에 의해 자율적으로 균형을 이룰 것이라고 생각한 **자유방임주의적 자본주의경제가 그 보이지 않는 손에 의한 자율균형감각을 상실하게 됨에 따라 새로운 수정이론이 필요**하게 되었다.

즉 민법의 일반이론에 의해서는 시장의 자동조절작용의 한계에 부딪힐 수밖에 없게 됨에 따라, 사회 전체의 이익증대를 달성하기 위해서는 공적 측면에서 **대기업 대 소비자 관계처럼 경제적 불평등 문제를 해결하기 위하여 독점규제법·소비자보호법 등의 필요성이 강조**되게 되었다.

이처럼 경제법은 근대민법의 이론으로 해결할 수 없는 영역에서 합리적 범위 내에서 국가개입을 정당화시켜 주는 새로운 법영역이라 할 수 있다.

### 2. 국가의 경제에 대한 개입 허용

**경제법은 국가의 개인의 경제활동에 대한 개입을 정당화한다**. 다만 이러한 국가의 개입은 개인의 경제적 자유에 대한 구속을 목적으로 하는 것이라기보다, 오히려 경제적 강자에 의해 강제되는 형식적 계약자유원칙의 폐해를 시정하여 실질적 불평등의 문제를 해결함으로써 자본주의경제의 효율성과 민주성을 담보하기 위한 범위로 국한되어야 한다.

**국민경제 전체의 입장에서 볼 때 경제에 대한 국가의 개입과 간섭은 국가 전체의 경제정책 수립을 목적으로 하여야 하며, 경제 외적 목적인 보안·위생·재정·군사 등을 위한 것과는 구별된다.** 다만 형식적으로 이를 판단할 것이 아니라 실질적 입장에서 이를 판단하여야 한다. 즉 표면상 보안 또는 위생상의 간섭처럼 보이는 경우에도 이를 통해 실질적으로 경제정책적 목적을 달성하고자 하는 경우도 있을 수 있다는 것이다.

## Ⅲ. 경제법의 기능

**자본주의 시장경제는 원칙적으로 수요와 공급의 균형점에서 유지**된다. 따라서 이러한 정상적인 시장 메커니즘 상태라면 국가는 개입할 필요가 없다. 그런데 이러한 정상적 시장 메커니즘이 작동하지 못하여, 국가 전체의 입장에서 경제운영에 문제가 생겨 불황이 도래하거나, 대기업에 의한 독·과점 폐해가 나타나거나, 사용자에 의한 근로자에 대한 부당한 대우가 심각한 사회문제가 될 경우이거나, 경제불황으로 인한 대량실업사태가 발생하는 등의 경제적 문제가 발생하게 되면 어쩔 수 없이 국가가 개입하게 된다.

즉 자본주의의 최대 약점이라 할 수 있는 경제주체들의 탐욕의 극대화 현상이 심각한 사회문제가 되어 기업의 독·과점 또는 카르텔의 형성으로 인한 경제질서의 파괴, 대기업과 같은 경제적 강자에 의한 시장지배로 인하여 시장기구의 쇠퇴화현상에서 빚어지는 자본주의 기능상실사태가 야기되면, 시장기구의 건전성을 확보하여 실질적인 자유경쟁상태를 회복하기 위하여 독점규제법의 필요성이 강조되고, 대기업의 횡포로부터 경제적 약자인 중소기업과 소비자의 이익을 보호하기 위하여 중소기업보호법과 소비자보호법의 필요성이 대두되게 되었다.

이처럼 경제법은 자본주의 경제체제에서 나타나는 **시장의 실패**(market

failure)로 인해 시장기구의 자율적 자정능력으로 더 이상 시장경제의 유지가 어려울 경우 그러한 경제적 장애를 제거하거나 경감시키기 위한 목적으로 제정되고 있다. 결국 이러한 경제법을 통해 자본주의 시장경제의 약점을 보완하고 강화시켜 나간다고 하겠다.

# Ⅳ. 경제법상의 규제

## 1. 법적 근거의 필요

**경제법은 태생적으로 시장경제를 규제하기 위해 발전한 법분야**이다. 그러나 국가가 아무런 법적 근거 없이 시장에 개입하여 개인의 재산권을 침해하는 행위를 하여서는 아니 된다. 따라서 국가의 경제에 대한 규제가 허용되기 위해서는 개인의 이익을 제한하거나 침해할 것이 법적으로 보장되어 있어야 한다.

대한민국헌법 제119조 제1항은 “대한민국의 경제질서는 개인과 기업의 경제상의 자유와 창의를 존중함을 기본으로 한다”고 하여 **자본주의 시장경제를 경제원칙으로 삼고 있음을 분명히 하고 있을** 뿐만 아니라 동조 제2항은 “국가는 국민경제의 성장 및 안정과 적정한 소득을 유지하고 시장의 지배와 경제력의 남용을 방지하며, 경제주체간의 조화를 통한 경제의 민주화를 위하여 경제에 관한 규제와 조정을 할 수 있다”고 하여 **국가의 경제에 대한 규제권 및 조정권을 인정하고 있다**. 헌법은 위와 같은 원칙적 규정 이외에도 경제와 관련하여 ① 천연자원의 국유와 특허, 국토와 자원의 보호 및 계획(제120조), ② 농지의 소작금지 및 임대차 등의 예외적 인정(제121조), ③ 국토이용 등에 관한 제한·의무부과(제122조), ④ 농·어촌의 종합개발과 중소기업의 보호·육성(제123조), ⑤ 소비자보호운동의 보장(제124조), ⑥ 대외무역의 육성(제125조), ⑦ 사기업의 예외적 국·공유화 또는 경영통제(제126조), ⑧ 과학기술의 발전과 국가표준제도의 확립(제127조) 등의 개별 규정을 두고 있다.

## 2. 규제방법

경제법상의 규제는 소극적으로 개인의 경제적 자유와 권리를 제한하거나 금지하는 방법, 적극적으로 개인의 경제적 자유와 권리를 보호·육성하는 방법으로 이루어진다. 그런데 이러한 경제법상의 규제는 실제로는 주로 행정행위를 통하여 이루어지는데, 국가공권력의 동원 여부에 따라 권력적 규제와 비권력적 규제로 구분되고 있다.

국가가 **권력적 규제를 통해** 경제법 위반자에 대한 형사처벌, 경제법에 근거한 행정처분을 통해 기업을 규제할 수도 있고, **비권력적 규제를 통해** 국가가 직접 각종 공사 등을 통한 경제활동의 주체로 나서거나, 사경제에 대한 각종 경제지원책을 통해 노후되거나 낙후된 산업을 발전 또는 유지시킴으로써 고용증진 및 저소득층의 소득증대 등의 경제적 향상을 도모하거나, 각종 신기술의 소개 및 교육과 같은 행정지도를 통해 동일한 목적을 도모하기도 한다.

### 3. 규제의 한계

국가가 경제법에 근거하여 국민의 경제활동에 대해 규제하더라도 이는 필요최소한에 그쳐야 한다. 왜냐하면 대한민국의 경제체제는 자본주의 및 사유재산제도에 근거하고 있기 때문에 국가의 과도한 경제제재는 위와 같은 원칙을 침해할 수도 있기 때문이다. 즉 국가의 경제에 대한 규제는 자유·평등 및 효율성의 기본가치를 존중하는 범위 내에서 이루어져야 하는 것이다.

따라서 자본주의 경제체재가 기본적으로 개인과 기업의 경제상의 자유와 창의에 근거하고 있기 때문에 이러한 대원칙을 본질적으로 침해하는 경제제재는 허용되지 아니 한다고 하겠다. 예를 들어 시장기구에 의한 가격의 자동조절기능을 기본적으로 무시하여 가격통제를 가하거나, 생산수단의 사유화를 부정하고 국유화를 추진하거나, 계약의 자유를 지나치게 침해하여 계약체결강제나 내용강제를 강요하는 것 등은 허용되지 아니 한다고 하겠다.

또한 국가는 모든 경제주체가 시장에서의 경제활동을 대등하고 평등하게, 그리고 상호경쟁을 통해 합리적으로 이루어질 수 있도록 불공정한 시장을 철폐하는 경제정책을 수립하여야 한다. 예를 들어 경제적 약자인 소비자나 중소기업을 보호·육성하고, 대기업의 횡포를 억제시켜 자유로운 경쟁을 통한 시장경제가 이루어질 수 있도록 보장하여야 한다는 것이다.

뿐만 아니라 경제규제를 실시하는 국가는 국가경제 전체의 입장에서 경제의 효율성을 도모하여야 하고 물가안정, 경제성장, 무역수지의 균형 및 완전고용이 상호 간에 조화롭게 달성될 수 있도록 경제규제정책을 펼쳐나가야 하며, 이를 통해 국가 전체의 균형 있는 경제발전과 경제적 안정을 도모하여야 한다.

## 제2절 경제법에 대한 개별적 검토

## Ⅰ. 독점규제 및 공정거래에 관한 법률

### 1. 서 론

#### (1) 의의 및 입법취지

독점규제 및 공정거래에 관한 법률, 즉 독점규제법은 사업자의 시장지배적 지위의 남용과 과도한 경제력의 집중을 방지하고, 부당한 공동행위 및 불공정거래행위를 규제하여 공정하고 자유로운 경쟁을 촉진함으로써 창의적인 기업활동을 조장하고, 소비자를 보호함과 아울러 국민경제의 균형 있는 발전을 도모함을 목적으로 제정된 경제법의 가장 중심되는 법률이라 할 것이다. 즉 **독점규제법은 자본주의 시장경제의 기본적 질서규범으로 기능함으로써, 자본주의 발전과정에서 나타난 폐해인 독·과점을 방지하고, 경영합리화·기술개발·원가절감 등의 생산성 향상을 돕고, 소비자를 보호하기 위해 제정된 법**이라 할 것이다.

#### (2) 적용범위

독점규제법은 원칙적으로 **모든 경제분야에 걸쳐 모든 사업자에게 적용**된다. 사업자에는 제한이 없기 때문에 제조업·서비스업 기타 사업을 행하는 자연인, 법인, 법인격 없는 사단은 물론 국가나 지방자치단체도 사경제의 주체로서 활동하는 한 그 적용대상이 된다.

다만 법률의 규정 또는 행위의 성질상 ① 사업자 또는 사업자단체가 법률 또는 그 법률에 의한 명령에 따라 행하는 정당한 행위(제58조), ② 저작권법·특허법 등에 의한 무체재산권의 행사(제59조), ③ 소규모 사업자 또는 소비자의 상호부조를 목적으로 설립되는 일정한 조합의 행위(제59조) 등에 대하여는 그 적용이 배제된다. 그런데 적용이 배제되는 조합의 행위인 경우에도 불공정거래행위 또는 부당하게 경쟁을 제한하여 가격을 인상하게 되는 경우에는 독점규제법이 적용된다(제60조 단서).

## 2. 규제의 내용

### (1) 시장지배적 지위 남용금지

**시장지배적 사업자라 함은 일정한 시장에서 가격이나 수량 또는 거래조건을 마음대로 좌우할 수 있는 자, 즉 독·과점사업자를 말한다.** 그런데 독점규제법은 독·과점사업자 중 일정한 관련 시장에서 법이 정한 일정한 요건을 갖춘 사업자만으로 한정하고 있는바, 동법에 의하면 공급 또는 수요시장에서 단독으로 또는 다른 사업자와 함께 상품이나 용역의 가격·수량·품질 기타의 거래조건을 결정·유지 또는 변경할 수 있는 시장지위를 가진 사업자를 시장지배적 사업자라 할 수 있다(제2조 제7호). **시장지배적 사업자 여부를 판단하는 기준은 시장점유율인데, 그 기준은 1사업자의 시장점유율이 100분의 50 이상인 경우, 3 이하 사업자의 시장점유율 합계가 100분의 75 이상인 경우이면 시장지배적 사업자로 추정된다.** 다만 이 경우에 해당되어도 그 사업자의 시장점유율이 100분의 10 미만인 자는 제외된다(제4조). 그리고 시장점유율 이외에도 진입장벽의 존재 및 정도, 경쟁사업자의 상대적 규모 등도 시장지배적 사업자 여부의 판단기준에 종합적으로 고려되어야 한다. 다만 일정한 거래분야에서 연간 매출액 또는 구매액이 40억원 미만인 사업자는 시장지배적 사업자로 추정되지 아니 한다(제4조).

위의 기준에 의해 **시장지배적 사업자로 인정된 자는 시장에서의 지위를 부당하게 남용하는 행위를 할 수 없는데**, 그러한 금지유형의 행위로는 ① 부당하게 가격을 결정·유지·변경하는 행위(부당한 가격형성), ② 상품의 판매 또는 용역의 제공을 부당하게 조절하는 행위(부당한 출고조절), ③ 다른 사업자의 사업활동을 부당하게 방해하는 행위(부당한 사업활동 방해), ④ 새로운 사업자의 시장참가를 부당하게 방해하는 행위(시장진입제한), ⑤ 기타 부당하게 경쟁자를 배제하기 위하여 거래하거나 소비자의 이익을 현저하게 저해할 우려가 있는 행위(기타 경쟁제한) 등이 있다(제3조의2).

그 외에도 독점규제법은 공정거래위원회로 하여금 독·과점적 시장구조가 장기간 유지되고 있는 상품이나 용역의 공급 또는 수요시장에 대하여 경쟁을 촉진하기 위한 시책을 수립·시행하도록 하고 있다(제3조 제1항).

### (2) 기업결합제한 및 경제력집중

1) 기업결합제한 기업결합이라 함은 두 개 이상의 기업이 자본적·인적·조직적 결합을 통하여 개별 기업의 경제적 독립성을 소멸시킴과 동시에 기업활동을 단일한 관리체제 하에 통합시키는 과정과 형태를 말한다. 기업결합이 이루어지게 되면 개별 기업은 규모의 경제를 통해 보다 큰 이익을 얻을 수 있는 장점이 있는 반면, 결합된 기업이 시장지배력을 강화함으로써 다른 경쟁사업자 및 소비자의 이익을 침해하게 되어 국민경제 전체에 악영향을 주는 단점이 있다. 이러한 단점을 제거하기 위해 독점규제법은 누구든지 직접 또는 특수관계인을 통하여 주식취득·임원겸임·합병·영업양수 또는 새로운 회사의 설립 등의 방법으로 기업을 결합하여 일정한 거래분야에서 경쟁을 실질적으로 제한하지 못하도록 금지하고 있다(제7조 제1항). 이를 위반하여 경쟁제한적 기업결합을 한 자에 대하여는 이행강제금을 부과할 수 있다(제17조의3). 다만 예외적으로 국민경제적 관점에서 공정거래위원회가 인정하는 일정한 경우에는 기업결합을 허용하고 있다(제7조 제2항).

2) 경제력집중 억제

① 지주회사 설립·전환의 제한 **지주회사(holding company)라 함은 다른 회사의 주식을 소유함으로써 그 회사의 사업 활동을 지배할 것을 목적으로 설립된 회사를 말한다.** 독점규제법은 주식(지분 포함)의 소유를 통하여 국내회사의 사업내용을 지배하는 것을 주된 사업으로 하는 회사로서 직전 사업연도 종료일 현재의 대차대조표상의 자산총액이 1,000억원 이상인 회사를 지주회사로 보고 있다(제2조 제1호의2, 영 제2조 제1항). 지주회사는 그 목적이나 기능이 기업결합에 있기 때문에 주식 또는 지분소유의 대상이 되는 다른 회사가 경쟁사업자인 경우 기업지배에 의한 독점형성의 수단으로 악용되거나 기업집단의 과도

한 경제력집중을 야기하는 문제가 발생할 수 있다. 이러한 폐해를 막기 위하여 독점규제법은 지주회사의 설립 또는 지주회사로의 전환을 신고하도록 하고(제8조), 지주회사가 다단계 출자 방식이나 과도한 외부차입으로 자회사를 확장해 나가지 못하도록 **지주회사의 부채비율을 200% 이내로 제한하고, 개별 자회사에 대한 지분율을 비상장자회사인 경우 40%, 상장자회사인 경우 20% 이상으로 유지하도록 하고 있다**(제8조의2). 또한 **대기업의 금융기관에 대한 사금고화를 막기 위하여 하나의 지주회사에 금융회사와 비금융회사를 동시에 두지 못하도록 하고 있다**.

뿐만 아니라 독점규제법은 상호출자제한 기업집단에 속하는 회사를 지배하는 동일인 또는 그의 특수관계인이 지주회사를 설립 또는 지주회사로 전환하고자 하는 경우에는 지주회사와 자회사 간은 기존의 채무보증을 비롯하여 지주회사와 다른 국내계열회사 간, 자회사 상호간, 자회사와 다른 국내계열회사 간은 기존의 채무보증을 사전에 해소하도록 하고 있다(제8조의3).

② 상호출자제한 기업집단 등 지정제도 기업집단이라 함은 동일인이 사실상 사업내용을 지배하는 회사(계열회사)의 집단을 말한다(제2조 제2호). 계열회사라 함은 동일인이 단독 또는 동일인 관련자와 합하여 당해 회사 발행주식총수의 30% 이상을 소유하는 경우로서 최다출자자인 회사가 당해 회사의 경영에 지배적인 영향력을 행사하고 있다고 인정되는 회사를 말한다(영 제3조). 다만 계열회사의 판단기준에 포함된다 하더라도 일정한 요건에 해당될 경우에는 기업집단에서 제외될 수 있다(영 제3조의2). 이렇게 상호출자제한 기업집단에 해당되는 경우에는 공정거래법상 각종 금지규정의 적용을 받게 될 뿐만 아니라 다른 법률에 의해서도 많은 제약을 받는다.

공정거래위원회는 기업집단의 시장에 대한 독·과점 지배의 예방을 목적으로 경제력집중 억제 시책을 효율적으로 추진하기 위하여 기업집단 중에서 자산규모가 5조원 이상인 기업집단을 상호출자제한 기업집단으로 지정하여 관리하고 있다.

이에 따라 **기업집단에 속하는 국내회사들의 자산총액의 합계액이 5조원 이상인 경우에 그 기업집단은 상호출자제한 기업집단으로 분류된다**. 다만 금융업 또는 보험업만을 영위하는 기업집단이나 금융업 또는 보험업을 영위하는 회사가 동일인인 경우의 기업집단, 당해 기업집단에 속하는 회사 중 채무자회생 및 파산에 관한 법률에 의한 회사정리절차의 개시가 결정되어 그 절차가 진행 중인 회사나 기업구조조정촉진법 제12조(부실징후기업의 관리) 제1항 제1호 내지 제3호의1에 해당하는 관리절차의 개시가 결정되어 그 절차가 진행 중인 회사는 본 기업집단의 범위에서 제외된다(영 제17조 제1항 단서). 특히 공기업도 제10차 법개정으로 상호출자제한 기업집단으로 지정될 수 있도록 하였다. 이러한 기업집단지정은 매년 5월 1일까지 상호출자제한 기업집단으로 지정하거나 지정제외하고, 이를 소속회사에 통지하여야 한다(영 제21조 제1항).

③ 상호출자의 금지 상호출자제한 기업집단 소속회사는 자기주식을 취득 또는 소유하고 있는 계열회사의 주식의 취득 또는 소유가 금지되며, 특히 상호보유는 단 1주도 허용되지 않는다. 다만 이러한 상호보유제한은 직접적 상호출자의 금지만을 의미하며 간접적 상호출자는 허용된다(법 제9조 제1항). 그러나 회사의 합병 또는 영업 전부의 양수에 의한 상호출자나 담보권의 실행 또는 대물변제의 수령으로 인한 상호출자인 경우에는 6개월간 보유할 수 있고, 그 기간 안에 처분하도록 하고 있다(제9조 제2항). 또한 상호출자제한 기업집단의 중소기업시장 잠식을 규제하고 중소기업창업투자회사의 지주회사화를 방지하기 위하여 중소기업창업 투자회사의 국내계열회사주식의 취득 또는 소유를 제한하고 있다(법 제9조 제3항).

④ 채무보증의 금지 **상호출자제한 기업집단의 소속회사는 국내금융기관의 여신과 관련하여 국내계열회사에 대한 채무보증이 금지된다**(제10조의2 제1항). 그러나 금융업 또는 보험업을 영위하는 회사의 국내계열회사에 대한 보증이나 조세특례제한법에 의한 합리화기준에 따라 인수되는 회사의 채무와 관련하여 행하는 보증 또는 기업의 국제경쟁력 강화를 위하여 필요한 경우 등 대통령령이 정하는 채무보증은 허용된다(제10조의2 제1항 단서).

⑤ 금융·보험회사의 의결권제한 **상호출자제한 기업집단 소속의 금융·보험회사는 자신이 취득 또는 소유하고 있는 국내계열회사의 주식에 대하여 원칙적으로 의결권을 행사할 수 없다**(제11조 본문). 그러나 이는 주식의 소유 자체의 금지를 뜻하는 것은 아니며, 비계열회사주식에 대한 의결권행사는 가능하다.

⑥ 대규모 내부거래의 이사회의결 및 공시 상호출자제한 기업집단 소속 회사는 내부거래공시 대상회사로서 특수관계인을 상대방으로 하거나 특수관계인을 위하여 대규모 내부거래를 하고자 하는 때에는 미리 이사회의결 및 공시를 하여야 한다(제11조의2 제1항). 대규모 내부거래라 함은 자본금의 5% 이상 또는 50억원 이상인 거래를 의미한다.

⑦ 주식현황 신고 및 탈법행위 금지 공시대상 기업집단에 속하는 회사 및 상호출자제한 기업집단에 속하는 회사는 해당 회사의 주주의 주식소유현황, 재무상황 및 다른 국내회사주식의 소유현황, 채무보증현황 등을 신고하여야 한다(제13조).

그리고 누구든지 기업결합의 제한 및 경제력집중 억제 관련 규정의 적용을 면탈하려는 행위를 하여서는 아니 된다(제15조 제1항).

### (3) 부당한 공동행위 금지

공동행위라 함은 동종영업의 사업자간에 계약·협정·결의 등의 방법으로 상품 또는 서비스의 가격, 거래조건, 거래량, 거래상대방 또는 거래지역을 제한하는 행위, 즉 카르텔(cartel)을 말한다. 이러한 공동행위는 동종사업자간의 과당경쟁을 막아 투자의 합리적 조정, 판매가격의 안정적 결정, 경영계획이나 경제예측 가능성의 제고 등 장점이 있지만, 지나치면 시장가격의 부당한 인상·유지, 공급량의 조절 등으로 인한 가격담합, 새로운 기업의 시장진입 곤란 등 기업간 경쟁압력이 배제되고 기술개발투자의 방기 및 경영합리화 모색의 포기 등으로 소비자보호의 경시 및 국가경제 전체에 불이익을 주는 단점이 있다.

**독점규제법은 가격협정, 거래조건협정, 공급제한협정, 시장분할협정, 설비제한협정, 상품의 종류 또는 규격제한협정, 공동관리회사의 설립, 입찰담합 등을 부당하게 경쟁을 제한하는 행위로 규정하고 이를 금지하고 있다**(제19조 제1항). 다만 산업합리화, 연구·기술개발, 불황극복, 산업구조의 조정, 거래조건의 합리화 또는 중소기업의 경쟁력 향상을 위하여 공정거래위원회의 인가를 받은 경우에는 예외를 허용하고 있다(제19조 제2항).

또한 **부당한 공동행위를 할 것을 약정하는 계약 등은 이를 약정한 사업자간에 무효**이고(제19조 제4항), 부당한 공동행위의 공동성 여부에 대한 입증곤란을 완화하여 2 이상의 사업자가 부당하게 경쟁을 제한하는 공동행위를 하고 있고, 제반 사정에 비추어 공동행위를 한 것으로 볼 수 있는 상당한 개연성이 있는 경우에는 사업자 사이에서 그러한 행위를 할 것을 약정한 명시적인 합의가 없는 경우에도 부당한 공동행위를 한 것으로 추정하고 있다(제19조 제5항). 부당한 공정행위를 억제시키기 위하여 공정거래위원회는 부당한 공동행위를 한 사업자가 그 사실을 신고한 경우에는 당해 신고자에 대한 제재조치, 즉 시정조치나 과징금을 감경하거나 면제할 수 있도록 하고 있다(제22조의2). 즉 부당행위 담합자 중에서 우선신고자에 대한 특혜를 부여함으로써 부당행위를 예방하고자 하고 있는 것이다.

### (4) 불공정거래행위의 금지

독점규제법은 사업자가 공정한 거래를 저해할 우려가 있다고 인정되는 행위를 하거나 계열회사 또는 다른 사업자로 하여금 이를 행하는 것을 금지하고, 부당한 거래거절 및 상대방에 대한 차별적 취급, 부당한 경쟁자배제, 부당한 고객유인 및 거래강제, 부당한 지위남용, 부당한 거래구속 및 부당한 자산·자금·인력부문의 내부거래행위 등 불공정거래행위 유형을 7가지로 분류하여 행위를 금지하고 있다(제23조 제1항). 그리고 불공정거래행위의 구체적 유형과 기준은 대통령령으로 정하도록 하여(제23조 제2항), 일반적 불공정거래행위의 유형 및 기준(영 제36조 제1항)과 특정 분야 또는 특정 행위에 대한 특수불공정거래행위의 유형 및 기준(영 제36조 제2항)을 정하여 이러한 불공정행위에 대하여 공정거래위원회로 하여금 세부기준을 정하여 고시하도록 하고 있다. 즉 일반적 불공정거래행위는 모든 사업분야에 공통적으로 적용되는 불공정행위 유형이고, 특수불공정거래행위는 특수한 사업분야 또는 특정 행위에만 적용되는 불공정행위 유형을 말한다.

이처럼 불공정거래행위를 금지하는 것은 시장에서 사업자들 간의 정당한 경쟁을 통해 양질·저가의 상품 또는 서비스 공급이 이루어져야 하는 것이 정상인데, 불공정한 경쟁수단을 통해 다른 사업자의 사업활동을 방해하거나 구속한다면 시장질서가 파괴되어 종국적으로는 소비자의 이익이 침해되고 국가경제에 부정적 영향이 미치게 되는 것을 방지하기 위해서이다. 독점규제법상 불공정거래행위에는 현실적으로 나타난 경우뿐만 아니라 나타날 우려가 있는 경우도 포함되며, 공정한 거래를 저해할 우려, 즉 사업자가 시장에서 공정하고 자유로운 경쟁에 악영향을 미치는 일체의 조건을 의미한다고 하겠다.

불공정거래행위에 대한 제재가 행위규범 또는 재판규범으로 기능하려면 다양한 불공정거래행위를 어느 정도 유형화하여 사업자들에게 사전에 그러한 행위를 하지 못하도록 제시할 필요가 크다고 하겠다. 이를 위해 독점규제법 이외에도 하도급거래관계에서 원사업자와 수급사업자 간 불공정거래를 규율하기 위해 **하도급거래 공정화에 관한 법률**이, 부당한 표시·광고행위를 규율하기 위해 **표시·광고 공정화에 관한 법률**이, 가맹사업의 공정한 거래질서를 유지하기 위해 **가맹사업거래의 공정화에 관한 법률** 등이 단행법으로 제정되어 시행 중에 있다.

### (5) 사업자단체의 규제

**사업자단체라 함은 그 형태 여하를 불문하고 2 이상의 사업자가 공동의 이익을 증진할 목적으로 조직한 결합체 또는 연합체, 즉 사단·재단·협회·조합·연합회 등을 말한다**(제2조 제4호). 독점규제법은 이러한 사업자단체가 구성사업자를 통제하여 자유롭고 공정한 시장경제체제를 위협할 염려가 있음을 중시하여, 부당한 공동행위, 현재 또는 장래의 사업자수를 제한하는 행위, 구성사업자의 사업내용 또는 장래의 사업자수를 제한하는 행위, 구성사업자의 사업내용 또는 활동을 부당하게 제한하는 행위를 금지하고, 구성사업자로 하여금 불공정거래행위 또는 재판매가격 유지행위를 하도록 교사 또는 방조하는 것을 금지하고 있다(제26조 제1항). 다만 예외적으로 산업합리화, 불황극복, 산업구조의 조정, 중소기업의 경쟁력 향상 또는 거래조건의 합리화를 위한 경우로서 공정거래위원회의 인가를 받은 경우에 한하여 위의 금지행위 중 부당한 공동행위를 허용하고 있다(제26조 제2항, 제19조 제3항).

### (6) 재판매가격유지행위의 제한

**재판매가격유지행위라 함은 상품을 생산 또는 판매하는 사업자가 그 상품을 판매함에 있어서 그 상품을 구입하여 재판매하는 사업자가 그 상품을 구입하여 다시 재판매하는 사업자에게 거래단계별 가격을 미리 정하여 그**

**가격대로 판매할 것을 강제하는 규약 기타 거래조건을 붙여 거래하도록 하는 행위를 말한다**(제2조 제6호). 재판매가격유지행위는 주로 판매업자에게 고율의 이윤을 보장함으로써 제조업자의 유통경로 확보와 시장지배력 확대를 위한 수단으로 이용되고 있다. 그런데 이를 허용하게 되면 생산업자, 대형도매업자, 소형도매업자, 소매업자 순으로 판매가격이 고정됨으로써 높은 가격이 유지되어 소비자가 상품 또는 서비스를 구입함에 있어 불이익을 받게 될 뿐만 아니라, 물가인상을 주도하게 되어 부당하기 때문에 이를 제한하도록 하고 있는 것이다.

**독점규제법은 재판매가격유지행위를 원칙적으로 금지하고 있다**(제29조 제1항). 다만 저작물 및 일정한 요건을 갖춘 상품으로서 공정거래위원회가 미리 지정·고시한 경우에는 예외적으로 허용된다(제29조 제2항). 공정거래위원회의 지정·고시에 의하여 재판매가격유지행위가 허용되는 상품을 생산 또는 판매하는 사업자가 당해 상품의 재판매가격을 결정하고 유지하기 위하여 체결한 계약이 소비자의 이익을 현저히 저해할 우려가 있는 경우에는 계약내용의 수정을 명할 수 있다(제30조).

**재판매가격유지행위는 판매가격을 고정시키는 것을 의미**하기 때문에 생산업자나 도매업자가 추천가격·권장가격·표준가격 등 단순히 희망판매가격을 표시한 경우는 이에 해당되지 않지만, 이 경우에도 실질적으로 그러한 가격을 준수할 것을 강요하거나, 희망 또는 권장가격에 따르지 않는 판매업자에 대하여 거래거절 등 공급물량조절 등의 불이익한 제재를 가하는 경우에는 사실상 재판매가격유지행위로 인정되어 금지된다.

### 3. 공정거래위원회

독점규제법은 동법의 사무를 독립적으로 수행토록 하기 위한 전담기구로 국무총리 소속의 공정거래위원회를 두고 있다(제35조). **공정거래위원회는 독점규제법 시행을 감독하는 독립적 규제위원회의 성격을 가진 준사법적 행정기관으로, 독점규제법 위반행위를 조사하여 이에 대한 시정조치를 명하고 과징금을 부과하는 권한을 가지고 있다.**

공정거래위원회는 위원장 1인 및 부위원장 1인을 포함한 9인의 위원으로 구성된다(제37조). 위원의 임기는 3년이며, 1차에 한하여 연임할 수 있다(제39조). 위원은 금고 이상의 형을 선고받거나 장기간의 심신쇠약으로 직무를 수행할 수 없는 경우가 아니면 그 의사에 반하여 면직되지 아니하며(제40조), 정당에 가입하거나 정치운동에 관여할 수 없다(제41조).

공정거래위원회회의는 위원 전원으로 구성하는 전원회의와 상임위원 1인을 포함한 위원 3인으로 구성하는 소회의가 있다(제37조의2). 전원회의는 규칙 또는 고시의 제정이나 변경, 경제적 파급효과가 큰 중요 사항, 이의신청 등을 심의하며, 재적위원 과반수의 찬성으로 의결한다. 반면에 소회의는 비교적 경미한 사안을 심의하며, 위원 전원의 출석과 출석위원 전원의 찬성으로 의결한다(제37조의3, 제42조).

공정거래위원회에는 위원회사무처리를 위해 사무처를 두며(제47조), 공정거래에 관한 지역적 사무를 처리하기 위하여 지방에 공정거래사무소를 두고 있다(영 제52조).

## 4. 공정거래위원회의 직무

### (1) 위반행위의 조사

**공정거래위원회는 직권 또는 신고에 의하여 위법사실을 알게 된 경우 필요한 조사를 할 수 있다**(제49조 제1항·제2항). 공정거래위원회는 조사를 위하여 당사자·이해관계인 또는 참고인의 의견을 청취할 수 있고, 감정인에게 감정을 위촉할 수 있다. 또한 소속공무원으로 하여금 사업자 등에 대하여 자료제출을 명하거나 제출된 자료나 물건을 영치하도록 할 수 있고(제50조 제1항), 필요할 경우 사업자 또는 사업자단체의 사무소 또는 사업장에서 자료나 물건을 조사하게 하거나 지정된 장소에서 당사자·이해관계인 또는 참고인의 진술을 듣게 할 수 있다(제50조 제2항, 제65조).

**상호출자금지를 위반한 상당한 혐의가 있거나 불공정거래행위 중 부당한 자금·자산·인력의 지원행위**(제23조 제1항 제7호)**에 해당하는 상당한 혐의가 있는 공시대상기업집단에 속하는 회사의 조사와 관련하여 금융거래정보에 의하지 아니하고는 자금 등의 지원 여부를 확인할 수 없다고 인정될 경우에는 금융**

**기관의 특정 점포의 장에게 금융거래정보의 제출을 요구할 수 있다**(제50조 제5항).

### (2) 시정권고, 시정명령, 과징금부과

**공정거래위원회는 위법행위를 한 당해 사업자 또는 사업자단체에 대하여 시정조치를 명하거나 과징금을 부과할 수 있으며, 위반행위를 시정할 시간적 여유가 없는 경우에는 그 시정방안을 정하여 이에 따를 것을 권고할 수 있다.** 시정권고를 받은 자가 이를 수락한 때에는 이 법에 의한 시정조치가 있는 것으로 본다(제51조). 공정거래위원회는 시정조치 또는 과징금납부를 명령하기 전에 당사자 또는 이해관계인에게 의견진술의 기회를 주어야 하고, 당사자 또는 이해관계인은 공정거래위원회 회의에 출석하여 의견을 진술하거나 필요한 자료를 제출할 수 있다(제52조). 특히 공정거래위원회는 위반행위의 내용 및 정도, 기간 및 횟수, 위반행위로 인해 취득한 이익규모 등을 참작하여 과징금을 부과하여야 하며(제55조의3), 과징금납부의무자가 재산의 현저한 손실, 사업의 중대한 위기, 자금사정 등으로 과징금 전액을 일시에 납부하기 어렵다고 인정되는 때에는 과징금 납부기한의 연장 및 분할납부를 허용할 수 있다(제55조의4).

한편 위법행위가 종료한 날로부터 7년이 경과한 이후(또는 공정거래위원회가 위반행위에 대하여 조사를 개시한 경우 조사개시일부터 5년이 경과한 경우)에는 시정조치나 과징금을 부과할 수 없다(제49조 제4항).

### (3) 이의신청·불복의 소 제기

공정거래위원회의 처분에 불복이 있는 자는 그 처분의 통지를 받은 날로부터 30일 이내에 그 사유를 갖추어 공정거래위원회에 이의신청을 할 수 있다(제53조 제1항). 공정거래위원회는 시정조치명령을 받은 자의 이의신청에 대하여 그 명령의 이행 또는 절차의 속행으로 인하여 발생할 수 있는 회복하기 어려운 손해를 발생할 경우 이를 예방하기 위하여 필요하다고 인정하는 때에는 당사자의 신청이나 직권으로 그 집행정지를 결정할 수 있다(제53조의2).

**공정거래위원회의 처분에 대하여 불복의 소를 제기하고자 할 때에는 처분의 통지를 받은 날 또는 이의신청에 대한 재결서의 정본을 송달받은 날로부터 30일 이내에 소를 제기하여야 한다.** 이 30일의 기간은 불변기간이다(제54조). 불복의 소는 공정거래위원회의 소재지인 서울 소재 **서울고등법원에서 전속관할**한다(제55조).

(4) 민·형사상의 책임

**독점규제법을 위반한 사업자 또는 사업자단체는 그 위반행위의 피해자에 대하여 손해배상책임을 진다**(제56조). 이러한 손해배상책임은 **일종의 무과실책임**이다. 따라서 독점규제법상의 피해자는 민법상 불법행위에 기한 손해배상청구권과는 별도로 손해배상청구를 제기할 수 있다.

한편 위법행위를 하였거나 공정거래위원회의 시정조치에 응하지 아니한 사업자 또는 사업자단체 및 그 대표자, 대리인, 사용인 기타 종업원은 위반내용에 상응하게 **형사처벌받는다**(제66조 내지 제68조, 제70조). 다만 **독점규제법의 고유법익 침해에 관한 죄**(제66조 및 제67조)**의 경우에는 공정거래위원회의 고발이 있어야만 공소를 제기할 수 있다**(제71조 제1항). 즉 공정거래위원회의 친고죄라고 할 것이다(전속고발). 그런데 공정거래위원회는 위법의 정도가 객관적으로 명백하고 중대하여 경쟁질서를 현저히 저해한다고 인정하는 경우에는 검찰총장에게 고발해야 할 의무가 있다. 즉 **고발강제의무가 있는 것이다**(제71조 제2항).[1] 즉 공정거래위원회의 고발권 행사는 내재적 한계가 있는 합목적적 재량에 속하기 때문에 무제한의 자유가 주어지는 것이 아니고, **검찰총장도 고발요건에 해당하는 사실이 있는 경우에는 공정거래위원회에 통보하여 고발을 요청할 수 있다**(제71조 제3항).

# Ⅱ. 소비자보호에 관한 법률

## 1. 소비자기본법

### (1) 의의 및 목적

소비자기본법은 소비자의 기본권익을 증진하기 위하여 국가·지방자치단체 및 사업자의 책무와 소비자 및 소비자단체의 역할을 규정함과 아울러

1) 공정거래위원회가 고발요건에 해당하지 아니한다고 결정하더라도 감사원장, 조달청장, 중소기업청장은 사회적 파급효과, 국가재정에 끼친 영향, 중소기업에 미친 피해 정도 등 다른 사정을 이유로 공정거래위원회에 고발을 요청할 수 있다(제71조 제4항).

소비자보호시책의 종합적 추진을 위한 기본적 사항을 규정함으로써 소비생활의 향상과 합리화를 기하기 위하여 제정된 법, 즉 **소비자보호에 관한 기본법**이라 할 것이다(제1조).

자본주의 경제체제 하에서 소비자의 합리적이고 자유로운 선택은 수요를 창출하고, 이러한 수요에 기반하여 사업자의 공급이 이루어지게 되는데, 소비자의 수요를 통해 사업자의 공급과 조화를 이루는 것이 이상적이겠지만, 많은 사업자들이 생산과정이나 상품 또는 서비스에 대한 정확한 정보를 왜곡함으로써 정확한 정보에 기초하지 아니 한 소비자의 소비행태 역시 왜곡되게 되고, 이로 인한 피해를 불특정 다수의 소비자들이 입고 있는 것이 현실이다. 소비자보호법은 이러한 소비자의 피해를 최소화하고 피해발생 시 피해자가 구제를 받을 수 있도록 국가가 직접 경제에 개입하여 소비자의 실질적 권리와 이익을 보장할 필요성이 대두되었다.

(2) 소비자의 권리

**소비자기본법은 소비자의 기본적 권리로 안전할 권리, 알 권리, 선택할 권리, 의사를 반영시킬 권리, 보상받을 권리, 교육받을 권리, 단체를 조직하고 활동할 권리, 안전하고 쾌적한 환경을 보장받을 권리 등 여덟 가지 권리를 규정하고 있다**(제4조). 또한 소비자에게는 이러한 소비자의 권리를 실질적으로 보장받을 수 있도록 스스로의 안전과 권익을 향상시키기 위하여 필요한 지식을 습득함과 동시에 자주적이고 성실한 행동을 함으로써 소비생활의 향상과 합리화에 적극적인 역할을 다 할 것을 소비자의 공동체구성원으로서의 책무로 규정하고 있다(제5조).

(3) 국가·지방자치단체 및 사업자의 책무

소비자기본법은 국가 및 지방자치단체로 하여금 소비자의 기본적 권리를 실현시킬 수 있도록 관계법령의 제정, 행정조직의 정비, 필요한 시책의 수립·실시 등의 정책적 책무를 부과하고 있다(제6조). **구체적 의무로 위해방지 의무, 계량 및 규격의 적정화에 대한 의무, 표시기준을 제정할 의무, 거래의 적정화를 위한 의무, 소비자피해의 구제의무 등을 부과하고 있다**(제8조 내지 제17조). 국가 및 지방자치단체의 이러한 의무는 소극적 의무가 아니라 사업자보다 경제적 약자일 수밖에 없는 소비자의 생존권보장을 국가나 지방자치단체가 적극적으로 하여야 한다는 적극적 의무로 기능하는 특징이 있다.

소비자보호법은 소비자보호의 또 다른 한 축인 사업자로 하여금 물품이나 용역의 생산·공급과 관련하여 그 공급하는 물품 또는 용역에 대하여 **소비자보호를 위한 필요조치를 강구하고, 국가 및 지방자치단체의 소비자보호시책에 적극 협력할 책무 및 위해방지의무와 결함정보보고의무를 이행하도록 규정하고 있다**(제18조, 제19조, 제20조).

(4) 소비자단체

소비자보호법은 소비자권익을 증진하기 위하여 **소비자들이 자율적으로 소비자보호단체를 결성하도록 보장**하고 있고, 그러한 소비자단체에게 ① 국가 및 지방자치단체에 대한 소비자보호시책에 관한 건의, ② 물품 및 용역의 규격·품질·안정성에 대한 시험·검사 및 가격 등을 포함한 거래조건이나 거래방법에 대한 조사·분석, ③ 소비자문제에 관한 조사·연구, ④ 소비자의 교육, ⑤ 소비자피해 및 불만처리를 위한 상담·정보제공 및 당사자 간 합의의 권고 등을 수행할 수 있도록 하고 있다(제28조 제1항). 그러면서 소비자단체의 업무수행이 공정하게 이루어지도록 하기 위하여 소비자단체가 자체적으로 실시한 조사·분석 등의 결과를 공표할 때는 물품의 품질·성능 및 성분 등에 관한 시험·검사가 전문적인 설비를 필요로 하는 시험·검사인 경우에는 공인된 시험·검사기관의 시험·검사를 거친 후 공표하도록 하고 있다(제28조 제2항).

한편 소비자단체가 ① 물품 또는 용역에 대한 시험·검사 및 거래조건이나 거래방법에 관한 조사(제28조 제1항 제2호), ② 소비자 피해 및 불만처리를 위한 상담·정보제공 및 당사자 간 합의의 권고에 관한 업무(제28조 제1항 제5호) 등을 하고자 할 경우에는 공정관리위원회 또는 지방자치단체에 등록할 수 있도록 하여(제29조 제1항), 국가 또는 지방자치단체로 하여금 위와 같이 등록된 소비자단체가 건전하게 육성·발전될 수 있도록 보조금을 지급할 수 있도록 하고 있다(제32조).

(5) 한국소비자원

**소비자보호법은 국가의 소비자시책의 종합적인 추진을 위한 정부출연의 특수공법인인 한국소비자원을 설립**하도록 규정하여, 한국소비자원으로 하여

금 ① 소비자의 불만처리 및 피해구제, ② 소비자보호를 위하여 필요한 경우 물품 및 용역의 규격·품질·안전성에 관한 시험·검사 및 가격 등을 포함한 거래조건이나 거래방법에 대한 조사·분석 실시, ③ 소비자보호와 관련된 제도와 정책의 연구 및 건의, ④ 소비생활의 합리화 및 안전을 위한 각종 정보의 수집과 제공, ⑤ 소비자보호와 관련된 교육 및 홍보, ⑥ 국민생활의 향상을 위한 종합적인 조사·연구, ⑦ 기타 소비자보호 관련 업무를 수행하도록 하고 있다(제35조 제1항). 다만 한국소비자원은 피해구제에 관한 업무 중 ① 국가 또는 지방자치단체의 물품 또는 용역의 제공으로 인하여 발생한 피해구제, ② 소비자분쟁조정위원회에 준하는 분쟁조정기구에 의해 피해구제절차가 종료되었거나 진행 중인 사항에 대하여는 관여하지 못하도록 하고 있다(제35조 제2항). 예를 들어 **변호사법에 의한 지방변호사회, 은행법에 의한 금융분쟁조정위원회, 의료법에 의한 의료심사조정위원회, 언론기본법에 의한 언론중재위원회 등도 한국소비자원과 대등한 분쟁조정기구이기 때문에 업무분담과 분쟁해결의 모순저촉을 방지하기 위해서 관여하지 못하도록 하고 있는 것이다**.

소비자도 물품의 사용 및 용역의 이용으로 피해를 입은 경우 한국소비자원에 피해구제를 청구할 수 있으며, 국가·지방자치단체·소비자단체 또는 사업자가 소비자로부터 피해구제청구를 받은 때에는 한국소비자원에 그 처리를 의뢰할 수 있다.

한국소비자원의 소비자피해구제는 2단계의 절차로 이루어지는데, **제1단계로 한국소비자원은 양 당사자(사업자와 소비자)에게 합의권고를 통한 피해구제를 시도하고, 이에 응하지 않으면 제2단계로 소비자원장 및 관계당사자(사업자·소비자·소비자단체)의 요청에 의해 소비자분쟁조정위원회의 조정절차를 통하여 소비자피해를 구제하고 있다**. 소비자분쟁조정위원장은 조정이 있는 경우 지체 없이 그 결과를 당사자에게 통보하여야 하며, 당사자가 통보를 받은 날로부터 15일 이내에 조정을 수락하거나 수락거부의 의사표시를 하지 아니 하면 조정을 수락한 것으로 보며, 그 분쟁조정의 내용은 **재판상 화해와 같은 효력**이 있다(제67조).

만일 당사자가 15일 이내에 분쟁조정안에 대하여 이의를 제기하게 되면, 소송절차를 통해 법원의 판결에 의해 피해구제를 받을 수밖에 없다.

## 2. 약관의 규제에 관한 법률

### (1) 의 의

약관의 규제에 관한 법률, 즉 **약관규제법은 사업자가 그 거래상의 지위를 남용하여 불공정한 내용의 약관을 작성·통용하는 것을 방지하고, 불공정한 내용의 약관을 규제하여 건전한 거래질서를 확립함으로써 소비자를 보호하고, 국민생활의 균형 있는 향상을 도모할 것을 목적으로 제정된 법**이라 할 수 있다(제1조). 약관규제법은 명칭이나 형태 또는 범위를 불문하고 계약의 일방당사자(사업자)가 다수의 상대방(고객)과 그 계약을 체결하기 위하여 일정한 형식에 의하여 미리 마련한 계약의 내용이 되는 것을 약관이라 정의하고 있다(제2조 제1항).

이러한 약관은 근대사법의 기본원칙인 사적 자치의 원칙, 즉 계약자유의 원칙을 존중하면서도 불특정 다수인에게 동일한 내용의 계약이 계속적·반복적으로 체결되는 경우 동등한 내용을 평등하게 적용할 필요성이 있기 때문에 사업자가 작성하는 통일된 계약 내용이라 할 수 있는데, 소비자는 개별적 계약을 통해 이러한 약관을 계약의 한 내용으로 승인하고 있다고 하겠다. 그런데 약관을 작성하는 사업자가 경제적으로 우월한 지위에서 약관의 내용을 소비자에게 일방적으로 불리하게 작성하게 되면, 소비자로서는 계약자유의 원칙이라는 미명 하에 불공정한 내용의 계약을 받아들일 수밖에 없게 되어 불공정하기 때문에 그러한 내용의 약관을 규제하기 위하여 제정된 법이 약관규제법이라 할 수 있다.

### (2) 약관규제의 방식

**1) 계약편입제한** 약관은 사업자가 일방적으로 작성한 계약의 초안으로, 계약을 체결할 수밖에 없는 소비자로서는 그 계약내용에 동의하고 계약을 체결하든지, 부동의하고 계약을 체결하지 아니하든지 둘 중 하나를 선택할 수밖에 없다. 즉 **사업자와 고객이 당사자 간의 합의를 통해 약관을 특정계약의 한 계약내용으로 편입시키게 되는데, 이를 계약에의 편입**이라고 한다(계약설). 그런데 약관규제법은 사업자가 약관의 존재 및 내용을 충분히 고객에게 알린 경우에 한하여 그 약관을 계약내용으로 인정하도록 하기 위하여,

**사업자에게 명시·설명의무를 부과하고 있고, 만일 이를 이행하지 아니 하면 당해 약관을 계약의 내용으로 주장할 수 없도록 하고 있다**(제3조).

그러면서도 약관과 다른 내용의 특약이 당사자 사이에 존재하는 경우에는 **그 특약이 약관에 우선**하도록 하고 있다(개별 약정 우선의 법칙. 제4조).

2) 해석의 방법 약관규제법은 약관이 사업자에 의해 일방적으로 작성되고 고객이 이에 대한 수용 여부만 결정하도록 되어 있는 점을 중시하여 약관의 해석과 관련하여 일반적인 법률행위 해석의 원칙과 다른 특칙을 두고 있다. 첫째, 약관은 신의성실의 원칙에 따라 공정하게 해석되어야 한다는 **신의성실의 원칙**(제5조 제1항 전단), 둘째, 약관은 고객에 따라 다르게 해석되어서는 아니 된다는 **통일적·객관적 해석의 원칙**(제5조 제1항 후단), 셋째, 약관의 뜻이 명백하지 아니한 경우에는 고객에게 유리하게 해석되어야 한다는 작성자 불이익해석의 원칙(제5조 제2항)을 규정하고 있다. 그 밖에도 파생원칙으로 사업자의 책임이 면제되는 내용의 약관의 효력을 제한하는 면책약관 축소해석의 원칙이 인정되고 있다.

3) 불공정성 통제 약관규제법은 사업자가 작성한 약관의 불공정약관조항의 효력을 부인하고 있는데, 불공정성판단의 일반원칙으로 **신의성실의 원칙에 반하여 공정성을 잃은 약관조항을 무효**로 규정하고(법 제6조), 개별적·구체적 무효사유로 ① 사업자의 법률상 책임을 면제하거나 제한하는 조항(제7조), ② 고객에게 너무 무거운 손해배상책임(지연이자 포함)을 부담시키는 조항(제8조), ③ 계약의 해제·해지를 제한하거나 고객에게 해제의 효과가 불리하도록 한 조항(제9조), ④ 급부의 결정·변경·중지, 제3자에의 대행권한을 사업자에게 부여하는 조항(제10조), ⑤ 법률에 정해진 권리를 박탈하는 조항(제11조), ⑥ 고객의 의사표시를 부당하게 의제하는 조항(제12조), ⑦ 대리인의 책임을 법률보다 무겁게 정하는 조항(제13조), ⑧ 고객에게 불리한 부제소 또는 재판관할의 합의를 정하는 조항(제14조) 등을 규정하고 있다.

### (3) 불공정약관의 효력

1) 실체법상 당연무효 **불공정약관조항은 실체법상 당연무효이기 때문에 심사기관인 공정거래위원회의 무효판단이 있기 전에도 무효를 주장할 수**

**있다**. 법원은 불공정약관이 재판의 전제가 된 경우에는 고객(피고)의 항변과 관계없이 약관의 불공정성 여부를 직권으로 판단하여야 한다. 불공정약관의 무효는 소급효가 있다.

2) **일부무효의 특칙** 약관규제법은 법률행위의 일부분이 무효인 경우 그 전부를 무효로 하는 민법(제137조)상의 원칙과 달리 ① 약관의 전부 또는 일부 조항이 사업자가 명시·설명의무를 이행하지 아니하여 계약의 내용이 되지 못하는 경우(제3조 제3항), ② 약관의 전부 또는 일부 조항이 불공정약관조항에 해당하여 무효인 경우(제6조 내지 제14조)에도 **나머지 약관조항만으로 계약이 유효하게 존속하는 계약지속의 원칙을 취하고 있다**(제16조 제1항 전단). 다만 이 경우에도 유효한 부분만으로 계약의 목적을 달성하기 곤란하거나 일방당사자에게 부당하게 불리한 때에는 계약 전부를 무효로 하고 있다(제16조 제1항 후단).

이처럼 약관규제법이 일부유효의 법리를 적용하고 있는 것은 계약의 존속이 소비자인 고객에게 보다 유리한 경우가 일반적이기 때문이다.

### (4) 불공정약관에 대한 심사·심결

공정거래위원회는 직권 또는 법이 정한 일정한 범위의 자의 청구가 있으면 약관이 약관규제법을 위반하였는지 여부에 대해 심사할 수 있다(제19조, 제21조). 청구권자로는 ① 약관조항과 관련하여 법률상 이익이 있는 자, ② 소비자기본법에 의하여 등록된 소비자보호단체, ③ 한국소비자보호원, ④ 사업자단체 등이 있다. 다만 **공정거래위원회는 심사청구된 약관에 대하여 검토한 후 심사할 가치가 있다고 판단되는 경우에만 심사하면 된다**. 약관규제법위반 여부에 대한 공정거래위원회의 심결에 관하여는 독점규제법 제42조 내지 제45조의 규정이 준용된다(제30조의2).

다만 공정거래위원회가 약관에 대하여 내린 심결 자체는 추상적 심사로 약관 자체의 효력에 대한 심사일 뿐 피해자에 대한 피해구제를 내리는 것은 아니기 때문에 **결국 약관조항에 의한 구체적인 권리분쟁 해결은 민사소송을 통하여 해결할 수밖에 없다**. 따라서 약관에 의해 피해를 입은 고객은 이러한 심결에 근거하여 법원에 다시 피해구제를 위한 소송을 제기하여야만 피해구제를 받을 수 있다. 그렇지만 실제로는 해당 약관이 공정거래위원회에 의해 무효로 심결되면, 공정거래위원회는 이에 따라 일정한 행정조치를 취할 수 있기 때문에 **심결의 효력은 행정조치를 위한 사전 조치로서의 의미**를 가지게 되고, 사업자는 그러한 행정조치에 승복하거나 불복하는 방법으로 피해를 보상하거나 다투게 된다.

### (5) 불공정약관조항의 사용금지

약관규제법은 **불공정약관의 파급영향이 크다고 인정되는 일정한 범위의 사업자에게 불공정약관조항을 사용하지 못하도록 금지**하고 있고(제17조), 이를 위반하여 계속 사용하는 경우 공정거래위원회는 사업자에게 당해 약관조항의 삭제·수정 등 일정한 시정조치를 내릴 수 있도록 하고 있다(제17조의2 제1항). 또한 공정거래위원회는 불공정약관사용금지의무를 위반하여 사업자가 불공정약관조항을 계약의 내용으로 하는 경우 그 사업자에 대하여 **당해 약관조항의 삭제·수정 등 시정권고할 수 있고**, 위 시정조치 또는 시정권고를 받은 사업자의 동종사업자에게도 동일한 내용의 불공정약관을 사용하지 말 것을 시정권고할 수 있다(제17조의2 제2항·제3항).

## 3. 할부거래에 관한 법률

### (1) 의 의

할부거래에 관한 법률, 즉 할부거래법은 할부계약 및 선불식 할부계약에 의한 거래를 공정하게 함으로써 소비자 등의 이익을 보호하고 국민경제의 건전한 발전에 이바지함을 목적으로 제정된 법이다(제1조). 소비자가 구매력이 없어 일시불로 고가의 상품이나 용역 등을 구입할 수 없는 경우 일정기간 동안 나누어 대금을 지급하는 할부거래를 할 수밖에 없을 경우에 대금결제의 장기화로 인하여 매도인의 신용부담, 인건비 증대 등으로 상품가격이 상승하거나 이에 편승한 매도인의 폭리행위가 행해질 수 있고, 매수인인 소비자도 당장 대금결제의 필요성이 없기 때문에 충동구매 등 낭비가 이루어질 수 있어, 이러한 문제들을 해결하기 위해 할부거래법이 제정되었다고 하겠다.

### (2) 할부판매의 종류

할부판매는 할부계약과 선불식 할부계약으로[2] 구분된다. 할부계약은 다시 직접할부계약과 간접할부계약으로 나뉜다. **소비자가 사업자에게 재화의 대금이나 용역의 대가를 2개월 이상의 기간에 걸쳐 3회 이상 나누어 지급하고, 재화 등의 대금을 완납하기 전에 재화의 공급이나 용역의 제공을 받기로 하는 계약**(직접할부계약)**과 소비자가 신용제공자에게 재화 등의 대금을 2개월 이상의 기간에 걸쳐 3회 이상 나누어 지급하고, 재화 등의 대금을 완납하기 전에 사업자로부터 재화 등의 공급을 받기로 하는 계약**(간접할부계약)**이 그것이다. 선불식 할부계약이란 계약의 명칭·형식이 어떠하든 소비자가 사업자로부터 재화의 대금이나 용역의 대가를 2개월 이상의 기간에 걸쳐 2회 이상 나누어 지급하고 재화 등의 공급은 대금의 전부 또는 일부를 지급한 후에 받기로 하는 계약**을 말한다.(제2조 제1호, 2호)

### (3) 할부계약의 체결방식

할부거래법은 매수인의 충동구매를 억제하고 합리적 구매를 위하여 할부계약 체결 전에 매도인으로 하여금 매수인에게 할부거래에 관한 일정한 사항에 대한 표시의무를 부과하고 있다(제5조 본문). 또한 할부거래계약을 서면으로 체결하여(제6조 제1항) 계약서 한 통을 매수인에게 교부하도록 강제하고 있다(제6조 제2항).

### (4) 매수인의 권리보호

1) 철회권의 부여  할부거래법에서는 소비자의 충동구매에 대한 재고를 위해 **일정한 숙려기간**(cooling off)**을 두고, 그 기간 내에 언제든지 청약의 철회를 인정**하고 있다(제8조 제1항 본문). 이때 매수인은 철회의 의사표시를 함에 있어, ① 계약서를 교부받은 경우에는 그 계약서를 교부받은 날로부터 7일 이내에, 다만 그 계약서를 받은 날보다 재화 등의 공급이 늦게 이루어진 경우에는 재화 등을 공급받은 날부터 7일, ② 계약서를 교부받지 아니한 경우 등에는 할부거래업자의 주소를 안 날 또는 알 수 있었던 날 등 청약을 철회할 수 있는 날부터 7일 이내에 서면으로 철회의 의사표시를 발송하도록 하고 있다(서면발송주의, 제8조 제3항). 특히 금융할부계약의 경우에는 매수인은 매도인에 대한

---

2) 2015년 개정된 '할부거래에 관한 법률'은 통상의 할부계약 이외에 계약의 명칭·형식이 어떠하든 소비자가 사업자로부터 재화 등의 대금을 2개월 이상의 기간에 걸쳐 2회 이상 나누어 지급하고 재화 등의 공급은 대금의 전부 또는 일부를 지급한 후에 받기로 하는 계약을 말하는 '선불식 할부계약'에 대해서도 규정하고 있다.

청약철회의 의사표시 이외에 신용제공자에게도 철회의 의사표시가 기재된 서면을 발송하여야 한다(제9조 제1항). 매수인이 청약을 숙고기간 내에 철회하면 계약은 처음부터 체결되지 않았던 것과 같은 상태로 되며, 당사자는 상호 간에 원상회복의무가 생긴다. 당사자의 원상회복의무, 즉 매수인의 목적물반환의무와 매도인의 할부금반환의무는 동시이행의 관계에 있다(제10조 제1항).

2) **기한의 이익의 상실과 포기** 할부거래법은 매수인에게 인정된 기한의 이익과 관련하여 ① 할부금지급의 연체가 누적적으로 2회 이상인 동시에 그 연체액이 할부가격의 10%를 초과하는 경우, ② 국내에서 할부금 채무이행 보증이 어려운 경우로서 대통령령으로 정하는 경우에 매수인의 기한의 이익을 상실할 수 있도록 규정하고 있다(제13조). 또한 기한의 이익은 매수인에게 있음과 기한도래 전이라도 나머지 할부금을 일시에 상환할 수 있도록 규정하고 있다(제14조). 이때 선지급하는 할부금에 대하여는 **선납기간에 상응하는 할부수수료를 공제하고 상환**하면 된다(제13조 제2항).

3) **매수인의 항변권** 할부거래법은 매수인보호를 위하여 ① 할부계약의 무효·취소 또는 해제, ② 목적물의 이행지체, ③ 매도인의 하자담보책임 불이행, ④ 매도인의 채무불이행으로 인한 계약목적의 달성 곤란 등 일정한 사유가 있는 경우에 **매수인에게 매도인 또는 신용제공자에 대한 할부금지급 거절의 항변권**을 인정하고 있다(제16조 제1항).

4) **기타 권리보호** 할부거래법은 매수인보호를 위하여 일정한 경우 할부계약의 내용이 할부거래법 규정보다 매수인에게 불리한 내용이 있으면 할부계약 자체를 무효로 규정하고 있다(편면적 강행규정, 제43조).

### (5) 매도인의 권리제한

1) **계약해제권행사의 제한** 할부거래법은 매수인이 할부금지급의무를 이행하지 아니한 경우 **계약해제 전 14일 이상의 상당기간을 정하여 그 이행을 서면으로 최고한 후 계약해제를 하도록** 규정하고 있다(제11조 제1항). 민법상의 계약해제권보다 요건을 더 엄격하게 함으로써 매수인을 보호하도록 하고 있다.

2) **손해배상액의 법정한도 제한** 할부거래법은 **손해배상액을 법정한도 내에서만 인정**하고, 과도한 손해배상액의 예정에 대한 효력을 인정하고 있

지 않다. 할부거래 시 매도인의 계약해제권 이후 행사하게 될 손해배상액의 입증책임을 완화하기 위하여 매도인이 손해배상액을 과다하게 약정하는 것을 방지하여 매수인을 보호하려는 입법취지라 하겠다. 따라서 매도인 또는 신용제공자는 손해배상액의 예정, 위약금 기타 명칭·형식 여하를 불구하고 법에 규정된 금액을 초과하여 손해배상액을 청구할 수 없다(제12조 제3항).

할부계약을 해제하지 아니하는 경우 매도인 또는 신용제공자가 할부금 지급의무의 불이행을 이유로 매수인에게 청구하는 손해배상액은 지연된 할부금에 대통령령이 정한 율을 곱하여 나온 금액 이상을 초과하여 청구하지 못한다(제12조 제1항). 할부계약을 해제하는 경우에는 매도인 등의 손해배상청구액은 할부금의 지연에 따른 지연손해금과 매도인의 실손해액을 합한 금액을 초과하지 못한다. 실손해액은 ① 목적물의 반환 등 원상회복이 된 경우, ② 원상회복이 되지 않은 경우, ③ 목적물이 인도되기 전인 경우에 따라 각각 다르게 계산된다(제12조 제2항).

## 4. 방문판매 등에 관한 법률

### (1) 의 의

방문판매 등에 관한 법률, 즉 **방문판매법은 방문판매·전화권유판매·다단계판매·후원방문판매[3]·계속거래 및 사업권유거래 등에 의한 재화 또는 용역의 공정한 거래에 관한 사항을 규정**함으로써 소비자의 권익을 보호하고, 상품의 유통 및 용역의 제공을 원활하게 함으로써 국민경제의 건전한 발전에 이바지함을 목적으로 제정되었다. 방문판매 중 통신판매와 전자상거래에서의 소비자보호를 위해서는 **전자상거래 등에서의 소비자보호에 관한 법률이 별도로 제정**되어 적용되고 있다. 통신기기의 발달로 통상적인 방문판매 이외에도 각종 통신수단을 이용한 통신판매, 여러 단계의 판매조직을 이용한 **다단계판매** 등이 많이 이용되고 있기 때문에 이러한 판매방식에 대한 특별한 규율이 필요하게 되었고, 방문판매법이 그러한 목적을 위해 제정

3) '후원방문판매'란 방문판매 및 다단계판매의 요건에 해당하되, 대통령령으로 정하는 바에 따라 특정 판매원의 구매·판매 등의 실적이 그 직근 상위판매원 1인의 후원수당에만 영향을 미치는 후원수당 지급방식을 가진 경우를 말한다(제2조 제7호).

된 것이다.

그런데 이러한 특수판매방식은 기업의 제품판매에는 유리하지만, 소비자로서는 점포 등에 직접 물건이나 용역을 확인하지 아니한 채 구매하게 됨으로써 예측하지 못한 손해를 입을 염려가 크기 때문에 이러한 특수판매의 문제점을 해소하고, 건전한 거래를 정착시킴으로써 소비자의 이익을 보호하기 위하여 방문판매법이 제정되기에 이른 것이다.

### (2) 방문판매의 내용

1) 의 의 **방문판매라 함은 상품판매업자 또는 용역제공자가 소비자를 방문하여 사업장 이외의 장소에서 소비자에게 상품이나 용역의 매입을 권유하여 계약의 청약을 받거나 체결하여 상품을 판매하거나 용역을 제공하는 것**을 말한다(제2조 제1호).

2) **주요 내용** 방문판매법은 방문판매업을 신고하도록 **신고의무를 부과**하여 방문판매업자에 대한 **행정감독을 가능**하도록 하고 있고(제5조 제1항 본문), 방문판매자로 하여금 소비자와 계약 시 후일 방문판매에 따른 거래상의 분쟁에 대비할 수 있도록 **자신의 인적 사항과 계약의 내용을 미리 소비자에게 밝히도록** 하고 있고(제6조), 소비자가 계약의 내용을 명확히 알 수 있도록 계약체결 시 일정한 사항을 기재한 **계약서를 소비자에게 교부할 의무를 방문판매자에게 부과**하고 있다(법 제7조).

방문판매법은 할부거래법처럼 **철회권유보기간을 두고 있는데, 그 숙려기간은 14일로 하여 할부거래법보다 장기로 하고 있다**(제8조). 철회가 있게 되면 양 당사자는 각각 원상회복의무가 발생한다. 다만 할부거래법과 달리 방문판매자는 소비자로부터 상품 또는 용역을 반환받은 날로부터 3영업일 이내에 상품대금 또는 용역대가를 소비자에게 반환하면 된다. 즉 **소비자의 선이행의무를 부과**하고 있다(제9조 제1항). 이 경우 소비자가 신용카드로 대금·대가를 지급한 경우 방문판매업자는 즉시 당해 신용카드업자에게 상품대금 또는 용역대가의 청구를 정지하거나 취소할 것을 요청하여야 한다(제9조 제3항). 방문판매법은 방문판매자의 소비자에 대한 손해배상액을 제한하여 방문판매에 의한 계약이 해제된 경우 방문판매자의 실손해액과 실손해액의 지급지연에 대하여 일정한 비율을 곱하여 산정한 지연손해금의 합계액을 초과하지 못하도록 하고 있다(제10조).

### (3) 전화권유판매

전화권유판매라 함은 판매자가 전화로 소비자에게 상품이나 용역의 구입을 권유하여 소비자로부터 총리령이 정하는 방법에 의하여 계약의 청약을 받거나 계약을 체결하는 판매방식을 말한다. 총리령에 의하면 전기통신기본법에 의한 전기통신장비를 사용하여 소비자와의 대화를 통해 권유하여 계약의 청약을 받거나 계약을 체결하는 방법으로 재화 등을 판매하도록 하고 있다(제2조 제3호).

### (4) 계속거래 등

1) 개 념 방문판매법은 ① 1월 이상 계속하여 재화 등을 공급하는 계약으로서 중도에 해지할 경우, 대금환급의 제한 또는 위약금에 관한 약정이 있는 계속거래계약(제2조 제10호), ② 사업자가 소득기회를 알선·제공하는 방법으로 거래상대방을 유인하여 재화 등을 구입하게 하는 사업권유거래(제2조 제11호)에 대하여도 규정하고 있다.

2) 주요 내용 계속거래 또는 사업권유거래 사업자는 계약체결 전의 정보제공(제30조 제1항) 및 계약체결에 따른 계약서교부의무(제30조 제2항) 등이 있고, 재화 등의 거래기록 등을 언제든지 소비자가 열람할 수 있도록 비치하여야 할 의무가 있다.

**계속거래업자 등과 계속거래 등의 계약을 체결한 소비자는 계약기간 중이라도 언제든지 계약을 해지할 수 있으며(제31조), 해지의 경우에도 사업자는 과다한 위약금청구 및 부당한 대금반환거부를 하여서는 아니 된다(제32조).**

### (5) 다단계판매

1) 개 념 다단계판매라 함은 판매업자 또는 용역업자가 특정인에게 일정한 활동의 대가로 일정한 이익을 얻을 수 있다고 권유하여 판매원의 가입이 순차적·단계적으로 이루어진 다단계판매조직을 통하여 행하여지는 상품의 판매 또는 용역의 제공을 말한다(제2조 제5호). 이때 **가입한 판매원의 다단계는 3단계 이상이어야 한다**.

방문판매법은 다단계판매에 있어서의 일정한 활동을 ① 다단계판매업자가 공급하는 상품을 구매하거나 용역을 제공받아 이를 소비자에게 판매 또는 제공하고, ② **소비자들의 전부 또는 일부를 자신의 하위판매원으로 가입하도록 하여 자신과 같은 활동을 하도록 하는 것**이라고 정의하고 있다. 또한 다단계판매에 있어서의 일정한 이익을 ① 다단계판매원이 소비자에게 상품을 판매하거나 용역을 제공하여 얻는 **소매 이익**과, ② 다단계판매업자가 그 다단계판매원에게 지급하는 **후원수당**이라고 정의하고 있다(제2조 제9호). 방문판매법은 다단계판매에서 후원수당이 사행적 성격으로 변질되는 것을 예방하기 위하여 그 한도를 제한하고 있다(제20조).

2) **주요 내용** 방문판매법은 다단계판매업자에 대하여 **등록의무를 부과**하고, 등록요건을 엄격하게 하고 있다(제13조 제1항). 또한 다단계판매자는 소비자가 계약의 내용을 명확히 알 수 있도록 **계약체결 시 일정한 사항을 기재한 서면을 소비자에게 교부할 의무를 부과**하고 있고(제16조), 다단계판매하는 개별 상품 또는 제공하는 용역의 가격을 160만원 이하로 제한하고 있다(제23조, 영 제30호). 다단계판매 방식은 대부분 연고관계를 이용한 점조직적 판매가 이루어지는 특성을 가지고 있기 때문에 당초의 취지와 달리 나쁜 품질의 상품을 고가로 판매하여 폭리행위를 취하거나, 가입 등을 강제하는 과정에서 불법적 폭력행위가 개입하는 등 사회적 물의가 야기될 우려가 크기 때문에 방문판매법은 다단계판매업자를 규제하기 위하여 각종 의무를 강화하고 있는 것이다.

또한 다단계판매의 경우 그 조직이 매우 복잡할 뿐만 아니라 소비자에 대한 구매권유방식도 집단적·최면적·암시적 방법이 이용되는 경우가 많기 때문에 다른 특수판매방식보다 소비자의 청약해제권을 강화할 필요가 크다. 뿐만 아니라 다단계판매원 자신도 소비자에게 판매하기 위하여 상위의 다단계판매업자로부터 상품 또는 용역을 구입하여야 하는 과정에서 상위 다단계판매업자의 무리한 구입요구를 거절하기 어려운 측면이 있다. 이런 점을 고려하여 방문판매법은 **소비자의 충동구매 재고를 위해 청약철회의 숙려기간을 14일로 규정하고**(제17조 제1항), **다단계판매원에 대하여는 3월 이내에 청약을 철회할 수 있도록 하고 있다**(제17조 제2항). 그 밖에 다른 특수판매의 경우와 마찬가지로 계약해제 시 손해배상액의 한도를 제한하고 있다(제19조). 또한 방문판매법은 다단계판매업자가 폐업한 경우에도 하위 다단계판매원이나 소비자가 청약을 철회하고 환불을 받을 수 있도록 보장하기 위하여 다단계 판매업자에게 소비자피해보상보험계약의 체결을 의무화하고 있다(제37조).

## Ⅲ. 기타 주요 경제법

### 1. 물자 및 물가의 규제에 관한 법률

시장경제에 맡겨 두어서는 물자 및 물가의 안정이 어려울 경우에 대비하여 물자수급을 조절하기 위해 제정된 **조달기금법**에 의해 생활필수품·원자재 및 시설자재로서 해외의존도가 높거나 국민의 생활안정에 긴요한 물자 등을 구입·비축할 수 있도록 하고 있고, **양곡관리법**에 의해 농수축산물의 생산·유통·출하를 관리하고 있고, 그 이외에도 **농수축산물 유통 및 가격안정에 관한 법률, 축산법** 등을 제정하여 시행하고 있다. 또한 석탄사업법, 석유사업법, 전기사업법 등을 제정하여 석탄, 석유, 전기 등 에너지 같은 **사회재의 안정적 공급을 도모하고 물가를 안정시키려는 노력**을 기울이고 있다.

또한 국가는 물가불안으로 서민들의 경제가 어려워지는 것을 예방하여 가격의 폭락이나 폭등으로부터 국민경제의 안정을 도모하기 위하여 통화 또는 물자의 수급 및 유통질서의 확립 등과 같은 간접적인 방법 이외에도 **물가안정 및 공정거래에 관한 법률을 통해 국가가 물가에 직접 개입하여 규제**하기도 한다. 직접 가격을 책정하거나, 가격 형성에 영향력을 행사하기도 하고, 행정당국이 적정한 가격이 형성되도록 해당 사업체에 통고하거나 거래당사자에게 신고 등 일정한 의무를 부과하여 적정한 가격의 유지를 유도하기도 한다. 즉 **일종의 고시가격이나 협정가격이 형성되도록 하는 것이다**. 물가안정 및 공정거래에 관한 법률은 물가규제의 방법으로 거래단계별·지역별 최고가격의 지정, 가격표시제, 가격앙등의 선도적 역할을 하는 **공공요금의 규제 및 물가의 급격한 앙등과 물품의 공급부족으로부터 국민생활의 안정을 기하기 위한 긴급수급조정조치 등에 관하여 규정하고 있다**.

### 2. 자금 및 금융의 규제에 관한 법률

실물경제도 중요하지만, 실물경제를 뒷받침하기 위해서는 통화정책도

거시경제적 측면에서 대단히 중요하다. 이를 위해 **예산회계법**이나 **국민투자기금법** 등을 제정하여 각종 특별기금법상의 재정자금을 공공사업에 대한 투자·출자·대부·보조금지급 등의 방법을 통해 국가가 직접 경제에 통화를 공급하여 경제순환을 선순환으로 이끌어 나감으로써 산업의 보호·진흥을 꾀하는 **재정정책**을 실시할 수도 있고, 적정한 통화관리를 위해 중앙은행을 통한 은행권발행 및 각종 금융정책을 실시하여 통화공급량을 조절하는 **통화정책**을 수행하기도 한다.

더 나아가 **국가는 국민경제 전체적인 측면에서 자금을 조절할 필요성이 있는 경우에는 금융 및 민간자본의 이동에 대해서도 일정한 규제를 가하기도 한다.** 이를 위해 **은행법** 등을 통해 시중은행의 자기자본의 충실, 신·증설의 인가 및 자산운용 등에 있어 일정한 제한을 가하기도 하고, 정부의 경제정책 및 개발계획을 위해 국가가 자본을 출자한 **한국산업은행·한국수출입은행·중소기업은행** 등과 같은 특수은행의 업무 결정과 집행에 대한 금융당국의 감독권행사가 이루어지기도 한다. 증권거래와 관련하여 유가증권의 유통 및 투자자보호와 증권시장의 육성·발전을 위하여 자본시장과 금융투자업에 관한 법률 등이 제정되어 시행되고 있다.

### 3. 산업구조정책에 관한 법률

국가경제 발전을 효율적으로 이룩하기 위하여 **산업 전반에 관한 산업구조정책의 수립이 필요**하고, 이를 뒷받침하기 위하여서는 개별 입법의 필요성이 크다. 그리하여 **농·수·축산업**과 관련하여, 농업생산성의 향상 및 농업총생산의 증대에 관한 정부의 기본시책방향을 정한 농업기본법, 농촌진흥법, 농촌근대화촉진법, 축산법, 낙농진흥법, 수산업법, 수산진흥법 및 부문별 각종 협동조합법 등 농·어촌 관련 특별법이 제정·시행되고 있다. 또한 산업발전법을 제정하여 지식기반경제의 도래에 대응하여 산업의 경쟁력을 강화하고 지속가능한 산업발전을 도모하고 있다.

**중소기업의 발전을 도모**하기 위하여 중소기업기본법을 제정하여, 중소기업의 발전방향과 정부시책의 기본을 규정하고, 그 외에도 중소기업의 보호·육성을 위해 중소기업진흥법, 중소기업의 협동화를 위한 중소기업협동조합법, 모기업과 수급기업 간의 계열화촉진과 도급거래 질서확립을 위한 중소기업계열화촉진법, 중소기업간의 과도한 경쟁의 조정과 대기업과의 분쟁조정을 위한 중소기업사업조정법, 중소기업전담 금융기관의 설치·운영에 관한 중소기업은행법 및 중소기업제품의 안정적 판로 개척을 위한 중소기업제품구매촉진법 등을 제정하여 시행하고 있다.

### 4. 대외경제에 관한 법률

세계무역기구, 즉 WTO체제에 맞춰 외국기업과 무역 또는 자금조달을 위한 외환거래가 활발하게 이루어짐에 따라 대외적인 경제활동 또한 대내적 경제활동 못지않게 중요한 경제정책이 되었다. 이를 위해 제정된 대외무역법은 대외무역을 진흥하고, 공정한 국제거래질서를 확립하여 국제수지의 균형과 통상의 확대를 도모함으로써 국민경제의 발전에 이바지하고자 하고 있다.

또한 기업의 대외경제활동이 원활하게 이루어지기 위해서는 무역과 외국환거래를 통한 국제수지의 균형, 통화가치의 안정 및 외화자금의 효율적 운용을 기하기 위하여 **외국환관리법**, 수출품의 품질 및 대외 브랜드의 유지·향상을 위한 **수출검사법**, 수출무역 기타 대외거래에서 발생하는 재산상의 손실을 보상하여 안정적 수출보장을 위한 **수출보험법** 등이 제정되어 시행되고 있다. 그 외에도 외국인투자 및 외자도입법 등이 제정되어 외환거래를 규율하고 있다.

# 제 13 장 국제사법

JURISPRUDENCE >>>

CHAPTER

# 13 국제사법

## 제 I 절 섭외적 법률관계와 국제사법

### I. 섭외적 법률관계

**섭외적 법률관계라 함은 법의 규율을 받는 생활관계가 둘 이상의 나라와 관련되어 있는 법률관계를 말한다.** 예를 들어 미국인과 한국인의 무역관계에서 발생하는 손해배상청구사건에서 어느 나라 법을 적용할 것인지 문제가 되는 관계가 섭외적 법률관계라 할 수 있다.

섭외적 법률관계는 첫째, 어느 나라 법원에서 재판권을 행사할 것인지 여부, 즉 **국제재판관할권의 문제**가 발생하게 되고, 둘째, 그 경우에 어느 나라 법을 적용하여 재판을 할 것인지 여부, 즉 **준거법의 문제**가 발생하게 된다. 준거법이라 함은 섭외적 법률관계에서 어느 나라 법을 적용하여 재판할 것인지를 결정하는 법을 말하며, 우리나라에는 이를 위해 **국제사법이라는 법률을 제정**하여 시행하고 있다. 셋째, 국제재판관할권이 인정되는 법원에서 일정한 준거법에 의하여 재판이 이루어진 경우에도 패소한 피고가 임의이행을 하지 않을 경우 그 판결을 가지고 **피고의 국가에 있는 재산에 대한 강제**

**집행을 실시할 수 있을 것인가 여부**가 문제가 된다. 예를 들어 대한민국 법원에서 한국인이 미국인을 피고로 하여 미국법에 의하여 재판이 이루어져 원고인 한국인이 승소하였다고 하더라도, 그 판결을 가지고 미국에 있는 미국인의 재산에 대하여 강제집행을 할 수 있는가가 섭외적 법률관계를 이루는 근간이라 하겠다. 만일 최종적인 강제집행이 허용되지 않는다면, 그 판결은 무의미한 판결이 되고 만다.

이러한 문제 중 첫째와 셋째의 법률문제는 절차법의 대상으로 국제민사절차법이라는 독립된 영역으로 진화하고 있고, **두 번째 법률문제가 국제사법의 고유영역**이라 하겠다. 우리나라 국제사법은 제2조에서 국제관할에 대하여 규정하고 있으나, 추상적 원칙만을 규정해 놓았을 뿐 구체적인 관할기준이 되는 재판적에 대하여는 구체적으로 규정하고 있지 아니 하다.

## Ⅱ. 국제사법

**국제사법이라 함은 섭외적 법률관계에 어느 나라 법원에서 어느 나라 법에 의하여 재판할 것인지를 결정하는 법률**을 말한다. 즉 국제사법은 법정지에 대하여 규정하고 있는데, **법정지라 함은 섭외적 법률관계에 대한 소가 제기되어 소송이 계속 중에 있는 나라**를 말한다. 그런데 섭외적 법률관계가 우리나라 법원에서 제소된 경우 우리나라가 법정지가 되는데, 일반적으로 법정지라고 하면 우리나라에서 섭외적 법률관계에 대한 재판이 이루어질 때 우리나라를 법정지라고 하고 있다.

국적을 달리하는 이해관계가 대립되는 두 사람 이상의 섭외적 법률관계에 대한 소송이 어느 나라가 법정지가 되느냐는 것은 이해당사자에게 대단히 중요한 문제이다. 왜냐하면 자기 나라가 법정지가 되면 재판의 결과가 유리하게 나오는 경우가 많기 때문이다.

그런데 각 나라의 법률체계는 그 구조와 내용이 서로 다르기 때문에 동일한 법률관계이더라도 어느 나라 법을 적용하는가는 이해관계가 첨예하게 대립되는 문제라고 할 것인데, 국제사법은 어떠한 경우에 법정지법을 적용하고, 어떠한 경우에 외국법을 적용하며, 관련된 여러 나라 법 중에서 무엇을 기준으로 법률관계를 재판할 것인지에 관한 준거법을 정하는 기준이 된다. 즉 **일종의 섭외적 법률관계에 대해 적용할 법을 교통정리해 주는 법이라 할 수 있다.**

이처럼 국제사법은 섭외적 법률관계에 적용될 준거법을 정하는 법으로, 준거법을 결정하게 되면 법체계가 다른 두 나라 이상의 법률적용의 충돌을 해결할 수 있고, 이를 통해 공정한 재판을 기할 수 있게 된다. 따라서 **법의 저촉문제를 해결하는 법을 저촉법이라 하고, 준거법을 정하여 주는 규정을 저촉규정이라 하는데, 그 기능을 국제사법이 하고 있는 것**이다.

## 제2절 총 론

### Ⅰ. 국제사법의 기본원리와 저촉규정의 구조

#### 1. 국제사법의 기본원리

국제사법의 기본원리는 섭외적 법률관계가 그 성질상 어느 장소 및 나라와 가장 밀접한 관계가 있는지를 고려하여 준거법을 정해야 한다는 것으로, 대륙법계에서는 오래 전부터 정착되어 있었다. 독일의 Saviigny가 주창한 이러한 기본원리는 준거법이 될 법체계의 내용을 전혀 고려하고 있지 않다며 이를 암흑의 행진이라며 비판하기도 한다. 이러한 문제점을 고려하여 영미법을 중심으로 하여 적용될 법의 내용까지 고려하여 준거법을 고려하는 것이 타당하다는 주장이 나오고 있으나, 아직까지는 위 원리에 의해 결정되고 있는 것이 현실이라 하겠다.

#### 2. 저촉규정의 기본구조

대부분의 국가는 섭외적 법률관계의 준거법을 결정함에 있어, 그 섭외적 법률관계의 성질에 따라 **당사자의 국적, 물건의 소재지, 섭외적 법률행위지 등 당사자와 객체 및 원인행위 등을 중심으로 하여 준거법을 정하고**

**있는 것이 일반적 구조**이다. 예를 들어 물건이 문제가 되는 섭외적 법률관계인 경우에는 "물건은 그 대상이 되는 물건이 있는 곳의 법에 따른다"고 하여, 물건이 소재하는 나라의 법에 따르도록 규정하고 있는 경우가 대표적 사례이다. 이처럼 **일종의 재판적을 결정하는 장소를 저촉규정의 요소를 연결한다고 하여 연결점이라 한다**.

## Ⅱ. 준거법의 결정

### 1. 법률관계의 성질에 의한 결정

섭외적 법률관계의 준거법은, 결국 양 당사자 사이에 문제가 되고 있는 법률관계의 성질에 따라 달라진다고 하겠다. 따라서 **준거법을 정하는 데에는 법률관계의 성질을 먼저 파악할 필요**가 있다. 이를 보통 **법률관계의 성질결정**이라 한다. 문제는 법률관계의 성질을 먼저 파악해야 하는데, 각국이 서로 다른 법체계를 이루고 있기 때문에 하나의 생활관계를 놓고 각국이 해석하는 기준이 다르기 때문에 문제가 발생하게 된다. 그렇지만 준거법을 결정하기 위해서는 어쩔 수 없이 법률관계의 성질을 결정하는 것이 우선적으로 필요하다. 법률관계의 성질이 결정되면, 법정지 국제사법의 규정에 의해 당해 법률관계의 준거법이 결정되게 되는데, 문제는 법률관계의 성질이 결정되고 이에 의해 준거법이 결정되었다고 하더라도 준거법상의 어느 제도나 규정이 양 당사자 간에 다툼이 있는 섭외적 법률관계를 규율대상으로 삼고 있는지가 다시 문제가 될 수 있다는 점이다. 즉 **어느 나라의 법체계 개념에 따라 준거법상의 한 제도나 규정의 성질을 결정할 것인가 여부라고 할 것인데, 이를 2차적 성질결정이라 한다**.

성질결정에 관하여는 법정지법설, 준거법설, 법정지국제사법설 등이 주장되고 있는데, **현재의 통설은 법정지국제사법설**이다. 법정지국제사법설은 섭외적 법률관계의 성질결정은 이해 당사자들의 실질법(국제사법 등 저촉법을 제외한 실체법과 절차법을 포함한 개념)에 따를 것이 아니라 **법정지의 국제사법 자체에 의해서 결정하여야 한다는 견해**이다. 이에 대해 **법정지법설**은 섭외적 법률관계의 성질결정을 법정지의 실질법에 의해 결정하여야 한다는 견해이고,

**준거법설**은 준거법의 법체계 개념에 의해서 결정하여야 한다는 견해이다.

## 2. 연결점의 확정

**연결점의 확정이라 함은 준거법을 결정하는 연결점이 어느 나라에 실현되어 있는지를 확정하는 것을 말한다**. 예를 들어 18세의 영국인이 어떠한 법률행위를 하였는데, 이에 대하여 미성년자(행위능력) 여부가 다투어지고 있는 경우라면, 국제사법 제13조 제1항에 의해 사람의 행위능력은 본국법에 의해 결정하면 되므로, 그 사람의 국적이 어디인지를 확정하면, 영국이 그 사람의 행위능력자 여부를 판단하는 연결점이 되고, 영국이 연결점으로 확정되면, 영국법에 따라 미성년자 여부를 판단하게 된다. 그런데 국적에 의해 쉽게 연결점을 정할 수 있을 것 같지만, 그 사람이 이중국적자이거나, 무국적자인 경우에는 연결점을 확정하는 것이 어려워진다. 이를 대비하여 우리나라 국제사법 제2조(국적)와 제4조(상거소)는 보충규정을 두고 있다.

또 다른 문제는 연결점이 확정되어 특정 국가가 확정되었지만, 그 특정국가가 미국처럼 각 주마다 적용하는 법이 다르게 되어 있는 **불통일법국가인 경우**가 문제가 되는데, 이러한 경우를 대비하여 **불통일법국법의 지정제도가 있다**. 이에는 **직접지정설과 간접지정설**이 있는데, 직접지정설은 법정지 국제사법이 직접 어느 지역의 법을 준거법으로 삼을 것인지를 결정하여야 한다는 견해이고, **간접지정설은 준거법국(위의 미국)으로 지정된 나라의 준국제사법에 따라 준거법을 다시 결정하여야 한다는 견해**이다. 따라서 현재는 통설인 간접지정설에 따라 국제사법에 의해 준거법이 결정되면, 그 준거법이 적용되는 국가의 준국제사법에 따라 연결점을 확정하고 있다. 문제는 준거법국에 준국제사법이 없거나, 있더라도 준국제사법마저 통일되어 있지 않는 경우가 있을 수 있는데, 이 경우에는 간접지정설에 의할 수도 없기 때문에 **현재의 통설은 당사자와 가장 밀접한 관련이 있는 지역의 법에 따를 수밖에 없다는 입장을 취하고 있다**.

## 3. 반 정

**반정이라 함은, 법정지 국제사법에 의하여 준거법국이 되는 국가의 국**

**제사법이 다시 법정지법 또는 제3국의 법을 준거법으로 하도록 하고 있는 경우 법정지국이 법정지국의 법이나 제3국의 법을 준거법으로 정하는 것을 말한다.** 즉 우리나라 국제사법에 의해 미국법이 준거법이 되도록 되어 있는데, 미국의 국제사법이 우리나라(직접반정) 또는 일본(전정)의 법을 준거법으로 하도록 하고 있다면, 우리나라 법원이 우리나라 법 또는 일본법을 적용하여 재판할 수 있다는 것이 반정이다.

현행 **우리나라 국제사법은 원칙적으로 직접반정만을 인정**하는 한편(제9조 제1항), 반정을 인정하는 것이 우리 국제사법이 준거법을 지정하는 취지에 반하면 반정을 인정하지 않는다(제9조 제2항). 전정은 예외적으로 어음 및 수표행위능력에 관하여서만 인정하고 있다(제51조 제1항).

## Ⅲ. 준거법의 적용

### 1. 공서조항

**공서조항 또는 배척조항**이라 함은 법정지 국제사법에 따라 외국법을 준거법으로 적용해야 할 경우에 **그 준거법의 적용이 법정지의 기본적 가치체계나 사회질서, 즉 공서양속에 반한 경우에는 그 준거법(외국법)을 적용할 수 없는 경우**를 말한다. 우리 국제사법 제10조는 준거법으로 적용될 수 없는 예외적인 경우에 대하여 규정하고 있다.

공서조항에 의해 적용되어야 할 외국법(준거법)의 적용이 배제됨으로써 적용될 법의 흠결이 있는 경우, **일반적으로 법정지의 실질법으로 재판하면 된다**는 것이 통설이다.

### 2. 적응문제

적응문제라 함은 국제사법이 하나의 법률관계를 해결함에 있어 공평한 이익의 조절 또는 일정한 필요에 의해 둘 이상의 준거법을 적용하도록 하고 있는 경우에, 그 두 준거법의 내용이 서로 달라 적극적 또는 소극적으로 충돌할 경우 이를 어떻게 절충하고 조화시킬 것인지에 대한 것을 말한다.

적응문제에 대한 확립된 이론은 없으나, 일반적으로 첫째, **문제발생의 원인인 법정지국 및 준거법국의 저촉규정을 확대 또는 축소해석함으로써 준거법의 적극적 저촉을 방지**하고, 둘째, **최소무리의 원칙**에 따라 어느 준거법을 변경하거나 양보토록 하거나, 셋째, 사안의 특성과 관련된 법의 내용 등을 고려하여 합리적인 실질법을 창조하는, 즉 **조리에 의한 법관의 법창조적 기능**에 의해 문제를 해결할 수밖에 없다는 원칙이 확립되어 있다고 하겠다.

## 제3절 각 론

### Ⅰ. 자연인의 능력

**국제사법 제11조는 자연인의 권리능력에 대하여, 제13조는 행위능력에 대하여 각각 본국법에 따르도록 규정하고 있다.** 다만 본국법에 의하여 행위능력이 없는 자라도 행위지법에 의해 행위능력이 인정되면 원칙적으로 무능력을 주장하지 못하도록 하여(제15조 제1항) 거래의 안전을 도모하도록 하고 있다. 외국인도 우리나라에 상거소나 거소를 가지고 있는 경우에는 우리나라 법에 따라 한정후견개시, 성년후견개시, 특정후견개시 및 임의후견감독선임의 심판을 할 수 있다(제14조).

### Ⅱ. 법률행위의 방식

**법률행위의 방식은 그 법률행위의 준거법에 따르는 것이 원칙**이다. 다만 당사자의 편의를 위하여 법률행위가 사실상 이루어지는 곳의 법이 요구하는 방식을 갖춘 경우에도 유효하다고 하겠다(제17조).

### Ⅲ. 대 리

국제사법은 대리권의 수여, 대리행위, 대리의 효과 등 대리의 3면관계에 대하여 **대리인의 영업소 소재지법에 따르도록 하고 있고**, 다만 서면에 의한 통지 또는 서면증서에 의한 경우에는 본인이 대리의 준거법을 선택할 수 있도록 하고 있다(제18조).

## Ⅳ. 물 권

물권관계, 즉 사람의 물건에 대한 지배관계에 대한 법률관계에 대하여는 물권법정주의가 적용되기 때문에 **그 물건이 있는 소재지의 법을 준거법으로 하고 있다**(제19조). 이는 물권이 배타적 지배권으로 타인에게 미치는 영향이 크고, 소재지를 중심으로 거래안전과 밀접한 관계를 가지고 있기 때문이다.

## Ⅴ. 채 권

채권관계는 사적 자치가 보장되기 때문에 **계약적 채권관계의 준거법은 당사자의 합의로 정하도록 하고 있다**(제25조). 우리 국제사법도 이러한 사적 자치, 당사자자치의 원칙에 의해 당사자가 준거법을 정하면 그에 의하고, 만일 준거법을 정하지 않았으면 그 계약과 가장 밀접한 관련이 있는 나라의 법을 적용하도록 하고 있다(제26조 제1항). 다만 소비자계약과 근로계약에 대하여는 사회적 약자인 소비자를 보호하기 위하여 당사자가 선택한 준거법이 소비자의 상거소가 있는 국가의 강행규정에 의하여 소비자에게 부여되는 보호를 박탈할 수 없도록 하고 있고(제27조), 근로계약의 경우에도 당사자가 준거법을 선택하더라도 근로자가 일상적으로 노무를 제공하는 국가의 강행규정에 의하여 근로자에게 부여되는 보호를 박탈할 수 없도록 하고 있다(제28조).

**법정채권인 부당이득의 경우에는 그 부당이득의 원인사실이 일어난 곳, 즉 이득이 발생한 곳**(제31조), **사무관리의 경우에는 그 사무관리가 행하여진 곳**(제30조), **불법행위의 경우에는 가해행위가 행하여진 곳**(제32조 제1항)**의 법이 적용된다**. 다만 불법행위의 경우 가해행위 당시 가해자와 피해자가 동일한 나라에 상거소를 가지고 있는 경우에는 상거소가 있는 나라의 법이 적용된다(제32조 제2항).

이처럼 법정채권관계에 대하여 그 장소의 관련성을 중시하는 것은 행위지나 사건이 일어난 장소와 그 사건 사이에 밀접한 관련성이 있기 때문이다.

## Ⅵ. 신 분

혼인, 부모와 자, 친족관계 및 상속관계 등은 **당사자의 인격 및 신분과 깊이 관련된 문제로 속인법이 적용되는 영역으로 인정**되어 왔다. 속인법에는 주소지주의와 국적주의, 즉 본국법주의가 대립하고 있다. **우리 국제사법은 본국법주의**를 원칙으로 하고, **상거소를 예외적으로 연결점**으로 하고 있다(제36조 내지 제50조).

다만 주의할 점은, 가족법상의 법률행위의 경우 그 요건과 효과를 분리하여, 요건은 각 당사자의 본국법에 의하도록 하는 반면에, 그 효과는 예를 들어 부부의 혼인의 경우 부부의 동일한 본국법, 부부의 동일한 상거소지법, 부부와 가장 밀접한 관련이 있는 곳의 법처럼 양자에게 공통적으로 법률효과를 인정하기 위하여 단일한 법을 적용하도록 하고 있다(제37조).

## Ⅶ. 상 사

상사관계는 가족관계와 달리 고유성보다는 보편성, 국제성, 기술성 및 신속성을 그 특징으로 하고 있다. 그리하여 거래의 안전과 편의를 위하여 실질법의 통일과 함께 저촉법의 통일을 위한 국제적 노력이 경주되어 왔다. 특히 무역거래를 중심으로 빈번하게 발생하고 있는 어음·수표법 및 해상법 분야에서 국제적 조약을 체결하여 이를 통일하여 적용하고 있다.

우리 국제사법도 이러한 **저촉법통일조약을 기초로 수표지급인의 자격을 수표지급지법에 의하도록 하고 있고**(제52조), **환어음·약속어음·수표행위의 방식은 서명지법에 의하도록 하고 있고**(제53조 제1항), **환어음의 인수인과 약속어음의 발행인의 채무는 지급지법에 의하고, 수표로부터 생긴 채무는 서명지법에 의하도록 하고 있고**(제54조 제1항), **이러한 유가증권의 상실 또는 도난의 경우에 행하여야 하는 절차는 지급지법에 의하도록 하고 있고**(제58조), 해상법과 관련하여 선박에 관한 권리는 **선적국법**에 의하도록 하고 있고(제60조), 선박충돌의 경우에는 **충돌지법**에 의하도록 하고 있고(제61조), 해양사고구조로 인한 보수청구권은 그 구조행위가 영해에서 있는 때에는 행위지법에 의하고, 공해에서 있는 때에는 구조한 선박의 선적국법에 의하도록 하고 있다(제62조).

# 제 14 장 국제법

# CHAPTER 14 국제법

## 제 1 절 국제법의 의의

**국제법이라 함은 국제공동체**(international community)**를 규율하는 법을 말한다**. 20세기 초기까지는 국제법을 국가간의 법(law between states)으로 보았으나, 오늘날 국가뿐만 아니라 국제기구나 개인 등도 국제적으로 활동범위가 확대됨에 따라 그들을 규제하는 법규범의 필요성이 대두되었기 때문에 위와 같이 정의하는 것이 일반적이라 하겠다. 그런데 교통과 통신 및 교역의 확대로 인하여 **세계가 점차 지구촌화됨에 따라 국제법은 종래 국내법에 유보되어 있던 범위까지 점차 그 규율대상을 확대해 나가고 있다**. 예를 들면 종래 국내법 영역으로 평가되던 인권(human rights) 문제가 이제는 국제인권법 영역의 규율대상이 되기에 이르른 것이다. 더 나아가 개인도 제한된 범위 내에서 국제법의 주체로 인식되기에 이르렀다. 그러나 이러한 혼재양상에도 불구하고 국내법은 한 국가의 단독의사로 성립되는 데 반하여, 국제법은 다국가 또는 이에 준하는 국제기구 등의 주체에 의하여 명시적 합의나 국제관습 등을 통해 수립되고 있다는 점에서 차이가 있는 것은 사실이다.

종래 17세기 이래 상당한 기간 동안 로마법상의 만민법 개념이 국제법이라는 개념으로 통용된 적도 있지만, 엄밀히 말하자면 로마시대의 만민법은 국가 사이의 법률관계를 규율하였다기보다는 외국인 상호간 또는 외국인과 로마시민 사이의 분쟁을 해결하기 위해 로마의 법무관(praetor peregrinus)이 적용하던 법으로, 오늘날의 국제법 개념과는 상당부분 다른 점이 있다고 할 것이다. 즉 만민법은 기본적으로 로마의 국내법이었기 때문이다.

**최근 들어 유럽연합(EU)의 등장으로 국제법과 국내법 이외에 제3형태의 독특한 법체계가 새롭게 등장**함에 따라 이를 어떻게 취급할 것인가는 대단히 중요한 국제적 법률문제가 되고 있다. 이런 까닭에 유럽재판소는 **EU법에 대하여 국제법도 국내법도 아닌 "또 다른 새로운 법질서**(new legal order)" 로 평가하고 있다. 그렇지만 EU설립조약은 비록 국제협정의 형식으로 체결되기는 하였지만 법의 지배에 기초한 공동체의 헌법전(constitutional charter of a Community based on the rule of law)으로 기능하고 있다고 하겠다. 이와 같이 EU법이 회원국 정부와 그 국민들을 직접적으로 광범위하게 규율함에 따라 일반적으로 "국제법과 연방법의 혼성물에 유사한 법(almost a hybrid between international law and federal law)"으로 평가되고 있다. 이를 두고 EU의 실제적 모습을 이른바 "초국가적 내지 연방적 기구(supranational or federal organization)" 로 이해되고 있다.

일부 학자는 국제법을 초국내법(transnational law)으로 해석하면서, 국경선을 넘는 행동이나 사건을 규율하는 모든 법을 포함하는 법(to include all law which regulates action or events that transcend national frontiers)으로 보아야 한다고 주장한다. 이 견해에 따르게 되면 국제법과 국제사법은 물론이고 그 같은 표준적인 범주에 전적으로 들어맞지 않는 기타의 규칙들도 국제법의 영역에 포함되게 된다. 결국 국제법은 다의적으로 해석될 수밖에 없는 본질적 특징이 있다고 하겠다.

# 제2절 국제법의 법원

## Ⅰ. 서 론

**국제법의 법원이라 함은, 국제법이 어떤 형태로 존재하는지 그 존재형식을 말한다.** 일반적으로 국제조약의 형태나 국제관습의 형태로 존재한다고 하겠다. 그러나 국제법은 이에 동의하지 않은 국가를 강제적으로 규율할 수 없는 한계가 있기 때문에 국가주권적 차원에서 스스로 구속을 받기로 하는 국가에 대하여만 法源으로써 기능한다는 특징이 있다.

이를 두고 상설국제사법재판소(PCIJ)는 1927년의 The Lotus 사건에서 "국가들에게 구속력이 있는 법규는 조약 또는 관습으로 표현되는 그들 자신의 의사로부터 나온다"고 판결하였다. 그런데 **조약은 체결당사국 사이에서만 적용되는 한계가 있는데 반하여, 국제관습은 국제공동체의 모든 구성원들에게 구속력 있는 규범으로 기능한다는 점이다.** 그렇지만 이 경우조차 어떤 국가든지 그 형성과정에 적극적인 반대의사를 표명함으로써 그 구속력으로부터 벗어날 수 있다는 한계가 있기 때문에 결국은 국제관습조차도 국제공동체의 일원으로서 해당 국가가 동의하여야만 적용할 수 있는 본질적 한계가 있다고 하겠다. 이러한 본질적 한계로 인하여 국제조약과 국제관습은 상호 간에 우열이 있다고 할 수 없으며, 이에 따라 국제관습법규를 따르지 않겠다는 한 국가의 의사는 존중되어야 하며, 반대로 새롭게 형성된 새로운 국제관습은 이에 복종하는 모든 국가를 구속하는 힘이 있다고 하겠다.

## Ⅱ. 조 약

**조약이라 함은 둘 이상의 국가가 협약에 의해 일정한 법률관계에 관한 내용을 합의하는 것을 말한다.** 대부분 조약은 문서를 통한 성문조약으로 성립되고 있으며, 국제법의 법원으로 가장 많이 존재하는 형식이라고 하겠다. 1969년의 비엔나조약법협약 제2조 제1항 (a)는 조약에 대하여 "국가들 간에 문서로 체결되고, 국제법에 의하여 규율되는 국제적 합의"를 말한다고 정의하고 있다.

위 비엔나조약법협약에 따르면 조약이 성립하기 위해서는 몇 가지 요건이 필요하다. 첫째, 그 조약이 국제법에 의해 규율되어야 한다. 그 결과 국가간의 합의라 하더라도 해당 국내법에 의하여 규율되는 사항이면 이를 조약이라 볼 수 없기 때문에 국가간 계약(interstate contract)으로 볼 수밖에 없다. 둘째, 법, 그것도 국제법에 의해 규율되어야 하기 때문에 국가간의 합의라 하더라도 법적 구속력이 인정되지 않으면 이는 조약으로 볼 수가 없다. 예를 들어 소위 신사협정(gentlemen's agreement)은 상호간에 이를 신사적 입장에서 존중하겠다는 의미를 가지고 있을 뿐이기 때문에 법적 구속력이 없어 조약으로 볼 수 없다. 결국 **조약인지 아니면 신사협정인지는 당사국들의 명시적 또는 묵시적 의사를 기준으로 구체적으로 판단할 수밖에 없다**. 셋째, 조약으로 인정되려면 그 조약이 국가 사이에서 체결되어야 한다. 문제는 1969년 당시와 현재는 국제법의 영역이 크게 달라졌기 때문에 국가간의 조약만을 국제법의 법원으로서 인정하기에는 문제가 있다고 하지 않을 수 없다. 따라서 **현재는 국가뿐만 아니라 국제기구·반란단체·민족해방기구와 같은 일정한 세력을 가지고 있는 국제단체도 조약체결의 당사자가 될 수 있다고 하겠다**. 넷째, 조약으로 인정되려면 문서로 체결되어야 한다. 그러나 **일반관습법에 의하면 구두로도 조약의 성립이 인정될 수 있다**.

문제는 일부 강대국들이 제3국의 법률관계를 제한하기 위하여 제3국의 동의 없이 제3국의 권리·의무를 새롭게 창설하거나 제한하는 조약, 소위 **입법부적 조약**(legislative treaties) 혹은 **객관적 체제를 창설하는 조약**(treaties establishing an objective regime)을 국제법의 법원으로 인정할 것인가 여부를 둘러싼 논의가 활발하다. 왜냐하면 **입법부적 조약을 일반적으로 인정하게 되면 타국가에 의해 해당 국가의 주권이 무시될 수 있어 주권평등의 원칙이 침해될 우려**가 있기 때문이다.

'입법부적' 조약의 개념을 자칫 일반화하게 되면, 국제공동체의 기본전제 중의 하나인 국가의 주권평등원칙은 그대로 무너지고 말 것이기 때문이다.

## Ⅲ. 국제관습

**국제관습이라 함은 국제 사회에서 일정한 관행이 계속되고 국가들이 이러한 관행을 법적 구속력으로 인식한 관습을 말한다.** 국제공동체를 규율할 국제법을 제정할 입법부가 존재하지 않기 때문에 국제사회에서 형성된 국제관습은 국제법규로서의 법원성이 인정되어 왔다. 국제사법재판소(ICJ) 규정 제38조 제1항 (b)는 관습에 대하여 "관습이란 법으로서 수락된 일반관행의 증거"를 말한다고 정의하고 있다. 따라서 국제관습이 국제법의 법원으로서 인정되기 위해서는 첫째, 일반관행이라는 객관적 요건과, 둘째, 이 일반관행을 법적 구속력이 있는 것으로 인정하는 법적 확신을 갖추어야 한다.

**일반적으로 국제관행이 국제관습으로 수립되면 그 관습은 국제사회의 모든 국가를 구속하는 힘이 있다.** 결국 국제관습은 일종의 묵시적 조약(tacit treaty)과는 별개의 독립된 법형식이며, 국제사법재판소의 위 규정의 조건을 충족하면 국제관습이 성립하고, 이후 **모든 국가들을 구속하는 일반국제법규로 작용**하게 된다. 이처럼 국제관습은 국가간에 체결되는 조약과 달리 다소 타율적 요소가 강제되는 힘이 인정된다고 하겠다. 조약은 체결국만 구속하는 데 비하여 국제관습은 모든 국가를 구속하기 때문이다. 그러나 주권국가원칙에 의해 아무리 국제관습이 형성되었다고 하더라도 국가별로 사정이 모두 다르기 때문에 관습형성에 분명하고도 완강하게 반대의사를 표시한 국가, 이른바 끈기 있는 항의자(persistent objector)는 당해 관습의 법원성을 부인할 수 있다. 왜냐하면 국제관습도 궁극적으로는 개별 국가의 동의에 기초하기 때문이다.

## Ⅳ. 조 리

**조리라 함은 통상적인 양식을 가지고 있는 자라면 누구나 알 수 있는 기본적 상식 또는 당연한 도리를 말한다.** 그렇다면 이러한 조리, 법의 일반원칙이 국제법의 법원성을 인정받을 수 있을 것인가 여부이다. 조리를 국제법의 법원으로 인정하여야 한다는 주장은 국제연맹(League of Nations)이사회가 상설국제사법재판소(PCIJ) 규정을 제정하기 위해 설치한 법률가자문위원회(Advisory

Committee of Jurists)의 의장인 Baron Descamps에 의해 최초로 제기되었다. 즉 Baron Descamps이 상설국제사법재판소(PCIJ)가 재판을 함에 있어 조약과 국제관습 이외에도 문명제국의 법적 양심에 의하여 승인된 국제법규(rules of international law as recognized by the legal conscience of civilized nations)도 법원으로 인정하여 재판규범으로 적용하여야 한다고 주장함으로써 조리, 각국이 일반적으로 인정하고 있는 소송절차원칙, 신의성실의 원칙, 기판력의 원칙(*res judicata*) 등을 국제사법재판에 적용할 것인가가 논의되기 시작하였다. 즉 **조리로 상징되는 자연법원칙들을 국제관계에 도입하려고 하였던 것이다**. 그리하여 국제법체제에 처음으로 국가들의 의사에 기초하지 아니한 타율적 국제법을 도입하려는 그의 견해는 의견조율과정을 거쳐 문명제국에 의하여 승인된 법의 일반원칙(general principles of law recognized by civilized nations)이라는 완화된 개념으로 상설국제사법재판소 규정 제38조 제1항 (c)에 그 성격이 일반적이고, 모든 문명제국의 국내법에서 인정되고 있는 일반원칙, 예를 들어 "그 누구도 자기 사건의 재판관이 될 수 없다"거나 신의성실의 원칙, 기판력의 원칙 등이 국제법의 법원으로 도입되기에 이르렀다.

이러한 법의 일반원칙은 이후 국제사법재판소(ICJ) 규정 제38조 제1항 (c)에 승계되었으며, 현재 국제법의 법원으로 인정되고 있다. 그렇지만 그 중요성은 보충적 성질을 가지고 있다고 할 것이어서, 조약과 국제관습이 없는 경우에 보충적으로 기능한다고 하겠다.

## Ⅴ. 판례와 학설

문제는 판례와 학설을 국제법의 법원으로 인정할 것인가 여부이다. 불문법국가인 영미법국가에서는 판례가 중요한 법원으로 기능하지만 성문법국가인 대륙법국가에서는 판례의 법원성이 일반적으로 부정되고 있다. 학설은 학자들의 논리적, 학리적 해석의 근거로 작용하고 있으나, 학설 자체에 국제법의 법원성을 인정하기에는 많은 문제가 있다고 하겠다.

이러한 점을 고려하여 국제사법재판소(ICJ) 규정 제38조 제1항 (d)는 판례와 학설에 대하여 "법규결정을 위한 보조수단(sub-sidary means for the determination of rules of law)"이라 하여 형식적으로는 법원성을 인정할 수 없지만, 구체적 사건에서 해석의 근거로 기능하게 됨으로써 실질적 법원(material source)으로 기능할 수 있음을 명백히 밝히고 있다.

결국 판례와 학설은 국제사법재판소가 구체적 사건에서 해당 판례를 적용함으로써 사실상 새로운 법원을 형성해 나가고 있다고 할 것이다.

## Ⅵ. 형 평

**형평(equity)이라 함은 구체적 국제분쟁사건을 재판하는 재판관이 재판을 함에 있어 스스로의 가치관에 의해 정의롭다고 생각하는 판단기준 또는 가치관을 말한다.** 따라서 형평의 가치는 국가의사에 기초한 것이 아니기 때문에 국제법의 형식적 법원성이 인정되지 않는다고 하겠다. 그렇지만 국제분쟁을 취급하는 재판소는 자신의 재판결과에 정당성의 근거, 분쟁해결의 기준, 기존 국제법규의 해석기준이나 흠결에 대한 보충적 근거로 형평의 가치를 적용하고 있다. 즉 형평은 재판관들의 법률 해석의 근거로 기능하기 때문에 분쟁당사자들로부터의 명시적인 수권을 요하지 않는다고 하겠다.

국제사법재판소(ICJ) 규정 제38조 제2항은 "제38조 제1항의 모든 法源은 당사자가 합의하는 경우, 형평과 선에 따라 사건을 결정할 본 재판소의 권한을 침해하지 않는다"고 하여, **형평을 재판의 기준으로 삼을 수 있다**고 하고 있다. 결국 형평과 선에 의한 결정이라 함은 형평이 다른 모든 법원(조약·관습·조리로 상징되는 법의 일반원칙)에 사실상 우선하여 적용되는 기능을 수행하고 있다고 하겠다. 그런데 국제사법재판소(ICJ)는 위 규정에 근거하여 **소송당사자들의 합의, 즉 형평의 적용을 동의한 경우에만 이를 근거로 재판할 수 있다**고 하겠다. 다만 국제사법재판소(ICJ)에서는 동 규정 제38조 제2항이 실제 발동된 사례가 없었으며, 일부 국제중재재판에서 형평과 선에 의한 재판이 발동되었을 뿐이다.

## 제 3 절 국제법의 주체

### Ⅰ. 서 론

**국제법의 주체라 함은 자신의 이름으로 직접 국제법상의 권리를 향유하거나 의무를 부담하는 자를 말한다.** 종래 국가만이 국제법의 주체성을 인정받아 왔으나, 현재는 반란단체, 국제기구, 자결권을 행사하는 민족 등도 국제법의 주체성을 인정해야 한다는 단계에 이르고 있다. 다시 말해 국제화가 진행됨에 따라 국가 이외의 새로운 국제법상의 행위주체들이 등장하고 있는 것이다.

### Ⅱ. 국 가

**국제법의 주체로서 오래 전부터 독립국가가 인정되어 왔다.** 독립국가에는 단일국가(unitary state)와 연방국가(federal state)가 있다. **연방국가**라 함은 국가 내에서 자치적 독립성이 인정되는 여러 개의 주가 하나의 연방으로 결합된 국가를 말하는데, 종래에는 자치적 독립된 주를 독립국가로 볼 것인지, 아니면 연방을 독립국가로 볼 것인지에 대하여 논의가 되어 왔었다. 그런데 1933년에 체결된 국가의 권리·의무에 관한 몬테비데오조약 제3조가 연방국가만을 국제법상 단일국가로 인정하기에 이르렀다. 동 조약 제1조에 의하면 국가가 국제법상 인격자로 인정되려면 항구적 국민, 일정한 영토, 정부, 다른 국가와 국제관계를 맺을 수 있는 능력 등을 갖추어야만 한다.

**국제적으로 국가로 인정되려면 국민, 영토, 정부가 있어야 한다.** 정부가 있으면 다른 국가와 국제관계를 맺는데 지장이 없기 때문이다. 뿐만 아니라 독립국가로 인정되려면 다른 국가로부터 독립되어 있어야 하기 때문에 사실상 타국의 지배를 받는 이른바 **괴뢰국가(puppet state) 또는 피식민국가는 국제법적으로 국가로 인정되지 않는다**고 하겠다.

문제는 국가로 인정되려면 타국의 승인(recognition)이 있어야 하는가이다.

이에 대하여는 승인을 요한다는 **창설적 효과설**에 의하면, 어떤 영토적 실체가 위 세 가지 객관적 요건을 갖추더라도 타국의 승인을 받지 못하면 국제법상 국가로 인정될 수 없다고 한다. 그렇지만 **오늘날 타국의 승인에 의한 국가법인격 창설은 부인되고 있다.** 즉 **영토적 실체와 정부, 국민의 요건만 갖추면 타국의 승인과 무관하게 독립된 국가로서의 법인격을 취득한다는 것이다.** 1933년의 몬테비데오조약 제3조도 국가의 정치적 존재에 대하여 타국의 승인과 상관 없음을 분명히 하고 있다.

## Ⅲ. 반란단체

**반란단체라 함은 새로운 국가 또는 새로운 정부를 수립할 목적으로 일정지역에 대한 독자적 통제력을 가지고 그 지역주민들에 대한 실효성 있는 지배를 행사할 수 있는 통치조직을 갖춘 개인들의 집단을 말한다.** 반란단체는 일정지역을 장악하고 있다는 점에서 국가와 구조가 비슷하지만, 그렇다고 하여 당해 지역에 대해 영토주권을 당연히 갖는 것은 아니다. 왜냐하면 그들 단체는 내란기간 중 사실상의 권한(*defacto* authority)을 행사하는 것에 불과하기 때문이다. 그렇지만 그들의 사실상의 권한을 부정할 수는 없기 때문에 국제법상 제한된 범위 내에서 국제법인격이 인정된다고 하겠다.

## Ⅳ. 국제기구

국제기구에 국제법인격을 인정할 것인가는 어려운 문제라고 하겠다. 그런데 **국제법인격이 인정되면 다른 국가와 조약을 체결할 수 있는 권한이 부여된다.** 이런 논리에 의해 **국제연합(UN)은 일반적으로 국제법인격이 인정되는 국제법의 주체로 보고 있다.** 즉 유엔헌장은 국제법상의 법인격에 대한 명시적 일반규정을 두고 있지 않지만, 유엔헌장 제43조는 안전보장이사회에 회원국들과의 관계에서 병력제공에 관한 조약체결권을 부여하고 있기 때문에, 그러한 범위 내에서 국제법인격이 있는 것으로 인정되고 있는 것이다. 뿐만 아니라 유엔 내에 있는 유네스코, 국제노동기구 등 여러 기구들 역시 국제법인격을 전제하지 않고서는 존재할 수 없다고 하겠다. 따라서 국제기구는 일반적으로 국제법인격을 취득한다고 할 수는 없지만, 설립조약에 명시적이거나 묵시적으로 법인격 인정을 전제로 하고 있는 규정의 범위 내에서 인정된다고 하겠다. 즉 제한적이고 파생적 국제법인격을 갖는다고 하겠다.

더 나아가 국제기구는 조약에 근거하여 설립되기 때문에 조약체결국 사이에서만 법인격이 인정된다고 할 것인지, 아니면 제3국에 대하여도 인정할 것인지 여부인데, 국제사법재판소(ICJ)는 1949년의 Reparation for Injuries 사건에 대한 권고적 의견(advisory opinion)에서 유엔의 객관적 인격(objective personality)을 인정한 바 있음에 비추어 제3국에 대하여도 일정한도 내에서는 국제법인격이 인정될 수 있다고 하겠다.

## V. 자결권을 향유하는 민족

**자결권을 갖는 민족도 제2차세계대전 후 민족자결권(right of self-determination)이 국제법상 인정됨에 따라 제한된 범위 내에서 국제법인격을 갖는 것으로 인정되고 있다.** 다만 국가가 정부를 통해 국제인격을 행사하는 것과 달리 주로 민족해방운동(national liberation movements)으로 불리는 대표기구를 통하여 국제인격을 행사한다고 하겠다. 따라서 대표기구를 갖추지 못한 민족은 자결권을 향유한다고 볼 수 없기 때문에 국제인격을 행사할 수 없다고 하겠다. 제2차세계대전 이전에 식민지배시대가 종식됨에 따라 제국주의 내지 식민세력에 대항하는 민족해방운동이 출현하기에 이르렀고, 그들은 독립국가를 향한 자결권 행사를 위한 투쟁을 멈추지 아니하고 있다. 예를 들어 팔레스타인자치정부나 체첸반군 같은 단체들이 이에 해당한다고 하겠다.

한편 자결권의 행사를 위해 투쟁하는 민족은 유엔헌장의 목적과 원칙에 따라 외부에 대하여 자신들을 지지해 줄 것을 요구할 수 있고, 그러한 지지를 받을 권리가 있다.

## Ⅵ. 개 인(자연인 또는 회사)

종래의 전통적인 국제법체제에서는 회사나 자연인 같은 개개인은 단지 국제법의 객체였을 뿐 주체로 인정되지 않았다. 따라서 국제적으로, 즉 **외국 정부로부터 권리 침해를 받으면 자국의 외교적 보호**(diplomatic protection)**를 통해 구제를 받을 수밖에 없었다.** 더 나아가 자국 정부로부터 침해를 받은 경우에는 순수한 국내문제로 국제법의 규율 대상이 되지 아니 하였다. 그러나 제2차세계대전 후 국제연합이 유엔헌장을 통해 수많은 인권조항들을 제정하였고, 이에 근거하여 **수많은 인권조약이 체결됨에 따라 개인에 대한 인권문제는 국내문제에서 국제문제로 확대되기에 이르렀다.** 이에 따라 특정 국가 내에서 자국 국민에 대한 인권침해의 문제가 발생하면 이는 국내법의 적용대상이기도 하지만 기본적 인권에 대한 중대한 침해로 인식되어 직접 국제인권법의 규율대상이 되기에 이르렀다. 더 나아가 일부 인권조약은 자국 또는 타국 정부로부터 인권을 침해당한 개인이 인권침해에 대한 국제적 구제를 받을 수 있도록 보호절차를 개시할 수 있도록 보장하고 있다. 그러나 이러한 대명제에도 불구하고 일부 독재국가 등에서는 여전히 자국민에 대한 인권침해가 벌어지고 있고, 국제제소를 하지 못하도록 방해하고 있는 것도 사실이다.

개인의 국제법상의 권리는 대체로 제2차세계대전 후에 주요한 논제가 되었지만, 국제법상의 의무는 오래 전부터 인정되어 왔다. 예를 들어 공해상의 해적행위금지 같은 국제법적 의무는 모든 개인들에게 부과되어 있었기 때문이다. 현대사회에 들어와 개인들도 전쟁범죄(war crimes), 평화에 대한 죄(crimes against peace), 인도에 대한 죄(crimes against humanity) 등을 범해서는 아니 되는 국제적 의무를 부담하고 있다.

그런데 국제법이 개인들에게 일정한 의무를 부과하고 있기에 개인들이 이를 위반하면 국제형사재판소에 의한 형사처벌이 가능하지만, 대부분 국내법에 의하여 소추되고 있는 것이 현실이다. 그렇지만 1998년 7월 17일 유엔이 채택한 로마규정에 의해 상설적인 국제형사재판소가 설립되었고, 이에 따라 국제전범이나 독재자들에 대한 정치적 재판이 이루어지고 있다. 예를 들어 이라크의 독재자였던 사담 후세인 전 대통령에 대한 국제형사재판의 경우이다.

## 제4절 국제법과 국내법의 관계

### Ⅰ. 서 론

국제법과 국내법의 상호관계를 어떻게 정립할 것인가는 중요한 문제이다. 왜냐하면 국가주권원칙에 의하면 국내법이 우선하여야 하는데, 국제사회의 일원이라는 관점에 의하면 국제법이 우선할 수 있기 때문이다. 이와 관련된 이론으로 일원론적 국가(monistic states)와 이원론적 국가(dualistic states) 등이 주장되고 있다. **일원론적 국가라 함은 국제법을 국내법의 일부로 자동수용하는 국가를 말한다**. 일원론적 국가의 경우는 국제법이 국내법의 일부로 수용되는데 입법부 또는 사법부와 같은 국가기관의 사전간섭이 배제되어 있는 국가를 지칭한다. 즉 국제법의 국내법으로의 자동적 수용이 허용된다는 것이다. 이에 반해 **이원론적 국가라 함은 국제법이 국내법과 동일한 효력이 인정되기 위해서는 입법부의 이행입법, 사법부의 판결 또는 기타 적절한 방법 등에 의해 국내법과 동등한 대우를 받는다는 점이 채택되어야만 하는 국가를 말한다**. 즉 국제법의 국내법으로의 변형이 허용되려면 일정한 국내법적 절차를 밟아야 한다는 것이다. 전자를 수용이론(doctrine of incorporation)이라 하고, 후자를 변형이론(doctrine of transformation)이라 한다.

한편 1969년의 비엔나조약법협약 제27조는 개별 국가는 유효하게 성립된 국제의무를 위반한 것에 대하여 자신의 국내법에 의해 이를 정당화할 수 없다고 선언하고 있으며, 1872년의 The Alabama Claims Arbitration는 국가가 국내법의 부재·불비를 주장하며 국제의무위반을 정당화할 수 없다고 규정하고 있다. 즉 **국내법을 준수하였다고 하더라도 국제전범에 해당하면 국제법으로 처벌할 수 있다는 것이다**.

그러나 국제법이 무한대로 독립국가의 국내법에 우선할 수는 없기 때문에 위 경우 이외에는 독립국가는 자국의 국내법에 의해 국제의무의 이행 여부를 판단하게 된다. 즉 국가주권의 원칙에 의해 국내법질서와 국제법질서의 상호 위계질서를 확립할 수밖에 없는 한계가 있다고 하겠다.

## Ⅱ. 국제관습법과 국내법의 관계

대한민국헌법 제6조 제1항은 “일반적으로 승인된 국제법규는 국내법과 같은 효력을 가진다”라고 앞서의 **일원론적 국가의 모습을 보이고 있다**. 즉 우리 헌법은 국제법에 대하여 국내법과 동일한 효력이 있다고 하고 있다. 대부분의 문명국가들도 마찬가지이다. 한편 국제관습법을 어떻게 할 것이냐 여부인데, 이도 국제법의 경우와 크게 다르지 않다고 하겠다. 영국 재판소의 판례법에 의하면 국제관습법규는 자동적으로 영국법의 일부를 이룬다. 즉 의회나 재판소의 개입 없이 당연히 영국법의 일부로 수용된다는 것이다. 따라서 국제관습법에 의해 영국 국민은 권리를 취득하거나 의무를 부담하게 된다.

문제는 국제관습법과 의회제정법이 상호 충돌하는 경우인데, 영국에서는 의회주권원칙(doctrine of Parliamentary Sovereignty)에 의해 **의회제정법이 우선한다**고 하고 있다는 점이다. 이 점은 우리나라의 경우도 마찬가지라고 하겠다. 역시 판례법국가라 할 수 있는 미국의 경우도 판례를 통해 영국과 동일한 태도를 취하고 있다. 따라서 의회제정법이 우선한다. 영국법체계에 그 뿌리를 두고 있는 미국 판례법도 국제관습법에 대하여 영국법과 비슷한 태도를 보여주고 있다.

그렇지만 **우리나라도 역시 국제법과 국내법이 충돌하면 국내법이 우선한다**고 할 것이다. **국민주권, 국가주권은 독립국가로서 어떤 경우에도 포기하거나 양보할 수 없는 대명제이기 때문이다**.

## Ⅲ. 국제조약과 국내법의 관계

국제조약은 국제관습법과 조금 차이가 있다. 왜냐하면 국제관습법은 국제사회에 일정한 관행이 있고, 이러한 관행을 모든 국가가 법적 확신에 이른 상태이기 때문에 자연스럽게 보편적·절대적으로 국내법의 한 축을 이룬다고 평가할 수 있지만, 국제조약은 체결 당사국 사이에서만 개별적·상대적 구속력을 가질 뿐으로, 그 지위가 서로 다르기 때문이다.

그런데 국제조약과 관련하여 대한민국헌법 제6조 제1항은 "이 헌법에 의하여 체결·공포된 조약은 국내법과 같은 효력을 지닌다"라고 하여 역시 **국제조약에 대하여도 일원론적 국가태도를 취하고 있다**. 이런 헌법에 맞게 대법원도 국제조약의 하나인 **항공운송에 관한 바르샤바협약**(Warsaw Convention)**을 민법에 대한 특별법으로 인정하였다**.[1] 이처럼 국제관습법의 경우와 달리 국제조약의 상대성 때문에 국가별로 국제조약의 국내법 편입에 대하여는 각국이 견해를 달리하고 있다.

영국의 경우는 국제조약에 대하여 영국여왕의 비준으로 국제법상 효력을 인정하여 대외적 구속력을 갖는다고 하면서도 영국여왕의 비준에 더하여 수권법률(Enabling Act of Parliament)의 제정을 요하고 있다. 즉 국제조약이 영국에서 국민의 권리·의무에 대한 구속력을 가지려면 **여왕의 비준 이외에 별도로 국내법의 제정이 필요하다**는 것이다. 이런 과정을 거쳐 영국은 영국시민의 권리·의무에 영향을 미치는 조약, 영국 정부에 재정적 부담을 지우는 조약, common law나 의회제정법의 변경을 요하는 조약 등에 의해 **국제조약에 대한 국내편입절차를 밟고 있다**. 또한 연방국가인 미국의 경우도 연방과 각 주 사이의 법률이 상이할 수도 있기 때문에 이를 규율하기 위하여 미국헌법 제6조 제2항은 연방헌법·연방법률·조약을 미국의 최고법으로 선언하면서, 각 주의 재판관으로 하여금 그 주의 헌법이나 법률에 다른 규정이 있으면 최고법이 우선한다는 대명제를 선언하고 있다. 그런데 이 조항이 조약에 대해 일원론적 국가방식을 취하고 있는 것처럼 해석이 되는데도, 각 주는 조약규정을 **자기집행적 조약규정**(self-executing treaty provisions)과 **비자기집행적 조약규정**(non-self-executing provisions)으로 나누어, **전자에 대해서는 수용이론**을 적용하여 미국법과 동일하게 적용하고, **후자에 대하여는 변형이론을 적용하여 별도의 입법을 요한다**는 태도를 취하고 있다. 이론적으로 양자

1) 대법원 1986. 7. 22. 82다카1372 판결.

를 구분하는 것은 쉽지만, 실제로 하나의 조약 내에 자기집행적 조약내용과 비자기집행적 조약내용이 혼재되어 있을 수 있기 때문에 실제로 양자를 일도양단식으로 구별짓는 것은 쉬운 일이 아니다.

앞서 우리나라 헌법을 살펴보았지만, 우리 헌법에 의해 비준·체결된 조약은 국내법과 동일한 효력이 있다고 하겠다. 문제는 한·미FTA처럼 국내법과 상충된 조약내용의 경우 어떻게 우리 대법원이 판단할 것인지는 두고 볼 일이라 하겠다.

## 제5절 국가 및 정부승인

### Ⅰ. 승인의 의의 및 효과

**국가에 대한 국제법상 승인이라 함은 신국가 또는 신정부의 국제인격을 다른 국가가 인정하는 것을 말한다**. 그런데 이러한 승인의 효력에 대하여 창설적 효과설과 선언적 효과설로 나누어져 있다. **창설적 효과설**에 의하면 신국가 또는 신정부는 타국으로부터 승인을 받음으로써 비로소 국가로 창설된다는 것이며, 다른 국가로부터 승인을 받지 못하면 국제법상 존재하지 않는 것으로 평가될 수밖에 없다는 것이다. 그러나 이 견해를 취하게 되면 아직 국제적으로 승인받지 못한 국가나 정부는 국제법이 부과하는 의무의 구속을 받지 않은 단체가 되어 오히려 국제법의 사각지대에 방치되게 되고, 국제법의 구속을 받지 않고 자신들이 원하는 바대로 행동할 방종의 자유가 주어질 수 있다는 문제점이 있다. 즉 현실에 배치되고 또한 무정부적인 상태의 방조가 가능하게 된다는 것이다. 더 나아가 일부 국가만이 승인한 경우에 그 승인받은 신국가 또는 신정부는 자신을 승인해 준 국가에 대해서는 국제인격이 인정되는데, 승인해 주지 않은 국가에 대해서는 아직 국제인격이 없다는 논리적 모순에 빠지게 되기 때문에 승인을 보류하고 있는 국가에 대해서는 법인격이 없다는 결론에 이르게 되어 문제라고 하겠다.

이에 비해 **선언적 효과설**은 신국가 또는 신정부는 승인을 받기 이전부터 하나의 새로운 실체로서 존재한다는 것으로, 다른 국가의 승인은 그러한 사실적 실체에 대한 사실상의 인정에 불과하다고 본다. 즉 승인에 의해 새로운 실체로서의 법인격이 형성되는 것이 아니라는 것이다. 따라서 승인이라는 행위에 의하여 새로운 실체의 권리성이 인정되거나 의무가 부과되는 것이 아니며, 국가 또는 정부의 존재는 순전히 사실의 문제로 그 자체로서 판단되어야 할 사항으로 승인은 단지 그러한 사실을 확인하는 행위에 불과하다고 본다. 앞서 살펴본 바와 같이 **1933년의 몬테비데오조약 제3조는 선언적 효과설의 입장을 취하고 있다**.

실제로 국제공동체는 신국가 또는 신정부의 수립이 내란과정을 통해 폭력적이고 혁명적이었더라도 이를 국제법위반으로 보지 않으며, 그렇게 형성된 신국가 또는 신정부도 국제법상의 기본적 권리·의무를 향유한다고 대우하고 있다. 결국 **내란을 통해 성립한 신국가 또는 신정부는 국제적 승인을 통해 정당성을 확보할 수 있을 뿐이라 하겠다**.

문제는 이렇게 내란과정을 통해 국내법으로 보면 불법적으로 성립한 신국가 또는 신정부를 다른 국가들이 국제법적으로 승인하게 되면, 이를 국내법의 불법을 치유하여 합법으로 전환되는 효과를 인정한다는 점에서 창설적 효력을 인정할 수 있지 않겠느냐는 반론이 제기될 수 있다. 만약 이를 인정하게 되면 국내적으로 내란이 빈번하게 일어날 것이고, 강대국들이 사실상의 영향력을 행사하여 자기들에게 대립하는 국가를 전복한 후 이를 승인하는 방법으로 합법적 신국가나 신정부를 탄생시키려는 유혹에 직면하게 될 것이다. 이러한 문제를 해결하기 위하여 1970년 유엔총회에서 컨센서스로 채택된 "유엔헌장에 따른 국가간의 우호관계 및 협력에 관한 국제법의 제 원칙 선언(Declaration on Principles of International Law concerning Friendly Relations and Cooperation among States in accordance with the Charter of the Untied Nations), 소위 우호관계선언은 무력의 위협 또는 사용을 통한 어떠한 영토취득도 합법적인 것으로 승인해 주어서는 아니 된다고 하였다. 이에 따라 민족자결권을 위반하여 수립된 국가에 대하여는 국제적 승인이 이루어지지 않고 있다. 그러나 최근 리비아의 카다피 대통령의 축출, 이집트의 무바라크 대통령의 축출 등과 같이 시민혁명에 의한 국가전복의 경우에도 일반적으로 국제사회는 신정부를 합법적 정부로 승인하는 절차를 밟고 있는 것이 현실이다.

## Ⅱ. 국제적 승인과 국내법상의 효과

문제는 국제적으로 승인된 국가의 효력을 국내법상 어떻게 취급할 것인가 여부인데, 이에 대하여는 국가별로 법체계가 각각 다르기 때문에 **국가별로 판단할 수밖에 없다**고 하겠다. 그 중심에 있는 것이 첫째, 승인받지 아니한 신국가 또는 신정부의 행위의 효력에 대한 인정 여부이고, 둘째, 승인을 받지 못한 신국가 또는 신정부의 제소권 인정 여부와 국가면제 인정 여부이다. 이러한 논점들은 이를 어떻게 취급할 것인가에 따라 개인의 이익과 직결되는 법적 문제를 내포하고 있기 때문이다.

영국의 경우를 살펴보면, 영국 정부의 승인에 대하여 영국 재판소는 창설적 효과를 인정하여, 영국의 승인을 받은 국가·정부에 한하여 영국 재판소에서의 국가면제(state immunity) 및 제소권을 인정하고 있으며, 그러한 국가 또는 정부가 제정한 법령에 한하여 영국 재판소가 원용할 수 있다고 판시하고 있다. 문제는 이러한 엄격성의 원리를 고집하다 보니, 현실적으로 국가적 실체를 가지고 있지만 영국 정부로부터 승인받지 못한 사실상의 국가에 대한 대외적 재판 문제를 해결할 수 없는 한계에 봉착하자, 영국 재판소는 대리인 접촉(agency approach)이라는 우회적 이론을 개발하여 사실상 재판문제를 해결하고 있다. 한 예로 영국 상원(House of Lords)은 영국으로부터 국가임을 승인받지 못한 동독과의 법적 문제를 해결하기 위하여 1967년 Carl Zeiss Stiftung 판결([1967] 1 UK Law Reports, Appeal Cases 853)을 통해 **동독은 독립국가는 아니지만 영국이 승인한 소련의 한 종속기구, 즉 대리인이므로 영국의 재판소의 제소권이 인정된다는 우회적 방법을 취하였다**. 이러한 변화과정에서 영국은 미승인국가의 국민 개인의 일상적인 생활관계에 대하여는 창설적 효과설 대신 선언적 효과설을 채택하자는 주장이 나타나고 있다. 결국 미국을 비롯한 대부분의 국가들은 구체적 상황에 맞춰 국제법상의 국가에 대한 승인에 대하여 **창설적 효과설과 선언적 효과설을 병행하여 적용**하고 있다고 할 것이고, 우리나라의 경우도 마찬가지라고 할 것이다. 구체적으로 서울가정법원은 1984년 당시 우리나라와 국교를 수립하고 있지 않은 **소련 시민권자인 남편과 미국 시민권자인 아내의 이혼소송에 대하여 1968년의 소련 이혼법을 적용하여 우리나라 법정에서 재판한 경우**가 있다.[2)]

## 제6절 국제법의 기본원칙

제2차세계대전 이전에는 오늘날 통용되고 있는 국제법의 기본원칙이라는 개념이 없었다고 하여도 과언이 아니다. 왜냐하면 국가의 주권평등을 인정하면서도 이면에서는 국가의 무제한적인 무력사용이 허용되었기 때문이다. 그리하여 강대국들은 20세기 전반부까지도 식민지배를 통한 무력침략을 정당시하는 국제문화가 있었던 것이 사실이다. 그런 논리에서 우리나라도 일본에게 1910년부터 1945년까지 35년이라는 세월 동안 식민지배를 당해 왔던 것이다.

그런데 제2차세계대전 종전 후 1948년에 국제연합이 창설됨에 따라 이러한 20세기 전반부의 국제질서는 새로운 기본원칙을 필요로 하기에 이르렀다. 즉 무력에 의한 타국의 지배의 정당성이 부정되기에 이르렀던 것이다.

그리하여 국제연합(UN)헌장 제1조 및 제2조는 제1차세계대전 이후 세계평화유지를 위해 조직되었다가 실패한 국제연맹규약과 달리 국제연합의 목적과 이상을 명확히 함과 동시에 국제연합의 회원국 모두가 지켜야 할 국제법상의 기본원칙을 수립하기에 이르렀다. 즉 국제법상 최초로 유엔의 모든 회원국들이 공동으로 지키기로 한 기본원칙을 국제적 합의에 의해 제정한 것이다. 즉 유엔헌장이라는 다자조약에 지구상의 모든 국가들에게 일률적으로 적용될 수 있는 보편적 원칙들에 대한 논의가 20여년 가까이 진행되다가 앞서 본바와 같이 1970년 10월 24일 유엔총회에서 소위 우호관계선언(Declaration on Friendly Relations)이 컨센서스, 국제적 합의로 채택되기에 이르렀다. 다만 이는 조약으로 합의된 것이 아니라 단지 유엔총회의 결의

2) 서울가정법원 1984. 2. 21. 83드4846 판결.

(resolution)로 채택된 것이어서 법적 구속력은 없으나, 사실상 구속력을 가지고 회원국들을 강제하고 있다고 하겠다.

**법의 지배(rule of law)를 기본가치로 하여 국제공동체를 지향하는 우호관계선언**에는 첫째, 무력의 위협 또는 사용금지에 대한 원칙, 둘째, 분쟁에 대한 평화적 해결 원칙, 셋째, 국가 상호 내정불간섭의 원칙, 넷째, 국제협력의 원칙, 다섯째, 민족자결주의 원칙, 여섯째, 국가의 주권평등원칙, 일곱째, 신의성실의 원칙 등이 천명되어 있다. 논의 과정에서 인권존중원칙도 논의되었으나, 현대국제법의 기본원칙으로 너무나 당연하다는 논리 하에서 채택되지 아니하였다. 따라서 **현대의 모든 국가는 인권존중원칙을 국제법의 일반원칙으로 당연히 받아들이고 있다**.

위의 여덟 가지 원칙 중 첫째, 넷째, 일곱째의 원칙은 국제공동체 형성 초기부터 당연한 것으로 인정되어 오던 원칙이었던데 비하여 나머지 원칙은 유엔헌장을 통해 처음으로 국제법의 기본원칙으로 정립된 원칙들이라 할 수 있다.

## 제 7 절 국가관할권

### Ⅰ. 관할권

#### 1. 의 의

**국가관할권이라 함은 하나의 독립국가가 그 국가에 속하는 사람·물건·사건 등에 대해 행사할 수 있는 권한**을 말한다. 즉 국가주권에 터잡은 구성원 및 영토에 대한 구속력이라 할 것이다. **국가관할권은 일반적으로 입법관할권과 집행관할권으로 나누어 설명하고 있다**. **입법관할권**이라 함은 국가가 입법부의 입법행위, 행정부의 명령과 규칙 제정, 법원의 판례 등을 통해 법규범을 제정하고 선언할 수 있는 구속력을 말한다. **집행관할권**이라 함은 위와 같이 입법관할권에 의하여 제정되고 선언된 법규를 실제사건에 적용하는 구속력을 말한다.

## 2. 영토적 한계

### (1) 입법관할권의 영토적 한계

**국가는 입법관할권의 행사를 통해 통상적으로 자국 영토 내에서 물리적으로 발생하는 일정한 행위를 규율할 수 있는 국내법규제정권이라는 역내관할권을 갖는다**. 그러나 그 어떤 국가도 다른 나라의 다른 사람의 행위를 규율하는 내용의 국내법규를 제정할 수는 없다. 그렇다면 한 국가가 자국 영토 밖에서 적용할 의도로 **역외입법관할권**을 행사할 수 있는가 여부인데, 만일 이를 허용한다면 그 범위 및 허용되는 한계를 국제법상 설정할 필요성이 있다. 그렇지 않으면 타인의 대인주권과 영토주권을 침해할 우려가 있기 때문이다. 이를 위해 국제법체제는 **마약, 총기, 화폐위조 등 세계를 대상으로 한 범죄**가 빈번해짐에 따라 특히 **형사관할권 분야에서 역외관할권 인정에 대한 논의가 활발**하지만, 일반화된 역외관할권의 인정은 어려운 문제라고 하지 않을 수 없다. 다만 한 국가의 역외입법관할권이 인정되더라도 이는 그 적용대상국가를 구체적으로 명시하는 방식이 아니라 일반화된 법규형식을 취하고 있기 때문에 역외입법 그 자체만으로 다른 국가의 관할권을 침해한다고 볼 수는 없어 이를 둘러싼 국가간 분쟁은 거의 없는 편이다.

### (2) 집행관할권의 영토적 한계

**집행관할권은 입법관할권과 달리 원칙적으로 영토적 제한이 있다**. 왜냐하면 자국 영토 내의 모든 사람에 대한 집행관할권은 영토주권의 입장에서 당연히 보장되지만, 자국의 집행관할권을 자국 영토 이외의 외국으로 확대하는 것은 타국의 영토주권을 직접적으로 침해하는 것이 되기 때문이다. 그런데 **일부 강대국들은 독점금지법이나 경쟁방지법 등의 영역에서 역외집행을 시도하여 타국의 주권침해를 야기하여 국제적 분쟁이 야기되는 경우가 종종 있다**.

관념적인 입법관할권은 구체적 집행력을 행사하는 집행관할권에 의해 구체화되고 실현된다. 그런데 국제법은 입법관할권이 인정되는 경우에도 예외적으로 집행관할권을 제재하는 경우가 있다. 예를 들어 각종의 면제(immunities)

와 관련된 영역이 그러하다. 이는 결국 **집행관할권이 입법관할권을 전제로 한다**는 것으로 해석되는바, **거꾸로 집행관할권은 원칙적으로 입법관할권의 존재를 전제로 한다**. 형법분야에서는 특히 그러하다. 그러나 **입법관할권 없이 집행관할권을 행사하는 경우**가 있는데, 예를 들어 외국법을 준거법으로 하여 자국 내에서 민사재판권을 행사하는 방법이다. 즉 외국 관련성(foreign elements)으로 인하여 **국제사법의 영역에서 외국법을 준거법으로 하여 재판하는 경우**가 있기 때문이다.

## Ⅱ. 입법관할권의 근거

### 1. 의 의

국가입법관할권이 인정되는 근거로 속지주의, 속인주의, 수동적 속인주의, 보호주의, 보편적 관할권 등을 들 수 있다. 주로 형사관할권에 대한 논의 과정에서 정립된 이론들이라 할 것인데, 민사관할권에 관하여는 속지주의와 속인주의가 그대로 적용될 수 있다고 하겠다.

### 2. 근거의 종류

#### (1) 속지주의

속지주의(territorial principle)라 함은 한 국가의 영토 내에서 발생한 법률관계, 특히 범죄에 대하여 행위자의 국적을 불문하고 모두 관할의 대상으로 삼는 원칙을 말한다. 즉 **대한민국 내에서 발생한 모든 법률관계에 대하여 대한민국 법원이 관할권을 행사하는 것**으로, 국가의 영토주권의 원칙에 의해 당연히 인정되는 원칙이라고 하겠다. 문제는 법적 분쟁이 한 국가 내에서 온전히 발생하지 않고 여러 나라에서 복합적으로 발생한 경우 속지주의만으로 해결되지 못하는 관할권의 문제가 발생하게 된다. 이런 경우를 고려하여 속지주의는 다시 주관적 속지주의(subjective territorial principle)와 객관적 속지주의(objective territorial principle)로 나눌 수 있다. **주관적 속지주의**라 함은 범죄의 개시가 있는 국가에서 관할권을 갖는다는 원칙을 말하고, **객관적 속**

**지주의**라 함은 범죄의 완성이 있는 국가에서 관할권을 갖는다는 원칙을 말한다. 위 두 견해는 범죄의 일부요소만이 자국 영토에서 발생하였음에도 당해 범죄 전체에 대한 형사관할권을 확대하여 행사한다는 점에서 비판이 따르고 있다. 그럼에도 불구하고 국가의 형사처벌권을 확대하여 행사함으로써 관할권의 논쟁을 잠재울 수 있기 때문에 이러한 견해들은 일반적으로 받아들여지고 있다. 더 나아가 상설국제사법재판소(PCIJ)는 1927년의 The Lotus case(PCIJ(1927), Series A, No.10, p.30)에서 그 영토 내에서 범죄의 효과가 발생한 국가도 범죄발생국으로 간주하여 관할권을 인정하고 있다. 즉 이러한 **효과이론(effect doctrine)에 의하면 범죄가 완전히 다른 나라에서 발생하였음에도 불구하고 그 범죄의 효과가 자국 영토 내에서 발생한 경우에는 관할권을 행사할 수 있어 자국의 법익을 보호할 수 있게 되는 장점이 있다**. 이런 논리에 근거하여 미국은 자국의 독점금지법에 대하여 타국에서 성립한 범죄에 대한 관할권을 행사하려고 하고 있어, 다른 나라들과 외교적 마찰을 불러일으키고 있는 게 사실이다.

### (2) 속인주의

속인주의(nationality or active personality principle)라 함은 자국민이 해외에서 행한 범죄에 대하여 본국 정부가 자국법에 의해 형사관할권을 행사할 수 있다는 원칙을 말한다. 즉 속인주의는 국가의 대인주권에서 근거하고 있다고 하겠다.

### (3) 수동적 속인주의

수동적 속인주의(passive personality principle)라 함은 외국인이 외국에서 행한 범죄로 인한 피해자가 있는 경우 그 피해자의 본국 정부가 형사관할권을 행사할 수 있는 원칙을 말한다.

### (4) 보호주의

보호주의(protective or security principle)라 함은 외국인의 외국에서의 범죄로 인하여 자국의 이익(governmental interests)을 침해당한 국가는 그 외국인에 대하여 형사관할권을 행사할 수 있다는 원칙을 말한다. 보호주의는 수동적 속인주의와 유사하나, 양자는 국제법적 관점에서 보호법익의 차원이 다르다는 점에서 구분된다고 하겠다.

(5) 보편관할권

**보편관할권**(universal jurisdiction)**이라 함은 하나의 독립국가의 재판관할권은 보편적으로 지구 또는 우주 전체에 보편적으로 미친다는 원칙을 말한다.** 즉 보편관할권은, 위의 관할권들이 각각 당해 범죄와 그 국가 사이에 일정한 연결고리가 존재할 것을 관할권 행사의 요건으로 삼고 있는데 반하여, 그러한 관련성을 요건으로 하지 않는다는 특징이 있다. 아직까지 이러한 보편관할권은 각국의 국가주권과 내정불간섭원칙을 기본으로 삼고 있는 **국제사회에서 관할권의 보편적 지지 이론으로 정당성을 부여받고 있지 못한 것이 현실**이다. 따라서 **보편관할권은 공해상의 해적행위·전쟁범죄 등과 같이 국제공동체 전체에 대해 위협이 되는 중대한 개인의 범죄에 한하여 허용된다고 하겠다.**

## 제8절 국가면제

### Ⅰ. 국가면제의 의의

**국가면제, 즉 외국의 면제**(immunities of foreign states)**라 함은 국가 또는 국가재산은 스스로 동의하지 않는 한 타국 재판소의 관할권으로부터 면제**(immunity from the jurisdiction of the courts of another State)**되는 것을 말한다.** 다시 말해 어느 국가도 다른 국가를 재판할 수 없다는 것이다.

이러한 국가면제이론은 19세기 이후 일부 주요 국가들의 판례법을 통해 정착됨에 따라 국제관습법 형태로 발전하여 왔는데, 2004년 12월 유엔총회가 "국가 및 그 재산의 관할권면제에 관한 유엔협약"(The United Nations Convention on Jurisdictional Immunities of States and Their Property)을 채택함으로써 국제규범화되었다고 하겠다.

**국가는 국가면제가 인정됨으로서 타국의 집행관할권으로부터 면제되어**

**타국의 법정에서 피고의 지위에 놓이지 않게 되었다.** 그렇지만 국가면제가 국제법으로부터의 면제를 의미하거나 타국의 입법관할권으로부터 면제되는 것은 아니다. 따라서 타국의 입법관할권에 의해 한 국가의 위법행위는 국제법 또는 국내법상의 책임은 진다고 하겠다.

또한 **국가면제는 타국의 재판관할권으로부터의 면제를 의미하는 것일 뿐**이기 때문에 피해자 또는 영토국가가 정당방위, 긴급피난 또는 자위권과 같은 필요성이 있을 때 그러한 행위 자체를 하지 못한다는 것을 의미하는 것도 아니라고 하겠다.

국가는 본질적으로 존재하는 독립체로서 정부 등의 국가기관에 의하여 대표되고 국가기관을 통하여 행동하게 된다. 따라서 국가는 물론이고 그러한 국가업무를 수행하는 국가기관 중 국가원수, 외교관, 영사, 특별사절, 국제기구 또는 국제회의에 파견된 국가대표, 군대 등도 국가면제에 준하여 관련 당사국 사이의 조약 또는 국제관습법에 의해 독자적 면제를 받고 있다. 치외법권자가 국가면제에 준하여 해당국에서 재판권면제를 보장받는 것도 같은 맥락이라고 하겠다.

## Ⅱ. 국가면제의 근거

**국제법상 국가면제가 인정되는 것은 모든 국가의 주권은 평등하고 독립되어 있는 것이기 때문에 일국이 타국을 그 국가의 동의 없이 국내재판권을 행사할 수 없다는 것이다.** 만일 그렇게 되면 그 타국도 상대국에 대한 국내재판권을 행사하게 됨으로써 분쟁이 끊이지 않고 이어지게 되어 국제평화를 도모할 수 없게 되는 문제가 발생하게 된다.

이처럼 **국가면제는 국가주권평등의 원칙에 의해 확립된 것**이기는 하지만, 문제는 국가가 아닌 개인의 입장에서 보면 국가면제에 의해 개인과 국가에 차별을 두고 있어 불평등하게 보인다. 왜냐하면 개인은 외국정부가 동의하지 않는 한 그 외국정부를 자국의 법정으로 소환할 수 없지만, 그 외국정부는 그 개인을 동의 없이도 자기 나라의 법정으로 불러낼 수 있어, 불평등한 결과를 가져오기 때문이다.

## Ⅲ. 국가면제의 범위

국가면제의 범위와 관련하여 절대적 면제이론과 제한적 절대이론이 주장되고 있다. **절대적 면제이론**은 영토고권과 관련한 부동산소송과 면제규칙은 강제적·의무적인 것이 아니므로 면제의 특권에 대하여는 포기가 가능하다는 것 이외에는 모든 국가는 타국의 재판관할권으로부터 면제된다고 보는 이론이다. 이렇게 되면 개인은 타국가를 상대로 소송 자체를 제기할 수 없게 되어 개인의 입장에서는 심히 부당한 결과를 가져오게 된다. 실제로 폴란드인과 영국 정부 사이에 체결된 고용계약을 둘러싸고 폴란드인이 자국의 법원에 영국을 상대로 제기한 1948년의 Aldona v. United Kingdom 사건에서 **폴란드 최고재판소는 고용계약과 관련된 사건임에도 피고인 영국이 국가라는 이유로 국가면제를 인정하여 폴란드인의 소를 각하**하였다.

이러한 절대적 면제이론으로 인하여 외국정부와 법률관계를 맺게 되는 개인이나 회사는 외국정부를 피고로 하여 자국 법원에 소송을 제기할 수 없게 되어 그 피해가 심각한 수준에 이르자, 새로운 이론으로 대두된 것이 제한적 면제이론이라 할 수 있다. 즉 **제한적 면제이론**은 외국의 행위를 권력적·공법적·주권적 행위(*acta jure imperii*)와 비권력적·사법적·상업적 행위(*acta jure gestionis*)로 나누어, **전자에 대하여는 국가면제를 인정**하지만, **후자에 대하여는 국가를 사인과 동일하게 취급하여 국가면제를 인정하지 않게 된 것**이다. 이처럼 국가를 이원화하여 **공법적 영역과 사법적 영역**을 구분한 것이 국제관습법화됨에 따라 유엔협약도 제한적 면제이론에 근거하여 체결되기에 이르렀다.

우리나라 대법원도 "국제관습법에 의하면 국가의 주권적 행위는 다른 국가의 재판권으로부터 면제되는 것이 원칙이라 할 것이나, 국가의 사법적(私法的) 행위까지 다른 국가의 재판권으로부터 면제된다는 것이 오늘날의 국제법이나 국제관례라고 할 수 없고, 우리나라의 영토 내에서 행하여진 외국의 사법적 행위가 주권적 활동에 속하는 것이거나 이와 밀접한 관련이 있어서 이에 대한 재판권의 행사가 외국의 주권적 활동에 대한 부당한 간섭이 될 우려가 있다는 등의 특별한 사정이 없는 한, **외국의 사법적 행위에 대하**

여는 당해 국가를 피고로 하여 우리나라의 법원이 재판권을 행사할 수 있다"고 하여,[3] 제한적 면제이론을 따르고 있다.

## 제 9 절 외교면제

### Ⅰ. 외교면제의 의의

**외교면제라 함은 외교관과 외교공관이 접수국(주재국) 영토 내에서 주재국의 재판권에서 면제되는 것을 말한다.** 그들에게 치외법권이 인정되기 때문이다. 이를 두고 국제법의 아버지라 불리는 Hugo Groius(1583~1645)는 "대사들은 접수국의 영토 밖에 있는 것으로 간주된다"고 하였다. 즉 주재국에 거주하지만 주재국 밖에 있기 때문에 그 나라의 재판권에 복종하지 않아도 된다는 것이다.

그런데 문제는 이러한 치외법권이 정당한 것으로 인정되면 접수국의 영토주권원칙이 무너지게 된다는 것이다. 즉 치외법권설을 고수하게 되면 대사를 포함한 외교관들은 현실적으로 접수국에 머무르고 있는데도 국제법상 여전히 자신들의 본국에 있는 것이 되고, 외교공관도 국제법상 접수국의 영토가 아니라 파견국의 영토로 간주되어, 접수국의 영토주권이 철저하게 배제되는 문제가 생기게 된다. 그런데 이 이론을 고집하게 되면 예를 들어 접수국의 외교공관을 출입할 때 이민국 통과처럼 여권이나 비자 등이 필요하게 된다는 결론에 이르게 되는데, 실제로는 신원을 확인할 수 있는 주민등록증의 제시만으로 출입이 보장되고 있는 것이 현실임에 비추어 볼 때 지나치게 치외법권설을 고집할 것은 아니라 하겠다. **우리 대법원은 미국문화원 방화사건에 대한 형사사건에서 미국문화원을 미국 영토의 연장이라면서 속지주의가 아닌 속인주의원칙에 의해 피고인들에게 유죄를 선고함으로써 치외법권설을 취하였다.**[4] 이 판결에 대하여는 영토주권에 의해 속지주의를 취

3) 대법원 1998. 12. 17. 97다39216 판결.
4) 대법원 1986. 6. 24. 86도403 판결.

하여 재판을 하는 것이 타당하였다며 대법원이 영토주권을 포기한 것은 부당하다는 비판이 따르고 있다.

1961년의 외교관계비엔나협약은 "외교특권과 면제의 목적은 개인의 이익을 위함이 아니라 국가를 대표하는 외교사절단의 직무의 효율적 수행을 보장하기 위한 것"이라고 외교면제의 목적을 밝히고 있다.

## Ⅱ. 외교면제의 중요 내용

### 1. 외교관의 외교면제

**외교관, 즉 외교공관장과 외교직원은 외교면제원칙에 의해 신체의 불가침성을 향유한다**. 그 결과 외교관은 접수국의 일체의 형사재판관할권으로부터 절대적으로 면제된다. 따라서 외교관은 주재국으로부터 어떠한 형태의 체포나 구금을 당하지 않을 권리가 있다. 그런데 주의할 점은 외교관에 대한 외교면제는 접수국의 재판관할권으로부터의 면제를 의미하는 것일 뿐이기 때문에 그 외교관이 파견국, 즉 본국에서 재판관할권에 복종해야 하는 것은 별개의 문제이다. 따라서 외교관은 접수국에서 형사처벌을 받지 않더라도 본국에서 형사처벌을 받을 수는 있다. 이러한 외교관의 외교면제뿐만 아니라 접수국은 상당한 경의로써 외교관을 대우하여야 하며, 접수국은 외교관의 신체·자유·품위가 유지되고 침해되지 않도록 적절한 모든 조치를 취할 의무를 부담한다.

한편 이러한 **외교관의 외교면제의 특권은 외교관의 공적 행위**(official acts) **에 관련된 경우에는 그 직무 종료 후에도 계속된다**. 왜냐하면 외교관의 공적 행위는 국가의 행위(act of state)로서 파견국의 면제, 즉 국가면제의 문제이기 때문이다. 이와 달리 **외교관의 개인적 범죄 또는 개인적 불법행위의 경우에는 외교관 신분 종료 후 재판권이 면제되지 않기 때문에 접수국의 국내법 적용을 받게 된다**.

그렇다면 외교관이 접수국의 민사·행정재판관할권으로부터도 면제된다고 할 것인가 여부인데, 원칙적으로 공적 행위와 관련된 경우에는 면제되지만, 접수국영역 내의 부동산에 대한 사적 권리관계에 대한 소송, 개인자격으로 관여한 상속에 관한 소송, 직무 밖의 직업적·상업적 활동에 대한 소송은 **순수한 개인적 권리에 관한 것이기 때문에 이 경우에는 면제되지 아니 한다.**

### 2. 외교공관의 외교면제

**외교공관은 외교관이 공적 행위를 수행하는 장소로 이른바 불가침성(inviolability)이 인정된다.** 따라서 접수국의 관리는 외교공관장의 동의 없이 당해 공관에 들어갈 수 없으며, 접수국 정부는 외교공관을 보호하기 위해 적절한 모든 조치를 취할 특별한 의무를 지며, 외교공관·공관재산은 수색·징발·압류·강제집행으로부터 면제된다.

## Ⅲ. 국가면제와 외교면제의 상호관계

**국가면제와 외교면제가 문제가 되는 것은 국가 또는 외교관이 타국의 재판권에 복종할 것인가의 문제**라고 하겠다. 따라서 타국이나 그 외교관의 행위가 국가면제와 외교면제 두 가지 모두 적용되는 경우가 있을 수 있고, 그 중의 하나에 해당되는 경우가 있을 수 있다.

예를 들어 외교관이 사적으로 접수국 국민을 살해하였다면 이는 단순한 외교면제대상사건일 뿐 국가면제대상사건은 아니다. 반면에 외교관이 외국을 대표하여 외국의 업무와 관련하여 접수국 국민과 상사계약을 체결하였다면 이러한 행위는 외교문제일 뿐만 아니라 국가면제의 성질도 모두 가지고 있다. 이 경우 당해 외교관은 외교면제의 특권을 영원히 누리겠지만, 파견국 정부는 제한적 면제이론에 의해 사적 계약의 당사자로서 면제를 주장할 수 없게 된다고 하겠다.

# 제 10 절 국가책임

## Ⅰ. 서 론

### 1. 국가책임의 의의

국가책임(state responsibility)이라 함은 한 국가가 위법행위를 함으로써 다른 국가에 손해를 끼친 경우 그 국가에 대하여 국제법상의 책임을 지는 것을 말한다.

### 2. 국가책임의 성립요건

국가책임은 한 국가의 행위가 국제법상 위법행위(internationally wrongful act)로 인정되어 일정한 법적 책임을 져야 하는 경우에 발생하게 된다. 결국 **국가책임의 성립요건은 곧 국제위법행위의 성립요건과 일치**하게 된다. 이와 관련하여 유엔국제법위원회는 2001년 제53차 회기에서 "국제위법행위에 대한 국가책임에 관한 규정 초안(draft articles on responsibility of states for internaionally wrongful acts)"을 채택하였다. 동 초안 제2조에 의하면 **국제위법행위의 성립은 첫째, 주관적 요소로 작위 또는 부작위로 인한 행위가 국제법상 당해 국가에 귀속될 수 있어야 하고, 둘째, 객관적 요소로 그 같은 행위가 당해 국가의 국제의무위반행위를 구성할 경우에 성립하게 된다.**

## Ⅱ. 국제위법행위의 구별

유엔국제법위원회는 한때 국제위법행위를 국제범죄(international crime)와 국제불법행위(international delict)로 구분하려 하였다. 왜냐하면 전통적인 국제공동체의 시각에서 모든 국제관계를 가해국과 피해국의 양국 간의 문제로만 보아 왔었는데, 제2차세계대전 후 국제공동체가 법치공동체를 추구함에 따라 가해국 대 국제공동체 전체의 문제로 볼 필요성이 확대됨에 따라 이를 구분하는 것이 바람직하다는 생각에서였다.

그리하여 유엔국제법위원회는 국제위법행위를 위와 같이 분류하려 하였으나, 의견이 일치되지 않아 가해국이 국제공동체 전체에 대해 책임을 진다기보다는 가해국과 피해국 사이에서 책임을 지는 것으로 초안이 작성되고 말았다. 결국 국제위법행위를 국제범죄와 국제불법행위로 나누려던 시도가 폐기되기에 이르자 이를 대체하여 "일반국제법의 강행규범 하의 의무의 중대한 위반"에 관한 특별규정을 포함시키는 것으로 만족할 수밖에 없었다.

주의할 점은 **국제위법행위 중 국제범죄는 '국가의 국제범죄'를 의미하는 것이지, 개인의 국제범죄를 의미하는 것은 아니라는 점이다.**

## Ⅲ. 국제위법행위의 효과

국제위법행위가 인정될 경우 가해국과 피해국 사이에서 법적 결과, 즉 손해배상에 대한 법적 문제가 야기된다. **가해국이라 함은 국제위법행위의 성립요건을 충족시킨 국가를 말하고, 피해국이라 함은 그로 인하여 피해를 입은 국가를 말한다.** 결국 국제위법행위의 성립요건은 가해국으로 인정되는 요건이라고 할 것이다.

**국제불법행위를 저지른 가해국은 피해국에 원상회복·금전배상·사과 등 구체적 상황에 따라 적당한 방법으로 민사책임을 지게 된다.** 또한 국제법상의 강행규범을 위반한 경우에도 손해배상책임을 지게 된다. 뿐만 아니라 각 국가는 타국에 의해 야기된 이러한 위반을 합법적인 수단을 통해 종료시키기 위해 협력해야 하며, 당해 위반으로 창설된 사태를 합법으로 승인하거나 그러한 사태를 유지하는 데 원조를 제공해서는 아니 되는 의무를 부담한다.

## Ⅳ. 국내적 구제수단완료의 원칙

국내적 구제수단완료의 원칙(principle of exhaustion of local remedies)이라 함은 가해국이 외국인의 권리를 침해한 경우 그 피해 외국인이 가해국의 국내법에 의한 구제수단을 종료하기 전까지는, 즉 **피해자가 국제법상 요구되는**

**피해보상을 가해국의 국내법에 의해 받지 못함이 확정된 후에야 비로소 피해자의 국적국가가 가해국에 대하여 국제청구 등 외교적 보호권을 행사할 수 있다는 원칙을 말한다**. 따라서 피해자의 국적국가는 가해국이 자국민의 피해를 완전히 가해국의 국내법에 의해 보상해 주어야 함에도 불구하고 이를 실행하지 아니하게 된 것이 확정된 때에 **비로소 피해자를 대신하여 국제청구 등의 자국민 보호권을 행사**할 수 있게 된다고 하겠다. 이 원칙이 요구되는 이유는 위 요건이 충족될 때까지 피해자의 국적국가에 의한 국제청구를 제한하지 않으면 피해 외국인이 가해국의 국내법과 국내 재판소에 의한 재판을 받지 않고서도 피해자의 국적국가가 개입하게 될 것이어서, 이렇게 되면 가해국의 재판권, 즉 주권이 침해하는 결과를 야기할 수 있기 때문이다.

그런데 이러한 **국내적 구제수단완료의 원칙**(principle of exhaustion of local remedies)**은 개인이 손해를 입은 경우에 한하여 적용되는 원칙**이기 때문에 군함이나 외교관에 대한 국가기관의 공격과 같이 침해가 직접 국가 자체에 대하여 가해진 것으로 인정되는 경우에는 적용되지 아니 한다. 왜냐하면 국가의 주권평등원칙상 피해국은 가해국의 재판관할권에 복종하지 않을 권리가 있을 뿐만 아니라 국가에 대한 직접적 침해는 가해국 국내 재판소의 심리대상으로 볼 수 없기 때문이다.

## 제11절 외국인재산의 수용

**국가는 영토주권을 행사하여 자국 내의 외국인재산에 대하여 필요성이 인정될 경우 적법한 절차에 따라 강제수용할 수 있다**는 것은 국제법상 확립된 원칙이다. 수용의 조건을 살펴보면 첫째, 수용의 대상이 되는 재산은 동산, 부동산, 지적재산권 등 재산적 가치가 있는 것이면 모두 그 대상이 되고, 둘째, 수용의 방법은 재산권의 이전 또는 사용, 수익, 처분권능 중 어느 것이라도 가능하고, 셋째, 수용의 목적이 공익적·합법적이어야 하고, 넷째, 내국인과 외국인 간의 또는 외국인 상호간의 차별이 없어야 하고, 다섯째, 수용에 따른 정당한 보상이 이루어져야 한다.

아이러니하게 제1차세계대전 이전의 고전 국제공동체 시대에 주로 외국에 진출하는 기업 등은 강대국이었기 때문에 그 **강대국들이 외국에 진출하여 진출국으로부터 강제수용을 당할 경우 정당한 보상을 받을 필요성이 컸기 때문에 자본수출국인 강대국들이 자국민의 해외재산·해외투자자산을 보호하기 위해 외국인의 재산은 존중되어야 하며, 만약 강제수용을 할 경우에도 공공목적성, 비차별대우, 적절한 보상이라는 일반원칙을 확립하게 되었고, 이러한 원칙은 국제관습법상의 원칙으로 성립하기에 이르렀다**. 그런데 러시아혁명을 거쳐 수립된 소련정부는 1917년에 외국인의 모든 재산을 국유화하면서 보상의무를 이행하지 아니 하였다가 유럽과 미국의 반발로 보상에 관한 조약을 추후에 체결하기에 이르렀고, 멕시코도 1938년에 미국인·영국인·네덜란드인들의 소유이던 석유회사들을 국유화하면서 외국인재산에 대한 수용이 차별적인 것이 아닌 한 보상할 국제법상의 의무가 없으며, 단지 멕시코 국내법에 의해 보상의 시기와 방법을 정해 적절한 방법으로 보상하면 된다고 포고령을 발동하였다. 그러나 이러한 멕시코의 수용원칙에 대해 미국이 미국무장관 Hull의 서한을 통해 "그 어떤 정부도 신속하고 충분하며 실효성 있는(prompt adequate and effective) 보상금 지급에 관한 규정을 마련하지 않는 한 수용목적에 관계없이 외국인의 사유재산을 수용할 권리가 없다"며 강력하게 항의하자, 미국의 압력을 견디지 못한 멕시코는 몇 년 후 보상금을 지급하기에 이르렀다.

이와 같은 국제적 갈등 끝에 유엔총회 결의를 통해 1962년 12월 14일 '천연자원에 대한 영구주권결의'에서 "국제법에 따른 적절한 보상(appropriate compensation in accordance with international law)"을 규정하게 되었다. 그러나 이 규정의 표현이 명확하지 않아 그 해석을 둘러싸고 혼선을 빚기도 하였으나, 앞서의 미국무장관 Hull의 공식을 반영하여 서구사회가 대부분 만족하였다. 그러나 이는 자본수출국 위주의 보상원칙이어서 1970년대 들어 사회주의국가 및 제3세계국가들의 반발을 가져왔고, 1973년 12월 17일의 위 결의와 동일명칭의 유엔총회 결의 및 1974년 12월 12일의 '국가의 경제적 권리·의무헌장' 채택을 통해 외국인의 재산권에 대한 공용수용 시 국제법상 보상의무는 존재하지만, 그 보상기준은 수용국의 국내법이 결정할 문제로, 만일 이에 대한 분쟁이 야기될 경우 당사국 사이의 합의가 우선하되, 합의가 이루어지지 않으면 수용국의 국내법과 국내재판소에 의해 이루어져야 한다는 것이었다.

이러한 국제적 역학관계 속에서 주로 자본수출국과 자본수입국 사이의 보상문제는 대부분 양 당사국 사이에서 체결된 일괄해결협정(lump-sum settlement agreement)을 통해 해결되고 있고, 다만 보상이 아무리 충분하게 이루어진다고 하더라도 결국 수용당한 외국인이나 외국의 입장에서 보면 부족하다고 느낄 수 밖에 없는 것이 현실이고, 다만 대부분의 일괄해결협정은 보상청구국 통화로 보상금을 지급할 것을 약정하고 있어 그나마 보상기준의 실효성을 다소 확보하고 있는 실정이다.

## 제 12 절 인권과 국제적 보호

### Ⅰ. 서 론

종래 전통적인 국제법사상은 개인을 단지 국제법상의 객체에 불과하다고 보았다. 그리하여 한 국가는 자국민을 대우함에 있어 국내법에 의해 보호하면 충분하기 때문에 국제법이 관여할 사항이 아니며, 개인이 외국에서 침해를 입은 경우에도 그의 본국 정부가 외교적 보호권(right of diplomatic protection)을 행사하기로 결정하는 범위 내에서만 그의 권리와 의무가 구체적으로 보호받을 수 있는 것으로 보아 왔다. 그러면서도 세계 공통적 사항인 19세기의 노예무역금지 관련 조약, 20세기 초반의 노예제도추방 관련 조약, 국제노동기구(ILO) 관련 협약, 소수민족보호 관련 조약들은 그나마 개인에 대한 국제법상의 보호규정들로 기능하고 있었다.

그런데 제2차세계대전 이후 나치에 의한 유태인학살, 전범국들의 인류에 대한 잔학행위 등과 같이 한 국가에 의한 외국인에 대한 인권침해가 우려수준에 이르렀고, 이를 계기로 국제법상 인권존중사상이 무르익게 되자, 우선 전쟁과 관련된 인권침해를 형사처벌하기 위한 국제전범재판을 실시하기에 이르렀고, 국제연합의 유엔헌장에 인권조항을 신설하여 국제연합의 인권보장에 대한 기본목표를 명확하게 설정하게 되었다고 하겠다.

## Ⅱ. 인도적 범죄행위에 대한 국제법적 처벌

전통적인 종래의 전쟁법규는 단지 '전쟁기간 중' 또는 '적국 또는 적국민' 및 '점령지 하의 민간인'에 관련된 위반행위만을 금지하고 처벌할 수 있도록 하고 있었다. 그런데 제2차세계대전 중 독일 나치의 유태인학살과 같은 반인류적 잔학행위를 겪으면서 인권침해에 대한 국제전범처벌의 필요성을 절감하게 되었다. 더 나아가 전범국들이 사전전쟁준비를 위하여, 자국민과 동맹국의 시민들에 대하여, 병합을 선언한 국가의 국민들에 대하여 정치적·인종적 이유로 비인간적 행위를 자행하였음을 발견하고, 이러한 행위들에 대한 처벌의 필요성을 절감하게 되었다. 그리하여 인도에 대한 범죄(crimes against humanity)를 처벌하기 위하여 1945년의 뉘른베르크 국제군사재판소헌장과 1946년 극동국제군사재판소헌장을 제정하기에 이르렀다. 즉 종래의 전통국제법상의 전쟁범죄(war crimes)보다 개념을 넓혀 인도에 대한 죄는 전쟁기간 중은 물론이고 전쟁 전에도 성립할 수 있으며, 인도에 대한 죄는 범죄국 자신의 국민뿐만 아니라 모든 민간인들(any civilian population)에 대해서도 성립될 수 있음을 분명히 하였다. 즉 전쟁 전후를 불문하고 인도에 대한 범죄를 저지른 경우에 국제법으로 처벌할 수 있게 되었다. 이 헌장을 통해 종래까지 국가의 자국민에 대한 대우에 대하여 국제법이 관여할 수 없었던 것이 예외적으로 국제법에 의한 규율이 가능하게 되었다고 할 수 있다. 그런데 문제는 유럽에서는 뉘른베르크 국제군사재판소를 통해 위와 같은 인도에 대한 범죄를 단죄하였으나, 동양에서는 맥아더장군의 포고령에 기초한 극동국제군사재판소는 인도에 대한 죄에 대하여 전혀 관심이 없었다는 점이다. 구체적으로 일본군의 세균전에 관한 정보를 얻으려는 미국과 소련은 그 대가로 일본 정부의 죄를 불문에 부치기로 밀약하여 세균전에 희생된 민간인에 대한 처벌을 포기하기에 이르렀다.

최근 들어서도 리비아 내전사태, 탈레반사태 등에서 보듯 국가에 의한 개인의 생명·신체·재산에 대한 침해는 심각한 양상을 보이고 있는 것이 현실이다. 이러한 국가에 의한 개인의 권익에 대한 침해는 유고내전의 제노사이드(종족학살), 군인들에 의한 민간인 강간, 그리고 민족말살정책에 기초한 인종청소(ethnic cleansing) 등 국가에 의해 자행된 범죄는 그 참상의 잔인함에 국제적 공분을 자아내기도 하였다. 그리하여 유엔안전보장이사회는 1993년 5월 25일 국제연합헌장 제7장을 발동하여 일명 구 유고국제형사재판소(International Tribunal for the Prosecution of Persons Responsible for Serious Violations of International Humanitarian Law Committed in the Territory of the former Yugoslavia since 1991)를 설치하여 정부지도자들을 형사처벌하였고, 1994년 11월 8일 일명 르완다국제형사재판소(International Tribunal for the Prosecution of Persons Responsible for genocide and Other Serious Violation of International Humanitarian Law Committed in the Territory of Rwanda and Rwandan Citizens Responsible for Genocide and Other Such Violations committed in the Territory of Neighbouring states, between January 1, 1994 and December 31, 1994)를 설치하여 르완다 내전에서 자행된 제노사이드를 비롯하여 중대한 인권침해행위를 처벌하였다.

이러한 과정을 거쳐 국제공동체는 **국가 및 개인의 중대한 인권침해 및 사악한 범죄행위를 국제법적으로 처벌하기 위하여 네덜란드 헤이그에 상설적으로 국제형사재판소(International Criminal Court)를 설치·운영하게 되었고, 동 재판소의 재판규범으로 삼기 위해 독자적인 국제적 형법전(criminal code)을 제정**하게 되었다. 이러한 반인류적 범죄를 처벌하기 위하여 국제연맹도 1937년에 '테러리즘의 방지 및 처벌을 위한 협약'(Convention for the Creation of an International Criminal Court)을 발의하기도 하였으나 국제적으로 비준을 얻는데 실패하였는데, 제2차세계대전 후 이에 대한 국제적 관심이 고조되었고, 국제연합이 계속하여 노력한 결과 **국제연합총회는 1998년 7월 17일 '상설국제형사재판소' 창설을 위해 로마에서 개최된 외교전권대표회의에서 '국제형사재판소 로마규정(Rome Statute of the International Criminal Court)'을 채택**하였고, 이 로마규정을 60번째 국가가 비준·수락·승인 또는 가입하는 문서를 유엔사무총장에게 기탁한 날로부터 60일 이후 달의 첫 번째 날에 발효하게 됨에 따라 2002년 7월 1일 위 로마규정이 발효되게 되었던 것이다.

## Ⅲ. 유엔의 인권 보호 노력

제2차세계대전이 종결되고 국제연합이 창설됨에 따라 침략전쟁의 반인류적 범죄행위의 참혹함을 목격한 연합국들은 인권보호의 필요성을 절감하였으면서도 인권보호를 위한 제도적 장치를 마련하는 데는 소극적이었다. 왜냐하면 각국의 국내사정이나 외교정책에 문제가 있었기 때문이다. 종전 이후에도 미국은 흑백인종차별법률과 판례가 시행 중이었고, 구 소련은 사상범강제수용소인 굴라그(Gulag)를 운영하고 있었고, 영국과 프랑스는 수많은 식민지국가를 두고 있었기 때문이다. 그리하여 유엔헌장 제1조를 비롯하여 제55조 및 제56조 등 몇 개 조항에서 인권존중원칙이 천명되기는 하였으나, 구속력을 갖지 못한 채 하나의 프로그램적 규정으로 전시되는 형태였다. 즉 각 민족의 민족자결권이 보장된다고 하였지만 선언적 의미를 가질 뿐이었고, 단지 유엔의 한 가지 지도원리(guiding principle)로 장래 추구되어야 할 가치였을 뿐 그 즉시 하나의 완전한 법적 권리로 승인되지는 못하였던 것이다.

그렇지만 국제적인 인권존중원칙을 정립하기 위한 유엔총회의 노력은 끊임없이 경주되었고, 드디어 1948년의 유엔총회는 이념적·문화적 장벽을 넘어서 모든 유엔 회원국들에게 수락 가능한 최소공통분모를 찾아내어 **세계인권선언**(Universal Declaration of Human Rights)**을 발표**하기에 이르렀다. 그런데 문제는 이 선언이 조약이 아닌 단순한 정치적·도덕적 문서에 불과하였다는 점이다. 뿐만 아니라 세계인권선언의 무게추가 경제적·사회적·문화적 권리에 있었다기보다는 대체로 서구적 인권인 시민적·정치적 권리에 더 큰 중요성을 두었다는 것이다. 세계인권선언 30개 조항 중 제1조에서 제21조까지가 시민적·정치적 권리를 다루고 있음에서 이를 알 수 있고, 심지어는 민족자결권에 관해서는 아예 언급조차 되지 않았다는 것이다. 그렇지만 **국제사회가 더욱 문명화됨에 따라 이 세계인권선언은 상징적 선언에서 사실상 현대에서는 국제사회 전반을 규율하는 최고의 규범으로 기능하고 있다**고 해도 과언이 아니다. 국제질서의 모든 경우에 기본적 사상 및 철학적 근거로 기능하고 있기 때문이다.

결국 **세계인권선언의 일반원칙들은 그 후 유엔총회의 주도로 수많은 법적 구속력이 있는 인권조약체결의 근거로 기능하였는바, 대표적인 조약으로 1966년의 경제적·사회적·문화적 권리에 관한 국제규약**(**A규약**)**과 시민적·정치적 권리에 관한 국제규약**(**B규약 및 부속 선택의정서**)**을 들 수 있다**. 이 두 규율은 제1조에서 각각 **민족자결권에 관한 동일내용을 규정하고 있는데, 이는 민족자결권이 완전한 법적 권리로 승인되었음을 의미하며, 이를 통해 집단적 인권인 민족자결권의 보장을 통해 개별적 인권의 보장이 이루어질 수 있게 되었다고 할 수 있다.** 더 나아가 B규약은 A규약과 달리 국가간 고발제도와 개인의 대국가고발제도를 도입하였을 뿐만 아니라 그러한 목적실현을 위해 인권위원회(Human Rights Committee)를 설치하여 운영함으로써 이제 인권존중원칙은 국제법상 모든 국가들이 당연히 지켜야 할 당위규범인 관습법으로 정착되었다고 할 수 있고, 만일 특정 국가의 이를 위반하는 어떠한 조약이나 행위도 당연무효라는 강행규범(*jus cogens*)으로 기능하고 있다고 하겠다.

그럼에도 일부 독재국가에서 인권존중원칙을 무시하고 독재권력을 유지하기 위해 군대를 동원해 자국민을 살해하거나 불법체포·감금·고문 등의 범죄행위를 저지르고 있는 것이 현실임을 부정할 수 없다.

## 제 13 절 영토주권의 취득

### Ⅰ. 영토주권취득의 의의

영토주권(territorial sovereignty)의 취득이라 함은 국가주권을 행사하기 위한 전제로서의 영토를 취득하는 것을 말한다. 영토주권이라 함은 “당해 영토안에서 다른 국가를 배제하고 독자적인 국가적 기능을 수행할 수 있는 권리”를 말한다. 지구상에 존재하는 토지는 한정되어 있고, 대부분 특정 국가가 일정지역을 실효적으로 지배하고 있다. 까닭에 특정 영토의 주권변동을 가져오는 것은 기존의 영토주권국의 국적과 법률제도의 변경을 초래하고, 이는 국제적 분쟁을 야기하는 단초가 되기도 한다.

이러한 영토는 특정 국가의 독자적 지배를 받는 영토도 있지만, 어느 특정 국가의 주권 하에 있지 않은 무주지(*terra nullius*), 공공물(*res communis omnium*), 인류의 공동유산(common heritage of mankind) 등도 있을 수 있다. 이 중 무주지는 나머지 둘과 달리 선점에 의해 영토주권을 새로이 취득할 수 있다고 하겠다.

## Ⅱ. 영토취득의 방법

### 1. 원시취득

**영토취득방법 중 원시취득**(original modes of acquisition)**의 방법이 있는데, 이에는 자연작용과 무주지 선점 등의 방법이 있다.** 자연작용(operation of nature)에 의한 영토의 취득에는 **부착물**(accretion)과 **분열지**(avulsion) 등이 있을 수 있다. accretion은 삼각주처럼 퇴적물의 부착으로 인한 자연작용에 의한 영토의 점진적 증가의 경우이고, avulsion은 화산폭발이나 지진 등으로 인한 지각변동 등의 자연작용에 의한 영토의 급격한 변경의 경우이다. accretion과 avulsion을 구분하는 이유는 주로 하천 등의 경우에 **인근 두 국가 간에 국경선을 이루고 있는 국경하천**(boundary river, contiguous river)**에서 accretion이 발생하게 되면 국경선도 그에 따라 변경되는 것이 인정**되는 반면, 같은 하천에서 avulsion이 발생하는 경우에는 원래의 국경선이 그대로 유지되는 점에서 차이가 있기 때문이다.

**무주지 선점**(occupation)**이라 함은 국가가 무주지**(*terra nullius*)**를 취득하는 것**을 말한다. 무주지라 함은 어느 국가도 영토주권을 가진 적이 없거나 영토주권을 포기한 땅을 말한다. 무주지 선점이 인정되기 위해서는 주관적 요건으로 영유의 의사(*animus occupandi*)가 있어야 하고, 객관적 요건으로 실효성 있는 지배(effective control)를 하여야 한다.

### 2. 승계취득

**승계취득**(derivative modes of acquisition)**이라 함은 다른 국가의 영토주권을 이양받는 것을 말하며, 이에는 취득시효, 할양, 정복 등이 있다.**

**취득시효**(acquisitive prescription)라 함은 타국 영토의 일부를 일정기간 점유함으로써 취득하는 것을 말하며, 취득시효가 인정되기 위해서는 무주지 선점의 경우와 마찬가지로 국가영유의 의사와 실효성 있는 지배가 요구된다고 하겠다. 다만 무주지 선점과 다른 점은 선점의 대상은 무주지인데 반하여 취득시효의 대상은 영토주권국가가 있다는 점이고, 선점의 시기는 선점 즉시 생기는 데 비하여, 취득시효의 경우는 일정기간 점유의 계속이 수반되어야 한다는 것이고(다만 어느 정도의 기간 점유하여야 하는가에 대하여는 확립된 시효기간은 정립되어 있지 않다), 취득시효의 경우에는 반금언, 즉 에스토펠(estoppel)의 효과를 갖는 원소유국의 묵인(acquiescence)이 있어야 한다는 것이다. 취득시효를 인정한 구체적 판례로 Temple of Preab Vibear case(Cambodia v. Thailand, ICJ Report(1962), P. 6 at 24, 30)이 있다. 민법상으로는 취득시효를 원시취득의 한 유형으로 보고 있다.

**할양(cession)이라 함은 조약에 의거하여 한 국가의 영토 일부가 타국으로 이전되는 것을 말한다.** 조약에 의하여 한 국가가 타국의 영토 전부를 흡수하는 것을 **병합**(annexation)이라고 하며, 병합이 있게 되면 그 타국은 국가로서의 존재를 상실하게 된다.

**정복(conquest)이라 함은 일국이 오로지 무력에 의하여 타국의 영토를 강점하여 취득하는 것을 말한다.** 전통적인 국제법은 정복의 합법성을 인정하였고, 제2차세계대전 전까지만 해도 서구열강은 식민지배를 당연한 것으로 생각하여 왔다. 그러나 1970년의 우호관계선언은 일체의 무력의 위협 또는 사용을 통해 영토를 취득하는 것은 그것이 유엔헌장에 위배되는지에 관계없이 그러한 영토취득을 무효로 선언하고 있다.

제2차세계대전 이후 우리나라를 비롯하여 많은 피식민지배국가가 독립을 쟁취하는 방법으로 잃었던 영토주권을 회복하는 사례가 발생하고 있다. 이러한 경우는 위의 분류방법으로는 설명하기 곤란하지만, 이 경우에도 독립선언을 통한 종전 영토의 회복으로 이해하면 될 것이다. 다만 어느 경우에도 영토주권은 국가만이 향유할 수 있는 고유한 권리라 할 것이다.

## Ⅲ. 인류의 공동유산

**최근 들어 남극이나 북극, 또는 심해저의 미개발자원 등을 둘러싸고, 인류의 공동유산이라는 새로운 국제법적 개념이 발전하고 있다.** 이러한 점을 반영하듯 1982년의 유엔해양법협약은 심해저와 그 천연자원은 인류의 공동유산으로 어떤 국가에 대하여도 주권적 주장을 인정하지 않는다고 천명하고 있다. 예를 들어 공해와 같은 공공물과 인류의 공동유산은 어느 특정 국가의 독자적 지배를 허용하지 않겠다는 점에서 공통된다.

그럼에도 불구하고 **공공물체제는 개별 국가의 이익을 위한 접근·탐사·개발의 자유를 인정**하는 데 반하여, **인류의 공동유산체제는 국제공동체의 상호의존과 결속을 기초로 하여 개별 국가의 탐사·개발을 엄격히 규율하고 그 운영을 위해서는 국제기구를 수립하고, 그러한 활동의 이익을 배분함에 있어 저개발국의 이익을 고려해 넣도록 배려하고 있다는 점에서 다르다.**

## 제 14 절 국가승계

### Ⅰ. 국가승계의 의의

**국가승계**(state succession)**라 함은 영토주권의 변경에 따른 법적 효과를 영토주권취득국가가 승계받는 것을 말한다.** 이때 문제가 되는 것은 피승계국의 모든 권리·의무를 승계국이 **포괄승계**한다고 할 것인지, 아니면 **선별승계**한다고 할 것인지 여부이다. 즉 한 국가의 영토 일부 또는 전부가 타국으로 이전될 경우 영토를 상실하는 피승계국(predecessor state)이 당해 영토에 대하여 가지고 있던 권리·의무들, 예를 들어 기존에 체결한 조약, 국유재산, 국가부채, 국민의 국적, 개인의 기득권, 국제기구의 회원국의 지위 등을 어느 범위에서 새롭게 당해 영토를 취득하는 승계국(successor state)에 이전된다고 보아야 할 것인가가 국가승계를 둘러싼 국제법상의 규율대상이라 하겠다.

이러한 국제법상의 문제를 해결하기 위해 1978년의 조약에 있어서 국가승계에 관한 비엔나협약(Vienna Convention on Succession of States in Respect of Treaties)과 1983년의 국가재산·국가문서 및 국가부채에 대한 국가승계에 관한 비엔나협약(Vienna Convention on Succession of States in Respect of State Property, Archives and Debts)이 체결되었는데, 동 조약은 국가승계를 "영토의 국제관계에 대한 책임에 있어 한 국가가 다른 국가를 대체하는 것"으로 정의하고 있다.

1978년의 비엔나협약은 영토주권의 변경, 즉 국가승계의 유형에 대하여 **영토 일부의 이전, 신생독립국, 국가통합, 국가분리** 등 네 가지로 분류하고 있다. 그런데 **국가분리를 분리독립과 분열** 양자를 포괄하고 있어 그 차이를 제대로 반영하지 못한다는 비판이 있었고, 그후 **1983년의 비엔나협약을 통해 분리독립과 분열을 별개의 유형으로 세분화됨으로써, 결국 국가승계의 유형이 다섯 가지로 개념정의**되었다고 하겠다. 국가승계 유형을 이처럼 나누는 것은 각 승계 유형마다 다른 규칙과 원칙이 적용되기 때문이다. 그렇지만 실제 모든 양상이 혼합되어 있는 경우가 많기 때문에 획일적으로 이를 구분하는 것은 국제법상 쉬운 일은 아니다.

다만 **국가승계 문제가 있더라도 일반국제법 하의 국가의 기본적 권리·의무를 침해할 수는 없다는 점이다**. 왜냐하면 국가의 기본적 권리·의무는 국가주권원칙의 한 결과로서 국제법의 기본원칙들에 의거하여 당연히 보장되어야 하는 것이므로, 피승계국으로부터의 승계를 통해 새롭게 존재하는 것은 아니라고 보아야 하기 때문이다.

## Ⅱ. 조약의 승계

### 1. 처분적 조약

국가승계가 있게 되면 피승계국이 기존에 체결한 조약, 국유재산, 국가부채, 국민의 국적, 개인의 기득권, 국제기구의 회원국의 지위 등 승계의 범위를 어떻게 정할 것인지는 대단히 중요한 문제이다. 일반적으로 승계국과 피승계국 사이의 협약 및 관련 당사국 사이의 협약에 의해 결정될 것이지만, 국제적으로 일반적 기준은 확립되어 있어야 한다. 그리하여 **1978년의 비엔나협약**은 조약의 승계와 관련하여 조약을 크게 영토에 대한 권리·의무를 다루는 **처분적 조약**(dispositive treaties)과 그렇지 아니한 부분에 대한 **비처분적 조약**(non-dispositive treaties)으로 나누어 해결하고 있다.

**처분적 조약은 다시 국경선관련조약과 지역권설정조약으로 나뉜다**. **국경선관련조약은 승계발생 유형이 어느 유형이든 불문하고 예외 없이 종전 피승계국의 국경선을 그대로 승계**하여야 한다. 왜냐하면 신생독립국이 피승계국의 국경선을 자신들의 국경선으로 승낙하지 않게 되면 그 신생독립국은 독립과 동시에 영토분쟁에 휩싸이게 되어 독립이 저해될 수 있을 뿐 아니라 피승계국보다 더 넓은 국경선을 가질 수 없기 때문이다. 반면에 **지역권설정 조약은 이 역시 자동승계가 원칙이지만, 외국군대기지설정조약만은 예외적으로 승계되지 아니 한다.**

## 2. 비처분적 조약

**비처분적 조약은 승계발생 유형에 따라 적용원칙이 다르게 된다. 첫째, 할양 등을 사유로 하여 국가 영토의 일부가 피승계국으로 이전되는 경우 전임국가의 조약은 상실한 영토부분에 대해서는 당연히 효력이 정지된다고 하겠다. 반대로 승계국의 조약은 새로 취득한 영토까지 확장적용된다.** 다만 조약의 신영토에 대한 적용이 조약의 목적·객체 등과 양립할 수 없는 내용인 경우에는 확장적용이 배제된다고 하겠다. **둘째, 신생독립국인 경우에는 백지출발주의**(clean slate principle)**가 적용된다**. 따라서 신생독립국은 백지출발주의원칙에 의해 피승계국이 체결한 조약을 포함한 어떤 장애물로부터도 구속을 받지 않는 독자적인 주권을 취득하게 된다. 따라서 신생독립국은 피승계국이 식민지배와 관련하여 체결한 어떠한 비처분적 조약들에 구속받지 않고 이의 승계를 수락할 어떠한 의무도 부담하지 않기 때문에, 신생독립국이 취사선택하여 승계하고자 하는 조약에 대하여 선별적 승계가 가능하다. 셋째, 둘 이상의 국가들이 통합하여 하나의 신국가를 형성하는 경우, 즉 **국가합병의 경우 승계 시 발효 중인 피승계국의 일체의 조약은 승계국인 신국가에 포괄승계되어 효력을 유지한다**고 할 것이다. 다만 이 경우에도 신국가에 대한 조약의 적용이 그 목적·객체와 양립할 수 없는 경우에는 그러하지 아니하다. 넷째, 한 국가의 영토의 일부분이 분리되어 독립국가가 성립하는 경우 피승계국이 계속하여 존속하는가 여부와 관계없이 승계 시 피승계국의 영토 전체에 대하여 발효 중인 조약은 신국가에 대하여 그대로 효력을 유지하며, 다만 신국가에 대한 조약의 적용이 그 목적·객체와 양립할 수 없는 내용인 경우에는 그러하지 아니 하다.

# 제 15 절 해양법

## Ⅰ. 해양법의 발전과정

### 1. 서 론

해양은 국제법상 공해자유의 원칙이 일찍부터 수립되어 있었다. 그러나 이러한 공해자유의 원칙은 사실상 강대국 위주의 해양지배권행사가 중심을 이루었기 때문에 제2차세계대전 후 유엔총회는 해양법의 통일을 기하기 위한 국제회의를 세 번 개최하였다. 첫 번째 회의는 1958년의 제1차 제네바회의로, 이 회의에서는 영해 및 접속수역에 관한 협약, 공해에 관한 협약, 어업 및 공해생물자원보존에 관한 협약, 대륙붕에 관한 협약 등을 체결하였다. 다만 영해의 최대가능 범위를 몇 해리로 할 것인지, 대륙붕을 어떻게 정의할 것인지 등을 결정짓지 못한 한계가 있었고, 바다 관련 협약을 네 개 분야로 나누어 따로 따로 체결하여 선별적 가입을 허용함에 따라 통일적 해양협약을 도출해 내지 못한 한계가 있었다. 두 번째 회의는 1960년의 제2차 제네바회의로, 이 회의에서는 영해의 폭을 결정하기 위해 소집되었으나 협의에 실패하고 말았다. 세 번째로 1982년 12월에 미국 등 일부 선진국이 동의하지 아니한 채 **제3세계국가가 중심이 되어 바다에 대한 연안국의 관할권확대 요구가 받아들여진 유엔해양법협약**(UN Convention on the Law of the Sea)**이 채택되었다**. 동 협약은 영해의 폭과 대륙붕의 법적 정의를 결정하였고, 바다 관련 법규를 하나의 법전으로 통일시키게 되었다. 특히 심해저에 대하여 인류의 공동유산 개념을 적용함으로써 심해저에 대한 특정 국가의 독점적 권리를 배제하고 모든 국가에 기회를 보장한 점은 높이 평가된다고 하겠다. 그리하여 위 유엔해양법협약은 60번째 국가의 비준서 또는 가입서가 유엔사무총장에게 기탁된 날로부터 12개월 후에 발효하도록 하여, 1993년 11월 16일 가이아나가 60번째 비준서를 제출함에 따라 1994년 11월 16일에 발효하였다.

## 2. 유엔해양법협약의 내용

유엔해양법협약에 참가하지 않았던 미국 등 몇몇 선진국들은 위 협약이 발효되기 직전인 1994년 7월 28일 '1982년 12월 10일의 유엔해양법협약 제11부 이행에 관한 협정'에 참가하면서 자국의 이익을 챙기기 시작하였다. 즉 미국 등은 개발도상국들의 비준서 기탁이 늘어나 발효가 현실화되자 1982년의 유엔해양법협약 제11부의 내용을 일부 개정하는 조건으로 참여하기로 하여 제11부 규정을 선진국의 기술·자본·기득권을 보호하는 내용으로 개정하였다.

위와 같이 개정된 주요내용을 살펴보면 **첫째, 모든 국가는 동 협약에 따라 결정되는 통상의 또는 직선의 기선(baseline)으로부터 12해리를 초과하지 않는 선에서 영해의 폭을 설정하되, 바다는 국제교통의 요로이기 때문에 모든 국가의 선박은 타국의 영해를 무해하게 통과할 수 있는 무해통항권(right of innocent passage)을 향유하며, 둘째, 영해의 일정수역 중 24해리를 초과하지 않은 범위 내에서 접속수역(contiguous zone)을 설정할 수 있고** 이 접속수역 내에서 연안국은 ① 연안국의 영토 또는 영해 내에서의 관세·재정·출입국관리 또는 위생법령의 위반 방지, ② 연안국의 영토 또는 영해 내에서 발생한 위 법령의 위반에 대한 처벌을 위해 통제권을 행사할 수 있으며, **셋째, 공해 또는 배타적 경제수역의 일부분과 공해 또는 배타적 경제수역의 다른 부분 간의 국제항행에 사용되는 해협에서 모든 선박 및 항공기는 통행 및 통과를 방해받지 아니 할 통과통항권(right of transit passage)을 향유**하며, 넷째, 전체적으로 하나 또는 그 이상의 군도(archipelago)로 구성되는 **소위 군도국가**(archipelagic state)는 군도의 최외곽섬을 연결하는 군도직선기선(straight archipelagic baseline) 내의 내축수역인 군도수역(archipelagic waters)과 인접 영해 또는 그 상공을 통과하는 외국선박 및 항공기의 계속적이고 신속한 통항에 적합한 해로 및 항공로를 지정해야 하며, 외국의 모든 선박과 항공기는 이러한 해로와 항공로를 운행하며 방해받지 아니 할 **군도해로통항권**(archipelagic sea lanes passage)을 향유하며, 다섯째, **연안국은 기선으로부터 200해리를 초과하지 않는 범위 내에서 선언한 배타적 경제수역**(execlusive economic zone) 내의 생물 및 비생물 천연자원에 대한 주권적 권리를 가지며, 인공섬설치·해양과학조사·해양환경보호에 관한 관할권을 가지며, 다른 모든 국가는 이 배타적 경제수역 내에서 항행 및 상공비행과 관선 부설의 자유를 향유하며(배타적 경제수역은 영해와 공해의 성격이 혼합된 특별한 법영역(specific legal regime)으로 배타적 어업수역(exclusive fishery zone)·대륙붕·기타 일정권리를 포함한 개념으로 다의적으로 쓰이고 있다), 여섯째, 연안국은 대륙붕(continental shelf)에 대한 탐사권 및 천연자원을 이용할 수 있는 주권적 권리를 가지는 것(법적 의미의 대륙붕은 육지영토의 자연적 연장를 통하여 영해 밖으로 뻗친 해저지역으로 지질학적 의미의 대륙단[5])을 포함한다) 등이라 할 것이다.

한편 위 개정협약은 공해와 관련하여 공해자유의 원칙에 입각하여 어떤 국가도 공해의 특정 부분에 대한 주권을 주장할 수 없으며, 모든 국가는 자유롭게 자신의 이익을 위해 공해를 사용할 수 있고, 공해의 자유에는 항행의 자유, 상공비행의 자유, 해저전선 및 관선 부설의 자유 등이 보장되며, 공해의 치안유지는 원칙적으로 기국주의에 의함을 규정하고 있다. **기국주의라 함은 공해상의 선박 또는 항공기는 국적국가의 국기**(state of flag)**를 표시하여 운행**해야 하므로 그 기국의 배타적 관할 하에 놓인다는 것이다.

문제는 **해적선의 출현과 같이 기국주의만으로는 공해의 치안유지가 어려울 경우에는 인근 연안국의 방문·수색권, 추적권 등의 예외가 허용된다**고 하겠다.

독도영유권처럼 섬(island)의 구별기준에 관하여 만조 시에 수면 위에 있고, 물로 둘러싸인 자연적으로 형성된 육지지역을 섬이라 정의하고, 섬도 고유의 영해를 가지며 그 주위에 접속수역을 선포하거나 경제수역을 선포할 수 있으며 또한 대륙붕을 가진다고 규정하고 있다. 다만 섬과 구별해야 할 것으로 사람이 거주할 수 없거나 독자적인 경제생활을 지속할 수 없는 구조물을 섬이 아닌 바위(rock)라 하여 배타적 경제수역이나 대륙붕을 인정하지 않고 있다.

한편 심해저는 인류의 공동유산으로 분류하여, 특정 국가가 심해저에 대한 주권 내지 주권적 권리를 주장하지 못하도록 하여, 특정 국가의 자유

---

5) 대륙단(continental margin)은 지질학적 의미의 대륙붕과 대륙사면 및 대륙붕기로 구성되는데, 어떤 경우에도 기선으로부터 350해리를 초과하거나, 2,500미터 등심선으로부터 100해리를 초과할 수 없다

로운 접근·탐사·개발을 금지하고 있다. 즉 심해저자원은 인류 전체에게 속한 것으로 하여 국제심해저기구가 인류 전체를 위하여 행사하도록 하고 있고, 그 이익을 모든 세계 국가가 누릴 수 있어야 한다고 규정하고 있다.

## 제 16 절 영공 및 우주법

### Ⅰ. 영공의 의의와 법원(法源)

#### 1. 영공의 의의

국가영토 위의 공간, 즉 국가영역 상공의 법적 지위에 대하여는 국제법상 모든 국가가 이용할 수 있어야 한다는 견해와 영토국의 배타적 주권을 인정해야 한다는 견해 등이 오래 전부터 주장되어 왔다. 그러나 항공기의 발달 및 제1차 세계대전에서 전투기를 이용한 공중전이 위력을 갖게 되자, 영공에 대하여도 영토국의 배타적 주권을 인정해야 한다는 원칙이 확립되었다.

그렇다면 영공의 어느 높이까지 영토주권을 인정할 것인지 여부인데, 일반적으로 지구표면으로부터 약 100마일 내지 110마일까지는 영공으로, 그 이상 높이의 공간은 우주공간으로 보고 있다.

#### 2. 우주법의 연원

우주법은 구소련이 1957년 10월 4일 인공위성을 처음 발사한 이후 미국 등 일부 선진기술국이 인공위성을 계속 쏘아 올림으로써 논의되기 시작하였다. 그리하여 우주진입과 관련한 국제관습법이 확립되었다고 할 것인데, **첫째, 국가의 영토주권은 외기권에 미치지 않으며, 둘째, 모든 국가는 외기권을 탐사하고 이용할 권리가 있다는 것이다.**

1957년 첫 인공위성 발사 이후 외기권은 일종의 공공물(*res communisomnium*)로 간주됨에 따라 특정 국가의 독점적 지배를 배제하기 위한 우주기본조약 체결이 이루어졌으며, 1967년의 일명 우주조약, 1968년의 구조협정, 1972년의 책임협약, 1975년의 등록협약, 1979년의 달조약 등이 계속하여 체결됨으로써 우주법의 주요 법원으로 기능하고 있다.

## Ⅱ. 우주 공간

국가영역 상공에 대한 배타적 주권이 인정된 후 1957년 이전에 대기권 밖으로 우주선이 발사되자, 영공에 대한 배타적 주권을 무한대로 인정해야 한다는 **영공무한대설**을 취할 경우 많은 문제가 발생하게 되었다. 이 견해를 취하게 되면 지구 위의 어떤 천체가 시간별로 소유국가가 바뀌게 되는 현상을 인정해야 하게 되어 문제가 되기 때문이다. 뿐만 아니라 우주선을 발사할 수 있는 기술을 가진 일부 몇몇 나라를 제외하고는 사실상 외계의 천체에 대한 실효성 있는 지배를 하지 못하면서도 영토주권을 가진다는 결론에 도달하게 되는 현상이 나타나게 되었다. 그리하여 1957년 이후 구소련과 미국이 타국 영토 상공의 우주궤도에 해당 국가의 동의 없이 위성을 쏘아 올리자 모든 국가들은 어쩔 수 없이 자국 영토 위의 우주공간에 대한 이론적 주권 내지 관할권을 포기하기에 이르렀다.

## Ⅲ. 영공주권의 배타성

**영공주권도 영토주권의 일부로 배타적 지배권을 행사하는 것이 원칙이다.** 다만 조약에 의하여 타국의 전투기 같은 군용기도 영공을 통행할 수 있다고 하겠다. 우리나라도 한미행정협정 제10조에 의해 미국의 공용항공기들에 한국의 영공을 무료로 개방하고 있다.

민간항공기의 경우에도 양자 간 또는 다자 간 조약을 체결하여 다른 나라의 영공을 운행하고 있다. 1944년에 체결된 시카고국제민간항공협약(Chicago Convention on International Civil Aviation)은 대표적인 조약이라 할 수 있다.

따라서 **영토주권을 행사하는 국가의 동의나 허락이 없이 타국의 영공을 침해할 경우에 이를 영토침범으로 보아 영토주권국가가 군사적 강제력 등을 행사할 수 있을 것인가 여부**인데, 1983년 9월 1일 북한전투기에 의해 동해상에서 격추된 KAL기 격추사건으로 1984년 5월 10일 개최된 국제민간항공기구(ICAO) 특별총회에서는 위 시카고협약을 "모든 국가는 비행 중인 민간항공기에 대하여 무기사용에 호소해서는 안 된다"고 개정하였다. 따라서 단순 영공침범을 한 것에 불과한 민간항공기에 대한 전투기의 공격은 허용되지 않는다고 하겠다.

## Ⅳ. 외기권의 법적 지위

**외기권이라 함은 지구 이외의 달과 기타 천체 및 우주공간으로 구성되는 공간을 말한다.** 우주조약 제2조는 외기권에 대하여 국가영유의 대상이 되지 아니 한다고 천명하고 있다. 그런데 일부 적도국가들이 1976년 12월 3일의 Bogota선언을 통해 적도 22,300마일 상공의 지구정지궤도(geostationary orbit)에 대한 독자적 주권을 주장한 적이 있는데, 이는 영공의 상한을 대략 100마일 내지 110마일로 보고 있는 현재의 입장에서 수용되기 어려운 주장이라 하겠다.

따라서 **외기권은 특정 국가의 영유권의 대상이 될 수 없기 때문에 마치 공해처럼 모든 국가가 국제법에 따라 자유로이 탐색하고 이용할 수 있는 대상이 되었다**고 할 것이다. 다만 이러한 외기권의 탐색과 이용은 모든 국가의 이익을 위하여(in the interest of all states) 행해져야 한다는 점에서 공해자유의 원칙과 다른 점이 있다. 문제는 모든 국가의 이익을 위한다는 것이 무엇을 의미하는지를 놓고 각국의 입장이 서로 다른 점은 앞으로 극복되어야 할 과제라고 할 것이다. 한편 외기권은 인류의 공동유산임을 강조하기 위해 우주조약에 포함된 것은 아니었지만, 결과적으로 위 조약에 의해 일종의 공공물로 간주되게 되었다.

그런데 1969년 미국 우주선이 달의 암석을 지구로 가져옴에 따라 세계는 천체의 자원개발 문제에 관심을 가지게 되었고, 제3세계가 주축이 되어 1979년 인류의 공동유산인 달과 달의 천연자원에 대한 조약인 달조약을 체결하였는데, 미국과 소련은 이에 서명하지 않았다. 기술적으로 앞서 가고 있었기 때문이다.

## Ⅴ. 인공위성과 국가주권

과학기술의 발달로 인공위성에 의한 방송이 일반화되었다. 이와 관련하여 위성직접TV방송(satellite direct television broadcasting)을 할 때는 대상 영토국에 대한 사전통고 또는 동의가 있어야 하느냐를 놓고 각 국가가 대립하고 있다. 즉 위성통신의 무차별적인 공격으로부터 자국을 보호하고자 하는 대다수 제3세계국가와 개인의 알 권리를 내세우면서 사실은 자국의 이익을 전파하려는 선진기술국들이 대립하고 있는 것이다. 이를 해결하기 위해 1982년 12월 10일 유엔총회에서는 '국제 직접 TV방송을 위한 인공위성의 사용을 규율하는 제원칙'을 채택하였는데, 대다수 제3세계국가들은 이를 찬성하였으나, 인공전파의 송출이 제한되는 서구유럽을 중심으로 한 선진기술국들은 반대하였다.

그리고 외기권으로부터의 지구원격탐사(remote sensing of the Earth) 또한 최근 들어 국제문제가 되고 있는데, 이 역시 1986년 12월 3일 유엔총회에서 '외기권으로부터의 지구의 원격탐사에 관한 제원칙'을 다행히 만장일치로 채택하였다. 동 원칙에 따르면 원격탐사를 함에 있어 탐사국은 피탐사국의 사전동의를 구할 의무가 없지만 피탐사국의 요청이 있으면 그 협의에 응할 것이 요구되고 있다.

한편 위성직접TV방송이나 지구원격탐사를 위해서는 지구 둘레 궤도에 인공위성을 발사하여야 하는데, 인공위성 수가 증가함에 따라 지구정지궤도가 심한 압박을 받게 되자, 이에 대한 영토주권이론이 주장되기 시작하였다. 지구정지궤도라 함은 적도상공 22,300마일 지점상의 외기권을 말하는데, 이 지점에서는 인공위성들이 동력에 의존하지 않고서도 지구 회전속도와 동일하게 회전하기 때문에 지구에서 보면 인공위성이 정지되어 있는 상태가 되기 때문에 지구정지궤도라 부르고 있다. 이러한 장점 때문에 많은 국가들이 지구정지궤도상에 인공위성을 위치시키려고 하다 보니 지구정지궤도의 제한된 공간성 때문에 소수의 위성들만이 동일시점에 지구정지궤도에 배치될 수 있어, 자국의 인공위성을 갖는 나라가 증가함에 따라 이를 둘러싼 국제적 갈등이 고조되고 있는 것이다. 그러나 아직 이에 대한 국제적 통일협약이 이루어져 있지 않기 때문에 이를 보장하고 유한한 자원의 이용을 합리적으로 할 수 있도록 조속한 시일 내 법적 기준이 마련되어야 할 것이다.

## 제 17 절 조약법

### Ⅰ. 의 의

조약법(law of treaties)이라 함은 각국 사이에 체결된 조약의 성립·효력·종료 등에 관하여 규율하는 국제법분야라 할 수 있다. 종래 관습법으로 존재하던 조약법은 1969년의 조약법에 관한 비엔나협약(Vienna Convention on the Law of Treaties)에 의하여 법제화되었다. 다만 아직까지는 구법이 신법에 의해 완전히 대체된 것은 아니기 때문에 관습법과 위 협약이 혼용되고 있는 형편이다. 이런 혼용현상은 비엔나협약 발효 후 체결되는 조약에 한해서만 적용되기 때문이고, 또 국제공동체의 모든 국가가 비엔나협약을 비준한 것이 아니기 때문에 가입국들이 협약 이후에 체결한 조약에 대해서만 적용되는 한계가 있다. 관습법으로서의 조약법은 형식적으로는 각국 자유의 원칙을 천명하고 있지만, 결국 힘의 문제로 강대국들에 유리하게 작용하였던 것으로, 위 비엔나협약은 제3세계국가 및 사회주의국가의 강한 요구에 의해 제3세계와 사회주의국가의 의견도 많이 반영되었다고 하겠다. 강한 압력에 의하여 신법에서는 많은 변화가 시도되고 있다.

### Ⅱ. 조약의 체결

관습법체제 하에서는 형식적으로는 조약체결 당사국이 평등하다고 하면서도 사실상은 국가의 힘의 차이로 사실상 불평등한 조약이 많이 이루어지고 있었다. 그 결과 조약체결을 희망하는 강대국이 상대국가에 대하여 정치적·경제적·군사적 강박을 통해 조약을 체결하더라도 조약체결자유의 원칙 때문에 그 무효를 주장하기가 어려웠다. 또한 조약을 체결하는 과정에서 국가기관의 부패 또는 매수(corruption)라는 개념을 인정치 않았기 때문에 조약체결의 무효사유를 절대적 무효사유와 상대적 무효사유로 구분하지도 않았다. 오직 국가대표자에 대한 강박, 사기, 착오의 경우에는 무효사유로 인정하였다.

새롭게 성립한 위 비엔나협약은 관습법과 달리 국가 자체에 대한 강박과 대표자의 매수 또는 부패의 경우를 무효사유로 규정하고, 특히 무효사유를 절대적 무효사유와 상대적 무효사유로 구분하여, 절대적 무효사유로 대표자에 대한 강박, 국가에 대한 강박, 강행규범 위반을 들고, 상대적 무효사유로 헌법위반, 훈령위반, 착오, 사기, 매수 등을 들고 있다.

절대적 무효사유가 있는 조약체결의 경우는 첫째, 문제의 조약은 유효한 조항(valid clauses)과 무효인 조항(invalid clauses)으로 나눌 수 없으므로 전체가 무효로 되며, 둘째, 사후의 명시적 동의 또는 묵인으로도 무효가 유효로 전환되지 않는다.

## Ⅲ. 유보의 허용 여부

유보(reservation)라 함은 일국이 다자간의 조약에 서명, 비준 또는 가입하면서 자국에 불리한 일부조항에 대하여 자국에 대한 법적 효과를 배제하거나 변경하겠다며 일방 선언을 하는 것을 말한다. 관습법 당시에는 조약을 유보하려면 다른 모든 당사자국의 동의를 필요로 하였으나, 국제공동체구성원이 증가되고 신생국가들이 서구 기독교국가들과 정치·경제·문화적으로 다른 점이 많았기 때문에 종래의 방식을 고수한다는 것이 사실상 부적당하다고 판단되기에 이르렀다.

그리하여 위 비엔나협약은 가능한 한 많은 국가들이 다자조약에 참여할 수 있도록 유도하기 위하여 유보를 각국이 자유롭게 할 수 있도록 개방하였다. 따라서 당해 조약이 명시적으로 금지하거나 조약의 목적·객체와 양립될 수 없는 경우를 제외하고 유보가 일반적으로 허용되기에 이르렀다.

## Ⅳ. 강행규범(*jus cogens*)의 도입

관습법은 조약의 내용이나 객체를 제한하지 않는 조약체결자유의 원칙을 취하고 있었기 때문에 관습법이 적용되던 당시에는 사실상 강제력을 가진 강대국들이 자유라는 이름으로 약소국과 강제적인 조약을 체결하는 것이 가능하였다. 그리하여 강대국들은 약소국가를 무력으로 공격하거나 제3국의 영토를 분할하도록 강제한 후 이를 조약으로 합법화하는 불법을 저질렀는데, 이조차도 유효한 조약으로 당사국 사이에서 인정되는 모순이 발생하였던 것이다.

이러한 불법을 방지하기 위하여 위 비엔나협약은 국제공동체의 헌법적 기본가치를 수호하기 위하여 강행규범을 도입하였는데, 강행규범이라 함은 국제공동체 전체가 수락한 규범으로 그로부터 이탈이 허용되지 아니하며, 동일한 성격의 추후 규범에 의해서만 변경될 수 있는 규범을 말한다. 예를 들어 무력의 위협·사용금지원칙과 인권존중원칙 등이 강행규범에 해당한다.

## Ⅴ. 조약의 종료

관습법이 적용되던 당시에는 조약의 종료사유가 매우 불분명하였기 때문에 **조약의 중대한 위반**(material breach of a treaty)과 **근본적인 사정변경**(fundamental change of circumstances)이 원용될 수 있는 조건이나 상황이 매우 애매모호하였을 뿐만 아니라 전쟁으로 인하여 종료되는 조약의 범위도 불명확하였다. 이러한 점을 고려하여 위 비엔나협약은 중대한 위반과 사정변경의 원칙을 명확하게 함과 동시에 강행규범을 조약의 종료사유로 도입하였다. 그 밖에도 절대적 종료사유와 상대적 종료사유를 구분하여 조약의 종료원인과 시기를 명확히 하였다.

강행규범이 새로 도입됨에 따라 강행규범을 위반한 조약은 자동적으로 종료되며, 그 이외의 경우에는 당사국이 조약의 종료를 원할 경우 이를 원용할 수 있도록 하였고, 당사국은 종료사유가 있어도 종료 대신 정지(suspension)를 요구할 수 있도록 선택권을 보장하고 있다. 그러나 비엔나협약에서 전쟁의 조약에 대한 효과를 다루고 있지 않는 것은 문제이다.

## 제 18 절 국제경제법

### I. 서 론

국제무역거래가 활발하게 전개됨에 따라 국제경제법도 **보호주의**(protectionism)를 희망하는 국가와 **자유무역**(free trade)을 선호하는 국가 사이에 충돌이 생기게 되었고, 이를 규제할 국제경제법의 필요성이 크게 대두되었다. 17세기 이후 산업화를 성공시킨 영국과 프랑스는 자유무역정책을 지지한 반면, 당시까지 그러하지 못한 독일과 미국은 보호주의무역을 선호하게 되었다.

그리하여 보호주의와 자유무역주의의 정책충돌을 해결하기 위하여 통상·항해조약이 체결되었는데, **영토 내에서의 경제적·시민적 권리에 관해서는 내국민대우조항**(national treatment provision)이, **국가간 무역에 관하여는 최혜국대우조항**(most favoured nation clause)이 포함되기에 이르렀다. 영국은 자유무역과 자유경쟁을 선호하였기 때문에 무조건적·절대적 최혜국대우조항을 주장하였으나, 미국·독일·일본 등은 조건부최혜국대우조항을 주장함으로써 이를 완화시키려 하였다.

그러한 논의 중에 제1차세계대전이 발발하였고, 연이어 **1929년의 대공황**으로 인하여 국제적 경제위기상태가 야기되자, 대부분의 국가는 자유무역을 포기하고 **보호무역주의로 회귀**하기에 이르렀다. 그 결과 각국은 국제무역거래에서 자국상품을 보호하기 위하여 관세 및 기타 수입제한장벽을 설치하는 한편, 자국상품의 수출을 장려하기 위하여 수출업체에 대하여 금융지원을 하거나 해외덤핑을 실시하기도 하였다. 또한 외환분야에서 환율정책을 조작하여 자국통화를 평가절하하는 방법으로 자국제품의 국제경쟁력을 높이거나 자국의 외환자원을 보호하기 위하여 외환통제시스템을 도입하기도 하였다.

특히 제2차세계대전을 통하여 거대한 자본을 축적한 미국이 주도적으로 자유무역·자유시장경제주의를 실천함에 따라, 전쟁으로 피폐한 유럽의 국가들도 승전국이든 패전국이든 모두 국내경제부흥을 위하여 미국자본을 필요로 하였기 때문에 미국이 주장한 위 자유무역·자유시장경제주의를 따르게 되었다. 그리하여 미국 주도로 다자간 기초 위에서 안정되고 지속적인 시장경제를 위해 국제통화기금(IMF), 세계개발은행(IBRD), 관세 및 무역에 관한 일반협정(국제경제기구, GATT)를 설립하였다. 즉 **1944년 Bretteon Woods에서 체결된 IMF수립조약과 IBRD수립조약은 1945년에 발효하였고, GATT는 1947년에 체결되어 1948년에 발효하였다.**

## Ⅱ. 국제통화기금(IMF)

국제통화기금(International Monetary Fund)은 **안정적인 고정환율제의 도입**을 통해 세계금융시장에서 각국의 통화를 안정적으로 사용할 것을 1차 목표로 하여 설립된 국제기구이다. 각 회원국은 IMF와의 협정을 통해 **회원국 통화를 금으로 표시하거나 1944년 7월 1일부 가액의 US달러로 표시되는 패리티(parity)를 할당**받았다. 각 회원국은 이 패리티에 의해 자국 통화의 평가와 교환비율 등을 유지할 것을 약정하였다. 이것은 **미국이 자국법에 의해 금 1온스당 US35달러의 고정환율로 바꾸어 주는 태환성을 약속**하였기 때문에 각 회원국이 위와 같이 약정하였던 것이다. 이렇게 하여 US달러와 금과 기타 통화들 사이의 고정교환비율(fxed parity)이 확립되게 되었다.

그런데 미국이 달러 발행 대비 금보유고의 계속된 감소로 인하여 35달러 대 금 1온스의 태환약속을 지킬 수 없게 되자, 미국의 Nixon정부는 1971년 US달러의 금태환을 중지시킴과 동시에 US달러를 평가절하 하였고, 1978년 국제통화기금조약을 개정하여 금의 공시가격을 폐지하고 회원국들도 외환시장에서 금의 시장가를 자율화하면서 **고정환율제를 변동환율제로 변경**하였다. 이로 인해 통화기구로서의 IMF는 붕괴되었지만, IMF는 일시적인 국제수지적자를 보전하기 위해 급전을 필요로 하는 국가들에게 외화를 공급해 주는 등의 업무를 계속 수행하고 있다. **처음에 IMF는 통화기구**(monetary institution)**로 조직되었으나, 지금은 오히려 외화공급이라는 대부기구**(lending institution)

로 기본성격이 변화되었다고 할 수 있다.

## Ⅲ. 세계은행(IBRD)

**세계은행**(International Bank for Reconstruction and Development)**은 회원국이 납입한 자본금과 회원국의 자본시장에서 채권을 판매하여 조성한 재원을 가지고 회원국들에게 자금을 대여하는 금융기관이다.** 세계은행이 발행한 채권을 판매하여 조성한 사적 재원을 대출금의 재원으로 한다는 점이 특징이라 하겠다. 이처럼 세계은행은 정부간 기구인데도 그 **재정자금을 주로 채권투자자들의 사적 투자에 의존**한다는 특징을 가지고 있다.

세계은행은 위와 같은 조성 재원을 회원국 정부나 회원국의 정치하부조직 또는 회원국의 기업들에 대여해 줌으로써 세계경제를 안정적으로 유지할 책무를 수행하고 있는데, 채무자가 정부가 아닌 경우에는 당해 자금이 투자될 프로젝트사업의 소재지 정부 또는 그 중앙은행의 지불보증을 받은 후 대출을 해주고 있다.

세계은행의 대출금상환기간은 **보통 25년 내지 35년의 장기저리**이며, 대출 후 10년간 상환유예기간이 주어지기 때문에 자금을 차용한 국가 등도 안정적으로 자금을 운용할 수 있게 되는 장점이 있다. IBRD총회는 외화가 필요한 제3세계 개발도상국을 지원하기 위하여 1956년에 IFC(International Finance Corporation)를 설립하여, 회원국이 구입한 IFC의 주식과 IBRD로부터 빌린 돈과 같은 공적 자금만으로 주로 저개발국가의 생산성 있는 민간기업에만 대출하여 IBRD의 활동을 보충하고 있으며, **1960년에 IDA(International Development Association)를 설립하여, IBRD나 IFC의 융자조건을 갖출 수 없는 최빈국들에 대한 자금지원을 하고 있다.** 1인당 국민소득이 아주 낮은 최빈국에 대해 10년 거치 40년 분할상환이라는 유리한 조건의 대출을 해주고 있다. 여기에서 지원되는 자금은 주로 최빈국의 발전소, 통신 및 수송, 농업, 교육 분야에 투자되고 있다. IDA는 정부단체와 민간기업을 구별하지 않고 지원하고 있는데, 다만 민간기업 지원 시에는 정부보증 등을 요구하고 있다.

## Ⅳ. GATT(관세 및 무역에 관한 일반협정)

관세 및 무역에 관한 일반협정에 의해 설립된 국제경제기구인 GATT(General Agreement on Tariffs and Trade)는 **세계무역경제에서 관세 및 무역에 관한 기본사항에 대한 국제적 합의를 통해 자유무역을 보장하기 위한 국제기구라 할 것이다.** 이 일반협정은 회원국들에게 자유무역이 실질적으로 보장되도록 하기 위하여 일정한 의무를 부과하고 있는데, 그 주요내용을 살펴보면 ① 수출입에 대한 관세 및 기타 과징금 부과에 있어 최혜국대우를 부여하고, ② 내국세 또는 기타 모든 종류의 내국과징금을 부과함에 있어 외국상품에 대하여도 국산품과 동등하게 대우하고, ③ 양자 간 또는 다자 간 교섭을 통한 점진적 관세인하를 도모하고, ④ 수입 및 수출에 대한 양적 제한을 할 수 없으며, ⑤ 덤핑의 금지, ⑥ 수출보조금(export subsidy)을 부여하지 말 것 등이다.

그러나 GATT에는 이러한 원칙에도 불구하고 **수많은 예외규정**을 두고 있는데, 예를 들면 **의무면제(waiver)의 특권을 부여**할 수 있고, **특정 상품수입에 대해 긴급제한조치(safeguard clause)를 취할 수 있고, 국제수지가 곤란한 경우에는 수입수량을 제한할 수 있고, 공중보건 및 도덕 등을 이유로 하는 경우에는 특별한 조치를 취할 수 있으며, 국가안전보장과 관련된 법규를 제정할 수 있으며, 국경무역·관세동맹·자유무역지대를 설정할 수 있고, 개발도상국들에 대해서는 우대할 수 있다는 등이다.**

## Ⅴ. WTO(World Trade Organization)

GATT는 1988년 9월부터 소위 우루과이 라운드라 불리는 제8차 다자간 무역협상(Multilateral Trade Negotiations)을 개시하여 **1994년 4월 15일 우루과이 라운드 최종의정서**(Final Act Embodying the Results of the Uruguay Round of Multilateral Trade Negotiations)를 채택하였다. 이 최종의정서에는 WTO설립협정을 비롯하여 수십 개의 합의문서와 회원국별 양허표(national scheules)가 포함되었다. 1994년 12월에 개최된 이행회의(Implementation Conference)의 결의를 통해 1995년 1월 1일부터 WTO협정이 발효하게 되었다.

우루과이 라운드는, 첫째, 기존의 GATT(이른바 GATT 1947)가 당초 1947년에 국제무역기구(International Trade Organization)를 수립하려다 실패하여 그 대안으로 임시적으로 조직되어 운영되던 기구였던 것과 달리 **WTO는 법인격**(legal personality)**을 갖춘 국제기구로서 정당성이 부여**되도록 하였고, 둘째, GATT 1947의 규제대상에서 배제되었던 **농업과 섬유·의류분야를 신 GATT 체제**(이른바 GATT 1994)**에 추가**하였고, 셋째, 기존의 GATT체제 밖에 방치되어 있던 **서비스 및 지적재산권 분야를 WTO체제에 흡수**하는 등의 실적을 올렸다. 이로써 WTO체제는 실효성 있는 이행강제 및 분쟁해결절차를 도입하여 분쟁해결의 명확성과 예측 가능성을 갖추게 되었다.

## 제 19 절 분쟁의 평화적 해결

국제적 분쟁이 국가 사이에서 발생할 경우 이를 평화적으로 해결하기는 결코 쉬운 일이 아니다. 제2차세계대전 후 국제연합은 유엔헌장 제2조 제3항에서 국제분쟁을 해결함에 있어 각 회원국이 이에 복종하도록 하고 있었으나, 실제로 각국은 분쟁해결 수단을 선택함에 있어 여전히 자유를 향유하고 있었다. 그럼으로 효율적인 해결방안의 모색이 어렵게 되었다. 그런데 유엔헌장 제33조 제1항은 어떠한 분쟁이라도 그 계속이 국제평화와 안전의 유지를 위태롭게 할 우려가 있는 경우에는 그 당사자는 먼저 교섭, 사실검사, 중개, 조정, 중재재판, 사법적 해결, 지역적 기관 또는 지역적 협정의 이용, 또는 기타 당사자가 선택하는 평화적 수단에 의한 해결을 하도록 하여야 한다고 선언하고 있다. 위와 같이 회원국이 분쟁해결을 위한 여러 가지 평화적 해결수단을 열거하고 있지만, 이에 대한 선택은 각국에 일임되어 있기 때문에 분쟁해결에 어려움이 따르고 있는 것이 현실이다.

그렇지만 국제연합을 중심으로 하여 평화유지군의 파견 등 분쟁의 평화적 해결을 위한 회원국들의 노력이 점차 문명사회화되면서 증가되고 있는 것 또한 사실이다.

## 제20절 국가의 무력사용

중세시대에 적용되던 고전국제법은 전쟁을 정의로운 전쟁(just war)과 정의롭지 못한 전쟁(unjust war)의 구분을 포기하고, 전쟁을 국가정책의 합법적 수단으로 용인하였다. 즉 개전행위 자체는 금지되지 않았으며, 전쟁의 결과 패전하게 되면 **배상문제로 처리하였던 것**이다. 오히려 그러한 전쟁을 인정하면서 다만 전쟁의 잔혹성을 완화하는 데 고전국제법은 관심을 기울였다. 그리고 전쟁과 평화를 개념적으로 엄격히 구분하여 **평시법과 전시법을 따로 운영**하였다.

**유엔헌장 제2조 제4항은 일종의 정전론에 기초하여 유엔헌장과 일치하지 아니하는 일체의 무력사용뿐만 아니라 무력사용의 위협까지도 금지하고 있다**. 유엔헌장은 국가의 무력사용을 안전보장이사회의 허락을 얻은 무력사용, 자위(self-defence), 유엔헌장 제2조 제4항을 위반한 무력사용으로 구분하고, 유엔헌장체제 하에서 개별 국가가 안전보장이사회의 허가를 얻지 않고 합법적으로 무력에 호소할 수 있는 유일한 방법으로 자위권을 위해 무력을 발동하는 경우만으로 제한하고 있다. 문제는 자위권은 수동적 무력사용인데도 군사력이 월등한 일부 강대국들이 자위권을 적극적 개념으로 확대해석하여 쉽게 무력사용의 충동을 느낀다는 점이다. 유엔헌장 제51조는 무력공격을 당한 경우에 한하여 자위권에 호소할 수 있다고 규정하고 있음에도 불구하고, 무력공격이 예견되는 경우에도 선제적으로 자위발동권이 가능하다는 이른바 **예방적 자위권(anticipatory self-defence)이론의 주장이 그렇다**. 미국은 2001년 9월 11일 세계무역기구건물에 대한 테러공격을 당한 후 유엔 안전보장이사회 결의 1368호를 통해 "유엔헌장에 따른 고유의 개별적 또는 집단적 자위권을 인정"받음으로써 자위권발동의 전제가 되는 무력공격(armed attack)의 주체가 국가가 아닌 테러집단인 경우에도 무력자위권의 행사를 인정받을 수 있는 선례를 만들었다.

# 찾아보기

ㄴ



ㄷ



ㄹ



ㅁ

ㅂ

[저자 약력]

## 오 시 영

변호사, 시인, 소설가
숭실대학교 법과대학 교수, 학장
숭실대학교 법학연구소 소장, 편집위원장
Illinois Institute of Technology Kent Law School 방문교수
사단법인 한국법이론실무학회 회장
사단법인 민사법학회 부회장
사단법인 전국법과대학교수협의회 부회장
사법고시 출제위원
숭실대학교 졸업,
중앙대학교 대학원 졸업(법학박사)
대한변호사협회 사업이사(상임)
의료분쟁조정중재원 이사
현대시학회 회장
사단법인 한국시인협회 감사

주요 저서
완성 민법학, 민법강의, 민법총칙, 물권법, 채권총칙, 채권각칙, 친족상속법,
민사소송법, 민사집행법, 채권자취소권, 미국법상의 대표당사자소송,
생활 속의 법률 외 다수

주요 논문
채권자취소권에 관한 고찰, 관습법상의 분묘기지권에 관한 연구,
대위처분금지가처분의 효력에 대한 입법론적 고찰,
헌법재판소의 변형결정에 대한 고찰
검사의 공소권 남용에 대한 고찰, 공연음란죄의 공연성에 대한 고찰,
백지어음보충권의 소멸시효를 중심으로 외 다수

## 김 종 일

한양대학교 법과대학 법학과 졸업
한양대학교 대학원 법학과 졸업(법학박사)
광운대, 동아대, 대구대, 한국방송통신대, 한양대 등 강사
서울시교육청 5급 승진 자격이수시험 출제위원
현재 법무부 행정사무관

**법학개론**

초판인쇄 2017년 6월 15일
초판발행 2017년 6월 20일

지은이 오시영 · 김종일
펴낸이 박노일

총괄기획 김중용 · 최준규
편 집 심성보 · 김인숙

펴낸곳 pnc publishing and culture 피앤씨미디어
경기도 고양시 일산동구 강송로 153 310-1501
등록 제396-2012-000203호
전 화 070)7550-3758 팩 스 02)718-8554
홈페이지 www.pncmedia.co.kr 이메일 pnc@pncmedia.co.kr
ISBN 979-11-5730-409-7 93360

※ 무단복사 및 전재를 금합니다. 파본 및 낙장본은 교환하여 드립니다.

정 가 28,000원